Engelsk

skoleordbok

Engelsk
skoleordbok
Engelsk-norsk /norsk-engelsk

KUNNSKAPSFORLAGET

ANDRE UTGAVE

SYVENDE OPPLAG

© KUNNSKAPSFORLAGET

H. ASCHEHOUG & CO. (W. NYGAARD) A/S OG

A/S GYLDENDAL NORSK FORLAG, OSLO 1992

PRINTED IN NORWAY

AIT GJØVIK AS, GJØVIK 2000

ISBN 82-573-0484-0

FORORD

Engelsk skoleordbok bygger i utgangspunktet på Engelsk lommeordbok av Jan W. Dietrichson og Orm Øverland, revidert av Egill Daae Gabrielsen. Denne nye utgaven er revidert med tanke på skolebruk av Sverre Granli og Jorunn Kristensen. Det er tatt med en rekke pensumrelevante ord, samtidig som enkelte eldre ord er strøket. Det er også i større grad tatt hensyn til at ordene skal kunne finnes både i den engelsk-norske og i den norsk-engelske delen.

Mellom den engelsk-norske og den norsk-engelske delen er det satt inn sider med generelle opplysninger som mål og vekt, uregelmessige verb, forkortelser o.a. Lydskriften i den nye utgaven er rettet opp, slik at den nå er i overensstemmelse med det som brukes i lærebøkene. Uttale finnes ved de fleste engelske oppslagsord.

For å spare plass er avledninger av hovedoppslagsordet satt inne i artikkelen, på alfabetisk plass. En loddrett strek viser at bare den delen av oppslagsordet som kommer foran streken, skal gjentas i senere sammensetninger. Denne delen blir da erstattet av en krøllstrek. En bindestrek etter krøllstreken betyr at sammensetningen skal skrives med bindestrek.

Eks.: **spinning|mill** . . . **~-wheel** (= **spinning-wheel**).

Oslo, mars 1992   KUNNSKAPSFORLAGET

A

a [eɪ, ə] en, et.
aback [ə'bæk]: **taken** ~ forbauset, forbløffet.
abandon [ə'bændən] oppgi, forlate; ~ **ed** løssluppen; ~ **ment** oppgivelse *m*.
abasement [ə'beɪsmənt] fornedrelse, ydmykelse *m*.
abate [ə'beɪt] minske, forringe.
abb|ess ['æbɪs] abbedisse *m/f*; ~ **ey** abbedi *n*; ~ **ot** abbed *m*.
abbreviat|e [ə'briːvɪeɪt] forkorte; ~ **ion** forkortelse *m*.
ABC [eɪbiˈsɪ] abc, alfabet *n*.
abdicat|e ['æbdɪkeɪt] abdisere, gå av (om regenter); ~ **ion** (tron)frasigelse *m*.
abdomen ['æbdəmən] underliv *n;* bakkropp *m* (insekt).
abduct [əb'dʌkt] bortføre, kidnappe; ~ **ion** bortføring, kidnapping *m/f;* ~ **or** kidnapper *m*.
abed [ə'bed] i seng.
aberration [æbə'reɪʃn] avvik *n*, villfarelse *m*.
abhor [əb'hɔː] avsky; ~ **rence** avsky *m*, vemmelse *m;* ~ **rent** avskyelig, vemmelig.
abide [ə'baɪd] **(by)** stå, holde fast (ved); avvente.
ability [ə'bɪlɪtɪ] evne *m;* dyktighet *m*.
able ['eɪbl] dyktig; ~ **to** i stand til; ~ **-bodied** kraftig, arbeidsfør.
abnorm|al [əb'nɔːml] abnorm; ~ **ity** abnormitet *m*.
aboard [ə'bɔːd] om bord (på).
abol|ish [ə'bɒlɪʃ] avskaffe, få bort; ~ **ition** avskaffelse *m*.
abomin|able [ə'bɒmɪnəbl] avskyelig; ~ **ation** avsky *m*, avskyelighet *m*.
aborigin|al [æbə'rɪdʒənl] opprinnelig, ur-; ~ **es** urinnvånere *m*.

abort [ə'bɔːt] abortere.
abort|ion [ə'bɔːʃn] abort *m;* misfoster *n;* ~ **ive** mislykket.
about [ə'baʊt] omkring; omtrent; i nærheten; cirka, ved; om; **be** ~ **to** stå i ferd med; **come** ~ skje.
above [ə'bʌv] over, ovenfor; ovenpå; *fig* over, mer enn; ~ **all** fremfor alt; ~ **mentioned** ovennevnt.
abreast [ə'brest] side om side; **keep** ~ **of** holde tritt med.
abridg|e [ə'brɪdʒ] forkorte, sammendra; ~ **(e)ment** forkortelse *m*, utdrag *n*.
abroad [ə'brɔːd] utenlands, i *(el* til) utlandet.
abrupt [ə'brʌpt] bratt; plutselig.
abscess ['æbsɪs] svulst, byll *m*.
absence ['æbsəns] fravær *n;* mangel *m*.
absent ['æbsənt] fraværende; ~ **-minded** distré.
absolute ['æbsəluːt] absolutt.
absor|b [əb'sɔːb] absorbere, oppta; ~ **ption** innsuging, oppsuging *m/f*.
abstain [əb'steɪn] avholde seg; ~ **er** avholdsmann *m*.
abstention [æb'stenʃn] avhold *n* **(from** fra).
abstinence ['æbstɪnəns] avhold *n*, avholdenhet *m*.
abstract ['æbstrækt] abstrakt.
absurd [əb'sɜːd] absurd, tåpelig; ~ **ity** meningsløshet, urimelighet *m*.
abundan|ce [ə'bʌndəns] overflod *m* **(of** på); ~ **t** rikelig.
abus|e [ə'bjuːz] misbruk *n; v* misbruke; skjelle ut; ~ **ive** grov.
abyss [ə'bɪs] avgrunn *m*.
academ|ic [ækə'demɪk] *adj* akademisk; *s* akademiker *m;* ~ **ician**

akademiker *m*, medlem *n* av et akademi; ~ y akademi *n*.

accede [æk'si:d]: ~ **to** etterkomme, imøtekomme.

accelerat|e [æk'seləreit] øke hastigheten, akselerere, påskynde; *mot* gi gass *m*; ~ **ion** akselerasjon *m*; ~ **or** gasspedal *m*.

accent ['æksənt] aksent *m*; uttale *m*; tonefall *n*; *v* [æk'sent] betone; ~ **uate** betone, fremheve; ~ **u-ation** betoning, aksentuering *m/f*.

accept [ək'sept] ta imot, si ja til, godta; ~ **able** antakelig; ~ **ance** godtagelse *m*; aksept *m*; ~ **or** *hand* akseptant *m*.

access ['ækses] adgang *m*; med anfall *n*; ~ **ible** tilgjengelig **(to** for).

accession [æk'se∫n] tiltredelse *m*; tilgang *m*.

accessor|ies [æk'sesəris] tilbehør *n*.

acciden|ce ['æksidəns] formlære; ~ **t** tilfelle *n*, ulykke(stilfelle) *n*; ~ **t insurance** ulykkesforsikring *m/f*; ~ **tal** tilfeldig.

acclamation [æklə'mei∫n] bifallsrop *n*.

acclimatize [ə'klaimətaiz] akklimatisere.

accommodat|e [ə'kɒmədeit] tilpasse; imøtekomme; huse, skaffe husvære; ~ **ing** imøtekommende; ~ **ion** tilpasning *m/f*; plass *m*, husly *n*.

accomp|animent [ə'kʌmpənimənt] ledsagelse *m*, akkompagnement *n*; ~ **any** ledsage, akkompagnere.

accomplice [ə'kʌmplis] medskyldig.

accomplish [ə'kɒmpli∫] fullføre; klare, greie; ~ **ed** dannet, talentfull; ~ **ment** fullføring *m/f*; ferdighet *m*.

accord [ə'kɔ:d] samsvar *n*; enighet *m*; *mus* akkord *m*; *v* innvilge; forsone; stemme overens **(with** med); ~ **ance** overensstemmelse *m*; ~ **ing to** ifølge; ~ **ingly** følgelig.

accordion [ə'kɔ:diən] trekkspill *n*.

account [ə'kaunt] konto *m*, regning *m/f*; *pl* **accounts** regnskap(er) *n*; beretning *m*; **on no** ~ på ingen måte *m*; **on** ~ **of** på grunn av;

take into ~ ta i betraktning *m*; ~ **for** gjøre rede for; forklare; ~ **able** ansvarlig; ~ **ant** bokholder *m*, revisor *m*; ~ **book** regnskapsbok *m/f*; ~ **current** kontokurant *m*.

accredit [ə'kredit] akkreditere **(to** hos), gi fullmakt *m*; ~ **ed** anerkjent.

accumulat|e [ə'kju:mjuleit] akkumulere, samle, hope (seg) opp, tilta; ~ **ion** opphopning *m*.

accura|cy ['ækjurəsi] nøyaktighet *m*; ~ **te** nøyaktig.

accus|ation [ækju'zei∫n] anklage *m*; ~ **e** *v* anklage; ~ **er** anklager *m*.

accustom [ə'kʌstəm] venne **(to** til); ~ **ed** vant; vanlig.

ace [eis] ess *n* (i kortspill).

ache [eik] smerte; verke.

achieve [ə't∫i:v] utrette, (opp)nå; vinne; ~ **ment** fullføring *m/f*; bedrift *m*, dåd *m*.

acid ['æsid] sur; syre *m/f*; ~ **rain** sur nedbør *m*; ~ **ity** surhet *m*; ~ **ulous** syrlig.

acknowledge [ək'nɒlid3] erkjenne; ~ **ment** erkjennelse *m*.

acoustics [ə'ku:stiks] akustikk *m*.

acquaint [ə'kweint] gjøre kjent; ~ **ance** bekjentskap *n*; kjenning *m*.

acquire [ə'kwaiə] erverve, oppnå; ~ **ment** ervervelse *m*.

acquisition [ækwi'zi∫n] ervervelse *m*.

acquit [ə'kwit] frikjenne **(of** for); ~ **tal** frikjenning *m/f*.

acre [eikə] eng. flatemål 4046,9 m²; ~ **age** flateinnhold *n*.

acrid ['ækrid] besk, bitter, ram.

acrobat ['ækrəbæt] akrobat *m*.

across [ə'krɔ:s] (tvers) over; **come** ~ støte på.

act [ækt] handling *m/f*, gjerning *m/f*; forordning *m/f*, vedtak *n*, lov *m*; akt *m* (i skuespill); dokument *n*; *v* fungere; handle, opptre; innvirke **(on** på); spille, agere; ~ **ing** handling; spill *n* (på scenen); ~ **ion** handling, gjerning *m/f*; *jur* prosess *m*, søksmål *n*.

activ|e ['æktiv] aktiv, virksom; ~ **ity** virksomhet *m*; aktivitet *m*.

actor [ˈæktə] **actress** skuespiller-(inne) *m*.

actual [ˈæktjʊəl], [ˈæktʃʊəl] virkelig, faktisk.

acute [əˈkju:t] skarp; gløgg; ~ - **angled** spissvinklet.

adapt [əˈdæpt] tilpasse, bearbeide (**from** etter); ~ **ability** tilpasnings-evne *m*; ~ **able** tilpasningsdyktig; ~ **ation** tillemping *m/f*; bear-beidelse *m*.

add [æd] tilføye; addere; ~ **up** regne sammen.

adder [ˈædə] hoggorm *m*.

addict [ˈædɪkt] henfallen *m*, narko-man *m*; ~ **ed to** henfallen til; av-hengig av.

addition [əˈdɪʃn] tilføyelse *m*; addi-sjon *m*; **in** ~ dessuten.

address [əˈdres] henvendelse *m*, adresse *m/f*; behendighet *m*; of-fentlig tale *m*; *v* henvende, tiltale; adressere.

adequa|cy [ˈædɪkwəsɪ] tilstrekkelig-het *m*, riktig forhold *n*; ~ **te** pas-sende, tilstrekkelig.

adhere [ədˈhɪə] henge fast, klebe (**to** ved); ~ **nt** tilhenger *m*.

adhesive [ədˈhi:sɪv] klebrig; ~ **plaster** heftplaster *n*.

adjacent [əˈdʒeɪsnt] tilstøtende.

adjective [ˈædʒektɪv] adjektiv *n*.

adjourn [əˈdʒɜ:n] utsette; heve (om møte).

adjunct [ˈædʒʌŋkt] *n*; medhjelper *m*.

adjust [əˈdʒʌst] stille inn; ordne; ~ **able** stillbar, regulerbar; ~ **ment** innstilling *m/f*, justering *m/f*; bileggelse *m* (av tvist).

administ|er [ədˈmɪnɪstə] forvalte, styre; tildele, gi; ~ **ration** forvalt-ning *m/f*; ~ **rator** bestyrer *m*, ad-ministrator *m*.

admira|ble [ˈædmərəbl] beundrings-verdig, utmerket; ~ **l** admiral *m*; ~ **tion** beundring *m/f*.

admire [ədˈmaɪə] beundre; ~ **r** be-undrer *m*.

admiss|ible [ədˈmɪsəbl] tillatelig; ~ **ion** adgang *m*; innrømmelse *m*.

admit [ədˈmɪt] innrømme, tilstå; slippe inn; **no** ~ **tance** ingen ad-gang! ~ **tedly** riktignok, ganske visst.

admixture [ədˈmɪkstʃə] tilsetning(s-stoff) *m/f(n)*.

admoni|sh [ədˈmɒnɪʃ] formane, på-minne; ~ **tion** formaning, påmin-nelse *m*.

ado [əˈdu:] ståhei *n*, oppstyr *n*.

adolescent [ædoˈlesnt] halvvoksen.

adopt [əˈdɒpt] adoptere, anta; ~ **ion** adopsjon *m*; antagelse *m*.

ador|able [əˈdɔ:rəbl] bedårende; ~ **ation** tilbedelse *m*; ~ **e** tilbe; forgude.

adroit [əˈdrɔɪt] behendig.

adult [ˈædʌlt] voksen *m*.

adulter|ate [əˈdʌltəreɪt] forfalske; ~ **ation** forfalskning *m*; ~ **er**, ~ **ess** ekteskapsbryter(ske) *m*; ~ **y** ekteskapsbrudd *n*.

advance [ədˈvɑ:ns] fremskritt *n*; fremrykning *m*; avansement *n*; forskudd *n*; (pris) forhøyelse *m*; *v* gå (sette) fram; ~ **ment** for-fremmelse *m*.

advantage [ədˈvɑ:ntɪdʒ] fordel *m*.

advantageous [ædvənˈteɪdʒəs] for-delaktig.

adventur|e [ədˈventʃə] opplevelse *m*; eventyr *n*; ~ **er** eventyrer *m*.

advers|ary [ˈædvəsərɪ] motstander *m*; ~ **e** fiendtlig, ugunstig.

adversity [ədˈvɜ:sɪtɪ] motgang *m*; ulykke *m/f*.

advertis|e [ˈædvətaɪz] reklamere, kunngjøre, avertere; ~ **ement** an-nonse *m*; ~ **er** annonsør *m*; ~ **ing** reklame *m*; ~ **ing agency** reklame-byrå *n*; ~ **ing film** reklamefilm *m*; ~ **ing space** annonseplass *m*.

advice [ədˈvaɪs] råd *n*; underretning *m*; **a piece of** ~ et råd.

advisable [ədˈvaɪzəbl] tilrådelig.

advis|e [ədˈvaɪz] underrette (**of** om); råde; advisere; ~ **edly** med vel-berådd hu; ~ **er** rådgiver *m*.

advocate [ˈædvəkeɪt] talsmann *m*; advokat *m*; forfekte.

aerial [eərɪəl] luft-, luftig; antenne *m/f*.

aero [ˈeərəʊ] fly-; ~ **bics** aerobic *m*; ~ **dynamic** aerodynamisk; ~ **gram** trådløst telegram *n*; ~ **plane** fly *n*; ~ **sol box**, ~ **sol**

can sprayboks *m*, sprayflaske *m/f.*

aesthete ['i:sθi:t] estetiker *m*.

afar [ə'fɑ:] langt borte.

affair [ə'feə] sak *m/f*, affære *m*.

affect [ə'fekt] virke på; berøre; hykle; ~ **ation** påtatt vesen *n;* ~ **ed** affektert; ~ **ion** hengivenhet *m;* ~ **ionate** kjærlig, hengiven.

affirm [ə'fɜ:m] forsikre; bekrefte; ~ **ation** bekreftelse *m*, forsikring *m/f;* ~ **ative** bekreftende.

afflict [ə'flıkt] bedrøve; ~ **ion** lidelse *m;* prøvelse *m;* sorg *m*.

affluen|ce ['æfluəns] tilstrømning *m;* velstand *m;* overflod *m;* ~ **t** **society** velstandssamfunn *n*.

afford [ə'fɔ:d] ha råd til; yte.

afield [ə'fi:ld] ut(e) på marken; **far** ~ langt borte, helt på villspor.

afloat [ə'fləʊt] *mar* flott; flytende.

afraid [ə'freɪd] redd (**of** for).

afresh [ə'freʃ] på ny.

Africa ['æfrɪkə] Afrika; ~ **n** afrikaner, *m*, afrikansk.

aft akter-.

after ['ɑ:ftə] etter; etter at; ~ **birth** etterbyrd *m;* ~ **body** akterskip *n;* ~ **-crop** ettergrøde *m/f;* ~ **glow** aftenrøde *m;* ~ **math** etterslått *m*, følger *m;* ~ **noon** ettermiddag *m* (etter kl. 12); ~ **s** *pl* dessert, etterrett *m;* ~ **wards** etterpå.

again [ə'gen, ə'geɪn] igjen; på den annen side; **now and** ~ nå og da; ~ **and** ~ gang på gang; ~ **st** mot.

age [eɪdʒ] (tids)alder *m;* **Age of Enlightenment** opplysningstiden; **of** ~ myndig; **under** ~ umyndig; ~ **d** gammel av år.

agen|cy ['eɪdʒənsɪ] agentur *n;* byrå *n;* ~ **da** dagsorden *m;* ~ **t** agent *m;* virkemiddel *m*.

agglomerate [ə'glɒməreɪt] klumpe (seg) sammen.

aggravat|e ['ægrəveɪt] forverre, skjerpe; irritere; ~ **ion** forverring *m/f*, ergrelse *m*.

aggregate ['ægrɪgeɪt] samle, oppsamle; ['ægrɪgɪt] samlet; samling *m/f*, opphopning *m*, aggregat *n; (sport)* målforskjell *m*.

aggress|ion [ə'greʃn] angrep *n;* ~ **ive** stridbar, pågående.

agitat|e ['ædʒɪteɪt] agitere; oppvigle; ~ **ed** alterert; ~ **ion** agitasjon *m;* sinnsbevegelse *m;* ~ **or** oppvigler *m*.

ago [ə'gəʊ] for – siden; **long** ~ for lenge siden.

agon|ize ['ægənaɪz] pine(s); ~ **izing** pinefull; ~ **y** dødskamp *m*, pine *m/f.*

agrarian [ə'greərɪən] agrar *m*, agrarisk, jordbruks-; ~ **society** bondesamfunn *n*.

agree [ə'gri:] stemme (overens), bli (være) enig (**on, in** om, **to** om å) samtykke (**to** i, **that** i at); ~ **able** behagelig, overensstemmende (**to** med); ~ **ment** enighet *m;* overenskomst *m*.

agricultur|al [ægrɪ'kʌltʃərəl] jordbruks-; ~ **e** jordbruk *n*.

agronomist [æ'grɒnɒmɪst] agronom *m*.

aground [ə'graʊnd] på grunn.

ahead [ə'hed] fremover, foran; **go** ~ ! kjør i vei!

aid [eɪd] hjelpe; hjelp *m/f.*

AIDS = acquired immune deficiency syndrome AIDS; ~ **-infected** AIDS-smittet.

ail [eɪl] være syk, hangle; ~ **ing** skrantende; ~ **ment** illebefinnende *n*, sykdom *m*.

aim [eɪm] sikte *n;* mål *n;* sikte (**at** på), trakte, strebe etter (**at** etter); ~ **less** uten mål.

air [eə] luft *m/f*, luftning *m;* mine *m*, utseende *n, (pl* **airs**) viktig vesen *n;* melodi *m*, arie *m;* lufte ut, gi luft, tørke; **by** ~ med fly; **in the open** ~ ute i det fri; **on the** ~ i radio; ~ **-base** flybase *m;* ~ **-borne** flybåren; ~ **-conditioning** luftkondisjonering *m/f;* ~ **craft** luftfartøy *n;* fly *n;* ~ **craft carrier** hangarskip *n;* ~ **-dampener** luftfukter *m;* ~ **force** luftvåpen *n;* ~ **ing** spasertur *m;* ~ **line** flyselskap *n;* ~ **-liner** rutefly *n;* ~ **-mail** luftpost *m;* ~ **man** flyger *m;* ~ **-pipe** luftrør *n;* ~ **plane** *amr* fly *n;* ~ **pocket** lufthull *n;* ~ **pollution** luftforurensning *m;* ~ **-port**

lufthavn *m/f;* ~ **-raid** luftangrep
n; ~ **strip** startbane *m;* ~ **-tight**
lufttett; ~ **-way** flyrute *m/f;* ~ **y**
luftig; flott, lettvint.
aisle [aɪl] midtgang *m.*
ajar [ə'dʒɑ:] på gløtt.
akin [ə'kɪn] beslektet (**to** med).
alarm [ə'lɑ:m] alarm, angst *m;*
alarmere, engste; ~ **clock** vekker-
ur *n.*
alas [ə'lɑ:s] akk! dessverre!
albatross albatross *m.*
albeit [ɒl'bi:ɪt] det være seg.
album album *n.*
alcohol ['ælkəhɒl] alkohol *m;* ~ **ic**
alkoholisk; alkoholiker *m;* ~ **ism**
alkoholisme *m.*
alcove alkove *m.*
alder ['ɔ:ldə] older *m/f,* or *m/f.*
alderman ['ɔ:ldəmən] rådmann *m.*
ale [eɪl] (engelsk) øl *n.*
alert [ə'lɜ:t] årvåken; (fly-)alarm
m; **on the** ~ på post.
alga, *pl.* **algae** alge *m.*
alien ['eɪlɪən] fremmed, uten-
landsk; utlending *m;* ~ **ate** av-
hende; støte fra seg; ~ **ation** av-
hendelse *m;* likegyldighet *m;*
fremmedgjøring *m.*
alike [ə'laɪk] lik(edan).
alive [ə'laɪv] i live, levende.
all [ɔ:l] alt, alle, all, hel; **after** ~
når alt kommer til alt; **not at** ~
slett ikke; ~ **the same** likevel; ~
right i orden; ~ **over** over det
hele.
allege [ə'ledʒ] påstå.
allerg|ic [ə'lɜ:dʒɪk] allergisk; ~ **y**
['ælədʒɪ] allergi *m.*
alleviat|e [ə'li:vɪeɪt] lindre; ~ **ion**
lettelse *m,* lindring *m/f.*
alley ['ælɪ] allé *m,* smug *n.*
All Fools' Day [ɔ:l fu:lz deɪ] 1.
april.
alli|ance [ə'laɪəns] allianse *n;* ~ **ed**
['ælaɪd] alliert *m;* **the** ~ **es** de alli-
erte.
alligator ['ælɪgeɪtə] alligator *m.*
alliteration [əlɪtə'reɪʃən] boksta-
vrim *n.*
allocate ['æləkeɪt] tildele.
allocation [ælə'keɪʃn] tildeling *m/f.*
allodi|al possession [ə'ləʊdɪəl -] odel

m; ~ **alist** odelsbonde *m;* ~ **um**
[-əm] odelsgård *m.*
allot [ə'lɒt] tildele; ~ **ment** tildeling
m/f; lott *m;* parsell *m.*
allow [ə'laʊ] tillate; innrømme; gi;
~ **able** tillatelig; ~ **ance** inn-
rømmelse *m;* rasjon *m;* kost-,
lommepenger *m;* understøttelse
m; rabatt *m;* ~ **ed** tillatt.
alloy ['ælɔɪ] legering *m/f.*
all-round [ɔ:l raʊnd] allsidig.
All Saints' Day allehelgensdag *m.*
All Saints' Eve allehelgensaften *m.*
All Souls' Day allesjelesdag *m.*
allude [ə'l(j)u:d] hentyde (**to** til).
allure [ə'l(j)u:ə] (for)lokke; ~ **ment**
tillokking *m/f,* lokkemat *m.*
allusion [ə'l(j)u:ʃn] hentydning *m.*
ally ['ælaɪ] alliert *m,* forbundsfelle
m; [ə'laɪ] forbinde, alliere.
almanac ['ɔ:lmənæk] almanakk.
almighty [ɔ:l'maɪtɪ] allmektig.
almond ['ɑ:mənd] mandel *m.*
almost ['ɔ:lməʊst] nesten.
alms [ɑ:mz] *(pl = sg)* almisse *m/f.*
aloft [ə'lɒft] til værs.
alone [ə'ləʊn] alene, enslig; **to let**
(el **leave)** ~ å la i fred.
along [ə'lɒŋ] langs (med); av sted;
bortover.
aloof [ə'lu:f] fjern; reservert.
aloud [ə'laʊd] høyt, lydelig.
alp, the Alps Alpene; **-ine** alpe-.
alphabet ['ælfəbet] alfabet *n;* ~ **ical**
alfabetisk.
alpinist ['ælpɪnɪst] tindebestiger.
already [ɔ:l'redɪ] allerede, alt.
also ['ɔ:lsəʊ] også, dessuten.
altar ['ɔ:ltə] alter *n.*
alter ['ɔ:ltə] forandre, endre; ~ **a-**
tion forandring *m/f;* ~ **cation**
[ɔ:ltə'keɪʃn] klammeri *n.*
alterna|te ['ɔ:ltəneɪt] veksle, skifte;
[ɒl'tɜ:nɪt] vekselvis; ~ **ting current**
vekselstrøm *m;* ~ **tion** aveksling
m/f; ~ **tive** mulighet *m,* alternativ
n, valg *n.*
although [ɔ:l'ðəʊ] skjønt, selv om.
altitude ['æltɪt(j)u:d] høyde *m.*
altogether [ɔ:ltə'geðə] aldeles,
ganske; alt i alt; i det hele tatt.
aluminium [æljʊ'mɪnɪəm] el. *amr*
aluminum [ə'lu:mɪnəm] alumi-
nium *n.*

always ['ɔ:lwəz] alltid.
a.m. [eɪ em] = **ante meridiem** (om) formiddag(en).
amalgam [əˈmælgəm] amalgam; ~ **ation** [əmælgəˈmeɪʃn] sammensmelting *m/f*, fusjon *m*.
amateur ['æmətɜ:] amatør *m*.
amaze [əˈmeɪz] forbløffe; ~ **ement** forbauselse *m*, forbløffelse *m;* ~ **ing** forbløffende; ~ **on** amasone *m/f*.
ambassador [æmˈbæsədə] ambassadør *m*.
amber ['æmbə] rav *n* (-gul).
ambiguity [æmbɪˈgjʊɪtɪ] tvetydighet *m;* ~ **guous** tvetydig.
ambition [æmˈbɪʃn] ærgjerrighet *m;* ~ **us** ærgjerrig.
ambulance ['æmbjʊləns] ambulanse *m*.
ambuscade [æmbəsˈkeɪd] = **ambush** ['æmbʊʃ] bakhold *n;* ligge (legge) i bakhold.
amenable [əˈmi:nəbl] mottagelig **(to** for); føyelig.
amend [əˈmend] forbedre; endre; ~ **ment** forbedring *m/f;* endring *m/f.*
America [əˈmerɪkə] Amerika; ~ **n** amerikaner(inne) *m*, amerikansk.
amiability [eɪˈmjəˈbɪlɪtɪ] elskverdighet *m;* ~ **le** elskverdig.
amicable ['æmɪkəbl] vennskapelig.
amid(st) [əˈmɪd(st)] midt iblant.
amiss [əˈmɪs] uriktig, feil; **take it** ~ ta det ille opp.
ammunition [æmjʊˈnɪʃn] ammunisjon *m*.
ammonia [əˈməʊnjə] ammoniakk.
amnesia [æmˈni:zɪə] hukommelsestap *n*.
amnesty ['æmnɪstɪ] amnesti *n*.
among(st) [əˈmʌŋ(st)] blant.
amorous ['æmərəs] forelsket.
amortization [əmɔ:tɪˈzeɪʃn] amortisasjon *m;* ~ **e** [əˈmɔ:taɪz] amortisere.
amount [əˈmaʊnt] beløp *n*, mengde *m;* beløpe seg **(to** til), bety.
amphetamine [æmˈfɛtəmɪn] amfetamin *m*.
ample ['æmpl] rikelig.
amplifier ['æmplɪfaɪə] **(valve)** for-

sterker(rør) *m (n);* ~ **ify** forsterke, utvide.
amputate ['æmpjʊteɪt] amputere; ~ **ion** [-teɪʃn] amputasjon *m*.
amulet ['æmjʊlət] amulett *m*.
amuse [əˈmju:z] more, underholde; ~ **ment** underholdning *m*, moro *m/f.*
an [æn, ən] en, et.
anaemia [əˈni:mɪə] blodmangel *m;* ~ **c** blodfattig.
anaesthesia [ænɪsˈθi:zɪə] bedøvelse *m;* ~ **etic** bedøvende (middel *n).*
analogic(al) [ænəˈlɒdʒɪkl], ~ **ous** analog; ~ **y** analogi *m*, overensstemmelse *m*.
analyse ['ænəlaɪz] analysere; ~ **is** *pl* ~ **es** [əˈnæləsɪs, -i:z] analyse(r) *m*.
anarchist ['ænəkɪst] anarkist *m;* ~ **y** anarki *n*.
anatomist [əˈnætəmɪst] anatom *m;* ~ **y** anatomi *m*.
ancestor ['ænsɪstə] stamfar *m*, *pl* forfedre, aner; ~ **ry** aner; ætt *m*, *f*, herkomst *m*, byrd *m*.
anchor ['æŋkə] anker *n*, ankre; ~ **age** [-rɪdʒ] ankerplass *m*.
anchovy [ænˈtʃəʊvɪ] ansjos *m*.
ancient ['eɪnʃənt] gammel, fra gamle tider; **the** ~ **s** folk i oldtiden.
ancillary ['ænsɪlərɪ] hjelpe-.
and [ænd] og; ~ **so on,** ~ **so forth** osv.
anecdote ['ænekdəʊt] anekdote *m*.
anemia [ənˈi:mɪə] anemi (blodfattighet) *m;* ~ **c** blodfattig.
anew [əˈnju:] på ny, igjen.
angel ['eɪndʒəl] engel *m*.
anger ['æŋgə] sinne *n;* gjøre sint.
angle ['æŋgl] vinkel *m;* angel *m*, fiske med snøre; ~ **r** sportsfisker *m;* ~ **worm** meitemark.
Anglican ['æŋglɪkn] som hører til den engelske statskirke.
Anglo-Saxon [æŋgləʊ-ˈsæksn] angelsaksisk.
angry ['æŋgrɪ] sint **(at** over, **with** på).
anguish ['æŋgwɪʃ] pine *m/f*, kval *m*.
angular ['æŋgjʊlə] vinkelformet.
animal ['ænɪməl] dyr(isk) *n*.
animate ['ænɪmeɪt] besjele, gjøre

levende, animere; ~ **ion** livlighet
m; liv *n,* fart *m.*

animosity [ænɪˈmɒsɪtɪ] hat *n,* fiend-
skap *n.*

anise [ˈænɪs] anis *m.*

ankle [ˈæŋkl] ankel *m.*

annals [ˈænəlz] krønike *m.*

annex [əˈneks] legge ved; annekte-
re; [ˈænəks] tilføyelse *m,* anneks
n; ~ **ation** [ænəkˈseɪʃn] tilknytting
m/f, innlemmelse *m.*

annihilate [əˈnaɪəleɪt] tilintetgjøre.

anniversary [ænɪˈvɜːsərɪ] årsdag *m.*

announce [əˈnaʊns] meddele, kunn-
gjøre, melde; ~ **ment** kunngjøring
m/f, melding *m/f;* ~ **r** hallo-
mann *m* (-dame *m/f).*

annoy [əˈnɔɪ] ergre, irritere; ~ **ance**
ergrelse, irritasjon *n.*

annual [ˈænjʊəl] årlig; årbok *f;* ~
meeting årsmøte *n;* ~ **report** års-
beretning *m.*

annuity [əˈnjuːɪtɪ] livrente.

anodyne [ˈænədaɪn] smertestillende.

anoint [əˈnɔɪnt] salve.

anonym|ity [ænɒˈnɪmɪtɪ] anonymitet
m; ~ **ous** [əˈnɒnɪməs] anonym.

anorexia [ænəˈreksɪə] anoreksi,
slankesyke *m.*

another [əˈnʌðə] en annen, et an-
net, en (et) til.

answer [ˈɑːnsə] svar *n;* svare, be-
svare; svare til; stå til ansvar **(for**
for); ~ **able** ansvarlig.

ant [ænt] maur *m.*

antagon|ism [ænˈtægənɪzm] strid
m, motsetningsforhold *n;* ~ **ist**
motstander *m.*

Antarctic [ænˈtɑːktɪk] sydpols-.

ante [ˈæntɪ] innsats (i kortspill)
m; ~ **chamber** forværelse *n;*
~ **date** forutdatere.

antelope [ˈæntɪləʊp] antilope *m.*

ante meridiem [ˈæntɪ mɪˈrɪdjəm] **=**
a.m. før kl. 12 middag.

antenn|a [ænˈtenə] *pl* ~ **ae** [-ɪ] føle-
horn *n;* antenne *m/f.*

anterior [ænˈtiːrɪə] tidligere.

anteroom [ˈæntɪruːm] forværelse *n.*

anthem [ˈænθəm] hymne *m;* **nation-**
al ~ nasjonalsang *m.*

anthill [ˈænθɪl] maurtue *f.*

anthropolog|ist [ænθrəˈpɒlədʒɪst]
antropolog *m;* ~ **y** antropologi *m.*

anti- [ˈæntɪ] (i)mot-; ~ **aircraft**
guns [-eəkrɑːft gʌnz] antiluftskyts
n.

anticipat|e [ænˈtɪsɪpeɪt] foregripe,
forutse; ~ **ion** foregriping *m/f,*
forutfølelse *m,* forventning *m.*

anti|dote [ˈæntɪdəʊt] motgift *m;*
~ **-lock brakes** blokkeringsfrie
bremser *m pl.*

antipathy [ænˈtɪpəθɪ] antipati, mot-
vilje *m.*

antiquarian [æntɪˈkweərɪən] anti-
kvar *m.*

antiqu|ated [ˈæntɪkweɪtɪd] antikvert;
~ **e** [-ˈtiːk] antikk; antikvitet *m;*
~ **ity** den klassiske oldtid; *pl*
~ **ities** oldtidslevninger.

antiseptic [æntɪˈseptɪk] antiseptisk
(middel).

anvil [ˈænvɪl] ambolt *m.*

anxiety [æŋˈzaɪətɪ] uro *m/f,* engs-
telse *m.*

anxious [ˈæŋkʃəs] engstelig **(about**
for), ivrig.

any [ˈenɪ] noen (som helst), hvilken
som helst; enhver (som helst);
~ **body,** ~ **one** noen (som helst),
enhver, hvem som helst; ~ **how** i
hvert fall; ~ **thing** noe; alt; ~ **way**
= ~ **how,** ~ **where** hvor som
helst.

apart [əˈpɑːt]: ~ **from** bortsett fra;
~ **heid** raseskille *n,* apartheid *m;*
~ **ment** *is. amr* leilighet *m.*

apath|etic [æpəˈθetɪk] apatisk; ~ **y**
[ˈæpəθɪ] apati *m.*

ape [eɪp] ape *m;* etterape.

apex [ˈeɪpeks] *geom* topp-punkt.

apiece [əˈpiːs] for stykket, til hver.

apish [ˈeɪpɪʃ] apelignende; etter-
apende, fjollet.

apolog|etic [əpɒləˈdʒetɪk] unnskyl-
dende; ~ **ize** [əˈpɒlədʒaɪz] be om
unnskyldning; ~ **y** unnskyldning
m.

apople|ctic stroke [æpəˈplektɪk -]
slaganfall *n;* ~ **xy** *med.* slag *n.*

apostle [əˈpɒsl] apostel *m.*

appal [əˈpɔːl] forskrekke.

apparatus [æpəˈreɪtəs] apparat *n.*

apparent [əˈpærənt] øyensynlig, til-
synelatende.

apparition [æpəˈrɪʃn] gjenferd *n.*

appeal [əˈpiːl] appellere **(to** til;

også: behage); appell *m,* innanking *m/f.*

appear [əˈpi:ə] vise seg, opptre, synes, komme til syne, utkomme; ~ **ance** tilsynekomst *m,* utseende *n; pl* skinn.

appendi|citis [əpendɪˈsaɪtɪs] blindtarmbetennelse *m;* ~ **x** blindtarm *m.*

appeti|te [ˈæpɪtaɪt] lyst *m/f;* appetitt *m* **(for** på); ~ **zing** appetittvekkende.

applau|d [əˈplɔ:d] applaudere; ~ **se** bifall *n,* applaus *m.*

apple [ˈæpl] eple *n.*

appliance [əˈplaɪəns] redskap *m (n),* innretning *m.*

applica|ble [ˈæplɪkəbl] anvendelig **(to** på); ~ **nt** søker *m.*

application [æplɪˈkeɪʃn] anvendelse *m,* anbringelse *m;* søknad *m;* flid *m.*

apply [əˈplaɪ] bruke; henvende seg **(to** til); søke (for); gjelde.

appoint [əˈpɔɪnt] fastsette; utnevne; ~ **ment** avtale *m;* utnevnelse *m;* utrustning *m.*

appraise [əˈpreɪz] taksere; ~ **d value** takst; ~ **ment** taksering.

appreciat|e [əˈpri:ʃɪeɪt] vurdere, sette pris på; forstå; ~ **ion** verdsettelse *m,* bedømmelse *m.*

apprehen|d [æprɪˈhend] gripe, anholde; begripe; frykte; ~ **sion** pågripelse *m;* begripelse *m;* frykt *m;* ~ **sive** rask til å oppfatte; redd **(of** for), bekymret.

apprentice [əˈprentɪs] lærling *m;* ~ **ship** læretid *m/f.*

approach [əˈprəʊtʃ] nærme seg; det å nærme seg, adgang *m,* innstilling *m/f.*

appropriat|e [əˈprəʊprɪɪt] passende **(to** for); [-ɪeɪt] tilegne seg; bevilge.

approv|al [əˈpru:vəl] samtykke *n,* godkjenning *m;* ~ **e** samtykke, gi bifall, godkjenne **(of).**

approximate [əˈprɒksɪmɪt] omtrentlig.

apricot [ˈeɪprɪkɒt] aprikos *m.*

April [ˈeɪprəl] april; ~ **fool** [- fu:l] aprilsnarr *m.*

apron [ˈeɪprən] forkle *n.*

apt [æpt] passende; dyktig; tilbøyelig.

aptitude [ˈæptɪtju:d] skikkethet *m;* dugelighet *m;* anlegg *n.*

aquarium akvarium *n.*

aquavit [ˈækwəˈvɪ:t] akevitt *m.*

aquiline [ˈækwɪlaɪn] **nose** ørnenese *m/f.*

Arab [ˈærəb] araber *m;* ~ **ia** [əˈreɪbjə] Arabia; ~ **ian** arabisk, araber(inne) *m (m);* ~ **ic** [ˈærəbɪk] arabisk.

arable [ˈærəbl] dyrkbar.

arbitrar|iness [ˈɑ:bɪtrərɪnɪs] vilkårlighet; ~ **y** vilkårlig.

arbitrat|ion [ɑ:bɪˈtreɪʃn] voldgift *m;* ~ **or** voldgiftsmann *m.*

arbour [ˈɑ:bə] lysthus.

arcade [ɑ:ˈkeɪd] buegang *m.*

arch [ɑ:tʃ] bue *m,* hvelv *n;* skjelmsk; erke-.

archaeolog|ist [ɑ:kɪˈɒlədʒɪst] arkeolog *m;* ~ **y** arkeologi *m.*

archbishop [ˈɑ:tʃˈbɪʃəp] erkebiskop *m.*

archer bueskytter *m.*

archipelago [ɑ:kɪˈpelagəʊ] arkipel *n,* øygruppe *m/f.*

architect [ˈɑ:kɪtekt] arkitekt *m;* ~ **ure** byggekunst *m.*

archives [ˈɑ:kaɪvz] arkiv *n.*

archrival [ˈɑ:tʃraɪvəl] erkerival *m.*

arctic [ˈɑ:ktɪk] arktisk.

ardent [ˈɑ:dənt] brennende, ildfull; ivrig.

area [ˈeərɪə] areal *n;* flate(innhold) *m/f (n);* område *n;* **danger** ~ faresone *m.*

arena [əˈri:nə] arena *m.*

Argentine [ˈɑ:dʒəntaɪn] argentinsk; argentiner *m;* **the** ~ Argentina.

argu|e [ˈɑ:gju] drøfte; argumentere; ~ **ment** argument *n,* drøfting *m/f;* strid *m;* ~ **mentation** bevisføring *m/f.*

aria [ˈɑ:rɪə] arie *m.*

arise [əˈraɪz] oppstå; fremtre.

aristocra|cy [ærɪsˈtɒkrəsɪ] aristokrati *n;* ~ **t** aristokrat *m;* ~ **tic** [-ˈkrætɪk] aristokratisk.

arithmetic [əˈrɪθmətɪk] regning *m/f,* aritmetikk *m;* ~ **al** [ærɪθˈmetɪkl] aritmetisk.

ark [ɑ:k] ark *m.*

arm [ɑːm] arm *m*, armlene *n*; (oftest *pl*) våpen(art) *n (m)*; bevæpne, ruste seg; ~ **ament** [ˈɑːməmənt] rustning *m*; krigsmakt *m/f*; opprustning *m*; ~ **aments race** kapprustning *m/f*; ~ **chair** lenestol *m*; ~ **istice** våpenstillstand *m*; ~ **let** armbind *n*; ~ **our** rustning *m*; panser *n*, pansre; ~ **our-bearer** væpner *m*; ~ **oury** arsenal *n*; ~ **pit** armhule *m*; ~ **y** hær *m*.

aroma [əˈrəʊmə] aroma *m*, duft *m*; ~ **tic** [ærəˈmætɪk] aromatisk.

around [əˈraʊnd] rundt om.

arouse [əˈraʊz] vekke.

arrange [əˈreɪndʒ] ordne; avtale; ~ **ment** ordning *m/f*, avtale *m*.

arrest [əˈrest] arrestasjon *m*; arrest *m*; arrestere, fengsle.

arrival [əˈraɪvəl] ankomst *m*; nykommer *m*; *pl* ankommende tog *n el* skip *n*; *merk* forsyninger; ~ **e** (an)komme **(at, in** til).

arrogance [ˈærəgəns] hovmod *n*; ~ **t** hovmodig, hoven.

arrow [ˈærəʊ] pil *m/f*.

arsenal [ˈɑːsənəl] arsenal *n*.

arsenic [ˈɑːsnɪk] arsenikk *m*.

arson [ˈɑːsn] brannstiftelse *m*; mordbrann; ~ **ist** brannstifter *m*.

art [ɑːt] kunst *m*; list *m/f*; **the fine** ~ **s** de skjønne kunster.

arterial [ɑːˈtɪərɪəl] **road** hovedtrafikkåre *m/f*; ~ **iosclerosis** [ɑːtɪərɪəʊsklɪˈrəʊsɪs] åreforkalkning *m*; ~ **y** pulsåre *m*; hovedtrafikkåre *m/f*.

artichoke [ˈɑːtɪtʃəʊk] artisjokk *m*.

article [ˈɑːtɪkl] artikkel *m*, vare *m*.

articulate [ɑːˈtɪkjʊleɪt] uttale tydelig; ~ **ion** uttale *m*, leddannelse *m*.

artificial [ɑːtɪˈfɪʃl] kunstig.

artillery [ɑːˈtɪlərɪ] artilleri *n*.

artisan [ˈɑːtɪzæn] håndverker *m*.

artist [ˈɑːtɪst] kunstner *m*; ~ **ic** [ɑːˈtɪstɪk] kunstnerisk.

as [æz] (lik)som; idet, ettersom, da; etter hvert som; ~ **for (to)** med hensyn til; ~ **good** ~ så god som; ~ **if** *(el* **though)** som om; ~ **it were** liksom, så å si; ~ **well** ~ også; ~ **yet** hittil, ennå.

asbestos [æzˈbestɒs] asbest *m*.

ascend [əˈsend] stige, gå opp, bestige; ~ **dancy** (over)herredømme *n*. ~ **sion** oppstigning *m*; **Ascension (Day)** Kristi himmelfartsdag.

ascertain [æsəˈteɪn] bringe på det rene.

ascetic [əˈsetɪk] asket *m*; asketisk; ~ **ism** askese *m*.

ascribe [əsˈkraɪb] tilskrive, -legge.

ash [æʃ] ask(etre) *m (n)*; *pl* aske *m*; **Ash Wednesday** askeonsdag.

ashamed [əˈʃeɪmd] skamfull; **be** ~ skamme seg **(of** over).

ash-can [æʃkæn] *amr* søppeldunk *m*.

ashore [əˈʃɔː] i land.

ash-tray [ˈæʃtreɪ] askebeger *n*.

Asia [ˈeɪʃə] Asia; ~ **Minor** Lilleasia; ~ **n** [ˈeɪʃn]; ~ **tic** [eɪʃɪˈætɪk] asiatisk.

aside [əˈsaɪd] til side.

ask [ɑːsk] spørre **(for** etter); be **(for** om); forlange; innby.

asleep [əˈsliːp] i søvne; **be** ~ sove; **fall** ~ sovne.

asparagus [əˈspærəgəs] asparges *m*.

aspect [ˈæspekt] aspekt *m/n*; side av en sak.

aspen [ˈæspən] osp *m/f*; ospe-.

asphalt [ˈæsfælt] asfalt *m*.

aspirant [ˈæspɪrənt] aspirant *m*; ~ **e** [əˈspaɪə] aspirere; strebe **(to, after** etter); ~ **in** aspirin *m*.

ass [æs] esel *n*; *fig* tosk *m*.

assassin [əˈsæsɪn] (snik)morder *m*; ~ **ate** myrde; ~ **ation** (snik)mord *n*.

assault [əˈsɔːlt] angrep *n*; overfall *n*; overfalle.

assemblage [əˈsemblɪdʒ] samling *m/f*; montering *m/f*; ~ **e** samle seg, komme sammen; montere; ~ **y** (for)samling *m/f*; montasje *m*; ~ **y belt (line)** samlebånd *n*.

assent [əˈsent] samtykke **(to** i).

assert [əˈsɜːt] hevde; ~ **ion** påstand *m*; ~ **ive** påståelig.

assess [əˈses] iligne, beskatte; vurdere, taksere; ~ **ment** skatteligning *m/f*.

assets [ˈæsets] *pl* aktiva.

assign [əˈsaɪn] an-, tilvise; ~ **ment** angivelse *m*; oppgave *m*.

assimilat|e [ə'sɪmɪleɪt] assimilere; **~ ion** [-'leɪʃn] assimilasjon *m.*

assist [ə'sɪst] assistere; **~ ance** assistanse; **~ ant** assistent.

associat|e [ə'səʊʃɪeɪt] knytte til; forbinde; omgås; [-ʃɪɪt] kollega *m,* assosiert *m;* **~ ion** forening *m/f,* forbindelse *m.*

assort [ə'sɔːt] assortere, sortere.

assum|e [ə'sjuː m] anta; påta seg; **~ ption** [ə'sʌm(p)ʃn] antagelse *m,* forutsetning *m;* anmasselse *m.*

assur|ance [əʃ'ʊərəns] forsikring *m/f,* løfte *n;* visshet *m;* **~ e** (for)sikre, trygde.

astern [əs'tɜːn] akter(ut).

asthma ['æsmə] astma *m;* **~ tic** [æs'mætɪk] astmatisk.

astonish [ə'stɒnɪʃ] forbause; **~ ing** forbausende; **~ ment** forbauselse *m.*

astound [ə'staʊnd] forbløffe.

astray [ə'streɪ] på villspor.

astride [ə'straɪd] overskrevs.

astro|loger [ə'strɒlədʒə] stjernetyder *m;* **~ naut** astronaut *m;* **~ nomer** astronom *m;* **~ logy** astrologi *m;* **~ nomy** astronomi *m.*

astute [ə'stjuːt] slu, gløgg.

asunder [ə'sʌndə] i stykker.

asylum [ə'saɪləm] asyl *n;* **~ -seeker** asylsøker *m.*

at [æt] til, ved, i, hos, på; **~ home** hjemme; **~ school** på skolen; **~ table** ved bordet; **~ the age of** i en alder av; **~ three o'clock** klokken tre.

atheis|m ['eɪθɪɪsm] ateisme; **~ t** ateist *m.*

Athens ['æθɪnz] Aten.

Atlantic, the [ət'læntɪk] Atlanterhavet.

athlet|e ['æθliːt] (fri)idrettsmann *m,* atlet *m,* **~ ic** [æθ'letɪk] atletisk; **~ ics** friidrett *m.*

atmosphere ['ætməsfɪə] atmosfære *m.*

atom ['ætəm] atom *n;* **~ ic** [ə'tɒmɪk] atom-; **~ ic bomb** atombombe *m/f;* **~ ic energy** atomenergi *m.*

atone [ə'təʊn] sone; **~ ment** soning *m/f.*

atroci|ous [ə'trəʊʃəs] fryktelig; **~ ty** [ə'trɒsɪtɪ] grusomhet *m.*

attach [ə'tætʃ] knytte; tillegge; **~ ed** knyttet **(to** til), hengiven; **~ ment** hengivenhet *m.*

attack [ə'tæk] angrep *n;* angripe.

attain [ə'teɪn] (opp)nå.

attempt [ə'tempt] forsøk *n;* attentat *n;* forsøke; gjøre attentat.

attend [ə'tend] ledsage, betjene, ekspedere; besørge; delta i; **~ ance** oppvartning *m;* nærvær *n;* tilstedeværelse *m;* fremmøte *n;* **~ ant** vaktmann *m;* tjener *m.*

atten|tion [ə'tenʃn] oppmerksomhet *m;* **~ ive** oppmerksom.

attest [ə'test] bevitne; **~ ation** bevitnelse *m.*

attic ['ætɪk] kvist(rom) *m (n).*

attire [ə'taɪə] antrekk.

attitude ['ætɪtjuːd] holdning *m/f;* (inn)stilling *m/f.*

attorney [ə'tɜːnɪ] *amr* advokat *m;* **~ -general** riksadvokat *m.*

attract [ə'trækt] tiltrekke; **~ ion** tiltrekning(skraft) *m/f (m/f);* **~ ive** tiltrekkende.

attribute ['ætrɪbjuːt] kjennetegn *n,* egenskap *m;* [ə'-] tilskrive; *v* tillegge, tilskrive.

auburn ['ɔːbən] (kastanje)brun.

auction ['ɔːkʃn] auksjon(ere) *m;* **~ eer** auksjonarius *m.*

audacious [ə'deɪʃəs] (dum)dristig.

audible ['ɔːdəbl] hørbar.

aud|ience ['ɔːdjəns] publikum *n,* tilhørere, audiens *m;* **~ it** revidere; revisjon *m;* **~ ition** [-dɪʃn] påhøring, prøve *m/f;* prøve, avlegge prøve (som sanger, musiker osv.); **~ itor** [-dɪtə] tilhører *m;* revisor *m.*

augment [ɔː'gment] øke, vokse.

augur ['ɔːgə] varsle (være varsel om).

August ['ɔːgəst] august.

aunt [ɑːnt] tante *m/f.*

auspic|es ['ɔːspɪsɪz] varsler; **~ ious** lykkevarslende.

auster|e [ɒs'tɪə] streng, barsk; **~ ity** [ɒs'terɪtɪ] strenghet, barskhet *m.*

Australia [ɒs'treɪljə] Australia; **~ n** australier *m,* australsk.

Austria ['ɔːstrɪə] Østerrike.

authentic [ɔː'θentɪk] ekte, autentisk.

author(ess) [ˈɔːθə(rɪs)] forfatter(inne) *m (m/f);* opphavsmann *m;* ~ **itative** [ɔːˈθɒrɪtətɪv] bestemmende, toneangivende; myndig; ~ **ity** myndighet *m;* autoritet *m;* fullmakt *m/f;* ~ **ize** bemyndige.

auto [ˈɔːtəʊ] bil *m;* ~ **crat** enevoldsherre *m;* ~ **graph** autograf *m;* ~ **matic(ally)** automatisk; ~ **mobile** *amr* bil *m;* ~ **nomy** selvråderett *m,* selvstyre *n.*

autopsy [ˈɔːtəpsɪ] obduksjon *m.*

autumn [ˈɔːtəm] høst *m.*

avail [əˈveɪl] nytte; ~ **oneself of** benytte seg av; ~ **able** disponibel, tilgjengelig.

avalanche [ˈævəlɑːnʃ] lavine *m;* snøskred *n.*

avarice [ˈævərɪs] griskhet *m,* gjerrighet *m;* ~ **ious** [əvəˈrɪʃəs] gjerrig, grisk.

avenge [əˈvendʒ] hevne.

avenue [ˈævɪnjuː] aveny *m,* allé *m.*

average [ˈævərɪdʒ] gjennomsnitt(lig); havari *n.*

aversion [əˈvɜːʃn] aversjon, uvilje, avsky *m.*

avert [əˈvɜːt] avverge.

aviation [ˈeɪvɪeɪʃn] flyging *m/f;* ~ **tor** flyger *m.*

avoid [əˈvɔɪd] unngå.

await [əˈweɪt] vente på, avvente.

awake [əˈweɪk] våkne, vekke; våken; ~ **n** vekke.

award [əˈwɔːd] pris, premie *m;* tilkjenne.

aware [əˈweə]: **be** ~ **of** være klar over.

away [əˈweɪ] bort, unna, vekk, av sted; borte.

awe [ɔː] ærefrykt *m;* age *m;* respekt *m;* inngyte ærefrykt; ~ **ful** forferdelig.

awkward [ˈɔːkwəd] keitet, klosset; flau; kjedelig, lei; ~ **ness** klossethet *m.*

awl [ɔːl] syl *m.*

awry [əˈraɪ] skjev(t), forkjært.

axe [æks] øks *m/f.*

axis [ˈæksɪs] akse *m;* ~ **le** hjulaksel *m.*

ay(e) [aɪ] ja.

azure [ˈæʒə] asurblå, himmelblå(tt).

B

B.A. [ˈbiː ˈeɪ] fork. for **Bachelor of Arts** laveste akademiske grad i England (og i USA).

babble [ˈbæbl] plapre, pludre.

baboon [bəˈbuːn] bavian *m.*

baby [ˈbeɪbɪ] spebarn *n.*

bachelor [ˈbætʃələ] ungkar *m.*

bacillus [bəˈsɪləs] basill *m.*

back [bæk] rygg *m,* bakside *m/f;* bak-; *v* rygge, bakke, støtte; vedde på; ~ **bite** baktale; ~ **bone** ryggrad *m;* fasthet *m;* ~ **ground** bakgrunn *m;* ~ **hand** slag i tennis; ~ **ward** tilbakestående.

backward(s) [ˈbækwədz] tilbake, baklengs; ~ **ter** bakevje.

bacon [ˈbeɪkn] sideflesk *n.*

bacteria [bækˈtɪərɪə] bakterier *m pl;* ~ **ologist** bakteriolog; ~ **um** bakterie.

bad [bæd] dårlig, slem; bedervet; syk; **he is** ~ **ly off** han har dårlig råd; **want** ~ **ly** trenge hardt til.

badge [bædʒ] kjennetegn *n,* merke *n;* ~ **r** grevling *m.*

baffle [ˈbæfl] forvirre; forpurre.

bag [bæg] sekk *m;* pose *m,* taske *f;* ~ **gage** (især i *amr)* bagasje; ~ **gage-check** *amr* baggasjekvittering *m/f;* ~ **gy** poset; ~ **pipe** sekkepipe *f.*

bail [beɪl] kausjon (ved løslatelse).

bait [beɪt] lokkemat *m;* agn *n;* agne.

bake [beɪk] bake; steke; ~ **er** baker *m;* ~ **ery** bakeri *n;* ~ **ing powder** bakepulver.

balance [ˈbæləns] vekt(skål) *m/f (m/f);* likevekt *m/f;* saldo *m;* balansere, veie; saldere; ~ **sheet** *merk* status *m.*

balcony [ˈbælkənɪ] balkong, altan *m.*

bald [bɔːld] skallet.

bale [beɪl] balle *m;* øse, lense; ~ **r** øsekar *n.*

ball [bɔːl] ball *m,* kule *m/f;* nøste *n;* dansefest *n.*

ballad [ˈbæləd] ballade *m;* folke-sang.

ball bearing kulelager *n.*

ballet [ˈbæleɪ] ballett *m.*

balloon [bəˈluːn] ballong *m.*

ballot [ˈbælət] stemmeseddel *m,* skriftlig avstemning; ~ **box** valg-urne *m/f.*

ball(point) pen kulepenn *m.*

balm [bɑːm] balsam *m;* trøst *m;* ~ **y** mild; *dt* skrullet.

Baltic [ˈbɔːltɪk] baltisk; **the** ~ **(Sea)** Østersjøen.

bamboo [bæmˈbuː] bambus *m.*

ban [bæn] bannlyse, forby.

banana [bəˈnɑːnə] banan *m.*

band [bænd] bånd *n;* bande *m;* orkester *n,* musikkorps *n;* ~ **age** bind *n,* bandasje *m;* forbinde; ~ **it** banditt; ~ **master** dirigent *m;* ~ **olier** bandolær.

bang [bæŋ] slag *n,* smell *n;* slå, smelle.

banish [ˈbænɪʃ] forvise; ~ **ment** forvisning *m.*

banisters [ˈbænɪstəz] *pl* gelender *n.*

bank [bæŋk] bank *m;* banke *m;* kant *m;* bredd *m;* ~ **(ing) account** bankkonto *m;* ~ **-bill** bankveksel *m;* ~ **-book** bankbok *m/f;* ~ **er** bankier *m;* ~ **ing** bankvesen *n,* bankvirksomhet *m;* ~ **note** penge-seddel *m;* ~ **rupt** konkurs; ~ **rupt-cy** konkurs *m.*

banner [ˈbænə] banner *n,* fane *m/f.*

banns [bænz] *pl* (ekteskaps)lysing *m/f.*

banquet [ˈbæŋkwɪt] bankett *m,* fest-måltid *n.*

banter [ˈbæntə] gjøne, spøke med.

baptism [ˈbæptɪzm] dåp *m;* ~ **tize** [bæpˈtaɪz] døpe.

bar [bɑː] stang *m/f,* slå *m,* bom *m;* spett *n;* sandbanke *m;* (retts-) skranke *m;* bar-(disk) *m;* stenge, sette slå for.

barb [bɑːb] tagg *m,* mothake *m,* brodd *m.*

barbed wire piggtråd *m.*

barbarian [bɑːˈbeərɪən] barbarisk; barbar *m;* ~ **baric,** ~ **barious** bar-barisk.

barber [ˈbɑːbə] barber *m.*

barbiturates [bɑːˈbɪtjərɪts] beroli-gende midler, barbiturater *n pl.*

bare [beə] bar, naken, snau; **lay** ~ blotte; ~ **faced** frekk; ~ **foot-(ed)** barbeint; ~ **ly** knapt, såvidt.

bargain [ˈbɑːgɪn] handel *m;* godt kjøp *n;* tinge, prute.

barge [bɑːdʒ] pram *m,* lekter *m.*

bark [bɑːk] bark *m;* gjøing *m/f,* gjø.

barley [ˈbɑːlɪ] bygg *n.*

barn [bɑːn] låve *m, amr* stall *m.*

barometer [bəˈrɒmɪtə] barometer *n.*

baron [ˈbærən] baron; ~ **ess** baro-nesse *m/f.*

baroque [bəˈrɒk] barokk.

barrack(s) [ˈbærəks] kaserne *m,* brakke(r) *m/f.*

barrage [ˈbærɪdʒ] demning.

barrel [ˈbærəl] tønne *m/f,* fat *n;* løp *n* (på en børse); valse *m;* ~ **organ** lirekasse.

barren [ˈbærən] ufruktbar, gold.

barricade [bærɪˈkeɪd] barrikade *m,* forskanse, barrikadere; ~ **er** bar-riere *m;* stengsel *n.*

barrister [ˈbærɪstə] advokat *m.*

barrow [ˈbærəu] gravhaug *m.*

bartender (især *amr)* barkeeper *m.*

barter [ˈbɑːtə] byttehandel *m;* tus-ke, bytte.

barytone [ˈbærɪtəun] baryton.

base [beɪs] basis *m;* grunnflate *m/f;* base *m;* tarvelig; basere; ~ **ball** *amr* ballspill *n;* ~ **ment** kjeller(etasje) *m.*

bashful [ˈbæʃful] bluferdig, blyg, unnselig.

basic [ˈbeɪsɪk] basisk, grunn-.

basin [ˈbeɪsn] kum *m;* fat *n;* bas-seng *n.*

basis [ˈbeɪsɪs] basis *m;* grunnlag *n.*

bask [bɑːsk] sole seg; ~ **et** kurv *m.*

bass [beɪs] bass *m.*

bastard [ˈbæstəd] bastard; uekte.

bat [bæt] balltre *n;* flaggermus *m/f.*

bath [bɑːθ] bad *n;* badekar *n;* ~ **e** [beɪð] bade; bad *n* (i det fri); ~ **ing suit** badedrakt *m/f;* ~ **ing**

trunks badebukse *m/f;* ~ **room** bad(eværelse) *n* ~ **tub** badekar *n.*

baton ['bætən] taktstokk.

battalion [bə'tæljən] bataljon.

battery ['bætərɪ] batteri.

battle ['bætl] slag *n;* ~ **field** slag-mark *m/f;* ~ **ment** brystvern *n;* ~ **ship** slagskip *n.*

Bavaria [bə'veərɪə] Bayern.

bawl [bɔ:l] skrål *n,* brøl *n;* skråle, brøle .

bay [beɪ] bukt *m/f,* vik *m/f;* rød-brun (hest); laurbær *n;* bjeffe; ~ **onet** ['beɪənɪt] bajonett.

baza(a)r [bə'za:] basar.

be [bi:] være; bli.

beach [bi:tʃ] strand *m/f;* sette på land.

beacon ['bi:kn] sjømerke *n;* fyr *n,* trafikklys *n.*

bead [bi:d] liten kule *m/f;* perle *m/f.*

beak [bi:k] nebb *n.*

beam [bi:m] bjelke *m;* (lys)stråle *m;* stråle, smile.

bean [bi:n] bønne *m.*

bear [beə] bjørn *m;* bære; bringe; tåle; føde; ~ **in mind** huske; ~ **on** vedkomme; ~ **d** [bɪəd] skjegg *n;* ~ **er** bærer *m;* overbringer *m;* ihendehaver *m;* ~ **ing** holdning *m;* peiling *m/f;* lager *n* (i ma-skin).

beast [bi:st] dyr *n,* udyr, best *n;* ~ **ly** dyrisk; avskyelig.

beat [bi:t] slå; overvinne; (hjerte)-slag *n (n);* takt(slag) *n.*

beautiful ['bju:tɪfʊl] skjønn, vak-ker.

beauty ['bju:tɪ] skjønnhet *m;* ~ **sa-lon,** ~ **shop** *amr* ~ **parlor** skjønn-hetssalong *m.*

beaver ['bi:və] bever(skinn) *m (n).*

because [bɪ'kɒz] fordi; ~ **of** på grunn av.

beckon ['bekən] vinke (på).

become [bɪ'kʌm] bli; sømme seg; kle; ~ **ing** passende.

bed seng *m/f;* bed *n;* elveleie *n;* ~ **-bug** veggelus *m/f;* ~ **ding** sengklær; underlag *n;* ~ **fellow** sengekamerat *n;* ~ **pan** (syke)bek-ken *n;* ~ **rock** grunnfjell *n;* ~ **room** soveværelse *n;* ~ **side**

sengekant *m;* ~ **side rug** sengefor-legger *m;* ~ **-sitting room** hybel *m;* ~ **spread** sengeteppe *n;* ~ **stead** seng *m/f;* ~ **time** senge-kant *m.*

bee [bi:] bie *m/f.*

beech [bi:tʃ] bøk *m.*

beef [bi:f] oksekjøtt *n;* ~ **steak** biff *m.*

bee|hive ['bi:haɪv] bikube *m;* ~ **keeper** birøkter *m.*

beer [bɪə] øl *n.*

beetle ['bi:tl] bille *m.*

beet|root ['bi:tru:t] rødbete *m;* ~ **-sugar** [-'ʃugə] roesukker *n.*

before [bɪ'fɔ:] før, foran; ~ **hand** på forhånd; i forveien.

beg tigge, be (inntrengende); **I** ~ **your pardon** unnskyld; **I** ~ **to** ... jeg tillater meg å ...

beggar ['begə] tigger *m;* ~ **ly** ussel.

begging tiggeri (tigging).

begin [bɪ'gɪn] begynne; ~ **ner** be-gynner *m;* ~ **ning** begynnelse *m.*

behalf [bɪ'hɑ:f]: **on** ~ **of** på vegne av.

behav|e [bɪ'heɪv] oppføre seg; ~ **iour** oppførsel *m.*

behead [bɪ'hed] halshogge.

behind [bɪ'haɪnd] bak(om); tilbake.

being ['bi:ɪŋ] eksistens *m;* skapning *m,* vesen *n.*

belated [bɪ'leɪtɪd] seint ute, forsin-ket.

belch [beltʃ] rap *n,* oppstøt *n;* rape.

Belgi|an ['beldʒən] belgisk; belgier *m;* ~ **um** Belgia.

belie|f [bɪ'li:f] tro *m;* ~ **vable** trolig; ~ **ve** tro (**in** på).

bell klokke *m/f;* bjelle *m/f; (mar)* glass *n,* halvtime *m;* ~ **cow** bjelle-ku; ~ **-hop** *amr* pikkolo *m;* ~ **ige-rent** krigførende; ~ **ow** brøl; ~ **ows** blåsebelg *m.*

belly ['belɪ] buk *m,* mage *m.*

belong [bɪ'lɒŋ] **to** tilhøre, høre til; ~ **ings** eiendeler *m pl.*

beloved [bɪ'lʌvɪd] elsket; avholdt.

below [bɪ'ləʊ] (neden)under.

belt belte *n;* reim *f;* feste med belte.

bench [bentʃ] benk *m;* domstol *m.*

bend krumning *m,* sving *m;* bøye (seg), svinge.

beneath [bɪˈniːθ] = **below.**

benediction [benɪˈdɪkʃn] velsignelse *m.*

benefaction [benɪˈfækʃn] velgjerning *m/f;* ~ **or** velgjører *m.*

beneficence [bɪˈnefɪsns] godgjørenhet *m;* ~ **ent** godgjørende; ~ **ial** gagnlig.

benefit [ˈbenɪfɪt] gode *n,* gagn *n;* nytte *m/f;* gagne; ~ **by** ha nytte av.

benevolence [bɪˈnevələns] velvilje *m,* velgjerning *m/f;* ~ **t** velvillig.

bent hang *m,* tilbøyelighet *m;* ~ **on** oppsatt på.

benzine [ˈbenziːn] (rense)bensin *m.*

bequeath [bɪˈkwiːθ] testamentere; ~ **est** testamentarisk gave *m.*

beret [ˈberɪt, ˈbereɪ, bəˈreɪ] alpelue, baskerlue.

berry [ˈberɪ] bær *n.*

berth [bɜːθ] ankerplass *m;* køye *m/f.*

beside [bɪˈsaɪd] ved siden; ~ **s** dessuten; foruten.

besiege [bɪˈsiːdʒ] beleire.

best best; **make the ~ of** gjøre det best mulige ut av; ~ **man** forlover *m.*

bet vedde(mål) *n.*

betray [bɪˈtreɪ] forråde, røpe; ~ **al** forræderi *n.*

better [ˈbetə] bedre; forbedre; **get the ~ of** beseire; **so much the ~** desto bedre.

between [bɪˈtwiːn] (i)mellom; ~ **you and me** mellom oss sagt.

beverage [ˈbevərɪdʒ] drikk *m.*

bewail [bɪˈweɪl] jamre over.

beware [bɪˈweə] passe seg, vokte seg (**of** for).

bewilder [bɪˈwɪldə] forvirre; ~ **ment** forvirring *m/f.*

bewitch [bɪˈwɪtʃ] forhekse.

beyond [bɪˈjɒnd] på den andre siden (av); hinsides; utover; bortenfor; ~ **measure** over all måte; ~ **me** over min forstand.

bias(s)ed [ˈbaɪəst] forutinntatt, partisk.

bib smekke *m.*

Bible [ˈbaɪbl] bibel *m;* ~ **ical** [ˈbɪblɪkl] bibelsk.

bicker [ˈbɪkə] kjekle.

bicycle [ˈbaɪsɪkl] sykkel *m.*

bid by, befale; gjøre bud; bud *n;* ~ **der** byder *m.*

bier [bɪə] (lik)båre *m/f.*

big stor, svær.

bigamy [ˈbɪgəmɪ] bigami *n.*

bigot [ˈbɪgət] fanatiker, blind tilhenger *m.*

bike [baɪk] sykkel *m;* sykle.

bile [baɪl] galle *m;* ~ **ious** [ˈbɪljəs] gallesyk, grinete.

bill regning *m/f;* veksel *m* (~ **of exchange**); lovforslag *n;* plakat *m; amr* pengeseddel *m;* nebb *n.* ~ **of fare** spiseseddel *m;* ~ **board** reklametavle *m/f.*

billiard(s) [ˈbɪljəd(z)] biljardspill *n.*

billion [ˈbɪljən] billion *m; amr* milliard *m.*

bin binge, kasse *m/f.*

bind [baɪnd] binde; forbinde; binde inn; forplikte; ~ **ing** forpliktende; bind *n;* innbinding *m/f.*

binoculars [bɪˈnɒkjʊləz] kikkert *m.*

biodynamic [ˈbaɪədaɪˈnæmɪk] biodynamisk.

biographer [baɪˈɒgrəfə] biograf *m;* ~ **y** biografi *m.*

biologist [baɪˈɒlədʒɪst] biolog; ~ **logy** [baɪˈɒlədʒɪ] biologi *m;* ~ **technology** bioteknologi *m.*

birch [bɜːtʃ] bjørk *m/f;* ~ **-bark** never *m.*

bird [bɜːd] fugl *m;* ~ **cherry** hegg *m.*

birth [bɜːθ] fødsel *m;* byrd *m;* herkomst *m;* ~ **day** fødselsdag *m;* ~ **-mark** føflekk *m;* ~ **place** fødested *n;* ~ **rate** fødselsrate *m.*

biscuit [ˈbɪskɪt] (skips)kjeks *m.*

bisexual [ˈbaɪseksjʊəl] bi-seksuell.

bishop [ˈbɪʃəp] biskop *m;* løper (sjakk).

bit bit *m;* stykke *n;* bissel *n;* borspiss *m;* ~ **by** ~ litt etter litt; **a** ~ litt, en smule.

bitch [bɪtʃ] tispe *f;* (skjellsord) merr *f.*

bite [baɪt] bitt *n;* bite.

bitter [ˈbɪtə] bitter; besk; bitter *m*

(øl); ~ **ness** bitterhet *m;* skarphet *m.*

bizarr [bɪˈzɑː] bisarr.

black [blæk] svart, mørk; neger *m;* sverte; ~ **berry** bjørnebær *n;* ~ **board** veggtavle *m/f;* ~ **currant** solbær *n;* **the Black Death** Svartedauden; ~ **en** sverte; ~ **guard** [ˈblægəd] kjeltring *m,* slyngel *m;* ~ **ing** (sko-) sverte *m/f;* ~ **-list** svarteliste *m/f;* ~ **mail** pengeutpressing *m/f;* **the Black Maria** Svartemarja; ~ **market** svartebørs *m;* ~ **pudding** blodpudding; **the Black Sea** Svartehavet; ~ **smith** grovsmed *m.*

bladder [ˈblædə] blære *m/f.*

blade [bleɪd] blad *n;* klinge *m.*

blame [bleɪm] daddel *m;* dadle, klandre.

blank [blæŋk] blank, ubeskrevet; tomrom *n;* ~ **et** ullteppe *n.*

blasé [ˈblɑːzeɪ] blasert.

blaspheme [blæsˈfiːm] spotte, banne; ~ **y** [ˈblæsfəmɪ], gudsbespottelse *m.*

blast [blɑːst] vindkast *n;* trompetstøt *n;* sprengning *m;* ødelegge, sprenge; **oh,** ~ **!** pokker også! ~ **-furnace** masovn *m.*

blaze [bleɪz] flamme *m,* brann, *m;* lyse, skinne.

blazer [ˈbleɪzə] sportsjakke *m/f.*

blazon [ˈbleɪzən] **abroad** utbasunere.

bleach [bliːtʃ] bleike.

bleak [bliːk] (rå)kald, guffen.

bleat [bliːt] breke.

bleed [bliːd] blø; årelate.

bleeper [ˈbliːpə] personsøker *m.*

blemish [ˈblemɪʃ] skavank *m,* plett *m,* lyte *n.*

blend blande; blanding *m/f.*

bless velsigne; ~ **ed** velsignet, hellig; ~ **ing** velsignelse *m.*

blight [blaɪt] *s* meldugg, tørråte *m; v* forderve, ødelegge.

blind [blaɪnd] blind (**to** for); rullegardin *m/f,* sjalusi *m;* ~ **alley** blindgate; ~ **fold** binde for øynene; ~ **man's buff** blindebukk; ~ **ness** blindhet.

blink blink *n;* glimt *n;* blinke; ~ **ers** skylapper.

bliss lykksalighet *m;* ~ **ful** lykksalig.

blister [ˈblɪstə] vable *m,* blemme *m/f.*

blizzard [ˈblɪzəd] snøstorm *m.*

bloat [bləʊt] svulme opp.

block [blɒk] blokk *m/f;* kloss *m; amr* kvartal *n;* blokkere; ~ **ade** [blɒˈkeɪd] blokade *m;* blokkere; ~ **head** dumrian *m;* ~ **house** blokkhus.

bloke [bləʊk] *dt* fyr, mann.

blood [blʌd] blod *n;* ~ **clot** blodpropp; ~ **less** ublodig; ~ **poisoning** blodforgiftning *m;* ~ **shed** blodsutgytelse *m;* ~ **transfusion** blodoverføring *m/f;* ~ **vessel** blodkar *n;* ~ **y** blodig; fordømt, helvetes.

bloom [bluːm] (blomster)flor *n;* blomstring *m/f;* blomstre.

blossom [ˈblɒsəm] blomst *m;* blomstre; blomstring.

blot [blɒt] klatt *m,* flekk *m;* flekke, skjemme; ~ **out** utslette; ~ **ting-pad** underlag av trekkpapir; ~ **ting-paper** trekkpapir *n.*

blouse [blaʊz] bluse *m/f.*

blow [bləʊ] slag *n,* støt *n;* blåse; ~ **out** utblåsing *m/f;* ~ **over** gli over; ~ **up** sprenge i lufta; ~ **er** blåser *m;* ~ **fly** spyflue *m/f.*

blue [bluː] blå; *(fig)* nedtrykt; ~ **anemone** blåveis; ~ **berry** blåbær; ~ **print** blåkopi *m;* ~ **s** tungsinn *n.*

bluff [blʌf] steil, bratt; barsk; bratt skrent *m;* bløff *m;* bløffe.

blunder [ˈblʌndə] bommert *m.*

blunt [blʌnt] sløv; likefram; brysk.

blur [blɜː] uklarhet *m,* tåke *f;* plette, dimme, utviske.

blurt [blɜːt] **out** buse ut med.

blush [blʌʃ] rødme.

boar [bɔə] råne *m;* villsvin *n.*

board [bɔːd] bord *n,* brett *n;* fjel; papp *m,* kartong *m;* styre *n,* utvalg *n;* bordkle; ha i kost; være i kost; ~ **and lodging** kost og losji; **on** ~ om bord; ~ **er** pensjonær *m;* ~ **fence** plankegjerde; ~ **ing house** pensjonat *n;* ~ **ing school** pensjonatskole *m.*

boast [bəʊst] skryt *n;* skryte; ~ **er** skryter *m.*

boat [bəʊt] båt *m;* skip *n;* ~ **-hook** båtshake; ~ **refugee** båtflyktning *m;* ~ **swain** [ˈbəʊsn] båtsmann *m.*

bob [bɒb] vippe, nikke, rykke; duppe; stusse; noe som henger og dingler, dupp *m.*

bobbin [ˈbɒbɪn] snelle *m/f;* spole *m.*

bobby [ˈbɒbɪ] (engelsk) politimann *m.*

bodily [ˈbɒdɪlɪ] legemlig.

body [ˈbɒdɪ] legeme *n;* kropp *m;* lik *n;* korps *n;* forsamling *m/f;* karosseri *n;* hoveddel *m;* ~ **guard** livvakt *m.*

bog [bɒg] myr *m/f;* ~ **gy** myrlendt.

Bohemian [bəʊˈhiːmjən] bohem, bøhmer.

boil [bɔɪl] byll *m;* koke; ~ **er** (damp)kjele *m;* ~ **ersuit** kjeledress *m.*

boisterous [ˈbɔɪstərəs] larmende, bråkende.

bold [bəʊld] dristig; freidig.

bolt [bəʊlt] bolt *m;* slå *m/f;* lyn *n;* stenge (med slå *el* skåte); løpe (løpsk, sin vei); stikke av; sikte (korn, mjøl).

bomb [bɒmb] *v & s* bombe *m/f;* ~ **astic** svulstig; ~ **er** bombefly *n.*

bonanza [bəʊˈnænza] gullgruve *m/f.*

bond [bɒnd] bånd *n;* obligasjon *m;* forpliktelse *m;* frilager *n;* ~ **age** trelldom *m.*

bone [bəʊn] bein *n,* knokkel *m;* ~ **-dry** knusktørr; ~ **-marrow** beinmarg *m.*

bonfire [ˈbɒnfaɪə] bål *n.*

bonnet [ˈbɒnɪt] damehatt *m;* panser (bil).

bonus [ˈbəʊnəs] gratiale *n.*

bony [ˈbəʊnɪ] beinet, knoklet.

book [bʊk] bok *m/f;* bestille; bok-føre; løse billett til; ~ **binder** bok-binder *m;* ~ **case** bokreol *m;* ~ **ing office** billettkontor *n;* ~ **keeper** bokholder *m;* ~ **maker** veddemålsagent *m;* ~ **mark** bok-merke *n;* ~ **seller** bokhandler *m;* ~ **shelf** bokhylle *m;* ~ **stall** kiosk

m; ~ **store** *amr* bokhandel *m;* ~ **worm** bokorm.

boom [buːm] bom *m;* drønn *n;* høykonjunktur *m;* ta *(el* gi) et oppsving.

boon [buːn] gave, gunst *m.*

boor [bʊə] tølper.

boost [buːst] øke, forsterke.

boot [buːt] bagasjerom (i bil) *n;* (salgs)bod; telefonkiosk; ~ **legger** en som selger noe ulovlig (oftest sprit); ~ **y** (krigs)bytte.

booze [buːz] rangle; rangel *m;* fyll; ~ **r** fyllebøtte.

border [ˈbɔːdə] rand *m/f,* kant *m;* grense(land) *m/f (n);* avgrense; grense **(upon** til).

bore [bɔː] bor *n;* kjedelig person *m;* plage; kjede, **it is a** ~ **e** det er ergerlig, kjedelig; springflo *m;* ~ **edom** kjedsomhet *m;* ~ **ing** kje-delig.

borough [ˈbʌrə] bykommune *m;* valgkrets *m.*

borrow [ˈbɒrəʊ] låne (av).

bosom [ˈbʊzəm] barm *m;* bryst *n.*

boss [bɒs] mester *m,* sjef *m;* bule *m,* kul *m.*

botanic(al) [bəˈtænɪk(l)] botanisk; ~ **ist** [ˈbɒtənɪst], botaniker *m;* ~ **y** botanikk *m.*

botch [bɒtʃ] forkludre.

both [bəʊθ] begge.

bother [ˈbɒðə] bry, plage, bry(deri) ~ **some** brysom, plagsom.

bottle [ˈbɒtl] flaske *m/f;* fylle på flasker; ~ **neck** flaskehals.

bottom [ˈbɒtəm] bunn *m;* grunn *m;* innerste del; sette bunn i; **at the** ~ på bunnen; ved foten **(of** av).

bouillon [ˈbuːjɒŋ] buljong; ~ **cube** buljongterning.

boulder [ˈbəʊldə] kampestein *m.*

boulevard bulevard.

bounce [baʊns] sprang *n,* byks *n;* sprette, bykse; ~ **r** *dt* utkaster *m.*

bound [baʊnd] sprett *m/n,* byks *n;* grense *m/f;* begrense, sprette; bykse; **be** ~ **to do** (forut)bestemt, nødt til; ~ **for** bestemt for, på vei til; ~ **ary** grense *m/f;* ~ **less** grenseløs.

bountiful [ˈbaʊntɪfʊl] gavmild; ri-

kelig; ~ **y** gavmildhet *m;* premie
m.
bouquet ['bukeɪ] bukett.
bourgeois ['buəʒwɑ:] besteborger.
bow [bəʊ] bue *m;* fiolinbue *m;*
sløyfe *m/f;* [baʊ] bukk *n;* baug
m; bøye; bukke.
bowels ['baʊəlz] innvoller, tarmer.
bowl [bəʊl] kule *m/f;* bolle *m,*
skål *m/f;* pipehode *n;* spille kjeg-
ler; ~ **er** stiv hatt.
bow-legged ['bəʊlegd] hjulbeint.
box [bɒks] eske *m;* skrin *n;* kasse
m/f; koffert *m;* kuskesete *n;* los-
je *m;* avlukke *n;* slag *n,* ørefik
m; buksbom; bokse; slå; ~ **er**
bokser *m;* **Boxing Day** annen jule-
dag; ~ **ing glove** boksehanske;
~ **office** billettkontor *n* (på tea-
ter).
boy [bɔɪ] gutt *m;* tjener *m;* ~ **cott**
boikott *m;* boikotte; ~ **hood** gut-
teår; ~ **ish** guttaktig, gutte-;
~ **scout** speidergutt *m.*
bra [brɑ:] *dt* bysteholder *m.*
brace [breɪs] bånd *n;* støtte *m/f;*
(tannregulering) bøyle; binde,
stramme, spenne; ~ **s** bukseseler;
~ **let** armbånd *n.*
bracket ['brækɪt] klamme (paren-
tes) *m;* sette i klammer; ~ **lamp**
lampett.
brackisk ['brækɪʃ] brakkvann.
brag [bræg] skryte; ~ **gart** ['brægət]
skryter (skrythals) *m.*
braid [breɪd] flette *m/f;* snor *m;*
flette.
brain [breɪn] hjerne *m;* forstand *m*
(også **brains);** ~ **less** enfoldig.
brake [breɪk] *s & v* bremse *m/f.*
bran [bræn] kli *n.*
branch [brɑ:n(t)ʃ] grein *m/f;* arm
m; filial *m.*
brand [brænd] brann (glo) *m (m);*
merke *n;* fabrikat *n;* (brenne)mer-
ke; stempel; ~ **-new** splinterny.
brandy ['brændɪ] konjakk *m.*
brass [brɑ:s] messing *m/f;* *dt* gryn
(penger); ~ **band** hornmusikk-
korps *n.*
brat [bræt] unge *m.*
brave [breɪv] modig, tapper; ~ **ry**
tapperhet.
brawl [brɔ:l] klammeri *n.*

brawn [brɔ:n] sylte *m/f.*
bray [breɪ] skryte (esel).
brazen ['breɪzn] frekk, uforskam-
met.
Brazil [brə'zɪl] Brasil.
breach [bri:tʃ] brudd *n;* bresje *m.*
bread [bred] brød *n;* ~ **th** bredde
~ **winner** familieforsørger *m.*
break [breɪk] brudd *n;* avbrytelse
m; friminutt *n;* brekke, bryte;
ødelegge; ~ **down** bryte sammen;
a ~ **down** motorstopp *m,* sam-
menbrudd *n;* ~ **down lorry** servi-
cebil *m;* ~ **up** bryte opp; opplø-
se; ~ **able** skrøpelig; ~ **age** brudd
n, beskadigelse *m;* ~ **er** brottsjø
m; ~ **fast** ['brekfəst] frokost *m;*
~ **ing point** bristepunkt;
~ **through** gjennombrudd *n;*
~ **water** molo *m.*
breast [brest] bryst *n.*
breath [breθ] ånde; (ånde)drag *n;*
pust *m;* ~ **e** [bri:ð] puste; ~ **less**
andpusten; ~ **taking** spennende,
halsbrekkende.
breed [bri:d] rase *m;* avle; fostre;
~ **ing** avl *m;* oppdragelse *m.*
breeze [bri:z] bris *m;* ~ **y** luftig.
brew [bru:] brygg *n,* brygge; være
i gjære; ~ **age** brygg *n;* ~ **er** bryg-
ger *m;* ~ **ery** bryggeri *n.*
bribe [braɪb] bestikke(lse) *(m);*
~ **ry** bestikkelse *m.*
brick [brɪk] murstein *m;* ~ **layer** murer
m.
bridal ['braɪdl] brude-, bryllups-;
~ **couple** brudepar.
bride [braɪd] brud *m;* ~ **-groom**
brudgom *m;* ~ **smaid** brudepike
m.
bridge [brɪdʒ] bru *m.*
bridle ['braɪdl] bissel *n;* tøyle *m.*
brief [bri:f] kort(fattet); orientere;
~ **case** dokumentmappe *m/f;* ~ **s**
truser.
brig brigg.
bright [braɪt] klar; lys; gløgg; ~ **en**
lysne; ~ **ness** klarhet *m,* glans *m;*
skarpsindighet *m.*
brilliancy ['brɪljənsɪ] glans *m,* lys-
styrke *m;* ~ **t** briljant; skinnende.
brim rand *m/f,* kant *m;* være full
av, flyte over; ~ **ful** breddfull.
brine ['braɪn] lake.

bring bringe; ~ **about** forårsake,
få i stand; ~ **forth** frembringe,
føde; ~ **in** innføre, innbringe; ~
on bevirke; ~ **out** bringe for
dagen; utgi; ~ **up** oppdra; bringe
på bane.
brink kant *m.*
brisk livlig, sprek.
bristle [ˈbrɪsl] bust *m/f;* reise bust.
Brit|ain [ˈbrɪtn]; **Great Britain** Stor-
britannia; ~**ish** britisk; ~**ish Te-
lecom** Det britiske televerket;
~ **on** brite *m.*
brittle [ˈbrɪtl] skjør, sprø.
broad [brɔːd] bred, vid; ~ **cast**
kringkaste; ~ **casting** kringkas-
ting *m/f,* radio *m;* ~ **en** gjøre
bred, utvide; ~ **minded** vidsynt,
tolerant; ~ **side** bredside *m/f.*
broil [brɔɪl] steke, riste; klammeri
n.
broke [brəʊk] blakk, pengelens;
~ **n** ødelagt; ruinert; gebrokken.
broker [ˈbrəʊkə] mekler *m;* ~ **age**
meklergebyr.
bronze [brɒnz] bronse *m;* bronse-
re; gjøre (kobber)brun.
brooch [brəʊtʃ] brosje *m/f.*
brood [bruːd] kull *n* (fugler); yn-
gel *m;* ruge.
brook [brʊk] bekk *m;* tåle.
broom [bruːm] sopelime *m.*
Bros. [ˈbrʌðəz] brødrene (i firma-
navn).
brothel [ˈbrɒθl] bordell *m.*
brother [ˈbrʌðə] bror *m;* ~ **-in-law**
svoger *m.*
brow [braʊ] panne *m/f;* (øyen)-
bryn *n.*
brown [braʊn] brun; brune.
browse [braʊz] gnage, beite; skum-
lese.
bruise [bruːz] kveste(lse) *m.*
brush [brʌʃ] *s & v* børste *m;* pen-
sel *m;* ~ **away** avfeie; pusse opp,
gjenoppfriske; ~ **wood** kratt *n.*
brusque [brʊsk, brʌsk] brysk.
Brussels [ˈbrʌslz] Brussel.
brut|al [ˈbruːtl] dyrisk; brutal;
~ **ality** råskap *m,* brutalitet *m;*
~ **e** dyr *n;* umenneske *n,* udyr *n.*
bubble [ˈbʌbl] boble *m/f.*
buck [bʌk] hann *m,* bl.a. geite-,
sau-, reinsbukk *m;* sprade; *amr*

dollar *m;* gjøre bukkesprang;
stritte imot.
bucket [ˈbʌkɪt] bøtte *m/f,* spann *n.*
buckle [ˈbʌkl] *s & v* spenne *m/f.*
bud [bʌd] knopp *m;* skyte knop-
per; ~ **ding** knoppskyting *m/f.*
buddy [ˈbʌdɪ] *dt* kamerat *m.*
budge [bʌdʒ] røre (seg).
budgerigar [ˈbʌdʒərʊgaː] undulat
m.
budget [ˈbʌdʒɪt] budsjett *n.*
buffalo [ˈbʌfələʊ] bøffel *m;* amr
bison *m.*
buffer [ˈbʌfə] støtpute *m/f.*
buffoon [bʌˈfuːn] bajas *m.*
bug [bʌg] veggelus *m/f;* amr in-
sekt *n;* skjult mikrofon; avlytte
(med skjult mikrofon); ~ **bear**
busemann *m.*
build [bɪld] bygge; fasong *m;* ~ **er**
byggmester; ~ **er's employer**
bygghere.
bulb [bʌlb] lyspære *m/f;* løk *m,*
svibel *m.*
bulge [bʌldʒ] kul *m;* bule ut.
bulk [bʌlk] omfang *n;* (hoved)-
masse *m;* last *m/f;* ~ **y** svær, vo-
luminøs; i løsvekt.
bull [bʊl] okse *m;* hausse-speku-
lant *m;* bulle *m;* ~ **dog** bulldog
m; ~ **et** (gevær- *el* revolver)kule
m/f; ~ **et-proof** skuddsikker;
~ **-fight** tyrefektning.
bull's-eye [ˈbʊlzaɪ] kuøye *n;* blink-
skudd *n.*
bullshit [ˈbʊlʃɪt] *vulg* sludder,
«drittprat».
bully [ˈbʊlɪ] bølle *m.*
bulwark [ˈbʊlwək] skansekledning
m; (fig) forsvar *n,* vern *n.*
bum [bʌm] rumpe *m/f;* landstry-
ker *m;* boms *m;* gå på bommen.
bumble-bee [ˈbʌmblbɪ] humle *f* (in-
sekt).
bump [bʌmp] slag *n;* bule *m;* stø-
te, dunke; ~ **er** støtfanger *m;* ~ **y**
humpet.
bun [bʌn] (hvete)bolle *m.*
bunch [bʌn(t)ʃ] bunt *m,* knippe
n; klase *m;* ~ **of keys** nøkkel-
knippe *n.*
bundle [ˈbʌndl] bunt *m,* bylt *m;*
bunte.

bungle [ˈbʌŋgl] (for)kludre; ~ r *fig* kloss, kløne *f.*

bunk [bʌŋk] fast køye *m/f;* ~ **er** bunker *m*, bunkre.

buoy [bɔɪ] bøye *m;* merke opp; holde flott; ~ **ancy** oppdrift *m;* ~ **ant** flytende; spenstig.

burden [ˈbɜːdn] byrde *m;* bør *m/f;* drektighet *m;* lesse, legge på; bebyrde; ~ **some** byrdefull.

bureau [ˈbjuːrəʊ] byrå *n;* skrivebord *n;* ~ **cracy** byråkrati; ~ **crat** byråkrat.

burglar [ˈbɜːglə] innbruddstyv *m;* ~ **y** innbrudd *n.*

burgundy [ˈbɜːgəndɪ] burgunder.

burial [ˈberɪəl] begravelse *m;* ~ **ground** kirkegård *m.*

burn [bɜːn] brenne (opp).

bur(r) [bɜː] borre *m;* skarring.

burrow [ˈbʌrəʊ] hule *m;* gang *m;* grave ganger i jorda.

bursar [ˈbɜːsə] kasserer *m.*

burst [bɜːst] briste; eksplodere; sprenge; sprengning; utbrudd *n;* revne *m/f*, brudd *n.*

bury [ˈberɪ] begrave.

bus [bʌs] buss *m.*

bush [bʊʃ] busk *m*, kratt(skog) *m;* ~ **el** engelsk skjeppe *m/f.*

business [ˈbɪznɪs] forretning *m*, butikk *m;* beskjeftigelse *m;* sak *m/f;* oppgave *m;* ~ **-like** forretningsmessig.

bust [bʌst] byste *m/f;* fiasko *m.*

bustle [ˈbʌsl] travelhet *m;* ha det travelt; ~ **ing** oppskjørtet.

busy [ˈbɪzɪ] travel, opptatt; beskjeftige; ~ **body** geskjeftig person *m.*

but [bʌt, bət] men; unntagen; bare; **all** ~ nesten; ~ **for him** hadde ikke han vært; **the last** ~ **one** den nest siste.

butcher [ˈbʊtʃə] slakter *m;* ~ **y** slakteri *n.*

butler [ˈbʌtlə] kjellermester *m;* overtjener *m.*

butt [bʌt] (skyte)skive *m/f* (også *fig);* tykkende, kolbe *m;* (sigarett)stump *m;* stange.

butter [ˈbʌtə] smør *n;* smøre smør på; smigre; ~ **cup** smørblomst *m;* ~ **fingered** slepphendt; ~ **fly** sommerfugl *m.*

buttocks [ˈbʌtəks] *pl* (bak)ende *m*, sete *n.*

button [ˈbʌtn] knapp *m;* knappe; ~ **hole** knapphull(sblomst) *n.*

buy [baɪ] kjøpe; ~ **er** kjøper *m;* avtaker *m.*

buzz [bʌz] summe, surre.

by [baɪ] ved (siden av), av, forbi; innen, med; etter, ifølge; **all** ~ **himself** helt for seg selv, alene; ~ **all means** ja visst; ~ **the by** *el* ~ **the way** forresten, apropos; **day** ~ **day** dag for dag; ~ **day** **(night)** om dagen (natten); ~ **-election** [ˈbaɪɪlekʃən] suppleringsvalg *n;* **little** ~ **little** litt etter litt; ~ **oneself** for seg selv, alene; ~ **rail** med jernbane; ~ **6 o'clock** innen kl. 6; ~ **the sack** i sekkevis.

bygone [ˈbaɪgɒn] fordums, tidligere; ~ **product** biprodukt *m;* ~ **street** sidegate *m/f;* ~ **word** ordspråk *n*, ordtak *n.*

C

cab [kæb] drosje *m/f.*

cabaret [ˈkæbəreɪ] kabaret *m.*

cabbage [ˈkæbɪdʒ] kål(hode) *m (n).*

cabin [ˈkæbɪn] hytte *f;* lugar *m.*

cabinet [ˈkæbɪnɪt] skap *n;* kabinett *n;* ~ **maker** møbelsnekker *m;* **Cabinet Meeting** statsråd (inst.) *n;* **Cabinet Minister** statsråd (person) *m.*

cable [ˈkeɪbl] kabel *m;* telegrafere; ~ **gram** (kabel)telegram *n.*

cabman drosjesjåfør *m;* ~ **rank**, ~ **stand** drosjeholdeplass *m.*

cackle [ˈkækl] kakling *m/f;* kakle, snadre.

cactus [ˈkæktəs] kaktus *m.*

cad [kæd] pøbel *m*, simpel fyr *m.*

cadaver [kəˈdeɪvə] kadaver *n*, lik

n; ~ **ous** [kə'dævərəs] lik-, lik-
bleik.

cafeteria [kæfə'tiːrɪə] kafeteria *m.*

caffein ['kæfiiːn] kaffein *m.*

cage [keɪdʒ] (sette i) bur *n.*

cairn [keən] varde (av stein) *m.*

cake [keɪk] kake *m/f;* ~ **of soap**
såpestykke *n;* klumpe (seg) sam-
men.

calamitous [kə'læmɪtəs] katastro-
fal; ~ **y** ulykke *m/f,* katastrofe *m.*

calcareous [kæl'keərɪəs] kalkholdig.

calculable ['kælkjʊləbl] beregnelig;
~ **te** beregne, regne ut; *amr* tro,
formode; ~ **tion** beregning *m/f;*
~ **tor** kalkulator *m,* regnemaskin
m.

calendar ['kæləndə] kalender *m.*

calf *pl* **calves** [kɑːf, kɑːvz] kalv
m; (tykk)legg *m.*

calibre ['kælɪbə] kaliber *n.*

call [kɔːl] rop *n;* oppringning *m;*
(kort) besøk *n;* anløp *n;* kalle,
benevne; rope (ut, opp); (til)kal-
le; se innom; vekke, purre; ringe
til; ~ **box** telefonkiosk *m;* ~ **ing**
roping *m/f;* kall *n,* yrke *n.*

callous ['kæləs] *is. fig* hard.

calm [kɑːm] rolig, stille; ro *m/f,*
stillhet *m;* vindstille; berolige; ~
down stilne, bli rolig, roe seg.

calorie ['kælərɪ] kalori *m.*

camel ['kæməl] kamel *m.*

cameo ['kæmɪəʊ] kamé *m.*

camera ['kæmərə] fotoapparat *n,*
kamera *n.*

camouflage ['kæmʊflɑːʒ] kamuflas-
je *m.*

camp [kæmp] leir *m;* ligge i *(el*
slå*)* leir; ~ **-bed** feltseng *m/f;*
~ **-stool** taburett *m,* feltstol *m.*

campaign [kæm'peɪn] felttog *n;*
kampanje *m;* **electoral** ~ valg-
kamp *m.*

camphor ['kæmfə] kamfer *m;*
~ **ated spirits** kamferdråper.

campus ['kæmpəs] *amr* universi-
tetsområde *n.*

can [kæn] kanne *m/f,* spann *n;*
hermetikkboks *m;* nedlegge her-
metisk; kan.

Canadian [kə'neɪdjən] kanadisk;
kanadier *m.*

canned goods hermetikk *m;* ~ **nery**

hermetikkfabrikk *m;* ~ **opener**
boksåpner *m.*

canal [kə'næl] (kunstig) kanal *m.*

canary [kə'neərɪ] (~ **-bird**) kanari-
fugl *m.*

cancel ['kænsl] stryke ut, annulle-
re, avlyse.

cancellation [kænsə'leɪʃn] utstryk-
ning *m,* annullering *m/f,* avlysing
m/f, kansellering *m/f.*

cancer ['kænsə] *med* kreft *m;* ~ **ous**
kreft-, kreftaktig.

candid ['kændɪd] oppriktig, ærlig.

candidate ['kændɪdeɪt] kandidat *m.*

candle ['kændl] (stearin)lys *n;*
~ **stick** lysestake *m.*

candy ['kændɪ] kandis(sukker) *n;*
amr sukkertøy *n;* kandisere.

cane [keɪn] rør *n;* spaserstokk *m;*
spanskrør *n;* sukkerrør *n;* pryle;
~ **sugar** rørsukker.

cannibal ['kænɪbəl] kannibal *m.*

cannon ['kænən] *mil* kanon *m;*
~ **-ball** kanonkule *m/f.*

cannot ['kænɒt] kan ikke.

canny ['kænɪ] lur; slu; varsom.

canoe [kə'nuː] kano *m.*

canon ['kænən] *rel* kanon *m,* kirke-
regel *m;* kannik *m.*

canopy ['kænəpɪ] baldakin *m.*

cant [kænt] hykleri *n,* tomme fra-
ser *m;* (fag) sjargong *m;* helling
m/f; helle, sette på kant; ~ **tan-**
kerous [kæn'tæŋkərəs] krakilsk;
~ **tata** [kæn'tɑːtə] kantate *m;*
~ **teen** kantine *m/f.*

canvas ['kænvəs] seil(duk) *n (m);*
lerret *n,* maleri *n;* ~ **s** (drive) hus-
agitasjon *m.*

canyon ['kænjən] slukt *m,* fjellkløft
m/f.

caoutchouc ['kaʊtʃʊk] kautsjuk *m.*

cap [kæp] lue *m/f,* hette *m/f,*
kapsel *m;* sette hette på, dekke;
overgå.

capability [keɪpə'bɪlɪtɪ] evne *m,*
dyktighet *m;* ~ **le** i stand til; du-
gelig, dyktig.

capacitate [kə'pæsɪteɪt] sette i stand
til å; ~ **y** rom(melighet) *n (m);*
kapasitet *m;* dyktighet *m,* evne
m/f.

cape [keɪp] nes *n,* kapp *n,* nes *n;*
(ermeløs) kappe *n.*

capital ['kæpɪtl] hoved-, viktigst; døds- (~ **punishment** dødsstraff *m); dt* storartet; hovedstad *m;* kapital *m;* stor bokstav *m;* ~**ism** kapitalisme *m.*

capitulat|e [kə'pɪtjʊleɪt] kapitulere; ~**ion** kapitulasjon *m;* oppgivelse *m.*

capric|e [kə'pri:s] kaprise *m,* lune *n;* ~**ious** lunefull, lunet.

cap|size [kæp'saɪz] kantre; ~ **sule** ['kæpsju:l] kapsel *m.*

captain ['kæptɪn] kaptein *m;* skipsfører *m;* lagleder *m.*

captiv|ate ['kæptɪveɪt] *fig* fengsle; ~**e** fanget, fange *m;* ~**ity** fangenskap *n.*

capture ['kæptʃə] tilfangetagelse *m,* arrestasjon *m;* bytte *n;* ta til fange; oppbringe.

car [kɑ:] bil *m;* især *amr* jernbanevogn *m/f.*

carafe [kə'rɑ:f, kə'ræf] karaffel *m.*

caramel karamell *m.*

carat ['kærət] karat.

caravan ['kærəvæn] karavane *m;* husvogn *m/f;* campingvogn *m/f;* stor vogn *m/f.*

caraway ['kærəweɪ] karve.

carbine ['kɑ:baɪn] karabin *m.*

carbohydrate ['kɑ:bəʊ'haɪdreɪt] karbohydrat *n.*

carbon ['kɑ:bən] kullstoff *n;* ~ **dioxide** karbondioksid *n;* ~ **paper** karbonpapir *n.*

carburettor ['kɑ:bjʊrətə] forgasser *m.*

carcass carcase ['kɑ:kəs] skrott *m,* kadaver *n.*

card [kɑ:d] kort *n;* karde *m;* ~ **board** kartong *m,* papp *m.*

cardamom ['kɑ:dəmɒm] kardemomme *m.*

cardigan ['kɑ:dɪgən] strikkejakke *m/f.*

cardinal ['kɑ:dɪnəl] hoved-; kardinal *m;* ~ **number** grunntall *n.*

card index kartotek *n.*

care omhu *m;* omsorg *m;* bekymring *m/f,* pleie *m/f;* bekymre seg; ~ **for** være glad i; ta seg av; ~ **of** (c/o), hos, adressert (til); **take** ~ passe seg; **take** ~ **of** ta vare på.

careen [kə'ri:n] krenge.

career [kə'rɪ:ə] løpebane *m;* karriere *m;* ~**ist** streber *m.*

care|ful ['keəfʊl] forsiktig, omhyggelig, påpasselig **(of** med hensyn til); ~ **less** likegyldig, skjødesløs; ~ **lessness** slendrian *n.*

caress [kə'res] kjærtegn *n;* kjærtegne.

care|taker ['keəteɪkə] oppsynsmann *m (el* -kvinne), vaktmester *m.*

cargo ['kɑ:gəʊ] ladning *m,* last *m/f.*

car hire bilutleie *m/f.*

caricatur|e ['kærɪkətju:ə] karikatur *m;* karikere; ~**ist** karikaturtegner *m.*

carnage ['kɑ:nɪdʒ] blodbad *n,* nedslakting *m/f.*

carnation [kɑ:'neɪʃn] nellik *m;* kjøttfarge *m.*

carnival ['kɑ:nɪvəl] karneval *n.*

carnivourous [kɑ:'nɪvərəs] kjøttetende.

carol ['kærəl]; **Christmas** ~ julesang *m.*

carous|al [kə'raʊzl] kalas *n;* ~ **e** [kə'raʊz] svire; ~**ing** svir *n.*

carp [kɑ:p] karpe *m.*

carpenter ['kɑ:pɪntə] tømmermann *m,* bygningssnekker *m;* tømre.

carpet ['kɑ:pɪt] (golv)teppe *n.*

car rental [kɑ: 'rɛntəl] bilutleie *n.*

carriage ['kærɪdʒ] vogn *m/f,* transport *m;* frakt *m/f;* reisning (holdning) *m/f.*

carrier ['kærɪə] bærer *m;* fraktemann *m,* speditør *m;* transportmiddel *n;* bagasjebrett *n;* ~ **bag** bærepose *m.*

carriole ['kærɪəʊl] karjol *m.*

carrion ['kærɪən] åtsel *n;* ~ **(eater)** åtseldyr *n.*

carrot ['kærət] gulrot *m/f.*

carry ['kærɪ] bære, frakte, bringe; vedta; i mente; *amr* føre (en vare); ~ **on** fortsette; drive (forretning); ~ **out** gjennomføre, utføre.

cart [kɑ:t] kjerre *f;* kjøre; ~ **er** kjører *m,* vognmann *m.*

cartel [kɑ:'tɛl] sammenslutning *m,* kartell *n.*

carter ['kɑ:tə] vognmaker *m.*

carton ['kɑ:tən] kartong *m*, eske *m/f.*

cartoon [kɑ:'tu:n] karikatur *m*, tegneserie *m*, tegnefilm *m;* karikere; ~ **ist** karikaturtegner.

cartridge ['kɑ:trɪdʒ] patron *m.*

carv|e [kɑ:v] skjære, hogge ut; ~ **ing** treskjærerarbeid *n.*

cascade [kæs'keɪd] liten foss *m;* kaskade *m.*

case [keɪs] tilfelle *n;* (retts)sak *m/f;* hylster *n*, etui *n*, mappe *m/f;* kasse *f*, skrin *n;* **in** ~ i tilfelle; **in any** ~ i hvert fall.

casement ['keɪsmənt] vindusramme *f.*

cash [kæʃ] kontant(er); *merk* kasse *f;* heve (penger); ~ **dispenser** minibank *m;* ~ **on delivery** mot etterkrav *n;* ~ **payment** kontant betaling; ~ **register** kassaapparat *n.*

cashier [kæʃ'ɪə] kasserer *m.*

casino kasino *n.*

cask [kɑ:sk] fat *n*, tønne *m/f;* ~ **et** skrin *n;* smykkeskrin *n.*

cassette [kæ'set] kassett *m.*

cassock ['kæsək] prestekjole.

cast [kɑ:st] kast *n;* form *f;* (av)-støpning *m;* rollebesetning *m;* kaste; støpe, forme; tildele en rolle; ~ **iron** støpejern *n.*

castanets [kæstə'nets] kastanjetter.

castaway ['kɑ:stəweɪ] skibbrudden *m;* utstøtt.

caste [kɑ:st] kaste *m.*

castle ['kɑ:sl] borg *m/f*, slott *n; sjakk* tårn *n;* rokere; ~ **in Spain** luftslott.

castor ['kɑ:stə] bøsse *f* (salt-, pepper-); trinse; ~ **oil** lakserolje *m/f;* ~ **sugar** farin *m (n).*

castrate ['kæstreɪt] kastrere, gjelde.

casual ['kæʒjʊəl] tilfeldig; bekvem (om klær); ~ **ty** ulykkestilfelle *n; pl* ofre (døde og sårede).

cat [kæt] katt *m.*

catacomb ['kætəkəʊm] katakombe *m.*

catalogue ['kætəlɒg] katalog *m*, katalogisere.

catalytic converter [kætə'lɪtɪk kən'vɜ:tə] katalysator *m.*

cataract ['kætərækt] foss *m; med.* stær (grå).

catarrh [kə'tɑ:] katarr *m*, snue *m.*

catastroph|e [kə'tæstrəfɪ] katastrofe *m;* ~ **ic** [-'strɒfɪk] katastrofal.

catcalls ['kætkɔ:lz] pipekonsert.

catch [kætʃ] fangst *m;* grep *n*, tak *n;* fange, gripe, innhente; oppfatte; ~ **on** slå an, bli populær; ~ **the train** rekke toget; ~ **ing** smittsom, smittende; ~ **word** slagord *n;* ~ **y** iørefallende.

catechism ['kætɪkɪzm] katekisme *m.*

categor|ical [kætɪ'gɒrɪkl] kategorisk; ~ **y** ['kætɪgərɪ] kategori *m.*

cater ['keɪtə] **for** levere mat til; tilfredsstille; ~ **ing** levering av mat.

caterpillar ['kætəpɪlə] larve *m/f.*

cathedral [kə'θi:drəl] katedral *m.*

Catholi|c ['kæθəlɪk] katolsk, katolikk *m;* ~ **cism** katolisisme *m.*

cattle ['kætl] storfe *n;* ~ -**show** dyrskue *n.*

cauliflower ['kɒlɪflaʊə] blomkål *m.*

causal ['kɔ:zəl] kausal, årsaks-; ~ **ity** årsakssammenheng *m.*

cause [kɔ:z] årsak *m/f*, grunn *m;* sak *m/f;* forårsake; ~ **less** grunnløs; ~ **of death** dødsårsak *m.*

caustic ['kɔ:stɪk] etsende, bitende.

cauti|on ['kɔ:ʃn] forsiktighet *m;* advarsel *m;* advare; ~ **ous** forsiktig, varsom.

cavalcade [kævəl'keɪd] kavalkade *m.*

cavalry ['kævəlrɪ] kavaleri *n.*

cave [keɪv] hule *m;* ~ **rn** hule.

cavity ['kævɪtɪ] hulrom *n;* hull i tann.

cease [si:s] holde opp med; opphøre, stanse; ~ -**fire** våpenhvile *m;* ~ **less** uopphørlig, uavlatelig.

cede [si:d] avstå (land).

ceiling ['si:lɪŋ] (innvendig) tak *n; fig* øverste grense.

celebrat|e ['selɪbreɪt] feire; ~ **ed** berømt; ~ **ion** feiring *m/f.*

celebrity [sɪ'lebrɪtɪ] berømthet *m.*

celery ['selərɪ] selleri *m.*

celestial [sɪ'lestjəl] himmelsk.

celibacy ['selɪbəsɪ] ugift stand *m*, sølibat *n.*

cell [sel] celle *m/f;* ~ **ar** kjeller *m.*

cell|ophane ['seləfeɪn] cellofan(papir) *m (n);* ~ **uloid** [-jʊlɔɪd] celluloid *m.*

cement [sɪ'ment] bindingsmiddel *n,* sement *m; fig* bånd *n;* binde, befeste.

cemetery ['semetrɪ] kirkegård *m,* gravlund *m.*

censor ['sensə] sensor; sensur (film) *m;* ~ **ship** ['sɛnsəʃɪp] sensur *m.*

censure ['senʃə] påtale.

cent [sent] hundre; **per** ~ prosent *m, amr* cent = ¹/₁₀₀ dollar.

centen|ary ['sentɪnərɪ] hundreårsjubileum *n;* ~ **nial** [sen'tenjəl] hundreårs-(dag) *n.*

centi|grade ['sentɪgreɪd] celsius; ~ **gramme** centigram; ~ **litre** centiliter; ~ **meter** centimetre.

centipede ['sentɪpiːd] tusenbein *n.*

central ['sentrəl] sentral *m,* midt-; ~ **America** Mellom-Amerika; ~ **heating** sentralvarme *m;* ~ **ization** sentralisering *m/f.*

centre ['sentə] sentrum *n;* konsentrere.

centrifugal force [sen'trɪfjʊgəl -] sentrifugalkraft *m.*

century ['sentʃʊrɪ] århundre *n.*

ceramics [sɪ'ræmɪks] keramikk *m.*

cereal ['sɪərɪəl] korn *n;* ~ **s** kornslag *n,* kornprodukter *n,* frokostretter.

cerebral ['serɪbrəl] hjerne-; ~ **palsy** cerebral parese.

ceremon|ial [serɪ'məʊnjəl] seremoniell, høytidelig; ~ **y** ['serɪmənɪ] seremoni *m.*

certain ['sɜːtn] sikker, viss; ~ **ty** visshet *m;* bestemthet *m.*

certi|ficate [sə'tɪfɪkɪt] sertifikat *n;* attest *m;* ~ **fy** ['sɜːtɪfaɪ] attestere, bevitne; ~ **tude** ['sɜːtɪtjuːd] visshet *m.*

cessation [se'seɪʃn] opphør *n.*

cession ['seʃən] avståelse (av land).

CFC-gas KFK-gass *m.*

chafe [tʃeɪf] gni; irritere.

chaff [tʃɑːf] agner, hakkelse *m;* skjemt *m;* småerte.

chain [tʃeɪn] kjede *n,* lenke *m/f;* ~ **reaction** kjedereaksjon *m;* ~ **store** kjedeforretning *m.*

chair [tʃeə] stol *m;* forsete *n;*

~ **man** formann *m,* ordstyrer *m;*

~ **manship** formannsstilling *m/f.*

chalice ['tʃælɪs] kalk *m* (beger).

chalk [tʃɔːk] kritt *n;* kritte.

challenge ['tʃælɪndʒ] utfordring *m/f;* anrop *n;* utfordre; bestride; ~ **cup** vandrepokal *m.*

chamber ['tʃeɪmbə] kammer *n; pl* advokatkontor *n;* ~ **music** kammermusikk *m;* ~ **of horrors** redselskabinett *n.*

chamois ['ʃæmwɑː] semsket.

champagne [ʃæm'peɪn] champagne *m.*

champion ['tʃæmpɪən] (for)kjemper *m;* (i sport) mester *m;* ~ **ship** mesterskap *n.*

chance [tʃɑːns] sjanse *m,* tilfelle *n;* anledning *m;* **by** ~ tilfeldigvis.

chancellor ['tʃɑːnsələ] kansler *m.*

chandelier [ʃændɪ'lɪə] lysekrone *m/f.*

change [tʃeɪndʒ] forandring *m/f,* bytte *n;* (av)veksling *m/f;* småpenger; forandre (seg); bytte, veksle; ~ **able** foranderlig, omskiftelig, varierende.

channel [tʃænl] (naturlig) kanal *m;* **the Channel** Kanalen.

chao|s ['keɪɒs] kaos *n;* ~ **tic** [keɪ'ɒtɪk] kaotisk.

chap [tʃæp] sprekk *m;* kar *m,* fyr *m.*

chapel ['tʃæpl] kapell *n.*

chaperon ['ʃæpərəʊn] anstandsdame *m/f.*

chaplain ['tʃæplɪn] prest (ved institusjon) *m.*

chapter ['tʃæptə] kapittel *n,* losje *m.*

character ['kærɪktə] skrifttegn *n,* bokstav *m;* karakter *m;* (teater)rolle *m/f;* ry *n;* ~ **istic** [-'rɪstɪk] karakteristisk (**of** for); ~ **ize** kjennetegne.

charcoal ['tʃɑːkəʊl] trekull *n.*

charge [tʃɑːdʒ] ladning *m;* byrde *m;* oppdrag *n,* omsorg *m,* (storm)angrep *n;* omkostning *m,* pris *m;* anklage; pålegge; forlange (som betaling); belaste; **free of** ~ gratis; **be in** ~ ha ledelsen, ha kommandoen, være ansvarlig.

charit|able ['tʃærɪtəbl] veldedig; ~y veldedighet.

charm [tʃɑ:m] trylleri; sjarm m; amulett m; bedåre, sjarmere.

chart [tʃɑ:t] sjøkart n; kartlegge.

charter ['tʃɑ:tə] (forfatnings)dokument n, privilegium n; befrakte.

charwoman ['tʃɑ:wʊmən] vaskekone f, skurekone f.

chase [tʃeɪs] jakt m/f, forfølgelse m; jage, forfølge; siselere.

chassis ['ʃæsɪ] understell n.

chaste [tʃeɪst] kysk, ren.

chasti|se [tʃæs'taɪz] straffe, tukte; ~ty kyskhet m, renhet m.

chat [tʃæt] prat m; prate; ~ter skravle; klapre; ~terbox skravlekopp m.

chauffeur ['ʃəʊfə] (privat)sjåfør m.

chauvi|nism ['ʃəʊvɪnɪzəm] sjåvinisme, sterk patriotisme m; ~nist sjåvinist m.

cheap [tʃi:p] billig; godtkjøps; ~en gjøre billigere.

cheat [tʃi:t] bedra(ger) m.

check [tʃek] (i sjakkspill) sjakk!; hindring m/f, stans m; kontroll(merke) m (n); amr sjekk m el (restaurant)regning m/f; rutet mønster; gjøre sjakk; hemme, stanse; gjennomgå, kontrollere; ~ed ru-tet; ~er kontrollør m; ~ered ru-tet; broket, avvekslende; ~-up undersøkelse m, kontroll m.

cheek [tʃi:k] kinn n, frekkhet m; ~y frekk.

cheer [tʃɪə] hurrarop n, munterhet m; ~ (up) oppmuntre; ~io morn'a, ha det! ~s! skål!

cheese [tʃi:z] ost m; ~ factory ysteri n.

chef [ʃef] kjøkkensjef m; kokk m.

chemical ['kemɪkl] kjemisk; ~s kjemikalier.

chemist ['kemɪst] kjemiker m, apoteker; ~ry kjemi m.

cheque [tʃek] sjekk m; ~-book sjekkhefte m.

cherish ['tʃerɪʃ] verne om, pleie; sette høyt; nære (håp); holde av.

cherry ['tʃerɪ] kirsebær(tre) n (n).

chess [tʃes] sjakk m; ~-board sjakkbrett n.

chest [tʃest] kiste m/f; bryst n; ~ of drawers kommode m.

chestnut ['tʃesnʌt] kastanje m (-brun).

chew [tʃu:] tygge; ~ing gum tyggegummi m; ~ing tobacco skråtobakk m.

chicken ['tʃɪkɪn] kylling m; ~-pox vannkopper.

chief [tʃi:f] viktigst, hoved-; overhode n, sjef m, høvding m; ~ly hovedsakelig; ~tain høvding m.

child [tʃaɪld], pl ~ren ['tʃɪldrən] barn n; ~bed barselseng m/f; ~hood barndom m; ~ish barnaktig/barnslig; ~ren's home barnehjem m; ~ welfare barnevern n.

chill [tʃɪl] kjølighet m; gysning m; kjøl(n)e; kjølig; ~ed forfrossen; ~y kjølig.

chime [tʃaɪm] klokkespill n, kiming m/f; lyde, kime.

chimney ['tʃɪmnɪ] skorstein m; ~sweep(er) skorsteinsfeier m.

chin [tʃɪn] hake (ansiktsdel) f.

china ['tʃaɪnə] porselen m.

China ['tʃaɪnə] Kina; Chinese [tʃaɪ-'ni:z] kineser(e, -inne) m (m/f); kinesisk.

chink [tʃɪŋk] sprekk (åpning) m.

chip [tʃɪp] spon m, flis f; splint m; slå stykker av; hugge til el av; ~s franske poteter.

chirp [tʃɜ:p] kvitre, pipe.

chisel ['tʃɪzəl] meisel m; meisle.

chival|rous ['tʃɪvəlrəs] ridderlig; ~ry ridderskap n; ridderlighet m.

chlor|ine ['klɔ:ri:n] klor m; ~o-fluorcarbon (CFC) klorfluorkarbon (KFK) n; ~oform s kloroform m; v kloroformere.

chocolate ['tʃɒk(ə)lɪt] sjokolade m.

choice [tʃɒɪs] (ut)valg n; utsøkt.

choir ['kwaɪə] (kirke-, sang-) kor n.

choke [tʃəʊk] kvele(s); ~-full proppfull.

choler|a ['kɒlərə] kolera m; ~ic kolerisk; hissig.

cholesterol [kə'lɛstərɒl] kolesterol m.

choose [tʃu:z] velge.

chop [tʃɒp] hogg n; hakk n; kotelett *m;* hogge, hakke; ~ **pingblock** hoggestabbe *m.*

choral ['kɔrəl] koral *m.*

chord [kɔ:d] *mus* akkord *m.*

chores [tʃɔ:z] *pl* (hus)arbeid; rutinearbeid *n.*

chorus ['kɔ:rəs] kor(sang) *n (m);* synge *(el* rope) i kor.

Christ [kraɪst] Kristus.

christen ['krɪsn] døpe; ~ **ing** dåp *m.*

Christian ['krɪstjən] kristen; ~ **name** fornavn *n;* ~ **ity** kristendom(men) *m.*

Christmas ['krɪsməs] jul(ehelg) *m/f (m/f);* ~ **-box** julegave *m;* ~ **Day** første juledag; ~ **Eve** julaften *m;* **Father** ~ julenissen *m.*

chronicle ['krɒnɪkl] krønike *m.*

chronological [krɒnə'lɒdʒɪkl] kronologisk; ~ **y** [krə'nɒlədʒɪ] kronologi *m.*

chrysalis ['krɪsəlɪs] puppe.

chuck [tʃʌk] kast(e) *n,* hive.

chuckle ['tʃʌkl] klukkle.

chum(my) ['tʃʌm(ɪ)] kamerat *m.*

chunk [tʃʌnk] tykk skive *m/f,* blings *m;* klump *m.*

church [tʃɜ:tʃ] kirke *m/f;* ~ **yard** kirkegård *m.*

churn [tʃɜ:n] (smør)kjerne *(n) m;* kjerne.

cider ['saɪdə] eplevin *m,* sider *m.*

cigar [sɪ'gɑ:] sigar *m;* ~ **-case** sigaretui *n;* ~ **ette** sigarett *m.*

cinder ['sɪndə] slagg *m.*

Cinderella [sɪndə'relə] Askepott.

cinema ['sɪnɪmə] kino *m.*

cinnamon ['sɪnəmən] kanel *m.*

cipher ['saɪfə] null *m, n;* siffer *n* (skrift); chiffrere; regne.

circa ['sɜ:kə] cirka, omtrent.

circle ['sɜ:kl] sirkel *m,* krets *m; teat* 1. losjerad *m;* kretse om, omringe.

circuit ['sɜ:kɪt] omkrets *m;* strømkrets *m;* rundtur *m;* **short** ~ kortslutning *m.*

circular ['sɜ:kjʊlə] sirkelrund; ~ **(letter)** rundskriv *n;* ~ **te** sirkulere, være i omløp; ~ **tion** omløp *n;* (avis-, tidsskrift-)opplag *n.*

circumcise ['sɜ:kəmsaɪz] omskjære; ~ **cision** [sɜ:kəm'sɪʒn] omskjæring

m/f; ~ **ference** [sə'kʌmfərəns] periferi *m,* omkrets *m;* ~ **navigation of the world** verdensomseiling *m;* ~ **stance** omstendighet *m;* ~ **stantial evidence** [sɜ:kəm'stænʃl -] indisium *n.*

circus ['sɜ:kəs] sirkus *n,* rund plass *m.*

cistern ['sɪstən] cisterne.

cite [saɪt] sitere, anføre.

citizen ['sɪtɪzn] borger *m;* ~ **ship** borgerskap *n.*

city ['sɪtɪ] (større) by *m;* forretningssentrum *n;* ~ **hall** rådhus *n.*

civic ['sɪvɪk] by-, borger-, kommunal-.

civil ['sɪvɪl] by-, borger-; høflig; sivil; ~ **disobedience** sivil ulydighet *m;* ~ **ity** høflighet *m;* ~ **registration number (C.R.N.)** personnummer *n;* ~ **rights** borgerrettigheter *m pl;* ~ **servant** funksjonær; ~ **war** borgerkrig *m;* ~ **ization** [sɪvɪlaɪ'zeɪʃn] sivilisasjon *m;* ~ **lize** ['sɪvɪlaɪz] sivilisere.

claim [kleɪm] fordring *m/f,* krav *n; bergv* skjerp *n;* fordre, kreve; påstå.

clairvoyant [kleə'vɔɪant] synsk.

clammy ['klæmɪ] fuktig, klam.

clamour ['klæmə] skrik *n,* rop *n;* skrike, rope.

clampdown ['klæmpdaʊn] restriksjon, sterk begrensning *m.*

clan [klæn] klan *m,* stamme *m.*

clandestine [klæn'dɛstɪn] hemmelig, smug-.

clank [klæŋk] klirr *n,* skrangling *m/f;* klirre, skrangle.

clap [klæp] klapp *n,* smell *n;* klappe (bifall *n);* smelle; ~ **trap** svada *m.*

claret ['klærət] rødvin (især bordeaux) *m.*

clarify ['klærɪfaɪ] avklare.

clarinet [klærɪ'net] klarinett *m.*

clarity ['klærɪtɪ] klarhet *m.*

clash [klæʃ] klirr(ing) *n (m);* sammenstøt *n;* klirre, støte sammen, komme i konflikt med.

clasp [klɑ:sp] omfavnelse *m;* hekte; omfavne; ~ **-knife** foldekniv *m.*

class [klɑ:s] klasse *m;* stand *m;* ~

excursion klassetur *m;* ~ **with** sette i klasse med.

classic [ˈklæsɪk] klassiker *m,* klassisk; ~ **al** klassisk.

classification [klæsɪfɪˈkeɪʃn] inndeling *m/f,* klassifisering *m/f;* ~ **fy** [-faɪ] klassifisere, inndele.

classmate [ˈklɑːsmeɪt] klassekamerat *m;* ~ **room** klasserom *n;* ~ **room situation** klassesituasjon *m.*

clause [klɔːz] klausul *m;* setning *m.*

claw [klɔː] klo *m/f;* klore, krafse.

clay [kleɪ] leire *m/f;* ~ **ey** leiret.

clean [kliːn] rein, reint; rense; ~ **up** opprydding, opprenskning *m;* **(dry)** ~ **er's** renseri *n;* ~ **ing (up)** reingjøring *m/f;* ~ **ly** reinslig; ~ **se** [klenz] rense.

clear [klɪə] klar, lys; ryddig; tydelig; klare; klarne; befri, ta bort, rydde; selge ut; tjene netto; ~ **up** oppklare, klarne; ~ **ance** (toll)-klarering *m/f;* opprydding *m/f;* ~ **ance sale** utsalg *n;* ~ **-cutting** flatehugst *m;* ~ **ing** avregning *m/f;* rydning *m/f;* ~ **ness** klarhet *m,* tydelighet *m.*

cleft [kleft] kløft *f,* spalte *m.*

clench [klentʃ] presse sammen, bite sammen (tennene); ~ **one's fists** knytte nevene.

clergy [ˈklɜːdʒɪ] geistlighet *m;* ~ **man** geistlig *m,* prest *m.*

clerical [ˈklerɪkl] geistlig; kontor-.

clerk [klɑːk] kontorist *m; amr* (butikk)ekspeditør *m.*

clever [ˈklevə] dyktig; flink.

cliche [ˈkliːʃeɪ] klisje *m.*

click knepp *n;* kneppe.

client [ˈklaɪənt] klient *m;* ~ **ele** [kliːɒnˈtel] klientell *n.*

cliff [klɪf] klippe *m,* fjellskrent *m.*

climacteric [klaɪmækˈterɪk] overgangsalder *m.*

climate [ˈklaɪmɪt] klima *n;* ~ **change** klimaforandring *m/f;* ~ **ic** [klaɪˈmætɪk] klimatisk.

climax [ˈklaɪmæks] høydepunkt *n;* ~ **community** [- kəˈmjʊnɪtɪ] klimakssamfunn *n.*

climb [klaɪm] klatre (opp på); klatretur *m.*

clinch [klɪnʃ] tak *n,* grep *n;* omfavnelse *m;* klinke; avgjøre (en handel).

cling [klɪŋ] **(to)** klynge seg (til).

clinic [ˈklɪnɪk] klinikk *m.*

clip [klɪp] klipp(ing) *n (m/f);* klemme *m/f;* (be)klippe; **(paper)** ~ **binders** *m;* **tie** ~ slipsnål *m/f;* ~ **per** klipper *m* (skip *(n));* stort passasjer- og fraktfly *n;* ~ **pers** hår-, negleklipper *m;* ~ **ping** klipping *m/f;* avklipt stykke *n;* (avis)-utklipp *n.*

cloak [kləʊk] kappe *m/f,* kåpe *m/f;* ~ **-room** garderobe *m; jernb* reisegodsoppbevaring *m/f;* (til)-dekke.

clobber [ˈklɒbə] rundjule, banke.

clock [klɒk] (tårn-, vegg-) ur *n,* klokke *m/f;* ~ **wise** i urviserens retning, med solen.

clod [klɒd] klump *m* (jord).

clog [klɒg] tresko *m;* hemsko *m;* hemme; ~ **ging** kram (om snø); ~ **gy snow** kladdeføre.

clone [kləʊn] klone.

close [kləʊz] lukke; slutte, ende; [kləʊs] nær, trang, lukket, nøyaktig; gjerrig; [kləʊz] avslutning *m,* slutt *m.* ~ **by,** ~ **to** like ved; ~ **-up** nærbilde *n;* ~ **ing time** lukningstid.

closet [ˈklɒzɪt] klosett *n;* kott *n.*

cloth [klɒθ] *pl* ~ **s;** tøy *n,* stoff *n,* (bord)duk *m;* **face** ~ vaskeklut *m;* ~ **e** (på-, be-)kle; ~ **es** *pl* klær; antrekk *n;* ~ **es peg** klesklype *f;* ~ **ier** tøyfabrikant *m,* kleshandler *m;* ~ **ing** bekledning *m,* klær.

clotted [ˈklɒtəd] levret.

cloud [klaʊd] sky *m;* skye til; ~ **berry** molte; ~ **-burst** skybrudd *n;* ~ **y** skyet.

clout [klaʊt] innflytelse, gjennomslagskraft *m.*

clove [kləʊv] (krydder)nellik *(n) m.*

clover [ˈkləʊvə] kløver *m.*

clown [klaʊn] klovn *m,* bajas *m;* spille bajas.

club [klʌb] klubb(e) *m (m/f);* ~ **-foot** klump-fot *m;* ~ **s** kløver (kort).

cluck [klʌk] klukk(e).

clue [klu:] *fig* nøkkel *m;* holdepunkt til forståelse.

clums|iness [ˈklʌmzɪnɪs] klossethet *m;* ~ **y** klosset.

cluster [ˈklʌstə] klynge *m/f.*

clutch [klʌtʃ] grep *n,* tak *n;* kopling *m;* gripe.

clyster [ˈklɪstə] klystér *n.*

Co. = **Company.**

c/o = **care of.**

coach [kəʊtʃ] (turist)buss *m,* diligence *m,* jernbanevogn *m/f;* ekvipasje *m;* manuduktør *m;* idrettstrener *m;* trene, manudusere; ~ **man** kusk *m.*

coagulate [kəʊˈægjʊleɪt] levre, koagulere, stivne (størkne).

coal [kəʊl] (stein)kull *n;* ~ **fish** sei *m.*

coalition [kəʊəˈlɪʃn] koalisjon *m.*

coal|mine, ~ **-pit** kullgruve *m/f;* ~ **scuttle** kullboks *m.*

coarse [kɔ:s] grov, rå; ~ **ness** råhet *m.*

coast [kəʊst] kyst *m;* seile langs kysten; la det stå til nedover (på sykkel, kjelke); ~ **er** kystfartøy *n;* ølbrikke *m/f.*

coat [kəʊt] frakk *m;* kåpe *m/f;* jakke *m/f;* ham *m;* dekke *n;* strøk *n* (maling); (be)kle; dekke, overtrekke; ~ **-hanger** kleshenger *m.*

coax [kəʊks] overtale, godsnakke med.

cobalt [kəˈbɔ:lt] kobolt.

cobble [ˈkɒbl] rund brostein *m;* brolegge; flikke, lappe sammen; ~ **r** skomaker *m.*

cobweb [ˈkɒbweb] spindelvev.

cocaine [kəˈkeɪn] kokain *m.*

cock [kɒk] hane *m;* hann(fugl) *m;* hane *m* (på bøsse); kran *m/f;* høysåte *f;* heve, løfte; spenne hanen på; ~ **-a-doodle-doo** kykeliky; ~ **ney** (østkant)londoner; ~ **pit** førerrom i fly; ~ **roach** kakerlakk *m;* ~ **scomb** hanekam; ~ **sure** skråsikker.

cocoa [ˈkəʊkəʊ] kakao *m.*

coconut [ˈkəʊkəʊnʌt] kokosnøtt *m/f.*

cocoon [kɒˈku:n] kokong, puppehylster.

cod [kɒd] torsk *m.*

code [kəʊd] kode *m;* lovbok *m/f;* kodeks *m.*

cod-liver oil (medisin)tran *m.*

coexistence [ˈkəʊɪgˈzɪstəns] sameksistens *m.*

coffee [ˈkɒfɪ] kaffe *m;* ~ **bean** kaffebønne *m/f;* ~ **grounds** kaffegrut *m;* ~ **pot** kaffekanne *m/f.*

coffin [ˈkɒfɪn] likkiste *m/f;* legge i kiste.

cog [kɒg] tann *m/f* (i tannhjul).

cognac [ˈkəʊnjæk, ˈkɒnjæk] konjakk *m.*

cogwheel [ˈkɒgwi:l] tannhjul *n.*

cohabit|ant [kəʊˈhæbɪtənt] samboer *m;* ~ **ation** samboerskap *n;* ~ **ation pact** samboerkontrakt *m.*

cohere [kəʊˈhɪə] henge sammen; ~ **nce** sammenheng *m;* ~ **nt** sammenhengende.

cohesive [kəʊˈhi:sɪv] sammenhengende.

coil [kɔɪl] ring *m,* spiral *m,* kveil *m;* legge sammen i ringer, kveile.

coin [kɔɪn] mynt *m;* prege; ~ **age** mynting *m/f,* preging *m/f;* oppdikting *m/f.*

coincide [kəʊɪnˈsaɪd] **(with)** falle sammen (med); ~ **nce** [kəʊˈɪnsɪdəns] sammentreff *n* (av omstendigheter); ~ **nt** sammentreffende.

coitus [ˈkəʊɪtəs] samleie *n.*

coke [kəʊk] koks *m.*

colander [ˈkɒləndə] dørslag.

cold [kəʊld] kulde *m/f;* forkjølelse *m;* kald.

colibri [ˈkɒlɪbrɪ] kolibri *m.*

colic [ˈkɒlɪk] kolikk *m.*

collaborat|e [kəˈlæbəreɪt] samarbeide; ~ **ion** [kəlæbəˈreɪʃn] samarbeid *n;* ~ **or** medarbeider.

collapse [kəˈlæps] falle sammen; sammenbrudd *n.*

collar [ˈkɒlər] krage *m;* snipp *m;* klave *m;* ~ **bone** kragebein *n.*

colleague [ˈkɒli:g] kollega *m.*

collect [ˈkɒlekt] kollekt *m;* [kəˈlekt] samle (inn, på), hente; innkassere; ~ **ed** fattet, rolig; ~ **ion** (inn)samling *m/f;* innkassering *m/f;* ~ **or** samler *m.*

college [ˈkɒlɪdʒ] universitetsavdeling *m/f;* høyere læreanstalt *m.*

collide [kə'laɪd] **(with)** støte sammen (med), kollidere.

collie ['kɒlɪ] (skotsk) fårehund.

collier ['kɒlɪə] kullgruvearbeider *m;* kullbåt *m;* ~ **y** kullgruve *m/f.*

collision [kə'lɪʒn] sammenstøt *n.*

colloquial [kə'ləʊkwɪəl] som hører til hverdagsspråket; dagligspråk; ~ **ism** hverdagsuttrykk, dagligtale *n.*

colonel ['kɜ:nl] oberst *m.*

Cologne [kə'ləʊn] Köln.

colon ['kəʊlən] kolon *n;* ~ **ial** [kə'ləʊnjəl] koloni-; ~ **ize** kolonisere, slå seg ned; ~ **y** koloni *m.*

colossal [kə'lɒsəl] kolossal; ~ **us** koloss *m.*

colour ['kʌlə] farge *m;* påskudd *n;* farge; smykke; rødme; ~ **s** fane *m/f,* flagg *n.*

colt [kəʊlt] føll *n;* ~ **sfoot** hestehov *m.*

column ['kɒləm] søyle *m/f;* kolonne *m;* spalte *m* (i avis, bok).

comb [kəʊm] kam *m;* kjemme.

combat ['kɒmbət] kamp *m;* (be)-kjempe; ~ **ant** ['kɒmbətənt] stridende.

combination [kɒmbɪ'neɪʃn] forbindelse *m;* kombinasjon *m;* ~ **s** kombination (undertøy *n*).

combine [kəm'baɪn] forbinde (seg), kombinere; ['kɒmbaɪn] sammenslutning *m,* syndikat *n.*

combustible [kəm'bʌstɪbl] brennbar; ~ **bility** brennbarhet *m;* ~ **on** forbrenning *m/f.*

come [kʌm] komme; **to** ~ fremtidig; ~ **along** skynde seg; bli med; ~ **-back** tilbakevending *m/f;* suksessrik gjenopptreden; ~ **by** få fatt på; ~ **off** slippe fra (noe); foregå, finne sted; ~ **true** oppfylles; ~ **up to** komme opp imot, tilsvare.

comedian [kə'mi:dɪən] komiker *m;* ~ **y** ['kɒmɪdɪ] komedie *m,* lystspill *n.*

comely ['kʌmlɪ] tekkelig, pen.

comet ['kɒmɪt] komet *m.*

comfort ['kʌmfət] trøst *m;* hygge *m/f,* komfort *m;* trøste; ~ **able** behagelig, makelig, hyggelig; **be**

~ **able** ha det koselig, føle seg vel.

comic ['kɒmɪk] komisk; ~ **actor** komiker *m;* ~ **strip** tegneserie *m.*

coming ['kʌmɪŋ] kommende, fremtidig.

comma ['kɒmə] komma *n.*

command [kə'mɑ:nd] befaling *m/f,* kommando *m;* rådighet *m;* kommandere; styre; beherske; ~ **ant** kommandant *m;* ~ **er** befalhavende *m;* kommandør *m;* marinekaptein *m;* ~ **er-in-chief** øverstkommanderende *m;* ~ **ment** *rel* bud *n.*

commemorate [kə'meməreɪt] feire, minnes; ~ **ion** minne(fest) *n (m).*

commence [kə'mens] begynne; ~ **ment** begynnelse *m, amr* eksamenshøytidelighet *m.*

commend [kə'mend] rose, anbefale.

comment ['kɒment] (kritisk) bemerkning *m,* kommentar *m;* ~ **on** gjøre bemerkninger til, kommentere; ~ **ary** kommentar *m,* ledsagende foredrag *n.*

commerce ['kɒməs] handel *m;* samkvem *n;* ~ **ial** [kə'mɜ:ʃl] handels-; reklamesending.

commie *(slang)* kommunist.

commissariat [kɒmɪ'seərɪət] kommissariat *n;* ~ **y** ['kɒmɪsərɪ] intendant *m.*

commission [kə'mɪʃn] verv *n,* oppdrag *n;* provisjon *m;* kommisjon *m;* gi i oppdrag; ~ **aire** [-'næə] dørvakt *m/f;* kommisjonær *m;* ~ **er** kommissær *m,* medlem av en kommisjon (komité).

commit [kə'mɪt] betro, overlate; begå; ~ **ment** forpliktelse, engasjement; ~ **oneself** forplikte seg, engasjere seg; ~ **tee** [kə'mɪtɪ] komité *m,* styre *n.*

commodore ['kɒmədɔ:] kommandør *m.*

common ['kɒmən] felles; alminnelig, simpel; allmenning *m;* ~ **law** allmenn sivilrett *m* bygd på sedvanerett; ~ **law marriage** papirløst ekteskap *n;* ~ **Market** Fellesmarkedet; ~ **sense** sunn fornuft *m;* ~ **er** borger *m,* uprivilegert person; underhusmedlem *n;*

~ **place** banalitet *m;* banal, hverdagslig; ~ **room** fellesrom *n* (bl.a. lærer-, professorværelse *n);* ~ **s** alminnelige (jevne) folk; **the House of Commons** Underhuset; **the (British) Commonwealth of Nations** Det britiske samvelde.

commotion [kə'məʊʃn] røre *n*, uro *m/f,* oppstyr.

communal ['kɒmjʊnl] felles, offentlig.

communica|te [kə'mju:nɪkeɪt] meddele, stå i forbindelse med, sette seg i forbindelse med; ~ **tion** meddelelse *m*, forbindelse *m;* **means of** ~ kommunikasjonsmiddel *n;* ~ **tive** meddelsom.

commun|ion [kə'mju:njən] fellesskap *n;* nattverd *m*, altergang *m;* ~ **iqué** kommuniké *n;* ~ **ism** kommunisme *m;* ~ **ist** kommunist *m;* ~ **ity** *n*, samfunn *n*.

commute [kə'mju:t] bytte, skifte (ut), pendle; ~ **r** pendler *m*.

compact disc player CD-spiller *m*.

companion [kəm'pænjən] kamerat *m*, ledsager *m;* pendant *m*, motstykke *n;* ledsage; ~ **ship** selskap *n*, samkvem *n*.

company ['kʌmpənɪ] (handels)selskap *n;* samvær *n;* gjester; kompani *n*.

compar|able ['kɒmpərəbl] sammenlignbar; ~ **ative** [kəm'pærətɪv] forholdsmessig; sammenlignende; ~ **e** [kəm'pæə] sammenligne; ~ **i-son** sammenligning *m/f;* gradbøyning *m/f.*

compartment [kəm'pɑ:tmənt] avdeling *m/f;* rom *n;* kupé *m*.

compass ['kʌmpəs] omkrets *m;* utstrekning *m;* kompass *n*, passer *m;* omgi; ~ **card** vindrose *m*.

compassion [kəm'pæʃn] medlidenhet *m;* ~ **ate** medlidende.

compatib|ility [kəmpætə'bɪlɪtɪ] forenlighet *m*, samsvar *n;* ~ **le** [kəm'pætəbl] forenlig, som passer sammen med.

compatriot [kəm'pætrɪət] landsmann *m*.

compel [kəm'pel] (frem)tvinge.

compensat|e ['kɒmpenseɪt] kompensere; erstatte; ~ **ion** [kɒmpən-

'seɪʃn] kompensasjon *m;* erstatning *m*.

compete [kəm'pi:t] konkurrere; ~ **nce** ['kɒmpɪtəns] kompetanse *m;* kvalifikasjon *m;* (sorgfritt) utkomme *n;* ~ **nt** kompetent, skikket, kvalifisert.

competit|ion [kɒmpɪ'tɪʃn] konkurranse *m;* ~ **ive** [kəm'petɪtɪv] konkurransedyktig; ~ **or** [kəm'petɪtə] konkurrent *m*.

complacen|ce [kəm'pleɪsəns] (selv)tilfredshet *m;* ~ **t** selvtilfreds.

complain [kəm'pleɪn] (be)klage (seg) (**about** over); ~ **t** klage *m*, lidelse *m*.

complet|e [kəm'pli:t] fullstendig(gjøre), fullføre; utfylle; komplett; ~ **ion** fullendelse *m*, utfylling *m*, komplettering *m*.

complex ['kɒmpleks] sammensatt; innviklet, floket; ~ **ion** ansiktsfarge *m; fig* utseende *n;* ~ **ity** innviklethet *m*.

complian|ce [kəm'plaɪəns] samsvar *n;* innvilgelse *m;* ~ **t** føyelig.

complicat|e ['kɒmplɪkeɪt] komplisere, gjøre innviklet; ~ **ion** komplikasjon *m*.

compliment ['kɒmplɪmənt] kompliment *n;* (**with**) ~ **s** hilsen *m;* komplimentere; ønske til lykke; ~ **ary** [kɒmplɪ'mentərɪ] komplimenterende.

comply [kəm'plaɪ] **with** imøtekomme, etterkomme.

component [kəm'pəʊnənt] bestanddel *m*.

compos|e [kəm'pəʊz] sette sammen; danne; komponere; berolige; ~ **er** komponist *m;* ~ **ing machine** settemaskin *m;* ~ **ition** sammensetning *m;* komposisjon *m;* skriftlig oppgave *m/f;* ~ **itor** [-'pɒzɪtə] setter *m;* ~ **ure** [-'pəʊʒə] ro *m*, fatning *m*.

compote ['kɒmpəʊt] kompott *m*.

compound ['kɒmpaʊnd] sammensetning *m;* sammensatt; [kəm'paʊnd] sette (blande) sammen.

comprehen|d [kɒmprɪ'hend] innbefatte; begripe; fatte; ~ **sible** begripelig; ~ **sion** oppfatning *m*, fatteevne *m/f;* forståelse; ~ **sive** omfattende.

compress [kəm'pres] komprimere; ~ **ed** sammentrykt.

comprise [kəm'praɪz] innbefatte.

compromise ['kɒmprəmaɪz] kompromiss *n;* forlik *n;* kompromitte-re.

compuls|ion [kəm'pʌl ʃn] tvang *m;* ~ **ory** obligatorisk.

comput|e [kəm'pju:t] (be)regne; ~ **er** regnemaskin *m;* datamaskin *m.*

comrade ['kɒmrəd] kamerat *m.*

concave ['kɒnkeɪv, 'kɒn'keɪv] konkav.

conceal [kən'si:l] skjule.

concede [kən'si:d] innrømme; slippe inn (mål).

conceit [kən'si:t] idé *m,* forestilling *m;* innbilskhet *m;* ~ **ed** innbilsk.

conceiv|able [kən'si:vəbl] tenkelig; ~ **e** unnfange, tenke ut; forstå.

concentrat|e ['kɒnsentreɪt] konsentrere (seg) (**on** om); ~ **ion** konsentrasjon *m;* ~ **ion camp** konsentrasjonsleir *m.*

concept ['kɒnsəpt] begrep *n;* ~ **ion** unnfangelse *m;* oppfatning *m;* idé *m.*

concern [kən'sɜ:n] (større) bedrift *m;* anliggende *n;* bekymring *m;* angå, bekymre; ~ **ing** angående.

concert ['kɒnsət] konsert *m;* forståelse *m.*

concession [kən'se ʃn] innrømmelse *m;* konsesjon *m.*

conciliat|e [kən'sɪlɪeɪt] forlike, forsone; ~ **ion** forsoning *m.*

concise [kən'saɪs] kortfattet, konsis.

conclu|de [kən'klu:d] (av)slutte, ende; dra en slutning *m;* ~ **sion** avslutning *m,* slutt *m;* konklusjon *m;* ~ **sive** avgjørende.

concord ['kɒŋkɔ:d] enighet *m;* samhold.

concrete ['kɒnkri:t] fast; konkret; betong *m;* ~ **desert** betongørken *m.*

concussion [kən'kʌ ʃn] risting *m,* (hjerne)rystelse *m.*

condemn [kən'dem] (for)dømme; kondemnere; ~ **able** forkastelig;

~ **ation** fordømmelse *m;* kondemnering *m.*

condense [kən'dens] fortette, kondensere; ~ **r** kondensator *m.*

condescend [kɒndɪ'send] nedlate seg; ~ **ing** nedlatende.

condition [kən'dɪ ʃn] betingelse *m;* (til)stand *m;* kondisjon *m;* ~ **er** hårbalsam *m;* ~ **s** forhold.

condole [kən'dəʊl] kondolere; ~ **nce** kondolanse *m.*

condom ['kɒndəm] kondom *n.*

condor ['kɒndɔ:] kondor *m.*

conduct ['kɒndəkt] oppførsel *m,* atferd *m;* [kən'dʌkt] føre, lede; *mus* dirigere; ~ **or** leder *m; mus* dirigent *m;* konduktør *m; amr* togfører *m.*

conduit ['kɒndɪt, 'kɒndjʊɪt] renne *m/f.*

cone [kəʊn] kjegle *m/f,* kongle *m/f.*

confection|er [kən'fek ʃənə] konditor *m;* ~ **ery** konditori *n;* konditorvarer.

confedera|cy [kən'fedərəsɪ] forbund *n;* ~ **te** forbundsfelle *m/f,* forbundet; ~ **tion** forbund *n.*

confer [kən'fɜ:] tildele (**on** til) overdra; konferere; ~ **ence** konferanse *m.*

confess [kən'fes] tilstå, bekjenne; ~ **ion** tilståelse *m;* bekjennelse *m;* skrifte.

confid|e [kən'faɪd] betro (seg) (**to** til); ~ **ence** tillit *m;* fortrolighet *m;* ~ **ential** fortrolig, konfidensiell.

confine [kən'faɪn] begrense; sperre inne; begrensning *m;* ~ **ment** begrensning *m;* innesperring *m;* nedkomst *m.*

confirm [kən'fɜ:m] bekrefte; konfirmere; ~ **ation** bekreftelse *m;* konfirmasjon *m.*

confiscat|e ['kɒnfɪskeɪt] konfiskere; beslaglegge; ~ **ion** beslagleggelse *m.*

conflict ['kɒnflɪkt] konflikt *m;* [kən'flɪkt] stride (**with** med); ~ **of environments** miljøkonflikt *m.*

conform [kən'fɔ:m] tilpasse seg; føye, rette seg etter; ~ **ity** overensstemmelse *m;* in ~ **ity with** i samsvar med.

confront [kən'frʌnt] stå like overfor; konfrontere.

confus|e [kən'fju:z] forvirre; blande sammen; ~ **ion** forvirring *m,* uorden *m;* sammenblanding *m.*

confute [kən'fju:t] gjendrive.

congeal [kən'dʒi:l] fryse, størkne.

congestion [kən'dʒestʃən] blodtilstrømning *m;* opphopning *m,* trafikkstans *m.*

conglomerate [kən'glɒməreit] konglomerat *n.*

congratulat|e [kən'grætjuleit] lykkønske, gratulere; ~ **ion** lykkønskning *m;* gratulasjon.

congregat|e ['kɒŋgrigeit] samle (seg); ~ **ion** menighet *m.*

congress ['kɒŋgres] møte *n,* kongress *m;* ~ **man** *amr* kongressmedlem *n.*

conic(al) ['kɒnik(l)] kjegleformet, konisk.

conifer ['kəunifə] bartre *n,* nåletre *n;* ~ **(ous) forest** barskog *m,* nåleskog *m.*

conjecture [kən'dʒektʃə] *s* gjetning, antagelse *m; v* gjette, anta.

conjugal ['kɒndʒugl] ekteskapelig.

conjure ['kʌndʒə] trylle, mane; ~ **r** tryllekunstner.

connect [kə'nekt] forbinde; stå i forbindelse med; ~ **ion** forbindelse *m;* ~ **ive** forbindende; bindeledd *n.*

connive [kə'naiv] se gjennom fingrene **(at** med).

conno|isseur [kɒni'sɜ:] kjenner *m;* ~ **tation** [kɒnə'teiʃən] bibetydning *m;* ~ **te** innebære, inneholde.

conquer ['kɒŋkə] erobre; seire; ~ **or** erobrer *m;* seierherre *m.*

conquest ['kɒŋkwest] erobring *m.*

conscien|ce ['kɒnʃəns] samvittighet *m;* ~ **tious** [kɒnʃi'enʃəs] samvittighetsfull.

conscious ['kɒnʃəs] bevisst; ~ **ness** bevissthet *m.*

conscript ['kɒnskript] vernepliktig (soldat); ~ **ion** utskrivning *m,* verneplikt *m.*

consecra|te ['kɒnsikreit] (inn)vie, vigsle; ~ **tion** vigsel.

consecutive [kən'sekjutiv] som kommer etter hverandre; på rad.

consent [kən'sent] samtykke *n;* ~ **to** samtykke i.

consequen|ce ['kɒnsikwens] følge *m,* konsekvens *m;* betydning *m;* ~ **tly** følgelig.

conserva|tion [kɒnsə'veiʃn] bevaring *m;* ~ **tion of nature** naturvern *n;* ~ **tion of environment** miljøvern *n;* ~ **tion organisation** naturvernforening *m/f;* ~ **tionist** naturverner *m;* ~ **tive** konservativ.

conserve [kən'sɜ:v] bevare; verne; sylte; ~ **s** syltetøy *n.*

consider [kən'sidə] betrakte, overveie, betenke; anse for; mene; ~ **able** betydelig, anselig; ~ **ate** hensynsfull; ~ **ation** overveielse *m;* hensyn(sfullhet) *n (m);* godtgjørelse *m.*

consist [kən'sist] bestå **(of** av, **in** i å).

consisten|cy [kən'sistənsi] konsistens *m,* konsekvens *m;* ~ **t** forenlig, som stemmer **(with** med); konsekvent.

consol|able [kən'səuləbl] som lar seg trøste; ~ **ation** [kɒnsə'leiʃn] trøst *m;* ~ **e** [kən'səul] trøste.

consolidat|e [kən'sɒlideit] grunnfeste, trygge; forene, samle.

consonant ['kɒnsənənt] konsonant *m.*

conspicuous [kən'spikjuəs] iøynefallende, påfallende.

conspir|acy [kən'spirəsi] sammensvergelse *m;* ~ **ator** sammensvoren; ~ **e** [-'spaiə] sammensverge seg.

constable ['kʌnstəbl] konstabel *m,* betjent *m.*

constan|cy ['kɒnstənsi] uforanderlighet *m;* trofasthet *m;* ~ **t** uforanderlig, bestandig.

constellation [kɒnste'leiʃn] stjernebilde *n.*

consternation [kɒnstɜ:'neiʃn] forskrekkelse, bestyrtelse *m.*

constipat|e ['kɒnstipeit] forstoppe; ~ **ion** forstoppelse *m.*

constituen|cy [kən'stitjuənsi] valgkrets *m;* ~ **t part** bestanddel *m.*

constitut|e ['kɒnstitju:t] utgjøre; utnevne; stifte; ~ **ion** [kənstɪ'tju:ʃən] beskaffenhet *m;* konstitusjon *m,* grunnlov *m;* ~ **ional** konstitusjonell.

construct [kən'strʌkt] bygge, konstruere; ~ **ion** bygging *m;* konstruksjon *m;* ~ **ive** konstruktiv; ~ **or** konstruktør *m.*

consul ['kɒnsəl] konsul *m;* ~ **ate** ['kɒnsjʊlɪt] konsulat *n;* ~ **general** generalkonsul *m.*

consult [kən'sʌlt] rådspørre, konsultere; se etter, slå opp i (en bok); ~ **ant** konsulent *m;* ~ **ation** [kɒnsəl'teɪʃn], rådslagning *m.*

consume [kən'sju:m] fortære, forbruke; ~ **r** konsument *m.*

consumption [kən'sʌm(p)ʃn] forbruk *n;* tæring *m.*

contact ['kɒntækt] berøring *m,* kontakt *m; v* også [kən'tækt] sette seg i forbindelse med, kontakte; ~ **lens** kontaktlinse *m/f.*

contagio|n [kən'teɪdʒən] smitte *m;* ~ **us** smittsom.

contain [kən'teɪn] inneholde; beherske; ~ **er** beholder *m.*

contaminat|e [kən'tæmɪneɪt] (be)smitte, forurense; ~ **ion** besmittelse *m,* forurens(n)ing *m.*

contempl|ate ['kɒntempleɪt] betrakte; gruble (over); ~ **ation** betraktning *m,* grubleri *n.*

contemporary [kən'tempərərɪ] samtidig; moderne.

contempt [kən'tem(p)t] forakt *m;* ~ **uous** full av forakt; hånlig.

content [kən'tent] tilfreds; tilfredsstille; tilfredshet; ~ **oneself with** nøye seg med; **to one's heart's** ~ av hjertens lyst; ~ **s** ['kɒntents] innhold *n;* ~ **ment** tilfredshet *m.*

contest ['kɒntest] strid *m;* konkurranse *m;* [kən'test] bestride; konkurrere om; ~ **able** omtvistelig.

context ['kɒntekst] sammenheng *m.*

continent ['kɒntɪnənt] fastland *n;* verdensdel *m;* kontinent; måteholden; kysk; ~ **al** [kɒntɪ'nentl] kontinental; **the Continental Shelf** kontinentalsokkelen.

contingen|cy [kən'tɪndʒənsɪ] eventualitet; ~ **t** [kən'tɪndʒənt] (troppe)-kontingent *m;* tilfeldig; avhengig (**upon** av).

continu|al [kən'tɪnjʊəl] uavbrutt, stadig; ~ **ance** (ved)varenhet *m;* ~ **ation** fortsettelse *m;* ~ **e** fortsette; ~ **ous** sammenhengende, stadig, uavbrutt.

contort [kən'tɔ:t] vrikke (forvri).

contour ['kɒntu:ə] omriss *n.*

contraband ['kɒntrəbænd] smugling *m,* smuglergods *n.*

contracepti|on [kɒntrə'sepʃn] prevensjon *m;* ~ **ve pill** P-pille *m.*

contract [kən'trækt] trekke sammen; pådra seg; kontrahere, inngå kontrakt; ['kɒn-] avtale *m,* kontrakt *m;* ~ **ion** sammentrekning *m;* ~ **or** entreprenør *m;* kontrahent *m.*

contradict [kɒntrə'dɪkt] motsi; ~ **ion** motsigelse *m;* ~ **ory** motsigende.

contrary ['kɒntrərɪ] motsatt; **on the** ~ tvert imot; ~ **to** i strid med.

contrast ['kɒntrɑ:st] motsetning *m;* [kən'trɑ:st] sammenligne; danne motsetning til.

contribut|e [kən'trɪbjʊt] bidra; ~ **ion** bidrag *n;* ~ **or** bidragsyter *m;* medarbeider *m;* ~ **ory** som gir bidrag.

contrite ['kɒntraɪt] angerfull.

contriv|ance [kən'traɪvəns] oppfinnelse *m;* innretning *m.*

control [kən'trəʊl] tilsyn *n,* kontroll *m;* herredømme *n;* kontrollere, beherske; ~ **lable** kontrollerbar; ~ **ler** kontrollør *m.*

controvers|ial [kɒntrə'vɜ:ʃl] omstridt, strids-; ~ **y** ['kɒntrəvɜ:sɪ] kontrovers *m.*

convalesce [kɒnvə'les] friskne til (etter sykdom); ~ **nce** rekonvalesens *m;* ~ **nt** rekonvalesent *m.*

conven|e [kən'vi:n] komme, kalle sammen; ~ **ience** bekvemmelighet *m,* komfort *m;* **at your earliest** ~ **ience** så snart det passer Dem; ~ **ient** bekvem, bekvemmelig.

convent ['kɒnvənt] (nonne)kloster *n;* ~ **ion** møte *n,* kongress *m;* avtale *m;* skikk og bruk; ~ **ional** konvensjonell.

converge [kən'vɜ:dʒ] møtes, løpe sammen.

conversation [kɒnvɜ:'seɪʃn] samtale ~ **e** samtale **(with** med); ~ **ion** forvandling *m,* omdannelse *m;* omvendelse *m.*

convert [kən'vɜ:t] omdanne, omvende; ~ **ible** konvertibel, (om penger) som kan veksles; (om bil) med kalesje, cabriolet.

convey [kən'veɪ] bringe, transportere, overbringe, befordre; meddele; ~ **ance** transport *m;* befordringsmiddel *n,* skjøte *n;* ~ **or belt** transportbelte.

convict ['kɒnvɪkt] straffange *m;* [kən'vɪkt] erklære skyldig **(of** i); domfelle; ~ **ion** domfellelse *m;* overbevisning *m.*

convince [kən'vɪns] overbevise.

convoke [kən'vəʊk] sammenkalle.

convoy ['kɒnvɔɪ] konvoi *m.*

convulsion [kən'vʌlʃn] krampe, trekning *m;* ~ **ve** [kən'vʌlsɪv] krampaktig.

cook [kʊk] kokk(e) *m (f);* lage mat; ~ **ing** matlaging.

cool [ku:l] kjølig; kaldblodig, rolig; freidig; avkjøle; ~ **ing bag** kjølebag *m;* ~ **ing system** kjølesystem *n;* ~ **ness** kjølighet *m,* kaldblodighet *m.*

cooper ['ku:pə] bøkker *m;* tønnemaker.

co-operate [kəʊ'ɒpəreɪt] samarbeide; medvirke, bidra; ~ **ion** samarbeid; medvirkning *m;* kooperasjon *m;* ~ **ive** samvirke, kooperativ; ~ **ive society** samvirkelag *n.*

co-ordinate [kəʊ'ɔ:dɪnɪt] samordne.

cop [kɒp] politimann *m.*

cope [kəʊp] **with** greie, klare, mestre.

copious ['kəʊpjəs] rikelig, i overflod.

copper ['kɒpə] kopper(-slant) *n (m);* politimann *m.*

copy ['kɒpɪ] kopi *m;* avskrift *m/f,* avtrykk *n,* gjennomslag *n,* reproduksjon *m;* eksemplar *n* (av bok, avis); manuskript *n;* kopiere; **fair** ~ reinskrift *n;* **rough** ~ kladd *m,* konsept *n;* ~ **-book** skrivebok

f; ~ **ing-ink** kopiblekk *n;* ~ **right** forlagsrett *m,* opphavsrett *m.*

coquettish [kə'ketɪʃ] kokett.

coral ['kɒ:rəl] korall *m.*

cord [kɔ:d] snor, snøre *n.*

cordial ['kɔ:dɪəl] hjertelig; styrkedrikk *m.*

cordless ['kɔ:dləs] trådløs, uten ledning.

corduroy ['kɔ:dərɔɪ] kordfløyel *m.*

core [kɔ:] kjerne(hus) *m (n).*

cork [kɔ:k] kork *m;* korke; ~ **screw** korketrekker *m.*

cormorant ['kɔ:mərənt] skarv *m.*

corn [kɔ:n] korn *n* (planter); liktorn *m; amr* mais *m;* ~ **-cob** maiskolbe *m;* ~ **ea** ['kɔ:nɪə] hornhinne *m.*

corner ['kɔ:nə] hjørne *n;* krok *m; sport* hjørnespark; ~ **stone** hjørnestein *m.*

cornet ['kɔ:nɪt] kornett *m.*

cornice ['kɔ:nɪs] gesims *m.*

corny ['kɔ:nɪ] underlig, skrullet.

corona [kə'rəʊnə] krone *m/f,* krans *m;* isse *m;* ~ **tion** [kɒrə'neɪʃn] kroning *m.*

corporal ['kɔ:pərəl] korporlig, kroppslig; korporal *m;* ~ **ation** juridisk person *m;* kommune-, bystyre *n; amr* aksjeselskap *n.*

corpse [kɔ:ps] lik *n.*

corpulent ['kɔ:pjʊlənt] korpulent, tykk.

correct [kə'rekt] korrekt, riktig; rette, korrigere; ~ **ion** (oppgave)-retting *(m/f) m;* ~ **ion fluid** korrekturlakk *m;* ~ **ive** forbedrende; korrektiv *n.*

correspond [kɒrɪs'pɒnd] svare **(to, with** til); brevveksle **(with** med); ~ **ence** overensstemmelse *m,* korrespondanse *m;* ~ **ent** korrespondent *m;* ~ **ing** tilsvarende.

corridor ['kɒrɪdɔ:] korridor *m.*

corrode [kə'rəʊd] tære på, fortære; ruste; ~ **sion** fortæring *m* (ved rust); ~ **sive** tærende, etsende.

corrupt [kə'rʌpt] fordervet; korrupt; bederve, ødelegge; forderve; bestikke; ~ **ion** bedervelse *m;* fordervelse *m,* korrupsjon *m.*

corset ['kɔ:sɪt] korsett *n.*

cosiness ['kəʊzɪnəs] hygge *m.*

cosmetics [kɒz'metɪks] kosmetikk *m*.

cost [kɒst] omkostning(er) *m;* koste; ~ -**cutting** kostnadskutt *n*, nedskjæring *m*.

costermonger [ˈkɒstəmʌŋgə] gateselger *m*.

costly [ˈkɒstlɪ] kostbar.

costume [ˈkɒstjuːm] kostyme *n;* drakt *f;* ikle.

cosy [ˈkəʊzɪ] koselig.

cot [kɒt] barneseng *m/f,* feltseng *m/f;* køye *m/f*.

cottage [ˈkɒtɪdʒ] hytte *f*, lite hus *n*.

cotton [ˈkɒtn] bomull *m* (-splante, -svarer, -støy); ~ **grass** myrull.

couch [kaʊtʃ] benk *m*, sofa *m*, sjeselong *m*.

cough [kɔːf] *v & s* hoste *m*.

council [ˈkaʊnsl] råd *n*, rådsforsamling *m;* **the** ~ **of Europe** Europarådet *n;* ~ **lor** rådsmedlem *n*.

counsel [ˈkaʊnsl] råd *n*, rådslagning *m;* advokat *m* (i en rettssak); gi råd; ~ **lor** rådgiver *m*.

count [kaʊnt] beregning *m*, telling *m/f;* notis *m;* greve *m;* telle; ~ **on** regne med, stole på.

counter [ˈkaʊntə] disk *m*, spillemerke *n;* mot-, kontra-; gjøre mottrekk (i sjakk), gi slag igjen (boksing); ~ **act** motvirke; ~ -**attack** motangrep *n;* ~ **balance** motvekt *m;* oppveie, utligne; ~ **feit** [-fɪt] ettergjort, uekte; forfalskning *m;* ettergjøre, forfalske; ~ **feiter** falskmyntner *m;* ~ **foil** talong; ~ **measure** mottiltak *n;* ~ **move** mottrekk; ~ **pane** sengeteppe *n;* ~ **part** motstykke *n;* sidestykke *n;* ~ **proposal** motforslag.

countess [ˈkaʊntɪs] grevinne *m*.

countless [ˈkaʊntlɪs] talløs.

country [ˈkʌntrɪ] land *n;* strøk *n*, egn *m;* ~ **man** landsmann *m;* mann fra landet, bonde *m*.

county [ˈkaʊntɪ] grevskap *n*, fylke *n*.

coup [kuː] kupp *n;* ~ **de grace** nådestøt *n;* ~ **d'état** [ˈkuːdeɪtɑː] statskupp *n*.

couple [ˈkʌpl] par *n;* **a** ~ **of days** et par dager; parre, sammenkople.

coupling [ˈkʌplɪŋ] kopling *m/f.*

coupon [ˈkuːpɒn] kupong *m*.

courage [ˈkʌrɪdʒ] mot *n;* ~ **ous** [kə'reɪdʒəs] modig.

courier [ˈkʊrɪə] kurér *m*.

course [kɔːs] (for)løp *n*, gang *m;* kurs *m*, retning *m*, bane *m;* veddeløpsbane *m;* kurs *n;* rett *m;* **of** ~ selvfølgelig.

court [kɔːt] gård(splass) *m;* hoff *n;* domstol *m;* (tennis)bane *m;* ~ **eous** høflig, beleven; ~ **esan** [ˈkɔːtɪzæn] kurtisane *m;* ~ **esy** [ˈkɜː tɪsɪ] høflighet *m;* ~ **iers** [ˈkɔːtjəs] hoff-folk *m;* ~ **martial** standrett *m;* ~ **ship** frieri *n;* ~ **yard** gårdsplass *m*.

cousin [ˈkʌzn] fetter *m;* kusine *m;* søskenbarn.

cove [kəʊv] vik.

cover [ˈkʌvə] dekke *n*, deksel *n*, lokk *n;* omslag *n*, bind *n;* perm *m;* futteral *n;* dekning *m*, skjulested *n;* kuvert *m;* dekke (til), skjule, beskytte; tilbakelegge; ~ **age** dekning (reportasje); ~ **ing** dekke *n*, overtrekk *n;* ~ **let** sengeteppe *n;* ~ **t** skjult, fordekt, hemmelig; skjul *n*, tilholdssted *n*.

covet [ˈkʌvɪt] begjære, attrå; ~ **ous** begjærlig (**of** etter).

cow [kaʊ] ku *f.*

coward [ˈkaʊəd] feig(ing) *m;* usling *m;* ~ **ice** feighet *m*.

cowberry tyttebær.

cow|**boy** [ˈkaʊbɔɪ] *amr* ridende gjeter *m;* ~ **house** fjøs.

co-worker [ˈkəʊˈwɜːkə] medarbeider.

crab [kræb] krabbe *f;* kritisere; ~ -**louse** flatlus.

crack [kræk] sprekk *m*, revne *m/f;* smell *n;* knekke; knalle, smelle (med); sprenge; *dt* flott, prima; ~ **down** (politi)aksjon, razzia *m;* ~ **ed** sprukket; ~ **er** knallbonbon *m;* kjeks *m;* ~ **le** frese, sprake, knase, knitre; ~ **s** nøtteknekker *m*.

cradle [ˈkreɪdl] *v & s* vugge *m*.

craft [krɑːft] håndverk *n;* dyktighet *m;* fartøy *n;* ~ **sman** håndverker *m;* ~ **y** slu.

crag [kræg] knaus *m*.

cram [kræm] stappe; terpe; proppe; pugge.

cramp [kræmp] krampe *m;* hemme, innsnevre.

crane [kreɪn] kran *m/f;* trane *m.*

crank [kræŋk] sveiv *m/f;* krumtapp *m;* særling *m,* forskrudd person; sveive opp.

crap [kræp] krimskrams *m;* avføring *m/f,* dritt *m.*

crape [kreɪp] krepp *m.*

crash [kræʃ] brak *n;* nedstyrtning *m;* krakk *n* (handelskrise); brake, dundre; styrte ned; **~-helmet** styrthjelm *m.*

crate [kreɪt] (sprinkel)kasse *f;* stor kurv; pakke i kasse.

crater [ˈkreɪtə] krater *n.*

crave [kreɪv] be inntrengende om; begjære, lengte etter; **~ en** feig; **~ ing** begjær *n;* sterkt ønske *n.*

crawl [krɔ:l] kravle, krabbe; crawle; **be ~ ing with** myldre av.

crayfish [ˈkreɪfɪʃ] kreps *m.*

craziness [ˈkreɪzɪnəs] galskap *m;* **~ y** skrullet, gal, sprø.

creak [kri:k] knirk *n;* knirke.

cream [kri:m] fløte *m,* krem *m.*

crease [kri:s] fold *m,* brett *m;* buksepress *m;* krølle.

create [krɪˈeɪt] skape; utnevne; **~ ion** skapelse *m;* skapning *m;* **~ ive** skapende; **~ or** skaper *m;* **~ ure** [ˈkri:tʃə] (levende) vesen *n,* skapning *m;* kreatur.

credibility [kredɪˈbɪlɪtɪ] troverdighet *m;* **~ le** troverdig, trolig.

credit [ˈkredɪt] tillit *m,* (til)tro *m;* kreditt(t) *m;* anseelse *m;* tro (på); godskrive; kreditere; **~ card** kredittkort *n;* **~ or** kreditor *m.*

credulity [krɪˈdju:lɪtɪ] godtroenhet; **~ ous** [ˈkredjʊləs] godtroende.

creek [kri:k] vik *m/f,* bukt *f; amr* bekk *m.*

creep [kri:p] krype, liste seg; **~ er** slyngplante *m/f;* **~ y** uhyggelig.

cremate [krɪˈmeɪt] kremere; **~ ion** kremasjon *m;* **~ orium, ~ ory** [ˈkremətərɪ] krematorium *n.*

crescent [ˈkresnt] månesigd *m;* halvrund plass; halvmåneformet; voksende.

crest [krest] (hane)kam *m;* hjelm-

busk *m;* bakkekam *m;* familievåpen *n;* **~ fallen** motløs.

crew [kru:] mannskap *n.*

crib [krɪb] krybbe *m/f;* fuske.

cricket [ˈkrɪkɪt] siriss *m;* cricketspill *n;* **not ~** ikke realt.

crier [ˈkraɪə] utroper *m.*

crime [kraɪm] forbrytelse *m;* **~ inal** forbrytersk, forbryter *m;* **~ inality** kriminalitet *m.*

crimson [ˈkrɪmzn] høyrød.

cringe [krɪndʒ] krype **(to** for).

cripple [ˈkrɪpl] krøpling *m;* funksjonshemmet.

crisis *pl* **-es** [ˈkraɪsɪs, -i:z] vendepunkt *n;* krise *m/f.*

crisp [krɪsp] kruset; sprø; frisk; kruse (seg), bli sprø; **~ bread** knekkebrød *m.*

criterion *(pl* **-ia)** [kraɪˈtɪərɪən] kriterium *n (pl* -ier).

critic [ˈkrɪtɪk] kritiker *m;* **~ cal** kritisk; **~ cism** kritikk *m;* **~ cize** [-saɪz] kritisere.

croak [krəʊk] kvekke, skrike.

crochet [ˈkrəʊʃeɪ] hekle.

crockery [ˈkrɒkərɪ] stentøy *n.*

Croat [ˈkrəʊət] kroat *m;* **~ ia** [krəʊˈeɪʃ(ɪ)ə] Kroatia.

crocodile [ˈkrɒkədaɪl] krokodille *f.*

crone [krəʊn] kjerring *f.*

crook [kru:k] krok *m,* hake *m;* sving *m;* bedrager, skurk *m;* **~ ed** kroket, skjev; uærlig.

crooner [ˈkru:nə] vokalist *m.*

crop [krɒp] avling *m;* kro *m* (på fugler); **~ rotation** vekselbruk *n.*

croquet [ˈkrəʊkeɪ] krokket *n.*

cross [krɒs] kors *n,* kryss *n,* krysning *m;* tverr, gretten; krysse, gå tvers over; motvirke; (vei-, gate-) kryss *n;* overfart *m;* **~ -bar** tverrligger; **~ beam** tverrbjelke; **~ breed** blandingsrase, krysning *m; v* blande, krysse; **~ -country** langrenn; **~ -country race** terrengløp; **~ -examination** kryssforhør *n;* **~ -fire** kryssild *m;* **~ ing** overreise *m/f;* **~ road** (vei-, gate-) kryss *n;* overfart *m;* **~ roads** skillevei *m;* **~ -section** tverrsnitt; **~ wise** (på) tvers; **~ -word puzzle** kryssord *n.*

crotch [krɒtʃ] skritt (i bukser) *n.*

crouch [kraʊtʃ] huke seg ned.
crow [krəʊ] kråke *f;* gale; ~ **bar**
kubein *n,* spett *n.*
crowd [kraʊd] (menneske)mengde
m; tilskuertall *n;* trenge (til si-
de), flokkes.
crown [kraʊn] *v & s* krone *m/f;*
pull (hatt).
crucial [ˈkruːʃl] avgjørende.
crucif|ix [ˈkruːsɪfɪks] krusifiks *n;*
~ **ixion** [kruːsɪˈfɪkʃn] korsfestelse
m; ~ **y** [-faɪ] korsfeste.
crude [kruːd] rå, umoden; ~ **oil**
råolje.
cruel [kruːəl] grusom; ~ **ty** gru-
somhet *m.*
cruise [kruːz] (kryss)tokt *n,* sjørei-
se *m/f;* ~ **r** krysser *m.*
crumb [krʌm] (brød)smule *(n) m;*
~ **le** smuldre.
crumple [ˈkrʌmpl] krølle(s).
crunch [krʌnʃ] knase.
crusade [kruːˈseɪd] korstog *n.*
crush [krʌʃ] trengsel *m;* knuse;
klemme, presse.
crust [krʌst] skorpe *m/f;* skare
m; dekke(s) med skorpe.
crutch [krʌtʃ] krykke *m/f; anat*
skritt *n.*
cry [kraɪ] skrik *n,* rop *n;* gråt *m;*
skrike; gråte.
crystal [ˈkrɪstl] krystall *n;* ~ **lize**
krystallisere.
ct. fork. for *cent.*
cub [kʌb] valp *m,* unge *m.*
cubic - [ˈkjuːbɪk] kubikk -.
cube [kjuːb] terning *m.*
cuckoo [ˈkʊkuː] gjøk *m;* ~ **-clock**
gjøkur *n.*
cucumber [ˈkjuːkʌmbə] agurk *m.*
cud [kʌd] drøv; **chew the** ~ tygge
drøv.
cuddl|e [ˈkʌdl] ligge lunt; kjæle
(med); ~ **y** kjælen.
cudgel [ˈkʌdʒəl] klubbe *m/f,* kølle
m/f.
cue [kjuː] (biljard)kø *m (m);* stikk-
ord *n.*
cuff [kʌf] mansjett *m* (erme-)opp-
slag *n;* slag *n,* dask *m;* ~ **-link**
mansjettknapp; ~ **s** håndjern;
daske.
culinary [ˈkʌːlɪnərɪ] kulinarisk.
culminate [ˈkʌlmɪneɪt] kulminere.

culp|able [ˈkʌlpəbl] straffskyldig;
~ **rit** gjerningsmann *m;* skyldig.
cult [kʌlt] kultus *m;* ~ **ivate** dyrke;
kultivere; ~ **ivation** dyrking *m;*
~ **ural** kultur *m;* dyrking *m;* dan-
nelse *m;* dyrke; kultivere; ~ **ured**
kultivert, dannet.
cumbersome [ˈkʌmbəsəm] byrde-
full, besværlig.
cunning [ˈkʌnɪŋ] list(ig) *m.*
cup [kʌp] kopp *m,* beger *n;* pokal
m; ~ **bearer** munnsjenk; ~ **board**
[ˈkʌpbəd] skap *n.*
cur [kɜː] kjøter *m.*
curable [ˈkjuːrəbl] helbredelig.
curat|e [ˈkjuːrɪt] kapellan *m;* ~ **or**
[-ˈreɪtə] kurator *m;* konservator *m.*
curb [kɜːb] tøyle *m;* kantstein *m,*
fortauskant *m* (også **-stone**).
cure [kjuː] kur *m;* helbredelse *m;*
helbrede; konservere (salte, røy-
ke, tørke).
cured ham spekeskinke *m/f.*
curfew [ˈkɜːfjuː] portforbud *n.*
curio|sity [kjuːrɪˈɒsɪtɪ] nysgjerrighet
m; raritet *m;* ~ **us** nysgjerrig;
underlig, kunstferdig.
curl [kɜːl] krøll *m;* krølle (seg),
sno; ~ **ing iron** krølltang *m/f.*
currant [ˈkʌrənt] korint *m;* rips *m*
(red ~ **);** solbær *n* **(black** ~ **).**
curren|cy [ˈkʌrənsɪ] valuta *m;* om-
løp *n;* gangbarhet *m;* ~ **t** strøm-
(ning) *m;* gangbar, løpende, inne-
værende; aktuell.
curriculum [kəˈrɪkjʊləm] undervis-
ningsplan, pensum *n;* ~ **vitae**
[-ˈvɪtaɪ] levnetsbeskrivelse *m.*
curry [ˈkʌrɪ] karri *m.*
curs|e [kɜːs] forbanne(lse) *m,* ed *m.*
curt [kɜːt] kort, mutt; ~ **ail**
[kɜːˈteɪl] innskrenke, beskjære;
~ **ain** [ˈkɜːtn] gardin *n,* forheng
n; teat teppe *n.*
curts(e)y [ˈkɜːtsɪ] neie; kniks *n.*
curve [kɜːv] kurve *m,* sving *m;*
krumme (seg); ~ **d** krum.
cushion [ˈkʊʃn] pute *m/f;* polstre.
custod|ian [kʌˈstəʊdɪən] vokter *m,*
vaktmester *m;* ~ **y** [ˈkʌstədɪ] forva-
ring *m,* varetekt *m.*
custom [ˈkʌstəm] sedvane *m,* skikk
m; ~ **ary** vanlig; ~ **ary law** sedva-
nerett *m;* ~ **er** kunde *m;* ~ **-house**

tollbod *m;* ~ **s** toll(vesen) *m (n);*
~ **s officer** toller *m.*

cut [kʌt] snitt *n;* hogg *n;* slag *n;*
(av)klipp *n;* reduksjon *m;* skjære;
hogge; klippe; uthogge; redusere;
overse; skulke; ta av (i kort); ~
down innskrenke; ~ **glass** slepet
glass *n;* ~ **off** avskjære, avbryte;
utestenge; ~ **out** tilskjære; sjalte
ut; ~ **short** avbryte (plutselig); ~
teeth få tenner; ~ **up rough** slå
seg vrang, bli sint.

cutback [ˈkʌtbæk] nedskjæring
m/f.

cute [kju:t] skarpsindig; *amr* søt,
sjarmerende.

cutter [ˈkʌtə] tilskjærer.

cutting [ˈkʌtɪŋ] avlegger *m.*

cutler [ˈkʌtlə] knivsmed *m;* ~ **y**
kniver, sakser *etc.*

cutlet [ˈkʌtlɪt] kotelett *m.*

cutting [ˈkʌtɪŋ] skjærende; skarp;
utklipp *n;* (vei-, jernbane-)skjæ-
ring *m.*

CV = curriculum vitae CV, per-
sonlige opplysninger, livshistorie.

cycle [ˈsaɪkl] syklus *m,* krets *m;*
sykkel *m;* sykle; ~ **e path** sykkel-
sti *m;* ~ **ist** syklist *m;* ~ **one** syk-
lon *m.*

cylinder [ˈsɪlɪndə] sylinder *m,* valse
m.

cymbal [ˈsɪmbəl] *mus.* bekken.

cynic [ˈsɪnɪk] kyniker *m;* ~ **al** ky-
nisk; ~ **ism** kynisme *m.*

czar [zɑ:] tsar.

Czech [tʃek] tsjekker *m;* ~ **oslova-
kia** Tsjekkoslovakia.

D

dab [dæb] slå lett; daske.

dad(dy) [ˈdæd(ɪ)] pappa *m.*

daffodil [ˈdæfədɪl] påskelilje *m/f.*

daft [dɑ:ft] skrullet, tosket.

dagger [ˈdægə] dolk *m.*

daily [ˈdeɪlɪ] daglig; dagblad *n,*
daghjelp *m.*

dainty [ˈdeɪntɪ] lekker, fin; kresen.

dairy [ˈdeərɪ] meieri *n;* ~ **-man**
meierist *m;* sveiser (fjøskar) *m.*

daisy [ˈdeɪzɪ] tusenfryd *m.*

dam [dæm] dam *m,* demning *m;*
demme opp.

damage [ˈdæmɪdʒ] skade *m;* beska-
dige; ~ **s** erstatning *m.*

damn [dæm] fordømme; ~ **!** pok-
ker!

damp [dæmp] fuktighet *m;* fuktig,
klam; *(amr* ~ **en)** fukte, væte;
dempe; ~ **er** spjeld *n;* ~ **ness** fuk-
tighet.

dance [dɑ:ns] dans *m;* ~ **er** danser-
(inne) *m (m/f);* ~ **ing** dans(ing) *m.*

dandelion [ˈdændɪlaɪən] løvetann *f.*

dandruff [ˈdændrʌf] flass *n.*

Dane [deɪn] danske *m;* dane.

danger [ˈdeɪndʒə] fare *m;* ~ **ous**
farlig.

dangle [ˈdæŋgl] slenge.

Danish [ˈdeɪnɪʃ] dansk.

dapper [ˈdæpə] livlig, vever.

dare [deə] tore, våge.

daring [ˈdeərɪŋ] dristighet *m;* mo-
dig; dristig.

dark [dɑ:k] mørk; mørke *n;* ~ **en**
mørkne; ~ **ness** mørke *n;* ~ **room**
mørkerom *n.*

darling [ˈdɑ:lɪŋ] skatt *m,* elskling
m; yndling *m.*

darn [dɑ:n] stoppe (huller); ~ **ing
wool** stoppegarn *n.*

dart [dɑ:t] kastespyd *n,* kastepil
m/f; fare (av sted), styrte; kaste.

dash [dæʃ] splintre, slå i knas;
kyle; styrte av sted; stenk *n,*
skvett *m,* plutselig bevegelse *m,*
tankestrek *m;* ~ **board** instru-
mentbord *n* (på bil, fly osv.);
~ **ing** flott, feiende.

date [deɪt] daddel *m;* tidspunkt
n; dato *m;* tid *m/f;* årstall *n;*
avtale *m;* *amr* stevnemøte *n;* date-
re; **out of** ~ foreldet; **up to** ~
moderne, tidsmessig.

daughter [ˈdɔ:tə] datter *m/f;* ~ **-in-
law** svigerdatter *m/f.*

daunt [dɔ:nt] kue, skremme; ~ **ing**
skremmende; uforferdet, dristig.

dawdl|e ['dɔ:dl] somle; ~**ing** sommel *n*.

dawn [dɔ:n] gry *n*, daggry *n;* dages, lysne.

day [deɪ] dag *m;* **the other** ~ forleden (dag); **this** ~ **week** i dag om en uke; ~ **break** daggry *n;* ~ **dream** dagdrøm *m;* ~ **light** dagslys *n;* ~ **'s work** dagsverk *n*.

dazzle ['dæzl] blende.

dead [ded] død, livløs; sloknet; matt; øde; ~ **beat** dødstrett; ~ **body** lik *n;* ~ **en** avdempe, døyve; ~ **-line** frist; ~ **lock** stillstand *m*, uføre *n;* ~ **ly** dødelig, drepende.

deaf [def] døv; tunghørt; ~ **aid** høreapparat *n;* ~ **ening** øredøvende; ~ **-mute** døvstum; ~ **ness** døvhet *m*.

deal [di:l] forretning, handel *m;* avtale *m;* kortgiving *m;* tildele; fordele; gi (kort); handle; **a good** ~ , **a great** ~ en hel del; ~ **in** forhandle; ~ **er** handlende *m*, forhandler *m*.

dean [di:n] dekan(us) *m;* domprost *m*.

dear [dɪə] dyr; dyrebar; kjær.

death [deθ] død *m*, dødsfall *n;* ~ **-bed** dødsleie; ~ **blow** nådestøt *n;* ~ **-rate** dødelighet(sprosent) *m (m)*.

debark [dɪ'bɑ:k] gå i land; landsette; ~ **ation** landgang *m;* landsetting *m*.

debate [dɪ'beɪt] ordskifte *n*, debatt *m;* debattere.

debauch [dɪ'bɔ:tʃ] forføre; utsvevelse *m*.

debilitate [dɪ'bɪlɪteɪt] svekke, utarme.

debit ['debɪt] debet *m;* debitere.

debt [det] gjeld *m/f;* ~ **or** debitor *m*, skyldner *m*.

decade ['dekeɪd] tiår *n*.

decaden|ce ['dekədəns] forfall *n;* ~ **t** som er i forfall.

decanter [dɪ'kæntə] karaffel *m*.

decapitate [dɪ'kæpɪteɪt] halshogge.

decathlon [dɪ'kæθlən] tikamp.

decay [dɪ'keɪ] forfalle; råtne, visne bort; forfall *n*.

decease [dɪ'si:s] bortgang *m*, død *m;* gå bort, dø.

deceit [dɪ'si:t] bedrageri *n;* ~ **ful** bedragersk.

deceive [dɪ'si:v] bedra; narre; ~ **r** bedrager *m*.

December [dɪ'sembə] desember.

decen|cy ['di:snsɪ] sømmelighet *m;* anstendighet *m;* ~ **t** sømmelig, skikkelig.

decepti|on [dɪ'sepʃn] bedrag *n;* skuffelse *m;* ~ **ve** skuffende; bedragersk.

decide [dɪ'saɪd] beslutte; avgjøre.

deciduous [dɪ'sɪdjʊəs] som faller av; ~ **forest** løvskog *m*.

decimal ['desɪməl] desimal.

decisi|on [dɪ'sɪʒən] avgjørelse *m;* beslutning *m;* ~ **ve** [dɪ'saɪsɪv] avgjørende.

deck [dek] pynte, pryde; dekk *n;* ~ **-chair** fluktstol.

declamation [deklə'meɪʃ ən] deklamasjon.

declar|ation [deklə'reɪʃ n] erklæring *m*, kunngjøring *m;* ~ **e** erklære; kunngjøre; melde (i kort); angi (til fortolling).

decline [dɪ'klaɪn] avta; forfalle; avslå; nedgang *m*, tilbakegang *m*.

décolletée [deɪ'kɒlteɪ] nedringet.

decompos|e [di:kəm'pəʊz] bryte(s) ned; ~ **ition** nedbryting *m*.

decorat|e ['dekəreɪt] pryde, dekorere; ~ **ion** (ordens)dekorasjon *m;* pynt *m;* ~ **or** dekoratør.

decoy ['di:kəɪ] lokkedue *m*.

decrease [dɪ'kri:s] avta, minke; ['di:kri:s] nedgang *m*, reduksjon *m*.

decree [dɪ'kri:] forordne; dekret *n;* forordning.

decrepit [dɪ'krepɪt] avfeldig.

dedicat|e ['dedɪkeɪt] innvie; tilegne; ~ **ion** innvielse *m;* tilegnelse *m*, dedikasjon *m*.

deduce [dɪ'dju:s] utlede, slutte.

deduct [dɪ'dʌkt] trekke fra; ~ **ion** fradrag(spost) *n (m);* utledning *m*.

deed [di:d] dåd *m*, gjerning *m;* dokument *n;* skjøte *n*, tilskjøte.

deep [di:p] dyp; dypt; ~ **en** utdype, fordype; ~ **-freeze** fryseboks.

deer [dɪə] hjortedyr *n.*
defamation [di:fə'meɪ∫n] ærekren-
kelse, bakvaskelse *m.*
defeat [dɪ'fi:t] overvinne; beseire;
nederlag *n.*
defect [dɪ'fekt] mangel *m,* feil *m;*
  ~ **ion** avhopping *m;* ~ **ive** defekt,
  mangelfull; ~ **or** avhopper *m;*
  overløper *m.*
defen|ce [dɪ'fens] forsvar *n;* ~ **celess**
  forsvarsløs; ~ **d** forsvare; ~ **dant,**
  the ~ saksøkte, anklagede;
  ~ **sive** forsvars-, defensiv *m.*
defer [dɪ'fɜ:] utsette.
defi|ance [dɪ'faɪəns] utfordring *m;*
  tross *m;* ~ **ant** utfordrende, tros-
  sig.
defi|ciency [dɪ'fɪ∫ənsɪ] mangel *m;*
  ufullkommenhet *m;* ~ **cient** man-
  gelfull, evneveik.
deficit ['defɪsɪt] underskudd *n.*
defin|e [dɪ'faɪn] forklare, definere;
  ~ **ite** ['defɪnɪt] bestemt, nøye av-
  grenset; ~ **ition** bestemmelse *m;*
  ~ **itive** [dɪ'fɪnɪtɪv] definitiv, ende-
  lig; avgjørende.
deforest [di:'fɒrɪst] avskoge; ~ **a-**
  tion avskoging *m/f.*
deform [dɪ'fɔ:m] misdanne, vansi-
  re; ~ **ity** misdannelse *m,* van-
  skapthet *m;* feil *m.*
defraud [dɪ'frɔ:d] bedra.
deft flink, netthendt.
defuse [di:'fju:z] fjerne eksplo-
  sjonsfare, ta bort risiko.
defy [dɪ'faɪ] trosse; utfordre.
degenerat|e [dɪ'dʒenəreɪt] utarte;
  ~ **ion** utarting *m.*
degrad|ation [degrə'deɪ∫n] degra-
  dering *m;* ~ **e** degradere.
degree [dɪ'gri:] grad *m;* rang *m;*
  eksamen *m* (ved universitet *el*
  college).
dehydration [dɪhaɪ'dreɪ∫n] uttør-
  king *m/f.*
deject [dɪ'dʒekt] nedslå; ~ **ed** ned-
  slått, nedstemt; ~ **ion** motløshet
  m, nedstemthet *m.*
delay [dɪ'leɪ] utsette(lse), forsinke(l-
  se) *m.*
delegate ['delɪgeɪt] delegere; sende
  ut med fullmakt; [-gɪt] utsending
  m.
delet|e [dɪ'li:t] stryke (ut), slette (på

dataskjerm); ~ **ion** [dɪ'li:∫n] over-
strykning *m.*
deliberat|e [dɪ'lɪbərɪt] overlagt; [dɪ-
  'lɪbəreɪt] overveie; ~ **ely** med
  overlegg, med vilje; ~ **ion** råd-
  slagning *m.*
delica|cy ['delɪkəsɪ] finhet *m;* fin-
  følelse *m;* lekkerbisken *m;* ~ **te**
  fin; fintfølende; sart.
delicatessen [delɪkə'tesn] fetevarer.
delicious [dɪ'lɪ∫əs] deilig, herlig,
  lekker.
delight [dɪ'laɪt] glede *m;* glede seg
  (**in** ved, over); ~ **ful** deilig, her-
  lig.
delinquen|cy [dɪ'lɪŋkwənsɪ] forseelse
  m, forsømmelse *m;* **juvenile** ['dʒu:
  vɪnaɪl] ~ ungdomskriminalitet
  m; ~ **t** forsømmelig; skyldig; for-
  bryter *m.*
delirium [dɪ'lɪrɪəm] villelse *m.*
deliver [dɪ'lɪvə] (over)levere; befri;
  forløse; holde (f.eks. en tale);
  ~ **ance** befrielse *m;* ~ **y** overleve-
  ring *m;* levering *m/f;* ombæring
  m/f, (av post); (fødsel) nedkomst
  m; fremføring *m.*
delude [dɪ'lu:d] villede, narre.
deluge ['delju:dʒ] oversvømmelse
  m; syndflod *m.*
delusi|on [dɪ'lu:ʒən] illusjon *m,* vill-
  farelse *m;* ~ **ve** skuffende; illuso-
  risk.
demagogue ['deməgɒg] demagog.
demand [dɪ'mɑ:nd] fordre, kreve,
  forlange; fordring *m/f;* etterspør-
  sel *m;* **in great** ~ meget søkt, et-
  terspurt.
demeanour [dɪ'mi:nə] oppførsel *m.*
demi halv-.
demilitariz|ation [dɪmɪlɪtaraɪ'zeɪ∫n]
  avmilitarisering *m/f;* ~ **e** avmili-
  tarisere.
democra|cy [dɪ'mɒkrəsɪ] demokrati
  n; ~ **t** ['deməkræt] demokrat *m;*
  ~ **tic** [demə'krætɪk] demokratisk;
  ~ **tize** [dɪ'måkrətaɪz] demokratise-
  re.
demol|ish [dɪ'mɒlɪ∫] rive ned; ~ **i-**
  tion nedriving *m.*
demon ['di:mən] demon; ~ **ic** de-
  monisk.
demonstra|te ['demənstreɪt] (be)vise,
  demonstrere; ~ **tion** bevisføring

m/f; bevis *n;* (offentlig) demon-
strasjon *m;* ~ **tive** [dɪ'mɒnstrətɪv]
klargjørende; demonstrativ,
åpen.
demoralize [dɪ'mɒrəlaɪz] demorali-
sere.
den hule *f* (dyrs); hybel *m*.
denial [dɪ'naɪəl] (be)nektelse *m;*
avslag *n*.
Denmark ['denmɑ:k] Danmark.
denomin|ate [dɪ'nɒmɪneɪt] benevne;
~ **ation** benevnelse *m;* pålydende
n; verdi *m;* religiøst samfunn *n;*
~ **ator** nevner (i brøk).
denote [dɪ'nəʊt] betegne.
denounce [dɪ'naʊns] fordømme, ta
avstand fra; angi, melde.
dens|e [dens] tett; fast; tungnem;
~ **ity** tetthet.
dent hakk *n,* bulk *m;* bulke.
dent|al ['dentl] tann-; ~ **ist** tannlege
m; ~ **ure** gebiss *n*.
denunciation [dɪnʌnsɪ'eɪʃn] for-
dømmelse *m;* anmeldelse *m*.
deny [dɪ'naɪ] (be)nekte; avslå.
deodorant [di:'əʊdərənt] deodorant
m.
depart [dɪ'pɑ:t] (av)gå, reise bort;
gå bort, dø; avvike; ~ **ed** avdød;
~ **ment** avdeling *m;* område *n;*
amr departement *n;* **Department
of the Environment** miljøvernde-
partementet *n;* ~ **ment store** vare-
hus; ~ **ure** avgang *m,* avreise *m;*
avvik *n;* død *m*.
depend [dɪ'pend] ~ **able** pålitelig;
~ **on** avhenge av; stole på;
~ **ence** avhengighet *m;* ~ **ent on**
avhengig av.
depict [dɪ'pɪkt] male; skildre.
deplet|e [dɪ'pli:t] tømme, tynne ut,
bruke opp; ~ **ion** tynning, utpi-
ning *m/f,* uttømning *m*.
deplor|able [dɪ'plɔ:rəbl] beklagelig;
~ **e** beklage.
deploy [dɪ'plɔɪ] utplassere (trop-
per).
depopulat|e [dɪ'pɒpjʊleɪt] avfolke;
~ **ion** avfolking *m/f*.
deport [dɪ'pɔ:t] deportere.
deposit [dɪ'pɒzɪt] deponere, an-
bringe; sette inn (penger); avlei-
re; depositum *n;* (flaske)pant;

innskudd *n;* avleiring *m/f;* ~ **or**
innskyter *m*.
deprav|e [dɪ'preɪv] forderve; ~ **ed**
ryggesløs; ~ **ity** [dɪ'prævɪtɪ] for-
dervelse *m*.
deprecia|te [dɪ'pri:ʃɪeɪt] sette ned (*el*
falle) i verdi; avskrive, nedskrive;
~ **tion** (verdi)forringelse; avskriv-
ning, nedskrivning *(m) m;* ~ **tory**
nedsettende.
depress [dɪ'pres] trykke ned; ned-
slå; ~ **ed** nedtrykt; ~ **ion** nedtryk-
king *m;* nedtrykthet *m,* depresjon
m.
deprive [dɪ'praɪv] berøve.
depth [depθ] dybde *m;* dyp *n*.
deputy ['depjʊtɪ] representant *m,*
varamann *m*.
derail [dɪ'reɪl] avspore; ~ **ment**
avsporing *m*.
derange [dɪ'reɪndʒ] bringe i ulage;
~ **d** sinnsforvirret; ~ **ment** (sinns)-
forvirring *m*.
derelict ['derɪlɪkt] forlatt, folketom.
deri|de [dɪ'raɪd] håne, spotte;
~ **sion** [dɪ'rɪʒən] hån *m;* ~ **sive**
spotsk.
derive [dɪ'raɪv] avlede, utlede.
derrick ['derɪk] lastekran *m/f,* los-
sebom *m;* boretårn *m*.
descen|d [dɪ'send] synke; stige ned;
nedstamme; ~ **dant** etterkommer
m; ~ **t** nedstigning *m;* avstam-
ning *m*.
describe [dɪ'skraɪb] beskrive.
descripti|on [dɪ'skrɪpʃn] beskrivelse
m; ~ **ve** beskrivende.
desert ['dezət] ørken *m,* øde sted
n; [dɪ'zɜ:t] forlate; desertere; for-
tjent lønn *m/f;* ~ **ed** øde; ~ **er**
overløper *m;* ~ **ification** ørken-
dannelse, ørkenspredning, for-
ørkning *m;* ~ **ion** frafall *n;* deser-
tering *m*.
deserv|e [dɪ'zɜ:v] fortjene; ~ **ing**
fortjenstfull, verdig.
design [dɪ'zaɪn] tegne; skissere;
utforme; planlegge; bestemme
(**for** til); tegning *m;* plan *m;*
konstruksjon *m;* ~ **ate** ['dezɪgneɪt]
betegne, utpeke (**to, for** til); ~ **a-
tion** betegnelse *m;* ~ **er** tegner
m, konstruktør *m,* formgiver;
~ **ing** listig, renkefull.

desirable [dɪ'zaɪərəbl] attråverdig; ønskelig; ~ **e** ønske *(v & s);* begjær *n;* begjære; ~ **ous** begjærlig **(of** etter).

desist from [dɪ'zɪst -] avstå fra.

desk pult *m,* skranke *m;* ~ **top** skrivebordsplate *m/f.*

desolate ['desəlɪt] ubebodd, øde; ulykkelig.

despair [dɪs'peə] fortvile(lse) *m;* ~ **ing** fortvilet.

desperate ['despərɪt] fortvilet; desperat.

despicable ['despɪkəbl] foraktelig.

despise [dɪs'paɪz] forakte.

despite [dɪs'paɪt] nag *n;* tross *n; prp* til tross for.

desponden|cy [dɪs'pɒndənsɪ] motløshet *n;* ~ **t** motløs.

despot ['despɒt] despot; ~ **ism** despotisme.

dessert [dɪ'zɜːt] dessert *m.*

destin|ation [destɪ'neɪʃn] bestemmelsessted *n;* ~ **e** [-'tɪn] bestemme; ~ **y** skjebne *m.*

destitut|e ['destɪtjuːt] blottet **(of** for); fattig; ~ **ion** fattigdom *m;* mangel *m,* nød *m.*

destroy [dɪs'trɒɪ] ødelegge; ~ **er** *mar* jager *m.*

destructi|on [dɪs'trʌkʃn] ødeleggelse *m;* ~ **ve** ødeleggende.

detach [dɪ'tætʃ] skille, avsondre; ~ **ed house** villa; ~ **ment** atskillelse *m;* kjølig fjernhet *m.*

detail ['diːteɪl] berette inngående om; detalj *m;* ~ **ed** inngående.

detain [dɪ'teɪn] holde tilbake, holde i forvaring; oppholde; ~ **ee** varetektsfange; politisk fange *m.*

detect [dɪ'tekt] oppdage; ~ **ive** detektiv *m.*

détente avspenning *m/f.*

detention [dɪ'tenʃn] forvaring *m,* arrest *m.*

deter [dɪ'tɜː] avskrekke.

detergent [dɪ'tɜːdʒənt] vaskemiddel, -pulver *n.*

deteriorate [dɪ'tɪərɪəreɪt] forringe; bli forringet.

determin|ate [dɪ'tɜːmɪnɪt] bestemt; besluttsom; ~ **ation** besluttsomhet *m;* bestemmelse *m;* ~ **e** bestemme (seg); beslutte.

detest [dɪ'test] avsky *m;* ~ **able** avskyelig.

dethrone [de'θrəʊn] avsette, (detronisere).

detonation [detəʊ'neɪʃn] eksplosjon *m;* knall *n.*

detour ['diːtʊə] omvei *m.*

detract [dɪ'trækt] avlede; ~ **from** nedsette, forringe; ~ **or** bakvasker *m;* ~ **ory** nedsettende.

detriment ['detrɪmənt] skade *m;* ~ **al** [-'mentl] skadelig.

(the) deuce [djuːs] pokker.

devalu|e [diː'væljʊ] devaluere, nedskrive; ~ **ation** devaluering *m/f,* nedskrivning *m.*

devastate ['devəsteɪt] herje.

develop [dɪ'veləp] utvikle (seg); *fotogr* fremkalle; ~ **ing country** u-land, utviklingsland *n;* ~ **ment** utvikling *m;* ~ **ment aid** utviklingshjelp *m/f.*

deviat|e ['diːvɪeɪt] avvike; ~ **ion** [-'eɪʃn] avvikelse *m.*

device [dɪ'vaɪs] påfunn *n;* innretning *m;* devise *m;* våpenmerke *n.*

devil ['devl] djevel *m;* **the Devil** fanden; ~ **ry** djevelskap.

devoid [dɪ'vɒɪd] fri, blottet **(of** for).

devot|e [dɪ'vəʊt] vie; ~ **ed** hengiven; ~ **ion** hengivenhet *m;* fromhet *m.*

devour [dɪ'vaʊə] sluke.

devout [dɪ'vaʊt] from.

dew [djuː] dugg(e) *m/f;* ~ **y** dugget.

diabet|es [daɪə'biːtɪz] sukkersyke *m;* ~ **ic** diabetiker *m.*

diagnos|e ['daɪəgnəʊz] diagnostisere; ~ **is** *pl* ~ **es** [daɪəg'nəʊsɪs] diagnose *m.*

dial ['daɪəl] solur *n;* urskive *m/f,* telefonskive *m/f;* slå telefonnummer.

dialect ['daɪəlekt] dialekt, målføre *n.*

dialling| code ['daɪəlɪŋ kəʊd] retningsnummer *n;* ~ **tone** summetone *m.*

diameter [daɪ'æmɪtə] diameter *m,* tverrmål *n.*

diamond ['daɪəmənd] diamant *m;* ruter (i kortspill).

diaper ['daɪəpə] bleie *m/f.*

diary [ˈdaɪərɪ] dagbok *m/f.*
diarrhea [daɪəˈriːə] diaré *m.*
dice [daɪs] *(pl* av **die)** terninger; spille med terninger.
dictate [dɪkˈteɪt] diktere; ~ **ion** diktat *m;* ~ **or** diktator *m;* ~ **orship** diktatur *n.*
dictionary [ˈdɪkʃənrɪ] ordbok *m/f,* leksikon *n.*
die [daɪ] dø; omkomme; dø bort; (i *pl:* **dice)** terning *m.*
diet [ˈdaɪət] kost *m,* diett *m,* riksdag *m.*
differ [ˈdɪfə] være forskjellig, avvike; ~ **ence** forskjell *m;* uenighet *m;* stridspunkt *n;* ~ **ent** forskjellig **(from** fra).
difficult [ˈdɪfɪkəlt] vanskelig; ~ **y** vanskelighet *m.*
diffident [ˈdɪfɪdənt] forsagt.
diffuse [dɪˈfjuːz] utbre, spre; ~ **ion** spredning *m;* utbredelse *m.*
dig grave; slite, jobbe; ~ **s** hybel *m.*
digest [ˈdaɪdʒest] sammendrag *n,* [dɪˈdʒest] fordøye(s); ~ **ible** fordøyelig; ~ **ion** fordøyelse *m.*
digit [ˈdɪdʒɪt] finger(bredd) *m,* (ensifret) tall *n;* ~ **al audiotape recorder (DAT)** digital båndspiller *m;* ~ **al compact cassette (DCC)** digital kompakt kassett *m.*
dignified [ˈdɪgnɪfaɪd] (ær)verdig; ~ **fy** utmerke, hedre; ~ **tary** (høytstående) embetsmann *m;* ~ **ty** verdighet *m.*
digress [daɪˈgres] komme bort fra emnet; ~ **ion** digresjon *m.*
dike [daɪk] dike *n;* demning *m.*
delapidate [dɪˈlæpɪdeɪt] vanskjøtte, forfalle; ~ **d** forfallent.
diligence [ˈdɪlɪdʒəns] flid *m;* ~ **t** flittig.
dilute [daɪˈljuːt] fortynne.
dim mørk, matt, uklar.
dimension [dɪˈmenʃn] dimensjon *m,* utstrekning *m,* mål *n.*
diminish [dɪˈmɪnɪʃ] forminske; minke.
dimness uklarhet *m.*
dimple [ˈdɪmpl] smilehull *n.*
din larm *m,* drønn *n,* brake.
dine [daɪn] spise middag.
dinghy [ˈdɪŋɪ] jolle *m/f.*

dingy [ˈdɪndʒɪ] skitten, mørk.
dining-car [ˈdaɪnɪŋkɑː] spisevogn *m/f;* ~ **room** spisestue *m/f;* ~ **table** spisebord *n.*
dinner [ˈdɪnə] middag(smat) *m (m);* ~ **-jacket** smoking *m.*
diocese [ˈdaɪəsiːs] bispedømme *n.*
dip dyppe; øse; dukke; dukkert *m;* dypping *m;* helling *m/f.*
diphteria [dɪfˈθɪərɪə] difteri.
diploma [dɪˈpləʊma] diplom *n,* vitnemål ~ **cy** diplomati *n;* ~ **t** [ˈdɪpləmæt] diplomat *m.*
dipper [ˈdɪpə] sleiv *f,* øse *m/f.*
direct [dɪˈrekt *el* daɪ-] rett, strak; direkte; umiddelbar; styre, rettleie; gi ordre; adressere; ~ **current** likestrøm *m;* ~ **ion** retning *m;* ledelse *m;* ~ **indicator** retningsviser (bil) *m;* ~ **ly** direkte; umiddelbart, straks; ~ **or** leder *m;* styremedlem *n,* direktør *m,* regissør (film) *m;* **board of** ~ **ors** (bedrifts)styre *n;* ~ **or of education** skolesjef *m;* ~ **orate** direktorat; ~ **or general** generaldirektør; ~ **ory** adressebok *m/f;* **telephone** ~ **ory** telefonkatalog *m.*
dirt [dɜːt] skitt; ~ **y** skitten.
disability [dɪsəˈbɪlɪtɪ] inkompetanse *m;* uførhet *m;* ~ **able** [-ˈeɪbl] gjøre ubrukbar; gjøre til invalid; ~ **-abled** handikappet, ufør; ~ **ablement** vanførhet *m;* ~ **ablement pension** uføretrygd *m.*
disadvantage [dɪsədˈvɑːntɪdʒ] ulempe *m/f,* uheldig forhold; ~ **ous** [-ˈteɪdʒəs] ufordelaktig.
disagree [dɪsəˈgriː] være uenig **(with** med); ikke stemme overens; ikke ha godt av (om mat og drikke); ~ **able** ubehagelig; ~ **ment** uoverensstemmelse *m,* uenighet *m.*
disappear [dɪsəˈpɪə] forsvinne; ~ **ance** forsvinning *m.*
disappoint [dɪsəˈpɔɪnt] skuffe; ~ **ment** skuffelse *m.*
disapproval [dɪsəˈpruːvl] misbilligelse *m;* ~ **ve** misbillige.
disarm [dɪsˈɑːm] avvæpne, nedruste; ~ **ament** avvæpning *m,* nedrusting *m.*
disassemble [dɪsəˈsembl] ta fra

hverandre, demontere; ~ **d** demontert.

disast|er [dɪ'zɑ:stə] ulykke *f;* ~ **er relief** katastrofehjelp *m;* ~ **rous** ulykkelig, katastrofal.

disbelief ['dɪsbɪ'li:f] vantro *m,* tvil *m.*

disc *(el* **disk**) [dɪsk] skive *m/f,* (grammofon)plate *m/f.*

discard [dɪs'kɑ:d] vrake, kassere; ~ **ed** avdanket.

discern [dɪ'sɜ:n] skjelne; skille; erkjenne; ~ **ing** forstandig; skarpsindig; ~ **ment** skarpsindighet *m.*

discharge [dɪs't∫ɑ:dʒ] lossing *m;* avlessing *m;* avfyring *m;* salve *m;* befrielse *m,* løslating *m;* frigivelse *m,* avmønstring *m;* betaling *m;* utflod *m;* losse; avfyre; frigi; løslate; utføre (plikt); betale (gjeld); avskjedige.

discipl|e [dɪ'saɪpl] disippel *m;* ~ **ine** ['dɪsɪplɪn] disiplin *m;* fag *n;* disiplinere, tukte.

disclaim [dɪs'kleɪm] fralegge seg (ansvar).

disclos|e [dɪs'kləʊz] oppdage, avsløre; ~ **ure** avsløring *m.*

discolour [dɪs'kʌlə] avfarge(s).

discomfort [dɪs'kʌmfət] ubehag *n,* bry *n;* plage, uleilige.

disconcert [dɪskən'sɜ:t] forfjamse, bringe ut av fatning; forpurre.

disconnect [dɪskə'nekt] (av)bryte; kople fra; ~ **ed** løsrevet.

disconsolate [dɪs'kɒnsəlɪt] trøsteløs.

discontent ['dɪskən'tent] misfornøyd; misnøye *m;* ~ **ed** misfornøyd.

discontinu|e [dɪskən'tɪnju] holde opp med, avbryte; ~ **ance** [dɪskən'tɪnjʊəns] opphør *n.*

discord ['dɪskɔ:d] disharmoni *m;* uenighet *m;* mislyd *m.*

discount ['dɪskaʊnt] rabatt *m;* diskonto *m;* **be at a** ~ stå under pari; *ogs* være billig til salgs; [-'kaʊnt] diskontere, trekke fra.

discourage [dɪs'kʌrɪdʒ] gjøre motløs; ta motet fra.

discourse [dɪs'kɔ:s] foredrag *n;* avhandling *m.*

discourteous [dɪs'kɜ:tɪəs] uhøflig.

discover [dɪs'kʌvə] oppdage; ~ **y** oppdagelse *m.*

discredit [dɪs'kredɪt] vanry *n.*

discreet [dɪs'kri:t] taktfull, diskret.

discrepan|cy [dɪs'krepənsɪ] uoverensstemmelse *m,* motsigelse; ~ **t** uoverensstemmende **(from** med).

discretion [dɪs'kre∫n] diskresjon *m;* forstand *m;* **at** ~ etter behag.

discriminat|e [dɪs'krɪmɪneɪt] skjelne; gjøre forskjell, diskriminere; ~ **ion** skjelning *m,* diskriminering *m;* skjønn *n.*

discus ['dɪskəs] diskos.

discuss [dɪs'kʌs] drøfte, diskutere; ~ **ion** drøfting *m,* diskusjon *m;* forhandling *m.*

disdain [dɪs'deɪn] forakt(e) *m.*

disease [dɪ'zi:z] sykdom *m;* ~ **d** syk; sykelig.

disembark ['dɪsɪm'bɑ:k] utskipe, landsette; gå i land.

disenfranchise ['dɪsɪn'fræn(t)∫aɪz] ta borgerrett/stemmerett fra.

disengage ['dɪsɪn'geɪdʒ] gjøre fri, befri; ~ **d** fri, ledig; ~ **ment** befrielse *m;* heving av forlovelse.

disentangle ['dɪsɪn'tængl] greie ut, utrede.

disfigure [dɪs'fɪgə] vansire.

disgrace [dɪs'greɪs] unåde *m,* vanære *m/f;* bringe i unåde; vanære; ~ **ful** vanærende.

disguise [dɪs'gaɪz] forkledning *m;* forstillelse *m;* forkle; maskere.

disgust [dɪs'gʌst] vemmelse *m;* volde vemmelse; ~ **ing** motbydelig.

dish [dɪ∫] fat *n,* (mat)rett *m;* parabolantenne *m/f.*

dishonest [dɪs'ɒnɪst] uærlig; ~ **y** uærlighet *m.*

dishonour [dɪs'ɒnə] skam *m;* vanære *m/f;* ikke honorere (en veksel); ~ **able** vanærende; æreløs.

dishwasher, dishwashing machine oppvaskmaskin *m.*

disinclined [dɪsɪn'klaɪnd] utilbøyelig.

disinfect ['dɪsɪn'fekt] rense, desinfisere; ~ **ant** desinfeksjonsmiddel *n;* ~ **ion** desinfeksjon *m.*

disinherit ['dɪsɪn'herɪt] gjøre arveløs.

disintegrat|e [dɪs'ɪntɪgreɪt] falle fra

hverandre, gå i oppløsning, forvi-
tre; ~ **ion** oppløsning *m,* opp-
smuldring *m/f.*

disinterested [dɪsˈɪntrɪstɪd] uegen-
nyttig; uhildet, upartisk.

disk se *disc.*

dislike [dɪsˈlaɪk] mishag, uvilje *n;*
ikke like.

dislocat|e [ˈdɪslokeɪt] forrykke;
bringe av ledd; ~ **ion** forrykkelse
m, forvridning *m.*

disloyal [dɪsˈlɔɪəl] illojal; ~ **ty** illo-
jalitet *m.*

dismal [ˈdɪzməl] trist, bedrøvelig,
sørgelig.

dismantle [dɪsˈmæntl] demontere,
sløyfe.

dismay [dɪsˈmeɪ] forferde, nedslå;
forferdelse *m.*

dismiss [dɪsˈmɪs] sende bort; av-
vise; avskjedige; ~ **al** avskjed *m,*
avvisning *m.*

dismount [ˈdɪsˈmaʊnt] stige av (hest
el sykkel); demontere.

disobedien|ce [dɪsoˈbiːdjəns] ulydig-
het *m;* ~ **t** ulydig (**to** imot).

disobey [ˈdɪsoˈbeɪ] være ulydig.

disobliging [dɪsəˈblaɪdʒɪŋ] vrang-
villig; ~ **ness** vrangvilje *m.*

disorder [dɪsˈɔːdə] uorden *m;* syk-
dom *m;* bringe i uorden; ~ **ly**
uordentlig, opprørsk.

disparage [dɪsˈpærɪdʒ] rakke ned
på, laste; ~ **ment** nedrakking *m.*

disparate [ˈdɪspərɪt] ulik, uensartet.

dispatch [dɪsˈpætʃ] avsendelse, sen-
ding *m/f,* hurtig besørgelse; sen-
de; ekspedere; ~ **er** avsender *m.*

dispel [dɪsˈpel] spre, drive bort.

dispens|able [dɪsˈpensəbl] unnvær-
lig; ~ **ation** fritagelse *m;* tildeling
m.

disperse [dɪsˈpɜːs] spre (seg).

displace [dɪsˈpleɪs] flytte; forskyve;
fordrive; fortrenge; ~ **ment** for-
skyvning *m,* deplasement *n;* ~ **d**
person flyktning *m,* (lands)forvist
m.

display fremvisning *m,* utstilling
m/f; vise, stille ut.

displeas|e [dɪsˈpliːz] mishage; ~ **ure**
[-ˈpleʒə] misnøye *m,* mishag *n.*

disposable [dɪsˈpəʊzəbl] engangs-;

~ **nappy** engangsbleie *m/f;* ~
package engangsemballasje *m.*

dispos|al [dɪsˈpəʊzl] rådighet *m,*
disposisjon *m;* ~ **e** ordne, inn-
rette; ~ **of** kvitte seg med, av-
hende; ~ **ed** innstilt, disponert;
~ **ition** ordning *m/f;* disposisjon
m; tilbøyelighet *m;* gemytt *n.*

disproportion [ˈdɪsprəˈpɔːʃn] mis-
forhold *n;* ~ **ate** uforholdsmessig.

disprove [dɪsˈpruːv] motbevise.

dispute [dɪsˈpjuːt] bestride, strides;
drøfte; uenighet, tvist *m,* ordstrid
m.

disqualified [dɪsˈkwɒlɪfaɪd] diskva-
lifisert, inhabil.

disquiet [dɪsˈkwaɪət] uro *m;* foruro-
lige, uroe.

disregard [ˈdɪsrɪˈgɑːd] ringeakt *m;*
ignorering *m;* ikke ta hensyn til.

disreput|able [dɪsˈrepjʊtəbl] beryk-
tet; ~ **e** [ˈdɪsrɪˈpjuːt] vanry.

disrespect [ˈdɪsrɪˈspekt] mangel på
aktelse *m;* ~ **ful** uærbødig.

dissatis|faction [ˈdɪsætɪsˈfækʃn] util-
fredshet *m;* misnøye *m;* ~ **fied**
misfornøyd.

dissect [dɪˈsekt] dissekere; ~ **ion**
disseksjon.

disseminate [dɪˈsemɪneɪt] spre.

dissen|sion [dɪˈsenʃn] tvist *m,* splid
m, uenighet *m;* ~ **t** dissens; ~ **ter**
dissenter.

dissertation [dɪsəˈteɪʃn] avhandling
m.

dissimilar [dɪˈsɪmɪlə] ulik; ~ **ity**
[dɪsɪmɪˈlærɪtɪ] ulikhet *m.*

dissolute [ˈdɪsəl(j)uːt] utsvevende.

dissolv|able [dɪˈzɒlvəbl] oppløselig;
~ **e** oppløse(s).

dissonance [ˈdɪsənəns] mislyd.

dissuade [dɪˈsweɪd] fraråde.

distan|ce [ˈdɪstəns] avstand *m,* dis-
tanse *m;* ~ **t** fjern.

distaste [dɪsˈteɪst] avsmak *m.*

distil [dɪsˈtɪl] destillere; ~ **lation**
destillasjon *m;* ~ **lery** brenneri *n.*

distinct [dɪsˈtɪŋkt] atskilt; tydelig;
~ **ion** atskillelse *m,* forskjell *m;*
utmerkelse *m;* ~ **ive** eiendomme-
lig; utpreget; særpreget.

distinguish [dɪsˈtɪŋgwɪʃ] atskille;
skjelne; utmerke; ~ **ed** utmerket,
fremragende, fornem.

distort [dɪsˈtɔ:t] fordreie.

distract [dɪsˈtrækt] avlede, distrahere; ~ **ed** forstyrret, forrykt, gal; ~ **ion** adspredelse *m*, forstyrrelse *m;* sinnsforvirring *m*.

distress [dɪsˈtres] nød *m*, kval *m;* bekymre, volde sorg.

distribut|e [dɪsˈtrɪbju:t] dele ut, fordele; ~ **ion** utdeling *m/f,* fordeling *m/f;* utbredelse *m;* ~ **or** fordeler *m;* forhandler *m*.

district [ˈdɪstrɪkt] distrikt *n*.

distrust [dɪsˈtrʌst] mistro, ha mistillit til; mistillit *m*.

disturb [dɪsˈtɜ:b] forstyrre; forurolige; ~ **ance** forstyrrelse *m;* uro(lighet) *m*.

ditch [dɪtʃ] grøft *f;* kjøre i grøfta.

ditty [ˈdɪtɪ] vise(stubb) *m*.

dive [daɪv] dukkert *m*, bad *n; amr* bule *f;* styrtflukt *m;* dykke, stupe; ~ **r** dykker *m*.

divers|e [daɪˈvɜ:s] forskjellig, ulik; ~ **ion** avledning *m*, omkjørsel *m;* atspredelse *m*.

divert [daɪˈvɜ:t] avlede; omdirigere; atspre.

divid|e [dɪˈvaɪd] (vann)skille *n;* (for-, inn-)dele, dele seg; dividere; ~ **end** dividende; ~ **ing line** delelinje *m/f*.

divin|e [dɪˈvaɪn] spå; guddommelig; ~ **ity** guddom *m;* teologi *m;* ~ **ity school** teologisk fakultet *n*.

divis|ion [dɪˈvɪʒən] (av-, inn-)deling *m/f;* divisjon; uenighet *m;* ~ **ible** delelig.

divorce [dɪˈvɔ:s] skilsmisse *m;* skille (ektefolk); skilles.

divulge [daɪˈvʌldʒ] avsløre, røpe.

dizz|iness [ˈdɪzɪnɪs] svimmelhet *m;* ~ **y** svimmel, svimlende.

do [du:] gjøre; utføre; vise; handle; klare, greie seg, gå an, være nok, passe; leve, ha det; ~ **away with** avskaffe; vrake; **how** ~ **you** ~ **?** god dag! (det) gleder meg (ved presentasjon); ~ **me a service** gjør meg en tjeneste; ~ **one's best** gjøre sitt beste; **I have done eating** jeg er ferdig med å spise; ~ **one's hair** stelle håret; ~ **one's lessons** gjøre leksene sine; **that will** ~ det er nok; **that**

won't ~ den går ikke; ~ **the town** se (severdighetene i) en by; **will this** ~ **?** kan De bruke denne?; **I am done for** det er ute med meg; ~ **without** unnvære; **do** ved nektelse: **I** ~ **not like it** jeg liker det ikke; **do** ved spørsmål: ~ **you speak English?** snakker (kan) du engelsk?; forsterkende: ~ **come** å, kom nå; vær så snill å komme; **don't you know** ikke sant? er du ikke enig?

dock [dɒk] dokk *m;* tiltalebenk *m;* ~ **er** havnearbeider *m;* ~ **et** resymé *n*, sakliste *m/f;* ~ **yard** verft *n*.

doctor [ˈdɒktə] doktor *m;* lege *m;* ~ **'s degree** doktorgrad.

document [ˈdɒkjʊmənt] dokument *n;* dokumentere; ~ **ary** [-ˈmentərɪ] dokumentarisk; dokumentarfilm.

dodge [dɒdʒ] unngå, unndra seg; krumspring *n*.

dog [dɒg] hund *m;* **go to the** ~ **s** gå i hundene; ~ **-biscuit** hundekjeks *m;* ~ **-days** hundedager; ~ **ged** stri, seig, trassig; ~ **matic** dogmatisk; ~ **-rose** nyperose *m/f;* ~ **'s-ear** eseløre *n*, brett *m* (på blad i bok); ~ **-tired** dødstrett.

dole [dəʊl] arbeidsledighetstrygd *f*, forsorg *m*.

doll [dɒl] dokke *f*.

dolphin [ˈdɒlfɪn] delfin *m*.

dome [dəʊm] dom *m*, kuppel *m*.

domestic [dəˈmestɪk] hus-, huslig; innenriks-; tjener *m;* hushjelp *m/f;* ~ **animal** husdyr; ~ **ate** temme.

domicile [ˈdɒmɪsaɪl] bopel *m;* hjemsted *n;* ~ **d** bosatt.

domination [dɒmɪˈneɪʃn] herredømme *n*.

dominion [dəˈmɪnjən] herredømme *n;* **the Dominions** de britiske selvstyrende besittelser.

don [dɒn] universitetslærer *m;* iføre seg, ta på seg.

donation [dəʊˈneɪʃn] gave *m* (til legat, fond o.l.).

done [dʌn] *perf pts* av **do** gjort, utført; ferdig; **I have** ~ jeg er ferdig; **I have** ~ **Italy** jeg har reist gjennom hele Italia.

donkey ['dɒŋkɪ] esel *n.*

donor ['dəʊnə] giver *m*, donator *m.*

don't [dəʊnt] *fork. f.* **do not.**

doom [duːm] dom(medag) *m (m);* undergang *m;* (for)dømme; ~ **s-day** dommedag *m.*

door [dɔː] dør *m/f;* ~ **-case** dørkarm; ~ **-handle** dørklinke *m/f;* ~ **-keeper** dørvakt *m*, portner *m;* ~ **man** dørvakt *m;* ~ **-plate** dørskilt *n;* ~ **way** døråpning *m/f.*

dope [dəʊp] narkotika *n*, stimulerende middel *n;* bedøve, narkotisere; ~ **r** *(slang)* narkoman *m.*

dormant ['dɔːmənt] slumrende, hvilende; ~ **partner** passiv kompanjong *m.*

dormitory ['dɒmɪt(ə)rɪ] sovesal *m;* *amr* studenthjem *n.*

dose [dəʊs] dosis *m;* gi en dosis, dosere.

dot [dɒt] prikk *m*, punkt *n;* prikke; overså.

double ['dʌbl] dobbelt; (for)doble(s); legge dobbelt, dublere; det dobbelte; gjenpart *m;* dublett *m;* dobbeltspill *n* (i tennis); ~ **bass** kontrabass *m;* ~ **breasted** dobbeltknappet (om jakke); ~ **cross** narre, svindle, bedra; ~ **-dealing** falskhet *m;* ~ **digit** tosifret; ~ **-Dutch** kaudervelsk, kråkemål *n;* ~ **entry** dobbelt bokholderi *n;* ~ **-faced** tosidig; ~ **-minded** tvisynt, vaklende.

doubt [daʊt] tvil *m;* tvile **(of** på); ~ **er** tviler; ~ **ful** tvilrådig; tvilsom.

dough [dəʊ] deig *m.*

dove [dʌv] due *m/f.*

dowager ['daʊədʒə] (fornem) enke *m/f;* **queen** ~ enkedronning *m/f.*

dowdy ['daʊdɪ] slurvete, sjuskete.

down [daʊn] dun *n;* klitt, dyne *m/f;* sandbanke *m;* ned; nede; utfor; nedenunder, nede; ~ **the river** nedover elven; **go** ~ gå under; synke; **lie** ~ legge seg (ned); **sit** ~ sette seg (ned); ~ **fall** *fig* fall *n;* ~ **hearted** motfallen; ~ **hill** utforbakke *m;* ~ **hill racing** utforrenn *n;* ~ **pour** øsregn *n;* ~ **right** likefrem; fullstendig; ~ **stairs** nedenunder; ~ **town** især

amr ned til *el* nede i byens sentrum; ~ **ward(s)** nedover; ~ **y** dunet.

dowry ['daʊərɪ] medgift *m.*

doze [dəʊz] døse, slumre.

dozen ['dʌzn] dusin *n.*

Dr. = doctor, debtor.

draft [drɑːft] veksel *m;* utkast *n;* plan *m*, tegning *m;* gjøre utkast til; sette opp (dokument) *(n).*

drag [dræg] dra, trekke; sokne; ~ **net** trål *m.*

dragon ['drægən] drake; ~ **fly** øyestikker *m.*

drain [dreɪn] lede bort noe flytende; tørre ut; drenere; kloakkledning *m;* avløpsrør *n;* tapping *m;* ~ **age** drenering *m.*

drake [dreɪk] andrik *m.*

drama ['drɑːmə] drama; ~ **tic** dramatisk; ~ **tist** dramatiker *m.*

draper ['dreɪpə] manufakturhandler *m*, kleshandler *m.*

drastic ['dræstɪk] drastisk.

draught [drɑːft] trekking *m/f*, tapping *m/f;* trekk *m;* slurk *m;* ~ **beer** [bɪə] fatøl *n;* ~ **s** damspill *n;* ~ **sman** tegner *m;* ~ **y** trekkfull.

draw [drɔː] dra, trekke; tegne; sette opp skriftlig; heve (penger); strekke; tappe; trekning *m;* drag *n;* attraksjon *m;* teat kassestykke *n;* idr uavgjort; ~ **up** sette opp; avfatte; ~ **back** hindring *m*, ulempe *m/f;* ~ **bridge** vindebru *f;* ~ **er** tegner *m;* skuff *m;* **chest of** ~ **ers** kommode *m;* ~ **ers** *pl* underbukse *f;* ~ **ing** trekning *m;* tegning *m;* ~ **ing-board** tegnebrett *n;* ~ **pin** tegnestift; ~ **ing- room** (daglig)-stue *f;* salong *m.*

dread [dred] skrekk *m*, frykt *m;* frykte; ~ **ful** fryktelig.

dream [driːm] drømme; drøm *m;* ~ **y** drømmende.

dreary ['drɪərɪ] trist.

dredge [dredʒ] bunnskrape; muddermaskin *m.*

dregs [drægz] *pl* bunnfall *n*, berme *m.*

drench [drentʃ] gjøre dyvåt.

dress kledning *m*, drakt *m/f;* damekjole *m;* kle på (seg), kle seg

om; ordne, pynte; forbinde; ~
circle balkong *m* (i teatret); ~ -
coat (herre)kjole *m*, snippkjole
m; ~ **down** overhøvle; ~ **ed up**
utkledd; ~ **er** kjøkkenbenk *m;*
~ **ing** forbinding *m/f;* tilbered-
ning *m;* tilbehør *n* (til en rett, f.
eks. saus til salat); påkledning
m; ~ **ing case** toalettskrin *n*, toa-
lettveske *m/f;* ~ **ing-gown** slåbrok
m; ~ **ing table** toalettbord; ~ **y**
pyntesyk, smart; ~ **maker** dame-
skredder(ske) *m (m/f);* ~ **-re-
hearsal** generalprøve *m/f;* ~ -
shirt mansjettskjorte *m/f.*
dried milk tørrmelk.
drift drift *m/f;* retning *m;* snødri-
ve *f;* ~ **-net** drivgarn.
drill drille, bore; innøve; bor
m/n, drill *m;* eksersis *m;* ~
ground *mil* mo; ~ **ing platform**
boreplattform *m.*
drink [drɪŋk] drikk *m;* drikke;
~ **able** drikkelig; ~ **ables** drikke-
varer; ~ **ing-glass** drikkeglass *n;*
~ **er** en som drikker; dranker *m.*
drip dryppe; drypp *n;* pyse *m/f.*
driv|e [draɪv] kjøre, drive; jage;
tvinge; slå i; ~ **at** sikte til; ~
on kjøre av sted, videre; kjøring
m/f; kjøretur *m;* kampanje *m;*
fremdrift *m;* ~ **er** kjører *m*, sjåfør
m, kusk *m;* ~ **ing** kjøring *m/f;*
~ **ing** *(el* **driver's) licence** fører-
kort *n;* ~ **ing school** kjøreskole
m; ~ **ing wheel** drivhjul.
drizzle [ˈdrɪzl] duskregn *n;* dusk-
regne.
drone [drəʊn] dur.
droop [druːp] henge ned.
drop [drɒp] dråpe *m;* øredobb *m;*
drops *n;* teppe *n;* (for scenen);
fall *n;* dryppe; falle; slippe (seg)
ned; miste; sløyfe; ~ **a line** skri-
ve noen linjer; ~ **in** komme
uventet, se innom en; ~ **-out** fra-
fall.
drought [draʊt] tørke(tid) *m/f
(m/f).*
drown [draʊn] *vt*, **be drowned** *vi*
drukne.
drows|e [draʊz] døs(e) *m;* ~ **y** søv-
nig, døsig.

drudge [drʌdʒ] slite og streve; ~ **ry**
slit og strev.
drug [drʌg] droge *m;* bedøvings-
middel *n;* ~ **s** apotekervarer; nar-
kotika *n;* bedøve; ~ **abuse** narko-
tikamisbruk *n;* ~ **abuser** narkoti-
kamisbruker *m;* ~ **addict** narko-
man *m;* ~ **dealer** narkotikahand-
ler *m;* ~ **gist** apoteker, farmasøyt
m; ~ **scene** stoffmiljø *n;* ~ **store**
amr (slags) apotek *n;* ~ **syndi-
cate** narkoliga *m.*
drum [drʌm] tromme(l) *f (m);*
~ **mer** trommeslager; ~ **stick**
trommestikke.
drunk [drʌŋk] drukken, full; full
mann; ~ **ard** drukkenbolt, fyllik
m; ~ **driving** fyllekjøring *m/f;*
~ **en** drukken, full; ~ **enness**
drikkfeldighet *m.*
dry [draɪ] tørr; tørre; tørke; ~ -
cleaning kjemisk rensing *m/f;*
~ **-rot** sopp (i hus) *m;* ~ **-shod**
tørrskodd.
dual [ˈdjuːəl] dobbelt, tosidig; ~
carriageway vei med to atskilte
kjørebaner.
dubious [ˈdjuːbjəs] tvilsom, tvilen-
de.
duch|ess [ˈdʌtʃɪs] hertuginne *m/f;*
~ **y** hertugdømme *n.*
duck [dʌk] and *m/f;* seilduk *m;*
lerretsbukser; dukke; bukke med
hodet.
duckling [ˈdʌklɪŋ] andunge *m.*
due [djuː] skyldig; passende; for-
fallen (til betaling); skyldighet
m; rett; **be** ~ **to** skyldes; **become
(fall)** ~ forfalle (til betaling); **in**
~ **time** i rette tid; **the ship is** ~
to-day skipet skal komme i dag;
~ **s** avgifter, kontingent *m.*
duel [ˈdjuːəl] duell *m;* duellere.
duke [djuːk] hertug *m.*
dull [dʌl] matt, dump; stump;
dum; treg, kjedsommelig; trist;
sløve(s); ~ **ness** sløvhet *m;* kjed-
sommelighet *m.*
dumb [dʌm] stum; *amr* dum.
dum(b)found [dʌmˈfaʊnd] forbløf-
fe.
dummy [ˈdʌmɪ] stum person *m;*
statist *m;* utstillingsfigur *m;* at-

trapp *m;* blindemann *m* (i kort-
spill); stråmann *m.*

dump [dʌmp] søppelhaug *m;* velte,
tømme ut; dumpe, kaste på mar-
kedet til en lav pris.

dumpling [ˈdʌmplɪŋ] innbakt frukt,
eplekake *m/f.*

dune [djuːn] (sand)dyne.

dung [dʌŋ] møkk; ~ **cart** møkk-
kjerre.

dupe [djuːp] narre, lure.

duplicate [ˈdjuːplɪkeɪt] fordoble; ta
gjenpart av; [-kɪt] dobbelt; dublett
m; gjenpart *m.*

durab|ility [djuːrəˈbɪlɪtɪ] varighet
m; holdbarhet *m;* ~ **le** varig;
holdbar.

duration [djuːˈreɪʃn] varighet *m.*

during [ˈdjuːrɪŋ] i løpet av, under,
i.

dusk [dʌsk] dunkel; skumring
m/f, tusmørke *n.*

dust [dʌst] støv *n;* støve av, rense
for støv; ~ **bin** søppelkasse *m;*
~ **er** støveklut *m;* støvekost *m;*

~ **-man** søppelkjører *m;* ~ **-pan**
feiebrett *n;* ~ y støvet.

Dutch [dʌtʃ] nederlandsk; **go** ~
spleise; **the** ~ nederlenderne;
~ **man** hollender *m;* ~ **treat**
spleiselag *n.*

dutiable [ˈdjuːtɪəbl] tollpliktig.

dutiful [ˈdjuːtɪfʊl] lydig, pliktopp-
fyllende.

duty [ˈdjuːtɪ] plikt *m/f,* skyldighet
m; toll *m;* **be on** ~ være på
vakt, gjøre tjeneste; ~ **-free** tollfri.

dwarf [dwɔːf] dverg *m.*

dwell dvele; oppholde seg; bo.

dwelling [ˈdwelɪŋ] bolig *m;* ~ **-
house** våningshus *n.*

dwindle [ˈdwɪndl] svinne.

dye [daɪ] farge; fargestoff *n;* ~ **r**
farger *m;* ~ **-works** fargeri *n.*

dying [ˈdaɪŋ] døende.

dynamic [daɪˈnæmɪk] dynamisk;
~ **s** dynamikk *m.*

dynamite [ˈdaɪnəmaɪt] dynamitt *m.*

dynasty [ˈdɪnəstɪ] dynasti.

dysentery [ˈdɪsəntrɪ] dysenteri *m.*

E

E. = **East(ern); English.**

each [iːtʃ] (en)hver; ~ **other** hver-
andre.

eager [ˈiːgə] ivrig; begjærlig **(for**
etter); ~ **ness** iver *m;* begjærlighet
m.

eagle [ˈiːgl] ørn *m/f;* ~ **t** [ˈiːglɪt]
ørnunge *m.*

ear [ɪə] øre *n;* gehør *n;* hank
m/f; aks *n;* ~ **-ache** øreverk *m;*
~ **-drum** trommehinne *m/f.*

earl [ɜːl] jarl *m* (engelsk adelstit-
tel).

early [ˈɜːlɪ] tidlig.

earmark [ˈɪəmɔːk] øremerke.

earn [ɜːn] (for)tjene; innbringe.

earnest [ˈɜːnɪst] alvor *n* (-lig).

earnings [ˈɜːnɪŋz] *pl* inntekt *m/f;*
fortjeneste *m/f.*

earth [ɜːθ] jord *m/f;* verden *m;*
jord *m/f;* jordbunn *m,* jordart
m, jordsmonn *n,* grunn *m;* dekke
med jord; jorde; ~ **en** jord-, leir-;
~ **enware** leirvarer, steintøy *n;*

~ **ly** jordisk; ~ **quake** jordskjelv
n; ~ **work** skanse *m;* ~ **worm**
meitemark.

eas|e [iːz] ro *m/f;* velvære *n;* make-
lighet *m;* utvungethet *m;* letthet
m; lindre, lette; løsne, slakke;
at ~ bekvemt, i ro (og mak);
~ **el** staffeli *n;* ~ **iness** letthet *m,*
ro *m/f;* utvungethet *m.*

east [iːst] øst *m* (-lig); **the East**
Orienten; **East End** østkant; ~ **er-
ly,** ~ **ern** østlig.

Easter [ˈiːstə] påske *m/f.*

eastward(s) [ˈiːstwəd(z)] østover.

easy [ˈiːzɪ] lett(vint), rolig, behage-
lig; makelig; medgjørlig; trygg,
sorgfri; utvungen; **take it** ~ **!** ta
det rolig!; ~ **-chair** lenestol *m;*
~ **-going** lettvint; sorgløs.

eat [iːt] spise; fortære; ~ **able** spi-
selig.

eaves [ˈiːvz] takskjegg *n;* ~ **drop**
(smug)lytte.

ebb ebbe *m,* fjære *f;* nedgang *m;* minke.

ebony ['ebənɪ] ibenholt *m.*

EC EF.

eccentric [ek'sentrɪk] eksentrisk, forskrudd.

ecclesiastic(al) [ɪkli:zɪ'æstɪk(l)] kirkelig, geistlig.

echo ['ekəʊ] ekko *n,* gi gjenlyd *m.*

eclipse [ɪ'klɪps] formørkelse *m* (også figurlig).

ecological [ɪkə'lɒdʒɪcəl] økologisk; ~ **ist** økolog *m;* ~ **y** økologi.

economic [ɪkə'nɒmɪk] (sosial)økonomisk; ~ **ical** økonomisk (dvs. besparende, sparsommelig); ~ **ics** (sosial)økonomi *m;* ~ **ies of scale** stordriftsfordeler; ~ **ist** [ɪ'kɒnəmɪst] (sosial)økonom *m;* ~ **y** økonomi *m;* sparsomhet *m;* **political** ~ **y** sosialøkonomi *m.*

ecosystem ['i:kəʊsɪstəm] økosystem *n.*

ecstasy ['ekstəsɪ] ekstase *m.*

eczema ['ekzɪmə, 'eksɪmə] eksem *m.*

EDP electronic data processing; EDB (elektronisk databehandling).

eddy ['edɪ] (h)virvel *m.*

edge [edʒ] egg *m,* odd *m;* skarphet *m;* rand *m;* kant *m* (-e); snitt *n* (på en bok); sette egg *el* kant på; skjerpe; få inn (~ **in a word**); **on** ~ på (høy)kant; oppskaket; irritabel; ~ **ways** sidelangs; på kant.

edible ['edɪbl] spiselig.

edifice ['edɪfɪs] bygning *m.*

edifying ['edɪfaɪɪŋ] oppbyggelig.

edit ['edɪt] utgi; redigere; ~ **ion** utgave *m/f;* opplag *n;* ~ **or** utgiver *m,* redaktør *m;* ~ **orial** lederartikkel *m;* ~ **orial office/staff** redaksjon *m.*

educate ['edjʊkeɪt] oppdra; utdanne; ~ **ion** oppdragelse *m,* utdannelse *m,* undervisning *m/f;* skolevesen *n;* utdannelses-, pedagogisk.

eel [i:l] ål *m;* ~ **-pot** åleteine *m/f.*

effect [ɪ'fekt] virkning *m;* inntrykk *n;* bevirke; virkeliggjøre, utføre; ~ **s** effekter, eiendeler; **take** ~ gjøre virkning; tre i kraft; **of no**

~ virkningsløs; **in** ~ i virkeligheten; ~ **ive** virksom; effektiv; **become** ~ **ive** tre i kraft; ~ **uate** iverksette, utføre.

efficiency [ɪ'fɪʃənsɪ] effektivitet *m,* virkeevne *m/f;* dyktighet *m;* ~ **t** virkningsfull, effektiv; dyktig.

effort ['efət] anstrengelse *m.*

e.g. = **exempli gratia** f.eks.

egg egg *n;* **fried** ~ speilegg *n;* **poached** ~ forlorent egg; **scrambled** ~ **s** eggerøre *m/f;* ~ **-cup** eggeglass *n;* ~ **-shell** eggeskall *n.*

egoism ['egəʊɪzm] egoisme *m;* ~ **ist** egoist *m;* ~ **istic(al)** egoistisk.

Egypt ['i:dʒɪpt] Egypt; ~ **ian** [ɪ'dʒɪpʃn] egypter *m;* egyptisk.

eider ['aɪdə] ærfugl *m;* ~ **(down)** ederdun *m/f/n,* dyne (i seng).

eight [eɪt] åtte; ~ **een** atten; ~ **eenth** attende; ~ **fold** åttefold; **eighth** åttende; ~ **y** åtti.

either ['aɪðə, *amr* 'i:ðə] en (av to); hvilken som helst (av to); heller (etter nektelse); begge; ~ – **or** enten – eller.

eject [i:'dʒekt] støte ut; fordrive.

elaborate [ɪ'læbərɪt] utarbeidet, forseggjort; [-reɪt] utarbeide; utdype; ~ **ion** utarbeidelse *m;* utdyping *m/f.*

elastic [ɪ'læstɪk] elastisk, tøyelig; strikk *m;* ~ **ity** [elæ'stɪsɪtɪ] elastisitet *m;* spennkraft *m/f.*

elbow ['elbəʊ] albue *m;* krok *m,* vinkel *m;* puffe, skubbe; **at one's** ~ like for hånden; ~ **-room** alburom *n.*

elder ['eldə] eldre; eldst (av to); hyll *m;* ~ **ly** aldrende, eldre.

eldest ['eldɪst] eldst.

elect [ɪ'lekt] velge; utvalgt; ~ **ion** valg *n;* ~ **ive** valg-; ~ **or** velger *m;* valgmann *m;* kurfyrste *m.*

electric(al) [ɪ'lektrɪk(l)] elektrisk; ~ **cal engineer** elektroingeniør *m;* ~ **cian** [ɪlek'trɪʃn] elektriker *m;* ~ **city** [ɪlek'trɪsɪtɪ] elektrisitet *m;* ~ **fy** elektrifisere.

electron [ɪ'lektrɒn] elektron *n;* ~ **technics** elektroteknikk *m.*

elegance ['elɪgəns] eleganse *m;* ~ **t** elegant; smakfull; fin.

elegy ['elɪdʒɪ] elegi *m*, klagesang *m*.

element ['elɪmənt] element *n*, grunnstoff *n;* ~ **ary** [elɪ'mentərɪ] elementær; enkel; ~ **ary school** grunnskole *m*.

elephant ['elɪfənt] elefant *m*.

elevat|e ['elɪveɪt] heve, løfte; ~ **ion** løfting *m/f,* forhøyelse *m;* høyde *m;* haug *m;* ~ **or** løfteredskap *n;* kornsilo *m; amr* heis *m*.

eleven [ɪ'levn] elleve; ~ **th** ellevte.

elf [elf] alv *m*.

eligib|ility [elɪdʒɪ'bɪlɪtɪ] valgbarhet *m;* ~ **le** valgbar; passende.

eliminat|e [ɪ'lɪmɪneɪt] ta bort, fjerne, eliminere, slå ut; ~ **ion** [ɪlɪmɪ-'neɪʃn] fjerning, eliminasjon *m*.

elite [eɪ'li:t] elite *m*.

elk elg *m*.

elm alm *m*.

eloquen|ce ['eləkwəns] veltalenhet *m;* ~ **t** veltalende.

else [els] ellers; **anyone** ~ noen annen; **what** ~ **?** hva ellers?; ~ **where** annetsteds.

elucidate [ɪ'lu:sɪdeɪt] klargjøre.

elu|de [ɪ'lu:d] unnvike, unngå; omgå; ~ **sive** unnvikende; slu.

emaciated [ɪ'meɪʃɪeɪtɪd] avmagret, skinnmager.

emanat|e ['eməneɪt] strømme ut, utgå **(from** fra); ~ **ion** [emə'neɪʃn] utstrømming *m/f*.

emancipat|e [ɪ'mænsɪpeɪt] frigjøre; ~ **ion** frigjøring.

embalm [em'ba:m] balsamere.

embank [em'bæŋk] demme opp; ~ **ment** oppdemming *m/f;* demning *m;* kai *m/f*.

embargo [em'ba:gəu] blokade *m*, handelsforbud *n*, arrest(beslag) *m (n)*.

embark [em'ba:k] gå ombord; innlate seg **((up)on** på); ~ **ation** innskipning *m*.

embarrass [em'bærəs] forvirre; gjøre forlegen; bringe i vanskeligheter; ~ **ment** forvirring *m;* (penge)-forlegenhet *m*.

embassy ['embəsɪ] ambassade *m*.

embezzle [ɪm'bezl] underslå (penger); ~ **ment** underslag *n*.

embitter [ɪm'bɪtə] gjøre bitter, forbitre.

embolden [ɪm'bəuldən] gi mot, gjøre modig.

embrace [ɪm'breɪs] omfavne(lse *m*); omfatte.

embroider [ɪm'brɔɪdə] brodere; ~ **y** broderi *n*.

embryo ['embrɪəu] foster *n*.

emerald ['emərəld] smaragd *m*.

emerge [ɪ'mɜ:dʒ] dukke opp, komme fram; ~ **nce** framvekst *m;* ~ **ncy** kritisk situasjon, nødstilfelle *n;* ~ **ncy brake** nødbrems *m;* ~ **ncy exit** nødutgang *m*.

emigra|nt ['emɪgrənt] utvandrer *m;* ~ **te** utvandre; ~ **tion** utvandring *m/f*.

eminen|ce ['emɪnəns] høyhet *m;* høy rang *m;* ære *m/f,* berømmelse *m;* ~ **t** fremragende; høytstående.

emission [ɪ'mɪʃən] utslipp *n; kjem* utvikling *m/f*.

emit [ɪ'mɪt] sende ut; slippe ut; utstede, emittere.

emotion [ɪ'məuʃn] sinnsbevegelse *m;* følelse *m;* ~ **al** følelsesmessig.

emperor ['empərə] keiser *m*.

empha|sis ['emfəsɪs] ettertrykk *n;* ~ **size** legge ettertrykk på, fremheve; ~ **tic** [ɪm'fætɪk] ettertrykkelig.

empire ['empaɪə] keiserrike *n;* verdensrike *n*.

employ [ɪm'plɔɪ] beskjeftigelse *m;* tjeneste *m;* beskjeftige, sysselsette; ansette; bruke, nytte; **in the** ~ **of** ansatt hos; ~ **ee** [emplɔɪ'i] arbeidstaker *m*, funksjonær *m;* ~ **er** arbeidsgiver *m;* ~ **ment** beskjeftigelse *m*, arbeid *n;* anvendelse *m;* **Employment Office** arbeidskontoret *n*.

empress ['emprɪs] keiserinne *m/f*.

empt|iness ['emptɪnɪs] tomhet *m;* ~ **y** tom **(of** for); *fig* innholdsløs; tømme; ~ **y-handed** tomhendt .

enable [ɪ'neɪbl] sette i stand til.

enact [ɪ'nækt] forordne; vedta i lovs form; spille (en rolle).

enamel [ɪ'næməl] emalje *m;* glasur *m;* emaljere.

enchant [ɪn'tʃɑ:nt] fortrylle; ~ **ment** fortryllelse *m*.

encircle [ɪn'sɜ:kl] omkranse.

enclos|e [ɪn'kləuz] innhegne; inne-

slutte; vedlegge; ~ **ure** innheg-
ning *m;* vedlegg *n* (i et brev).
encompass [ɪnˈkʌmpəs] omfatte.
encore [ɒŋˈkɔə] (rope) dakapo *n.*
encounter [ɪnˈkaʊntə] møte *n;* sam-
menstøt *n;* møte, støte på.
encourage [ɪnˈkʌrɪdʒ] oppmuntre;
støtte, hjelpe fram; ~ **ment** opp-
muntring *m/f.*
encroach [ɪnˈkrəʊtʃ] trenge inn på;
~ **ment** inngrep *n;* overgrep *n.*
encyclop(a)edia [ensaɪkləʊˈpiːdjə]
konversasjonsleksikon *m.*
end ende *m,* opphør *n;* slutt *m;*
hensikt *m,* mål *n;* ende, slutte;
opphøre.
endanger [ɪnˈdeɪndʒə] bringe i fare;
~ **ed** truet, utsatt.
endeavour [ɪnˈdevə] bestrebelse *m,*
strev *n;* bestrebe seg.
ending [ˈendɪŋ] slutt *m,* ende(lse)
m (m); ~ **less** endeløs, uendelig.
endorse [ɪnˈdɔːs] endossere, påteg-
ne; gi sin tilslutning; ~ **ment** på-
skrift (veksel).
endurable [ɪnˈdjuːrəbl] utholdelig;
~ **ance** utholdenhet *m;* ~ **e** holde
ut, tåle; vare.
enemy [ˈenɪmɪ] fiende *m.*
energetic [enəˈdʒetɪk] energisk.
energy [ˈenədʒɪ] kraft *m/f,* energi
m; ~ **-saving** energibesparende;
~ **supply** energitilgang.
enforce [ɪnˈfɔːs] fremtvinge; sette
igjennom; håndheve; innskjerpe;
~ **ment** håndhevelse *m,* streng
gjennomføring *m/f;* bestyrkelse
m.
engage [ɪnˈgeɪdʒ] engasjere, anset-
te; beskjeftige; påta seg; ~ **one-
self** forplikte seg, forlove seg;
~ **d** opptatt, beskjeftiget **(in**
med); forlovet; ~ **ment** beskjefti-
gelse *m;* forpliktelse *m;* forlovelse
m.
engender [enˈdʒendə] avle.
engine [ˈendʒɪn] (damp-, kraft-)
maskin *m;* motor *m;* lokomotiv
n; redskap *n.*
engineer [endʒɪˈnɪə] ingeniør *m;*
tekniker *m;* maskinist *m; amr* lo-
komotivfører *m;* ordne, få i
stand; ~ **ing** ingeniørarbeid *n.*
English [ˈɪŋglɪʃ] engelsk; **the** ~

engelskmennene; ~ **man** engelsk-
mann *m,* englender *m;* ~ **woman**
englenderinne *m/f.*
engrave [ɪnˈgreɪv] gravere.
enigma [ɪˈnɪgmə] gåte *m/f;* ~ **tic**
gåtefull.
enjoy [ɪnˈdʒɔɪ] nyte, glede seg ved;
synes godt om; more seg over; ~
oneself more seg, ha det hygge-
lig; ~ **able** morsom, hyggelig;
~ **ment** nytelse *m;* glede *m/f.*
enlarge [ɪnˈlɑːdʒ] utvide(s); forstør-
re(s); ~ **ment** forstørrelse *m,* utvi-
delse *m.*
enlighten [ɪnˈlaɪtn] opplyse; ~ **ment**
opplysning *m.*
enlist [ɪnˈlɪst] (la seg) verve;
~ **ment** utskrivning (soldater) *m.*
enmity [ˈenmɪtɪ] fiendskap *n,*
uvennskap *n.*
enormity [ɪˈnɔːmɪtɪ] uhyre størrelse
m; forbrytelse *m;* ~ **ous** enorm,
uhyre stor.
enough [ɪˈnʌf] nok.
enquire, enquiry se *inquire, inquiry.*
enrage [ɪnˈreɪdʒ] gjøre rasende.
enrich [ɪnˈrɪtʃ] berike; pryde.
enrol(l) [ɪnˈrəʊl] innrullere, melde
(seg) inn.
ensign [ˈensaɪn] tegn *n,* fane *m/f,*
merke *n;* fenrik *m.*
enslave [ɪnˈsleɪv] gjøre til slave;
~ **ment** slaveri *m,* undertrykkelse
m.
ensure [ɪnˈʃʊə] garantere, sikre,
trygge **(against, from** mot).
entail [ɪnˈteɪl] medføre.
entangle [ɪnˈtæŋgl] filtre (sammen);
~ **ment** sammenfiltring *m/f,* flo-
ke *m,* vanskelighet *m.*
enter [ˈentə] gå, komme, tre inn
(i); føre, skrive inn, bokføre;
~ **prise** foretagende *n;* foretak-
somhet *m;* ~ **prising** foretaksom.
entertain [entəˈteɪn] underholde;
beverte; nære (håp, tvil); ~ **ment**
underholdning *m;* bevertning *m.*
enthusiasm [ɪnˈθjuːzɪæzm] begeist-
ring *m,f;* ~ **t** entusiast *m;* sver-
mer *m;* ~ **tic** [-ˈæstɪk] begeistret,
entusiastisk.
entice [ɪnˈtaɪs] lokke, forlede.
entire [ɪnˈtaɪə] hel; fullstendig; ~ **ly**
helt; fullstendig.

entitle [ɪn'taɪtl] benevne; berettige
(to til).
entity ['entɪtɪ] vesen (filos.), helhet.
entrails ['entreɪlz] innvoller.
entrance ['entrəns] inngang *m;* inn-
treden *m,* adgang *m.*
entreat [ɪn'triːt] bønnfalle.
entrée [ɑːn'treɪ] forrett.
entrench [ɪn'trenʃ] forskanse.
entrust [ɪn'trʌst] betro.
entry ['entrɪ] inntreden *m;* inngang
m; innføring *m/f;* overtagelse *m*
(av eiendom); regnskapspost *m;*
tollangivelse *m;* stikkord (opp-
slag) *n;* ~ **permit** innreisetillatelse
m.
enumerate [ɪ'njuːməreɪt] regne, tel-
le opp.
envelop [ɪn'veləp] innhylle, svøpe
inn; ~ **e** ['envɪləʊp] konvolutt *m;*
hylster *n.*
enviable ['envɪəbl] misunnelsesver-
dig; ~ **ious** misunnelig; ~ **y** mis-
unne(lse) *(m).*
environment [ɪn'vaɪrənmənt] om-
givelse(r) *m,* miljø *n;* ~ **friendly**
miljøvennlig; **E. Secretary** miljø-
vernminister *m.*
environmental [ɪn'vaɪrənməntəl]
miljømessig, miljø-; ~ **activist**
miljøaktivist *m;* ~ **disaster** miljø-
katastrofe *m;* ~ **ism** miljøbevisst-
het, miljøkamp *m;* ~ **issue** miljø-
spørsmål *n;* ~ **ist** miljøforkjemper
m; ~ **ist group** miljøverngruppe
m/f; ~ **ly conscious** miljøbevisst;
~ **policy** miljøpolitikk *m;* ~
pollution miljøforurensning *m;* ~
protection miljøvern; ~ **work**
miljøvernarbeid *n.*
environs ['envɪrənz] omgivelser.
envision [ɪn'vɪʒən] forestille seg.
envoy ['envɔɪ] utsending *m.*
epic ['epɪk] episk; epos *n.*
epidemic ['epɪ'demɪk] epidemisk;
farsott *m,* epidemi *m.*
epilepsy epilepsi *m.*
epilogue ['epɪlɒg] epilog *m.*
episcopal [ɪ'pɪskəpl] biskoppelig;
~ **te** bispeembete *n.*
episode ['epɪsəʊd] episode *m;* ~ **tle**
[ɪ'pɪsl] epistel *m.*
epitaph ['epɪtɑːf] gravskrift *m.*
epoch ['iːpɒk] epoke *m;* ~ **s** epos *n.*

equal ['iːkwəl] lik(e); jevnbyrdig;
rolig; ens(artet); være lik med; ~
to a task være en oppgave vok-
sen; **not to be** ~ **led** ikke ha noe
sidestykke; ~ **ity** [ɪ'kwɒlɪtɪ] likhet
m; likestilling *m/f;* ~ **ize** ['iːkwə-
laɪz] utjevne, stille på like fot;
~ **izer** *idr* utligning *m.*
equation [ɪ'kweɪʃn] ligning *m/f;*
~ **or** ekvator *m.*
equestrian [ɪ'kwestrɪən] rytter-.
equilibrium [i:kwɪ'lɪbrɪəm] likevekt
m/f.
equinox ['iːkwɪnɒks] jevndøgn *n.*
equip [ɪ'kwɪp] utruste; utstyre;
~ **ment** utstyr *n;* utrustning *m;*
tilbehør *n.*
equivalent [ɪ'kwɪvələnt] av samme
verdi; tilsvarende.
era ['ɪərə] æra *m,* tidsalder *m.*
erase [ɪ'reɪz] viske ut; stryke ut;
~ **r** raderkniv *m;* viskelær *n.*
erect [ɪ'rekt] oppreist; reise; opp-
rette; oppføre; ~ **ion** oppførelse
m; opprettelse *m.*
ermine ['ɜːmɪn] hermelin *m;* røys-
katt *m.*
erode [ɪ'rəʊd] tære bort, erodere;
~ **sion** erosjon.
eroticism [ɪ'rɒtɪsɪzm] erotikk *m.*
errand ['erənd] ærend *n;* ~ **boy**
visergutt *m.*
error ['erə] feil(tagelse) *m (m).*
erudition [eruː'dɪʃən] lærdom *m.*
erupt [ɪ'rʌpt] bryte fram; være i
utbrudd; ~ **ion** utbrudd *n;* ~ **ive**
eruptiv.
escalate ['eskəleɪt] trappe opp;
~ **ion** opptrapping *m/f;* ~ **or** rul-
letrapp *m/f.*
escapade [eskə'peɪd] eskapade *m;*
sidesprang *n;* ~ **e** unnslippe; unn-
gå; rømning *m;* unnvikelse *m;*
flukt *m;* **he had a narrow** ~ **e** det
var så vidt han slapp fra det.
escort ['eskɔːt] eskorte *m;* [ɪs'-] led-
sage.
Eskimo ['eskɪməʊ] eskimo *m.*
espalier [ɪ'spæljə] espalier *m.*
especial [ɪs'peʃl] særlig, spesiell;
~ **ly** særlig, spesielt, især.
espionage [espɪə'nɑːʒ] spionasje *m.*
esquire [ɪs'kwaɪə] fork. **Esq** herr
(på brev); godseier *m.*

essay ['eseɪ] stil *m;* [e'seɪ] forsøke.
essen|ce ['esəns] essens *m;* vesen (egenart); ~ **tial** [ɪ'senʃl] vesentlig, absolutt nødvendig.
establish [ɪs'tæblɪʃ] fastsette; opprette, etablere; ~ **ment** opprettelse *m,* stiftelse *m;* etablissement *n.*
estate [ɪs'teɪt] eiendom *m,* gods *n,* formue *m;* bo *n;* **real** ~ fast eiendom *m;* ~ **agent** eiendomsmekler *m;* ~ **car** stasjonsvogn *m/f.*
esteem [ɪs'ti:m] aktelse *m,* anseelse *m;* (høy)akte.
estimat|e ['estɪmɪt] vurdering *m/f;* overslag *n;* skjønn *n;* *v* [-meɪt] vurdere, beregne; taksere **(at** til); ~ **ion** vurdering *m/f;* skjønn *n;* aktelse *m.*
estuary ['estjʊərɪ] elvemunning *m.*
etern|al [i:'tɜ:nl] evig; endeløs; **the E. City** den evige stad; ~ **alize** forevige; ~ **ity** evighet *m.*
ether ['i:θə] eter *m.*
ethics ['eθɪks] moral *m,* etikk *m.*
ethnic ['eθnɪk] folke-, etnisk.
eulogy ['ju:lədʒɪ] lovtale *m.*
euphony ['ju:fənɪ] vellyd *m.*
euphoria [ju:'fɔrɪə] lykkerus, gledesrus m.
Europe ['ju:rəp] Europa; ~ **an** [-'pi:ən] europeisk; europeer *m.*
European Economic Community det europeiske fellesmarkedet, EF.
European Economic Corporation EØS - Europeisk økonomisk samarbeid.
European Song Contest Melodi Grand Prix.
euthanasia [ju:θə'neɪzɪə] barmhjertighetsdrap *n.*
evacuat|e [ɪ'vækjʊeɪt] evakuere; tømme; rømme; ~ **ion** evakuering *m/f.*
evade [ɪ'veɪd] unngå; lure seg unna.
evaluat|e [ɪ'væljʊeɪt] vurdere, verdsette; ~ **ion** vurdering *m/f,* verdsettelse *m.*
evangelic(al) [i:vən'dʒelɪk(l)] evangelisk.
evaporate [ɪ'væpəreɪt] dunste bort, fordampe, fordufte.
evasion [ɪ'veɪʒn] *fig* utflukt *m.*
evasive [ɪ'veɪsɪv] unnvikende.

eve [i:v] (hellig)aften *m;* **Christmas Eve** julaften *m.*
even ['i:vən] glatt, jevn; like (om tall); endog, selv; nettopp; jevne; ~ **if** *el* ~ **though** selv om; **not** ~ ikke en gang.
evening ['i:vnɪŋ] aften *m;* ~ **-dress** selskapskjole *m;* selskapsantrekk *n.*
event [ɪ'vent] begivenhet *m;* tilfelle *n;* **at all** ~ **s** *el* **in any** ~ i alle tilfelle; ~ **ful** begivenhetsrik; ~ **ual** endelig; ~ **uality** [-jʊ'ælɪtɪ] mulighet *m,* eventualitet *m.*
ever ['evə] noensinne, stadig, alltid; ~ **since** helt siden, helt fra; **for** ~ for alltid; ~ **green** evig grønn; ~ **lasting** evig(varende); ~ **more** for evig.
every ['evrɪ] (en)hver; ~ **body,** ~ **one** enhver, alle; ~ **day** hverdags-; hverdagslig; ~ **thing** alt; ~ **where** overalt.
eviden|ce ['evɪdəns] bevis(materiale) *n;* vitneprov *n;* bevise; vitne; ~ **t** innlysende, tydelig.
evil ['i:vɪl] onde *n;* ond, slett; ~ **-minded** ondsinnet.
ex [eks] fra; forhenværende; som har vært; ~ **-minister** forhenværende minister *m;* ~ **works** direkte fra fabrikk.
exact [ɪg'zækt] nøyaktig, punktlig; fordre, kreve; ~ **ing** fordringsfull; ~ **itude,** ~ **ness** punktlighet *m,* nøyaktighet *m.*
exaggerat|e [ɪg'zædʒəreɪt] overdrive; ~ **ion** overdrivelse *m.*
exam [ɪg'zæm] fork. for **examination.**
examin|ation [ɪgzæmɪ'neɪʃn] eksamen(sprøve) *m;* undersøkelse *m;* eksaminasjon *m;* ~ **e** undersøke; eksaminere; ~ **er** eksaminator, sensor *m.*
example [ɪg'zɑ:mpl] eksempel *n;* forbilde *n;* **for** ~ for eksempel.
exasperate [ɪg'zɑ:spəreɪt] irritere, ergre.
excavat|e ['ekskəveɪt] grave ut; ~ **ion** utgravning *m/f;* ~ **or** gravemaskin *m.*
exceed [ɪk'si:d] overskride; overgå; ~ **ingly** umåtelig.

excel [ɪkˈsel] overgå; utmerke seg
(in, at i å); ~ lence fortreffelighet
m; ~ lency eksellense m; ~ lent
utmerket; fortreffelig.

except [ɪkˈsept] unntatt; uten; unn-
ta; ~ ion unntagelse m; innsigelse
m; ~ ional usedvanlig.

excerpt [ˈeksɜːpt] utdrag n.

excess [ɪkˈses] overmål n; overskri-
delse m; overskudd n; ~ es pl ut-
skeielser; ~ ive overdreven; altfor
stor.

exchange [ɪksˈtʃeɪndʒ] utveksle;
tuske, bytte; veksle; utveksling
m/f; (om)bytte n; (vekslings)kurs
m; valuta m; børs m; (telefon)-
sentral m; ~ able som kan byttes
(for mot).

excise [ˈeksaɪz] (forbruker-)avgift
m.

excision [ɪkˈsɪʒən] med utskjæring
m/f.

excite opphisse, egge; ~ ment
opphisselse m; spenning m; sinns-
bevegelse m.

exclaim [ɪksˈkleɪm] utbryte.

exclamation [ekskləˈmeɪʃn] utrop
n; ~ mark utropstegn n.

exclude [ɪksˈkluːd] utelukke; ~ sion
utelukkelse m; ~ sive utelukken-
de; eksklusiv.

excrements [ˈekskrɪmənts] ekskre-
menter.

excursion [ɪksˈkɜːʃn] utflukt m, tur
m; avstikker m; ~ ist en som
drar på utflukt m.

excuse [-z] unnskylde; frita; [-s]
unnskyldning m.

execute [ˈeksɪkjuːt] utføre; full-
byrde; iverksette; henrette; fore-
dra (musikk); ~ ion utførelse m;
utpanting m/f; henrettelse m;
~ ioner bøddel m; ~ ive [ɪɡˈzekjʊ-
tɪv] utøvende, utførende; utøven-
de makt m/f; overordnet adminis-
trator m, leder m.

exemplary [ɪɡˈzemplərɪ] mønster-
gyldig, eksemplarisk; ~ ify belyse
ved eksempler.

exempt [ɪɡˈzempt] frita(tt); (from
for); ~ ion fritagelse m.

exercise [ˈeksəsaɪz] (ut-)øvelse m;
bruk m; trening m/f, mosjon m;

stil m; (opp)øve; trene, mosjone-
re.

exert [ɪɡˈzɜːt] anstrenge; (ut)øve,
bruke.

exertion [ɪɡˈzɜːʃn] anstrengelse m,
bruk m.

exhale [eksˈ(h)eɪl] utånde (puste
ut).

exhaust [ɪɡˈzɔːst] (ut)tømme; ut-
matte; utpine (jord); eksos;
~ -pipe eksosrør n; ~ ion utmat-
telse m; uttømming m; ~ ive ut-
tømmende.

exhibit [ɪɡˈzɪbɪt] utstille, (frem)vise;
utstillingsgjenstand m; ~ ion [ek-
sɪˈbɪʃn] utstilling m/f, fremvisning
m; stipendium n.

exhilarate [ɪɡˈzɪləreɪt] live opp;
oppmuntre.

exhort [ɪɡˈzɔːt] formane; ~ ation
formaning.

exile [ˈeksaɪl] landsforvisning m;
landflyktig(het) (m); forvise.

exist [ɪɡˈzɪst] eksistere, være til,
leve; ~ ence eksistens m, liv n;
~ ent eksisterende.

exit [ˈeksɪt] utgang m; sorti m; død
m; ~ door utgangsdør m/f.

exodus [ˈeksədəs] utfart m; utvand-
ring m/f.

exorbitant overdreven, urimelig,
ublu.

exotic [ɪɡˈzɒtɪk] eksotisk.

expand [ɪksˈpænd] utvide (seg),
utbre (seg); ~ sion utvidelse m;
utbredelse m; ~ sive vidstrakt;
ekspansiv; meddelsom.

expatriate [eksˈpætrɪeɪt] forvise;
~ ion forvisning m.

expect [ɪksˈpekt] vente (seg); anta,
formode; ~ ant ventende; ~ ation
forventning m.

expediency [ɪksˈpiːdɪənsɪ] hensikts-
messighet m; ~ ent hensiktsmes-
sig, tjenlig; middel n, utvei m;
~ te påskynde; ~ tion raskhet
m; ferd m, ekspedisjon m.

expel [ɪksˈpel] fordrive, utvise.

expense utgift(er); ~ sive dyr,
kostbar.

experience [ɪksˈpɪərɪəns] erfaring
m/f; opplevelse m; erfare, opple-
ve; ~ d erfaren.

experiment [ɪks'perɪmənt] eksperiment(ere) *n*.

expert ['ekspɜ:t] erfaren, kyndig; fagmann *m;* ekspert *m; ~* **ise** [eks-pɜ:'ti:z] ekspertise *m*.

expiat|**e** ['ekspɪeɪt] sone; *~* **tion** [ekspɪ'eɪʃn] soning *m/f*.

expir|**ation** [ekspɪ'reɪʃn] utånding *m/f;* opphør *n;* utløp *n; ~* **e** [ɪks'-paɪə] utånde; utløpe.

expl|**ain** [ɪks'pleɪn] forklare; gjøre greie for; *~* **anation** [ekspləˈ-] forklaring *m/f*.

explicable ['eksplɪkəbl] forklarlig.

explicit [ɪks'plɪsɪt] tydelig, uttrykkelig.

explode [ɪks'pləʊd] eksplodere.

exploit ['eksplɔɪt] bedrift *m;* [ɪks-'plɔɪt] utnytte; *~* **ation** utvinning, utnyttelse *m*.

explor|**ation** [eksplɔ'reɪʃn] utforskning *m; ~* **e** utforske; *~* **er** oppdagelsesreisende *m*.

explosi|**on** [ɪks'pləʊʒn] eksplosjon *m;* utbrudd *n; ~* **ve** eksplosiv; sprengstoff *n*.

exponent [eks'pəʊnənt] eksponent *m*, talsmann *m*.

export [eks'pɔ:t] eksportere; ['eks-] utførsel *m;* eksport *m; ~* **s** utførselsvarer *m; ~* **ation** utførsel *m; ~* **er** eksportør *m*.

expos|**e** [ɪks'pəʊz] stille ut; utsette, blottstille; *fotogr* belyse; *~* **ure** utsetting *m/f*, utstilling *m/f*, avsløring *m/f; fotogr* eksponering *m/f*.

express [ɪks'pres] ekspress *m*, ilbud *n;* uttrykke(lig); *~* **ion** uttrykk *n; ~* **ive** uttrykksfull.

expropriat|**e** [eks'prəʊprɪeɪt] ekspropriere; *~* **ion** [eksprəʊprɪ'eɪʃən] ekspropriasjon *m*.

expulsion [ɪks'pʌlʃn] fordrivelse *m*, utvisning *m*.

exquisite ['ekskwɪzɪt] utsøkt.

exten|**d** [ɪks'tend] strekke ut; utvide; forlenge; strekke seg **(to** til); *~* **sible** strekkbar; *~* **sion** utstrekning *m;* utvidelse *m;* forlengelse *m; ~* **sion telephone** biapparat *m; ~* **sive** utstrakt, omfattende.

extent [ɪks'tent] utstrekning *m*, omfang *n;* **to a certain** *~* i *(el* til) en viss grad.

extenuat|**e** [eks'tenjʊeɪt] avsvekke, mildne; *~* **ing circumstances** formildende omstendigheter.

exterior [eks'tɪərɪə] ytre *n*, utside *m;* utvendig.

extermina|**te** [eks'tɜ:mɪneɪt] utrydde; *~* **tion** utryddelse *m*.

external [eks'tɜ:nl] ytre; utvendig; utenriks-; *~* **examiner** sensor (eksamen) *m*.

extinct [ɪks'tɪŋkt] sloknet; utdødd; *~* **ion** slokking *m/f*; utslettelse *m*.

extinguish [ɪks'tɪŋwɪʃ] slokke; utrydde; *~* **er** slokkingsapparat *n*.

extirpat|**e** ['ekstɜ:peɪt] utrydde; *~* **ion** [ekstə'peɪʃn] utryddelse *m*.

extort [ɪks'tɔ:t] avpresse; fremtvinge; *~* **ion** utpresning *m;* utsugning *m;* fremtvingelse *m; ~* **ionate** ublu.

extra ['ekstrə] ekstra; tilleggs-; ekstranummer *n*, statist (film) *m;* ekstraforestilling *m/f* o.l.

extract [ɪks'trækt] trekke ut; ['ekstrækt] utdrag *n;* ekstrakt *n*, *m; ~* **ion** uttrekning *m;* avstamning *m*.

extradit|**e** ['ekstrədaɪt] utlevere (forbryter til et annet land); *~* **ion** utlevering (av forbryter) *m*.

extraordinary [ɪks'trɔ:dnrɪ] usedvanlig; merkelig.

extraterrestrial (E.T.) [ekstrətə'restrɪəl] utenomjordisk, fra andre planeter.

extravagan|**ce** [ɪks'trævɪgəns] urimelighet *m;* ekstravaganse *m;* ødselhet *m; ~* **t** ekstravagant; ødsel.

extreme [ɪks'tri:m] ytterst(e); meget stor; ytterlighet; ekstrem; *~* **ly** ytterst, høyst.

extremit|**ies** [ɪks'tremɪtɪs] ekstremiteter; hender og føtter.

extricate ['ekstrɪkeɪt] befri, komme løs fra.

extrovert ['ekstrəvɜ:t] utadvendt.

exuberan|**ce** [ɪg'zju:bərəns] frodighet *m;* overflod *m;* eksaltasjon *m;* yppighet *m; ~* **t** frodig; overstrømmende; yppig.

exultation [ɪg'zʌlteɪʃn] jubel *m*, triumf *m*.

eye [aɪ] øye *n;* blikk *n;* løkke *f;*
nåløye *n;* se på, betrakte; mønstre; ~ **ball** øyeeple *n;* ~ **brow** øyenbryn *n;* ~ **catcher** blikkfang *n;*
~ **-glass** monokkel *m;* ~ **lash**

øyenvippe *m/f;* ~ **lid** øyenlokk
n; ~ **-opener** overraskende kjensgjerning *m;* ~ **sight** syn(sevne) *n*
(m); ~ **witness** øyenvitne *n.*

F

f. = farthing; fathom; following;
foot.
fable [ˈfeɪbl] fabel *m,* sagn *n;* (opp)-
dikte, fable.
fabric [ˈfæbrɪk] (vevd) stoff *n;* vevning *m,* struktur *m;* ~ **ate** dikte
opp; ~ **ation** oppdiktning *m,*
falskneri *n.*
fabulous [ˈfæbjʊləs] sagnaktig, fabelaktig.
façade [fəˈsɑːd] fasade.
face [feɪs] ansikt *n;* overflate *m/f,*
forside *m/f;* mine *m;* tallskive
m/f; vende ansiktet mot; vende
ut mot; trosse; stå overfor; ~ **-lift**
ansiktsløftning *m.*
facetious [fəˈsiːʃəs] morsom (især
anstrengt).
face value pålydende; **at** ~ for
god fisk.
facial [ˈfeɪʃl] ansikts-.
facili|tate [fəˈsɪlɪteɪt] lette; ~ **ities**
hjelpemidler, adgang *m* (**for** til);
~ **ity** letthet *m.*
fact [fækt] kjensgjerning *m;* faktum *n;* **matter of** ~ kjensgjerning
m; nøktern, prosaisk; **in** ~ faktisk.
faction [ˈfækʃən] gruppe *m,* klikk-
(vesen) *m (n).*
factor [ˈfæktə] faktor *m;* ~ **y** fabrikk *m.*
faculty [ˈfækltɪ] evne *m,* fakultet
n.
fad [fæd] innfall *n;* kjepphest *m.*
fad|e [feɪd] falme; svinne.
fag [fæg] *slang* sigarettstump *m.*
faience [fəˈjɑːns] fajanse *m.*
fail [feɪl] svikte; slå feil; komme
til kort; dumpe; gå konkurs; la i
stikken; forsømme; **without** ~
ganske sikkert; ~ **ure** svikt *m,*
mangel *m;* unnlatelse *m;* fiasko
m; fallitt *m;* stryk (eksamen).

faint [feɪnt] svak, matt; besvime(l-
se) *(m).*
fair [feə] lys, blond; pen; rimelig,
rettferdig; ærlig, redelig; marked
n; messe *f;* ~ **copy** renskrift *n;*
~ **ly** nokså; ~ **ness** redelighet *m;*
rimelighet *m;* ~ **play** ærlig spill
n; ~ **way** skipsled *m.*
fairy [ˈfeərɪ] fe *m;* hulder *f;* ~
palace eventyrslott *m;* ~ **-tale**
eventyr *n,* skrøne *m/f.*
faith [feɪθ] tro(skap) *m (m);* tillit
m; ~ **ful** trofast; ~ **fulness** trofasthet; ~ **less** troløs.
fake [feɪk] ettergjøre; forfalske;
forfalskning *m;* ~ **r** forfalsker *m,*
svindler *m;* ~ **ry** falskneri *n,* svindel *m.*
falcon [ˈfɔː(l)kən] falk *m.*
fall [fɔːl] falle, synke; ~ **due** forfalle, ~ **off** falle fra, tape seg; ~
out bli uenig; ~ **-out** nedfall (radioaktivt) *n;* ~ **ow** [ˈfæləʊ] brakk
(om jord); ~ **short** komme til
kort; fall *n,* nedgang *m;* helling
m/f; li *f;* vassfall *n;* amr høst *m.*
false [fɔːls] falsk, usann; uekte;
troløs; ~ **hood** usannhet *m;* ~ **ness**
falskhet.
falsi|fication [fɔːlsɪfɪˈkeɪʃn] forfalskning *m;* ~ **fy** [-faɪ] forfalske.
fame [feɪm] berømmelse *m,* ry *n;*
~ **d** berømt.
familiar [fəˈmɪljə] kjent, fortrolig;
utvungen; velkjent; ~ **ity** fortrolighet *m;* utvungenhet *m;* ~ **ize**
gjøre fortrolig.
family [ˈfæmɪlɪ] familie *m;* ~ **al-
lowance** barnetrygd *m;* ~ **saga**
ættetavle *m/f.*
famine [ˈfæmɪn] hungersnød *m.*
famish [ˈfæmɪʃ] (ut)sulte.
famous [ˈfeɪməs] berømt.
fan [fæn] vifte *f;* kornrenser *m;*

ventilator *m;* tilhenger *m;* vifte; rense; egge, oppflamme, puste til.

fanatic ['fə'nætɪk] fanatisk; fanatiker *m;* ~ **ism** fanatisme *m.*

fanciful ['fænsɪfʊl] fantasifull, lunefull.

fancy ['fænsɪ] fantasi *m;* innbilning(skraft) *m;* lune *n;* forkjærlighet *m;* innbille seg; synes om, like; ~ **-dress ball** maskerade.

fanfare ['fænfeə] fanfare.

fang [fæŋ] hoggtann *m/f.*

fantastic [fæn'tæstɪk] ~ **ally** fantastisk.

far [fɑ:] fjern, langt (borte); borteste, bortre; meget; **by** ~ **the best** langt den beste.

farce [fɑ:s] farse.

fare [feə] takst *m;* billettpris *m;* passasjer *m;* kost *m,* mat *m;* klare seg; ~ **well** farvel, avskjed *m.*

far-fetched ['fɑ:'fetʃt] søkt; unaturlig.

farm [fɑ:m] (bonde)gård *m;* drive gårdsbruk; (bort-)forpakte; ~ **er** gårdbruker *m,* bonde *m;* forpakter *m;* ~ **ing** jordbruk *n;* ~ **yard** tun.

far-off ['fɑ:'rɒf] fjern; ~ **-reaching** langtrekkende; vidtrekkende.

far-sighted ['fɑ:'saɪtɪd] langsynt; vidtskuende.

farther ['fɑ:ðə] fjernere, lengre; ~ **est** fjernest, lengst.

farthing ['fɑ:ðɪŋ] kvartpenny *m; fig* døyt, grann.

fascinate ['fæsɪneɪt] fortrylle; ~ **ion** fortryllelse.

fashion ['fæʃn] måte *m,* manér *m;* mote *m,* snitt *n;* danne, forme; avpasse; ~ **able** fin, moderne, elegant.

fast [fɑ:st] fast, sterk; holdbar; hurtig; lettsindig; dyp (om søvn); for fort (om ur); vaskeekte (om farge); *s & v* faste.

fasten ['fɑ:sn] feste, gjøre fast; lukke; ~ **ing** feste *n,* holder *m,* festemiddel *n.*

fastidious [fə'stɪdjəs] kresen.

fastness ['fɑ:stnɪs] fasthet *m,* støhet *m;* hurtighet *m.*

fat [fæt] fet, tykk; fett *n.*

fatal ['feɪtl] skjebnesvanger; dødbringende; ~ **ity** [fə'tælɪtɪ] skjebnebestemthet *m;* fatalitet *m,* ulykke *m.*

fate [feɪt] skjebne *m;* ~ **ful** skjebnesvanger.

father ['fɑ:ðə] far *m;* ~ **-in-law** svigerfar *m;* ~ **hood** farskap *n;* ~ **less** farløs; ~ **ly** faderlig.

fathom ['fæðəm] favn *m;* lodde; utgrunne; fatte.

fatigue [fə'ti:g] utmatte(lse) *(m);* ~ **ing** strabasiøs.

fatness ['fætnɪs] fedme *m;* ~ **ten** fete, gjø; ~ **ty** feit; tykksak *m.*

faucet ['fɔ:sɪt] især *amr* (tappe)kran *f.*

fault [fɔ:lt] feil *m;* skyld *m/f;* **find** ~ **with** ha noe å utsette på, kritisere; ~ **-finding** kritikksyke *m;* ~ **less** feilfri, lytefri; ~ **y** mangelfull.

favour ['feɪvə] gunst *m,* velvilje *m,* tjeneste *m;* begunstige; beære; ~ **able** gunstig; ~ **ite** favoritt, yndling *m.*

fawn [fɔ:n] **on** smiske; ~ **y** slesk.

fax [fæks] telefax (meldingen) *m;* *v* sende over telefax, fakse; ~ **machine** telefax (maskinen) *m.*

fear [fɪə] frykt(e) *m;* være redd for; ~ **ful** engstelig; fryktelig; ~ **less** fryktløs.

feasibility [fizə'bɪlɪtɪ] gjørlighet *m;* mulighet *m;* ~ **le** gjørlig; mulig.

feast [fi:st] fest(måltid) *m (n);* høytid *m;* holde fest; beverte.

feat [fi:t] dåd *m;* kunststykke *n;* prestasjon *m* (av rang).

feather ['feðə] fjær *m/f;* sette fjær i; ~ **ing** fjærdrakt *m/f.*

feature ['fi:tʃə] (ansikts)trekk *n,* drag *n;* hoveddel *m;* ~ **(film)** hovedfilm *m;* særmerke; fremheve.

February ['febrʊərɪ] februar.

fecund ['fi:kənd] fruktbar.

federal ['fedərəl] føderal-, forbunds-; ~ **lize,** ~ **te** gå sammen i forbund; ~ **tion** (stats)forbund *n;* (fag-)forbund *n.*

fee [fi:] godtgjørelse *m;* gebyr *n;* salær *n;* honorar *n.*

feeble ['fi:bl] svak, vek; ~ **-minded** evneveik.

feed [fi:d] fôr *n;* næring *m/f;*

måltid *m;* fôre, nære; mate (også maskiner); ~ **er** som mater; bielv *m;* ~ **ing bottle** tåteflaske.

feel [fi:l] føle; kjenne; føle seg, kjennes; følelse *m;* ~ **like** føles, ha lyst på *(el* til); ~ **er** følehorn *n;* prøveballong *m;* ~ **ing** følelse *m* (-sfull).

feet [fi:t] *pl* av **foot** føtter.

felicitat|e [fe'lısıteıt] lykkønske; ~ **ion** lykkønskning *m.*

felicity [fe'lısıtı] lykke *m;* lykksalighet *m.*

feline ['fi:l(a)ın] kattaktig.

fellow ['feləʊ] fyr *m,* kar *m;* kamerat *m,* felle *m;* make *m,* sidestykke *n;* medlem *n* av et lærd selskap; stipendiat *m;* ~ **citizen** medborger; ~ **ship** kameratskap *n;* fellesskap *n;* stipendium *n.*

felon ['felən] forbryter; ~ **y** forbrytelse.

felt filt *m* (-e).

fem|ale ['fi:meıl] kvinnelig, kvinne *m;* hunn *m* (om dyr); ~ **inine** ['femının] kvinnelig; ~ **inism** kvinnesak *m.*

fenc|e [fens] gjerde *n;* heler *m;* innhegne, gjerde inn; fekte; ~ **er** fekter *m;* ~ **ing** fekting *m/f.*

fend: ~ **off** avverge; parere; ~ **er** fender *m,* støtfanger *m; amr* (bil)-skjerm *m.*

ferment [fə'mənt] gjæring *m/f;* esing *m/f;* ~ **ation** gjæring *m/f.*

fern [fɜ:n] bregne *m/f.*

ferocious [fə'rəʊʃəs] vill, sint.

ferret ['ferıt] ilder *m;* etterspore.

ferry ['ferı] ferje(sted) *f(n);* ~ **boat** ferjebåt *m.*

fertil|e ['fɜ:taıl] fruktbar; ~ **ity** fruktbarhet *m;* ~ **ize** gjøre fruktbar; gjødsle; **(artificial)** ~ **izer** kunstgjødsel *m/f.*

festiv|al ['festıvl] fest(spill) *m (n);* høytid *m;* ~ **e** festlig; ~ **ity** festlighet *m.*

fetch [fetʃ] hente; innbringe.

fetter ['fetə] (fot)lenke *f,* lenke *f.*

fetus ['fi:təs] foster *n.*

feud [fju:d] feide *m;* strid *m;* len *n;* ~ **al** føydal.

fever ['fi:və] feber *m;* ~ **ed,** ~ **ish** febril(sk).

few [fju:] få; **a** ~ noen få.

fiancé [fıãn'seı] (om kvinne **fiancée**) forlovede *m.*

fib skrøne *m/f.*

fibre ['faıbə] fiber *m,* trevl *m.*

fict|ion ['fıkʃn] (opp)diktning *m;* skjønnlitteratur *m;* ~ **-itious** oppdiktet.

fiddle ['fıdl] (spille) fele *f;* (små)-pusle; ~ **r** spillemann *m.*

fidelity [fı'delıtı] troskap *m.*

fie! [faı] fy!

field [fi:ld] mark *m/f,* jorde *n,* åker *m;* (virke)felt *n;* område *n;* ~ **-glasses** *pl* (felt)kikkert *m;* ~ **-mouse** markmus.

fiend [fi:nd] djevel *m.*

fierce [fıəs] vill, barsk, heftig.

fiery ['faıərı] flammende, heftig, fyrig.

fife [faıf] pipe *(mus.).*

fif|teen [fıf'ti:n] femten; ~ **teenth** femtende; ~ **th** femte, femtedel *m;* ~ **thly** for det femte; ~ **tieth** femtiende; ~ **ty** femti.

fig [fıg] fiken(tre) *m (n).*

fight [faıt] kamp *m,* strid *m;* slagsmål *n;* kjempe; slåss.

fig leaf [fıg li:f] fikenblad.

figur|ative ['fıgjʊrətıv] billedlig; overført; ~ **e** ['fıgə] tall *n,* siffer *n;* skikkelse *m;* fremstille; tenke seg; figurere, opptre; regne; ~ **e out** regne ut; ~ **e-head** gallionsfigur *m;* toppfigur *m;* ~ **e-skating** kunstløp *n* på skøyter.

file [faıl] brev-, dokumentordner *m;* arkiv *n,* kartotek *n;* en saks akter; fil *m/f;* rekke *f;* rode *m;* arkivere; inngi; file.

filigree ['fılıgri:] filigran *n.*

filing cabinet ['faılıŋ 'kæbınıt] arkivskap *n,* kartotekskap *n.*

filings ['faılıŋz] (fil-) spon *m.*

fill [fıl] fylle(s); plombere; bekle (stilling, embete); ~ **in** fylle ut (skjema *o.l.).*

fillet ['fılıt] filét.

filling ['fılıŋ] fylling *f;* plombe *m;* ~ **station** bensinstasjon *m.*

fillip knips, oppstrammer *n.*

film (fin) hinne *m/f;* film *m;* filme.

filter ['fıltə] filter *n;* filtrere; sive.

filth [fɪlθ] smuss *n,* skitt *m;* ~ **i-ness** svineri *n;* ~ **y** skitten.

fin finne *m;* styrefinne *m.*

final ['faɪnl] sist, endelig; finale *m;* avgangseksamen *m;* ~ **ly** endelig, til slutt.

finance [f(a)ɪ'næns] finans (-vesen, -vitenskap) *m (n-m);* finansiere; ~ **es** finanser; ~ **ial** [f(a)ɪ'nænʃl] finansiell, økonomisk.

find [faɪnd] finne; støte på; skaffe; avsi (en kjennelse); ~ **ing** funn *n;* kjennelse *m,* resultat *n.*

fine [faɪn] bot *m,* mulkt *m;* fin, vakker; pen, kjekk, prektig; ren, ublandet; spiss, tynn; *v* forfine, rense; avklare, fortynne; mulktere; ~ **ry** stas *m;* puss (pynt).

finger ['fɪŋgə] finger *m;* fingre med, føle på; ~ **-post** veiviser *m;* ~ **-print** fingeravtrykk *n;* ~ **-stall** smokk *m.*

finish ['fɪnɪʃ] slutt *m;* innspurt *m;* siste hånd på verket; fullendelse *m,* fin utførelse *m* (~ **ing touch**); *v* ende, slutte, fullføre; opphøre med; etterbehandle.

Finland ['fɪnlənd] Finland.

Finn finne *m.*

Finnish ['fɪnɪʃ] finsk.

fiord [fjɔːd] fjord *m.*

fir [fɜː] furu *m/f;* *dt* gran *m/f.*

fire [faɪə] ild *m,* varme *m,* fyr *m;* brann *m;* bål *n;* lidenskap *m;* tenne; sette ild på; fyre av; *dt* gi sparken; **on** ~ i brann; ~ **alarm** brannalarm *m;* ~ **arms** skytevåpen *npl;* ~ **brigade** brannvesen *n;* ~ **-department** *amr* brannvesen *n;* ~ **engine** brannbil, -sprøyte *m/f;* ~ **escape** brannstige *m;* nødutgang *m;* ~ **extinguisher** brannslokkingsapparat *n;* ~ **-fly** ildflue *m/f;* ~ **hose** brannslange *m;* ~ **-irons** ildtang *m/f;* ~ **man** brannmann *m;* fyrbøter *m;* ~ **place** ildsted *n,* peis *m,* kamin *m;* ~ **plug** hydrant *m;* ~ **proof** ildfast; ~ **side** peis *m,* arne *m;* ~ **-station** brannstasjon *m;* ~ **works** fyrverkeri *m.*

firing ['faɪərɪŋ] skyting *m/f,* (av)-fyring *m/f;* (opp)tenning *m/f.*

firm [fɜːm] fast; standhaftig; firma *n;* ~ **ness** fasthet *m.*

first [fɜːst] først; beste karakter; **at** ~ først, til å begynne med; ~ **of all** aller først; ~ **aid** førstehjelp *m/f;* ~ **-class** prima; ~ **ly** for det første; ~ **name** fornavn *n;* ~ **-night** première *m;* ~ **offender** førstegangsforbryter *m;* ~ **-rate** førsteklasses.

firth [fɜːθ] fjord *m.*

fish [fɪʃ] fisk *m;* fiske.

fisherman ['fɪʃəmən] fisker *m;* ~ **y** fiske *n.*

fishing ['fɪʃɪŋ] fiske *n;* ~ **-rod,** fiskestang *f;* ~ **-tackle** fiskeredskap, fiskeutstyr *n.*

fishmonger ['fɪʃmʌŋgə] fiskehandler *m.*

fist neve *m.*

fit skikket; passende; dyktig; i god form; (til)passe; utstyre; anfall *n;* pass(form) *m;* ~ **on** sette på, prøve; ~ **out** utruste; ~ **up** innrette; ~ **ness** dugelighet *m;* ~ **ness equipment** treningsutstyr *n;* ~ **ter** montør *m,* installatør *m;* ~ **ting** passende; montering *m/f;* ~ **tings** tilbehør *n;* utstyr *n;* beslag *n;* armatur *m.*

five [faɪv] fem; ~ **fold** femfold.

fix [fɪks] *dt* knipe *f,* vanskelig situasjon *m;* *v* feste; hefte; avtale; fastsette, bestemme; ordne.

fizz [fɪz] bruse, skumme.

flabbergast ['flæbəgɑːst] forbløffe.

flabby ['flæbɪ] slapp; pløset.

flacon ['flækən] flakong *m.*

flag [flæg] flagg *n;* helle *m/f;* sverdlilje *f;* henge slapp; dabbe av, avta; ~ **staff** flaggstang *m/f.*

flagrant ['fleɪgrənt] åpenbar.

flair [fleə] teft *m,* fin nese *f.*

flak [flæk] antiluftskyts *n.*

flake [fleɪk] flak *n;* fnugg *n;* snøfille *f;* ~ **off** skalle av.

flame [fleɪm] *s & v* flamme *m;* ~ **mmable** ['flæməbl] brennbar.

flank [flæŋk] flanke *m;* flankere.

flannel ['flænl] flanell *m.*

flap [flæp] klaff *m;* klask *n,* slag *n;* dask(e); klaske; ~ **-up seat** klappsete *n.*

flare [fleə] flakke; bluss(e) *n.*

flash [flæʃ] glimt *n*, blink *n;* glimte; blinke; ~ **-light** lommelykt *m/f;* blinklys *n; fotogr* blitz(lys) *m (n);* ~ **y** gloret; prangende, vulgær.

flask [flɑ:sk] (kurv-)flaske *m/f;* lommelerke *m/f;* kolbe *m.*

flat [flæt] flat; ensformig; flau, matt; direkte; flate *m/f;* slette *f;* grunne *f;* leilighet *m; dt* punktering *m/f;* ~ **-chested** flatbrystet; ~ **-footed** som har plattfot; ~ **-iron** strykejern *n;* ~ **let** hybelleilighet *m;* ~ **ten** gjøre flat.

flatter [ˈflætə] smigre; ~ **er** smigrer; ~ **y** smiger *m.*

flavour [ˈfleɪvə] velsmak *m;* aroma *m;* krydre; sette smak på.

flaw [flɔ:] revne *m/f;* mangel *m,* lyte *n;* ~ **less** feilfri.

flax [flæks] lin *n;* ~ **en** av lin.

flay [fleɪ] flå.

flea [fli:] loppe *m/f;* ~ **market** loppemarked *n.*

fledged [ˈfledʒd] flygeferdig; ~ **ling** nettopp flygeferdig, *fig* nybakt.

flee [fli:] flykte; sky.

fleece [fli:s] ull; skinn, fell; klippe (sau); flå, plyndre **(of** for); ~ **y** ullen, ull-.

fleet [fli:t] flåte *m;* vognpark *m.*

flesh [fleʃ] kjøtt *n.*

flexibility [fleksɪˈbɪlɪtɪ] bøyelighet, fleksibilitet *m;* ~ **ible** [ˈfleksɪbl] bøyelig, fleksibel.

flicker [ˈflɪkə] blafre, flakke.

flight [flaɪt] flukt *m;* flyging *m/f,* flytur *m;* ~ **of stairs** trapp *f.*

flinch [flɪntʃ] vike tilbake.

fling [flɪŋ] slynge; kast(e) *n.*

flint flint *m.*

flipper [ˈflɪpə] luffe.

flirt [flɜ:t] vifte med; kokettere, flirt(e) *m;* ~ **ation** flørt *m.*

float [fləʊt] flåte *m;* flottør *m;* flyter *m;* dupp *m;* flyte, drive; sveve; bringe flott; fløte; *merk* sette i gang.

flock [flɒk] flokk *m,* bøling *m;* ulldott *m;* flokkes.

floe [fləʊ] isflak *n.*

flog [flɒg] piske; ~ **ging** pisking *m/f;* pryl *m.*

flood [flʌd] flo *m/f;* flom *m,* over-svømme(lse) *m;* **the Flood** syndfloden; ~ **-gate** sluseport *m;* ~ **-light** flomlys *n;* ~ **-tide** høyvann *n.*

floor [flɔ:] gulv *n;* etasje *m;* legge golv; slå i golvet; **take the** ~ ta ordet; **first** ~ annen etasje; **ground** ~ første etasje; ~ **walker** inspektør (i varehus).

flop [flɒp] slå, bakse (med vingene); deise ned; bli fiasko; fiasko *m;* ~ **py** slapp.

florid [ˈflɒrɪd] *fig* blomstrende.

florin [ˈflɒrɪn] florin *m,* gylden *m.*

florist [ˈflɒrɪst] blomsterhandler *m.*

flounder [ˈflaʊndə] flyndre *m/f;* kave, mase.

flour [ˈflaʊə] mel *n.*

flourish [ˈflʌrɪʃ] florere; trives, blomstre; vifte med; snirkel *m,* sving *m;* fanfare *m.*

flow [fləʊ] flom *m;* strøm *m;* flo *m/f;* rinne, strømme.

flower [ˈflaʊə] blomst(ring) *m (m);* blomstre; ~ **-pot** blomsterpotte *m/f.*

flu [flu:] = **influenza.**

fluctuate [ˈflʌktjʊeɪt] bølge, svinge, variere; ~ **ion** svingning *m.*

fluency [ˈflu:ənsɪ] taleferdighet *m;* ~ **t** (lett-)flytende.

fluffy [flʌfɪ] dunaktig, bløt.

fluid [ˈflu:ɪd] flytende; fluidum *n,* væske *m/f.*

fluorescent lamp [flʊəˈresənt læmp] lysstoffrør *n.*

flurry [ˈflʌrɪ] befippelse

flush [flʌʃ] rødme, strømme sterkt (om blod); spyle; full; rikelig; jevn, plan; rødme *m;* strøm *m.*

flute [flu:t] fløyte *f;* ~ **ist** fløytespiller.

flutter [ˈflʌtə] flimmer, uro; flagring *m/f; v* flagre, vimse.

fly [flaɪ] flue *m/f;* svinghjul *n;* buksesmekk *m;* fly; flykte; (la) vaie (flagg); ~ **ing fish** flyvefisk *m;* ~ **ing squad** utrykningspatrulje *m.*

foal [fəʊl] føll *n;* føde føll.

foam [fəʊm] skum *n;* skumme; ~ **rubber** skumgummi *m;* ~ **y** skummende.

f.o.b. = **free on board** fob.

focus ['fəʊkəs] brennpunkt *n,* fokus *n;* fokusere.

fodder ['fɒdə] fôr *n;* fôre.

fog [fɒg] tåke *m/f;* ~ **gy** tåket; ~ **horn** tåkelur.

foil [fɔɪl] folie *m;* bakgrunn *m;* **be a** ~ **to** tjene til å fremheve; forpurre, hindre.

fold [fəʊld] fold *m;* sauekve *f;* folde, brette; ~ **up** legge sammen; stanse, opphøre; ~ **er** falsemaskin *m;* folder *m;* ~ **ing chair** feltstol *m;* ~ **ing rule** tommestokk *m;* ~ **ing seat** klappsete *n.*

foliage ['fəʊlɪɪdʒ] løv(verk) *n.*

folk [fəʊk] folk, mennesker, også ~ **s; my** ~ **s** mine slektninger; ~ **song** folkesang; ~ **sy** folkelig.

follow ['fɒləʊ] følge (etter); fatte, forstå; ~ **up** forfølge, arbeide videre med; ~ **er** tilhenger *m;* ~ **ing** følgende; tilslutning *m,* tilhengere.

folly ['fɒlɪ] dårskap, dumhet *m.*

fond [fɒnd] kjærlig, **be** ~ **of** være glad i; ~ **le** kjærtegne.

food [fu:d] føde *m,* mat *m.*

fool [fu:l] tosk *m;* narre, bedra; tøyse; ~ **hardy** dumdristig; ~ **ish** tåpelig.

foot [fʊt] *pl* **feet** fot *m* (som mål = 30,48 cm); fotfolk *n;* den nederste del av noe; versefot; **on** ~ til fots; i gang; ~ **age** film, filmsekvens *m;* ~ **-and-mouth disease** munn- og klovsyke; ~ **ball** fotball *m;* ~ **ball-association** fotballforbund *n;* ~ **ball ground** fotballbane *m;* ~ **ball match** fotballkamp; ~ **board** stigbrett *n;* ~ **-fall** fottrinn *n;* ~ **-gear** fottøy *n;* ~ **hold** fotfeste *n;* ~ **ing** fotfeste *n;* ~ - **lights** *teatr* rampelys *n;* ~ **man** lakei *m;* ~ **path** sti *m;* ~ **print** fotspor *n;* ~ **step** fottrinn *n;* fotspor *n;* ~ **wear** skotøy *n.*

for [fɔ:] for; til; som; ~ **two hours** i to timer; **as** ~ hva angår; ~ **example** el ~ **instance** for eksempel.

forage ['fɒrɪdʒ] fôr *n.*

forbearance overbærenhet *m.*

forbid [fə'bɪd] forby; ~ **ding** frastøtende, ubehagelig.

force [fɔ:s] kraft *m/f,* makt *m/f;* (militær) styrke *m;* gyldighet *m;* tvinge; forsere, sprenge; ~ **open** bryte opp; ~ **d landing** nødlanding *m;* ~ **d sale** tvangsauksjon *m;* ~ **dly** tvungent.

forcemeat ['fɔ:smi:t] farse(kjøtt) *m (n).*

ford [fɔ:d] vade(sted) *n.*

fore [fɔ:] foran, forrest; for-; ~ **arm** underarm *m;* ~ **bode** [fɔ:'bəʊd] varsle, ane; ~ **cast** ['fɔ:-kast] forutsigelse *m;* værvarsel *n;* ~ **castle** ['fəʊksl] ruff *m;* ~ **fathers** forfedre; ~ **finger** pekefinger *m;* ~ **front** forreste linje *m;* ~ **go** gå forut for; gi avkall på; ~ **ground** forgrunn *m;* ~ **head** ['fɒrɪd] panne *f.*

foreign ['fɒrɪn] utenlandsk; utenriks-; fremmed; **the Foreign Office** det britiske utenriksdepartement *n;* ~ **er** utlending *m.*

foreland ['fɔ:lənd] nes *n,* odde *m,* forberg *n;* ~ **leg** forben *n;* ~ **lock** pannelugg *m;* ~ **man** bas *m;* ~ **most** forrest; ~ **name** fornavn *n;* ~ **noon** formiddag *m;* ~ **runner** forløper *m;* ~ **sail** fokk *m;* ~ **see** forutse; ~ **seeable** overskuelig; ~ **shadow** forutantyde, bebude; ~ **sight** forutseenhet *m.*

forest ['fɔ:rɪst] skog *m;* ~ **er** forstmann *m;* ~ **guard** skogvokter *m;* ~ **nursery** planteskole *m;* ~ **ry** skogsdrift *m/f;* skogbruk *n.*

foretaste ['fɔ:teɪst] forsmak *m.*

foreword ['fɔ:wərd] forord *n.*

forfeit ['fɔ:fɪt] bot *m,* mulkt *m;* forbryte, forspille.

forge [fɔ:dʒ] smie *f;* smi; lage; ettergjøre, forfalske; ~ **r** falskner *m;* ~ **ry** forfalskning *m.*

forget [fə'get] glemme; ~ **ful** glemsom; ~ **fulness** glemsomhet *m;* ~ **-me-not** forglemmegei *m.*

forgive [fə'gɪv] tilgi, forlate; ~ **ness** tilgivelse *m.*

fork [fɔ:k] gaffel *m,* greip *n;* grein *f;* veiskille *n;* skritt (anat.) *n;* forgreine seg.

form [fɔ:m] form *m/f;* skikkelse *m;* måte *m;* system *n;* formel *m;* opptreden *m,* manerer *m;*

blankett *m;* skoleklasse *m;* forme, danne; **be in** ~ være i form; ~ **al** formell; *amr* selskapsantrekk; ~ **ality** formalitet *m;* ~ **ation** formasjon; ~ **chart** klassekart *n.*

former ['fɔ:mə] tidligere, forhenværende; **the** ~ førstnevnte; ~ **ly** tidligere, før i tiden.

formidable ['fɔ:mɪdəbl] fryktelig, imponerende, enorm.

form|master klasseforstander *m;* ~ **mate** klassekamerat *m;* ~ **outing** klassetur *m;* ~ **register** klassedagbok *m/f;* ~ **teacher** klasselærer, klasseforstander *m;* ~ **teachers' meeting** klasselærerråd *n.*

formul|a ['fɔ:mjʊlə] formel *m;* oppskrift *m/f;* ~ **ate** formulere.

forth [fɔ:θ] fram; **and so** ~ osv.; ~ **coming** forestående; forekommende; ~ **with** straks.

fortieth ['fɔ:tɪɪθ] førtiende.

forti|fication [fɔ:tɪfɪ'keɪʃn] befestning *m/f;* ~ **fy** ['fɔ:tɪfaɪ] forsterke, befeste; ~ **tude** sjelsstyrke *m.*

fortnight ['fɔ:tnaɪt] fjorten dager.

fortress ['fɔ:trɪs] festning *m.*

fortun|ate ['fɔ:tʃnɪt], heldig; ~ **ately** heldigvis; ~ **e** skjebne *m;* lykke *m;* formue *m;* ~ **e teller** spåkone, spåmann *m.*

forty ['fɔ:tɪ] førti.

forward ['fɔ:wəd] forrest; frem(ad); videre; tidlig moden; fremmelig, for seg; sende videre, ekspedere; befordre; fremme; spiss, angrepsspiller (i fotball); ~ **ing** spedisjon *m;* ~ **ing agent** speditør *m.*

fossil ['fɒsɪl] fossil *n;* ~ **fuel** fossilt brensel *n.*

foster ['fɒstə] fostre; pleie.

foul [faʊl] regelbrudd *n;* forseelse *m;* skitten; stygg; motbydelig; floket; uærlig; skitne til, besudle; floke seg.

found [faʊnd] grunnlegge, stifte; støpe; ~ **ation** grunnleggelse *m;* grunnvoll *m,* fundament *n;* stiftelse *m,* legat *n;* ~ **er** grunnlegger *m.*

foundry ['faʊndrɪ] støperi *n.*

fountain ['faʊntɪn] kilde *m;* fontene *m;* utspring *n;* ~ **-pen** fyllepenn *m.*

four [fɔ:] fire(tall); ~ **-fold** fire-

dobbelt; ~ **leaved-clover** firkløver *m;* ~ **teen(th)** fjorten(de); ~ **th** fjerde(del); ~ **thly** for det fjerde.

fowl [faʊl] høns; ~ **ling-piece** haglebørse *m/f.*

fox [fɒks] rev *m.*

fract|ion ['frækʃn] brøk(del) *m (m);* stykke *n,* stump *m;* ~ **ion line** brøkstrek *m;* ~ **ions** brøkregning *m/f;* ~ **ure** ['frækʃə] beinbrudd *n.*

fragile ['frædʒaɪl] skjør, skrøpelig.

fragment ['frægmənt] bruddstykke *n.*

fragran|ce ['freɪgrəns] duft *m;* vellukt *m;* ~ **t** duftende, velluktende.

frail [freɪl] svak, skrøpelig.

frame [freɪm] ramme *m/f;* struktur *m;* skjelett *n;* danne, bygge; gjøre utkast til; legge (plan); innramme; ta form, utvikle seg; ~ **work** indre bygning *m,* skjelett *n.*

France [frɑ:ns] Frankrike.

franchise ['fræntʃaɪz] stemmerett *m;* rettighet *m; amr* offentlig bevilling *m.*

frank [fræŋk] oppriktig, åpen(hjertig); frankere; ~ **ness** oppriktighet *m;* åpenhet *m.*

frantic ['fræntɪk] avsindig; vill.

fratern|al [frə'tɜ:nl] broderlig, bror-; ~ **ity** brorskap *n, amr* sammenslutning *m* av (mannlige) studenter.

fratricide ['frætrɪsaɪd] brodermord *n;* brodermorder *m.*

fraud [frɔ:d] svik *n,* bedrageri *n;* ~ **ulent** svikefull, falsk.

fraying ['freɪɪŋ] tynnslitt, frynset.

freak [fri:k] lune *n;* raring *m.*

freckle ['frekl] fregne *m.*

free [fri:] fri, uavhengig; ledig; rundhåndet; gratis; utvungen; befri, frigjøre; ~ **dom** frihet *m;* utvungenhet *m;* ~ **handed** gavmild; ~ **holder** selveier *m;* ~ **-kick** frispark *n* (fotball); ~ **-lance** frilans *m,* skuespiller *m* o.l.; ~ **mason** frimurer *m.*

freez|e [fri:z] (la) fryse; stivne (til is); ~ **er** fryseboks; ~ **ing point** frysepunkt *n.*

freight [freɪt] frakt *m;* last *m/f;*

fraktpenger; frakte; ~ **er** lastebåt
m.
French [fren(t)ʃ] fransk; **the** ~
franskmennene; ~ **man** fransk-
mann *m;* ~ **-woman** fransk kvinne
m/f.
frenzy [ˈfrenzɪ] vanvidd *n,* raseri *n.*
freon gas freongass *m.*
frequen|cy [ˈfriːkwənsɪ] hyppighet
m; frekvens *m;* ~ **t** hyppig; [frɪ-
ˈkwent] besøke hyppig.
fresh [freʃ] frisk, fersk; ny, uerfa-
ren; *amr* freidig, nærgående;
~ **en** friske på; ~ **et** [-ɪt] flom
m; ~ **ness** friskhet *m;* ~ **-water**
ferskvann *n.*
fret gnage; slite på; tære; irritere;
ergre (seg); ~ **ful** amper.
friar [ˈfraɪə] munk *m.*
friction [ˈfrɪkʃn] gnidning *m,* frik-
sjon *m.*
Friday [ˈfraɪdɪ] fredag *m;* **Good** ~
langfredag.
fridge [frɪdʒ] *dt* kjøleskap *n.*
friend [frend] venn(inne) *m (m/f);*
~ **less** venneløs; ~ **ly** vennlig,
vennskapelig; ~ **ship** vennskap *n.*
frieze [friːz] vadmel *n.*
frigate [ˈfrɪgɪt] fregatt.
fright [fraɪt] skrekk *m;* ~ **en**
skremme; ~ **ful** skrekkelig.
fringe [frɪndʒ] *v & s* frynse *m/f,*
~ **benefits** *pl* frynsegoder *n.*
frisk [frɪsk] kroppsvisitere; ~ **y**
spretten.
frivol|ity [frɪˈvɒlɪtɪ] lettferdighet *m;*
fjas *n,* tøys *n;* ~ **ous** [ˈfrɪvələs] lett-
sindig, frivol; tøyset.
fro [frəʊ]: **to and** ~ fram og til-
bake.
frock [frɒk] bluse *m/f,* kittel *m;*
(barne- og dame)kjole *m;* ~ **-coat**
diplomatfrakk *m.*
frog [frɒg] frosk *m;* ~ **man** froske-
mann *m.*
frolic [ˈfrɒlɪk] lystig; spøk *m,* leven
n; spøke, skjemte; ~ **some** lystig,
munter.
from [frɒm] fra, ut fra; mot; (på
grunn) av; etter; ~ **above** oven-
fra.
front [frʌnt] forside *m/f;* fasade
m; front *m;* forrest; front-; stå
like overfor, vende mot; **in** ~ **of**

foran; ~ **door** gatedør *m/f;* ~ **ier**
grense *m/f;* ~ **seat** forsete *n.*
frost [frost] frost *m;* rim *n;* ~ **-bit-
ten** frostskadet; ~ **y** frossen,
frost-; iskald.
froth [ˈfrɒ(ː)θ] skum (øl) *n;* skum-
me (øl).
frown [fraʊn] mørk mine *m/f;*
rynke pannen; ~ **upon** misbillige.
frozen [ˈfrəʊzn] (inne)frosset; ~
up *el* **over** tilfrosset.
fructify [ˈfrʌktɪfaɪ] befrukte.
fruit [fruːt] frukt *m,* grøde *m/f;*
~ **erer** frukthandler; ~ **ful** frukt-
bar; fruktbringende; ~ **juice**
frukt saft; ~ **less** fruktesløs.
frustrat|e [ˈfrʌstreɪt] forpurre (pla-
ner); skuffe; narre; ~ **-ion** forpur-
ring *m/f;* skuffelse *m.*
fry [fraɪ] yngel *m;* steke, ~ **ing pan**
stekepanne *m/f.*
ft. = foot, feet.
fuel [ˈfjʊəl] brensel *n.*
fugitive [ˈfjuːdʒɪtɪv] flyktende, flyk-
tig, uvarig; flyktning *m.*
fulfil oppfylle, fullbyrde; ~ **ment**
oppfyllelse *m.*
full [fʊl] full, hel, fullstendig; ut-
førlig; ~ **-dress** galla-; ~ **-fledged**
fullt utviklet.
fumble [ˈfʌmbl] famle, rote **(for**
etter).
fume [fjuːm] røyk *m,* damp *m;*
ryke; dunste; rase.
fun [fʌn] moro *m/f,* fornøyelse *m.*
function [ˈfʌŋkʃn] funksjon *m;*
oppgave *m;* offentlig festlighet
m; fungere; ~ **ary** offentlig funk-
sjonær *m.*
fund [fʌnd] fond *n,* kapital *m;*
~ **amental** fundamental.
funeral [ˈfjuːnərəl] begravelse *m;*
~ **march** sørgemarsj *m.*
fungus [ˈfʌŋgəs] sopp *m.*
funnel [ˈfʌnl] trakt *m/f,* skorstein
m.
funny [ˈfʌnɪ] morsom; pussig.
fur [fɜː] pels *m;* tungebelegg *n;*
~ **s** pelsverk *n;* ~ **coat** pelskåpe
m/f; ~ **rier** buntmaker *m.*
furious [ˈfjuːrɪəs] rasende.
furnace [ˈfɜːnɪs] smelteovn *m.*
furnish [ˈfɜːnɪʃ] forsyne; utstyre;

levere; møblere; ~ **ings** utstyr (hus) *n.*

furniture [ˈfɜːnɪtʃə] utstyr *n;* møbler; inventar *n,* utstyr *n.*

furrier [ˈfʌrɪə] buntmaker *m.*

furrow [ˈfʌrəʊ] (plog)fure *m.*

further [ˈfɜːðə] fjernere, lenger (borte); videre; ytterligere; mer; fremme; ~ **more** dessuten.

fury [ˈfjuːrɪ] raseri *n;* furie *m.*

fuse [fjuːz] (sammen)smelte; elektrisk sikring *m/f;* lunte *m/f;* ~ e-

board sikringstavle; ~ **illade** geværsalve *m;* ~ **ion** sammensmelting *m/f.*

fuss [fʌs] oppstyr *n;* ståhei *m;* mase, gjøre oppstyr; ~ y oppskjørtet, geskjeftig, maset.

futile [ˈfjuːtaɪl] unyttig, fåfengt; intetsigende.

future [ˈfjuːtʃə] fremtid(ig) *m;* futurum *m.*

fuzzy floket, tufset.

G

gable [ˈɡeɪbl] gavl *m.*

gad [ɡæd]: ~ **about** farte omkring, rangle; ~ **fly** brems *m,* klegg *m.*

gadget [ˈɡædʒɪt] innretning *m,* greie *f.*

gaffe [ɡæf] tabbe *m.*

gag [ɡæɡ] knebel *m;* (improvisert) vits *m;* kneble; *teatr* improvisere.

gage [ˈɡeɪdʒ] pant *n.*

gaiety [ˈɡeɪətɪ] lystighet *m.*

gain [ɡeɪn] gevinst *m;* vinning *m/f;* vinne; tjene; oppnå.

gait [ɡeɪt] ganglag *m;* ~ **er** gamasje *m.*

gale [ɡeɪl] kuling *m;* storm *m.*

gall [ɡɔːl] galle *m;* bitterhet *m;* galleple *n;* gnagsår *n;* ergrelse *m;* ergre.

gallant [ˈɡælənt] gallant.

gallbladder galleblære *m/f.*

gallery [ˈɡælərɪ] galleri *n; teatr* balkong *m;* stoll *m.*

galley [ˈɡælɪ] bysse *f.*

gallon [ˈɡælən] gallon (= 4,546 l, i Amerika 3,785 l).

gallop [ˈɡæləp] galopp(ere) *m.*

gallows [ˈɡæləʊz] galge *m.*

gall-stone [ˈɡɔːlstəʊn] gallestein *m.*

Gallup poll [ˈɡæləp pəʊl] gallupundersøkelse *m.*

galore [ɡəˈlɔː] i massevis.

galosh [ɡəˈlɒʃ] kalosje *m.*

galvanize [ˈɡælvənaɪz] galvanisere.

gambit [ˈɡæmbɪt] utspill *n.*

gamble [ˈɡæmbl] (hasard)spill *n;* spille; ~ **er** spiller *m.*

game [ɡeɪm] spill *n;* lek *m;* kamp *m;* vilt *n;* kjekk, modig; villig; **play the** ~ følge reglene; ~ - **keeper** skogvokter *m.*

gander [ˈɡændə] gasse *m.*

gang [ɡæŋ] bande *m;* gjeng *m;* skift *n;* ~ **up on** rotte seg sammen mot.

ganger [ˈɡæŋə] bas *m.*

ganglion [ˈɡæŋɡlɪən] seneknute *m.*

gangrene [ˈɡæŋɡriːn] koldbrann *m.*

gangway [ˈɡæŋweɪ] landgang *m;* fallrep *n.*

gaol [dʒeɪl] = **jail** fengsel *n.*

gap [ɡæp] åpning *m;* kløft *m/f;* hull *n;* underskudd *n.*

gape [ɡeɪp] gjespe; gape; måpe.

garage [ˈɡærɑːʒ, ɪsær *amr* ɡəˈrɑːʒ] garasje *m;* bilverksted *n.*

garbage [ˈɡɑːbɪdʒ] avfall *n;* søppel *n;* ~ **can** søppeldunk *m;* ~ **collection** renovasjon *m;* ~ **collector** renovasjonsarbeider *m.*

garden [ˈɡɑːdn] hage *m;* ~ **er** gartner *m.*

gargle [ˈɡɑːɡl] gurgle; gurglevann *n.*

garland [ˈɡɑːlənd] krans *m;* kranse.

garlic [ˈɡɑːlɪk] hvitløk *m.*

garment [ˈɡɑːmənt] plagg *n.*

garnet [ˈɡɑːnɪt] granat (edelsten) *m.*

garret [ˈɡærət] kvistværelse *n.*

garrison [ˈɡærɪsn] garnison *m.*

garrulous [ˈɡærələs] snakkesalig.

garter [ˈɡɑːtə] strømpebånd *n; amr* sokkeholder *m.*

gas [gæs] gass *m; amr* bensin *m;* gassforgifte.

gash [gæʃ] gapende sår *n;* flenge *m/f.*

gas-jet gassbluss *n;* ~ **-lighter** [gæslaɪtə] gasstenner *m;* ~ **mask** gassmaske *m;* ~ **oline** *amr* bensin *m;* ~ **-meter** gassmåler *m;* ~ **works** gassverk *n.*

gasp gisp(e) *n.*

gastric juice [ˈgæstrɪk dʒuːs] magesaft *m/f.*

gate [geɪt] port *m;* grind *m/f;* ~ **-money** billettinntekt *m;* ~ **way** port(hvelving) *m (m).*

gather [ˈgæðə] samle(s); plukke; øke; forstå **(from** av); ~ **ing** (for)samling *m/f;* byll *m.*

gaudy [ˈgɔːdɪ] grell; gloret.

gauge [geɪdʒ] mål *n;* (spor-)vidde *m/f;* måle(r) *m;* måleinstrument *n.*

gaunt [gɔːnt] mager, skrinn.

gauze [gɔːz] gas(bind) *m (n).*

gawk [gɔːk] dåsemikkel *m.*

gay [geɪ] munter; lystig; *også:* homoseksuell.

gaze [geɪz] **(at)** stirre (på).

gazette [gəˈzet] lysingsblad *n.*

gear [gɪə] utrustning *m;* tilbehør *n;* utstyr *n;* redskap *n;* tannhjul- (sutveksling) *n (m);* gir(e) *n;* tilpasse; ~ **-box,** ~ **-case** girkasse *m/f;* ~ **-lever** *amr* ~ **-shift** girstang *m/f.*

geld [geld] gjelde.

gem [dʒem] edelstein *m;* ~ **mation** knoppskyting *m/f.*

gender [ˈdʒendə] *gram* kjønn *n.*

gene [dʒiːn] *biol* gen *m/n;* ~ **alogical table** [dʒenjəˈlɒdʒɪkl -] ættetavle *m/f;* ~ **alogical tree** stamtavle *m/f;* ~ **alogist** slektsgransker *m;* ~ **alogy** stamtavle *m/f,* avstamming *m;* ~ **technology** genteknologi *m.*

general [ˈdʒenərəl] alminnelig; general-, hoved-, general; ~ **ization** [dʒenərəl(a)ɪˈzeɪʃn] generalisering *m/f;* ~ **ize** [ˈdʒen(ə)rəlaɪz] generalisere; ~ **ly** vanligvis; ~ **meeting** generalforsamling *m/f.*

generate [ˈdʒenəreɪt] avle, frem-

bringe; ~ **ion** frembringelse *m;* utvikling *m/f;* slektledd *n.*

generosity [dʒenəˈrɒsɪtɪ] høysinnethet *m;* gavmildhet *m;* ~ **rous** [ˈdʒenərəs] høysinnet; rundhåndet; sjenerøs.

Geneva [dʒɪˈniːvə] Genève.

genitals [ˈdʒenɪtlz] kjønnsorganer.

genitive [ˈdʒenɪtɪve]: **the** ~ genitiv.

genius [ˈdʒiːnjəs] geni *n,* (skyts)ånd *m.*

gent [dʒent] *dt* fork for **gentleman;** *pl* herretoalett.

genteel [dʒenˈtiːl] (terte)fin; ~ **tile** [ˈdʒentaɪl] hedning *m;* ~ **tility** fornemhet.

gentle [ˈdʒentl] mild; blid; lett; ~ **man** dannet mann *m,* herre *m;* ~ **manlike** dannet, fin; ~ **ness** mildhet; ~ **woman** dannet dame *m/f.*

gentry [ˈdʒentrɪ] lavadelen *m;* fornemme folk.

genuine [ˈdʒenjʊɪn] ekte.

geographer [dʒɪˈɒgrəfə] geograf *m;* ~ **y** geografi *m.*

geologist [dʒɪˈɒlədʒɪst] geolog *m;* ~ **y** geologi *m.*

geometry [dʒɪˈɒmɪtrɪ] geometri *m.*

germ [dʒɜːm] kim *m;* spire *m;* bakterie *m.*

German [ˈdʒɜːmən] tysk, tysker; ~ **ic** germansk; ~ **y** Tyskland.

germinate [ˈdʒɜːmɪneɪt] spire.

gesture [ˈdʒestʃə] gestus *m;* gestikulere.

get få, skaffe (seg), pådra (seg); få tak i, forstå; besørge, bringe; få i stand, stelle til; foranledige; komme (til); nå; komme i, begi seg; bli; **you have got to obey** De er nødt til å adlyde; ~ **ahead** komme seg fram; ~ **along** komme av sted; klare seg; ~ **in** stige inn, komme inn, bli valgt; ~ **off** gå av (buss o.l.); slippe fra det; ~ **on** ha det; komme godt ut av det med; ta på (klær); ~ **out** fordufte; stige, komme ut; få ut; ~ **over** overvinne, overstå; ~ **through to** få forbindelse med (i telefonen); ~ **up** stå opp; forberede; utstyre (bøker).

ghastly [ˈgɑːstlɪ] likbleik; uhygge-
lig, grufull.
ghetto getto *m.*
ghost [gəʊst] spøkelse *n;* ånd *m;*
the Holy Ghost den Hellige Ånd.
giant [ˈdʒaɪənt] kjempe(messig) *m;*
rise *m.*
gibberish [ˈgɪbərɪʃ] kråkemål *n;*
uforståelig tale *m,* sprøyt *n.*
gibe [dʒaɪb] spott(e) *m.*
giddy [ˈgɪdɪ] svimmel, ør.
gift gave *m;* begavelse *m;* ~ ed
begavet, evnerik.
gigantic [dʒaɪˈgæntɪk] kjempemes-
sig, gigantisk.
giggle [ˈgɪgl] fnise; fnising *m.*
gild forgylle.
gill [gɪl] gjelle *m/f;* [dʒɪl] hulmål
= ca. 14 cl.
gilt [gɪlt] forgylling *m/f;* forgylt.
gimmick [ˈgɪmɪk] knep *n;* reklame-
påfunn *n;* greie *f.*
ginger [ˈdʒɪndʒə] ingefær *m;* futt
m, to *n;* rødblond; ~ -ale, ~ -
beer ingefærøl *n;* ~ bread hon-
ningkake *m/f.*
gipsy [ˈdʒɪpsɪ] sigøyner *m.*
giraffe [dʒɪˈrɑːf] sjiraff *m.*
gird [gɜːd] spenne fast; ~ le belte
n.
girl [gɜːl] jente, pike *m/f;* ~ gui-
de speiderpike *m/f;* ~ hood pike-
år; ~ ish jenteaktig.
giro [ˈdʒaɪrəʊ] giro *m;* ~ number
gironummer *n.*
give [gɪv] gi; skjenke; tildele; inn-
rømme; bøye seg, gi etter; ~
away skjenke, gi bort; røpe, for-
råde; ~ back gi igjen; ~ in gi
etter, gi opp; ~ on (to) vende ut
mot; ~ out utdele; kunngjøre; ~
over overgi; oppgi; ~ up avleve-
re, gi opp.
glacial [ˈgleɪʃl] is-, ~ er isbre *m.*
glad [glæd] glad; ~ ly gjerne, med
glede; ~ ness glede *m/f.*
glade [gleɪd] lysning i skog *m,*
glenne.
glamour [ˈglæmə] (stråle)glans *m,*
trylleglans *m.*
glance [glɑːns] glimt *n;* øyekast
n; blikk *n;* glimte; kaste et blikk;
berøre et emne, hentyde; ~ off
prelle av.

gland [glænd] kjertel *m.*
glare [gleə] skule (at på); blenden-
de lys *n;* skarpt blikk *n;* ~ ing
grell; blendende.
glass [glɑːs] glass *n;* glassgjenstand
m, drikkeglass *n;* speil *n;* kikkert
m; barometer *n;* ~ es briller;
~ y speilblank.
glaucoma [glɔːˈkəʊmə] *med.* stær
(grønn).
glaze [gleɪz] glasur *m;* glasere;
sette rute *(el* glass) i; ~ ed brusten
(om øyne); ~ ier glassmester *m.*
gleam [gliːm] glimt *n,* lysstråle
m, streif *n;* glimte.
glen skar *n,* fjelldal *m.*
glide [glaɪd] glidning *m,* glideflukt
m; gli; ~ er seilfly *n.*
glimmer [ˈglɪmə] glimte, flimre;
glimt *n;* skimt *n.*
glimpse [ˈglɪmps] flyktig blikk *n;*
glimt *n;* skimte.
glisten [ˈglɪsn] funkle, glitre, glinse.
glitter [ˈglɪtə] stråle, glitre; glitring
m/f, glans *m.*
global [ˈgləʊbl] global, verdensom-
spennende; ~ temperatur global-
temperatur *m;* ~ warming global
oppvarming *m/f.*
globe [ˈgləʊb] kule *m/f,* klode *m;*
globus *m;* kuppel *m;* ~ -trotter
jordomreiser *m.*
gloom [gluːm] mørke *n;* tungsinn
n; ~ y dyster, trist.
glorification [glɔrɪfɪˈkeɪʃn] forherli-
gelse *m;* ~ fy forherlige; ~ ous
strålende; ærefull, storartet.
glory [ˈglɔːrɪ] heder *m,* ære *m/f,*
glans *m,* herlighet *m;* glorie *m;* ~
in være stolt av.
gloss [glɔːs] glose *m/f,* ordforkla-
ring *m/f;* glans *m;* gi glans; ~
over bortforklare; ~ y blank
(glatt); ~ y picture glansbilde *n.*
glove [glʌv] hanske *m;* woollen ~
vante *m.*
glow [gləʊ] glød(e) *m;* ~ -worm
sankthansorm *m.*
glue [gluː] lim(e) *n.*
glut [glʌt] overfylle; overmette;
overflod *m;* overmettelse *m;*
~ ton fråtser *m,* jerv *m;* ~ tonous
grådig.

gnash [næʃ]: ~ **one's teeth** skjære tenner.

gnat [næt] mygg *m.*

gnaw [nɔ:] gnage; fortære; nage; ~ **er** gnager *m.*

gnome [nəʊm] dverg *m,* nisse *m.*

go [gəʊ] gå; reise, dra; kjøre; gå i stykker; være i gang, i omløp; nå; rekke **(to til)**; selges; bli; befinne seg; futt, fremferd; **on the** ~ på farten; ~ **bad** forderves; ~ **bust** gå dukken, gå nedenom; ~ **mad** bli gal, forrykt; ~ **wrong** gå galt; skeie ut; ~ **along with** holde med; ~ **by** gå forbi; gå (om tid); rette seg etter; ~ **on** gå videre; fortsette; ~ **through** gjennomgå; undersøke; ~ **up** stige.

goad [gəʊd] egge, drive; piggstav *m.*

goal [gəʊl] mål *n* (i fotball og fig.); ~ **-keeper** målmann *m;* ~ **-post** målstang.

goat [gəʊt] geit *f;* ~ **'s cheese** geitost *m.*

gob [gɒb] klyse *f.*

goblet ['gɒblɪt] beger *n.*

goblin ['gɒblɪn] nisse *m.*

god [gɒd] gud *m;* ~ **child** gudbarn *n;* ~ **dess** gudinne *m/f;* ~ **father** gudfar *m;* ~ **like** gudlignende, guddommelig; ~ **ly** from; ~ **send** uventet lykke *m.*

goggle ['gɒgl] rulle (med øynene); glo; **(a pair of)** ~ **s** beskyttelsesbriller.

going ['gəʊɪŋ] **be** ~ **to** skulle til å.

gold [gəʊld] gull *n,* rikdom *m;* ~ **en** gull-; gyllen; ~ **smith** gullsmed *m.*

golf [gɒlf] golfspill *n;* ~ **club** golfkølle *m/f;* ~ **course** golfbane *m;* ~ **er** golfspiller *m;* ~ **-links** golfbane *m.*

gondola ['gɒndələ] gondol *m.*

gong [gɒŋ] gongong *m.*

good [gʊd] god, snill; brukbar **(for** til); dyktig; flink **(at** i); frisk, sunn, ufordervet; *merk* solid, sikker; gyldig; noe godt, det gode; lykke *m,* velferd *m;* ~ **s** varer; **for** ~ for godt, for bestandig.

good-bye [gʊd'baɪ] farvel; ~ **looking** pen, vakker; ~ **ly** pen, anse-

lig; ~ **-morning** god morgen; ~ **-natured** godmodig; ~ **ness** godhet *m.*

goods-station, ~ **train** godsstasjon *m,* -tog *n.*

goodwill ['gʊdwɪl] velvilje *m;* kundekrets *m;* firmaverdi *m.*

goose *pl* **geese** [gu:s gi:s] gås *m/f;* ~ **berry** stikkelsbær *n.*

gorge [gɔ:dʒ] strupe *m;* svelge, fråtse; fjellkløft *m/f.*

gorgeous ['gɔ:dʒəs] prektig, strålende.

gorilla gorilla *m.*

gormandize ['gɔ:məndaɪz] fråtse.

gory ['gɔ:rɪ] blodig.

gosling ['gɒzlɪŋ] gåsunge *m.*

gospel ['gɒspəl] evangelium *n.*

gossip ['gɒsɪp] sladder(kjerring) *m (f);* prat *m,* skvalder *n;* sladre, skvaldre, prate; ~ **y** sladderaktig.

Gothic ['gɒθɪk] gotisk.

gout [gaʊt] gikt *m/f;* ~ **y** giktisk.

govern ['gʌvən] regjere; styre, lede; beherske; ~ **ess** guvernante *m/f;* ~ **ment** regjering *m/f;* ~ **or** styrer *m;* guvernør *m;* *dt* bas *m,* sjef *m.*

gown [gaʊn] (dame)kjole *m;* geistlig, akademisk kappe *m/f.*

grab [græb] gripe, snappe.

grace [greɪs] ynde *m,* gratie *m;* gunst *m;* nåde *m,* bordbønn *m;* pryde, smykke; hedre; ~ **ful** grasiøs, yndig, fin.

gracious ['greɪʃəs] nådig, vennlig; **good** ~ gode Gud!

grade [greɪd] trinn *n,* grad *m; amr* (skole)klasse *m;* karakter *m* (på skolen); gradere.

gradient ['greɪdjənt] stigning *m.*

gradual ['grædjʊəl] gradvis; ~ **te** inndele i grader; ta (akademisk) eksamen; kandidat *m.*

graft [grɑ:ft] pode *m.*

grain [greɪn] (frø)korn *n;* tekstur *m; min* åre *m;* korne (seg).

grammar ['græmə] grammatikk *m;* ~ **-school** videregående skole *m.*

grammatical [grə'mætɪkl] grammatisk.

gramme, gram [græm] gram *n.*

grammophone ['græməfəʊn] grammofon *m;* ~ **disk,** ~ **record** grammofonplate *m.*

grand [grænd] storartet; fin, fornem; ~ **child** barnebarn *n;* ~ **daughter** sønnedatter *m/f;* datterdatter *m/f;* ~ **eur** ['grændʒə] storhet *m,* storslagenhet *m;* ~ **father** bestefar *m;* ~ **mother** bestemor *m/f;* ~ **son** sønnesønn *m;* dattersønn *m.*

granite ['grænɪt] granitt *m.*

grant [grɑ:nt] bevilgning *m;* gave-(brev) *m (n);* bevilge; skjenke; tilstå, innrømme.

grape [greɪp] (vin)drue *m;* ~ **fruit** grapefrukt *m.*

graph [græf] diagram *n.*

graphic(al) ['græfɪk(l)] grafisk; ~ **art** grafikk *m.*

grasp [grɑ:sp] grep *n;* gripe, forstå.

grass [grɑ:s] gress *n;* ~ **hopper** gresshoppe *f;* ~ **-widow(er)** gressenke- (mann) *f (m).*

grate [greɪt] gitter *n,* rist *m/f,* kaminrist *m/f;* knirke, skurre.

grateful ['greɪtfʊl] takknemlig.

gratification [grætɪfɪ'keɪʃn] tilfredsstillelse *m;* glede *m/f,* fornøyelse *m;* ~ **fy** tilfredsstille, glede; ~ **tude** [-tju:d] takknemlighet *m.*

gratuity [grə'tju:ɪtɪ] drikkepenger; gratiale *m.*

grave [greɪv] alvorlig, høytidelig; betydningsfull; grav *m/f;* gravere.

gravel ['grævəl] grus *m;* ~ **-pit** grustak *m.*

grave|mound ['greɪvmaʊnd] gravhaug *m;* ~ **yard** ['greɪvjɑ:d] kirkegård *m.*

gravit|ate ['grævɪteɪt] gravitere; bli sterkt tiltrukket; ~ **ation** tyngdekraft *m;* ~ **y** alvor *n;* betydning *m;* vekt *m/f;* tyngde *m.*

gravy [greɪvɪ] (kjøtt)saus *m.*

graze [greɪz] skrubbsår *n;* streif *n;* beite, gresse; streife; ~ **ing shot** streifskudd *n.*

grease [gri:s] fett *n;* [-z] smøre, sette inn med fett.

greasy ['gri:zɪ] fettet; tilsmurt.

great [greɪt] stor, storartet; fin, fornem, høytstående; **Great Britain** Storbritannia; ~ **-grandchild** barnebarnsbarn *n;* ~ **-grandfather** oldefar *m;* ~ -~ **-grandfather** tippoldefar; ~ -~ **-grandmother**

tippoldemor; ~ **ly** i høy grad, meget; ~ **ness** storhet *m;* størrelse *m;* **Great Power** stormakt *m.*

Greece [gri:s] Hellas.

greed [gri:d] (penge)begjær *n;* grådighet *m;* ~ **iness** grådighet *m;* ~ **y** grådig.

Greek [gri:k] gresk; greker *m.*

green [gri:n] grønn; umoden; grønt; gressvoll *m;* gjøre grønn; ~ **grocer** grønnsakhandler *m;* ~ **house** drivhus *n;* ~ **house effect** drivhuseffekt *m;* ~ **s** grønnsaker.

Greenland ['gri:nlənd] Grønland.

greet [gri:t] hilse (på); *fig.* motta, møte; ~ **ing** hilsen *m.*

grenade [grɪ'neɪd] granat *m.*

grey [greɪ] grå; ~ **hound** mynde *m.*

grief [gri:f] sorg *m,* ulykke *m.*

griev|ance ['gri:vəns] klagemål *n,* plage *m;* ~ **e** bedrøve(-s), gremme seg; ~ **ous** hard, bitter, streng.

grill stekerist *m;* grille.

grim barsk, uhyggelig, fæl.

grimace [grɪ'meɪs] grimase *m.*

grim|e [graɪm] skitt *m,* smuss *n;* skitne til; ~ **y** smussig.

grin glis(e) *n,* smile bredt.

grind [graɪnd] knuse, male; slipe; skjære (tenner); trelle, slite; terpe (lekser); slit *n;* pugg *n;* lesehest *m;* ~ **er** jeksel *m;* ~ **stone** slipestein *m.*

grip tak *n,* grep *n;* håndtak *n;* gripe, ta fatt i.

gripes [graɪps] kolikk *m,* (mage)-knip *n.*

gristle ['grɪsl] brusk *m.*

grit grus *m,* sand *m;* fasthet *m,* mot *n;* ben i nesen.

grizzl|ed ['grɪzld] gråsprengt; ~ **y** ['grɪzlɪ] grålig; ~ **(bear)** gråbjørn *m.*

groan [grəʊn] stønn *n;* sukk *n;* sukke (**for** etter); stønne.

grocer ['grəʊsə] kolonialhandler *m;* ~ **ies** kolonialvarer; ~ **y** kolonialforretning *m.*

groggy ['grɒgɪ] omtåket; sjanglende.

groin [grɒɪn] *anat* lyske *m.*

groom [gru:m] stallkar *m;* også = **bridegroom** brudgom *m; v* pleie, stelle.

grope [grəʊp] famle, føle seg fram.

gross [grəʊs] tykk; grov; plump; brutto; gross *n* (12 dusin).

grotesque [grəʊˈtesk] grotesk.

ground [graʊnd] jord *m/f,* grunn *m;* terreng *n,* lengde *m/f;* plass *m,* tomt *m/f;* grunn *m,* årsak *m/f;* (be)grunne; bygge, basere; støte på grunn; ~ **s** hage *m,* parkanlegg *n;* grut *m;* motiver; ~ - **floor** første etasje; ~ **less** grunnløs, uten grunn.

group [gru:p] gruppe(re) *f.*

grouse [graʊs] rype *f.*

grove [grəʊv] lund *m,* holt *n.*

grovel [ˈgrɒvl] krype (for).

grow [grəʊ] vokse, gro; bli; la vokse, dyrke; ~ **old** bli gammel, eldes; ~ **er** dyrker *m,* produsent *m.*

growl [graʊl] knurre, brumme; knurr *n.*

grown-up [ˈgrəʊnʌp] voksen.

growth [grəʊθ] vekst *m;* utvikling *m/f;* dyrking *m/f;* avling *m/f.*

grubby [ˈgrʌbɪ] skitten, smussig.

grudge [grʌdʒ] uvilje *m,* nag *n;* misunne; ~ **ingly** motstrebende.

gruel [ˈgru:əl] havresuppe *m/f.*

gruesome [ˈgru:səm] gyselig.

gruff [grʌf] barsk, morsk.

grumble [ˈgrʌmbl] mukke, beklage seg; ~ **r** grinebiter *m.*

grumpy [ˈgrʌmpɪ] gretten, sur.

grunt [grʌnt] grynt(e) *n.*

guarantee [gærənˈti:] garanti *m;* kausjon(ist) *m;* garantere.

guard [gɑ:d] vakt *m/f;* bevoktning *m;* garde; vaktpost *m;* vaktmann *m;* aktpågivenhet *m;* beskytter *m;* gitter *n;* rekkverk *n;* skjerm *m* (på sykkel); konduktør *m;* vokte; beskytte; passe; forsvare; gardere seg **(against** for); ~ **ian** beskytter *m;* formynder *m;* ~ **ian angel** skytsengel *m.*

guerilla [gəˈrɪlə] gerilja *m.*

guess [ges] gjette; *amr* anta, formode; gjetning *m;* formodning *m;* ~ -**work** gjetning *m.*

guest [gest] gjest *m.*

guidance [ˈgaɪdəns] ledelse *m;* rettesnor *m;* **for your** ~ : til Deres orientering.

guide [gaɪd] (vei)leder *m;* omviser *n;* (reise)håndbok *m/f;* veiledning *m;* (rett)lede; ~ **line** retningslinje *m/f;* ~ -**post** veiviser *m.*

guild [gɪld] gilde *n;* laug *n.*

guile [gaɪl] svik *n,* falskhet *m;* ~ **ful** svikefull.

guilt [gɪlt] skyld *m/f;* ~ **y** skyldig.

guinea-pig [ˈgɪnɪpɪg] marsvin.

guise [gaɪz] forkledning *m;* utseende *n;* dekke.

guitar [gɪˈtɑ:] gitar *m.*

gulf [gʌlf] golf *m,* havbukt *f;* avgrunn *m,* gap *n;* **the Gulf Stream** Golfstrømmen.

gull [gʌl] måke *m/f,* dumrian *m.*

gullet [ˈgʌlɪt] spiserør *n.*

gully [ˈgʌlɪ] kløft *m/f,* renne *m/f;* ~ -**hole** sluk (kloakk) *n.*

gulp [gʌlp] slurk *m;* jafs *m;* svelging *m;* svelge, sluke, tylle i seg.

gum [gʌm] gomme *m,* tannkjøtt *n;* gummi *m;* **chewing** ~ tyggegummi *m;* gummiere.

gun [gʌn] kanon *m,* gevær *n,* børse *f; amr* revolver *m;* skyte med børse; ~ **man** revolverbanditt *m;* ~ **ner** kanonér *m;* ~ **powder** krutt *n;* ~ **stock** geværkolbe *m.*

gunwale [ˈgʌnəl] reling *m/f.*

gurgle [ˈgɜ:gl] klukke.

gush [gʌʃ] strømme, fosse; utgyte seg; strøm *m;* ~ **er** kilde, strøm *m.*

gust [gʌst] vindstøt *n.*

gut [gʌt] tarm *m;* gut *m* (fortom av silke); streng *m;* ~ **s** innvoller, tarmer; mot; ta innvollene ut; sløye; tømme grundig; plyndre; ~ **ted** utbrent.

gutter [ˈgʌtə] renne *m/f;* takrenne *m/f;* rennestein *m.*

guy [gaɪ] *amr* fyr *m,* kar *m.*

guzzler [ˈgʌzlə] fyllebøtte.

gymnasium [dʒɪmˈneɪzjəm] gymnastikksal *m;* ~ **t** [ˈdʒɪmnæst] gymnast *m,* turner *m;* ~ **tics** [-ˈnæstɪks] gymnastikk, turn *m.*

gypsum [ˈdʒɪpsəm] gips *m.*

gypsy = **gipsy.**

habit ['hæbɪt] vane *m;* drakt *m/f;*
~ **able** beboelig; ~ **at** hjemom-
råde *n,* bosted *n,* voksested *n;*
~ **ation** bolig *m;* ~ **ual** [hə'bɪtjʊəl]
(sed)vanlig; vanemessig; ~ **uate**
venne.

hack [hæk] hakke *m/f;* øk *n;* sli-
ter *m;* hakk *n;* hakke; ~ **er** data-
snok *m;* ~ **neyed** [-nɪd] forslitt,
banal.

haddock ['hædək] kolje *m/f,* hyse
m/f.

hag [hæg] hurpe *f,* heks *m/f.*

haggard ['hægəd] vill; mager, ut-
tært.

haggle [hægl] prute.

Hague [heɪg] **the** ~ Haag.

hail [heɪl] hagl *n;* hagle; hilse;
praie.

hair [heə] hår *n;* ~ **brush** hår-
børste *m/f;* ~ **cut** klipp(ing) *m;*
~ **dresser** frisør *m,* friserdame
m/f; ~ **dryer** hårtørrer *m;* ~
lotion hårvann *n;* ~ **pin** hårnål
m/f; ~ **-raising** hårreisende;
~ **splitting** ordkløveri *m;* ~ **y** hå-
ret, lodden.

half [hɑːf] halv; halvt, halvveis;
halvdel *m;* semester *n,* halvår *n;*
three hours and a ~ 3¹/₂ time;
at ~ **past 6** klokka halv sju;
~ **-board** halvpensjon *m;* ~ **-**
breed halvblods *m;* ~ **-hearted**
halvhjertet, lunken; ~ **-moon**
halvmåne *m;* ~ **penny** ['heɪpnɪ]
halvpenny; ~ **way** halvveis; ~ **-**
year halvår *n;* semester *n;* ~ **year-**
ly halvårlig.

halibut ['hælɪbət] hellefisk *m,* kvei-
te *m/f.*

hall [hɔːl] hall *m,* sal *m;* forstue
m/f; herresete *n.*

hallow ['hæləʊ] hellige, innvie.

Halloween ['hæləʊ'iːn] allehelgens-
dag *m.*

hallporter ['hɔːlpɔːtə] portier *m.*

hallucination [həluːsɪneɪʃn] hallu-
sinasjon *m.*

halt [hɔːlt] stans *m;* holdeplass
m; halte; stanse.

ham [hæm] skinke *m/f.*

hamlet ['hæmlɪt] liten landsby *m.*

hammer ['hæmə] hammer *m; idr*
slegge *f;* ~ **thrower** sleggekaster
m.

hammock ['hæmək] hengekøye
m/f.

hamper ['hæmpə] stor kurv *m;*
hindre, hemme.

hand [hænd] hånd *m/f;* mann *m,*
arbeider *m;* håndskrift *m/f;*
håndkort *n;* urviser *m;* levere;
rekke; **at** ~ for hånden, nær; **in**
~ i arbeid; under kontroll; **mo-**
ney in ~ rede penger; **on** ~ for
hånden; på lager; til rådighet; **on**
(the) one ~ på den ene side;
on the other ~ på den annen
side; derimot, men; **change** ~ **s**
skifte eier; **come to** ~ innløpe,
komme i hende; ~ **over** overleve-
re, utlevere; **shake** ~ **s** ta hver-
andre i hånden; ~ **bag** håndveske
m/f; ~ **cuffs** håndjern *n;* ~ **ful**
håndfull.

handicap ['hændɪkæp] handikap *n;*
hemme; handikappe.

handicraft ['hændɪkrɑːft] håndar-
beid *n;* håndverk *n;* ~ **ness** behen-
dighet *m;* fingernemhet *m.*

handkerchief ['hæŋkətʃɪf] tørkle *n,*
lommetørkle *n.*

handle ['hændl] fingre på; håndte-
re; behandle; håndtak *n;* hank *m.*

hand-out tildeling *m,* utdelt skriv
n; ~ **some** ['hænsəm] pen; kjekk;
~ **writing** håndskrift *m/f;* ~ **y** fin-
gernem; bekvem, praktisk; for
hånden.

hang [hæŋ] henge; henge opp;
henge (i galgen).

hanging ['hæŋɪŋ] hengning *m;* gar-
din *m,* draperi *n.*

hangman ['hæŋmən] bøddel *m* (ved
hengning).

hangover ['hæŋəʊvə] bakrus *m.*

hanker ['hæŋkə] hige, lengte.

haphazard ['hæp'æzəd] tilfeldig; **at**
~ på måfå.

happen [ˈhæp(ə)n] hende; skje; ~ **ing** hending *m/f.*

happily [ˈhæpɪlɪ] *adv* lykkelig; heldig; ~ **iness** lykke *m;* ~ **y** lykkelig; glad; treffende; heldig; ~ **y-go-lucky** sorgløs, likeglad.

harass [ˈhærəs] trette; plage.

harbinger [ˈhɑːbɪndʒə] budbringer *m.*

harbour [ˈhɑːbə] havn *m/f;* huse; nære (planer o.l.); ~ **master** havnefogd *m.*

hard [hɑːd] hard; stri; streng; vanskelig; tung; ~ **-boiled** hardkokt; ~ **cash** *(el* **money)** rede penger, kontanter; ~ **of hearing** tunghørt; **the** ~ **facts** de nakne fakta; ~ **up** opprådd, i pengeknipe; **work** ~ arbeide flittig; ~ **en** gjøre *(el* bli) hard; herde; ~ **-liner** en som følger en hard linje; ~ **ly** neppe; snaut; nesten ikke; ~ **ness** hardhet *m;* ~ **ship** motgang *m;* ~ **ware** isenkram *m;* ~ **y** dristig, djerv.

hare [heə] hare *m;* ~ **brained** tankeløs; ~ **lip** hareskår *n.*

harm [hɑːm] *s & v* skade *m;* gjøre fortred; ~ **ful** skadelig; ~ **ful to the environment** miljøskadelig; ~ **less** uskadelig, harmløs.

harmonious [hɑːˈməʊnjəs] harmonisk; ~ **ize** [ˈhɑːmənaɪz] harmonere; ~ **y** harmoni, velklang *m.*

harness [ˈhɑːnɪs] seletøy *n;* spenne for.

harp [hɑːp] harpe *m/f;* ~ **ist** harpespiller *m;* ~ **oon** [hɑːˈpuːn] harpun *m.*

harrow [ˈhærəʊ] harv *m/f;* harve; ~ **ing** opprivende.

harsh [hɑːʃ] grov, ru; hard, skurrende; barsk.

harvest [ˈhɑːvɪst] høst *m;* avl *m;* høste; avle; ~ **er (combine -er)** skurtresker *m.*

hashish [ˈhæʃɪʃ] hasj(isj) *m.*

haste [heɪst] hast *m,* fart *m;* **make** ~ skynde seg; **be in** ~ ha det travelt; ~ **en** haste, skynde seg; skynde på; ~ **y** hastig, brå; hissig.

hat [hæt] hatt *m.*

hatch [hætʃ] luke *m/f;* ruge ut, klekke ut; yngle; kull *n.*

hatchet [ˈhætʃɪt] øks *m/f.*

hate [heɪt] hat *n;* hate; ~ **ful** avskyelig; **hatred** hat *n.*

hatter [ˈhætə] hattemaker *m.*

haughtiness [ˈhɔːtɪnɪs] hovmod *n;* stolthet *m;* ~ **y** hovmodig.

haul [hɔːl] hale, dra; frakte; kast *n;* fangst *m.*

haunch [hɔːntʃ] hofte *m/f;* ~ **es** ende *m,* bakdel *m.*

haunt [hɔːnt] tilholdssted *n;* plage; spøke i; hjemsøke.

have [hæv] ha; få; ~ **to do** måtte gjøre; ~ **it out with** snakke ut med.

havoc [ˈhævək] ødeleggelse *m.*

hawk [hɔːk] hauk *m;* høkre, rope ut; ~ **er** gateselger *m.*

hawser [ˈhɔːzə] trosse.

hawthorn [ˈhɔːθɔːn] hagtorn *m.*

hay [heɪ] høy *n;* ~ **drying rack** hesje *m/f;* ~ **making** høyonn *f;* slått *m;* ~ **stack** høystakk *m.*

hazard [ˈhæzəd] tilfelle *n,* treff *n;* fare *m;* hasard *m,* vågespill *n;* våge; sette på spill; løpe en risiko; ~ **ous** vågelig; risikabel.

haze [heɪz] tåke *m/f;* dis *m.*

hazel-nut [ˈheɪzlnʌt] hasselnøtt *m/f.*

hazy [ˈheɪzɪ] disig; tåket.

he [hiː] han; den, det; **he who** den som.

head [hed] hode *n,* forstand *m,* overhode *n,* sjef *m,* leder *m;* stykke kveg; øverste del, øverste ende, topp *m;* forreste del; spiss *m,* nes *n;* overskrift *m/f;* først; forrest, hoved-; lede, føre; komme forut for, gå i forveien; stå i spissen; sette kursen **(for** mot); **come to a** ~ tilspisse seg; **make** ~ **against** holde stand mot; ~ **ache** hodepine *m;* ~ **dress** hodepynt *m;* ~ **er** stup *n;* hodekulls fall *n el* sprang *n;* ~ **gear** hodeplagg *n;* ~ **light** frontlys *n;* ~ **line** overskrift *m/f;* ~ **long** hodekulls; ~ **master** rektor *m;* ~ **phone** høretelefon *m;* ~ **piece** hjelm *m; dt* intelligens *m;* ~ **quarters** hovedkvarter *n;* ~ **scarf** skaut *n;* ~ **stone** gravstein *m;* ~ **strong** stri, sta; ~ **waiter** hovmester *m;* ~ **way**

fremskritt *n;* fart *m;* ~ **wind** mot-
vind *m;* ~ **y** egensindig; selvrå-
dig; berusende.

heal [hi:l] lege, helbrede; gro **(up**
igjen); ~ **ing** helbredelse *m.*

health [helθ] helse *m,* sunnhet *m;*
~ **care** helsestell, helsevesen *n;*
~ **certificate** helseattest *m;* ~ -
conscious helsebevisst; ~ **insur-
ance fund** trygdekasse *m/f;* ~
resort kursted *n;* ~ **y** sunn.

heap [hi:p] hop *m,* haug *m,* dynge
f; dynge sammen.

hear [hɪə] høre; erfare; få vite;
~ **ing** hørsel *m;* hørevidde *m;*
høring *m;* rettsmøte *n.*

hearse [hɜ:s] likvogn *m/f.*

heart [hɑ:t] hjerte *n;* mot *n;* det
innerste; kjernen *m;* **by** ~ utenat;
out of ~ motløs; ~ **beat** hjerte-
slag *n;* ~ **burn** halsbrann *m;* kar-
dialgi *m;* ~ **en** oppmuntre.

hearth [hɑ:θ] arne *m;* peis *m.*

heart|ily [ˈhɑ:tɪlɪ] *adv* hjertelig,
varmt; ivrig; kraftig; ~ **iness** hjer-
telighet *m;* ~ **less** hjerteløs;
~ **-rending** hjerteskjærende; ~ **s**
hjerter (kort); ~ **y** hjertelig; ivrig;
sunn; kraftig; sterk.

heat [hi:t] varme *m;* (opp)hete;
~ **er** (el.) ovn *m.*

heath [hi:θ] mo *m,* hei *f;* lyng
m; ~ **en** [ˈhi:ðən] hedning *m;* he-
densk.

heather [ˈheðə] lyng *m.*

heating [ˈhi:tɪŋ] oppvarming *m/f;*
central ~ sentralvarme *m.*

heave [hi:v] heve, løfte; stige og
synke; svulme; ~ **to** legge bi; ~
up anchor lette anker.

heaven [ˈhevn] himmel(en) *m;* ~ **ly**
himmelsk.

heaviness [ˈhevɪnɪs] tunghet *m;*
tyngde *m,* vekt *m/f.*

heavy [ˈhevɪ] tung, svær; solid;
tungvint; kraftig; trettende; ~
expenses store utgifter; ~ **with
sleep** søvndrukken; ~ **water**
tungtvann *n;* ~ **weight** tungvekts-
bokser *m.*

Hebrew [ˈhi:bru:] hebreer *m;* he-
braisk.

hectic [ˈhektɪk] hektisk.

hecto|gram [ˈhektəgræm] hektogram
n; ~ **litre** [ˈhektəli:tə] hektoliter *m.*

hedge [hedʒ] hekk *m;* innhegne;
~ **hog** pinnsvin *n;* ~ **row** hekk *m.*

heed [hi:d] ense, gi akt på; opp-
merksomhet *m;* ~ **less** upåpasse-
lig.

heel [hi:l] hæl *m;* skalk (brød)
m; sette hæl på; krenge; legge
seg over.

hefty [ˈheftɪ] svær, kraftig.

heifer [ˈhefə] kvige *m/f.*

height [haɪt] høyde *m;* høydepunkt
n; ~ **en** forhøye, heve; forstørre.

heir [eə] arving *m;* ~ **ess** kvinnelig
arving; godt parti; ~ **loom** arve-
stykke *n.*

helicopter helikopter *n.*

hell [hel] helvete *n.*

helm rorpinne *m;* ror *n;* ~ **et**
hjelm *m;* ~ **sman** rormann *m.*

help hjelp *m/f,* bistand *m; amr*
tjener *m,* pike *m/f;* hjelper(ske)
m, botemiddel *n;* hjelpe; støtte;
~ **oneself** forsyne seg; **I cannot**
~ **laughing** jeg kan ikke la være
å le; ~ **ful** hjelpsom; nyttig; ~ **ing**
porsjon *m;* ~ **less** hjelpeløs;
~ **mate** hjelper(ske) *m.*

hem søm *m;* fald *m;* kremt *n;*
falde; kremte.

hemisphere [ˈhemɪsfɪə] halvkule
m/f.

hemp hamp *m.*

hen høne *f;* hunn *m* (av fugl);
~ **-house** hønsehus *n.*

hence [hens] herfra; fra nå av;
derfor, følgelig; ~ **forth** fra nå av.

hen-pecked husband tøffelhelt.

her [hɜ:] henne; seg; hennes; sin,
sitt, sine.

herald [ˈherəld] utroper *m.*

herb [hɜ:b] urt *m/f,* plante *m/f;*
~ **age** [ˈhɜ:bɪdʒ] planter; beite *n;*
~ **arium** [hɜ:ˈbeərɪəm] herbarium
n; ~ **icide** [-ɪsaɪd] ugrasdreper,
ugrasgift *m,* ugrasmiddel *n.*

herd [hɜ:d] buskap *m;* gjete;
~ **sman** gjeter *m.*

here [hɪə] her, hit; ~ **about(s)** her
omkring, på disse kanter; ~ **by**
[-baɪ] herved.

heredi|tary [hɪˈredɪtərɪ] arvelig, ar-
ve-; ~ **ty** arvelighet *m.*

here|sy ['herısı] kjetteri n; vranglæ-
re m/f; ~ tic kjetter m; vranglæ-
rer m; ~ tical kjettersk.
here|upon [hıərə'pɒn] herpå, derpå;
~ with hermed.
heritage ['herıtıdʒ] arv m.
hermit ['hɜ:mıt] eremitt m.
hernia ['hɜ:njə] brokk.
hero ['hıərəʊ] pl -es helt m; ~ ic
heroisk; ~ ine ['herɒın] heltinne
m/f; ~ ism heltemot n.
heron ['herən] hegre m.
herring ['herıŋ] sild f.
hers [hɜ:z] hennes; sin, sitt, sine.
herself [hɜ:'self] hun selv, henne
selv, seg.
hesita|te ['hezıteıt] nøle; ~ tion nø-
ling m/f; usikkerhet m; ubeslutt-
somhet m.
heterogenous [hetərə'dʒi:njəs] uens-
artet.
heterosexual [hetərə'sekʃʊəl] hete-
roseksuell.
hibernation [haıbə'neıʃən] dvale.
hiccough, hiccup ['hıkʌp] hikke v
& s.
hide [haıd] hud m/f, skinn n; skju-
le, gjemme (seg); ~ and seek
gjemsel.
hideous ['hıdıəs] fryktelig, skrekke-
lig.
hiding ['haıdıŋ] pryl m, bank m;
~ -place skjulested n.
high [haı] høy, fornem; sterk, stor;
høytliggende, dyr; høyt; ~ brow
intellektuell m; åndssnobb m;
~ faluting ['haıfə'lu:tən, -ıŋ] høyt-
travende; ~ flown høyttravende;
~ jump høydehopp n; ~ life li-
vet i de høyere kretser; ~ light
høydepunkt n; ~ ly høyt; i høy
grad, ytterst; ~ minded høysinnet;
~ ness høyde m; høyhet m;
~ road landevei m; ~ sea sterk
sjøgang m; the ~ seas det åpne
havet; be in ~ spirits være i godt
humør; be ~ -strung overspent;
nervøs; ~ tea aftensmåltid n
(med te); ~ -tech(nology) høytek-
nologi m; ~ way hovedvei m, lan-
devei m; public ~ way allfarvei
m; ~ way authorities veivesen n;
~ way-man landeveisrøver m.

hijack ['haıdʒæk] kapre (fly etc.);
~ er (fly)kaprer m.
hike [haık] (gå) fottur m; ~ r tur-
gåer, fotturist m.
hill [hıl] haug m, bakke m, ås
m; ~ crest bakkekam m; ~ ock
liten haug; ~ side skrent m, skrå-
ning m.
him ham; den, det; seg.
himself [hım'self] han selv, selv;
seg selv, seg; by ~ alene.
hind [haınd] hind m/f; bak-; ~ er
['hındə] hindre; forhindre (from i
å); hemme; ~ rance hindring
m/f.
hinge [hındʒ] hengsel n; hoved-
punkt n; ~ upon avhenge av.
hint vink n, antydning m; antyde,
ymte.
hip hofte m/f; nype m; ~ flask
lommelerke m/f; ~ -pocket bak-
lomme m/f.
hippopotamus [hıpə'pɒtəməs] flod-
hest m.
hire [haıə] hyre, leie, feste; on ~
purchase på avbetaling m/f.
his [hız] hans; sin, sitt, sine.
hiss [hıs] visle, pipe ut.
histor|ian [hıs'tɔ:rıən] historiker m;
~ ic(al) historisk; ~ y ['hıstərı]
historie m/f.
hit treffe, ramme, slå; slag n,
(full)treffer m; suksess m; treffen-
de bemerkning m.
hitch [hıtʃ] rykke; hekte fast; fes-
te; rykk n, vanskelighet m; hind-
ring m/f; ~ hike [-haık] haike.
hitherto ['hıðə'tu:] hittil.
H.M.S. fork. for His (el Her)
Majesty's ship.
HIV = Human Immuno-deficiency
Virus HIV; HIV-infected HIV-
smittet.
hive [haıv] (bi)kube m.
hoar(frost) ['hɔ:frɒst] rimfrost m.
hoard [hɔ:d] forråd n; samle sam-
men; dynge opp; hamstre; ~ ing
hamstring m/f; oppsamling m/f,
opphopning m.
hoarse [hɔ:s] hes.
hoax [həʊks] lureri n; juks n; juk-
se.
hobbyhorse kjepphest m.
hock [hɒk] rinskvin.

hodge-podge [ˈhɔːdʒpɔdʒ] sammen-
surium *n*, mølje *m/f.*
hoe [həʊ] *s* & *v* hakke *m/f.*
hog [hɒg] svin *n*, gris *m*, råne;
road ~ råkjører *m;* ~ **shead** okse-
hode *n*, fat *n* (ca. 238 liter); ~ **skin**
svinelær *n;* ~ **wash** skyller, grise-
mat *m;* sludder, tøv.
hoist [hɔɪst] heise.
hold [həʊld] hold *n*, tak *n*, grep
n, lasterom *n;* **catch** (*el* **lay** *el*
seize *el* **take)** ~ **of** ta fatt i;
holde, fastholde, romme, holde
for, anse for, mene, hevde, ikke
gå i stykker, stå stille, gjøre holdt,
vare ved; bestå; ~ **the line** (i tele-
fonen:) vent et øyeblikk!; ~ **wa-
ter** være vanntett, *fig* gjelde, du-
ge; ~ **good** (*el* **true)** vise seg å
være riktig; ~ **an office** ha et
embete *n;* ~ **on** holde fast; ved-
bli; ~ **on to** holde fast i; ~ **out**
holde ut; ~ **up** løfte; støtte; stan-
se; stoppe (for å røve); hindre
(f.eks. i trafikken); klare seg godt
(gjennom motgang); ~ **er** forpak-
ter *m*, innehaver *m;* ~ **ing** av-
holdelse *m;* landeiendom *m.*
hole [həʊl] hull *n*, hule *m*, forleg-
enhet *m*, knipe *m/f*, lage huller i.
holiday [ˈhɒlədeɪ] helligdag *m*, fri-
dag *m*, ferie *m;* ~ **s** ferie *m.*
holiness [ˈhəʊlɪnɪs] hellighet *m;*
fromhet *m.*
hollow [ˈhɒləʊ] hulning *m;* hule
m; hul; dump; falsk; hule ut;
~ **ness** hulhet *m.*
holly [ˈhɒlɪ] kristtorn *m.*
holm [həʊm] holme *m.*
holy [ˈhəʊlɪ] hellig; ~ **water** vie-
vann *n.*
homage [ˈhɒmɪdʒ] hyllest *m;* **do** (*el*
pay) ~ hylle.
home [həʊm] hjem *n;* hjemme;
hus-; innenlandsk; til målet, ved
målet; bo, ha et hjem; finne hjem
(om brevduer); **at** ~ hjemme; **be
at** ~ **in a subject** være inne i
en sak; **make oneself at** ~ late
som om man er hjemme; **from** ~
hjemmefra, bortreist; ~ **trade** in-
nenrikshandel *m;* **bring** ~ **to** gjø-
re noe klart for; overbevist om;
drive ~ slå i (om spiker); **see** ~

følge hjem; ~ **ly** jevn, enkel;
stygg; ~ **-made** hjemmelaget, in-
nenlandsk; ~ **sick** som lengter
hjem; ~ **sickness** hjemlengsel *m;*
~ **spun** hjemmevevd, hjemme-
gjort; ~ **ward(s)** hjemover;
~ **work** (*el* **lessons)** hjemmeopp-
gaver *m;* ~ **work diary** leksebok
m/f.
homicide [ˈhɒmɪsaɪd] mord(er),
drap *n (m).*
homosexual [ˈhəʊməʊˈsekʃʊəl] ho-
moseksuell.
Hon. fork. for **honorary, hon-
ourable.**
hone [həʊn] *s* & *v* bryne *n.*
honest [ˈɒnɪst] ærlig, rettskaffen;
~ **y** ærlighet *m*, redelighet *m.*
honey [ˈhʌnɪ] honning *m;* ~ **moon**
hvetebrødsdager; bryllupsreise
m/f; ~ **suckle** kaprifolium *m.*
honorary [ˈɒnərərɪ] æres-, heders-.
honour [ˈɒnə] ære *m/f*, heder *m;*
verdighet *m;* æresfølelse *m*, æres-
bevisning *m*, honnør *m;* ære, hed-
re, prise, honorere (veksel o.l.);
~ **able** ærlig, hederlig, ærefull;
som tittel: ærede.
hood [hʊd] hette *m/f*, lue *m/f*,
kyse *m/f;* kalesje *m; amr* (bil)pan-
ser *n.*
hoof [huːf] hov *m.*
hook [hʊk] hake *m*, krok *m;* få
på kroken; hekte; stjele; ~ **ed**
kroket, krum; hektet (på stoff).
hooligan [ˈhuːlɪgən] bølle *m*, ramp
m; ~ **ism** pøbelstreker, pøbelvel-
de.
hoop [huːp] tønnebånd *n*, bøyle *m.*
hooping-cough [ˈhuːpɪŋkɒf] kikhos-
te *m.*
hoopla [ˈhuːpla] oppstyr *n*, ståhei
m.
hoot [huːt] tute, ule, tuting *m/f*,
uling *m/f;* ~ **er** sirene *m/f*, (bil)-
horn *n.*
hop [hɒp] hoppe, bykse, danse;
hopp *n*, dans *m;* humle *m (bot).*
hope [həʊp] håp *n;* håpe; ~ **ful**
forhåpningsfull; ~ **less** håpløs.
hopscotch [ˈhɒpskɒtʃ] (hoppe) para-
dis.
horizon [həˈraɪzn] horisont *m;* ~ **tal**
[hɒrɪˈzɒntl] vannrett.

hormone [ˈhɔ:məʊn] hormon *n.*

horn [hɔ:n] horn *n.*

horny [ˈhɔ:nɪ] hornaktig.

horri|ble [ˈhɒrəbl] skrekkelig, forferdelig; avskyelig; ~ **d** redselsfull; avskyelig; ~ **fy** forferde, skremme.

horror [ˈhɒrə] forferdelse *m;* redsel *m;* avsky *m.*

horse [hɔ:s] hest *m;* kavaleri *n;* stativ *n;* **on** ~ **back** til hest; ~ **fly** klegg *m;* ~ **manship** ridekunst *m;* ~ **power** hestekraft *m/f;* hestekrefter (60 horsepower); ~ **-race** hesteveddeløp *n;* ~ **-radish** pepperrot *m/f;* ~ **shoe** hestesko *m;* ~ **whip** ridepisk *m.*

horticultur|e [hɔ:tɪˈkʌltʃə] hagebruk *n;* ~ **ist** gartner, hagebruker *m.*

hose [həʊz] strømper; hageslange *m;* oversprøyte.

hosier [ˈhəʊʒə] trikotasjehandler *m;* ~ **y** trikotasje *m;* strømpevarer.

hospice [ˈhɒspɪs] hospits *n.*

hospitable [ˈhɒspɪtəbl] gjestfri.

hospital [ˈhɒspɪtl] hospital *n,* sykehus *n;* ~ **ity** gjestfrihet *m;* ~ **ize** [ˈhɒspɪtəlaɪz] *amr* sende til sykehus.

host [həʊst] vert *m;* (hær)skare *m;* hostie *m;* ~ **age** [ˈhɒstɪdʒ] gissel *n;* ~ **el** gjestgiveri *n,* studenthjem *n;* **youth** ~ **el** ungdomsherberge *n;* ~ **ess** vertinne *m/f;* ~ **ile** [ˈhɒstaɪl] fiendtlig(sinnet); ~ **ility** fiendskap *m;* fiendtlighet *m.*

hot [hɒt] het, varm, hissig, heftig, sterk (om smak); lidenskapelig.

hotchpotch [ˈhɒtʃpɒtʃ] sammensurium *n.*

hot dog *amr* varm pølse med brød *(el* lompe).

hotel [həʊˈtel] hotell *n.*

hot|-head brushode *n,* sinnatagg *m,* hissigpropp; ~ **-headed** hissig; ~ **house** drivhus *n;* ~ **hurry** bråhast; ~ **plate** kokeplate *m/f;* ~ **-water bottle** varmeflaske *m/f;* ~ **-water supply** varmtvannsforsyning *m/f;* ~ **-water tank** varmtvannsbeholder *m.*

hound [haʊnd] jakthund *m;* hisse, pusse **(on** på), jage.

hour [ˈaʊə] time *m,* tid *m/f,* klokkeslett *n;* **by the** ~ pr. time; i timesvis; ~ **glass** timeglass; ~ **ly** hver time; ~ **s** kontortid *m/f,* åpningstid *m/f.*

house [haʊs] *pl* **houses** [ˈhaʊzɪz] hus *n;* kongehus *n,* hus *n,* kammer *n,* ting *n; teat* hus *n,* publikum *n;* firma *n;* [haʊz] huse, beskytte; holde til; ~ **hold** husholdning *m;* ~ **keeper** husmor *m/f,* husholder(ske) *m;* ~ **wife** husmor *m/f.*

housing [ˈhaʊzɪŋ] innlosjering; boliger; ~ **project** boligområde, boligfelt *n;* ~ **shortage** boligmangel *m.*

hover [ˈhɒvə] sveve; ~ **craft** luftputefartøy *n.*

how [haʊ] hvordan; hvor; i hvilken grad; ~ **are you?** hvordan har De det?; ~ **do you do?** god dag! det gleder meg (ved presentasjon); ~ **old** hvor gammel; ~ **often** hvor ofte; ~ **ever** hvordan enn; likevel, dog, imidlertid.

howl [haʊl] hyle, ule, tute; hyl *n,* uling *m/f.*

h.p. fork. for **horse-power.**

H.R.H. fork. for **His** (el. **Her**) **Royal Highness.**

hub [hʌb] nav *n.*

hubbub [ˈhʌbʌb] lurveleven *n.*

huckster [ˈhʌkstə] høker *m.*

huddle [ˈhʌdl] stuve (seg) sammen, dynge sammen; klynge *m/f,* dynge *m/f.*

hue [hju:] farge *m;* anstrøk *n.*

huff [hʌf] bli sint; bruke seg på; bli fornærmet; fornærmelse *m;* ~ **y** hårsår, lett støtt.

hug [hʌg] omfavne(lse) *m,* klem *m;* klemme.

huge [hju:dʒ] stor, enorm, kjempestor, veldig.

hulk [hʌlk] rusk (svær kar) *m.*

hull [hʌl] (skips)skrog *n;* hylster *n;* belg *m,* skalle, renske.

hum [hʌm] nynne, summe; ~ **ming bird** kolibri *m.*

human [ˈhju:mən] menneskelig, menneske-; ~ **being** menneske *n;* ~ **e** [hjʊˈmeɪn] human(istisk); ~ **ism** humanisme *m;* ~ **ist** humanist *m;* ~ **ity** [hjʊˈmænɪtɪ] menneskelighet *m;* menneskeheten *m;* ~ **rights** menneskerettigheter.

humble [ˈhʌmbl] ydmyk, beskjeden; ydmyke.

humbug [ˈhʌmbʌg] svindel *m,* humbug(maker) *m;* sludder *n;* narre, lure.

humdrum [ˈhʌmdrʌm] ensformig, kjedelig.

humid [ˈhju:mɪd] fuktig; ~ **ity** [-ˈmɪd-] fuktighet *m.*

humiliat|e [hju:ˈmɪlɪeɪt] ydmyke; ~ **ion** ydmykelse *m;* **humility** ydmykhet *m.*

humorous [ˈhju:mərəs] humoristisk.

humour [ˈhju:mə] humor *m,* humør *n,* lune *n;* føye, rette seg etter.

hump [hʌmp] pukkel *m.*

hunch [hʌntʃ] pukkel *m; dt* (forut)anelse *m;* ~ **-back** pukkelrygg *m* (-et person).

hundred [ˈhʌndrəd] hundre; ~ **fold** hundredobbelt; ~ **th** hundrede (ordenstall), hundredel *m;* ~ **weight** (cwt.) = 50,8 kg.

Hungar|ian [hʌŋˈgeərɪən] ungarsk; ungarer *m;* ~ **y** Ungarn.

hung|er [ˈhʌŋgə] sult *m,* hunger *m;* hungre **(for, after** etter); ~ **ry** sulten.

hunt [hʌnt] jage (etter); jakt *m/f;* ~ **er** jeger *m;* ~ **ing, go hunting** gå på jakt.

hurdle [ˈhɜ:dl] hinder *n* (ved veddeløp); *fig* forhindring *m;* ~ **r** hekkeløper *m;* ~ **s** hekkeløp *n,* hinderløp.

hurl [hɜ:l] kaste, slynge.

hurricane [ˈhʌrɪkən] orkan *m.*

hurried [ˈhʌrɪd] hastig, oppjaget.

hurry [ˈhʌrɪ] hast *m,* hastverk *n;* haste, skynde på, skynde seg; **be in a** ~ ha det travelt.

hurt [hɜ:t] skade, såre, krenke; fortred *m,* skade *m,* sår *n;* krenkelse *m;* ~ **ful** skadelig.

husband [ˈhʌsbənd] ektemann *m;* spare på; ~ **ry** jordbruk *n;* husholdning *m.*

husk [hʌsk] belg *m,* skall *n;* skrelle, pille.

husky [ˈhʌskɪ] kraftig, sterk; hes, rusten.

hussy [ˈhʌsɪ] tøs.

hustle [ˈhʌsl] støte, skubbe; skynde seg.

hut [hʌt] hytte *f,* brakke *f.*

hutch [hʌtʃ] bur *n* (f.eks. til kaniner).

hydraulic [haɪˈdrɒlɪk] hydraulisk.

hydro- [ˈhaɪdrəʊ-] i sammensetninger: vann-; ~ **electric power** vannkraft *m;* ~ **electric station** vannkraftverk *n;* ~ **phobia** vannskrekk *m.*

hydrofoil hydrofoilbåt *m.*

hydrogen [ˈhaɪdrədʒən] hydrogen *n.*

hyena [haɪˈi:nə] hyene *m.*

hygien|e [ˈhaɪdʒi:n] hygiene *m;* ~ **ic** hygienisk.

hymn [hɪm] hymne *m;* salme *m;* lovsynge; ~ **-book** salmebok *m/f;* ~ **al** salme-; salmebok *m/f.*

hyphen [ˈhaɪfən] bindestrek *m.*

hypno|sis [hɪpˈnəʊsɪs] hypnose *m;* ~ **tist** [ˈhɪpnətɪst] hypnotisør *m;* ~ **tize** hypnotisere.

hypocri|tical [hɪpəˈkrɪtɪkl] hyklersk; ~ **sy** [hɪˈpɒkrɪsɪ] hykleri *n;* skinnhellighet *m;* ~ **te** [ˈhɪpəkrɪt] hykler *m.*

hypodermic [haɪpəˈdɜ:mɪk] som ligger under huden; ~ **needle** kanyle, sprøytespiss *m;* ~ **syringe** sprøyte *m/f.*

hypothesis [haɪˈpɒθɪsɪs] hypotese *m.*

hypothetical [haɪpəˈθetɪkl] hypotetisk.

hysteri|a [hɪsˈtɪərɪə] hysteri *n;* ~ **c(al)** hysterisk.

I [aɪ] jeg.

ice [aɪs] is *m;* islegge, dekke med is; ise; glasere; ~ **berg** isfjell *n;* ~ **-cap** isdekke *n;* ~ **-cream** iskrem *m;* ~ **-fall** svull *m.*

Iceland [ˈaɪslənd] Island.

immovable

icing ['aɪsɪŋ] (sukker)glasur; til-
ising, nedising.
icicle ['aɪsɪkl] istapp *m*.
icy ['aɪsɪ] iskald; is-.
idea [aɪ'dɪə] idé *m;* forestilling *m;*
tanke *m*, hensikt *m;* ~ **l** ideal *n*,
forbilde *n;* uvirkelig; ideell;
~ **lism** idealisme *m;* ~ **lize** ideali-
sere.
identi|cal [aɪ'dentɪkl] identisk; ~ **fi-
cation papers** legitimasjonspapi-
rer; ~ **fy** identifisere; ~ **ty** identi-
tet *m*.
idiom ['ɪdɪəm] idiom *n;* språkeien-
dommelighet *m*.
idiot ['ɪdɪət] idiot *m;* åndssvak
person *m*.
idle ['aɪdl] ledig; uvirksom; doven;
unyttig, forgjeves; drive dank;
kjøre på tomgang; *tekn* **run** ~
løpe tom; ~ **ness** lediggang *m;*
lathet *m;* ~ **r** lediggjenger *m*, do-
venfant *m*.
idling ['aɪdlɪŋ] tomgangskjøring
m/f.
idol ['aɪdl] avgud *m*, idol *n*, for-
bilde *n;* ~ **ize** forgude.
idyll ['ɪdɪl, *amr* 'aɪdɪl] idyll; hyrde-
dikt *n*.
i. e. [aɪ iː] = **id est** (= **that is**)
det er, det vil si, dvs.
if hvis, om.
ignit|e [ɪg'naɪt] tenne; ~ **ion** [ɪg'nɪʃn]
tenning *m/f*.
ignoble [ɪg'nəʊbl] gemen, ussel.
ignominious [ɪgnə'mɪnɪəs] skamme-
lig, vanærende.
ignor|ance ['ɪgnərəns] uvitenhet *m;*
~ **ant** uvitende; ~ **e** ignorere,
overse.
ileus ['ɪlɪəs] tarmslyng *m/n*.
ill ond; dårlig; syk; onde *n;*
~ **-advised** ubesindig; ~ **-boding**
illevarslende; ~ **-bred** uoppdra-
gen.
illegal [ɪ'liːgəl] ulovlig.
illegible [ɪ'ledʒəbl] uleselig.
illegitimate [ɪlɪ'dʒɪtɪmət] født uten-
for ekteskap; urettmessig; ulov-
lig.
ill|-fated ['ɪl'feɪtɪd] ulykkelig;
ugunstig; ~ **iterate** [ɪ'lɪtərət] anal-
fabet *m;* ~ **icit** ulovlig; ~ **-manne-
red** uoppdragen; ~ **-natured** ond-

skapsfull; gretten; ~ **ness** sykdom
m.
illogical [ɪ'lɒdʒɪkəl] ulogisk.
ill|-tempered gretten, sur; ~ **-timed**
ubeleilig.
illuminat|e [ɪ'ljuːmɪneɪt] belyse,
opplyse; ~ **ion** belysning, opplys-
ning *m*.
illus|ion [ɪ'luːʒn] illusjon *m;* blend-
verk *n;* ~ **ive** [-sɪv] ~ **ory** illuso-
risk.
illustrat|e ['ɪləstreɪt] illustrere; bely-
se; forsyne med bilder; ~ **ion**
[-'streɪʃn] illustrasjon *m;* belysning
m; forklaring *m/f*.
ill-will uvilje *m*.
image ['ɪmɪdʒ] bilde *n;* anseelse
m; avbilde, gjenspeile.
imagin|able [ɪ'mædʒɪnəbl] tenkelig;
~ **ary** imaginær; ~ **ation** innbil-
nings(kraft); fantasi *m;* ~ **ative**
fantasifull; ~ **e** innbille seg; tenke
seg.
imbecil|e ['ɪmbɪsɪ(ː)l] åndssvak;
sløv, idiot; ~ **ity** [ɪmbɪ'sɪlɪtɪ] ånds-
svakhet, idioti *m*.
imitat|e ['ɪmɪteɪt] etterligne; imite-
re; ~ **ion** etterligning *m/f;* ~ **or**
etterligner *m*, imitator *m*.
immaterial [ɪmə'tɪərɪəl] uvesentlig;
immateriell.
immature [ɪmə'tjuːə] umoden.
immediate [ɪ'miːdjət] umiddelbar;
øyeblikkelig; ~ **ly** straks.
immemorial [ɪmɪ'mɔːrɪəl] uminne-
lig; eldgammel.
immense [ɪ'mens] umåtelig.
immerse [ɪ'mɜːs] dyppe.
immigra|nt ['ɪmɪgrənt] innvandrer
m; ~ **te** innvandre; ~ **tion** inn-
vandring *m/f*.
imminent ['ɪmɪnənt] forestående;
overhengende.
immobil|e [ɪ'məʊbaɪl] ubevegelig;
~ **ity** [ɪmə'bɪlɪtɪ] ubevegelighet *m*.
immoderate [ɪ'mɒdərɪt] overdreven;
umåtelig.
immodest [ɪ'mɒdɪst] ubeskjeden.
immoral [ɪ'mɒrəl] umoralsk; ~ **ity**
umoral(skhet) *m (m)*.
immortal [ɪ'mɔːtl] udødelig; ~ **ity**
udødelighet *m*.
immovable [ɪ'muːvəbl] ubevegelig,
urokkelig.

immunity [ɪˈmjuːnɪtɪ] immunitet *m;* ~ **e** fri; uimottagelig; immun.
imp [ɪmp] djevelunge *m,* skøyer *m.*
impact [ˈɪmpækt] støt *n;* (inn)virkning *m/f.*
impair [ɪmˈpeə] forringe, svekke.
impart [ɪmˈpɑːt] gi videre, meddele.
im|partial [ɪmˈpɑːʃl] upartisk; ~ **passable** uframkommelig.
impasse [ɪmˈpɑːs] blindgate *m/f.*
impatien|ce [ɪmˈpeɪʃns] utålmodighet *m;* ~ **t** utålmodig.
impeach [ɪmˈpiːtʃ] dra i tvil, anklage, stille for riksrett; ~ **ment** (riksretts)anklage *m.*
imped|e [ɪmˈpiːd] hindre, hemme; ~ **iment** [ɪmˈpedɪ-] (for)hindring *m/f.*
impel [ɪmˈpel] drive fram, anspore.
impend [ɪmˈpend] være overhengende *el* nær; true.
impenetrable [ɪmˈpenɪtrəbl] ugjennomtrengelig.
imperative [ɪmˈperətɪv] imperativ.
imperceptible [ɪmpəˈseptɪbl] umerkelig.
imperfect [ɪmˈpɜːfɪkt] ufullkommen; mangelfull; *gram* imperfektum, preteritum; ~ **ion** ufullkommenhet *m.*
imperial [ɪmˈpɪərɪəl] keiserlig; riks-; imperie-.
imperil [ɪmˈperɪl] bringe i fare; ~ **led (animals)** utsatte, truede (dyr).
imperious [ɪmˈpɪərɪəs] myndig.
imperishable [ɪmˈperɪʃəbl] uforgjengelig.
impersona|l [ɪmˈpɜːsnl] upersonlig; ~ **te** personifisere; fremstille (på teater); ~ **tion** personifisering *m.*
impertinen|ce [ɪmˈpɜːtɪnəns] nesevishet *m;* ~ **t** nesevis, uforskammet.
imperturbable [ɪmpəˈtɜːbəbl] uforstyrrelig.
impetuous [ɪmˈpetjuəs] heftig, voldsom.
impetus [ˈɪmpɪtəs] stimulans *m,* (driv)kraft *m/f.*
impi|ety [ɪmˈpaɪɪtɪ] ugudelighet *m;* ~ **ous** [ˈɪmpɪəs] ugudelig.

implacable [ɪmˈplækəbl] uforsonlig, kompromissløs.
implement [ˈɪmplɪmənt] redskap *m (n),* verktøy *n.*
implicat|e [ˈɪmplɪkeɪt] innvikle, implisere; ~ **ion** innblanding *m/f,* innvikling *m/f;* stilltiende forståelse *m.*
implicit [ɪmˈplɪsɪt] stilltiende; underforstått.
implore [ɪmˈplɔː] bønnfalle.
imply [ɪmˈplaɪ] antyde; implisere, innebære.
impolite [ɪmpəˈlaɪt] uhøflig; ~ **ness** uhøflighet *m.*
import [ˈɪmpɔːt] innførsel *m;* betydning *m;* mening *m;* [ɪmˈpɔːt] innføre, importere; innebære; ~ **ance** viktighet *m;* ~ **ant** viktig.
importun|e [ɪmˈpɔːtjuːn] mase; ~ **i-ties** [ɪmpɔːˈtjuːnɪtɪz] mas (gnål).
impos|e [ɪmˈpəʊz] pålegge; påtvinge; ~ **upon** narre, bedra; ~ **ing** imponerende; ~ **ition** [ɪmpəˈzɪʃn] pålegg *n;* påbud *n;* skatt *m;* straffelekse *m/f* på skole; bedrag *n,* lureri *n.*
impossib|ility [ɪmpɒsɪˈbɪlɪtɪ] umulighet *m;* ~ **le** umulig.
impost|or [ɪmˈpɒstə] bedrager *m;* ~ **ure** bedrageri *n.*
impoten|ce [ˈɪmpətəns] impotens *m;* avmakt *m;* ~ **t** [ˈɪmpətənt] kraftløs, impotent.
impoverish [ɪmˈpɒvərɪʃ] gjøre fattig, utarme.
impracticable [ɪmˈpræktɪkəbl] ugjennomførlig.
impregna|ble [ɪmˈpregnəbl] uinntagelig; ~ **te** [ˈ-neɪt] impregnere, gjennomtrenge; [ɪmˈpregnɪt] impregnert.
impress [ˈɪmpres] preg *n,* avtrykk *n;* [ɪmˈpres] (på-)trykke; prege, gjøre inntrykk på, imponere; ~ - **ion** inntrykk *n;* avtrykk *n;* opplag *n;* **be under the** ~ **ion that** ha det inntrykk at; ~ **ive** imponerende.
imprint [ˈɪmprɪnt] avtrykk *n;* preg *n;* [ɪmˈprɪnt] merke, prege; innprente.
imprison [ɪmˈprɪzn] fengsle; ~ **ment** fengsling *m,* fangenskap *n.*
improbab|ility [ɪmprɒbəˈbɪlɪtɪ]

usannsynlighet *m;* ~ **le** [-'prɒb-] usannsynlig.

improper [ɪm'prɒpə] upassende.

improvable [ɪm'pru:vəbl] som kan forbedres; ~ **e** forbedre(s), gjøre fremskritt; ~ **e on** forbedre; ~ **e-ment** forbedring *m/f;* utvikling *m/f;* fremgang *m.*

improvisation [ɪmprəvaɪ'zeɪʃn] improvisasjon *m;* ~ **e** improvisere.

imprudence [ɪm'pru:dns] uforsiktighet, ubetenksomhet *m;* ~ **t** uklok, uforsiktig.

impudence ['ɪmpjʊdns] uforskammethet *m;* ~ **t** uforskammet.

impulse ['ɪmpʌls] impuls *m;* tilskyndelse *m;* innfall *n.*

impunity [ɪm'pju:nɪtɪ] ustraffethet *m,* frihet *m* fra straff.

impure [ɪm'pju:ə] uren; ~ **ity** urenhet *m.*

in i; på; ved; til; inn; inne; innen; om; inn i; ned i; med hensyn til; i og med at; ved å; **be** ~ være inne, hjemme; være på mote; ha makten.

inability [ɪnə'bɪlɪtɪ] udyktighet *m;* ~ **accessible** utilgjengelig; ~ **accuracy** unøyaktighet *m;* ~ **accurate** unøyaktig.

inaction [ɪn'ækʃn] uvirksomhet *m;* ~ **ve** uvirksom.

inadequate [ɪn'ædɪkwɪt] utilstrekkelig; ~ **admissible** utilstedelig; ~ **advertently** av vanvare; ~ **alienable** [ɪn'eɪljənəbl] uavhendelig; umistelig; ~ **ane** [ɪn'eɪn] tom; tåpelig; ~ **animate** ubesjelet, livløs; ~ **applicable** uanvendelig; ~ **approachable** utilnærmelig; ~ **appropriate** upassende; malplassert.

inasmuch [ɪnəz'mʌtʃ] **as** for så vidt som, ettersom.

inattention [ɪnə'tenʃn] uoppmerksomhet *m;* ~ **ve** uoppmerksom.

inaugural [ɪn'ɔ:gjʊrəl] innvielses-; ~ **ate** [-eɪt] høytidelig innsette; innvie; ~ **ation** innsettelse *m;* innvielse *m.*

inborn ['ɪn'bɔ:n] medfødt.

incalculable [ɪn'kælkjʊləbl] uberegnelig.

incandescent [ɪnkæn'desənt] glødende; ~ **lamp** glødelampe *m/f.*

incapability [ɪnkeɪpə'bɪlɪtɪ] udyktighet *m;* ~ **ble** udyktig; uskikket **(of** til); evneløs; ~ **city** [ɪnkə'pæsɪtɪ] udugelighet *m.*

incarnate [ɪn'kɑ:neɪt] legemliggjøre; [-ɪt] legemliggjort; skinnbarlig; ~ **cautious** [-'kɔ:ʃəs] uforsiktig.

incense ['ɪnsens] røkelse *m;* v egge opp, oppflamme.

incentive [ɪn'sentɪv] spore *m,* stimulans *m,* ansporende.

incessant [ɪn'sesnt] uopphørlig.

incest incest, blodskam *m.*

inch [ɪntʃ] tomme *m* (2,54 cm).

incident ['ɪnsɪdnt] (tilfeldig) hendelse *m;* tildragelse *m;* episode *m;* ~ **al** [-'dentəl] tilfeldig.

incinerate [ɪn'sɪnəreɪt] (for)brenne, brenne opp; ~ **or** (søppel)forbrenner *m.*

incise [ɪn'saɪz] skjære inn; ~ **ion** [ɪn'sɪʒən] innsnitt *n;* ~ **ive** [ɪn'saɪsɪv] skjærende, skarp.

incite [ɪn'saɪt] anspore, egge; ~ **ment** tilskyndelse *m,* ansporing *m/f;* spore *m.*

inclination [ɪnklɪ'neɪʃn] helling *m/f;* bøyning *m;* tilbøyelighet *m;* ~ **e** [ɪn'klaɪn] skråne, helle; bøye; være *(el* gjøre) tilbøyelig **(to** til å); skråning *m,* bakkehell *n;* ~ **ed** skrå; tilbøyelig **(to** til å).

include [ɪn'klu:d] omfatte, ta med, inkludere; ~ **sive** inklusive, innbefattet.

incoherent [ɪnkəʊ'hɪərent] usammenhengende.

income ['ɪnkəm] inntekt *m/f;* ~ **e tax** inntektsskatt *m;* ~ **e tax return** selvangivelse *m;* ~ **ing** ankommende, inngående.

incomparable [ɪn'kɒmpərəbl] som ikke kan sammenlignes; ~ **compatible** uforenlig; ~ **competent** uskikket; udyktig; evneløs; ~ **complete** ufullstendig; ~ **comprehensible** uforståelig; ~ **conceivable** ufattelig; ~ **congruity** uoverensstemmelse *m;* ~ **congruous** uoverstemmende; urimelig; ~ **considerable** ubetydelig; ~ **considerate** hensynsløs.

inconsistent [ɪnkən'sɪstənt] selvmotsigende, inkonsekvent; ~ **con-**

solable utrøstelig; ~ contestable ubestridelig; ~ convenience [ɪnkən'vi:njəns] uleilighet m; bry(-deri) n, ulempe m; bry, uleilige; ~ convenient ubekvem, ubeleilig, brysom.

incorporate [ɪn'kɔ:pəreɪt] oppta, innlemme; ~ d innlemmet; Inc. i forb. med amer. firmanavn = aksjeselskap n.

in|correct [ɪnkə'rekt] uriktig; ~ corrigible [ɪn'kɒrɪdʒɪbl] uforbederlig; ~ corruptible ubestikkelig.

increase [ɪn'kri:s] øke; vokse, tilta; forhøye; ['ɪnkri:s] vekst m; økning m; tilvekst m; forhøyelse m.

incred|ible [ɪn'kredɪbl] utrolig; ~ u-lous tvilende; vantro.

incubation period [ɪnkjʊ'beɪʃən -] inkubasjonstid m/f.

inculcate ['ɪnkʌlkeɪt] innprente, innskjerpe.

incur [ɪn'kɜ:] pådra seg; inngå (forpliktelser).

incurable [ɪn'kjʊərəbl] uhelbrede-lig.

indebted [ɪn'detɪd] som skylder, står i gjeld (to til); forgjeldet.

indecen|cy [ɪn'di:snsɪ] uanstendighet m; ~ t usømmelig, uanstendig.

indecesion [ɪndɪ'sɪʒn] ubesluttsom-het m.

indeclinable [ɪndɪ'klaɪnəbl] gram ubøyelig.

indeed [ɪn'di:d] virkelig, sannelig, riktignok; i svar: ja visst!

indefatigable [ɪndɪ'fætɪgəbl] utrette-lig.

indefensible [ɪndɪ'fensəbl] uhold-bar; uforsvarlig.

indefinite [ɪn'defɪnɪt] ubestemt, u-begrenset.

indelible [ɪn'delɪbl] uutslettelig.

indemni|fy [ɪn'demnɪfaɪ] erstatte, holde skadesløs; ~ ty skadeser-statning m.

indent [ɪn'dent] skjære hakk i; gjø-re takket; bulke; ['ɪndent] hakk n, skår n; (eksport)ordre m; ~ ion [ɪn'denʃn] hakk n; innskjæring m/f, innrykking m/f.

independen|ce [ɪndɪ'pendəns] uav-hengighet m; ~ t uavhengig.

in|describable [ɪndɪ'skraɪbəbl] ube-

skrivelig; ~ destructible som ikke kan ødelegges; uforgjengelig; ~ determinable ubestemmelig.

ind|ex ['ɪndeks] viser m; pekefinger m; indeks m, register n, innholds-fortegnelse m; registrere.

Indian ink tusj m.

india-rubber ['ɪndjə'rʌbə] viskelær n.

Indian ['ɪndjən] indisk; indiansk; inder m; indianer m; ~ summer varm ettersommer m.

indicat|e ['ɪndɪkeɪt] angi, (an)vise; tilkjennegi; tyde på; indikere; ~ ion [-'keɪʃn] tilkjennegivelse m; antydning m; angivelse m.

indicative [ɪn'dɪkətɪv] indikativ.

indict [ɪn'daɪt] anklage; sette under tiltale; ~ ment anklage m, tiltale m.

indifferen|ce [ɪn'dɪfrəns] likegyldig-het m (to overfor); ~ t likegyldig; middelmådig.

indigenous [ɪn'dɪdʒənəs] innfødt.

indigest|ible [ɪndɪ'dʒestəbl] ufor-døyelig; ~ ion dårlig fordøyelse m.

indign|ant [ɪn'dɪgnənt] vred; indig-nert; ~ ation harme m.

indirect [ɪndɪ'rekt] indirekte.

indiscreet [ɪndɪs'kri:t] ubetenksom; indiskret.

indiscretion [ɪndɪs'kreʃn] taktløshet m; tankeløshet m; indiskresjon m.

indispensable [ɪndɪs'pensəbl] uunn-værlig; absolutt nødvendig.

indispos|ed [ɪndɪs'pəʊzd] utilpass, indisponert; utilbøyelig; ~ ition utilpasshet m; uvilje m.

indisputable [ɪndɪs'pju:təbl] ube-stridelig.

indissoluble [ɪndɪ'sɒljʊbl] uoppløse-lig.

indistinct [ɪndɪs'tɪŋkt] utydelig; ~ ness uklarhet m.

indistinguishable [ɪndɪs'tɪŋgwɪʃəbl] som ikke kan skjelnes fra hver-andre.

individual [ɪndɪ'vɪdjʊəl] personlig; individuell; særmerket; særskilt; individ n; enkeltperson m.

indivisible [ɪndɪ'vɪzəbl] udelelig.

indolen|ce ['ɪndələns] treghet *m;* lathet *m;* ~ **t** treg, lat.
indomitable [ɪn'dɒmɪtəbl] utemmelig, ukuelig.
indoor ['ɪndɔ:] inne-, innendørs; ~ **climate** inneklima *n;* ~ **s** innendørs.
induce [ɪn'dju:s] overtale; bevege.
indulge [ɪn'dʌldʒ] føye; gi etter for; tilfredsstille; hengi seg **(in** til); ~ **nce** avlat *m;* ~ **nt** overbærende, (altfor) ettergivende.
industr|ial [ɪn'dʌstrɪəl] industriell; industri-; ~ **ialist** industridrivende; ~ **ialize** [-laɪz] industrialisere; ~ **ious** arbeidsom; flittig; ~ **y** ['ɪndəstrɪ] industri *m;* næringsvei *m;* flid *m,* strevsomhet *m.*
inebriate [ɪ'ni:brɪeɪt] beruset; alkoholiker *m.*
ineffective [ɪnɪ'fektɪv], **inefficient** [ɪnɪ'fɪʃənt] virkningsløs, ineffektiv; udugelig.
inept [ɪ'nept] malplassert, tåpelig.
inequality [ɪnɪ'kwɔ:lɪtɪ] ulikhet.
ineradicable [ɪnɪ'rædɪkəbl] uutryddelig.
inert [ɪ'nɜ:t] treg; ~ **ia** treghet.
inestimable [ɪn'estɪməbl] uvurderlig.
inevitable [ɪn'evɪtəbl] uunngåelig.
in|excusable [ɪnɪks'kju:zəbl] utilgivelig; ~ **exhaustible** uuttømmelig; ~ **exorable** [ɪ'neksərəbl] ubønnhørlig; ~ **expedient** uhensiktsmessig; ~ **expensive** billig; ~ **experienced** uerfaren; ~ **explicable** uforklarlig.
inexpress|ible [ɪnɪks'presəbl] ubeskrivelig, u(ut)sigelig; ~ **ive** uttrykksløs.
inextricable [ɪn'ekstrɪkəbl] uløselig (sammenfiltret).
infallible [ɪn'fæləbl] ufeilbarlig.
infamous ['ɪnfəməs] beryktet; æreløs; nederdrektig.
infan|cy ['ɪnfənsɪ] barndom *m;* ~ **t** spebarn *n,* lite barn *n;* ~ **tile** [-taɪl] barne-; infantil; ~ **try** infanteri *n;* ~ **try-man** infanterist *m.*
infarct of the heart [ɪn'fɑ:kt -] hjerteinfarkt *m.*
infatuate [ɪn'fætjʊeɪt] bedåre; ~ **d with** blindt forelsket i.

infect [ɪn'fekt] infisere, smitte; ~ **ion** smitte *m,* infeksjon *m;* ~ **ious** smittende; smittsom.
inferior [ɪn'fɪərɪə] lavere; underlegen; dårlig(ere); underordnet (person); mindreverdig; ~ **ity** underlegenhet *m;* ~ **ity complex** mindreverdighetskompleks *n.*
infertile [ɪn'fɜ:taɪl] ufruktbar.
infest [ɪn'fest] hjemsøke, plage; ~ **ed with** befengt med.
infidel ['ɪnfɪdl] vantro; ~ **ity** [-'del-] vantro *m;* utroskap *m.*
infiltrate ['ɪnfɪltreɪt] sive inn i; infiltrere.
infinit|e ['ɪnfɪnɪt] uendelig; ~ **ive** [ɪn'-] infinitiv; ~ **y** [ɪn'-] uendelighet *m.*
infirm [ɪn'fɜ:m] svak(elig); ~ **ary** sykestue *m/f,* pleiehjem *n,* sykehus *n;* ~ **ity** svak(elig)het *m;* skrøpelighet *m.*
inflame [ɪn'fleɪm] oppflamme, opphisse.
inflamma|ble [ɪn'flæməbl] (lett) antennelig; brennbar; ~ **tion** [ɪnflə'-meɪʃn] antennelse *m;* betennelse *m;* opphisselse *m.*
inflat|e [ɪn'fleɪt] blåse opp; lage inflasjon; ~ **ion** oppblåsing *m/f;* inflasjon *m.*
inflexib|ility [ɪnfleksə'bɪlɪtɪ] ubøyelighet *m;* ~ **le** ubøyelig.
inflict [ɪn'flɪkt] tilføye; tildele, gi; påføre; plage *m,* straff *m.*
influen|ce ['ɪnflʊəns] innflytelse *m;* påvirke, influere; ~ **tial** innflytelsesrik; ~ **za** influensa *m.*
influx ['ɪnflʌks] tilstrømning *m.*
inform [ɪn'fɔ:m] underrette; meddele; ~ **al** uformell; ~ **ality** uformellhet *m,* enkelhet *m;* ~ **ation** [-'meɪʃn] opplysninger, melding *m/f;* ~ **er** angiver *m.*
infraction [ɪn'frækʃn] brudd *n;* krenkelse *m.*
infrared ['ɪnfrə'red] infrarød.
infringe [ɪn'frɪndʒ] *jur* overtre; ~ **ment** overtredelse *m.*
infuriate [ɪn'fju:rɪeɪt] gjøre rasende.
infus|e [ɪn'fju:z] inngyte; la trekke (f.eks. te); ~ **ion** tilsetning *m,* iblanding *m/f.*
ingen|ious [ɪn'dʒi:njəs] oppfinnsom;

sinnrik; skarpsindig; ~ **uity**
[-dʒɪ'nju:ɪtɪ] skarpsinn n; kløkt n;
~ **uous** [-'dʒenjʊəs] troskyldig,
oppriktig.
ingratiating [ɪn'greɪ∫ɪeɪtɪŋ] innsmig-
rende.
ingratitude [ɪn'grætɪtju:d] utakk-
nemlighet m.
ingredient [ɪn'gri:dɪənt] bestanddel
m; ingrediens m.
inhabit [ɪn'hæbɪt] bebo; ~ **ant** be-
boer m; innbygger m.
inhale [ɪn'heɪl] innånde, inhalere.
inharmonious [ɪnhɑ:'məʊnjəs]
uharmonisk.
inherit [ɪn'herɪt] arve; ~ **ance** arv
m.
inhibit [ɪn'hɪbɪt] hindre, stanse;
forby; ~ **ion** hemning m; hindring
m/f; forbud n.
inhospitable [ɪn'hɒspɪtəbl] ugjestfri.
inhuman [ɪn'hju:mən] umenneske-
lig.
inimical [ɪn'ɪmɪkl] fiendtlig.
initial [ɪ'nɪ∫l] begynnelses-; for-
bokstav m; ~ **te** [-∫ɪɪt] innviet
(person); [-∫ɪeɪt] begynne, inn-
lede, innvie; ~ **tion** begynnelse
m, innledning m; innvielse m;
~ **tive** initiativ n.
inject [ɪn'dʒekt] sprøyte inn.
injure ['ɪndʒə] skade, beskadige;
krenke; ~ **ious** [ɪn'dʒʊərɪəs] skade-
lig; krenkende; ~ **y** ['ɪndʒərɪ] ska-
de m; krenkelse m.
injustice [ɪn'dʒʌstɪs] urettferdighet
m.
ink [ɪŋk] blekk n; ~ **-pot** blekkhus
n; ~ **-stand** skriveoppsats m; ~ **y**
blekket; blekksvart.
inland ['ɪnlənd] innlands-; innen-
lands(k); innenriks; [ɪn'lænd] inne
i landet.
inlet ['ɪnlet] innløp n; bukt f.
inmate ['ɪnmeɪt] beboer m.
inmost ['ɪnməʊst] innerst.
inn vertshus n, kro m/f.
innate ['ɪ'neɪt] medfødt.
inner ['ɪnə] indre.
innkeeper ['ɪnki:pə] vertshusholder
m.
innocence ['ɪnəsens] uskyld, uskyl-
dighet m; ~ **t** uskyldig.

innovation [ɪnə'veɪ∫n] fornyelse m;
nyskapning m.
innumerable [ɪ'nju:mərəbl] utallig,
talløs.
inoculate [ɪn'ɒkjʊleɪt] vaksinere;
innpode.
inoffensive [ɪnə'fensɪv] harmløs.
inoperative [ɪn'ɒpərətɪv] virknings-
løs.
inordinate [ɪn'ɔ:dɪnɪt] overdreven.
inquest ['ɪnkwest] undersøkelse m,
rettslig likskue n.
inquire [ɪn'kwaɪə] **(for)** spørre et-
ter; forespørre **(about** om); ~ **in-
to** undersøke; ~ **y** undersøkelse
m; forespørsel m.
inquisitive [ɪn'kwɪzɪtɪv] vitebegjær-
lig, nysgjerrig.
insane [ɪn'seɪn] sinnssyk; ~ **itary**
[ɪn'sænɪtərɪ] uhygienisk; ~ **ity**
[-'sænɪtɪ] sinnssykdom m; vanvidd
n.
insatiable [ɪn'seɪ∫(j)əbl] umettelig.
inscribe [ɪn'skraɪb] skrive inn;
~ **ption** [ɪn'skrɪp∫n] innskrift m/f;
påskrift m/f, inskripsjon m.
inscrutable [ɪn'skru:təbl] uransake-
lig.
insect ['ɪnsekt] insekt n; ~ **icide**
insektdreper m, insektmiddel n.
insecure [ɪnsɪ'kjʊə] usikker; ~ **ity**
utrygghet m.
insensibility [ɪnsensə'bɪlɪtɪ] følelses-
løshet m; ufølsomhet m; sløvhet
m; ~ **ible** følelsesløs; ufølsom.
inseparable [ɪn'sepərəbl] uatskille-
lig.
insert [ɪn'sɜ:t] sette (el rykke, sky-
te) inn, legge på (mynter i auto-
mat).
inside [ɪn'saɪd] innerside m/f; ind-
re n; inne i; **from the** ~ innenfra;
['ɪnsaɪd] innvendig.
insidious [ɪn'sɪdɪəs] lumsk.
insight ['ɪnsaɪt] innsikt m.
insignificant [ɪnsɪg'nɪfɪkənt] ubety-
delig.
insincere [ɪnsɪn'sɪə] uoppriktig, u-
ekte.
insinuation [ɪnsɪnjʊ'eɪ∫n] insinua-
sjon m.
insipid [ɪn'sɪpɪd] flau, smakløs.
insist [ɪn'sɪst] **(up)on** insistere på;
fastholde.

insistent [ɪnˈsɪstənt] vedholdende; stadig.

insolent [ˈɪnsələnt] uforskammet.

insoluble [ɪnˈsɒljʊbl] *kjem* uoppløselig.

insomnia [ɪnˈsɒmnɪə] søvnløshet *m.*

inspect [ɪnˈspekt] inspisere, mønstre; ~ **ion** inspeksjon *m;* oppsyn *n;* ~ **or** inspektør *m.*

inspiration [ɪnspəˈreɪʃn] innånding *m/f;* inspirasjon *m;* ~ **e** [-ˈspaɪə] innånde; inspirere.

inst. = **instant** [ˈɪnstənt] denne måned, d.m.

instability [ɪnstəˈbɪlɪtɪ] ustabilitet *m;* ~ **le** [ɪnˈsteɪbl] ustabil.

install [ɪnˈstɔːl] innsette (i et embete o.a.); installere.

instalment [ɪnˈstɔːlmənt] avdrag *n;* porsjon *m,* del *m.*

instance [ˈɪnstəns] tilfelle *n;* eksempel *n; jur* instans *m;* **at his** ~ på hans foranledning; **for** ~ for eksempel.

instant [ˈɪnstənt] øyeblikkelig; øyeblikk *n;* **on the 15th** ~ på den 15. i denne måned; ~ **coffee** pulverkaffe *m;* ~ **ly** straks.

instead [ɪnˈsted] isteden; ~ **of** istedenfor.

instep [ˈɪnstep] vrist *m.*

instigate [ˈɪnstɪɡeɪt] tilskynde, egge.

instinct [ˈɪnstɪŋkt] instinkt *n;* ~ **ive** [ɪnˈst-] instinktmessig.

institute [ˈɪnstɪtjuːt] institutt *n;* fastsette; opprette; iverksette; ~ **ion** [-ˈtjuːʃn] fastsettelse *m;* institusjon *m;* anstalt *m.*

instruct [ɪnˈstrʌkt] undervise; veilede; instruere; ~ **ion** instruksjon *m;* undervisning *m/f;* veiledning *m;* ~ **ions** instruks *m,* ordre *m;* ~ **ive** lærerik.

instrument [ˈɪnstrʊmənt] instrument *m;* verktøy *n;* dokument *n;* ~ **al** [-ˈmentl] medvirkende; *mus* instrumental.

insufferable [ɪnˈsʌfərəbl] utålelig.

insufficient [ɪnsəˈfɪʃnt] utilstrekkelig.

insular [ˈɪnsjʊlə] øy-; ~ **rity** øyboermentalitet *m;* ~ **te** isolere; ~ **tion** [-ˈleɪʃn] isolasjon, isolering *m;* ~ **tor** isolator *m.*

insult [ˈɪnsʌlt] hån *m,* fornærmelse *m;* [ɪnˈsʌlt] fornærme, håne.

insupportable [ɪnsəˈpɔːtəbl] utålelig; uutholdelig.

insurance [ɪnˈʃuːrəns] forsikring *m/f;* assuranse *m;* ~ **company** forsikringsselskap *n;* ~ **policy** forsikringspolise *m;* ~ **premium** forsikringspremie *m;* ~ **e** forsikre.

insurmountable [ɪnsəˈmaʊntəbl] uoverstigelig.

insurrection [ɪnsəˈrekʃn] oppstand *m.*

insusceptible [ɪnsəˈseptɪbl] uimottagelig.

intact [ɪnˈtækt] intakt.

integral [ˈɪntɪɡrəl] hel; integrerende; vesentlig; integral-; ~ **ity** [ɪnˈte-] helhet *m;* ubeskårethet *m;* rettskaffenhet *m;* ærlighet *m.*

intellect [ˈɪntɪlekt] forstand *m;* ~ **ual** [-ˈlektjʊəl] intellektuell *m;* forstands-, ånds-.

intelligence [ɪnˈtelɪdʒəns] forstand *m;* intelligens *m;* meddelelse *m;* ~ **ence service** etterretningsvesen *n;* ~ **ent** klok, intelligent; ~ **ible** forståelig.

intemperance [ɪnˈtempərəns] mangel på måtehold *n* (særlig drukkenskap); ~ **te** umåteholden; især: drikkfeldig.

intend [ɪnˈtend] akte; ha til hensikt; ~ **ant** intendant; ~ **ed for** bestemt til; ~ **ed** tilkommende (ektefelle).

intense [ɪnˈtens] intens; voldsom; ~ **ification** forsterkning; ~ **ify** forsterke; intensivere; ~ **ity** intensitet *m;* (lyd-, strøm-)styrke *m;* ~ **ive** intensiv.

intent [ɪnˈtent] anspent; opptatt **(on** med); hensikt *m;* ~ **ion** hensikt *m;* formål *n;* ~ **ional** tilsiktet.

intercede [ɪntəˈsiːd] gå i forbønn.

intercept [ɪntəˈsept] snappe opp; avskjære; avverge.

interchange [ɪntəˈtʃeɪndʒ] utveksle; skifte ut; [ˈɪntə-] utveksling *m/f;* skiftning *m.*

intercom fork. for **intercommunication system** [ɪntəkəˈmjʊnɪˈkeɪʃn ˈsɪstɪm] internt (høyttaler) telefonanlegg *n.*

intercourse [ˈɪntəkɔːs] samkvem *n;* (handels)forbindelse *m.*

interdependen|ce [ɪntədɪˈpendəns] gjensidig avhengihet *m;* ~ **t** gjensidig avhengig.

interdict [ɪntəˈdɪkt] forby; ~ **ion** forbud *n.*

interest [ˈɪntrɪst] interesse *m;* rente *m/f;* andel *m;* interessere; **take (an)** ~ **in** interessere seg for; ~ **ing** interessant.

interfere [ɪntəˈfɪə] gripe inn; blande seg opp i; ~ **with** hindre, komme i veien for; ~ **nce** innblanding *m/f;* **radio** forstyrrelse *m.*

interior [ɪnˈtɪərɪə] indre; innenlands-; interiør *n;* innvendig.

interloper [ˈɪntɜːˈləʊpə] påtrengende person *m;* ubuden gjest *m.*

interlude [ˈɪntəl(j)uːd] intermesso, mellomspill *n.*

intermarriage [ˈɪntəˈmærɪdʒ] ekteskap *n* på tvers av rase eller religion.

intermedia|ry [ɪntəˈmiːdɪərɪ] formidlende; mellommann *m;* formidler *m;* ~ **te** [-ˈmiːdjɪt] mellomliggende; mellom-.

interment [ɪnˈtɜːmənt] begravelse *m.*

interminable [ɪnˈtɜːmɪnəbl] endeløs, uendelig.

intermission [ɪntəˈmɪʃn] avbrytelse *m; amr teatr* pause *m.*

intermit [ɪntəˈmɪt] avbryte; utsette; ~ **tent** periodisk.

intern [ɪnˈtɜːn] internere; ~ **al** [ɪnˈtɜːnl] indre, innvendig; ~ **ment** internering *m/f.*

international [ɪntəˈnæʃnl] internasjonal.

internecine [ɪntəˈniːsaɪn] dødbringende.

interpol|ate [ɪnˈtɜːpoleɪt] innskyte, interpolere.

interpose [ɪntəˈpəʊz] innskyte; sette *el* komme mellom; gripe inn i.

interpret [ɪnˈtɜːprɪt] tolke, tyde, forklare; ~ **ation** [ɪntɜːprɪˈteɪʃn] (for)tolkning *m;* ~ **er** [ɪnˈtəprɪtə] tolk *m.*

interrogat|e [ɪnˈteregeɪt] (ut)spørre, forhøre; ~ **ion** [-ˈgeɪʃn] forhør *n;* **note** *el* **mark** *el* **point of** ~ **ion**

spørsmålstegn *n;* ~ **ive** [-ˈrɒgətɪv] spørrende.

interrupt [ɪntəˈrʌpt] avbryte; ~ **ion** avbrytelse *m.*

intertwine(d) [ɪntəˈtwaɪn(d)] sammenflette(t).

interval [ˈɪntəvəl] mellomrom *n;* intervall *n;* pause *m.*

interven|e [ɪntəˈviːn] komme mellom; gripe inn; intervenere; ~ - **tion** intervensjon *m,* innblanding *m/f;* mellomkomst *m.*

interview [ˈɪntəvjuː] møte *n;* samtale *m;* intervju *n;* intervjue.

intestine [ɪnˈtestɪn] tarm *m;* **large** ~ tykktarm; **small** ~ tynntarm.

intima|cy [ˈɪntɪməsɪ] fortrolighet *m;* intimitet *m;* ~ **te** [ˈ-mɪt] fortrolig, intim; [ˈ-meɪt] antyde; tilkjennegi.

intimidat|e [ɪnˈtɪmɪdeɪt] skremme; ~ **ion** [-ˈdeɪʃn] skremming *m/f.*

into [ˈɪntʊ] inn i; til.

intolera|ble [ɪnˈtolərəbl] uutholdelig; utålelig; ~ **nt** intolerant **(of** overfor).

intonation [ɪntəʊˈneɪʃn] intonasjon *m;* tonefall *n.*

intoxica|nt [ɪnˈtɒksɪkənt] rusdrikk *m;* ~ **te** beruse; forgifte; ~ **tion** beruselse *m;* forgiftning *m.*

intransitive intransitiv.

intravenous [ɪntrəˈviːnəs] intravenøs.

intrepid [ɪnˈtrepɪd] fryktløs, uforferdet.

intrigue [ɪnˈtriːg] intrige *m;* ~ **r** intrigemaker *m.*

intricate [ˈɪntrɪkɪt] innviklet; floket; komplisert.

intrigue [ɪnˈtriːg] intrige *m.*

intrinsic [ɪnˈtrɪnsɪk] indre.

introduc|e [ɪntrəˈdjuːs] innføre; gjøre kjent; presentere **(to** for); introdusere; ~ **tion** [-ˈdʌkʃn] innførelse *m;* presentasjon *m;* **letter of** ~ **tion** anbefalingsbrev *n;* ~ **to- ry** innlednings-, innledende.

intrude [ɪnˈtruːd] trenge (seg) inn; forstyrre; ~ **r** inntrenger *m,* påtrengende person *m.*

intrus|ion [ɪnˈtruːʒn] inntrengning *m,* påtrengenhet *m;* ~ **ive** påtrengende.

intuiti|on [ɪntjuːˈɪʃn] intuisjon *m;* **~ve** intuitiv.

inundat|e [ˈɪnʌndeɪt] oversvømme; **~ion** [-ˈdeɪʃn] oversvømmelse *m.*

invade [ɪnˈveɪd] trenge inn i, gjøre innfall i, invadere; **~r** angriper *m,* overfallsmann *m.*

invalid [ɪnˈvælɪd] ugyldig; [ˈɪnvəlɪd] invalid *m;* [ɪnvəˈliːd] gjøre *(el* bli) invalid; **~ate** [ɪnˈvælɪdeɪt] gjøre ugyldig; oppheve.

invaluable [ɪnˈvæljʊəbl] uvurderlig.

invariable [ɪnˈveərɪəbl] uforanderlig.

invasion [ɪnˈveɪʒn] invasjon *m;* inngrep *n* (**of** i).

invective [ɪnˈvektɪv] skjellsord *n.*

invent [ɪnˈvent] oppfinne; **~ion** oppfinnelse *m;* **~or** oppfinner *m.*

inventory [ˈɪnventrɪ] inventarliste *m/f,* fortegnelse *m.*

inver|se [ɪnˈvɜːs] omvendt; **~sion** ombytting *m/f;* omvendt ordstilling *m/f;* **~t** vende opp ned på, snu om på, invertere; **~ted** omvendt.

invest [ɪnˈvest] investere; utstyre.

investigat|e [ɪnˈvestɪgeɪt] (ut-, etter-)forske, granske; **~ion** undersøkelse *m,* gransking *m/f.*

invest|ment [ɪnˈvestmənt] investering *m/f,* (penge)anbringelse *m;* **~or** investor *m.*

inveterate [ɪnˈvetərɪt] inngrodd; rotfestet.

invidious [ɪnˈvɪdjəs] odiøs, lei, vanskelig.

invigorate [ɪnˈvɪgəreɪt] styrke; oppmuntre.

invincib|ility [ɪnvɪnsɪˈbɪlɪtɪ] uovervinnelighet *m;* **~le** [ɪnˈvɪnsəbl] uovervinnelig.

inviolable [ɪnˈvaɪələbl] ukrenkelig.

invisible [ɪnˈvɪzəbl] usynlig.

invit|ation [ɪnvɪˈteɪʃn] innbydelse *m,* invitasjon *m;* **~e** [ɪnˈvaɪt] innby; oppfordre; be om.

invoice [ˈɪnvɔɪs] faktura *m;* fakturere.

invoke [ɪnˈvəʊk] påkalle; anrope; besverge.

involuntary [ɪnˈvɒləntərɪ] ufrivillig; uvilkårlig.

involve [ɪnˈvɒlv] innvikle; innblande; involvere, medføre; innebære.

invulnerable [ɪnˈvʌlnərəbl] usårbar.

inward [ˈɪnwəd] indre; innvendig; innad; **~ly** innvendig; i ens stille sinn; **~s** innvoller; innad.

iodi|c [aɪˈɒdɪk] jodholdig; **~ne** [ˈaɪədiːn] jod *m.*

IOU (I owe you) [ˈaɪəʊˈjuː] gjeldsbrev *n.*

Ireland [ˈaɪələnd] Irland.

Irish [ˈaɪrɪʃ] irsk; **the ~** irlenderne.

irksome [ˈɜːksəm] trettende.

iron [ˈaɪən] jern *n;* strykejern *n;* av jern; jernhard; glatte, stryke; **~ curtain** jernteppe *n;* **~-foundry** jernstøperi *n;* **~s** lenker.

ironic(al) [aɪˈrɒnɪk(l)] ironisk.

iron|ing [ˈaɪənɪŋ] stryking *m/f;* **~monger** jernvarehandler *m;* **~-mould** rustflekk *m;* **~ware** jernvarer; isenkram *m;* **~-works** jernverk *n.*

irony [ˈaɪrənɪ] ironi *m.*

irrational [ɪˈræʃnl] irrasjonell; ufornuftig.

irrecognizable [ɪˈrekəgnaɪzəbl] ugjenkjennelig.

irreconcilable [ɪˈrekn̩saɪləbl] uforsonlig, uforenlig.

ir|recoverable [ɪrɪˈkʌvərəbl] uopprettelig, uerstattelig; **~refutable** ugjendrivelig; **~regular** uregelmessig; **~regularity** uregelmessighet *m.*

irrelevan|ce [ɪˈrelɪvəns] noe som ikke har med saken å gjøre; **~t** (saken) uvedkommende, utenforliggende.

irreligious [ɪrɪˈlɪdʒəs] gudløs; irreligiøs.

irremediable [ɪrɪˈmiːdɪəbl] uopprettelig.

irremovable [ɪrɪˈmuːvəbl] urokkelig, uavsettelig.

irreparable [ɪˈrepərəbl] ubotelig; uerstattelig.

irreproachable [ɪrɪˈprəʊtʃəbl] ulastelig, upåklagelig.

irresistible [ɪrɪˈzɪstəbl] uimotståelig.

ir|resolute [ɪˈrezəluːt] ubesluttsom; **~respective of** uten hensyn til.

irresponsib|ility [ˈɪrɪspɒnsəˈbɪlɪtɪ] uansvarlighet *m;* **~le** uansvarlig.

irretrievable [ɪrɪˈtriːvəbl] uopprette-
lig; uerstattelig.
irreversible [ɪrɪˈvɜːsɪbl] uomstøtelig,
som ikke kan vendes.
irrevocable [ɪˈrevəkəbl] ugjenkalle-
lig.
irrigat|**e** [ˈɪrɪgeɪt] overrisle; ~ **ion**
overrisling *m/f*, vanning *m/f*.
irrita|**bility** [ɪrɪtəˈbɪlɪtɪ] irritabilitet
m; omfintlighet *m;* ~ **ble** [ˈɪrɪtəbl]
irritabel; ~ **te** irritere; ~ **ting** irri-
terende; ~ **tion** irritasjon *m;* erg-
relse *m*.
is [ɪz] er; **that** ~ **to say** det vil si.
Islam [ˈɪzlɑːm] islam; ~ **ic** [-ˈlæ-]
islamsk.
island [ˈaɪlənd] øy *f;* ~ **er** øyboer
m.
isle [aɪl] øy (i navn) *f*.
islet [ˈaɪlet] holme *m*.
isn't [ˈɪznt] = **is not**.
isolate [ˈaɪsəleɪt] avsondre; isolere.
issue [ˈɪsjuː] *el* ˈɪʃuː] utgang *m;* av-
løp *n;* avkom *n;* etterkommere;
resultat *n;* utfall *n;* utgave *m/f;*
opplag *n;* nummer *n* (av tids-

skrift); spørsmål *n;* stridspunkt
n; komme ut; strømme ut; utgå
(**from** fra); resultere (**in** i); utste-
de; utlevere; utgi.
isthmus [ˈɪsməs, -stm-, -sθm-] eid
n, nes *n*.
it den, det.
Italian [ɪˈtæljən] italiensk (språk);
italiener(inne) *m (m/f)*.
italics [ɪˈtælɪk] kursiv; uthevelse *m*.
Italy [ˈɪtəlɪ] Italia.
itch [ɪtʃ] klø(e) *(m)*.
item [ˈaɪtəm] punkt *n*, post *m* (i
regnskap o.l.); avisnotis *m;* likele-
des.
iterat|**e** [ˈɪtəreɪt] gjenta; ~ **ion**
[-ˈreɪʃn] gjentagelse *m*.
itinerant [ɪˈtɪnərənt *el* aɪˈ-] omrei-
sende; vandrende; vandre-; ~ **ary**
reiserute *m/f*, -beskrivelse *m*.
its dens, dets.
itself [ɪtˈself] den selv, det selv,
seg; **by** ~ for seg, særskilt.
ivory [ˈaɪvərɪ] elfenben *n*.
ivy [ˈaɪvɪ] eføy *m*.

J

jabber [ˈdʒæbə] skravle.
jack [dʒæk] jekk; knekt, fyr *m;* ~
up jekke opp; ~ **al** sjakal *m;*
~ **et** jakke, kappe *m/f;* trøye;
~ **knife** folkekniv *m;* ~ **-of-all-
trades** altmuligmann *m;* ~ **pot**
stor gevinst *m*.
jade [dʒeɪd] jade(stein) *m;* merr *f*.
jag [dʒæg] takk, spiss *m;* ~ **ged**
takket, spiss.
jail [dʒeɪl] fengsel *n;* fengsle; ~ **er**
fengselsbetjent *m*.
jam [dʒæm] syltetøy *n;* trengsel
m; stimmel *m;* knipe *m/f;* pres-
se; klemme; være i knipe; *radio*
forstyrre.
janitor [ˈdʒænɪtə] dørvokter *m; amr*
vaktmester *m*.
January [ˈdʒænjʊərɪ] januar.
Japan [dʒəˈpæn] Japan; ~ **ese**
[dʒæpəˈniːz] japansk; japaner(in-
ne) *m (m/f)*.
jar [dʒɑː] krukke *m/f;* støt *n;* skur-

ring *m/f;* ryste; skurre, knirke,
~ **gon** [ˈdʒɑːgən] sjargon *m;* ~
upon støte; irritere.
jaundice [ˈdʒɔːndɪs] gulsott *m/f*.
javelin [ˈdʒævlɪn] (kaste)spyd *n*.
jaw [dʒɔː] kjeve *m;* prate.
jay [dʒeɪ] nøtteskrike *f*.
jealous [ˈdʒeləs] sjalu; misunnelig;
~ **y** sjalusi *m*.
jean(s) [dʒiːnz] dongeribukser, ola-
bukser.
jeer [dʒɪə] håne, spotte.
jelly [ˈdʒelɪ] gelé *m;* ~ **fish** manet
m/f.
jeopard|**ize** [ˈdʒepədaɪz] bringe i
fare, sette på spill; ~ **y** fare *m;*
risiko *m*.
jerk [dʒɜːk] rykk(e) *n;* tosk.
jersey [ˈdʒɜːzɪ] jersey (stoff) *m (n)*.
jest [dʒest] spøk(e) *m;* ~ **er** spøke-
fugl *m;* hoffnarr *m*.
Jesuit [ˈdʒezjʊɪt] jesuitt *m*.
jet [dʒet] stråle *m;* sprut *m;* jetfly

n; sprute **(out** fram); ~ **-plane**
jetfly *n.*

jettison ['dʒetɪsɪn] dumpe, kvitte
seg med; dumping *m.*

jetty ['dʒetɪ] molo *m,* kai *m/f.*

Jew [dʒu:] jøde *m.*

jewel ['dʒu:əl] juvel *m;* ~ **-box**
smykkeskrin *n;* ~ **ler** juvelér *m;*
gullsmed *m;* ~ **(le)ry** *koll* juveler.

Jewess ['dʒu:ɪs] jødinne *m/f;* ~ **ish**
jødisk.

jibe [dʒaɪb] uthenging, fornærmel-
se *m.*

jilt [dʒɪlt] svikte (i kjærlighet).

jingle ['dʒɪŋgl] ringle, klirre; ring-
ling *m/f,* klirring *m/f;* regle *m/f.*

job [dʒɒb] arbeid *n;* jobb *m;* affæ-
re *m;* leie ut; arbeide på akkord;
jobbe; spekulere; ~ **ber** akkord-
arbeider *m;* børsspekulant *m.*

jockey ['dʒɒkɪ] jockey *m;* lure,
svindle.

jog [dʒɒg] puffe, dytte; lunte av-
sted, jogge.

join [dʒɒɪn] forbinde; slutte seg
sammen (med); slutte seg til; tre
inn i; ~ **er** (bygnings-)snekker *m;*
~ **er's bench** ['dʒɒɪnəs ben(t)ʃ]
høvelbenk *m;* ~ **t** sammenføyning
m; fuge *m;* skjøt *m;* ledd *n;* steik
m/f; føye sammen; felles-; for-
ent; ~ **t venture** delt risiko, felles
satsing *m.*

joke [dʒəʊk] spøk(e) *m.*

jolly ['dʒɒlɪ] lystig; livlig; morsom;
svært, veldig.

jolt ['dʒəʊlt] støt *n;* rysting *m/f;*
støte; ryste.

jostle ['dʒɒsl] puffe, skubbe.

jot [dʒɒt] tøddel *m,* døyt *m;* ~
down rable ned.

journal ['dʒɜ:nl] dagbok *m/f;* tids-
skrift *n;* avis *m/f;* ~ **ism** journali-
stikk *m;* ~ **ist** journalist *m.*

journey ['dʒɜ:nɪ] reise *m/f* (til
lands); ~ **man** håndverkersvenn *m.*

joust [dʒaʊst] turnere; dyst, turne-
ring *m.*

Jove [dʒəʊv] Jupiter; **by** ~ (så)
sannelig!

jovial ['dʒəʊvjəl] munter; gemytt-
lig.

jowl [dʒaʊl] (under)kjeve *m,* kjake *m.*

joy [dʒɒɪ] fryd *m,* glede *m;* ~ **ful,**
-ous glad, gledelig.

jubilee ['dʒu:bɪli:] jubileum *n;* ju-
belår *n.*

judge [dʒʌdʒ] dommer *m;* kjenner
m; dømme; anse for, bedømme.

judg(e)ment ['dʒʌdʒmənt] dom *m;*
mening *m/f;* skjønn *n;* ~ **-day**
dommedag *m.*

judicial [dʒʊ'dɪʃl] rettslig, retts-;
juridisk; ~ **ial murder** justismord
n; ~ **ious** [-'dɪʃəs] forstandig,
klok.

jug [dʒʌg] mugge *m/f.*

juggle ['dʒʌgl] gjøre (trylle-)kuns-
ter; narre; ~ **r** tryllekunstner *m;*
~ **ry** tryllekunst *m;* taskenspilleri
n; bedrageri *n.*

juice [dʒu:s] saft *m/f;* ~ **y** saftig.

July [dʒʊ'laɪ] juli.

jump [dʒʌmp] hopp(e) *n;* hoppe
over; fare sammen; ~ **at** kaste
seg over; gripe med begge hen-
der; ~ **er** hopper *m;* jumper *m,*
genser *m;* ~ **ing hill** hoppbakke
m; ~ **y** nervøs, urolig.

junction ['dʒʌŋkʃn] forening *m/f;*
forbindelse *m;* (jernbane)knute-
punkt *n.*

June [dʒu:n] juni.

jungle ['dʒʌŋgl] jungel *m.*

junior ['dʒu:njə] yngre; junior *m.*

juniper ['dʒu:nɪpə] einer *m.*

junk [dʒʌnk] skrap *n,* skrot *n;*
~ **dealer** skraphandler *m.*

jurisdiction [dʒu:rɪs'dɪkʃn] juris-
diksjon *m,* domsmyndighet *m;*
~ **prudence** rettsvitenskap *m.*

jury ['dʒu:rɪ] jury *m.*

just [dʒʌst] rimelig; rettferdig; rik-
tig; nøyaktig; nettopp; bare; ~ **-**
ice rettferdighet *m;* berettigelse
m; dommer *m.*

justification [dʒʌstɪfɪ'keɪʃn] rett-
ferdiggjørelse *m;* ~ **iable** forsvar-
lig; ~ **y** rettferdiggjøre; forsvare.

jut [dʒʌt] stikke fram.

jute [dʒu:t] jute *m.*

Jutland ['dʒʌtlənd] Jylland.

juvenile ['dʒu:vɪnaɪl] ungdommelig,
ungdoms-; ~ **delinquent** ung-
domsforbryter *m.*

juxtaposition [dʒʌkstəpə'zɪʃn] side-
stilling *m/f.*

K

kangaroo [kæŋgə'ru:] kenguru
m.
kayak [ˈkaɪæk] kajakk *m.*
keel [kiːl] kjøl *m.*
keen [kiːn] skarp; bitende; ivrig;
~ -sighted skarpsynt.
keep [kiːp] underhold *n;* holde,
beholde; besitte; underholde;
overholde; holde ved like; opp-
rettholde; føre oppsikt med; vok-
te; passe; føre (bøker); ha; opp-
holde; holde seg; bli ved med; ~
away holde seg borte; ~ compa-
ny holde med selskap; ~ down
el under undertrykke; ~ house
stelle hus; ~ in stock ha på la-
ger; ~ in touch with holde seg i
kontakt med; ~ on beholde på;
~ on (doing something) fortsette
med å gjøre noe; ~ out holde
ute; utelukke; ~ silent være el tie
stille; ~ somebody waiting la
noen vente; ~ to holde seg til; ~
up with holde tritt med; ~ er
oppsynsmann *m;* vokter *m;* røkter
m; målmann *m;* ~ing forvaring
m/f; ~ sake souvenir *m;* erind-
ring *m/f.*
keg kagge *m/f;* lite fat *n.*
kennel [ˈkenl] hundehus *n;* hunde-
kobbel *n;* kennel *m;* ~ s kennel
m.
kerb [kɜːb] fortauskant *m.*
kerchief [ˈkɜːtʃɪf] (hode)tørkle.
kernel [ˈkɜːn(ə)l] kjerne *m* (nøtt);
~ of a nut nøttekjerne *m.*
kerosene [ˈkerəsiːn] *især amr* para-
fin *m.*
kettle [ˈketl] kjele *m,* gryte *m/f;*
~ drum pauke.
key [kiː] nøkkel *m;* tangent *m* (på
klavér, skrivemaskin); toneart *m;*
~ board tastatur *n;* klaviatur *n,*
~ ed up oppspilt; ~ hole nøkkel-
hull *n;* ~ note grunntone *m* (også
fig); ~ -ring nøkkelring *m;*
~ stone sluttstein *m.*
khaki [ˈkɑːkɪ] kaki *m.*
kick spark(e) *n;* spenn(e) *n;* futt

m; spenning *m/f;* ~ back retur-
provisjon *m;* ~ -off avspark *n;* ~
out utspark (fra mål) *n.*
kid geitekilling *m; dt* unge *m,*
smårolling *m;* erte; narre.
kidnap [ˈkɪdnæp] bortføre; ~ ping
bortføring *m/f.*
kidney [ˈkɪdnɪ] nyre *m/f.*
kill drepe, slå i hjel; gjøre det
av med; slakte; ~ er morder *m;*
slakter *m;* ~ ing: make a ~ ing
gjøre et kupp, tjene en formue.
kilo|cycle [ˈkɪlosaɪkl] kiloperiode
m, ty: Kilohertz; ~ gram(me) ki-
logram *n;* ~ metre kilometer *m.*
kin slekt *m/f;* slektninger.
kind [kaɪnd] snill, god, vennlig (to
mot); slag(s) *n,* sort *m.*
kindergarten [ˈkɪndəgɑːtn] barne-
hage *m.*
kindle [ˈkɪndl] tenne på; ta fyr.
kind|hearted [ˈkaɪndˈhɑːtɪd] godhjer-
tet; ~ ness godhet *m;* vennlighet
m.
kindred [ˈkɪndrɪd] slektskap *m;*
slekt *m/f;* beslektet.
king [kɪŋ] konge *m;* ~ dom konge-
rike *n;* ~ pin bandeleder, anfører
m.
kin|ship [ˈkɪnʃɪp] slektskap *n;*
~ sman [ˈkɪnzmən] slektning
m.
kiss [kɪs] kyss(e) *n.*
kit utstyr *n;* utrustning *m;* oppak-
ning *m;* ~ bag reiseveske *f.*
kitchen [ˈkɪtʃɪn] kjøkken *n;* ~ ette
tekjøkken; ~ -range komfyr *m.*
kite [kaɪt] papirdrage *m;* glente
m; prøveballong *m.*
kitten [ˈkɪtn] kattunge *m.*
kleptomaniac [kleptəˈmeɪnjæk]
kleptoman *m.*
knack [næk] knip *n;* ferdighet *m;*
evne *m/f;* håndlag *n.*
knag [næg] knort *m,* knast *m;*
~ gy knortet, knastet.
knapsack [ˈnæpsæk] ryggsekk *m;*
ransel *m.*
knave [neɪv] skurk *m;* kjeltring

m; knekt (i kort) *m;* ~ **ery** kjelt-ringstrek *m.*
knead [ni:d] kna, elte.
knee [ni:] kne *n;* ~**-breeches** kne-bukser; ~**-cap** kneskål *n.*
kneel [ni:l] knele **(to** for).
knife *pl* **knives** [naɪf, naɪvz] kniv *m;* stikke med kniv.
knight [naɪt] ridder *m;* springer *m* (i sjakk); utnevne til ridder.
knit [nɪt] knytte; strikke; ~ **ting** strikketøy *n;* ~ **ting-needle** strik-kepinne *m.*
knob [nɒb] knott *m;* knute *m;* ~ **by** knottet; bulet; knortet.
knock [nɒk] slag *n;* banking *m/f;* slå; støte; banke; ~ **about** farte, slentre omkring; ~ **at the door** banke på døra; ~ **down** slå ned,

slå overende; ~ **ing-down** tilslag (auksjon); ~ **out** slå ut (også *fig);* *fig* knusende slag *n;* ~ **er** dør-hammer *m;* ~**-kneed** [ˈnɒkˈni:d] kalvbeint.
knoll [nəʊl] haug *m;* knaus *m.*
knot [nɒt] knute *m;* sløyfe *m/f;* klynge *m/f;* gruppe *m/f; mar* knop *m;* knyte, binde; ~ **ted** knu-tet, knortet.
know [nəʊ] vite; kjenne; kunne; kjenne til; få vite om; forstå seg på; **make** ~ **n** gjøre kjent; ~**-how** sakkunnskap *m;* ~ **ing** erfaren, kyndig; ~ **ledge** [ˈnɒlɪdʒ] kunn-skap *m;* kjennskap *m;* ~ **ledgeable** velorientert.
knuckle [ˈnʌkl] knoke *m.*

L

label [ˈleɪbl] merkelapp *m;* etikett *m;* sette merkelapp på.
laboratory [ləˈbɔːrətrɪ] *el amr* [ˈlæbrətərɪ] laboratorium *n.*
laborious [ləˈbɔːrɪəs] strevsom.
labour [ˈleɪbə] (grovt) arbeid *n;* slit *n,* strev *n,* møye *m/f;* fødsels-veer; arbeidskraft *m/f;* arbeider-klassen; **the Labour Party** Ar-beiderpartiet; streve, slite, stri med; tynget av; **(heavy** *el* **manual)** ~ **er** tungarbeider *m;* ~ **market** arbeidsmarked *n.*
labyrinth [ˈlæbɪrɪnθ] labyrint *m.*
lace [leɪs] snor *m/f,* lisse *m/f,* tres-se *m/f;* kniplinger; snøre, sette tresser *el* kniplinger på.
lack [læk] mangel *m,* mangle.
lackey [ˈlækɪ] lakei *m.*
lacquer [ˈlækə] lakk(ferniss) *m (m);* lakkere.
lad [læd] gutt *m,* kar *m.*
ladder [ˈlædə] stige *m,* leider *m;* raknet stripe (i strømpe); ~**-proof** raknefri.
lad|e [leɪd] laste, belesse; ~ **ing** ladning *m,* last *f.*
la-di-da jåle *f.*
ladle [ˈleɪdl] øse *m/f;* sleiv *f;* øse.
lady [ˈleɪdɪ] dame *m/f;* frue *m/f;*

Lady (tittel); ~ **like** fin; dame-messig.
lag [læg] forsinkelse *m;* isolasjon-(smateriale) *m (n); dt* straffange; somle; ~ **behind** sakke akterut.
lager (beer) [ˈlɑːgəbɪə] pils(nerøl) *m (n).*
lagoon [ləˈguːn] lagune *m.*
laid-up ships (skip i) opplag *n.*
lair [leə] hi *n.*
lake [leɪk] innsjø *m;* lakkfarge *m.*
lamb [læm] lam *n.*
lame [leɪm] halt; vanfør; skrøpe-lig; gjøre halt, vanfør.
lament [ləˈment] klage *m;* klage-sang *m;* jamre; beklage (seg); ~ **able** beklagelig; ~ **ation** jam-mer *n.*
lamp [læmp] lampe *m/f;* ~**-post** lyktestolpe *m.*
lampoon [læmˈpuːn] smedeskrift *n.*
lance [lɑːns] lanse *m/f.*
land [lænd] land(jord) *n (m/f),* land *n;* jord *m/f;* jordstykke *n;* grunneiendom *m;* bringe i land; landsette; losse; lande; havne; ~ **ed** landeiendoms-; ~ **fill** dynge *f;* fylling *m/f;* ~ **holder** godseier *m;* grunneier *m;* ~ **ing** landing *m/f;* trappeavsats *m;* ~ **ing-**

ground landingsplass *m;* stoppested *n;* ~ **ing place** landingsplass *m;* kai *m/f;* ~ **ing stage** landgangsbrygge *f;* flytebrygge *f;* ~ **ing strip** landingsbane *m;* ~ **lady** vertinne *m/f* (i hotell, vertshus o.l.); ~ **locked** beliggende midt inne i landet; ~ **lord** (hus)-vert *m;* hotellvert *m,* gjestgiver *m;* godseier *m;* ~ **lubber** landkrabbe; ~ **mark** grensemerke *n,* landmerke *n;* milepel *m;* ~ **scape** landskap *n;* ~ **slide** skred *n.*

lane [leɪn] smal vei *m,* smal gate *m/f;* kjørefelt, fil *n;* råk *m.*

language [ˈlæŋgwɪdʒ] språk *n.*

languid [ˈlæŋgwɪd] matt, slapp, treg; ~ **ish** bli slapp, matt; hensykne; lenges.

lank(y) [ˈlæŋk(ɪ)] radmager, skranglet.

lantern [ˈlæntən] lanterne *m/f,* lykt *m/f.*

lap [læp] skjød *n,* fang *n; idr* runde *m;* lepje, slurpe i seg; innhylle; svøpe; folde; ~ **-dog** skjødehund *m;* ~ **time** rundetid.

lapel [ləˈpel] slag (på jakke o.l.) *n.*

lapse [læps] feil *m,* lapsus *m;* glidning *m;* forløp *n,* tidsrom *n,* feile; bortfalle; gli ut; henfalle **(into** til).

lard [lɑːd] spekk *n,* smult *n;* spekke; ~ **er** spiskammer *n.*

large [lɑːdʒ] stor; vid; bred; rommelig; utstrakt; storsinnet; **at** ~ på frifot; **people at** ~ folk i sin alminnelighet; ~ **ly** i stor utstrekning, overveiende; ~ **-size(d)** i stort format *n.*

lark [lɑːk] lerke *m/f;* moro *m/f;* holde leven, tulle.

larva [ˈlɑːvə] larve.

larynx [ˈlærɪŋks] strupehode *n.*

lasciviousness [ləˈsɪvjəsnɪs] vellystighet *m.*

laser [ˈleɪsə] laser; ~ **beam** laserstråle *m/f;* ~ **weapon** laservåpen *n.*

lash [læʃ] piskeslag *n,* snert *m;* øyenvippe *m/f;* piske; hudflette (også *fig);* surre (binde).

lass [læs] pike *m/f.*

last [lɑːst] lest *m;* sist, forrige, siste; ytterst; høyest; størst; siste

gang; vare, holde seg; ~ **but one** nest sist; **at** ~ til sist; ~ **ing** varig; ~ **ly** til sist, endelig.

latch [lætʃ] klinke *m/f;* smekklås *m;* ~ **-key** (gatedørs)nøkkel *m.*

late [leɪt] sein; for sein; forsinket; forhenværende, tidligere; (nylig) avdød; nylig (hendt); ny; **be** ~ komme for seint; ~ **-comer** etternøler *m;* ~ **ly** nylig; i det siste; **of** ~ nylig, i det siste; **at the** ~ **est** seinest.

lateral [ˈlæt(ə)rəl] side-.

lathe [leɪð] dreiebenk.

lather [ˈlɑːðə *el* ˈlæðə] (såpe)skum *n;* såpe inn; skumme.

Latin [ˈlætɪn] latin(sk) *m.*

latitude [ˈlætɪtjuːd] bredde(grad *m);* spillerom *n.*

latter [ˈlætə] (den, det) sistnevnte (av to); siste (annen).

lattice [ˈlætɪs] gitter(verk) *n;* sprinkler.

laudable [ˈlɔːdəbl] rosverdig.

laugh [lɑːf] latter *m;* le; ~ **at le** av; ~ **able** latterlig; ~ **ing gas** lystgass *m;* ~ **ter** latter *m.*

launch [lɔːn(t)ʃ *el* lɑːn(t)ʃ] stabelavløping *m;* barkasse *m;* sende ut; sette på vannet; lansere; ~ **ing pad** utskytningsrampe *m/f.*

laundress [ˈlɔːndrɪs] vaskekone *m/f;* ~ **ry** vaskeri *n,* vask(etøy) *m (n).*

laurel [ˈlɔrəl] laurbær *n.*

lavatory *fork* **lav** [ˈlævət(ə)rɪ] vaskerom *n;* toalettrom *n,* W.C.

lavender [ˈlævəndə] lavendel.

lavish [ˈlavɪʃ] ødsle; ødsel.

law [lɔː] lov *m;* (lov og) rett *m;* jus *m;* ~ **-abiding** lovlydig; ~ **-court** domstol *m,* rett(slokale); ~ **ful** lovlig; rettmessig; ~ **less** lovløs.

lawn [lɔːn] gressplen *m;* ~ **-mower** gressklipper *m.*

lawsuit [ˈlɔːs(j)uːt] rettssak *m/f.*

lawyer [ˈlɔːjə] jurist *m;* advokat *m.*

lax [læks] slapp, løs; ~ **ative** avføringsmiddel *n;* ~ **ity** slapphet *m.*

lay [leɪ] retning *m,* stilling *m/f; dt* beskjeftigelse *m,* jobb *m,* yrke *n;* kvad *n,* sang *m;* lekmanns-;

legge, sette, stille; ~ **by** legge til
side; spare; ~ **down** nedlegge;
oppgi; ofre; ~ **on** smøre på, stry-
ke på; ~ **open** blottlegge; ~ **out**
legge fram; legge ut; anlegge (ha-
ge o.l.).
layer ['leɪə] lag *n*, sjikt *n*.
layman ['leɪmən] lekmann *m*.
laziness ['leɪzɪnɪs] dovenskap *m*;
~ **y** doven, lat.
lead [led] bly *n*; *mar* lodd *n*.
lead [li:d] ledelse *m*, føring *m/f*;
vink *n*; invitt *m*; *teat* hovedrolle
m/f; føre, lede; føre **(to** til), trek-
ke med seg; spille ut (et kort).
leaden ['ledn] bly-, av bly.
leader ['li:də] fører *m*, leder *m*;
~ **ship** ledelse *m*, førerskap *n*.
leading ['li:dɪŋ] ledende.
leaf [li:f] *pl* **leaves** blad *n*; *pl* løv
n; blad *n* (i en bok); dørfløy
m/f; klaff *m*, bordlem *m*; ~ **let**
lite blad; brosjyre *m*, flygeblad *n*.
league [li:g] forbund *n*; liga *m*.
leak [li:k] lekkasje *m*; lekk(e),
være lekk; ~ **age** lekkasje *m*; ~ **y**
lekk, utett.
lean [li:n] tynn, mager; lene, støt-
te (seg); helle; ~ **on** støtte seg
til; ~ **ing** tendens *m*, tilbøyelighet
m; ~ **ness** magerhet *m*.
leap [li:p] hopp *n*, sprang *n*; hop-
pe; **(play)** ~ **frog** hoppe bukk,
bykse; ~ **-year** skuddår *n*.
learn [lɜ:n] lære; få vite; erfare;
~ **from** lære av; ~ **ed** ['lɜ:nɪd]
lærd; ~ **er** elev *m*, lærling *m*, be-
gynner *m*; ~ **er car (L-car)** skole-
vogn *m/f*; ~ **ing** lærdom *m*.
lease [li:s] forpaktning *m*, leie
m/f, bygsel *m*; (leie-) kontrakt
m; bygsle bort; forpakte.
leash [li:ʃ] (hunde)reim *f*; koppel
n.
least [li:st] minst; **at** ~ **£10** minst
10 pund.
leather ['leðə] lær *n*; kle med lær;
av lær; ~ **y** læraktig.
leave [li:v] lov *m*, tillatelse *m*,
permisjon; **sick** ~ sykepermisjon
m; **take** ~ **of** si farvel til; forla-
te, etterlate; reise bort fra; la (bli
el være); overlate; ~ **alone** la
være i fred.

leaven [levn] surdeig *m*.
lecture ['lektʃə] foredrag *n*; foreles-
ning *m*; straffepreken *m*; holde
forelesning *m el* foredrag *n*; ~ **r**
foreleser *m*, foredragsholder *m*;
universitetslektor *m*.
ledge [ledʒ] hylle *m/f*; list *m/f*;
avsats *m*.
ledger ['ledʒə] *merk* hovedbok *m/f*.
lee [li:] *mar* le (side).
leech [li:tʃ] igle *m/f*.
leek [li:k] purre *m (bot)*.
leer [lɪə] lumsk sideblikk *n*; skotte.
leeward ['li:wəd] *mar* le.
leeway ['li:weɪ] spillerom *n*.
left venstre; tilbake, igjen; ~ **-
handed** keivhendt; ~ **ist** venstre-
radikaler, venstreorientert; ~ **ist
group** venstreorientert gruppe
m/f.
left-luggage office [left lʌgɪdʒ ˈɒfɪs]
(reisegods)-oppbevaring *m/f*.
left-overs ['leftəʊvəz] (mat)rester.
leg ben *n*; etappe *m*.
legacy ['legəsɪ] testamentarisk gave
m; arv *m*.
legal ['li:gl] lovlig, legal, rettslig;
~ **ization** legalisering *m/f*; ~ **ize**
legalisere, gjøre lovlig; stadfeste.
legation [lɪˈgeɪʃn] legasjon *m*.
legend ['ledʒənd] legende *m*, sagn
n; tegnforklaring (på kart) *m/f*;
~ **ary** legendarisk.
leggings ['legɪŋz] *pl* gamasjer.
legible ['ledʒəbl] leselig.
legislate ['ledʒɪsleɪt] gi lover; ~ **ive**
lovgivende; ~ **or** lovgiver *m*;
~ **ure** lovgivende forsamling *m/f*.
legitimacy [lɪˈdʒɪtɪməsɪ] lovlighet
m, rettmessighet *m*, legitimitet
m; ekte fødsel *m*; ~ **te** [-mɪt] lov-
messig, rettmessig; ektefødt;
[-meɪt] legitimere.
leisure ['leʒə] fritid *m/f*; ro *m*;
~ **ly** makelig, rolig.
lemon ['lemən] sitron *m*; ~ **ade**
[lemə'neɪd] (sitron)brus *m*; limo-
nade *m*.
lend låne (ut); yte (hjelp); egne
seg for; ~ **er** utlåner *m*.
length [leŋθ] lengde *m*; stykke *n*,
lengde (som mål); **at** ~ omsider,
endelig; **five feet in** ~ fem fot i

lengde; ~ **en** forlenge; ~ **wise** på langs.
lenient ['li:nɪənt] mild, skånsom.
lens [lenz] (glass)linse *m/f.*
Lent faste(tiden) *m (f).*
lep|er ['lepə] spedalsk *m;* ~ **rosy** spedalskhet *m;* ~ **rous** spedalsk.
lesbian ['lezbɪən] lesbisk.
lesion ['li:ʒn] skade *m,* kvestelse *m.*
less mindre, ringere; minus; ~ **en** minke, avta; forminske; ~ **er** mindre; minst (av to).
lesson ['lesn] lekse *m/f;* undervisningstime *m;* lærepenge *m.*
lest for at (ikke).
let la, tillate; leie (**out** ut); senke, heise ned; ~ **alone** la være i fred; ~ **down** senke, heise ned; svikte, bedra; ~ **go** slippe (taket) (**of** på); ~ **in** slippe inn; ~ **on** late som om; røpe; innrømme.
lethal ['li:θəl] dødelig.
letter ['letə] bokstav *m;* brev *n;* ~ **s** litteratur *m;* **by** ~ pr. brev; ~ **-box** postkasse *m/f;* ~ **-carrier** *amr* postbud *n.*
lettuce ['letɪs] (blad)salat *m.*
level ['levl] vannrett linje *m/f;* nivå *n;* plan *n;* jevnhøyde *m;* vaterpass *n;* jevn, flat; vannrett; jevnhøy; planere; (ut)jevne; gjøre vannrett; nivellere; sikte (**at** på), rette mot; være ærlig (**with** overfor); ~ **crossing** *jernb* overgang *m;* **on a** ~ **with** på samme høyde som; ~ **of the sea** havflaten *m/f;* ~ **-headed** stø, sindig.
lever ['li:və] vektstang *m/f;* også *fig* brekkstang *m/f;* spak *m; fig* tak *n,* innflytelse *m.*
levity ['levɪtɪ] lettsinn *n.*
levy ['levɪ] utskrivning *m;* oppkreving *m/f;* skrive ut (skatt o.l.).
lewd [l(j)u:d] utuktig.
liab|ility [laɪə'bɪlɪtɪ] forpliktelse *m;* ansvar *n;* ~ **ilities** passiva; ~ **le** ansvarlig; forpliktet (**to** til); tilbøyelig (**to** til); ~ **le to duty** avgiftspliktig.
liaison [lɪ'eɪzən] *mil* forbindelse *m,* samband *n;* kjærlighetsaffære *m.*
liar ['laɪə] løgner *m.*

libel ['laɪbl] smedeskrift *n;* injurie *m;* injuriere (i skrift).
liberal ['lɪb(ə)rəl] frisinnet; liberal; rundhåndet; rikelig; flott; ~ **ity** [-'ræl-] gavmildhet *m,* rundhåndethet *m;* frisinnethet *m,* liberalitet *m.*
liberate ['lɪbəreɪt] frigi; befri (**from** fra).
liberty ['lɪbətɪ] frihet *m;* særrett *m;* **at** ~ på frifot; fri, ledig.
librar|ian [laɪ'breərɪən] bibliotekar *m;* ~ **y** bibliotek *n.*
licen|ce ['laɪsns] bevilling *m,* tillatelse *m,* lisens; tøyesløshet *m;* (**driving**) ~ førerkort *n;* ~ **se** gi bevilling til; ~ **see** [-'si:] innehaver av lisens *m;* ~ **se plate** *amr* nummerskilt *n;* ~ **tious** utsvevende; tøyesløs.
lick [lɪk] slikk(ing) *m (m/f); dt* slag *n;* slikke; slå, jule opp; fare av sted.
lid lokk *n;* deksel *n;* øyelokk *n.*
lie [laɪ] løgn *m/f;* stilling *m/f,* beliggenhet *m;* ligge; gå, føre (om vei); ~ **down** legge seg (ned); ~ **low** ligge i støvet; holde seg i bakgrunnen.
lieutenant [lef'tenənt] løytnant *m.*
life *pl* **lives** [laɪf, laɪvz] liv *n;* levetid *m/f;* livsførsel *m;* levnetsbeskrivelse *m;* ~ **-annuity** livrente *m/f;* ~ **-belt,** ~ **-boat** livbelte *n,* -båt *m;* ~ **-buoy** livbøye *f;* ~ **-insurance** livsforsikring *m/f;* ~ **-jacket** redningsvest *m;* ~ **less** livløs; ~ **like** realistisk; ~ **long** livsvarig; ~ **time** levetid *m/f.*
lift heis *m;* løft(ing) *n (m/f);* **give him a** ~ la ham få sitte på; løfte (seg), heve (seg), oppheve; lette, stjele.
light [laɪt] lys *n,* dagslys *n;* fyr(-tårn, -stikk); opplysning *m;* lyse, tenne; slå seg ned; lys, blond; lett (om vekt); fri; sorgløs; laber; **come to** ~ komme for dagen; ~ **on** støte på; ~ **en** lyne; lysne; opplyse; lette; oppmuntre; ~ **er** tenner *m;* fyrtøy *n;* lekter *m,* lastepram *m;* ~ **-headed** svimmel; tankeløs; ~ **-hearted** sorgløs, glad; ~ **-house** fyrtårn *n;* ~ **house-**

keeper fyrvokter; ~ **-minded** lett-
sindig; tankeløs.
lightning ['laɪtnɪŋ] lyn *n;* ~ **-con-
ductor** lynavleder *m.*
lik(e)able sympatisk, likendes.
like [laɪk] lik(e), lignende; liksom;
like, synes om; ville helst; ~ **that**
slik; **feel** ~ ha lyst på; føle seg
som; **what is he** ~ **?** hvordan er
han?; hvordan ser han ut?; ~ **li-
hood** sannsynlighet *m;* ~ **ly** sann-
synlig(vis); ~ **ness** likhet *m;* bilde
n; ~ **wise** likeledes.
liking ['laɪkɪŋ] forkjærlighet *m,*
smak *m.*
lilac ['laɪlək] syrin *m.*
lilt munter sang *m,* trall *m;* tralle.
lily ['lɪlɪ] lilje *m/f;* ~ **of the valley**
liljekonvall *m.*
limb [lɪm] lem *n;* stor grein *f.*
lime [laɪm] kalk(e) *m;* sur sitron
m; ~ **light** rampelys *n.*
limit ['lɪmɪt] grense *m/f;* begrense;
~ **ation** begrensning *m;* ~ **ed**
company (fork. **Ltd.**) aksjeselskap
n.
limp halte, hinke; slapp; ~ **id**
klar, gjennomsiktig.
line [laɪn] linje *m/f;* snor *m/f;*
ledning *m;* snøre *n;* line *m/f;*
strek *m;* rad *m;* kø *m;* fremgangs-
måte *m;* retning *m;* grunnsetning
m; bransje *m;* varesort *m;* jern-
banespor *n;* linjere (opp); stille
på linje; fôre, kle; **that's not (in)
my** ~ det ligger ikke for meg;
~ **s** retningslinjer; **drop me a** ~
send meg et par ord; **hold the** ~
(i telefonen) vent et øyeblikk!; ~
out skissere; ~ **up** stille (seg)
opp på linje, særlig *amr* stille seg
i kø.
lineage ['lɪnɪɪdʒ] avstamning *m,*
slekt *m/f,* ætt(elinje) *m/f (m/f);*
~ **ment** ['lɪnɪəmənt] (ansikts)trekk
n.
linen ['lɪnɪn] lin(tøy) *n (n);* lerret
n; vask(etøy) *m (n);* ~ **-draper**
hvitevarehandler *m.*
liner ['laɪnə] ruteskip *n;* rutefly *n.*
linger ['lɪŋgə] nøle, somle, drøye;
holde seg; ~ **ing** nølende; lang-
varig.
lingo ['lɪŋgəʊ] kråkemål *n,* kau-

dervelsk; ~ **ual** tunge-, språk;
~ **uist** språkforsker *m.*
liniment ['lɪnɪmənt] salve *m/f.*
lining ['laɪnɪŋ] fôr *n.*
link [lɪŋk] ledd *n;* bindeledd *n;*
forbinde(s); lenke (sammen); ~ **s**
golfbane *m.*
lion ['laɪən] løve *m/f;* ~ **'s share**
brorpart *m.*
lip leppe *m/f;* kant *m;* ~ **balm**
leppepomade *m;* ~ **stick** leppe-
stift *m.*
liquefy ['lɪkwɪfaɪ] smelte; bli, gjøre
flytende; ~ **id** flytende; klar; lett
omsettelig; væske *m/f;* ~ **idate**
[-ɪdeɪt] likvidere; ~ **id-crystal
display (LCD)** flytende-krystall
skjerm *m.*
liqueur [lɪ'kjʊə] likør *m.*
liquor ['lɪkə] væske *m/f;* brennevin
n; ~ **ice** ['lɪkərɪs] lakris *m.*
lisp lesping *m/f;* lespe.
list liste *m/f,* fortegnelse *m; mar*
slagside; (tre)list *m/f;* bånd *n;*
stripe *m/f;* katalogisere; listeføre;
kante.
listen ['lɪsn] lytte; høre etter; ~ **er**
lytter *m.*
literacy ['lɪtrəsɪ] lese- og skrivekyn-
dighet *m;* ~ **l** ordrett, bokstavelig;
~ **ture** ['lɪt(ə)rətʃə] litteratur *m.*
lithe [laɪð] myk, smidig.
litter ['lɪtə] avfall *n,* søppel *n;* rot
n; kull (av unger) *n;* båre *m/f;*
rote, strø utover; få unger.
little ['lɪtl] liten; lite; kort (om tid);
smålig; **a** ~ litt; ~ **by** ~ litt et-
ter litt.
live [lɪv] leve; bo; ~ **on** leve av
el på; leve videre; ~ **out** overle-
ve; bo utenfor arbeidsstedet;
[laɪv] levende; ~ **coal** (*pl.* **embers**)
glo *m;* ~ **lihood** ['laɪvlɪhʊd] leve-
brød *n,* utkomme *n;* ~ **ly** ['laɪvlɪ]
livlig.
liver ['lɪvə] lever *m/f;* ~ **paste** le-
verpostei.
livery ['lɪvərɪ] livré.
livestock ['laɪvstɒk] husdyrbestand
m.
livid ['lɪvɪd] gusten, bleik.
living ['lɪvɪŋ] levende; livsførsel
m, levnet *n,* vandel *m;* levebrød

n; prestekall *n;* ~ **room** dagligstue *m, f.*

lizard [ˈlɪzəd] firfisle *m/f.*

load [ləud] byrde *m,* last *m/f,* ladning *m;* lesse (på); laste; lade (våpen); ~ **ing** lasting *m/f.*

loaf [ləuf] *pl* **loaves** [ləuvz] brød *n;* drive dank; ~ **er** dagdriver *m.*

loam [ləum] leire *m/f.*

loan [ləun] (ut)lån *n; amr* låne (ut).

loath [ləuθ] uvillig; ~ **e** [ləuð] avsky, vemmes ved; ~ **ing** vemmelse *m;* avsky *m;* ~ **some** motbydelig.

lob [lɒb] lobbe, slå (ballen) høyt (i tennis); ~ **by** forværelse *n;* (parlaments)korridor *m;* vestibyle *m; teat* foajé *m.*

lobe [ləub] lapp *m,* flikk *m;* **(ear)** ~ øreflipp *m.*

lobster [ˈlɒbstə] hummer *m;* ~ **pot** hummerteine *m/f.*

local [ˈləukl] lokal, stedlig; kommunal; kroen *m* på stedet; lokaltog *n;* ~ **ity** beliggenhet *m,* sted *n;* ~ **ize** lokalisere; stedfeste.

locate [ləuˈkeɪt *el* ˈləukeɪt] lokalisere, stedfeste; ~ **ion** plassering *m/f;* sted *n;* opptakssted for film (utenfor studio).

lock [lɒk] lås *m;* sluse(kammer) *m/f(n);* (hår)lokk *(n) m;* låse(s); sperre; stenge; ~ **er** (låsbart) skap *n;* oppbevaringsboks *m;* ~ **et** medaljong *m;* ~ **smith** låsesmed *m.*

locomotion [ləukəˈməuʃn] bevegelse *m;* befordring *m;* ~ **ve** [ˈləukə-] lokomotiv *n.*

lodestar [ˈləudstɑ:] ledestjerne.

lodge [lɒdʒ] hytte *f,* stue *m/f;* portnerbolig *m;* (frimurer)losje *m;* anbringe; deponere; (inn)losjere; sitte fast; ~ **ing** losji *n,* husrom *n;* **board and** ~ **ing** kost og losji.

lofty [ˈlɒftɪ] høy, opphøyet.

log [lɒg] tømmerstokk *m;* logg *m;* kubbe *m;* ~ **book** skipsjournal *m;* loggbok *f;* ~ **-cabin** tømmerhytte.

logic [ˈlɒdʒɪk] logikk *m;* ~ **al** logisk.

loin [lɔɪn] lend *n;* nyrestykke *n.*

loiter [ˈlɔɪtə] slentre.

lonely [ˈləunlɪ]; ~ **liness** ensomhet *m;* ~ **some** ensom.

long [lɒŋ] lang; langvarig; langsiktig; lenge; **before** ~ om kort tid; **in the** ~ **run** i det lange løp; ~ **for** lengte etter; ~ **-distance (call)** rikstelefon(samtale) *m;* ~ **ing** lengsel *m;* lengselsfull; ~ **itude** lengde(grad); ~ **-sighted** langsynt; skarpsindig; ~ **-suffering** langmodig; ~ **-winded** langtekkelig.

loo [lu:] do.

look [luk] blikk *n;* mine *m/f;* se, se ut til; synes; ~ **about** se seg om; ~ **after** holde øye med; ~ **at** se på; ~ **back (up)on** se tilbake på; ~ **down on** se ned på; ~ **for** se *(el* lete) etter; regne med; ~ **forward to** se fram til, glede seg til; ~ **in** se innom; ~ **into** undersøke; ~ **on** se på, være tilskuer; ~ **out** se seg for; ~ **over** se over, gjennomse; ~ **to** passe på, lite på; stole på; se hen til; ~ **up** se opp; bedre seg; stige (i pris); slå opp (i ordbok); **what does he** ~ **like?** hvordan ser han ut? **he does not** ~ **his age** han ser ikke ut til å være så gammel som han er; ~ **er-on** tilskuer *m;* ~ **ing-glass** speil *n;* ~ **-out** utkik(k) *m;* utkik(k)smann *m,* -tårn *n;* ~ **s** (pent) utseende *n.*

loom [lu:m] vevstol *m;* rage opp.

loop [lu:p] løkke *f;* sløyfe *m/f;* lage *(el* slå) løkke(r); ~ **hole** (smutt)hull *n.*

loose [lu:s] løs; vid; løsaktig; løsne, slappe; **be at a** ~ **end** ikke ha noe å foreta seg; ~ **n** løsne, løse på.

loot [lu:t] plyndre; bytte *n,* rov *n.*

loquacious [ləuˈkweɪʃəs] snakkesalig.

lord [lɔ:d] herre *m;* lord *m,* adelsmann *m;* medlem *n* av Overhuset; **the Lord** Herren, Gud; **the Lord's Prayer** Fader vår; **the Lord's Supper** nattverden; ~ **ly** fornem; ~ **ship** herredømme *n;* (som tittel) **his Lordship** hans nåde.

lore [lɔ:] kunnskap, lærdom *m.*

lorry [ˈlɒrɪ] lastebil *m.*

lose [lu:z] miste, tape; forspille; saktne (om ur); ~ **er** taper *m.*

loss [lɒs] tap *n;* **at a** ~ i villrede; med tap.

lot [lɒt] loddtrekning *m;* skjebne *m;* (vare)parti *n; dt* **a** ~ **of people** en masse mennesker.

lottery [ˈlɒtərɪ] lotteri *n.*

loud [laʊd] høy (om lyd); skriken- de (om farge); ~ **-speaker** høytta- ler *m.*

lounge [laʊndʒ] salong *m;* vestiby- le *m;* sofa *m;* dovne seg; slentre.

louse [laʊs] *pl* **lice** [laɪs] lus *m/f;* ~ **y** luset; elendig; *dt* smekkfull **(with** av).

lout [laʊt] lømmel.

lovable [ˈlʌvəbl] elskelig.

love [lʌv] kjærlighet *m;* elskede *m,* kjæreste *m;* elske; være glad i; **fall in** ~ **with** bli forelsket i; **make** ~ **to** kurtisere; ~ **of adven- ture** eventyrlyst *m;* ~ **ly** yndig; deilig; vakker; storartet; ~ **r** els- ker *m;* ~ **rs** elskende (par).

loving [ˈlʌvɪŋ] kjærlig; øm.

low [ləʊ] lav; ussel; simpel; tarve- lig; *fig* nedslått; raut *n;* raute; ~ **-cut** utringet; ~ **er** senke, fire; gjøre lavere; nedsette (priser); se bister ut; lavere, nedre, under-; ~ **land** lavland; ~ **-necked** utrin- get; ~ **-spirited** nedslått.

loyal [ˈlɔɪəl] lojal; trofast; ~ **ty** lojalitet *m.*

Ltd. = limited (A/S).

lubricant [ˈl(j)u:brɪkənt] smurning *m;* ~ **te** [ˈlu:brɪkeɪt] smøre; olje.

lucid [ˈlu:sɪd] lys, klar.

luck [lʌk] hell *n;* (lykke)treff *n;* **bad** ~ uhell *n;* **good** ~ ! lykke til! ~ **ily** heldigvis; ~ **y** heldig.

lucrative [ˈlu:krətɪv] innbringende, lønnsom.

ludicrous [ˈlu:dɪkrəs] latterlig.

luff [lʌf] *mar* loff.

lug [lʌg] hale, slepe; ~ **gage** baga- sje *m;* reisegods *n.*

lukewarm [ˈl(j)u:kwɔ:m] lunken.

lull [lʌl] lulle, bysse; berolige; stans *m,* opphold *n;* vindstille *m;* ~ **aby** vuggesang *m.*

lumber [ˈlʌmbə] tømmer *n;* skrap *n;* fylle (med skrap o.l.); ~ **jack** tømmerhogger; ~ **-room** pulter- kammer *n.*

luminous [ˈlu:mɪnəs] (selv)lysende, klar.

lump [lʌmp] klump *m;* masse *m;* stykke *n;* klumpe (seg) sammen; ta under ett; **a** ~ **sum** en rund sum.

lunacy [ˈlu:nəsɪ] sinnssykdom *m;* ~ **tic** sinnssyk; ~ **tic asylum** sinnssykehus *n.*

lunch [ˈlʌntʃ] lunsj *m;* ~ **eon** (for- retnings- *el* offisiell) lunsj *m.*

lung [lʌŋ] lunge *m/f.*

lurch [lɜ:tʃ] overhaling, krenging *m/f;* sjangle; **leave in the** ~ la i stikken.

lure [l(j)u:ə] lokke(mat) *(m).*

lurid [ˈl(j)u:rɪd] uhyggelig; flam- mende.

lurk [lɜ:k] ligge på lur.

luscious [ˈlʌʃəs] søt(laten); frodig.

lush [lʌʃ] frodig, yppig; *amr dt* fyllik *m.*

lust [lʌst] (vel)lyst *m/f;* begjær *n;* ~ **y** kraftig, svær.

lustre [ˈlʌstə] glans *m;* prismekro- ne, lysekrone *m/f;* ~ **less** glans- løs.

Lutheran [ˈl(j)u:θərən] luteraner.

luxuriance [lʌgˈʒʊərɪəns] frodighet; ~ **t** frodig.

luxurious [lʌgˈzjʊərɪəs] luksuriøs; overdådig.

luxury [ˈlʌkʃərɪ] luksus(artikkel) *m.*

lye [laɪ] lut.

lymph [lɪmf] lymfe; ~ **atic gland** lymfekjertel.

lynch [lɪnʃ] lynsje.

lynx [lɪŋks] gaupe *m/f.*

lyric [ˈlɪrɪk] lyrisk (dikt); ~ **s** sang- tekster; lyriske vers.

M

M.A. = **Master of Arts.**
macabre [mə'kɑːbrə] makaber.
macaroni [mækə'rəʊnɪ] makaroni.
macaroon [mækə'ruːn] makron *m*.
mace [meɪs] septer *n;* muskat-
blomme.
machine [mə'ʃiːn] maskin *m;* ~**ry**
maskineri *n*.
machinist [mə'ʃiːnɪst] maskinist *m;*
maskinbygger *m;* maskinarbeider
m.
mackerel ['mækrəl] makrell *m*.
mackintosh ['mækɪntɒʃ] vanntett
tøy *n;* regnfrakk *m* av slikt tøy.
mad [mæd] gal, forrykt; især *amr*
rasende.
madam ['mædəm] frue *m/f,* frøken
m/f (i tiltale).
mad|den ['mædn] gjøre gal, rasen-
de; ~ **house** galehus *n;* sinnssy-
keasyl *n;* ~ **man** sinnssyk mann
m; ~ **ness** galskap *m*.
maelstrom ['meɪlstrəʊm] malstrøm.
magazine [mægə'ziːn] magasin *n*
lagerbygning *m;* tidsskrift *n*.
maggot ['mægət] larve *m/f.*
magic ['mædʒɪk] magi(sk) *m;* ~ **al**
magisk; trylle-; ~ **flute** tryllefløy-
te; ~ **wand** tryllestav; ~ **ian**
[mə'dʒɪʃn] trollmann *m;* magiker
m.
magistrate's court ['mædʒɪstreɪts -]
byrett *m*.
magn|animous [mæg'nænɪməs] stor-
sinnet; ~ **animity** [-'nɪm-] storsin-
nethet *m*.
magnet ['mægnɪt] magnet; ~ **ic**
magnetisk.
magnificen|ce [mæg'nɪfɪsəns] prakt
m, storhet *m;* ~ **t** storartet; prek-
tig.
magni|fy ['mægnɪfaɪ] forstørre;
~ **fying glass** forstørrelsesglass,
lupe; ~ **tude** størrelse *m;* viktighet
m.
magpie ['mægpaɪ] skjære *f.*
mahogany [mə'hɒgənɪ] mahogni *m*.
maid [meɪd] jomfru *m/f;* (tjeneste)-
pike *m/f;* hushjelp *m/f;* ~ **en**
jomfru *m/f;* pike *m/f;* jomfrue-

lig; ugift; uberørt; ren; ~ **enhood**
møydom; ~ **en name** pikenavn *n;*
~ **en speech** jomfrutale *m*.
mail [meɪl] panser *n;* (brev-)post
m; sende med posten; ~ **bag**
postsekk *m;* ~ **boat** postbåt *m;*
~ **box** *amr* postkasse *m/f;* ~ **car-
rier,** ~ **man** *amr* postbud *n*.
maim [meɪm] lemleste.
main [meɪn] hovedledning *m;* ho-
ved-; ~ **entrance** hovedinngang
m; ~ **ly** hovedsakelig; ~ **land**
fastland *n;* ~ **spring** drivfjær *m/f;*
-kraft *m/f;* ~ **stay** hovedstøtte *m;*
~ **street** hovedgate *m/f;* ~ **tain**
opprettholde; hevde, holde ved
like; forsørge; ~ **tenance** opprett-
holdelse *m;* vedlikehold *n;* under-
hold *n*.
maize [meɪz] mais *m*.
majest|ic [mæ'dʒestɪk] *adv* ~ **ically**
majestetisk; ~ **y** ['mædʒɪstɪ] majes-
tet *m*.
major ['meɪdʒə] større; viktig(st);
myndig; major *m; mus* dur *m*.
majority [mə'dʒɒrɪtɪ] flertall *n;*
myndighetsalder.
make [meɪk] gjøre; foreta; lage;
få til å; skape; danne; foranstal-
te; frembringe; re opp (seng);
bevirke; tilberede; fabrikasjon *m;*
fabrikat *n;* form *m;* (legems)byg-
ning *m;* ~ **good** oppfylle (et løf-
te); gjøre godt igjen; ~ **out** se,
skjelne; forklare; tyde; tolke; fin-
ne ut; ~ **over** overdra; ~ **sure**
of forvisse seg om; ~ **up** lage
til; utgjøre; dikte opp; bilegge,
ordne (en trette); erstatte; sminke
(seg); ~ **up for** ta igjen; gi veder-
lag for; ~ **up one's mind** bestem-
me seg; ~ **r** produsent *m;* ~ **shift**
nødhjelp *m/f;* ~ **-up** utstyr *n;* ytre
n; sminke *m*.
maladjustment ['mælə'dʒʌstmənt]
dårlig tilpasning *m*.
malady ['mælədɪ] sykdom *m*.
male [meɪl] hann *m;* mannlig.
mal|ediction [mælɪ'dɪkʃn] forban-
nelse *m;* ~ **evolence** ondskap *m;*

~ **evolent** ondskapsfull; ~ **ice**
['mælɪs] ondskap(sfullhet) *m;* ~ **i-
cious** [mə'lɪʃəs] ondskapsfull.
malign [mə'laɪn] ond(skapsfull);
skadelig; snakke ondt om; bakta-
le; ~ **ant** [-'lɪg-] ondsinnet; ond-
skapsfull; *med* ondartet.
mall [mɔ:l] kjøpesenter *n.*
mallet ['mælɪt] klubbe *m/f.*
malnutrition ['mæln(j)u:'trɪʃn] feil-
ernæring *m/f.*
malt [mɔ:lt] malt *n (m).*
maltreat [mæl'tri:t] maltraktere,
mishandle; ~ **ment** mishandling.
mammal ['mæməl] pattedyr *n.*
mammoth ['mæməθ] mammut.
man [mæn] *pl* **men** mann *m;* men-
neske(slekten) *n;* bemanne; ~ **ly**
mandig.
manacles ['mænəklz] *pl* håndjern *n.*
manage ['mænɪdʒ] klare; greie;
mestre; håndtere; lede; styre; be-
handle; ~ **able** medgjørlig; over-
kommelig; ~ **ment** håndtering
m/f; forvaltning *m;* styre *n;* le-
delse *m;* administrasjon *m;* ~ **r**
leder *m;* bestyrer *m;* direktør *m;*
impresario *m;* ~ **rial** [-dʒ'ɪəl] sty-
re-.
mandate ['mændeɪt] mandat *n;*
fullmakt *m;* ~ **ory** bydende; på-
budt.
mane [meɪn] man(ke) *f(m).*
manger ['meɪndʒə] krybbe *m/f.*
mangle ['mæŋgl] rulle (tøy); lem-
leste; sønderrive.
manhood ['mænhʊd] manndom(s-
alder) *m (m);* mandighet *m.*
mania ['meɪnjə] vanvidd *n;* mani
m.
manicure ['mænɪkjʊə] manikyre.
manifest ['mænɪfest] åpenbar; ty-
delig; legge for dagen; vise; ~ **a-
tion** [-'steɪ-] tilkjennegivelse *m;*
manifestasjon *m;* ~ **o** [mænɪ'fes-
təʊ] manifest *n.*
manifold ['mænɪfəʊld] mangfoldig;
mangfoldiggjøre.
manipulate [mə'nɪpjʊleɪt] behand-
le; manipulere.
mankind [mæn'kaɪnd] mennes-
keheten *m;* ~ **ly** mandig.
mannequin ['mænɪkwɪn] manne-
quin.

manner ['mænə] måte *m;* vis *n;*
manér *m;* ~ **ism** affekterthet *m;*
~ **s** oppførsel, fremtreden *m.*
manoeuvre [mə'nu:və] manøver *m;*
manøvrere.
man-of-war ['mænəv'wɔ:ə] krigs-
skip *n.*
manor ['mænə] gods *n;* herregård
m; ~ **-house** herresete *n,* -gård *m.*
manpower ['mæn'paʊə] arbeidskraft
m/f; menneskemateriell *n.*
mansion ['mænʃn] herskapsbolig
m.
manslaughter ['mænslɔ:tə] (uakt-
somt) drap *n.*
mantelpiece ['mæntlpi:s] kamin-
hylle *m/f.*
mantle ['mæntl] kappe *m/f; s & v*
dekke *n.*
manual ['mænjʊəl] hånd-; håndbok
m/f; lærebok *m/f.*
manufactory [mænjʊ'fækt(ə)rɪ] fa-
brikk *m;* ~ **ture** fabrikasjon *m;*
tilvirkning *m;* fabrikkere; frem-
stille; ~ **turer** fabrikant *m.*
manure [mən'ju:ə] gjødsel *m/f;*
gjødsle; ~ **runoff** gjødselavren-
ning *m/f.*
many ['menɪ] mange; ~ **a** mang(t)
en (et).
map [mæp] (land)kart *n;* kart-
legge; ~ **out** planlegge.
maple ['meɪpl] *bot* lønn *m/f.*
marble ['ma:bl] marmor *n;* klinke-
kule *m/f;* ~ **s** marmorskulpturer.
March [ma:tʃ] mars.
march [ma:tʃ] marsj(ere); gå;
~ **ing order** marsjordre, utvisning
m (i sport).
mare [meə] hoppe *f.*
margarine ['ma:dʒə'ri:n] margarin.
margin ['ma:dʒɪn] kant *m;* mar-
g(in) *m;* spillerom *n.*
marine [mə'ri:n] marine(soldat) *m;*
sjø-; marine-; ~ **animal** havdyr
n; ~ **r** ['mærɪnə] sjømann *m;*
matros *m.*
marital ['mærɪtl] ekteskapelig.
maritime ['mærɪtaɪm] maritim;
sjø-; kyst-; skipsfarts-.
mark [ma:k] merke *n,* tegn *n;*
kjennemerke *n;* fabrikkmerke *n;*
karakter *m* (på skolen); blink *m,*
mål *n;* merke; markere; kjenne-

merke; merke seg; gi karakter;
~ **ed** tydelig; utpreget; markert.

market ['mɑːkɪt] marked n; torg
n; torgføre; markedsføre; ~ **er**
markedsfører m; ~ **ing** markeds-
føring m/f; ~ **-oriented** markeds-
orientert; ~ **place** torg n.

marksman ['mɑːksmən] (skarp)-
skytter m.

marmalade ['mɑːm(ə)leɪd] (appel-
sin)marmelade m.

marmot ['mɑːmət] murmeldyr.

maroon [məˈruːn] rødbrun.

marquee [mɑːˈkiː] stort telt (til fes-
ter o.l.).

marqu|ess, ~ **is** ['mɑːkwɪs] marki m.

marriage ['mærɪdʒ] ekteskap n; vi-
else m, bryllup n; ~ **able** giftefer-
dig; ~ **-certificate** vielsesattest m.

married ['mærɪd] gift.

marrow ['mærəʊ] marg m.

marry ['mærɪ] gifte seg (med); vie;
gifte bort.

marsh [mɑːʃ] myr f, sump m; ~ **y**
myrlendt; sumpet.

marshal ['mɑːʃl] marskalk m; amr
politimester m; ordne.

marsupial [mɑːˈs(j)uːpɪəl] pungdyr.

marten ['mɑːtɪn] mår m.

martial ['mɑːʃl] krigs-; **court** ~
krigsrett m; ~ **law** unntakstil-
stand m.

martin ['mɑːtɪn] (tak)svale m/f.

martyr ['mɑːtə] martyr m; ~ **dom**
martyrium n.

marvel ['mɑːv(ə)l] (vid)under n;
undre seg (**at** over); ~ **lous** vidun-
derlig, storartet.

mascot ['mæskət] maskot m.

masculine ['mæskjʊlɪn] mandig,
mannlig, maskulin; hankjønns-.

mash [mæʃ] mos m; v & s stappe
m/f; knuse, mose; ~ **ed potatoes**
potetstappe.

mask [mɑːsk] maske(re) m/f.

mason ['meɪsn] murer m; ~ **ry**
mur(ing) m (m/f); murverk n.

masquerade [mæskəˈreɪd] maskera-
de(ball) m (n); forstille seg; figu-
rere som.

mass [mæs] messe m; masse m;
samle i masse, dynge (seg) opp.

massacre ['mæsəkə] massakre(re)
m.

massage ['mæsɑːʒ] massasje m;
massere.

massive ['mæsɪv] massiv.

mass media [mæs ˈmiːdɪə] masse-
medier npl.

mast [mɑːst] mast f.

master ['mɑːstə] mester m; herre
m; leder m; lærer m; skipsfører
m; håndverksmester m; **Master
of Arts** magister (artium) m;
mestre, beherske; ~ **ful** myndig;
~ **ly** mesterlig; ~ **piece** mester-
stykke n; ~ **ship** overlegenhet m;
~ **-stroke** mesterstykke n; ~ **y**
herredømme n; beherskelse m.

mat [mæt] matte m/f; filtre (seg);
matt.

match [mætʃ] (idretts)kamp m;
fyrstikk m/f; motstykke n; like(-
mann) m; ekteskap n, parti n; stå
(el passe) til hverandre; avpasse;
komme opp mot; skaffe maken
til; parre, gifte; ~ **box** fyrstikk-
eske m/f; ~ **less** uforlignelig, ma-
keløs.

mate [meɪt] kamerat m; ektefelle
m; styrmann m; (sjakk)matt; par-
re (seg).

material [məˈtiːrɪəl] stofflig; mate-
riell; vesentlig; emne n; materiale
n, stoff n (til klær); ~ **ism** mate-
rialisme; ~ **istic** materialistisk;
~ **ize** bli virkeliggjort.

maternal [məˈtɜːnl] mors-.

maternity [məˈtɜːnɪtɪ] moderskap
n; moderlighet m.

mathematics [mæθɪˈmætɪks] mate-
matikk m.

matriculate [məˈtrɪkjʊleɪt] innskri-
ve; immatrikulere.

matrimony ['mætrɪm(ə)nɪ] ekteskap
n, ektestand m.

matrix ['meɪtrɪks] matrise.

matron ['meɪtrən] matrone m/f;
forstanderinne m/f; oversøster
m/f.

matter ['mætə] sak m/f; emne n;
stoff n; ting m; med verk m, mate-
rie m; ha betydning; **printed** ~
trykksaker; **a** ~ **of course** selv-
følgelighet m; **in the** ~ **of** med
hensyn til; **what is the** ~ **(with
you)?** hva er i veien (med Dem)?;
no ~ det gjør ingenting; **no** ~

what, who uansett hva, hvem; ~
of fact faktum *n;* **it doesn't** ~
det spiller ingen rolle.

mattress ['mætrɪs] madrass *m.*

matur|e [məˈtjʊə] moden, mod-
ne(s); forfalle til betaling; ~**ity**
modenhet *m;* forfall(stid) *n (m/f).*

maudlin ['mɔ:dlɪn] sentimental, tå-
redryppende.

maul [mɔ:l] skamfere, mishandle.

Maundy ['mɔ:ndɪ] **Thursday** skjær-
torsdag.

mauve [məʊv] lilla(farget).

maxim ['mæksɪm] grunnsetning *m;*
(leve)regel *m.*

maximum ['mæksɪməm] maksimum
n.

may [meɪ] kan; kan få lov til;
tør; kan kanskje; må, måtte (om
ønske); skal (om hensikt); ~ **I?**
tillater De? ~ **be** kanskje.

May [meɪ] mai; ~ **Day** 1. mai.

mayonnaise [meɪəˈneɪz] majones.

mayor [meə] borgermester *m,* ord-
fører *m* (i by).

maze [meɪz] labyrint *m.*

me [mi:] meg.

mead [mi:d] mjød.

meadow ['medəʊ] eng *m/f.*

meagre ['mi:gə] tynn; mager.

meal [mi:l] måltid *n;* (grovmalt)
mel *n;* ~ **-time** spisetid *m/f;* ~ **y**
melet.

mean [mi:n] simpel, lav; ussel;
gjerrig, bety; mene; ville si; ha i
sinne; mellom-; middels-; mel-
lomting; **the golden** ~ den gyldne
middelvei; ~ **s** middel *n;* (penge)-
midler; **by all** ~ **s** for all del, na-
turligvis; **by** ~ **s of** ved hjelp av.

mean|ing ['mi:nɪŋ] hensikt *m;* be-
tydning *m;* mening *m/f;* megetsi-
gende; ~ **ness** tarvelighet *m;* **in
the** ~ **time,** ~ **while** i mellomti-
den.

measles ['mi:zlz] meslinger; **Ger-
man** ~ røde hunder.

measurable ['meʒ(ə)rəbl] målbar,
som kan måles.

measure ['meʒə] mål *n;* utstrekning
m; forholdsregel *m;* måtehold *n;*
mus takt *m/f;* måle, ta mål av;
bedømme; ~ **d** avmålt; ~ **ment**
mål(ing) *n (m/f).*

meat [mi:t] kjøtt *n.*

mechani|c [mɪˈkænɪk] mekaniker
m; mekanisk; ~ **cal** mekanisk;
~ **cs** mekanikk *m;* ~ **sm** ['mekə-
nɪzm] mekanisme *m;* ~ **ze** meka-
nisere.

medal ['medl] medalje *m;* ~ **ist**
medaljør *m;* medaljevinner *m.*

meddle ['medl] **in** *(el* **with)** blande
seg opp *(el* inn) i.

medi(a)eval [medɪˈi:vl] middelal-
dersk.

mediat|e ['mi:dɪeɪt] mekle; formid-
le; ~ **or** mekler; forhandler *m.*

medica|l ['medɪkl] medisinsk; lege-;
~ **l corps** sanitet *m;* ~ **ment**
[məˈdɪ-] legemiddel *n.*

medicine ['medsɪn] medisin *m;* le-
gemiddel *n.*

medieval [medɪˈi:vl] middelaldersk.

mediocr|e [mi:dɪˈəʊkə] middelmå-
dig; ~ **ity** [-ˈɒkrɪtɪ] middelmådig-
het *m.*

meditat|e ['medɪteɪt] tenke over;
meditere; gruble; ~ **ion** medita-
sjon; ~ **ive** ettertenksom.

Mediterranean [medɪtəˈreɪnjən] **the**
~ Middelhavet.

medium ['mi:dɪəm] *pl* **media** middel
n; mellomting *m;* gjennomsnitts-,
middels-.

medley ['medlɪ] (broket) blanding
m/f, potpurri *m.*

meek [mi:k] saktmodig; ydmyk;
~ **ness** saktmodighet *m.*

meet [mi:t] møte(s); støte på; tref-
fe; oppfylle (forpliktelse); etter-
komme, imøtekomme (oppford-
ring o.l.); ~ **with** møte, støte på;
~ **ing** møte *n;* sammenkomst *m;*
forsamling *m/f;* stevne *n.*

megalomania [megələˈmeɪnjə] stor-
mannsgalskap *n.*

megaphone ['megəfəʊn] ropert *m.*

melancholy ['melənkɒlɪ] tungsinn
n; tungsindig.

mellow ['meləʊ] bløt, myk; (full)-
moden; mild; gjøre bløt; mod-
ne(s).

melod|ious [mɪˈləʊdjəs] velklingen-
de, melodisk; ~ **ramatic** melodra-
matisk; ~ **y** ['melədɪ] melodi *m.*

melon ['melən] melon *m.*

melt smelte; tø opp; tine; ~ **down**

nedsmeltning *m;* ~ **ing-pot** smel-
tedigel *fig m.*
member ['membə] medlem *n;* del
m; ~ **ship** medlemskap *n.*
membrane ['membreɪn] hinne *m/f;*
membran.
memoirs ['memwɑ:] memoarer.
memor|able ['memərəbl] minnever-
dig; ~ **andum** memorandum; ~ **i-**
al [mɪ'mɔ:rɪəl] minne(smerke) *n;*
minne-; ~ **ials** opptegnelser;
~ **ize** lære utenat; ~ **y** hukommelse
m; minne *n;* **from** ~ **y** etter hu-
kommelsen.
menace ['menəs] trussel *m;* true.
mend reparere; bedre (seg).
meningitis [menɪn'dʒaɪtɪs] hjerne-
hinnebetennelse *m.*
menstruation [menstrʊ'eɪʃən] mens-
truasjon.
mental ['mentl] sinns-, ånds-; ånd-
delig; ~ **home** psykiatrisk klinikk
m; ~ **ity** mentalitet *m.*
mention ['menʃn] omtale *m;* nevne,
omtale; **don't** ~ **it** ingen årsak.
mentor ['mentɔ:] veileder *m.*
menu ['menju:] meny *m,* spisekart
n.
mercantile ['mɜ:kəntaɪl] merkantil,
handels-.
mercenary ['mɜ:sɪnrɪ] leid; bereg-
nende; leiesoldat *m.*
merchan|dise ['mɜ:tʃəndaɪz] varer;
~ **t** grossist *m;* storkjøpmann *m.*
merc|iful ['mɜ:sɪfʊl] barmhjertig;
~ **iless** ubarmhjertig; ~ **y** barm-
hjertighet *m;* nåde *m.*
mercury ['mɜ:kjʊrɪ] kvikksølv *n.*
mere [mɪə] ren; bare; ~ **ly** bare,
utelukkende.
merge [mɜ:dʒ] smelte, forene(s),
fusjonere; ~ **r** sammensmelting
m/f, fusjon *m.*
merit ['merɪt] fortjeneste *m;* god
side *m/f;* fortrinn *n;* fortjene.
mermaid ['mɜ:meɪd] havfrue *m/f.*
merry ['merɪ] lystig, glad, munter;
Merry Christmas gledelig jul;
~ **-go-round** karusell *m.*
mesh [meʃ] maske (i garn o.l.)
m/f; ~ **es** nett *n.*
mess rot *n,* forvirring *m/f;* messe
f (mar og mil); rote.

mess|age ['mesɪdʒ] beskjed *m;* bud-
skap *n;* ~ **enger** bud(bærer) *n (m).*
Messiah [mɪ'saɪə] Messias.
messy ['mesɪ] rotet.
metabolism [me'tæbəlɪzm] stoff-
skifte *n.*
metal ['metl] metall *n;* ~ **lic** [-'tæ-]
metallisk.
metaphysics [metə'fɪzɪks] metafy-
sikk.
meteorolog|ical [mi:tjərə'lɒdʒɪkl]
meteorologisk; ~ **ist** [-'rɒlədʒɪst]
meteorolog *m;* ~ **y** meteorologi
m.
method ['meθəd] metode *m;* frem-
gangsmåte *m;* ~ **ical** [mə'θɒ-] me-
todisk.
meticulous [mɪ'tɪkjʊləs] (altfor)
nøyaktig; pinlig nøye.
metre ['mi:tə] versemål *n;* meter *m.*
metropolis [mɪ'trɒpəlɪs] hovedstad
m; verdensby *m.*
mettle ['metl] fyrighet *m,* livfullhet
m.
micro|phone ['maɪkrəfəʊn] mik-
rofon *m;* ~ **processor** mikropro-
sessor *m;* ~ **scope** mikroskop *n;*
~ **wave** mikrobølge *m/f;* ~ **wave**
oven mikrobølgeovn *m.*
mid i sammensetn. midt-, midtre;
~ **day** middag *m;* kl. 12; ~ **dle**
mellom-; middel-; midt-; mid-
te(n) *m;* **the Middle Ages** middel-
alderen *m;* ~ **dlefinger** langfinger
m; ~ **dle-aged** middelaldrende;
~ **dleman** mellommann; ~ **dle-**
sized halvstor; ~ **dling** middels;
middelmådig.
midget ['mɪdʒɪt] dverg *m.*
mid|night ['mɪdnaɪt] midnatt; ~ **riff**
mellomgolv *n;* ~ **shipman** sjøka-
dett *m;* ~ **ships** midtskips; ~ **st,**
in the ~ **of** midt i; ~ **summer**
midtsommer *m,* høysommer *m;*
Midsummer Eve sankthansaften;
~ **way** midtveis, halvveis; ~ **wife**
jordmor *m/f;* ~ **wifery** [-'wɪfərɪ]
fødselshjelp *m/f.*
might [maɪt] makt *m/f,* kraft *m/f;*
~ **y** mektig, sterk; *dt adv* veldig.
migrat|e [maɪ'greɪt] flytte, utvand-
re; ~ **ion** utflytting, vandring
m/f; ~ **ory bird** trekkfugl *m.*

mild [maɪld] mild, bløt; blid, saktmodig; lemfeldig.

mildew ['mɪldju:] mugg *m;* jordslag *n.*

mildness ['maɪldnɪs] mildhet *m;* varsomhet *m.*

mile [maɪl] (engelsk) mil *f* (= 1609,3 m); ~ **age** kilometerstand *m;* avstand *m* i mil; bilgodtgjørelse pr. mile; ~ **stone** milepæl *m.*

milieu miljø.

militant ['mɪlɪtənt] militant, aggressiv, stridbar; ~ **ry** ['mɪlɪtəri] militær; krigs-; militærmakt *m/f;* ~ **ry service** militærtjeneste; **compulsary** ~ **ry service** verneplikt.

milk melk *f;* melke; ~ **er** melker; melkeku *f;* ~ **maid** budeie *f;* **Milky Way** melkeveien.

mill mølle *m/f;* fabrikk *m;* bruk *n;* male, knuse; valse; frese; piske.

millenium [mɪl'lenɪəm] årtusen *n;* tusenårsrike *n.*

miller møller *m.*

milliard ['mɪljɑːd] milliard *m.*

milliner ['mɪlɪnə] modist *m;* ~ **y** motehandel *m;* motepynt *m.*

millionaire ['mɪljə'neə] millionær.

milt milt *m;* melke (hos fisk) *m.*

mimic ['mɪmɪk] mimisk, etterape(nde); herme; imitator *m;* ~ **ry** etteraping *m/f;* beskyttelseslikhet *m.*

mince [mɪns] (fin)hakke; skape seg; ~ **-meat** finhakket kjøtt; rosinfyll *n,* vanl. servert i ~ **-pie.**

mind [maɪnd] sinn(elag) *n;* hug *m;* gemytt *m;* sjel *m/f;* ånd *m;* forstand *m;* mening *m/f;* tanke *m;* hensikt *m;* lyst *m/f;* tilbøyelighet *m;* ense; legge merke til; bekymre seg om; ha noe imot; ta seg nær av; passe på; **bear in** ~ huske på; **make up one's** ~ bestemme seg; **have a good (half a)** ~ **to** ha god lyst til; **never** ~ ! bry Dem ikke om det!; **I don't** ~ jeg har ikke noe imot det; **would you** ~ **taking off your hat?** vil De være så snill å ta av hatten?; ~ **your own business!** pass dine egne saker!; ~ **ed** til sinns; ~ **ful** påpasselig.

mine [maɪn] min, mitt, mine (brukt substantivisk); gruve *m/f,* bergverk *n;* (sjø-, land-)mine *m/f;* drive bergverksdrift; utvinne; (under)minere; grave; ~ **r** gruvearbeider *m;* ~ **ral** ['mɪnərəl] bergart (mineral) *m (n);* ~ **ral water** mineral vann.

mingle ['mɪŋgl] blande (seg).

miniature ['mɪnjətʃə] miniatyr(maleri) *n.*

minimum ['mɪnɪməm] det minste; minstemål *n.*

mining ['maɪnɪŋ] gruvedrift *m/f.*

minister ['mɪnɪstə] minister *m;* statsråd *m;* sendemann *m;* (dissenter)prest *m;* tjene; bidra til, hjelpe.

ministry ['mɪnɪstrɪ] ministerium *n;* prestetjeneste *m.*

minium ['mɪnjəm] mønje.

mink coat minkkåpe.

minnow ['mɪnəʊ] ørekyte *m.*

minor ['maɪnə] mindre (betydelig); mindreårig; *mus* moll.

minority [maɪ'nɒrɪtɪ] mindretall *n;* mindreårighet *m.*

minstrel ['mɪnstrəl] (vise)sanger *m;* trubadur *m;* musikant *m.*

mint myntverksted *n; bot* mynte *f,* (ut)mynte; lage; ~ **age** (ut)mynting; preging *m/f.*

minuet [mɪnjʊ'et] menuett.

minute [maɪ'nju:t] ørliten; nøyaktig, minutiøs; ['mɪnɪt] minutt *n;* øyeblikk *n;* ~ **book** protokoll *m;* ~ **s** protokoll *m;* referat *n;* ~ **hand** minuttviser *m;* langviser *m.*

minx [mɪŋks] nesevis jentunge *m.*

miracle ['mɪrəkl] under *n;* ~ **ulous** [mɪ'rækjʊləs] mirakuløs.

mirage [mɪ'rɑ:ʒ] luftspeiling.

mire ['maɪə] mudder *n,* dynn *n;* søle *m/f.*

mirror ['mɪrə] speil(e) *n.*

mirth [mɜ:θ] munterhet *m;* ~ **ful** lystig, munter.

misadventure [mɪsəd'ventʃə] uhell *n.*

misanthrope ['mɪzənθrəʊp] misantrop.

misapprehension ['mɪsæprɪ'henʃn] misoppfatning *m;* ~ **behave** vise dårlig oppførsel; ~ **behaviour**

dårlig oppførsel *m;* ~ **calculate**
beregne galt; ~ **carriage** uheldig
utfall *n;* ulykke *m/f;* (brevs) bort-
komst *m;* abort *m;* ~ **carry** slå
feil; komme bort; abortere.
miscellaneous [mɪsɪ'leɪnjəs] blandet.
mischie|f ['mɪstʃɪf] fortred *m,* ugagn
m; skade *m;* ~ **vous** skadelig;
ondskapsfull; skøyeraktig.
misconduct [mɪs'kɒndəkt] upassen-
de oppførsel; ['-kən'dʌkt] forvalte
dårlig.
misdeed ['mɪs'diːd] ugjerning.
misdoing ['mɪs'duːɪŋ] forseelse *m;*
misgjerning *m/f.*
miser ['maɪzə] gnier *m.*
miser|able ['mɪzərəbl] elendig; ulyk-
kelig; ~ y elendighet *m;* ulykke
m/f.
mis|fire ['mɪs'faɪə] klikke; (om mo-
tor) feiltenne, ikke starte; ~ **fit**
noe som ikke passer; mislykket
individ *n;* ~ **fortune** ulykke *m/f;*
uhell *n;* ~ **giving** uro *m;* tvil *m;*
pl bange anelser; ~ **hap** uhell *n;*
~ **interpret** mistyde, feiltolke;
~ **judge** bedømme galt; ~ **lay**
forlegge; ~ **lead** villede; ~ **-lead-
ing** villedende; ~ **manage** van-
skjøtte; ~ **management** vanskjøt-
sel *m,* vanstyre *n;* ~ **placed** mal-
plassert; ~ **print** trykkfeil *m;*
~ **represent** fordreie; ~ **rule** uor-
den *m;* vanstyre *n;* styre dårlig.
miss frøken *m/f;* feilskudd *n,* bom
m; savne; gå glipp av; bomme;
forsømme; unngå.
missile ['mɪsaɪl] *mil* rakett *m.*
missing ['mɪsɪŋ] manglende; **be** ~
mangle, savnes.
mission ['mɪʃn] ærend *n;* oppdrag
n; kall *n;* misjon *m;* ~ **ary** misjo-
nær *m.*
mist dis *m;* tåke *m/f.*
mistake [mɪs'teɪk] feil(tagelse) *m
(m);* ta feil av; misforstå; for-
veksle **(for** med).
mister ['mɪstə] = **Mr** herr.
mistletoe ['mɪsltəʊ] misteltein *m.*
mistress ['mɪstrɪs] herskerinne *m/f;*
husfrue *m/f;* frue *m/f* (fork. til
Mrs ['mɪsɪz] foran navnet); lærer-
inne *m/f;* elskerinne *m/f.*
mistrust ['mɪstrʌst] *s & v* mistro.

misunderstand ['mɪsʌndə'stænd]
misforstå; ~ **ing** misforståelse *m.*
misuse ['mɪs'juːz] misbruk(e) *n.*
mitigate ['mɪtɪgeɪt] formilde; lind-
re.
mitten ['mɪtn] (lo)vott *m;* halv-
hanske *m.*
mix [mɪks] blande (seg); omgås;
~ **up** blande sammen, forveksle;
~ **ture** blanding *m/f.*
moan [məʊn] stønn(e) *n;* klage *m.*
moat [məʊt] vollgrav *m/f.*
mob [mɒb] mobb *m,* pøbel *m;*
overfalle i flokk.
mobil|e library ['məʊbaɪl -] bokbuss
m; ~ **ity** [məʊ'bɪlɪtɪ] bevegelighet
m; ~ **ize** mobilisere.
moccasin ['mɒkəsɪn] mokkasin.
mock [mɒk] spotte **(at** over); her-
me; ~ **er** spotter *m;* ~ **ery** spott
m, forhånelse *m;* herming *m/f;*
~ **ing bird** hermekråke *f,* spotte-
fugl *m.*
mode [məʊd] måte *m;* mote *m.*
model ['mɒdl] modell(ere) *m;*
mønster(gyldig) *n.*
moderat|e ['mɒdərɪt] måteholden;
moderat; ['-reɪt] moderere (seg);
~ **ion** måtehold(enhet) *n (m).*
modern ['mɒdən] moderne.
modest ['mɒdɪst] beskjeden; blyg;
~ y beskjedenhet *m.*
modi|fication [mɒdɪfɪ'keɪʃn] endring
m/f; tillempning *m/f;* ~ **fy** modi-
fisere; endre.
Mohammed [məʊ'hæmɪd] Muham-
med.
moist [mɒɪst] fuktig; ~ **en** ['mɒɪsn]
fukte; ~ **ure** ['-ʃə] fuktighet *m.*
molar ['məʊlə] jeksel *m.*
mole [məʊl] muldvarp *m;* føflekk
m; molo *m,* havnedemning *m.*
molecule ['mɒlɪkjuːl] molekyl.
molest [mə'lest] forulempe.
mollify ['mɒlɪfaɪ] bløtgjøre, blid-
gjøre.
moment ['məʊmənt] øyeblikk *n;*
viktighet *m;* ~ **ary** som varer et
øyeblikk *n;* forbigående; ~ **ous**
[-'mentəs] (svært) betydningsfull.
monarch ['mɒnək] monark *m;* ~ y
monarki *n.*
monast|ery ['mɒnəstrɪ] kloster *n;*
~ **ic order** munkeorden.

Monday ['mʌndɪ] mandag.

mone|tary unit ['mʌnɪtərɪ 'ju:nɪt] myntenhet; ~ y ['mʌnɪ] penger; ~ y-order postanvisning m.

mongrel ['mʌŋgrəl] kjøter m.

monitor ['mɒnɪtə] ordensmann m (på skole); (billed)monitor m; overvåke; ~ -screen overvåkings-skjerm.

monk [mʌŋk] munk m.

monkey ['mʌŋkɪ] ape m.

monocle ['mɒnɒkl] monokkel.

mono|gram ['mɒnəgræm] mono-gram n; ~ lith monolitt, bauta m; ~ logue enetale m; ~ poly [mə'nɒpəlɪ] monopol n (of på); ~ tonous [mə'nɒtənəs] ensformig; monoton.

monsoon [mɒn'su:n] monsun.

monst|er ['mɒnstə] uhyre n; ~ rosity [-s'trɒsɪtɪ] uhyrlighet m; misfoster n; ~ rous ['mɒnstrəs] kjempestor; vanskapt.

month [mʌnθ] måned m; ~ ly månedlig; månedsskrift n.

mood [mu:d] (sinns)stemning m; toneart m; ~ y humørsyk; ned-trykt.

moon [mu:n] måne m; ~ light måneskinn n; ~ shine sludder n; hjemmebrent (el smugler-)sprit m.

moor [mʊə] hei f, mo m, vidde f; Moor maurer m; fortøye; ~ ings fortøyning(splass) m.

moot [mu:t] bringe på bane; om-stridt.

mop [mɒp] mopp m; svaber m; tørke (opp).

moraine [mə'reɪn] morene.

moral ['mɒrəl] moralsk; moral m; ~ e kampvilje, kampånd m; ~ s seder, moral; ~ ity moral m, etikk m.

morbid ['mɔ:bɪd] sykelig.

more [mɔ:] mer; flere; once ~ en gang til; no ~ ikke mer; ~ llo morell; ~ over [-'əʊvə] dessuten; enn videre.

morgue [mɔ:g] likhus n.

morning ['mɔ:nɪŋ] morgen m; for-middag m; tomorrow ~ i morgen tidlig; in the ~ om morgenen; this ~ i morges.

morose [mə'rəʊs] sur, gretten.

morphia ['mɔfjə], morphine ['mɔ:fi:n] morfin m.

Morse code [mɔ:s kəʊd] morseal-fabet.

morsel ['mɔ:səl] (mat)bit m.

mortal ['mɔ:tl] dødelig; ~ ity [-'tæ-] dødelighet m.

mortar ['mɔ:tə] morter m; mørtel m; bombekaster m; mure.

mortgag|e ['mɔ:gɪdʒ] pant n; heftel-se m; prioritet m; pantsette; ~ ee panthaver m; ~ loan prioritets-lån.

mortif|ication [mɔ:tɪfɪ'keɪ ʃ n] kren-kelse m, ydmykelse m; med kold-brann m; ~ y krenke.

mortuary ['mɔ:tjʊərɪ] gravkapell, likkapell n.

mosaic [mə'zeɪɪk] mosaikk(arbeid).

Moscow ['mɒskəʊ] Moskva.

Moslem ['mɒzlem] muhammeda-ner.

mosque [mɒsk] moské m.

mosquito [məs'ki:təʊ] mygg m, moskito m.

moss [mɒs] mose m; ~ y mose-grodd.

most [məʊst] mest; flest; høyst; det meste; de fleste; at (the) ~ i høyden; ~ ly for det meste.

mote [məʊt] rusk (støv) n.

moth [mɒθ] møll m; ~ ball møll-kule m/f; ~ eaten møllspist.

mother ['mʌðə] mor m; være (som en) mor for; ~ hood mo(de)rskap n; ~ -in-law svigermor m/f; ~ ly moderlig; ~ of pearl perlemor; ~ 's day morsdag m; ~ tongue morsmål n.

motion ['məʊ ʃ n] bevegelse m; gang m; forslag n; med avføring m/f; ~ less ubevegelig.

motiv|ation [məʊtɪ'veɪ ʃ ən] motive-ring; ~ e motiv n, beveggrunn m; driv-, aktiv.

motley ['mɒtlɪ] broket, spraglet.

motor ['məʊtə] motor m; dt bil m; ~ -(bi)cycle, ~ bike motorsyk-kel m; ~ -boat motorbåt m, ~ -car bil m; ~ ing bilkjøring m/f; ~ ist bilist m; ~ repair shop bilverk-sted n; ~ vehicle motorkjøretøy.

mottled ['mɒtld] spraglet.

motto ['mɒtəʊ] valgspråk n.

mould [məʊld] mugg *m;* (støpe)-form *m/f;* mugne; støpe; forme; ~ **er** former *m;* smuldre; ~ **y** muggen; gammeldags.

mound [maʊnd] (jord)haug *m.*

mount [maʊnt] stige opp (på); (be)stige; montere; oppstille; berg *n;* ~ **ing** innfatning *m/f.*

mountain ['maʊntɪn] fjell *n,* berg *n;* ~ **eer** [-'nɪə] fjellboer *f;* tindebestiger *m;* ~ **ous** fjellrik.

mourn [mɔ:n] sørge (over); ~ **er** deltaker i likfølge *m,* ~ **ful** trist, sorgfull, ~ **ing** sorg *m;* sørgedrakt *m/f.*

mouse *pl* **mice** [maʊs, maɪs] mus *m/f;* drive musejakt; ~ **trap** musefelle.

moustache [mu:'stɑ:ʃ] bart *m,* mustasje.

mouth [maʊθ] munn *m;* mule *m;* (elve)munning *m;* ta i munnen; deklamere; geipe; ~ **ful** munnfull *m;* ~ **-organ** munnspill *n;* ~ **piece** munnstykke *n;* talerør *n;* (telefon)-rør *n;* ~ **wash** munnvann *n.*

movable ['mu:vəbl] bevegelig; ~ **s** løsøre.

move [mu:v] bevegelse; trekk *n* (i sjakk osv.); flytning *m;* bevege (seg); flytte; drive; påvirke, overtale; fremsette forslag (om); **on the** ~ på farten; ~ **in** flytte inn; ~ **on** gå videre; ~ **ment** bevegelse *m;* flytning *m.*

movie ['mu:vɪ] film *m;* **the** ~ **s** filmen *m,* filmindustrien *m;* **go to the movies** gå på kino.

moving ['mu:vɪŋ] som beveger seg; rørende.

mow [məʊ] meie; slå; høystakk *m.*

mower ['məʊə], **mowing machine** ['məʊɪŋ -] slåmaskin *m;* ~ **ing** slått *m.*

M.P. = **Member of Parliament** *el* **Military Police.**

Mr(.), Mrs(.), = **Mister, Mistress.**

much [mʌtʃ] mye; meget; **make ~ of** gjøre mye ut av; gjøre stas på; **so ~ the better** så meget desto bedre.

muck [mʌk] møkk *f,* gjødsel *m/f;* skitne til; ~ **rake** (møkk)greip *n.*

mud [mʌd] mudder *n,* gjørme

m/f; ~ **dle** forvirring *m/f;* rot *n;* forvirre, bringe i uorden; ~ **dy** sølet; gjørmet; ~ **guard** skvettskjerm *m.*

muff [mʌf] muffe.

muffin ['mʌfɪn] (slags) tekake *m/f.*

muffle ['mʌfl] pakke (*el* tulle) inn; dempe (lyd); ~ **r** halstørkle *n,* skjerf *n;* lyddemper *m.*

mug [mʌg] seidel *m;* krus *n; slang* fjes *n; dt* pugge; ~ **ger** voldsforbryter, overfallsmann *m;* ~ **ging** overfall *n;* ~ **gy** fuktig, lummer.

mulatto [mjʊ'lætəʊ] mulatt *m.*

mulberry ['mʌlbərɪ] morbær *n;* morbærtre *n.*

mulct mulkt(ere) *m/f.*

mule [mju:l] muldyr *n;* stribukk *m;* ~ **ish** sta.

multifarious [mʌltɪ'feərɪəs] mangfoldig, mangeartet.

multimillionaire ['mʌltɪmɪljə'neə] mangemillionær.

multiple ['mʌltɪpl] mangfoldig; multiplum; ~ **lication** forøkelse *m;* multiplikasjon *m;* ~ **ly** formere (seg); multiplisere.

multitude ['mʌltɪtju:d] mengde *m/f;* **the** ~ de brede lag.

mumble ['mʌmbl] mumle; mumling *m/f.*

mummy ['mʌmɪ] mumie.

mumps [mʌmps] kusma *m.*

munch [mʌntʃ] gomle, knaske.

mundane ['mʌndeɪn] verdslig.

Munich ['mju:nɪk] München.

municipal [mju:'nɪsɪpl] by-; kommunal; ~ **ity** bykommune *m.*

munitions *pl* [mju:'nɪʃnz] krigsmateriell *n.*

mural ['mju:rəl] vegg-; mur-; veggmaleri *n.*

murder ['mɜ:də] mord *n;* myrde; ~ **er** morder *m;* ~ **ous** mordersk.

murmur ['mɜ:mə] mumling *m/f;* surr *n;* murring *m/f;* mumle; suse; mukke (**against, at** over).

muscle ['mʌsl] muskel *m;* ~ **ular** ['-kjʊlə] muskuløs.

muse [mju:z] muse *m;* gruble.

museum [mju:'zɪəm] museum *n.*

mushroom ['mʌʃru:m] spiselig sopp *m;* vokse raskt fram.

music ['mju:zɪk] musikk *m;* noter;

~ **al** musikalsk; velklingende; (moderne) operette *m;* ~ **-box** spilledåse *m;* ~ **hall** varieté *m;* ~ **ian** [mju:ˈzɪʃn] musiker *m;* ~ **-stand** notestativ *n;* ~ **-stool** pianokrakk *m.*

musk [mʌsk] moskus; ~ **ox** moskusokse.

muskrat [mʌskræt] bisamrotte *m.*

muslin [ˈmʌzlɪn] musselin.

mussel [ˈmʌsl] blåskjell *n;* musling *m.*

must [mʌst] most *m;* fersk druesaft *m/f;* mugg *m;* ubetinget nødvendighet *m;* må, måtte.

mustard [ˈmʌstəd] sennep *m.*

muster [ˈmʌstə] mønstring *m/f;* mønstre.

musty [ˈmʌstɪ] muggen; mosegrodd, avlegs.

muta|bility [mju:təˈbɪlɪtɪ] foranderlighet *m;* ustadighet *m;* ~ **ble** [ˈmju:təbl] foranderlig; skiftende; ~ **tion** [mjuˈteɪʃn] omlyd *m.*

mute [mju:t] stum (person); dempe.

mutilate [ˈmju:tɪleɪt] lemleste, skamfere; forvanske.

mutin|eer [mju:tɪˈnɪə] deltaker *m* i mytteri *n,* opprører *m;* ~ **ous** [ˈmju:tɪnəs] opprørsk; ~ **y** mytteri *n;* gjøre mytteri, opprør *n.*

mutter [ˈmʌtə] mumling *m/f;* mumle, murre.

mutton [ˈmʌtn] fårekjøtt *n;* ~ **chop** lammekotelett *m.*

mutual [ˈmju:tʃʊəl] gjensidig; felles.

muzzle [ˈmʌzl] mule *m,* snute *m/f;* munning (på skytevåpen) *m/f;* munnkurv *m.*

my [maɪ] min, mitt, mine.

myop|e [ˈmaɪəʊp] nærsynt person; ~ **ic** nærsynt; ~ **y** nærsynthet *m.*

myrrh [mɜ:] myrra.

myrtle [ˈmɜ:tl] myrt *m.*

myself [maɪˈself] jeg selv, meg selv; meg.

myster|ious [mɪˈstɪərɪəs] mystisk; hemmelighetsfull; ~ **y** [ˈmɪs-] hemmelighet *m;* mysterium *n;* gåte *m.*

mysti|fication [mɪstɪfɪˈkeɪʃn] mystifikasjon *m;* narreri *n;* ~ **fy** [ˈmɪs-] mystifisere.

myth [mɪθ] myte *m;* sagn *n;* ~ **i-cal** mytisk; ~ **ology** mytologi.

N

N. = North.

nab [næb] kvarte; knipe, fakke.

nag [næg] liten hest *m;* småskjenne.

nail [neɪl] negl *m;* klo *m/f;* spiker *m;* spikre fast; feste; ~ **bar** brekkjern *n.*

naive [naˈiːv] naiv, godtroende; ~ **té** [naˈiːvteɪ] naivitet *m.*

naked [ˈneɪkɪd] naken; bar; ~ **ness** nakenhet *m.*

name [neɪm] navn *m;* ry *n;* kalle, (be)nevne; omtale; ~ **less** navnløs; ~ **ly** nemlig (= viz.); ~ **plate** navneskilt *n;* ~ **sake** navnebror *m.*

nanny [ˈnænɪ] barnepike *m/f.*

nap [næp] lur *m;* lo *m/f* (på tøy).

nape [neɪp] **of the neck** nakke *m.*

naphtha [ˈnæfθə, ˈnæpθe] nafta *m;* ~ **lene** [-li:n] naftalin *m.*

napkin [ˈnæpkɪn] serviett *m.*

Naples [ˈneɪplz] Napoli.

nappy [ˈnæpɪ] bleie *m/f.*

narcissus [naˈsɪsəs] pinselilje *m/f.*

narco|sis [naˈkəʊsɪs] bedøvelse *m,* narkose *m;* ~ **tic** narkotisk (middel) *n.*

narrat|e [næˈreɪt] berette; fortelle; ~ **ive** [ˈnærətɪv] fortellende; fortelling *m/f;* ~ **or** [næˈreɪtə] forteller *m.*

narrow [ˈnærəʊ] snever, smal, trang; snau, knepen; sneversynt; smålig; innsnevre(s); redusere; ~ **ly** så vidt; nøye; ~ **-minded** sneversynt; smålig; ~ **s** trangt sund *m.*

nasal [ˈneɪzl] nese-.

nasty [ˈnaːstɪ] ekkel, vemmelig; ubehagelig.

natal [ˈneɪtəl] føde-, fødsels-.

nation ['neɪʃn] nasjon *m;* folk *n;*
~ **al** ['næʃnl] nasjonal, folke-;
stats-; ~ **al insurance** folketrygd
m; ~ **alisation** [næʃənalaɪˈzeɪʃn]
nasjonalisering *m/f;* ~ **alism** na-
sjonalisme; ~ **alize** ['næʃənəlaɪz]
nasjonalisere; ~ **ality** [-ˈælɪtɪ] na-
sjonalitet *m;* statsborgerskap *n;*
~ **als** statsborgere.

native ['neɪtɪv] føde-; hjem-; inn-
født; stedegen; medfødt; ~ **coun-
try** fødeland *n,* hjemland *n;* ~
language morsmål *n.*

natural ['nætʃərəl] naturlig; ~ **en-
vironment** naturmiljø *n;* ~ **gas**
naturgass *m;* ~ **ist** naturforsker
m; ~ **ize** naturalisere; ~ **science**
naturvitenskap *m.*

nature ['neɪtʃə] natur *m;* beskaffen-
het *m;* ~ **conservation** naturvern
n; ~ **preserve** naturvernområde
n.

naught [nɔ:t] null; ~ **y** uskikkelig;
slem.

nausea ['nɔ:sɪə] kvalme *m;* ~ **ous**
kvalmende; ekkel.

nautical ['nɔ:tɪkl] sjø-, nautisk; ~
mile sjømil *m.*

naval ['neɪvl] sjø-; flåte-; marine-.

nave [neɪv] nav *n;* skip (kirke) *n.*

navel ['neɪvl] navle *m.*

navigable ['nævɪgəbl] seilbar; ~ **ate**
seile; navigere; styre; seile på;
~ **ation** navigasjon *m;* seilas *m;*
sjøfart *m;* ~ **ator** navigatør *m;*
sjøfarer *m.*

navvy ['nævɪ] anleggsarbeider *m.*

navy ['neɪvɪ] marine *m;* krigsflåte
m.

Nazi ['nɑ:tsɪ] nazist *m;* ~ **sm** ['nɑ:
tsɪzəm] nazisme *m.*

near [nɪə] nær, nærliggende; gjer-
rig; nærme seg; ~ **at hand** like
for hånden; ~ **ly** nesten; ~ **ness**
nærhet *m;* smålighet *m;* ~ **sighted**
nærsynt.

neat [ni:t] nett, fin, pen; rein;
ublandet (alkohol).

necessary ['nesɪs(ə)rɪ] nødvendig;
nødvendighet(sartikkel) *m (m);*
~ **aries of life** livsfornødenheter;
~ **itate** [-ˈses-] nødvendiggjøre;
~ **ity** nød(vendighet) *m (m);* be-
hov *n;* trang *m.*

neck [nek] hals *m;* ~ **lace** ['neklɪs]
halsbånd *n;* ~ **tie** slips *n.*

nectar ['nektə] nektar *m.*

need [ni:d] behov *n;* trang *m,*
nød(vendighet) *m;* behøve; tren-
ge; ~ **ful** nødvendig.

needle ['ni:dl] nål *m/f;* sy.

needless ['ni:dlɪs] unødvendig; u-
nødig.

needle-work sytøy *n.*

needy trengende.

negation [nɪˈgeɪʃn] nektelse *m;*
~ **ive** ['negətɪv] nektende, negativ;
nektelse *m;* avslå; forkaste.

neglect [nɪˈglekt] forsømmelse *m;*
likegyldighet *m;* forsømme; ~ **ful**
forsømmelig; likegyldig.

negligence ['neglɪdʒəns] forsømme-
lighet *m;* skjødesløshet *m;* ~ **t**
uaktsom.

negligible ['neglɪdʒəbl] ubetydelig;
uvesentlig.

negotiable [nɪˈgəʊʃɪəbl] omsettelig;
~ **te** forhandle (om), få i stand;
avslutte; omsette (veksel); ~ **tion**
forhandling *m/f;* omsetning *m/f.*

negress ['nɪgrɪs] negerkvinne *m/f;*
~ **o** *pl* ~ **oes** [-əʊ(z)] neger *m.*

neigh [neɪ] vrinsk(e) *n.*

neighbour ['neɪbə] nabo *m;* ~ **hood**
naboskap *n;* ~ **ing** nabo-.

neither ['naɪðə *især amr* 'ni:ðə] in-
gen (av to); ~ **nor** verken –
eller.

neon light ['ni:ən laɪt] neonlys *n.*

nephew ['nevjʊ *el amr* 'nefjʊ] nevø
m.

nerve [nɜ:v] nerve *m;* kraft *m/f,*
mot *n; dt* frekkhet *m;* stålsette **(for**
til); ~ **e-racking** enerverende;
~ **ous** nerve-; nervøs; ~ **ousness**
nervøsitet *m.*

nest reir *n;* bygge reir.

nestle ['nesl] ligge lunt og trygt;
putte seg ned.

net nett *n,* garn *n;* fange (i garn);
ren; netto; innbringe netto.

nether ['neðə] nedre, underste.

Netherlands ['neðələndz] *pl,* **the** ~
Nederland.

netting nett(ing) *n; (m);* ståltråd-
nett *n.*

nettle ['netl] nesle *m;* ergre; ~ **-
rash** elveblest *m.*

network ['netwɜ:k] nett(verk) *n (n)*
(også fig).

neuralgia [njʊ'ræld3ə] nervesmer-
ter; ~ **ologist** [njʊə'rɒlədʒɪst] ner-
velege *m;* ~ **otic** [njʊ'rɒtɪk] nevro-
tisk.

neuter ['nju:tə] *gram* intetkjønn *n;*
~ **ral** nøytral; ~ **rality** nøytralitet
m; ~ **ralize** nøytralisere; motvir-
ke.

never ['nevə] aldri; ~ **more** aldri
mer; ~ **theless** ikke desto mindre.

new [nju:] ny; frisk, fersk; moder-
ne; ~ **-fangled** nymotens; ~ **ly**
nylig, nettopp; ny-.

news [nju:z] nyhet(er) *m;* etterret-
ning(er) *m;* ~ **-agency** telegram-
byrå *n;* ~ **boy** avisgutt *m;* avissel-
ger *m;* ~ **paper** avis *m/f;* ~ **print**
avispapir *n* (før trykkingen); ~ **-**
reel lydfilmavis *m/f;* ~ **-stall**
~ **-stand** aviskiosk *m.*

New Year ['nju:'ji:ə] nyttår *n;* ~ **'s**
Eve nyttårsaften *m.*

next [nekst] neste; nærmest; føl-
gende; førstkommende; dernest;
what ~ **?** hva så?

nib pennesplitt *m.*

nice [naɪs] pen; hyggelig, sympa-
tisk; (hår)fin; kresen; ~ **ty** nøyak-
tighet *m;* finesse *m.*

niche [nɪtʃ] nisje *m.*

nick hakk *n,* snitt *n;* skjære hakk i.

nickel ['nɪkl] nikkel *m; amr* fem-
cent(stykke) *m (n).*

nickname ['nɪkneɪm] (gi) klenge-
navn *n.*

nicotine ['nɪkəti:n] nikotin *n.*

niece [ni:s] niese *m/f.*

niggard ['nɪɡəd] gjerrigknark *m;*
~ **ly** gjerrig, knuslet.

niggling ['nɪɡlɪŋ] pirkeri, pirket.

night [naɪt] natt *m/f,* aften *m; by*
~ **, in the** ~ **, at** ~ om natten;
om aftenen, kvelden; ~ **out** fri-
kveld *m; last* ~ i går kveld; ~ **-**
dress *(el* ~ **-gown)** nattdrakt *m/f,*
nattkjole *m;* ~ **fall** mørkets frem-
brudd; ~ **ingale** nattergal *m;* ~ **ly**
nattlig; hver natt; ~ **mare** mare-
ritt *n.*

nihilism ['naɪɪlɪzm] nihilisme *m;*
~ **t** ['naɪɪlɪst] nihilist *m.*

nil [nɪl] null, ingenting.

Nile [naɪl]: **the** ~ Nilen.

nimble ['nɪmbl] rask, vever; rask
i oppfatningen.

nine [naɪn] ni; ~ **fold** nidobbelt;
~ **pins** kjegler; ~ **teen** nitten;
~ **teenth** nittende; ~ **tieth** nittien-
de; ~ **ty** nitti.

ninth [naɪnθ] niende(del).

nip knip *n,* klyp *n,* bit *m;* dram
m; knipe, klype, bite.

nipple ['nɪpl] brystvorte *m/f;* nip-
pel *m.*

nitrate ['naɪtreɪt] nitrat *n.*

nitre ['naɪtə] salpeter *m;* ~ **ic acid**
salpetersyre *m;* ~ **ogen** ['-trədʒən]
nitrogen *n;* ~ **ogen oxide** nitro-
genoksid *n;* ~ **oglycerine** [naɪtrə-
'ɡlɪsərɪn] nitroglyserin *n;* ~ **ous**
salpeterholdig; ~ **ous oxide** deni-
trogenoksid *n.*

nix [nɪks] nøkk *m.*

no [nəʊ] nei; (foran komparativ)
ikke; ingen, intet, noe; **in** ~ **time**
på ett øyeblikk; ~ **one** ingen.

nobility [nəʊ'bɪlɪtɪ] adel *m;* edelhet
m.

noble ['nəʊbl] adelig; edel; for-
nem; ~ **man** adelsmann *m.*

nobody ['nəʊbədɪ] ingen.

nocturnal [nɒk'tɜ:nl] natt-.

nod [nɒd] nikk *n;* blund *m;* nikke,
blunde.

noise [nɔɪz] larm *m,* støy *m,* spe-
takkel *n;* ~ **eless** lydløs; ~ **y** støy-
ende, larmende.

nomad ['nəʊməd, 'nɒmæd] nomade
m.

nominal ['nɒmɪnl] nominell.

nominate ['nɒmɪneɪt] nominere,
innstille; utnevne; ~ **ion** [-'neɪ-]
nominasjon *m;* ~ **ive** ['nɒm(ɪ)nətɪv]
nominativ *m.*

non [nɒn] ikke-.

nonalcoholic alkoholfri; ~ **-a-**
ligned nøytral, ikke alliert; ~ **-a-**
ligned countries nøytrale land
npl; ~ **alignment** nøytralitet *m,*
ikke i allianse; ~ **-commissioned**
officer underoffiser *m;* ~ **-com-**
mittal ikke bindende; diploma-
tisk; ~ **-conformist** [-'fɔ:-] dissen-
ter *m;* ~ **-corrosive** rustfri; ~ **de-**
script ubestemmelig.

none [nʌn] ingen(ting); intet; ~

too (clever) ikke særlig (klok); ~
the less ikke desto mindre.

non|partisan [nɒn'pɑːtɪzn] partiløs;
~ **plus** forbløffe, gjøre opprådd;
~ **-renewable resource** ikke-forny-
bar resurs *m;* ~ **sense** sludder,
nonsens; ~ **sensical** [-'sensɪkl] tøy-
set; tåpelig; ~ **-stop** uten stans;
~ **-toxic** giftfri, ikke-giftig.

nook [nʊk] krok *m.*

noon [nuːn] kl. 12 middag; ~ **day**
middags; ~ **tide** middagstid *m/f.*

noose [nuːs, nuːz] løkke *f;* renne-
snare *m/f.*

nor [nɔː] heller ikke, (etter **nei-
ther**) eller.

Nordic ['nɔːdɪk] nordisk.

norm [nɔːm] regel *m,* norm *m;*
~ **al** normal; alminnelig.

Norse [nɔːs] nordisk; norrøn.

north [nɔːθ] nord; nord-; nordlig;
the North Norden; *amr* Nordsta-
tene; **the North Sea** Nordsjøen;
~ **-east** nordost; nordøstlig; ~ **er-
ly** nordlig; ~ **ern** nordlig, nord-;
~ **ern light** nordlys *n;* ~ **ward(s)**
nordlig; nordover; ~ **-west** nord-
vest(lig).

Norway ['nɔːweɪ] Norge.

Norwegian [nɔː'wiːdʒən] norsk;
nordmann *m.*

nose [nəʊz] nese *m/f;* luktesans
m; snute *m/f;* spiss *m;* forende
m (av båt, fly o.a.); lukte, snuse.

nostalgi|a [nɒ'stældʒɪə] hjemlengsel
m; vemodig lengsel tilbake til
gamle dager; nostalgi *m;* ~ **c** nos-
talgisk.

nostril ['nɒstrɪl] nesebor *n.*

not [nɒt] ikke.

notable ['nəʊtəbl] bemerkelsesver-
dig; betydelig.

notation [nəʊ'teɪʃn] betegnelse *m;*
notering *m.*

notch [nɒtʃ] hakk(e) *n;* skår *n.*

note [nəʊt] tegn *n,* merke *n;* notis
m; lite brev *n;* (penge)seddel *m;*
nota *m;* note *m, fig* tone *m;* note-
re (seg); legge merke til; ~ **down**
notere; ~ **book** notisbok *f;* ~ **d**
berømt; ~ **worthy** bemerkelses-
verdig.

nothing ['nʌθɪŋ] ingenting, ikke
noe; ubetydelighet *m,* småtteri *n;*

slett ikke; **for** ~ forgjeves; gratis;
good for ~ udugelig.

notice ['nəʊtɪs] underretning *m,*
varsel *n;* oppslag *n,* melding *m/f,*
bekjentgjørelse *m;* oppsigelse *m;*
notis *m* (i avis o.l.); oppmerksom-
het *m;* legge merke til, ense; nev-
ne; si opp; **give** ~ si opp; ~ **able**
merkbar; bemerkelsesverdig; ~ **-
board** oppslagstavle *m/f.*

noti|fication [nəʊtɪfɪ'keɪʃən] mel-
ding *m/f,* varsel *n;* ~ **fy** ['nəʊ-]
bekjentgjøre; underrette.

notion ['nəʊʃn] begrep *n,* forestil-
ling *m/f;* idé *m.*

notorious [nəʊ'tɔːrɪəs] alminnelig
kjent; notorisk; beryktet.

notwithstanding ['nɒtwɪθ'stændɪŋ]
til tross for; ikke desto mindre.

nought [nɔːt] null *n.*

noun [naʊn] substantiv *n.*

nourish ['nʌrɪʃ] (er)nære; ~ **ing**
nærende; ~ **ment** næring *m/f.*

novel ['nɒvəl] roman *m;* (helt) ny;
~ **ist** romanforfatter *m;* ~ **ty** ny-
het *m.*

November [no(ʊ)'vembə] novem-
ber.

novice ['nɒvɪs] nybegynner *m;* novi-
se *m/f.*

now [naʊ] nå; ~ **adays** nåtildags.

nowhere ['nəʊweə] ingensteds.

nuance ['njuːɑːns] nyanse; ~ **d** ny-
ansert.

nuclear ['njuːklɪə] kjerne-; atom-;
~ **plant,** ~ **power station** atom-
kraftverk *n;* ~ **reactor** kjernere-
aktor *m;* ~ **war** kjernekrig, atom-
krig *m.*

nude [njuːd] naken; akt *m/f.*

nudge [nʌdʒ] dytt *n;* dytte.

nudist ['njuːdɪst] nudist *m.*

nuisance ['njuːsns] plage *m/f,*
ulempe *m/f,* besværlighet *m.*

null [nʌl] ugyldig, virkningsløs;
~ **ify** ugyldiggjøre, annullere,
oppheve.

numb [nʌm] nummen, valen.

number ['nʌmbə] tall *n;* nummer
n; antall *n,* mengde *m/f;* num-
mer *n,* hefte *n;* telle; nummerere;
~ **plate** nummerskilt *n.*

numer|al ['njuːmrəl] talltegn *n,* tall-

ord *n;* tall-; ~ **ator** teller (brøk);
~ **ic(al)** tallmessig; ~ **ous** tallrik.
numskull ['nʌmskʌl] undermåler
m.
nun [nʌn] nonne *m/f;* ~ **nery** non-
nekloster *n.*
nuptial ['nʌpʃəl] bryllup(s)-, ekte-
skapelig.
nurse [nɜːs] sykepleierske *m/f;*
barnepleierske *m/f;* amme *m/f;*
gi bryst; amme, pleie; passe; næ-
re; ~ **ery** barneværelse *n;* plante-
skole *m;* ~ **ery school** barnehage

m; ~ **ing** pass (pleie); ~ **ing home**
pleiehjem.
nurture ['nɜːtʃə] ernære, nære,
oppfostre.
nut [nʌt] nøtt *m/f;* mutter *m;* pro-
blem *n;* **he is** ~ **s** han er sprø;
~ **cracker** nøtteknekker *m;* ~ **meg**
muskat.
nutriment ['njuːtrɪmənt] næring
m/f; ~ **tious** [-'trɪ-] nærende.
nutshell ['nʌtʃəl] nøtteskall *n;* **in a**
~ i korthet.
nymph [nɪmf] nymfe *m/f.*

oak [əʊk] eik *f;* ~ **um** drev *n.*
oar [ɔː] åre *m/f;* ~ **-blade** åreblad
m; ~ **sman** roer.
oasis *pl* **-es** [əʊˈeɪsɪs, -iːz] oase *m.*
oath [əʊθ] ed *m;* banning *m/f.*
oatmeal ['əʊtmiːl] havremel *n; dt*
d.s.s. ~ **porridge** havregrøt *m;*
~ **s** havre *m.*
obduracy ['ɒbdjʊrəsɪ] forstokkethet
m; hardhet *m;* ~ **te** [-rɪt] for-
herdet, forstokket.
obedience [ɒˈbiːdjəns] lydighet *m*
(to mot); ~ **t** lydig.
obey [ɒˈbeɪ] adlyde.
obituary [əˈbɪtjʊərɪ] nekrolog *m.*
object ['ɒbdʒekt] gjenstand *m;* (for)-
mål *n;* objekt *n;* [əbˈdʒekt] innven-
de **(to** mot); ~ **ion** innvending
m/f; ~ **ionable** forkastelig.
objective [əbˈdʒektɪv] mål *n; s* &
adj objektiv *n.*
obligation [ɒblɪˈgeɪʃn] forpliktelse
m; takknemlighetsgjeld *m;* ~ **ory**
[-'lɪ-] bindende, obligatorisk.
oblige [əˈblaɪdʒ] tvinge; forplikte;
gjøre en tjeneste; **I am much** ~ **ed**
to you jeg er Dem stor takk skyl-
dig; **be** ~ **ed to** være nødt til;
~ **ing** forekommende; tjenstvillig.
oblique [əˈbliːk] skrå, skjev; indi-
rekte; forblommet.
obliterate [əˈblɪtəreɪt] utslette; tilin-
tetgjøre.
oblivion [əˈblɪvɪən] glemsel *m.*
oblong ['ɒblɒŋ] avlang.
oboe ['əʊbəʊ] obo *m.*

obscene [əbˈsiːn] obskøn; uansten-
dig; slibrig.
obscure [əbˈskjuːə] mørk; dunkel;
ukjent; formørke; fordunkle;
skjule.
observable [əbˈzɜːvəbl] som kan
(må) overholdes; merkbar; ~ -
ance iakttagelse *m;* overholdelse
m; ~ **ant** oppmerksom; aktpågi-
vende; ~ **ation** iakttagelse *m;* be-
merkning *m;* ~ **atory** observatori-
um *n.*
observe [əbˈzɜːv] iaktta; observere;
legge merke til; bemerke **(to** til);
(høytidelig)holde; ~ **r** iakttaker
m; observatør *m.*
obsess [əbˈses] besette; plage; ~ **ion**
besettelse *m;* fiks idé *m.*
obsolete ['ɒbsəliːt] foreldet.
obstacle ['ɒbstəkl] hindring *m/f.*
obstinacy ['ɒbstɪnəsɪ] hårdnakket-
het *m;* stahet *m;* ~ **te** sta; stivsin-
net; hårdnakket (om sykdom).
obstruct [əbˈstrʌkt] sperre; hemme;
hindre; ~ **ion** sperring *m/f;* hind-
ring *m/f;* ~ **ive** hindrende; hem-
mende.
obtain [əbˈteɪn] få; oppnå; skaffe
(seg); ~ **able** oppnåelig.
obtrusive [əbˈtruːsɪv] påtrengende.
obtuse [ɒbˈtjuːs] stump (vinkel).
obviate ['ɒbvɪeɪt] forebygge.
obvious ['ɒbvɪəs] åpenbar, klar,
innlysende.
occasion [əˈkeɪʒn] anledning *m;*
begivenhet *m;* grunn *m;* forårsa-

ke, foranledige; bevirke; **on the**
~ **of** i anledning av; ~ **al** leilig-
hetsvis; tilfeldig.
occidental [ɒksɪˈdentl] vesterlandsk.
occup|ant [ˈɒkjʊpənt] okkupant *m;*
beboer *m;* innehaver *m;* ~ **ation**
[-ˈpeɪ-] okkupasjon *m;* beskjefti-
gelse *m,* yrke *n;* ~ **y** besette, inn-
ta, okkupere; besitte, inneha (stil-
ling); bebo; beskjeftige; **be** ~ **ied**
with *(el* **in)** være opptatt, beskjef-
tiget med.
occur [ɒˈkɜ:] hende, forekomme;
~ **to** falle en inn; ~ **rence** hen-
delse *m.*
ocean [ˈəʊʃn] (verdens)hav *n.*
ochre [ˈəʊkə] oker.
o'clock [əˈklɒk]: **five** ~ klokken
fem.
octagon [ˈɒktəgən] åttekant *m.*
octavo [ɒkˈteɪvəʊ] oktav *m.*
October [ɒkˈtəʊbə] oktober.
octogenarian [ɒktəʊdʒɪˈneərɪən] åt-
tiåri(n)g *m.*
octopus [ˈɒktəpəs] blekksprut *m.*
ocul|ar [ˈɒkjʊlə] øye-, syns-; ~ **ist**
øyenlege *m.*
odd [ɒd] ulike; umake, overskyten-
de; enkelt; sær, underlig, rar; **fif-
ty** ~ **years** noen og femti år; ~
jobs tilfeldige jobber; ~ **ity** merk-
verdighet *m;* ~ **s** ulikhet *m;* sjan-
ser *m.*
ode [əʊd] ode *m.*
odour [ˈəʊdə] lukt *m/f;* duft *m.*
of [ɒv, əv] av; fra; for; etter, til;
om; angående; **the works** ~
Shakespeare Shakespeares verker.
off [ɔ:f] bort; av sted; borte, vekk;
fri (fra arbeidet); forbi, til ende;
fra, av; utenfor; *mar* på høyden
av; avsides, borte; **I must be** ~
jeg må avsted; **well** ~ velstående.
offen|ce [əˈfens] fornærmelse *m,*
krenkelse *m;* forseelse *m;* **give** ~
vekke anstøt; ~ **d** fornærme,
krenke, støte; forarge; forse seg
(against mot); ~ **der** lovovertre-
der; ~ **sive** fornærmelig; anstøte-
lig; motbydelig; offensiv *m.*
offer [ˈɒfə] tilbud *n;* bud *n;* tilby;
by; fremby; utby; (til)by seg; of-
re; ~ **ing** offer(gave) *n (m/f).*

off-hand [ˈɔ:fˈhænd] på stående
fot; improvisert.
office [ˈɒfɪs] kontor *n;* gjerning
m/f, funksjon *m;* verv *n;* embete
n; tjeneste *m;* departement *n;*
ritual *n,* gudstjeneste *m;* ~ **r** offi-
ser *m;* tjenestemann *m;* embets-
mann *m;* politimann *m.*
officia|l [əˈfɪʃl] embets-; offisiell;
tjeneste(mann) *m;* embetsmann
m; ~ **te** forrette (i kirken).
officious [əˈfɪʃəs] geskjeftig, på-
trengende; halvoffisiell.
offing [ˈɔ:fɪŋ] rum sjø *m;* **in the** ~
under oppseiling.
offset [ˈɒ(:)fˈset] utligne (oppveie).
offshore [ˈɒfˈʃɒ] fralands-; et stykke
fra land.
offspring [ˈɔ:fsprɪŋ] avkom *n.*
often [ˈɔ:fn] ofte; hyppig.
ogre [ˈəʊgə] uhyre *n,* troll *n.*
oil [ɒɪl] olje *m/f;* olje, smøre;
~ **-cloth** voksduk *m;* ~ **field** olje-
felt *n;* ~ **refinery** oljeraffineri *n;*
~ **skin** oljelerret *n; i pl* oljeklær,
oljehyre *n;* ~ **spill** oljesøl *n;* ~ **-
well** oljekilde *m;* ~ **y** oljet; olje-
glatt; slesk.
ointment [ˈɒɪntmənt] salve *m.*
O.K. [əʊˈkeɪ] = **okay** alt i orden.
old [əʊld] gammel; ~ **fashioned**
gammeldags; ~ **people's home**
gamlehjem *n.*
olive [ˈɒlɪv] oliven(tre) *m (n).*
Olympi|an [əʊˈlɪmpɪən] olympisk;
~ **c Games** olympiske leker.
omelet(te) [ˈɒmlɪt] omelett *m.*
omen [ˈəʊmən] tegn *n,* (for)varsel
n.
ominous [ˈɒmɪnəs] illevarslende.
omission [əˈmɪʃn] utelatelse *m,*
unnlatelse *m.*
omit [əˈmɪt] utelate; la være.
omnibus [ˈɒmnɪbəs] buss *m;* som
tjener mange slags formål.
omni|potent [əmˈnɪpətənt] allmek-
tig; ~ **scient** allvitende; ~ **vorous**
altetende.
on [ɒn] på; om; over; ved; etter,
ifølge; videre, framover; **be** ~
være i gang; være på scenen;
være på (lys, vann).
once [wʌns] en gang; **at** ~ straks;
~ **more** en gang til.

one [wʌn] en, ett; eneste; den *el* det ene; man, en; ~ **another** hverandre; ~ **self** refl. seg; en selv; ~ **way street** enveiskjøring *m/f.*

onion [ˈʌnjən] løk *m.*

onlooker [ˈɒnlʊkə] tilskuer *m.*

only [ˈəʊnlɪ] eneste; kun, bare; alene; først, ikke før.

on|set [ˈɒnset] angrep *n;* ~ **ward(s)** fram, framover.

ooze [uːz] mudder *n,* slam *n;* ~ **out** sive ut.

opaque [əˈpeɪk] ugjennomsiktig.

open [ˈəʊpn] åpen; fri; åpenhjertig; åpne (seg); **in the** ~ **(air)** i friluft, under åpen himmel; ~ **handed** gavmild, rundhåndet; ~ **hearted** åpenhjertet; ~ **ing** åpnings-, åpning *m/f;* mulighet *m;* ~ **-minded** fordomsfri.

opera [ˈɒpərə] opera *m;* ~ **glasses** *pl* teaterkikkert *m;* ~ **-house** opera (bygning) *m.*

operat|e [ˈɒpəreɪt] virke; drive, betjene (maskin); bevirke; *med* operere; ~ **ion** [-ˈreɪ-] virksomhet *m,* drift *m/f;* operasjon *m;* ~ **tive** operativ; virksom; i kraft; (fabrikk)arbeider *m;* ~ **or** operatør *m;* telefonist(inne) *m (m/f);* telegrafist *m.*

operetta [ɒpəˈretə] operette *m.*

opinion [əˈpɪnjən] mening *m/f;* oppfatning *m;* skjønn *n;* ~ **ated** sta, påståelig; ~ **poll** gallupundersøkelse *m,* meningsmåling *m/f.*

opponent [əˈpəʊnənt] motstander *m;* opponent *m.*

opportun|e [ˈɒpətjuːn] beleilig; gunstig; opportun; ~ **ity** [-ˈtjʊ-] (gunstig) anledning *m/f;* sjanse *m.*

oppose [əˈpəʊz] bekjempe, motsette seg.

opposit|e [ˈɒpəzɪt] motsatt; overfor; motsetning *m;* ~ **ion** [ɒpəˈzɪʃŋ] motstand *m;* opposisjon *m.*

oppress [əˈpres] tynge, trykke på; undertrykke; ~ **ion** undertrykkelse *m;* nedtrykthet *m;* ~ **ive** trykkende; tyrannisk.

optic|al delusion [ˈɒptɪkəl -] syns-

bedrag *n;* ~ **ian** [əpˈtɪʃn] optiker *m;* ~ **s** [ˈɒptɪks] optikk *m.*

optimi|sm [ˈɒptɪmɪzəm] optimisme *m;* ~ **st** optimist *m;* ~ **stic** [-ˈmɪs-] optimistisk.

option [ˈɒpʃn] valg *m;* forkjøpsrett *m;* opsjon *n;* valgfag *n;* ~ **al** valgfri.

opulen|ce [ˈɒpjʊləns] overflod *m;* rikdom *m;* ~ **t** (søkk)rik.

opus [ˈəʊpəs] verk (mus.).

or [ɔː] eller; **either** — ~ enten — eller; ~ **else** ellers.

oracle [ˈɒrəkl, ˈɒrɪkl] orakel *n.*

oral [ˈɔːrəl] muntlig.

orange [ˈɒrɪndʒ] appelsin *m;* appelsinfarget, oransje.

orator [ˈɒrətə] taler *m;* ~ **y** talekunst *m,* veltalenhet *m;* bedehus *n.*

orb [ɔːb] klode *m,* kule *m/f;* ~ **it** *ast* bane *m;* kretse i bane.

orchard [ˈɔːtʃəd] frukthage *m.*

orchestra [ˈɔːkɪstrə] orkester *n.*

orchid [ˈɔːkɪd] orkidé *m.*

ordain [ɔːˈdeɪn] (for)ordne, fastsette; ordinere.

ordeal [ɔːˈdiːl] (ild)prøve *m/f;* prøvelse *m.*

order [ˈɔːdə] orden *m;* klasse *m/f,* gruppe *m/f;* rang *m;* ordre *m;* oppdrag *n;* bestilling *m/f;* anvisning *m;* orden(stegn) *m (n);* ordne; bestemme; befale; bestille; **in** ~ **to** for å; **out of** ~ i uorden; ~ **ly** (vel)ordnet, ordentlig; ordonnans *m.*

ordinal [ˈɔːdɪnl] ordenstall *n.*

ordinance [ˈɔːdɪnəns] (for)ordning *m,* bestemmelse *m;* ordinans *m.*

ordinary [ˈɔːdənrɪ] ordinær; alminnelig; vanlig.

ore [ɔː] malm *m;* erts *m.*

organ [ˈɔːgən] organ *n;* orgel *n;* ~ **ic** [ɔːˈgænɪk] organisk; ~ **ism** organisme *m;* ~ **ist** organist *m,* orgelspiller *m;* ~ **ize** organisere; ~ **izer** organisator *m;* ~ **ization** [-aɪˈzeɪʃn] organisasjon *m.*

orgy [ˈɔːdʒɪ] orgie *m.*

Orient [ˈɔːrɪənt]: **the** ~ Orienten.

orienta|l [ɔːrɪˈentəl] orientalsk; ~ **te** [ˈɒrɪənteɪt] orientere.

origin [ˈɒrɪdʒɪn] opprinnelse *m;*

opphav *n;* herkomst *m;* ~ **al** [əˈrɪ-
dʒɪnəl] opprinnelig, original; ~ **a-
te** skape; grunnlegge; oppstå;
~ **ator** opphavsmann *m,* skaper
m.

ornament [ˈɔːnəmənt] utsmykning
m; pryd(gjenstand) *m;* pryde,
smykke; ~ **al** [-ˈmen-] pryd-; de-
korativ.

orphan [ˈɔːfən] foreldreløst barn
n; ~ **age** hjem for foreldreløse *n.*

orthodox [ˈɔːθədɒks] ortodoks;
retttroende.

orthography [ɒˈθɒɡrəfɪ] rettskriv-
ning *m.*

oscillate [ˈɒsɪleɪt] svinge; variere.

ostensible [ɒˈstensɪbl] angivelig.

osten|tation [ɒstənˈteɪʃn] brautende
opptreden *m;* brask og bram;
~ **tatious** brautende; skrytende.

ostraci|sm [ˈɒstrəsɪzm] forvisning,
utfrysing *m;* ~ **ze** utstøte, fryse ut.

ostrich [ˈɒstrɪtʃ] struts *m.*

other [ˈʌðə] annen, annet, andre;
the ~ **day** forleden dag; **each** ~
hverandre; ~ **wise** annerledes; el-
lers.

otter [ˈɒtə] oter *m.*

ought [ɔːt] bør; burde; **I** ~ **to do
it** jeg bør gjøre det.

ounce [aʊns] unse *m* (28,35 g).

our [aʊə] *adjektivisk:* vår, vårt,
våre; ~ **house is quite new** vårt
hus er ganske nytt; ~ **s** *substanti-
visk:* vår, vårt, våre; **the new
house is** ~ **s** det nye huset er
vårt; ~ **selves** vi (oss) selv.

out [aʊt] ut; ute; utenfor; ~ **of**
ut av; (ut) fra; (på grunn) av; ute
av; ~ **of stock** utsolgt; **voyage** ~
utreise *m/f;* **way** ~ utgang *m;*
utvei *m;* ~ **bid** overby; ~ **board**
utenbords; ~ **board motor** på-
hengsmotor; ~ **break,** ~ **burst** ut-
brudd *n;* ~ **cast** utstøtt, forstøtt;
hjemløs person *m;* ~ **come** resul-
tat *n;* ~ **cry** rop *n,* skrik *n,* nød-
skrik *n;* ~ **distance** distansere, gå
forbi; ~ **do** overgå; ~ **doors** ute i
det fri; ~ **er** ytre, ytter-; ~ **ermost**
ytterst; ~ **fit** utrustning *m;* utstyr
n; ~ **flank** *mil* omgå; ~ **grow**
vokse; ~ **growth** utvekst *m;*
~ **house** uthus *n;* ~ **ing** utflukt

m; ~ **lay** (penge)utlegg *n;* ~ **let**
utløp *n,* avløp *n;* marked *n;* ~ **line**
omriss *n;* utkast *n;* angi hoved-
trekkene av; ~ **live** overleve;
~ **look** utsikt *m;* syn på tingene;
~ **number** være overlegen i an-
tall; ~ **post** utpost *m;* ~ **put** pro-
duksjon(sytelse) *m;* utbytte *n.*

outrage [ˈaʊtreɪdʒ] vold(shandling)
m (m); grov forurettelse *m;* for-
nærme grovt; ~ **ous** [aʊˈtreɪdʒəs]
skjendig.

out|right [ˈaʊtraɪt] rent ut; likefrem;
helt og holdent; ~ **run** løpe fra;
~ **set** begynnelse *m;* ~ **side** ytter-
side *m,* utside *m;* yttergrense *m;*
utvendig; ytterst; utenpå; uten-;
~ **sider** utenforstående *m;* outsid-
er *m;* ~ **size** av stor størrelse *m;*
~ **skirts** utkant *m;* ~ **spoken** fri-
modig; ~ **standing** fremragende;
utestående (beløp) *(n);* ~ **stay** bli
lenger enn; bli over tiden; ~ **strip**
løpe fra; overgå; ~ **ward** ytre;
utvendig; utvortes; utgående, ut-;
ytre; ~ **wear** slite ut; vare lenger
enn; ~ **weigh** veie mer enn; opp-
veie; ~ **wit** overliste; ~ **worn** ut-
slitt.

oven [ˈʌvn] (steke)ovn *m.*

over [ˈəʊvə] over; utover; forbi;
omme; til overs; tilbake; over
ende; om igjen; **all** ~ **the world**
verden over; **all** ~ helt og hol-
dent; over det hele; ~ **there** der
bort(e); ~ **here** herover; **read** ~
lese igjennom; ~ **all** samlet, gene-
rell; ~ **alls** kjeledress *m;* ~ **awe**
knuge; skremme; ~ **bearing** myn-
dig; hovmodig; ~ **board** over
bord; ~ **burden** overlesse; ~ -
browsing overbeiting *m/f;* ~ **cast**
overskye(t); ~ **coat** ytterfrakk *m;*
~ **come** overvelde; overvinne,
beseire; ~ **crowd** overfylle; ~ **do**
overdrive; steke *el* koke for me-
get; ~ **draft** overtrekk *n;* ~ **draw**
overtrekke (konto); ~ **due** forsin-
ket; forfallen; ~ **eat** forspise seg;
~ **flow** oversvømmelse *m;* gå over
sine bredder, oversvømme; ~ -
grazing overbeiting *m/f;* ~ **grown**
for stor for alderen, oppløpen;
tilgrodd; ~ **hang** henge, rage ut

over; ~ **haul** etterse, overhale;
~ **head(s)** løpende omkostninger;
~ **hear** komme til å høre, lytte
til; ~ **land** landverts; ~ **lap** gripe
over, delvis dekke; ~ **load** over-
lesse; ~ **look** overskue; ha utsikt
over; se over; overse; ~ **night**
natten over; kvelden før; ~ **power**
overmanne; ~ **rate** overvurdere;
~ **reach** ta seg vann over hodet;
overliste, lure; ~ **ride** ri over; set-
te seg ut over; tilsidesette; ~ **rule**
forkaste; oppheve; ~ **run** bre seg
over; overskride; ~ **sea(s)** over-
sjøisk; ~ **seer** oppsynsmann *m;*
~ **sight** tilsyn *n;* forglemmelse
m; ~ **sleep** forsove seg; ~ **step**
overskride; ~ **stock** overfylle; ha
for stort lager *n,* besetning *m* osv.;
~ **strain** overanstrengelse *m;*
overanstrenge.
overt ['əʊvɜ:t] åpen(lys).
over|take [əʊvə'teɪk] innhente;
~ **taking** forbikjøring; ~ **throw**
kullkaste; felle; styrte; ~ **time**
overtid *m;* ~ **tired** overtrett.

over|turn [əʊvə'tɜ:n] velte; ~ **value**
overvurdere; ~ **weight** overvek-
t(ig) *m;* ~ **whelm** overflomme;
overvelde; ~ **work** arbeide for
hardt, overanstrenge; overtidsar-
beid *n;* ~ **wrought** overarbeidet.
owe [əʊ] skylde.
owing ['əʊɪŋ] skyldig; utestående;
ubetalt; ~ **to** på grunn av.
owl [aʊl] ugle *m.*
own [əʊn] egen; eget, egne; **a
house of my** ~ et eget hus; eie,
besitte; innrømme.
owner ['əʊnə] eier *m;* ~ **ship** eien-
domsrett *m;* eie *m.*
ox *pl* **oxen** [ɒks, 'ɒksn] okse *m;*
kveg *n;* ~ **-eye daisy** prestekrage.
oxid|ation [ɒksɪ'deɪʃn] oksydering
m/f; ~ **e** ['ɒksaɪd] oksyd *n;* ~ **ize**
['ɒksɪdaɪz] oksydere.
oxygen ['ɒksɪdʒən] oksygen *n.*
oyster ['ɔɪstə] østers *m.*
oz. = **ounce** (vekt).
ozone ['əʊzəʊn] ozon *n;* ~ **hole**
ozonhull *n;* ~ **layer** ozonlag *n.*

P

pace [peɪs] skritt *n;* gang(art) *m;*
fart *m;* skritte, marsjere; *idr* be-
stemme farten for (løper, syklist
osv.).
pacific [pə'sɪfɪk] fredelig, rolig; **P.
Ocean** Stillehavet.
pacifism ['pæsɪfɪzm] pasifisme; ~ **t**
pasifist.
pacify ['pæsɪfaɪ] berolige; stifte
fred *m;* forsone.
pack [pæk] bylt *m;* oppakning
m; kortstokk *m;* gjeng *m;* kobbel
n; amr pakke; pakke (sammen);
stue; legge ned hermetisk; ~ **up**
pakke (sammen); ~ **age** pakke
m/f; pakning *m;* emballasje *m;*
kolli *n;* ~ **er** pakker *m;* ~ **et** pakke
m/f; bunt *m;* pakettbåt *m,* post-
båt *m;* ~ **horse** kløvhest *m;* ~ **ing**
pakking *m;* emballasje *m;* ~ **ing-
case** pakkasse *m.*
pact [pækt] pakt *m;* avtale *m.*
pad [pæd] pute *m;* (bløtt) underlag

n; (skrive)blokk *m;* vattere, polst-
re; fylle; ~ **ding** vatt(ering) *m,*
stopp *m;* fyllekalk *m.*
paddle ['pædl] padle; plaske; pad-
leåre *m/f;* skovl *m.*
paddock ['pædək] eng *m/f;* heste-
hage *m.*
padlock ['pædlɒk] hengelås *m.*
pagan ['peɪgən] hedensk; hedning
m.
page [peɪdʒ] pasje *m;* pikkolo *m;*
(bok-)side *m/f.*
pageant ['pædʒənt] (historisk) opp-
tog *n;* ~ **ry** pomp og prakt; stas
m.
pager ['peɪdʒə] personsøker *m.*
pail [peɪl] spann *n.*
pain [peɪn] smerte *m;* lidelse *m;*
bry *n;* gjøre vondt; smerte; **be in**
~ ha smerter; ~ **ful** smertefull;
smertelig; pinefull; pinlig; ~ **kil-
ler** smertestillende middel *n.*
paint [peɪnt] maling *m/f;* sminke;

male; sminke (seg); skildre; be-
skrive; ~ **er** maler(inne) *m;* kunst-
maler *m; bygningsmaler m (ogs*
house ~ **)**; ~ **ing** maleri *n;* maler-
kunst *m.*

pair [peə] par *n;* ektepar *n;* par-
hester; tospann *n;* parre(s); **a** ~
of scissors saks *f.*

pal [pæl] *slang:* kamerat *m.*

palace ['pælıs] palass *n;* slott *n.*

palat|able ['pælətəbl] velsmakende;
tiltalende; ~ **e gane** *m.*

pale [peıl] blek; blekne; pæl *m;*
stake *m;* inngjerdet område *n.*

palette ['pælıt] palett.

paling ['peılıŋ] plankegjerde *n.*

pall [pɔ:l] likklede (til kiste) *n;*
tape seg.

pallet ['pælıt] halmmadrass *m.*

palm [pɑ:m] palme *m;* håndflate
m/f; ~ **it off on him** prakke det
på ham; ~ **ist** en som spår i hån-
den *m/f;* **Palm Sunday** palmesøn-
dag.

palpable ['pælpəbl] følbar; påtage-
lig, håndgripelig.

palpitation [pælpı'teıʃn] hjertebank
m.

palsy ['pɔ:lzı] lamme(lse) *m.*

paltry ['pɔ:ltrı] ussel.

pampered ['pæmpəd] forspist,
gjødd, velfødd.

pamphlet ['pæmflıt] brosjyre *m;*
flygeskrift *n.*

pan [pæn] panne *m/f;* gryte *m/f;*
dt kritisere; ~ **acea** universalmid-
del *n,* mirakelkur *m;* ~ **cake** pan-
nekake *m/f.*

pancreas ['pænkrıəs] bukspyttkjer-
tel *m.*

pane [peın] (vindus)rute *m/f.*

panel ['pænl] felt *n;* fag *n;* fylling
m/f (i vegg, dør); panel *n;* liste
m/f (over trygdekassepasienter
o.a.).

pang [pæŋ] plutselig, heftig smer-
te; kval *m;* stikk i hjertet.

panic ['pænık] panisk; panikk *m;*
få *(el* gi) panikk.

panorama [pænə'rɑ:mə] rundskue
n; panorama *n.*

pansy ['pænzı] stemorsblomst *m.*

pant [pænt] stønn *n,* gisp *n;* støn-
ne, gispe.

panther ['pænθə] panter *m.*

panties ['pæntız] *dt* truse *m/f.*

pantry ['pæntrı] spiskammer *n;*
anretning *m/f.*

pants [pænts] bukser, benklær;
(manns)underbukser.

pap [pæp] barnegrøt *m el* -velling
m/f.

papal ['peıpl] pavelig.

paper ['peıpə] papir *n;* dokument
n; verdipapir *n;* (skole)stil *m;*
(news ~ **)** avis *m/f;* **(wall** ~ **)** tapet
n; ~ **back** billigbok *f;* ~ **-bag**
papirpose; ~ **-hanger** tapetserer
m; ~ **mill** papirfabrikk *m;* ~ **s**
(legitimasjons-, anbefalings-)
papirer.

par [pɑ:] pari; **at** ~ til pari (kurs)
m; **be on a** ~ **with** være på høy-
de med.

parable ['pærəbl] lignelse.

parabolic reflector [pærə'bolık -]
parabolantenne (stor) *m/f.*

parachut|e ['pærəʃu:t] fallskjerm
m; ~ **ist** fallskjermhopper.

parade [pə'reıd] parade *m;* mønst-
ring *m/f;* stille til skue; (la) para-
dere.

paradigm ['pærədaım] mønster
(gram.).

paradise ['pærədaıs] paradis *n.*

paradox ['pærədoks] paradoks *n;*
~ **ical** [-'doks-] paradoksal.

paragraph ['pærəgrɑ:f] avsnitt *n;*
(kort) artikkel *m;* paragraftegn *n.*

parakeet ['pærəki:t] parakitt (pape-
gøye), undulat *m.*

parallel ['pærələl] parallell.

paraly|se ['pærəlaız] lamme; ~ **sis**
[pə'rælısıs] lammelse *m;* ~ **tic** [-'lı-]
lam.

parameter [pærə'mi:tə] parameter,
begrensning *m.*

paramount ['pærəmaunt] høyest;
størst; meget viktig.

parapet ['pærəpet] brystvern *n.*

paraphrase ['pærəfreız] omskriv-
ning *m/f;* omskrive.

parasite ['pærəsaıt] parasitt *m.*

parasol ['pærəsol] parasoll *m.*

parcel ['pɑ:sl] pakke *m/f;* (vare-)
parti *n;* ~ **out** stykke ut; ~ **post**
pakkepost *m.*

parch [pɑːtʃ] svi; tørke bort;
~ **ment** pergament *n.*

pardon ['pɑːdn] benådning *m/f;*
tilgivelse *m*, forlatelse *m;* tilgi;
benåde; (**I beg your**) ~ om forla-
telse; hva behager; ~ **able** tilgive-
lig.

parent ['peərənt] far *m;* mor *m/f;*
~ **age** herkomst *m*, opphav *n;*
foreldreforhold *n;* ~ **al** foreldre-.

parenthesis [pə'renθɪsɪs] parentes.

parents ['peərənts] foreldre; ~ **-in-**
law svigerforeldre.

parings *pl* ['peərɪŋz] skrell *n;* spån
n.

parish ['pærɪʃ] (kirke)sogn *n;* land-
kommune *m;* herred *n;* ~ **ioner**
[-'rɪ-] sognebarn *n.*

park [pɑːk] park *m;* parkere; ~ **ing**
parkering; ~ **ing lot** parkerings-
plass *m;* ~ **ing meter** parkometer
n.

parliament ['pɑːləmənt] parlament
n; ~ **arian** [-'tæə-] parlamentariker
m; ~ **ary** [-'men-] parlamentarisk.

parlour ['pɑːlə] dagligstue *m/f;*
beauty ~ skjønnhetssalong *m;*
~ **-maid** stuepike *m/f.*

parochial [pə'rəʊkjəl] sogne-, her-
reds-; trangsynt.

parody ['pærədɪ] parodi *m;* paro-
diere.

parole [pə'rəʊl] æresord *n;* **release**
on ~ løslate på æresord, på prø-
ve; *jur* muntlig.

parquet [pɑːˈket] parkett.

parrot ['pærət] papegøye *m;* etter-
plapre.

parry ['pærɪ] parere.

parsimonious [pɑːsɪ'məʊnjəs] kni-
pen; knuslet; påholden.

parsley ['pɑːslɪ] persille *m.*

parsnip ['pɑːsnɪp] pastinakk *m.*

parson ['pɑːsn] prest *m;* ~ **age**
prestegård *m.*

part [pɑːt] (an)del *m;* part *m;* styk-
ke *n;* parti *n*, side *m/f; teat* og *fig*
rolle *m/f; mus* stemme *m*, parti
n; egn *m*, kant *m* (av landet);
in ~ delvis; **take** ~ **in** delta i;
dele; atskille(s); skille; skille seg
(**with** av med); oppgi; forlate.

partake [pɑːˈteɪk] **of** *(el* **in**) delta
i, være med på; ta til seg; nyte.

partial ['pɑːʃl] delvis; partisk;
~ **ity** [-'æl-] partiskhet *m*, forkjær-
lighet *m.*

participate [pɑːˈtɪsɪpeɪt] delta (**in**
i); ~ **nt** deltaker; ~ **tion** [-'peɪ-]
deltakelse.

participle ['pɑːtɪsɪpl] partisipp.

particle ['pɑːtɪkl] smule *m.*

particular [pə'tɪkjʊlə] særlig, spesi-
ell; særegen; særskilt; kresen; **in**
~ særlig; ~ **ize** spesifisere, ~ **ly**
særlig; ~ **s** detaljer.

parting ['pɑːtɪŋ] avskjed *m;* skill
(i håret) *m;* avskjeds-.

partisan [pɑːtɪ'zæn] (parti)-tilhen-
ger *(n) m;* partisan *m.*

partition [pɑːˈtɪʃn] deling *m/f;* skil-
levegg *m;* dele; ~ **ed wastebasket**
flerdelt søppeldunk *m.*

partly ['pɑːtlɪ] delvis.

partner ['pɑːtnə] deltaker *m;* kom-
panjong *m;* **sleeping** *(amr* **silent**)
~ passiv kompanjong *m;* ~ **ship**
fellesskap *n;* kompaniskap *n.*

partridge ['pɑːtrɪdʒ] rapphøne *m/f.*

part-time [pɑːtˈtaɪm] deltids-.

party ['pɑːtɪ] (politisk) parti *n;* sel-
skap *n; jur* part *m.*

pass [pɑːs] passasje *m*, vei *m;*
pass *n*, snevring *m/f;* passerse-
del *m;* fribillett *m;* passere; gå
forbi; gå over; gjennomgå; for-
svinne; bestå (eksamen); sende
rundt, videre; tilbringe (tid); ved-
ta (lov); avsi (dom); ~ **as** gå for
å være; ~ **away** gå bort; dø;
~ **able** farbar; antagelig; ~ **ably**
nokså bra.

passage ['pæsɪdʒ] passasje *m*, gang
m; gjennomgang *m;* overreise
m/f, overfart *m;* skipsleilighet
m; sted *n*, avsnitt *n* (i bok).

passenger ['pæsɪndʒə] passasjer *m.*

passer-by [pɑːsə'baɪ] *pl:* **passers-by**
forbipasserende.

passion ['pæʃn] lidenskap *m;* pa-
sjon *m;* sinne *n;* ~ **ate** lidenskape-
lig.

passive ['pæsɪv] passiv.

passkey ['pɑːskiː] hovednøkkel *m;*
~ **port** pass *n;* ~ **word** stikkord
(mil.) *n.*

past [pɑːst] forgangen; forløpen;
svunnen; tidligere; fortids-; for-

bi; *fig* utenfor (rekkevidden av); fortid *m/f;* **half** ~ **two** halv tre.

paste [peɪst] klister *n;* pasta *m;* deig *m;* klistre (**up** opp); ~**board** papp *m,* kartong *m.*

pasteurize ['pæstəraɪz] pasteurisere.

pastille [pə'sti:l] pastill.

pastime ['pɑ:staɪm] tidsfordriv *n.*

pastoral ['pɑ:st(ə)rəl] hyrde-; pastoral-.

pastry ['peɪstrɪ] finere bakverk *n;* terter o.l.; (kake)deig *m.*

pasture ['pɑ:stʃə] *s & v* beite *n.*

pasty ['peɪstɪ] deiget, deigaktig; ['pæstɪ] kjøttpostei *m.*

pat [pæt] klapp *n;* fiks og ferdig; klappe.

patch [pætʃ] lapp *m,* bot *m/f;* flikke, bøte; ~**work** lappverk *n.*

patent ['peɪtənt] åpen(bar); tydelig; patent *n;* patentere; ~**ee** [-'i:] patentinnehaver *m;* ~ **leather shoes** lakksko.

paternal [pə'tɜ:nl] faderlig; ~**ity** farskap *n.*

pathetic [pə'θetɪk] patetisk; ~**os** ['peɪ-] patos.

path(way) [pɑ:θweɪ] sti *m;* bane *m.*

patience ['peɪʃns] tålmodighet *m;* kabal *m;* ~**t** tålmodig; pasient *m.*

patriarch ['peɪtrɪɑ:k] patriark.

patriot ['peɪtrɪət] patriot; ~**ic** [pætrɪ'ɒtɪk] patriotisk; ~**ism** patriotisme *m.*

patrol [pə'trəʊl] patrulje(re) *m.*

patron ['peɪtrən] beskytter *m;* (fast) kunde *m;* beskytte; behandle nedlatende; være kunde hos; ~ **saint** skytshelgen *m.*

pattern ['pætən] mønster *n;* modell *m;* prøve *m;* ta til mønster.

paunch [pɔ:ntʃ] (tykk) mage *m.*

pause [pɔ:z] stans *m;* pause *m;* stanse; gjøre pause.

pave [peɪv] brulegge; jevne; ~ **ment** brulegning *m;* fortau *n;* ~**ilion** [pə'vɪljən] paviljong; ~**ing stone** brostein *m.*

paw [pɔ:] pote *m,* labb *m;* stampe, skrape (om hest); plukke på.

pawn [pɔ:n] pant *n;* bonde *m* (i sjakk); pantsette; ~**broker** pantelåner *m.*

pay [peɪ] betaling *m/f;* lønn *m/f;*

betale; lønne seg; ~ **for** betale (det som er kjøpt); ~ **off** betale ut, gjøre opp; ~ **a visit** avlegge et besøk *n;* ~**able** betalbar; ~**ing** lønnsom, rentabel; ~**ment** betaling *m/f;* lønn *m/f;* ~**roll** lønningsliste.

pea [pi:] ert *m/f.*

peace [pi:s] fred *m;* ro *m;* ~**able** fredelig; fredsommelig; ~**ful** fredelig.

peach [pi:tʃ] fersken *m.*

peacock ['pi:kɒk] påfugl *m.*

peak [pi:k] spiss *m;* topp *m;* skygge (på lue) *m;* tind *m;* avmagres; skrante; ~ **ed cap** skyggelue *f;* ~ **(rush) hours** rushtid *m/f.*

peal [pi:l] skrall *n;* drønn *n;* (klokke)klang *m;* (orgel)brus *n;* klokkespill *n;* klinge; tone; brake.

peanut ['pi:nʌt] jordnøtt *m/f.*

pear [peə] pære *m/f.*

pearl [pɜ:l] perle *m/f;* ~**-diver** perlefisker.

peas [pi:z] erter.

peasant ['pez(ə)nt] bonde *m;* ~**ry** bondestand *m;* bønder.

pea soup [pi: su:p] ertesuppe *m/f.*

peat [pi:t] torv *m/f.*

pebble ['pebl] småstein *m.*

peck [pek] mål: 9,087 l; pikke, hakke (**at** på).

peculiar [pɪ'kju:ljə] eiendommelig; særlig; ~**ity** [-'lærɪtɪ] eiendommelighet *m.*

pecuniary [pɪ'kju:njərɪ] penge-.

pedagogical [pedə'gɒdʒɪkl] pedagogisk; ~**ue** ['pedəgog] pedagog.

pedal ['pedl] pedal *m;* bruke pedal; trå (sykkel).

peddle ['pedl] drive handel (på gaten) *m;* ~**r** kramkar *m.*

pedestal ['pedɪstəl] sokkel *m,* pidestall *m.*

pedestrian [pɪ'destrɪən] fotgjenger *m;* ~ **crossing** fotgjengerovergang *m.*

pedigree ['pedɪgri:] stamtavle *m/f.*

pedlar ['pedlə] kramkar *m.*

peek [pi:k] kikk, titt *m;* kikke, titte.

peel [pi:l] skall *n;* skrelle.

peep [pi:p] glimt *n,* gløtt *n;* pip(p) *n;* kikke, titte; pipe.

peer [pɪə] likemann, like; adels-
mann *m* med rett til å sitte i Over-
huset; stirre; titte fram; ~ **age**
adel(skap) *m*.

peev|ed [pi:vd] irritert; ~ **ish** sær,
gretten.

peg pinne *m*; stift *m*; knagg *m*;
feste med pinne, plugge.

pellet ['pelɪt] liten kule *m/f*.

pell-mell ['pel'mel] hulter til bulter.

pelt kaste på, la det hagle over;
hølje ned (om regn); fell *m*, pels
m.

pelvis ['pelvɪs] *anat* bekken *n*.

pen kve *n*; penn *m*; skrive.

penal ['pi:nl] straffbar; straffe-;
~ **ize** straffe; ~ **servitude** straff-
arbeid *n*; ~ **ty** ['penltɪ] straff *m*;
bot *m/f*; ~ **ty kick** straffespark *n*.

penance ['penəns] bots(handling).

pencil ['pensl] blyant *m*; ~ **-case**
pennal *n*.

pend|ant ['pendənt] (øre)dobbe *m*;
vimpel *m*; pendant *m*; ~ **ing** uav-
gjort, verserende; under; i påven-
te av, inntil; ~ **ulum** pendel *m*.

penetrat|e ['penɪtreɪt] trenge inn i;
gjennomtrenge; gjennombore;
~ **ing** skarpsindig.

penguin ['peŋgwɪn] pingvin *m*.

pen-holder ['penhəʊldə] penne-
skaft.

peninsula [pɪ'nɪnsjʊlə] halvøy *f*.

penitent ['penɪtənt] angerfull.

pen name ['penneɪm] pseudonym.

pennant ['penənt] vimpel *m*.

penniless ['penɪles] pengelens;
blakk.

penny ['penɪ] *pl* **pence** (enkelte:
pennies) penny (eng. koppermynt
= ¹⁄₁₀₀ pund); ~ **worth** pennys
verdi; så mye som fås for en pen-
ny.

pension ['penʃn] pensjon *m*; pen-
sjonat *n*; pensjonere; **(old age)** ~
alderstrygd *m/f*; ~ **fund** pen-
sjonskasse; ~ **ary** pensjonist *m*;
pensjons-.

pentagon ['pentəgən] femkant *m*;
the Pentagon forsvarsdeparte-
mentet i USA.

penthouse ['penthaʊs] sval *m/f*,
bislag *n*; *amr* lite hus bygd på et
(skyskraper)tak *n*.

peony ['pi:ənɪ] pion.

people ['pi:pl] folk *n*; folkeslag *n*;
koll folk, mennesker; befolke
(with med).

pep *slang*: futt *m*, fart *m*, kraft
m/f; ~ **per** ['pepə] pepper *n*;
~ **per-box** pepperbøsse; ~ **mint**
peppermynte *m*.

per [pɜ:] per, pr; ~ **annum**
[-'ænəm] om året.

perambulator ['præmbjʊleɪtə]
(pram) barnevogn *m/f*.

perceive [pə'si:v] merke; oppfatte;
føle; skjønne.

percentage [pə'sentɪdʒ] prosentsats
m; provisjon *m*.

percep|tible [pə'septɪbl] merkbar;
~ **tion** [pə(:)'sepʃn] oppfatning(s-
evne) *m (m)*.

perch [pɜ:tʃ] stang *m/f*; vagle
n/m; åbor *m*; høyt stade *n*; sette
seg *(el* sitte) på vagle.

percolator ['pɜ:kəleɪtə] kaffetrakter
m.

percussion [pə'kʌʃn] (sammen)støt
n.

perfect ['pɜ:fɪkt] fullkommen; full-
stendig; [pɜ:'fekt] fullkommengjø-
re; perfeksjonere (seg); ~ **ion** full-
kommenhet *m*; perfeksjonering
m/f.

perforat|e ['pɜ:fəreɪt] gjennomhulle;
perforere; ~ **or** hullmaskin *m*.

perform [pə'fɔ:m] utføre; oppfylle
(plikt, løfte); prestere; *teat* opp-
føre, opptre; ~ **ance** utførelse *m*;
prestasjon *m*; oppfylling *m/f*;
oppførelse *m*, forestilling *m/f*;
~ **er** opptredende skuespiller *m*,
kunstner *m*.

perfume ['pɜ:fju:m] duft *m*; vellukt
m/f; parfyme *m*; ~ **ry** parfymeri.

perhaps [pə'hæps] kanskje.

peril ['perɪl] fare *m*; ~ **ous** farlig.

period ['pɪərɪəd] periode *m*; (under-
visnings)time *m*; punktum *n*; ~ **i-
c(al)** periodisk; ~ **ical** tidsskrift
n.

periphery [pə'rɪfərɪ] periferi.

periscope ['perɪskəʊp] periskop.

perish ['perɪʃ] omkomme, gå til
grunne; ~ **able** lett bedervelig.

perjur|e ['pɜ:dʒə] sverge falsk; ~ **y**
mened *m*.

perk [pɜ:k] frynsegode *n,* ekstra fordel *m.*

permanen|ce ['pɜ:mənəns] varighet *m;* ~ t varig; blivende; fast; ~ t **(wave)** permanent(krøll) *m;* ~ t **way** banelegeme *n.*

permeate ['pɜ:mɪeɪt] gjennomtrenge.

permi|ssion [pə'mɪ ∫ n] tillatelse *m;* ~ t ['pɜ:mɪt] (skriftlig) tillatelse *m;* [-'mɪt] tillate.

pernicious [pɜ:'nɪ ∫ əs] skadelig, ondartet.

perpetua|l [pə'petjʊəl] evig; uopphørlig; fast; ~ l **youth** evig ungdom *m;* ~ te [-eɪt] gjøre evigvarende.

perplex [pə'pleks] forvirre; ~ **ity** forvirring *m/f.*

persecu|te ['pɜ:sɪkju:t] forfølge; plage; ~ **ion** [-'kjʊ-] forfølgelse *m;* ~ **or** forfølger *m.*

persever|ance [pɜ:sɪ'vɪərəns] utholdenhet *m;* ~ e holde ut; vedbli, fortsette **(in** med); ~ **ing** utholdende; iherdig.

Persian ['pɜ: ∫ ən] persisk, perser; ~ **lamb** persianer.

persist [pə'sɪst] vedbli, fortsette **(in** med); holde fast ved; ~ **ent** iherdig; hårdnakket; vedvarende.

person ['pɜ:sn] person *m;* ytre *n;* **in** ~ personlig, selv; ~ **age** personlighet *m;* ~ **al** personlig; ~ **ate** fremstille; etterligne; ~ **ify** [pə'sɒnɪfaɪ] personifisere.

personnel [pɜ:sə'nel] personale *n.*

perspective [pə'spektɪv] perspektiv *n.*

perspir|ation [pɜ:spə'reɪ ∫ n] svette *m;* ~ e svette.

persua|de [pə'sweɪd] overtale; overbevise; ~ **sion** overbevisning *m;* tro *m;* overtalelse *m;* ~ **sive** overtalende, overbevisende.

pert [pɜ:t] nesevis; kjepphøy.

pertain [pə'teɪn] **to:** høre (med) til; angå.

pertinent ['pɜ:tɪnənt] relevant, som angår saken.

perturb [pə'tɜ:b] uroe, forstyrre.

peruke [pə'ru:k] parykk *m.*

perus|al [pə'ru:zl] gjennomlesing *m/f;* ~ e lese grundig igjennom.

perva|de [pə'veɪd] gå, trenge igjennom; ~ **sive** gjennomtrengende.

perver|se [pə'vɜ:s] fordervet; pervers; vrang; ~ t ['pɜ:-] forvrenge; forderve.

pessimis|m ['pesɪmɪzm] pessimisme *m;* svartsyn *n;* ~ t pessimist *m.*

pest plage(ånd) *m;* skadedyr *n.*

pester ['pestə] bry, plage.

pet kjæledegge *m;* selskapsdyr *n;* anfall *n* av dårlig humør; kjæle med; kjærtegne.

petition [pə'tɪ ∫ n] (skriftlig) anmodning *m;* petisjon *m;* be; søke (om); søker *m.*

petrify ['petrɪfaɪ] forsteine.

petrol ['petrəl] bensin *m;* ~ **station** bensinstasjon *m.*

petticoat ['petɪkəʊt] underskjørt *n.*

pett|iness ['petɪnɪs] ubetydelighet *m;* smålighet *m;* ~ **ish** lunet; furten; gretten; ~ y liten; ubetydelig; smålig.

pew [pju:] kirkestol *m.*

pewter ['pju:tə] tinn(saker) *n.*

phantom ['fæntəm] spøkelse *n;* fantasifoster *n;* fantom *n.*

Pharisee ['færɪsi:] fariseer *m.*

Pharaoh ['feərəʊ] farao *m.*

pharmacy ['fɑ:məsɪ] farmasi *n;* apotek *n.*

phase [feɪz] fase; ~ **out** gradvis kutte ut, fase ut; ~ **-out** utfasing *m/f.*

pheasant ['feznt] fasan *m.*

phenomen|on [fɪ'nɒmɪnən] *pl* ~ **a** fenomen *n.*

phial ['faɪəl] (medisin)flaske *m/f.*

philander [fɪ'lændə] flørte, gjøre kur; ~ **ing** flørting *m/f.*

philanthropist [fɪ'lænθrəpɪst] menneskevenn *m;* filantrop *m.*

philatel|ist [fɪ'lætəlɪst] frimerkesamler *m;* ~ y filateli *m.*

philolog|ical [fɪlə'lɒdʒɪkl] filologisk; ~ y [fɪ'lɒ-] filologi *m.*

philosoph|er [fɪ'lɒsəfə] filosof *m;* ~ y filosofi *m.*

phlegm [flem] slim *n;* flegma *n,* sinnsro *m;* ~ **atic** [fleg'mætɪk] flegmatisk; flegmatiker.

phone [fəʊn] *dt* telefon *m;* telefonere; ~ **shop** telebutikk *m;* ~ **tic** [fə'netɪk] fonetisk; ~ **tics** fonetikk

m; lydlære *m;* ~ **tician**
[fəʊnɪ'tɪʃən] fonetiker *m.*
phoney [fəʊnɪ] humbug *m;* juks
n; forloren.
phosphate ['fɒsfeɪt] fosfat *n;* ~ **free**
fosfatfri.
phosphor ['fɒsfə] fosfor; ~ **escence**
[fɒsfə'resəns] morild; ~ **escent**
selvlysende; ~ **us** ['fɒsfɒrəs] fosfor.
photochemical smog [fəʊtəʊ'kemɪkl
-] fotokjemisk smog *m.*
photocopy ['fəʊtəʊkɒpɪ] fotokopi,
fotokopiere.
photo(graph) ['fəʊtəʊ, 'fəʊtəgrɑ:f]
fotografi *n.*
photo|graph fotografere; ~ **grapher**
[fə'tɒgrəfə] fotograf *m;* ~ **graphy**
fotografi *n;* ~ **stat** fotostat.
phrase [freɪz] frase *m;* talemåte
m; uttrykk *n;* uttrykke.
physic|s ['fɪzɪks] fysikk *m;* ~ **al** fy-
sisk; legemlig; ~ **ian** [fɪ'zɪʃn] lege;
~ **ist** ['fɪzɪsɪst] fysiker *m.*
physique [fɪ'zi:k] legemsbygning *m.*
piano ['pjænəʊ] piano *n;* **grand** ~
flygel *n.*
piccolo ['pɪkələʊ] pikkolofløyte.
pick hakke *m/f;* (ut)valg *n;* hak-
ke; velge; pirke i; plukke; ~ **and**
choose velge og vrake; ~ **up** ta
opp; ta med; skaffe seg; tilegne
seg; ~ **axe** *s* & *v* hakke; ~ **ed** ut-
valgt; ~ **-me-up** oppstiver *m.*
picket ['pɪkɪt] stang *m/f;* vaktpost
m; streikevakt *m/f.*
pickle ['pɪkl] lake; sylte (i eddik);
~ **herring** sursild *f.*
pick|lock ['pɪklɒk] dirk; ~ **pocket**
lommetyv *m;* ~ **up** ['pɪkʌp] noe
oppsamlet; fremgang *m;* (=
pick-me-up) hjertestyrker *m;* liten
varebil *m;* pickup *m* (på platespil-
ler).
picnic ['pɪknɪk] landtur *m;* piknik
m; dra på landtur.
pictorial [pɪk'tɔ:rɪəl] maler-, male-
risk; illustrert (blad) *n.*
picture ['pɪktʃə] bilde *n;* maleri *n;*
film *m;* **go to the** ~ **s** gå på kino;
male; skildre; forestille seg; ~
book billedbok *f.*
picturesque [pɪktʃə'resk] malerisk.
pie [paɪ] postei *m;* pai *m;* skjære *f.*
piece [pi:s] stykke *n;* lappe; sette

sammen; ~ **up** sette sammen; **a**
~ **of advice** råd *n;* **in** ~ **s** i styk-
ker; ~ **meal** stykkevis; ~ **work**
akkordarbeid *n.*
pier [pɪə] molo *m,* pir *m.*
pierce [pɪəs] gjennombore; trenge
inn i; ~ **ing** gjennomborende;
gjennomtrengende; skarp, grell.
piety ['paɪətɪ] fromhet *m.*
pig gris *m,* svin *m.*
pigeon ['pɪdʒən] due *m/f;* ~ **hole**
hull *n* (i dueslag); rom *n* i hylle,
fag; oppbevare; legge på hyllen.
piggy-bank sparegris *m;* ~ **headed**
['pɪghedɪd] stivsinnet; ~ **iron** rå-
jern *n;* ~ **let** grisunge *m;* ~ **sty**
grisebinge *m.*
pike [paɪk] spiss *m;* veibom *m;*
gjedde *m/f.*
pile [paɪl] pæl *m;* haug *m,* stabel
m; batteri *n;* stor bygning *m; dt*
formue *m;* lo *m/f;* **atomic** ~
atomreaktor *m;* ~ **s** hemorroider;
~ **up** opphope, dynge opp; be-
lesse.
pilfer ['pɪlfə] naske; ~ **age** nasking
m/f.
pilgrim ['pɪlgrɪm] pilegrim *m;*
~ **age** pilegrimsferd *m/f.*
pill pille *m.*
pillage ['pɪlɪdʒ] plyndring *m/f;*
plyndre.
pillar ['pɪlə] pilar *m;* søyle *m/f;*
~ **-box** søyleformet postkasse *m.*
pillion ['pɪljən] baksete (på motor-
sykkel) *n.*
pillory ['pɪlərɪ] gapestokk *m.*
pillow ['pɪləʊ] (hode)pute *m/f.*
pilot ['paɪlət] los *m;* flyger *m,* pilot
m; lose, føre (fly).
pimp [pɪmp] hallik *m.*
pimple ['pɪmpl] filipens *m,* kvise.
pin (knappe)nål *m/f;* stift *m;* bolt
m; feste med nål(er), stift(er) *m;*
holde fast.
pincer| movement knipetangmanø-
ver *m;* ~ **s** ['pɪnsəz] knipetang
m/f.
pinch [pɪntʃ] knip(ing) *n;* klyp(e)
n; **at a** ~ i et knipetak; stjele;
huke.
pine [paɪn] furu *m/f;* vansmekte;
~ **apple** ananas *m.*
pink nellik *m;* rosa (farge).

pinnacle ['pɪnəkl] tind *m.*

pint [paɪnt] hulmål: 0,57 l.

pioneer [paɪə'nɪə] foregangsmann *m;* pionér *m.*

pious ['paɪəs] from.

pipe [paɪp] pipe *m/f;* fløyte *m/f;* rør *n;* pipe, blåse; ~ **cleaner** piperenser; ~ **line** rørledning *m.*

piquant ['pi:kənt] pikant.

pirate ['paɪrɪt] sjørøver *m;* pirat *m;* plagiere.

pirouette [pɪrʊ'et] piruett *m.*

piss piss, pisse.

pistol ['pɪstl] pistol *m.*

piston ['pɪstən] stempel (i motor) *n.*

pit hull *n,* grav *m/f,* grop *m/f;* gruve *m,* sjakt *m/f; teat* parterre; stille opp imot.

pitch [pɪtʃ] bek *n;* (tone)høyde *m,* (skrues) stigning *m;* helling *m/f;* fast plass *m;* beke; feste (i jorden); slå opp (telt); kaste, kyle; falle, skråne; stampe, duve; ~ **er** krukke *m/f;* mugge *m/f;* ~ **-fork** høygaffel *m.*

pitfall ['pɪtfɔ:l] fallgruve *m/f.*

pith [pɪθ] marg *m.*

pit|iful ['pɪtɪfʊl] ynkelig; ~ **iless** ubarmhjertig; ~ **y** medlidenhet *m;* medynk *m;* **it is a** ~ det er synd.

pivot ['pɪvət] (dreie)tapp *m;* akse *m;* midtpunkt *n;* dreie seg (**on** om).

placard ['plæka:d] plakat *m,* oppslag *n;* slå opp plakat(er).

place [pleɪs] plass *m,* sted *n,* rom *n;* stilling *m/f,* post *m;* plassere, anbringe; **take** ~ finne sted.

placid ['plæsɪd] rolig; mild; ~ **ity** ro *m;* mildhet *m/f.*

plagiar|ism ['pleɪdʒɪərɪzm] plagiat; ~ **ize** plagiere.

plague [pleɪg] (bylle)pest *m;* (lande)plage *m.*

plaice [pleɪs] rødspette *m/f.*

plaid [plæd] pledd *n.*

plain [pleɪn] tydelig, klar; grei; enkel; ordinær; lite pen; ærlig, likefrem; ensfarget; flate *m/f,* slette *f;* ~ **ness** enkelhet *m/f;* ~ **spoken** likefrem; oppriktig.

plaint [pleɪnt] klage-(skrift) *m/f*

(n); ~ **iff** *jur* saksøker *m;* ~ **ive** klagende.

plait [pleɪt] (hår)flette *m/f;* flette.

plan [plæn] plan *m;* utkast *n;* planlegge.

plane [pleɪn] plan *n,* flate *m/f;* fly *n;* høvel *m;* platan *m;* plan, flat; jevn; høvle.

plank [plæŋk] planke *m.*

plant [plɑ:nt] plante *m;* anlegg *n,* fabrikk *m;* (be)plante; **purifier** ~ renseanlegg *n;* ~ **ation** plantasjon; ~ **er** plantasjeeier.

plaster ['plɑ:stə] murpuss *m;* kalk *m;* gips *m;* plaster *n;* pusse, gipse; plastre.

plastic ['plæstɪk] plast *m;* plastisk, bøyelig; ~ **bottle** plastflaske *m/f.*

plate [pleɪt] tallerken *m;* metallplate *f;* sølvtøy *n;* plett(saker) *m;* **small** ~ asjett *m;* ~ **au** ['plætəʊ] platå; ~ **-glass** speilglass *n.*

platform ['plætfɔ:m] plattform *m;* perrong *m;* talerstol *m;* politisk program *n.*

platinum ['plætɪnəm] platina *n.*

plausible ['plɔ:zəbl] plausibel.

play [pleɪ] lek(e) *m;* spill(e) *n;* skuespill *n;* spillerom *n;* ~ (**up**)**on words** lage ordspill; **fair** ~ ærlig spill *n;* ~ **-bill** teaterplakat *m;* ~ **ground** lekeplass *m;* ~ **ing card** spillkort *n;* ~ **mate** lekekamerat *m;* ~ **off** omkamp *m;* ~ **wright** skuespillforfatter(-inne) *m (f).*

plea [pli:] *jur* anklagedes påstand *m;* partsinnlegg *n;* påskudd *n;* anmodning *m;* ~ **d** tale i retten; ~ ~ **guilty** erkjenne seg skyldig; ~ **der** talsmann *m.*

pleasant ['pleznt] behagelig; hyggelig; ~ **ry** spøk *m.*

pleas|e [pli:z] behage; tiltale; tilfredsstille; gjøre til lags; ønske; ~ ! vær så snill! ~ **come in!** vær så god å komme inn!; **Yes** ~ ! ja takk! ~ **ed** tilfreds; ~ **ing** tiltalende; behagelig; ~ **ure** ['pleʒə] fornøyelse *m;* glede *m;* behag *n;* ønske *n;* ~ **ure-seeking** nytelsessyk.

pleat [pli:t] plisse(re) *m;* fold(e) *m.*

plebiscite ['plebɪsɪt] folkeavstemning.

pledge [pledʒ] pant *n;* (høytidelig) løfte *n;* pantsette; forplikte (seg); skåle.

plenary session ['pli:nərɪ -] (i) plenum.

plentiful ['plentɪfl] rikelig; ~**y** overflod *m;* rikdom *m;* ~ **of** massevis av.

pliable ['plaɪəbl] bøyelig.

pliers ['plaɪəz] (nebb)tang *m/f.*

plight [plaɪt] (sørgelig) forfatning *m.*

plod [plɒd] traske; streve.

plot [plɒt] jordstykke *n;* plan *m;* intrige *m,* sammensvergelse *m;* handling *m/f;* planlegge; intrigere.

plough [plaʊ] plog *m;* pløye.

ploy knep, triks *n,* fremgangsmåte *m.*

pluck [plʌk] rive; rykke; plukke; ribbe; rykk *n,* napp *n;* mot *n;* energi *m;* innmat *m;* ~**y** kjekk, modig.

plug [plʌg] plugg *m,* propp *m,* tapp *m;* spuns *n;* støpsel *n;* plombe *m;* tilstoppe; sette propp i; plombere; streve.

plum [plʌm] plomme *m;* rosin *m.*

plumage ['plu:mɪdʒ] fjærdrakt *m.*

plumb [plʌm] (bly)lodd *n;* loddrett; lodde; ~ **er** rørlegger *m.*

plump [plʌmp] trinn, lubben; fete; plump; plumpe; falle.

plunder ['plʌndə] rov *n;* plyndre.

plunge [plʌndʒ] dukke; styrte; kaste seg; stupe; dukk(ing) *n/m;* styrting *m/f;* stup *n.*

plural ['plʊərəl] flertall *n;* ~**ity** majoritet *m.*

plus-fours *pl* nikkers *m.*

plush [plʌʃ] plysj *m.*

ply [plaɪ] tråd *m;* bruke flittig; gå i fast rute; forsyne; ~**wood** finér *m,* plywood *m.*

p.m. = **post meridiem** etter middag; **at 4 p.m.** kl. 16.

pneumonia [nju:'məʊnjə] lungebetennelse *m.*

poach [pəʊtʃ] drive ulovlig jakt *el* fiske; pochere (egg); ~ **er** krypskytter *m.*

pocket ['pɒkɪt] lomme *m/f;* stikke i lommen; ~ **book** lommebok.

pod [pɒd] belg *m,* skolm *m.*

poem ['pəʊɪm] dikt *n.*

poet ['pəʊɪm] dikter *m;* ~ **ic(al)** poetisk, dikterisk; ~ **ry** poesi *m;* diktning *m.*

poignant ['pɒɪnənt] skarp, bitende; intens.

point [pɒɪnt] spiss *m,* odd *m;* odde *m;* punkt *n,* prikk *m;* poeng *n;* side *m/f,* egenskap *m;* mål *n,* hovedsak *m;* springende punkt *n;* skilletegn *n;* punktum *n;* tidspunkt *n,* øyeblikk *n;* spisse; henvise, (ut)peke; betegne; peke på, fremheve; rette **(at** mot); **off the** ~ som ikke angår saken; **be on the** ~ **of** stå i begrep med, være på nippet til; **to the** ~ som angår saken; ~ **out** peke på; ~ **blank** likefrem, bent ut; ~ **ed** spiss; poengtert; ~ **er** viser *m;* pekestokk *m;* vink *n;* pointer *m.*

poise [pɒɪz] likevekt *m;* fri, sikker (kropps)holdning *m;* holde i likevekt; balansere.

poison ['pɒɪzn] gift *m/f;* forgifte; ~ **ous** giftig.

poke [pəʊk] dytt *n,* puff *n;* stikke; rote; snuse; dytte; puffe; ~ **r** ildraker *m;* poker *m.*

Poland ['pəʊlənd] Polen.

polar ['pəʊlə] pol-, polar-; ~ **bear** isbjørn *m;* ~ **circle** polarsirkel; ~ **ize** polarisere.

pole [pəʊl] stang *m/f,* stake *m;* stolpe *m;* pol *m;* **Pole** polakk *m.*

polemic [pə'lemɪk] polemisk.

police [pə'li:s] politi *n;* ~ **officer** politibetjent *m.*

policlinic [pɒlɪ'klɪnɪk] poliklinikk.

policy ['pɒlɪsɪ] politikk *m;* fremgangsmåte *m;* polise *m.*

polio(myelitis) ['pəʊlɪəʊ(maɪə'laɪtɪs)] poliomyelitt *m.*

polish ['pɒlɪʃ] polering *m/f;* politur *m;* polerings- *el* pussemiddel *n;* polere; **Polish** ['pəʊlɪʃ] polsk.

polite [pə'laɪt] høflig; ~ **ness** høflighet *m/f.*

political [pə'lɪtɪkl] politisk; ~ **al science** statsvitenskap *m;* ~ **ian**

poll 122

[pɒlɪ'tɪʃn] politiker *m;* ~ s ['pɒl-] politikk *m.*
poll [pəʊl] avstemning *m;* valg *n;* stemmegivning *m;* **Gallup** ~ gallupundersøkelse *m;* **(public) opinion** ~ rundspørring, meningsmåling *m/f.*
pollack ['pɒlək] (fisk) lyr.
pollut|ant [pə'lu:tənt] forurensningskilde *m;* ~ **e** forurense; ~ **ion** forurensning *m.*
poly|gamy [pə'lɪgəmɪ] flerkoneri; ~ **p(us)** polypp; ~ **syllable** flerstavelsesord; ~ **unsaturated (fat)** flerumettet (fett).
pomp [pɒmp] pomp *m,* prakt *m;* ~ **ous** pompøs; praktfull; prangende; høyttravende.
pond [pɒnd] dam *m.*
ponder ['pɒndə] tenke, fundere **(on, over** over); ~ **ous** vektig; tung.
pony ['pəʊnɪ] ponni *m.*
poodle ['pu:dl] puddel *m.*
poof [pu:f] *slang* homse.
pool [pu:l] dam *m;* pytt *m;* ring *m,* pool *m;* pulje *m;* slutte seg sammen; **(football)** ~ **s** tipping *m/f;* ~ **s coupon** tippekupong.
poop [pu:p] *mar* hytte(dekk) *f(n);* akterdekk *n.*
poor [pʊə] fattig; stakkars; tarvelig, dårlig; ~ **ly** dårlig, uvel.
pop [pɒp] knall *n;* knalle; *fork for* popular; ~ **in** stikke innom; ~ **up** dukke opp.
pope [pəʊp] pave *m.*
poplar ['pɒplə] poppel *m.*
poppy ['pɒpɪ] valmue *m.*
populace ['pɒpjʊləs] **the** ~ (de brede lag av) befolkningen *m.*
popular ['pɒpjələ] folke-; folkelig; populær; ~ **ity** [-'læ-] popularitet *m;* ~ **ize** gjøre populær; popularisere.
populat|e ['pɒpjʊleɪt] befolke; ~ **ion** [-'leɪ-] befolkning *m.*
porcelain ['pɒːslɪn] porselen *n.*
porch [pɔ:tʃ] bislag *n; amr* veranda *m.*
porcupine ['pɔ:kjʊpaɪn] pinnsvin *n.*
pork [pɔ:k] svinekjøtt *n;* ~ **sausage** medisterpølse.
pornograph|ic [pɔ:nə'græfɪk] pornografisk; ~ **y** [-'nɒ-] pornografi.

porous ['pɔ:rəs] porøs.
porpoise ['pɔ:pəs] nise *m.*
porridge ['pɒrɪdʒ] (havre)grøt *m.*
port [pɔ:t] havn(eby) *m;* babord; portvin *m.*
portable ['pɔ:təbl] transportabel; bærbar; ~ **typewriter** reiseskrivemaskin *m.*
portal ['pɔ:tl] portal *m,* port *m.*
portend [pɔ:'tend] varsle.
portent ['pɔ:tent] (ondt) varsel *n;* ~ **ous** [-'ten-] illevarslende.
porter ['pɔ:tə] portner *m;* dørvokter *m;* portier *m;* bærer *m.*
portfolio [pɔ:'fəʊlɪəʊ] (dokument)-mappe *m/f;* portefølje *m.*
portion ['pɔ:ʃn] (an)del *m;* arvelodd *m;* medgift *m/f;* matporsjon *m;* dele ut.
port|liness ['pɔ:tlɪnɪs] verdighet *m;* korpulens *m;* ~ **ly** verdig; korpulent.
portmanteau [pɔ:'mæntəʊ] håndkoffert *m.*
portrait ['pɔ:trɪt] portrett *n;* ~ **ure** portrettmaling *m.*
portray [pɔ:'treɪ] avbilde.
Portuguese ['pɔ:tʃʊ'gi:z] portugiser *m;* portugisisk.
pose [pəʊz] stilling *m/f;* positur *m;* posere; sitte modell; skape seg; fremsette.
posh [pɒʃ] elegant, flott.
position [pə'zɪʃn] stilling *m/f;* posisjon *m.*
positive ['pɒzətɪv] positiv; virkelig; uttrykkelig; bestemt; sikker, viss.
possess [pə'zes] eie; besitte; ~ **oneself of** bemektige seg; ~ **ed** besatt **(with** av); ~ **ion** besittelse *m;* eie *n;* eiendel *m;* ~ **ive** eie-, besittelses-; besettende; ~ **or** eier *m.*
possib|ility [pɒsə'bɪlɪtɪ] mulighet *m/f;* ~ **le** mulig; ~ **ly** muligens, kanskje.
post [pəʊst] pæl *m;* påle *m;* stolpe *m;* post *m;* stilling *m;* embete *n;* postvesen *n;* poste; postere; slå opp plakat; ~ **age** porto *m;* ~ **age stamp** frimerke *n;* ~ **al** post-; ~ **card** brevkort *n;* ~ **er** plakat *m.*
poster|ior [pɒs'tɪərɪə] senere; bakre;

bak(ende) *m;* ~ **ty** [pɒˈste-] etter-
slekt *m/f.*
posthumous [ˈpɒstjʊməs] posthum;
etterlatt.
post|man [ˈpəʊstmən] postbud *n;* ~
code postnummer; ~ **mark** post-
stempel *n;* ~ **master** postmester;
~ **-office** postkontor *n;* ~ **box**
postkasse *m/f;* ~ **paid** franko,
portofri(tt).
postpone [pəʊstˈpəʊn] utsette;
~ **ment** utsettelse *m.*
posture [ˈpɒstʃə] stilling *m/f,* hold-
ning *m;* positur *m;* stille, sette;
stille seg i positur.
postwar [pəʊstˈwɔ:] etterkrigs-.
pot [pɒt] potte *m/f;* kar *n;* gryte
m/f; kanne *m/f;* sylte; salte ned.
potash [ˈpɒtæʃ] pottaske.
potato [pəˈteɪtəʊ] potet *m.*
poten|cy [ˈpəʊtnsɪ] kraft *m/f,* styrke
m; potens *m;* ~ **t** kraftig, sterk;
mektig; potent; ~ **tial** [pəˈtenʃəl]
potensiell, mulig.
potter [ˈpɒtə] pottemaker *m;* kera-
miker *m;* pusle, stulle; ~ **y** kera-
mikk *m;* pottemakerverksted *n.*
pouch [paʊtʃ] skinnpose *m;* taske
m; pung *m;* **tobacco** ~ tobakks-
pung *m.*
poult|erer's shop [ˈpəʊltərəs -] vilt-
handel *m;* ~ **ry** [ˈpəʊltrɪ] fjærfe *n,*
høns.
pounce [paʊns] slå ned **(upon** på);
nedslag *n;* klo *m.*
pound [paʊnd] pund *n* (vekt,
mynt); innhegning *m/f,* kve *n;*
banke; støte; hamre.
pour [pɔ:] helle; skjenke; flomme,
hølje (om regn); ~ **out** øse ut;
skjenke.
pout [paʊt] surmule; geip(e) *m.*
poverty [ˈpɒvətɪ] fattigdom *m.*
powder [ˈpaʊdə] pulver *n;* pudder
n; krutt *n;* pulverisere; pudre
(seg); ~ **-puff** pudderkvast *m.*
power [ˈpaʊə] makt *m/f;* evne
m/f; kraft *m/f; mat* potens *m;*
~ **ful** mektig; kraftig, sterk; ~
station kraftstasjon *m.*
practica|ble [ˈpræktɪkəbl] som kan
gjennomføres; brukbar; ~ **l** prak-
tisk.

practice [ˈpræktɪs] praksis *m;* skikk
m; øvelse *m;* trening *m/f.*
practise [ˈpræktɪs] praktisere; (ut)-
øve; øve seg i.
practitioner [prækˈtɪʃnə] praktise-
rende lege *(el* advokat) *m.*
pragmatic [prægˈmætɪk] pragma-
tisk.
Prague [preɪg] Praha.
prairie [ˈpreərɪ] steppe *m.*
praise [preɪz] ros(e) *m;* ~ **worthy**
rosverdig, prisverdig.
pram [præm] = **perambulator** bar-
nevogn *m/f.*
prance [prɑ:ns] spankulere; steile.
pranks [præŋks] narrestreker.
prattle [ˈprætl] plapre.
prawn [prɔ:n] (stor) reke *m/f.*
pray [preɪ] be; bønnfalle; ~ **er**
[ˈpræə] bønn *m;* ~ **ers** andakt *m.*
preach [pri:tʃ] *rel* preke; ~ **er** pre-
dikant *m.*
precarious [prɪˈkeərɪəs] usikker;
prekær; risikabel.
precaution [prɪˈkɔ:ʃn] forsiktig-
het(sregel) *m;* ~ **ary measures** for-
holdsregler *mpl.*
precede [pri:ˈsi:d] gå forut for;
innlede; ~ **nce** forrang *m;* ~ **nt**
[prɪˈsɪdənt] foregående; [ˈpresɪdənt]
presedens *m.*
precept [ˈpri:sept] forskrift *m.*
precious [ˈpreʃəs] kostbar; dyrebar,
kostelig; affektert; ~ **stone** edel-
sten *m.*
precipi|ce [ˈpresɪpɪs] stup *n;* bratt
skrent *m;* ~ **tate** [prɪˈsɪpɪteɪt] stu-
pe, styrte (hodekulls); ~ **tation**
styrt *n;* hastverk *n;* nedbør *m;*
~ **tous** stupbratt.
précis [ˈpreɪsɪ] sammendrag *n.*
precis|e [prɪˈsaɪs] nøyaktig; ~ **ely**
akkurat, helt riktig; ~ **ion** [prɪˈ-
sɪȝn] nøyaktighet *m;* presisjon *m.*
preclude [prɪˈklu:d] utelukke.
precocious [prɪˈkəʊʃəs] tidlig utvik-
let; veslevoksen.
pre|cursor [prɪˈkɜ:sə] forløper *m;*
~ **dator** [ˈpredətə] rovdyr *n;*
~ **datory** røver-; ~ **decessor** [ˈpri:-
dɪsesə] forgjenger *m;* ~ **destina-
tion** forutbestemmelse *m;* ~ **des-
tine** [pri:ˈdestɪn] forutbestemme.

predicament [prɪˈdɪkəmənt] forlegenhet *m;* knipe *m/f.*

predict [prɪˈdɪkt] spå; ~ ion forutsigelse *m.*

predilection [pri:dɪˈlekʃən] forkjærlighet.

predominance [prɪˈdɒmɪnəns] overvekt *m/f.*

predominant [prɪˈdɒmɪnənt] fremherskende; ~ -eminent fremragende.

prefab [ˈpriːfæb] *dt* ferdigbygd; ferdighus *n;* ~ ricate [-ˈfæb-] prefabrikkere.

preface [ˈprefɪs] forord *n;* innlede.

prefer [prɪˈfɜː] foretrekke; forfremme; ~ able [ˈprefərəbl] som er å foretrekke; ~ ence [ˈpre-] forkjærlighet *m;* forrang *m;* preferanse *m;* ~ ment [-ˈfɜː-] forfremmelse *m.*

prefix [ˈpriːfɪks] forstavelse.

pregnancy [ˈpregnənsɪ] svangerskap *m;* graviditet *n;* ~ t [ˈpregnənt] gravid.

prejudice [ˈpredʒʊdɪs] fordom *m;* skade *m;* gjøre forutinntatt, skade; ~ ial [-ˈdɪ-] skadelig.

preliminaries [prɪˈlɪmɪnərɪz] innledende skritt *n;* ~ y foreløpig, innledende.

prelude [ˈpreljuːd] forspill, preludium.

premature [preməˈtjʊə] (alt)for tidlig; forhastet.

premeditated [prɪˈmedɪteɪtɪd] overlagt; forsettlig.

premier [ˈpremjə] først; førsteminister *m;* statsminister *m.*

premise [ˈpremɪs] premiss(e) *m (n);* forutsetning *m;* ~ s eiendom *m;* (forretnings)lokale *n;* on the ~ s på stedet.

premium [ˈpriːmjəm] premie *m;* belønning *m/f;* bonus *m.*

prenuptial [priːˈnʌpʃəl] førekteskapelig.

preoccupation [priːɒkjʊˈpeɪʃən] distraksjon, åndsfraværelse *m;* ~ ied [priːˈɒkjʊpaɪd] åndsfraværende; opptatt (av andre ting).

preparation [prepəˈreɪʃn] forberedelse *m;* ~ atory [-ˈpær-] forberedende; ~ e [prɪˈpeə] forberede; tilberede; ~ edness beredskap *m.*

prepay [ˈpriːˈpeɪ] betale i forveien; frankere.

preponderance [prɪˈpɒndərəns] overvekt *m/f;* ~ t fremherskende; overveiende.

preposition [prepəˈzɪʃən] preposisjon.

prepossess [priːpəˈzes] forutinntta; gjøre gunstig stemt for; ~ ing tiltalende.

preposterous [prɪˈpɒstrəs] meningsløs; absurd.

prescribe [prɪˈskraɪb] foreskrive, ordinere; ~ ption resept *m;* hevd *m.*

presence [ˈprezns] nærvær *n;* ~ t nærværende; tilstede(værende); nåværende; foreliggende; nåtid *m/f;* gave *m,* presang *m;* ~ t [prɪˈzent] forestille; presentere; fremsette; fremstille; overlevere, gi; ~ tation presentasjon *m;* overlevering *m;* ~ timent forutanelse *m;* ~ tly snart (etter).

preservation [prezəˈveɪʃn] bevaring *m/f;* vedlikehold *n;* hermetisering *m/f;* ~ e bevare; frede; nedlegge (hermetisk), sylte; ~ es syltetøy *n;* hermetisk mat.

preside [prɪˈzaɪd] innta forsetet, presidere.

president [ˈprezɪdənt] president *m;* formann (i forening o.l.) *m; amr* direktør *m.*

press presse *m/f;* trengsel *m,* trykk *n,* jag *n,* press *n;* (linnet)skap *n;* presse, trykke; trenge på; nøde; ~ -conference pressekonferanse *m;* ~ ing presserende; ~ ure trykk *n;* press *n;* ~ ured container, ~ urised container trykkbeholder *m.*

prestige [presˈtiːʒ] prestisje *m.*

presume [prɪˈzjuːm] anta; formode; våge.

presumption [prɪˈsʌmpʃn] antagelse *m,* formodning *m/f;* anmasselse *m;* dristighet *m.*

pretence [prɪˈtens] foregivende *n,* påskudd *n;* ~ d to foregi; late som om; gjøre krav på; ~ sion foregivende *n;* krav *n,* fordring *m/f* (to på); ~ tious fordringsfull, pretensiøs.

pretext ['pri:tekst] påskudd *n.*
pretty ['prɪtɪ] pen; temmelig.
prevail [prɪ'veɪl] få overhånd, seire; herske, råde; ~ **on** overtale.
prevalent ['prevələnt] (frem)herskende; rådende.
prevent [prɪ'vent] hindre; forebygge; ~ **ion** (for)hindring *m/f;* forebygging *m/f;* ~ **ive** forebyggende.
previous ['pri:vjəs] foregående; tidligere; ~ **to** før; ~ **ly** før, tidligere.
prewar ['pri:'wɔ:] førkrigs-.
prey [prey] bytte *n,* rov *n;* **bird of** ~ rovfugl *m;* ~ **(up)on** jage; plyndre; gnage, tære.
price [praɪs] pris *m;* verdi *m;* prise; ~ **tag** prislapp *m.*
prick stikk *n;* brodd *m,* spiss *m;* prikke; stikke (hull i); ~ **ly** pigget, tornet.
pride [praɪd] stolthet *m;* ~ **oneself on** rose seg av.
priest [pri:st] geistlig; (katolsk) prest *m.*
prig innbilsk narr *m;* pedant *m;* ~ **gish** pedantisk; narraktig.
prim prippen, snerpet.
prim|acy ['praɪməsɪ] forrang *m;* ledende stilling *m/f;* ~ **arily** særlig, først og fremst; ~ **ary** primær, grunn-; hoved-; ~ **ary school** grunnskole *m.*
prime [praɪm] først; opprinnelig; hoved-; blomstring *m/f;* ungdomskraft *m/f;* ~ **r** abc-bok *m/f.*
primeval forest [praɪ'mi:vəl -] urskog *m.*
primitive ['prɪmɪtɪv] primitiv; ur-; enkel.
prince [prɪns] prins *m;* fyrste *m;* **P. Charming** eventyrprins *m;* **P. Consort** prinsgemal; ~ **ly** fyrstelig; ~ **ss** prinsesse *m/f;* fyrstinne *m/f.*
principal ['prɪnsəpl] hoved-; viktigst; hovedperson *m;* rektor *m;* sjef *m;* kapital *m,* hovedsum *m;* ~ **ity** [-'pælɪtɪ] fyrstedømme *n.*
principle ['prɪnsəpl] grunnsetning *m,* prinsipp *n.*
print trykk; preg *n;* prent *m;* trykt skrift *n; fotogr* kopi *m;* avtrykk

n; trykke; kopiere; utgi; ~ **er** boktrykker *m.*
printing ['prɪntɪŋ] trykking *m/f;* boktrykk *n;* ~ **office,** ~ **plant** (bok)trykkeri *n;* ~ **-press** trykkpresse *m/f.*
prior ['praɪə] tidligere **(to** enn); prior; ~ **ity** [praɪ'ɒrɪtɪ] fortrinn *n,* prioritet *m;* forkjørsrett *m.*
prism [prɪzm] prisme.
prison ['prɪzn] fengsel *n;* ~ **camp** fangeleir; ~ **er** fange *m.*
pristine ['prɪsti:n] uberørt (f.eks. natur).
priva|cy ['prɪvəsɪ, 'praɪvəsɪ] avsondring *m/f;* ensomhet *m,* ro *m;* **in** ~ i enrom, under fire øyne; ~ **te** ['praɪvɪt] privat; personlig; alene; fortrolig; *mil* menig *m;* **in** ~ i fortrolighet; ~ **teer** [praɪvə'tɪə] kaperfartøy *n;* ~ **tely** underhånden; ~ **tion** [praɪ'veɪʃn] savn *n;* mangel *m;* ~ **tise** privatisere.
privilege ['prɪvɪlɪdʒ] privilegium *n;* privilegere.
privy ['prɪvɪ] do.
prize [praɪz] premie *m;* pris *m;* prise, vurdere, skatte; ~ **up** *(el* **open)** bryte opp.
pro [prəʊ] for-; ~ **s and cons** argumenter for og imot; *dt* profesjonell *m.*
probab|ility [prɒbə'bɪlɪtɪ] sannsynlighet *m;* ~ **le** ['prɒ-] sannsynlig.
probat|e court ['prəʊbɪt -] skifterett *m;* ~ **ion** [prə'beɪʃn] prøve *m;* prøvetid *m/f.*
probe [prəʊb] sonde(ring) *m/f;* sondere; undersøke.
problem ['prɒbləm] problem *n;* (regne)oppgave *m.*
procedure [prə'si:dʒə] prosedyre *m;* fremgangsmåte *m.*
proceed [prə'si:d] gå fremover; dra videre; fortsette; gå til verks; skrive seg **(from** fra); anlegge sak **(against** mot); ~ **ing** fremgangsmåte *m;* ~ **ings** rettergang *m;* ~ **s** ['prəʊsi:dz] vinning *m/f;* utbytte *n.*
process ['prəʊses] prosess *m;* metode *m;* bearbeide; ~ **ion** [prə'seʃn] prosesjon *m;*
proclaim [prə'kleɪm] bekjentgjøre;

proklamere; ~ mation [prɒklə-
'meɪʃn] bekjentgjørelse m.

procuration [prɒkjʊ'reɪʃn] fullmakt
m/f; prokura m; ~ e skaffe, få
tak i; ~ ement fremskaffing m/f.

prod [prɒd] stikk n; piggstav m;
stikke; anspore.

prodigal ['prɒdɪgl] ødsel; ødeland
m.

prodigious [prə'dɪdʒəs] forbausen-
de; veldig, uhyre; ~ y ['prɒdɪdʒɪ]
vidunder n; uhyre n.

produce [prə'dju:s] frembringe;
produsere; ta (el legge) fram; (la)
oppføre, iscenesette; ['prɒ-] pro-
dukter; avling m/f; ~ r produsent
m; regissør m.

product ['prɒdʌkt] produkt n; ~ ion
[prə'dʌkʃn] produksjon m; fore-
visning m; ~ ive produktiv; frukt-
bar.

profane [prə'feɪn] profan; verdslig;
uinnvidd; bespottelig; profanere;
~ ity [-'fænɪtɪ] bespottelse m; ban-
ning m/f.

profess [prə'fes] erklære; påstå;
bekjenne seg til; utøve (yrke);
~ ion yrke n; profesjon m; be-
kjennelse m; ~ ional yrkesmessig;
profesjonell m.

proffer ['prɒfə] tilby; tilbud n.

proficiency [prə'fɪʃnsɪ] dyktighet
m; ferdighet m; ~ t dyktig; sak-
kyndig.

profile ['prəʊfaɪl] profil.

profit ['prɒfɪt] fordel m; nytte
m/f; fortjeneste m; gagne; nytte;
~ able nyttig; lønnsom; innbrin-
gende; ~ eer profitør m; drive
som profitør.

profligate ['prɒflɪgɪt] ryggesløs; las-
tefull.

profound [prə'faʊnd] dyp(sindig).

profuse [prə'fju:s] rikelig; ødsel;
overstrømmende; ~ ion overdå-
dighet m.

prognosis [prɒg'nəʊsɪs] prognose.

program ['prəʊgræm] (EDB)-pro-
gram n; ~ me program; ~ mer
programmerer m.

progress ['prəʊgres] fremgang m;
fremrykking m/f; fremskritt n;
utvikling m/f; vekst m; [prə'-]
avansere; gjøre fremskritt; ~ ion

det å gå fremover; progresjon m;
~ ive progressiv; tiltagende;
fremskrittsvennlig.

prohibit [prə'hɪbɪt] forby; hindre;
~ ion [prəʊɪ'bɪʃn] (innførsels-, al-
kohol-)forbud n; ~ ive prohibitiv;
urimelig (pris).

project ['prɒdʒekt] plan m; prosjekt
n; [prə'-] fremkaste; planlegge;
tenke på; rage, stikke fram; ~ ile
prosjektil; ~ ion fremspring n;
planlegging m/f; ~ or prosjektør.

proletarian [prəʊlɪ'teərɪən] proletar.

proliferate [prə'lɪfəreɪt] formere
seg; ~ eration utbredelse, spred-
ning m; ~ ic fruktbar.

prologue ['prəʊlɒg] prolog m.

prolong [prə'lɒŋ] forlenge.

promenade [prɒmɪ'nɑːd] spasertur
m; spasere; promenere.

prominent ['prɒmɪnənt] fremståen-
de.

promise ['prɒmɪs] løfte n; love;
~ ing lovende.

promote [prə'məʊt] fremme; for-
fremme; ~ ion (frem)hjelp m/f,
støtte m/f; forfremmelse m; sales
~ ion salgsfremmende tiltak.

prompt [prɒmpt] hurtig; villig,
prompt; tilskynde; sufflere; ~ er
sufflør/suffløse m.

prone [prəʊn] utstrakt (på ma-
gen); ~ to tilbøyelig til.

pronoun ['prəʊnaʊn] pronomen n.

pronounce [prə'naʊns] uttale; er-
klære; uttale seg.

pronunciation [prənʌnsɪ'eɪʃn] uttale
m.

proof [pru:f] prøve m; bevis n;
prøvebilde n; korrektur m; -fast,
-trygg, -sikker (i sammensetnin-
ger); impregnere.

prop [prɒp] støtte(bjelke) m/f; ~
(up) støtte opp, avstive.

propagate ['prɒpəgeɪt] forplante
(seg); utbre, spre; ~ ion [-'geɪ-]
forplantning m/f; utbredelse m,
spredning m.

propel [prə'pel] drive fram; ~ ler
propell m.

propensity [prə'pensɪtɪ] hang; til-
bøyelighet m.

proper ['prɒpə] rett, riktig; (sær)-
egen; eiendommelig; egentlig;

passende; ~ **ty** eiendom *m;* gods *n;* formue *m;* egenskap *m.*

prophe|cy ['prɒfɪsɪ] spådom *m;* profeti *n;* ~ **sy** [-saɪ] spå, profetere; ~ **t(ess)** profet(inne) *m;* ~ **tic(al)** [prə'fetɪkl] profetisk.

proponent [prə'pəʊnənt] tilhenger, talsmann *m.*

proportion [prə'pɔː:ʃn] forhold *n;* proporsjon *m;* (an)del *m;* ~ **al** ~ **ate** forholdsmessig.

propos|al [prə'pəʊzl] forslag *n;* frieri *n;* ~ **e** foreslå; ha i sinne, ha til hensikt; fri **(to** til); ~ **ition** forslag *n;* erklæring *m/f; dt* sak *m.*

proprie|tor [prə'praɪətə] eier *m;* ~ **ty** riktighet *m;* anstendighet *m.*

propulsion [prə'pʌlʃn] fremdrift *m/f.*

prosaic [prɒ'zeɪɪk] prosaisk.

prose [prəʊz] prosa *m.*

prosecut|e ['prɒsɪkjuːt] følge opp; anklage, sette under tiltale; ~ **ion** [-'kjʊ-] (straffe)forfølgelse *m;* søksmål *n;* ~ **or** aktor *m.*

prospect ['prɒspekt] utsikt *m;* (fremtids)mulighet *m;* ~ **ive** [-'spek-] fremtidig; eventuell.

prosper ['prɒspə] trives; ha hell med seg; ~ **ity** [prɒs'perɪtɪ] hell *n,* fremgang *m;* velstand *m;* ~ **ous** ['prɒs-] heldig; velstående.

prostitute ['prɒstɪtjuːt] prostituert; prostituere.

prostrate ['prɒstreɪt] utstrakt (på magen); nedbrutt; nesegrus; [prɒ'streɪt] kaste over ende; ødelegge.

protect [prə'tekt] beskytte; ~ **ion** beskyttelse *m;* ~ **ion forest** verneskog *m;* ~ **or** beskytter *m.*

protest ['prəʊtest] protest *m;* innvending *m/f;* [prə'-] hevde; fremholde; protestere; ~ **ant** ['prɒtɪstənt] protestant *m* (-isk).

protuberance [prə'tjuː:bərəns] utvekst *m.*

proud [praʊd] stolt, kry.

prov|able ['pruːvəbl] bevislig; ~ **e** bevise; påvise; prøve; vise seg å være.

proverb ['prɒvə(ː)b] ordspråk *n;* ~ **ial** [-'vɜː:-] ordspråklig.

provide [prə'vaɪd] sørge for; besør-

ge; skaffe, forsyne **(with** med); foreskrive; ~ **d (that)** forutsatt at.

providen|ce ['prɒvɪdəns] forsyn *n;* forutseenhet *m;* ~ **t** omtenksom; forutseende.

province ['prɒvɪns] provins *m;* (virke)felt *n.*

provision [prə'vɪʒn] anskaffelse *m;* forholdsregel *m;* forsyning *m/f;* underhold *n; jur* bestemmelse *m;* ~ **s** proviant *m;* ~ **al** foreløpig.

provocat|ion [prɒvə'keɪʃn] utfordring *m/f;* provokasjon *m;* ergrelse; ~ **ive** [-'vɒk-] utfordrende.

provoke [prə'vəʊk] provosere; utfordre; irritere.

prow [praʊ] baug *m,* forstavn *m.*

prowl [praʊl] luske omkring.

proxy ['prɒksɪ] fullmakt *m/f;* fullmektig *m;* stedfortreder *m/f.*

prude [pruːd] snerpe *m.*

pruden|ce ['pruːdns] klokskap *m;* forsiktighet *m;* ~ **t** klok; forsiktig.

prud|ery ['pruːdərɪ] snerpethet *m;* ~ **ish** snerpet.

prune [pruːn] sviske *m;* beskjære (trær o.l.).

Prussia ['prʌʃə] Prøyssen; ~ **n** prøysser.

pry [praɪ] speide; ~ **into** snuse i.

P.S. = **postscript** etterskrift *m/f.*

psalm [sɑːm] salme *m, (især* en av Davids salmer).

psychiatr|ist [saɪ'kaɪətrɪst] psykiater *m;* ~ **y** psykiatri *m.*

psychical ['saɪkɪkl] sjelelig.

psychoanalysis [saɪkəʊə'næləsɪs] psykoanalyse.

psycholog|ical [saɪkə'lɒdʒɪkl] psykologisk; ~ **ist** [-'kɒ-] psykolog *m;* ~ **y** psykologi *m.*

ptarmigan ['tɑːmɪgən] fjellrype *m/f.*

pub [pʌb] = **public house** kro *m/f,* vertshus *n.*

puberty ['pjuːbətɪ] pubertet *m.*

public ['pʌblɪk] offentlig; felles; allmenn; offentlighet *m;* publikum *n;* ~ **health service** helsevesen *n;* ~ **house** kro *m/f,* vertshus *n;* ~ **school** *brit.* privat universitetsforberedende internatskole *m; amr* offentlig skole; ~ **ation** offentliggjørelse *m;* utgivelse *m;*

skrift n; ~ ity [-'IISITI] offentlighet m; publisitet m; reklame m.
publish ['pʌblɪʃ] bekjentgjøre; utgi, forlegge; ~ er forlegger m; ~ ing house (bok)forlag n.
pudding ['pʊdɪŋ] pudding m.
puddle ['pʌdl] sølepytt m.
puff [pʌf] blaff n; vindpust n; gufs n; drag n; pudderkvast m; ublu reklame m; puste, blåse, blaffe; pese; blåse opp; oppreklamere.
pug [pʌg] mops m.
pull [pʊl] trekking m/f, haling m/f; drag n; rykk n; trekke, dra, hale; rive; rykke; ruske; ro; ~ down rive ned; ~ off få i stand, klare; ~ oneself together ta seg sammen; ~ through greie seg gjennom (sykdom); ~ up bremse, stanse.
pulley ['pʊlɪ] rulle m, trinse m/f.
pull-over ['pʊlǝʊvǝ] genser m.
pulp [pʌlp] bløt masse m; fruktkjøtt n; papirmasse m; forvandle el bli til bløt masse.
pulpit ['pʊlpɪt] prekestol m.
pulpy ['pʌlpɪ] kjøttfull; bløt.
pulsate ['pʌlseɪt] pulsere; ~ e puls(slag) m (n); banke, slå.
pump [pʌmp] pumpe; lense; pumpe m/f; dansesko m; ~ kin gresskar n.
pun [pʌn] (lage) ordspill n.
punch [pʌntʃ] dor m; neveslag n; punsj m; lage hull i; slå; ~ (ed) card hullkort n.
punctual ['pʌŋktjʊǝl] punktlig.
punctuate ['pʌŋktjʊeɪt] sette skilletegn n; ~ ion [-'eɪ] tegnsetting m; ~ ion mark skilletegn n.
puncture ['pʌŋktʃǝ] punktering m/f; punktere.
pungent ['pʌndʒǝnt] skarp, gjennomtrengende (om smak, lukt).
punish ['pʌnɪʃ] straffe; ~ able straffbar; ~ ment straff m.
puny ['pjuːnɪ] ørliten, bitteliten.
pupa ['pjuːpǝ] zool puppe.
pupil ['pjuːpl] elev m; pupill m.
puppet ['pʌpɪt] dukke m; marionett m.
puppy ['pʌpɪ] valp m; laps m, jypling m.

purchase ['pɜːtʃǝs] (inn)kjøp n; anskaffelse m; kjøpe; erverve; ~ er kjøper m; ~ e tax omsetningsavgift m/f.
pure [pjʊǝ] ren, pur.
purely ['pjʊǝlɪ] rent, utelukkende.
purgative ['pɜːgǝtɪv] avføringsmiddel n.
purgatory ['pɜːgǝtǝrɪ] skjærsild m.
purge [pɜːdʒ] rense; fjerne; ta avføringsmiddel; utrenskning m/f (ogs pol).
purify ['pjʊǝrɪfaɪ] rense; ~ itan puritaner; ~ itanical puritansk; ~ ity renhet m.
purple ['pɜːpl] purpur n.
purpose ['pɜːpǝs] hensikt m; forsett n; formål n; ha til hensikt; akte; on ~ med hensikt; to the ~ saken vedkommende; ~ ful målbevisst; ~ less formålsløs; ~ ly med hensikt.
purr [pɜː] male (om katt).
purse [pɜːs] (penge)pung m; (hånd)veske m/f; penger, midler.
pursuance [pǝ'sjuːǝns], in ~ of ifølge; ~ e forfølge; strebe etter; drive med; fortsette; ~ it [pǝ'sjuːt] forfølgelse m; streben m (of etter); beskjeftigelse m.
purvey [pɜː'veɪ] skaffe; levere; ~ or leverandør m.
pus [pʌs] puss (materie) n (m).
push [pʊʃ] støt, puff n; pågåenhet m; skubbe, puffe, drive fram; oppreklamere; ~ -button elektr trykknapp m; ~ er narkoselger m; ~ ful, ~ ing foretaksom; påtrengende; ~ -up armheving m/f.
pussy ['pʊsɪ] pus.
put [pʊt] sette; stille; legge; putte; stikke; uttrykke; fremsette (spørsmål); to ~ it mildly mildest talt; ~ aside legge til side; ~ away legge til side; spare; ~ back legge tilbake; stille tilbake (klokke); ~ by legge til side; ~ down legge fra seg; skrive ned, notere; undertrykke, kue; døyve; ~ forth fremsette; sende ut; utgi; ~ forward fremsette; stille fram (ur); ~ in legge inn; skyte inn; komme fram med; ~ off skyve til side; legge vekk (klær); kaste; oppsette, ut-

sette; støte bort; ~ **on** ta på (seg);
sette på; ~ **out** legge ut; sette ut;
sette fram; slokke; ~ **through**
sette igjennom; sette i telefonfor-
bindelse med; ~ **up** slå opp; leg-
ge vekk; gi husly; ~ **up at** ta inn
på (hotell); ~ **up with** finne seg i.

putative ['pju:tətɪv] antatt, formo-
det.

putrefaction [pju:trɪ'fækʃn] forråt-
nelse *m;* ~ **efy** ['-faɪ] (for)råtne;
~ **id** ['-ɪd] råtten.

putty ['pʌtɪ] kitt *n;* kitte.

puzzle ['pʌzl] gåte *m/f;* puslespill

n; problem *n;* rådløshet *m;* for-
virre; volde hodebry; spekulere;
~ **d** uforstående; rådvill.

pygmy ['pɪgmɪ] pygmé.

pyjamas [pə'dʒɑ:məz] pyjamas *m;*
nattdrakt *m.*

pylon ['paɪlən] ledningsmast *m/f.*

pyramid ['pɪrəmɪd] pyramide.

Pyrenees [pɪrɪ'ni:z], **the** ~ Pyrenée-
ne.

pyromaniac [paɪrəʊ'meɪnɪæk] pyro-
man *m.*

python ['paɪθən] pytonslange *m.*

Q

quack [kwæk] kvekke; kvekking
m/f; kvaksalver *m.*

quadrangle ['kwɔdræŋgl] firkant
m; firkantet gårdsplass *m el* sko-
legård *m;* ~ **rant** kvadrant *m;*
~ **ruplets** firlinger.

quagmire ['kwægmaɪə] hengemyr *f.*

quail [kweɪl] vaktel *m;* bli redd.

quaint [kweɪnt] eiendommelig;
pussig; underlig.

quake [kweɪk] riste, skjelve **(with/
for** av); skjelving *m/f;* rystelse *m.*
Quaker kveker *m.*

qualification [kwɔlɪfɪ'keɪʃn] kvalifi-
kasjon *m;* forutsetning *m;* inn-
skrenkning *m;* ~ **fy** ['kwɔ-] gjøre
skikket, kvalifisere (seg); modifi-
sere, avdempe; ~ **ty** egenskap *m;*
kvalitet *m.*

qualm [kwɑ:m] skruppel, betenke-
lighet *m.*

quandary ['kwɔndərɪ] forlegenhet
m, knipe *m/f.*

quantity ['kwɔntɪtɪ] mengde *m.*

quarantine ['kwɔrənti:n] karantene
m.

quarrel ['kwɔrəl] strid *m,* trette *m;*
kjekle; ~ **some** trettekjær.

quarry ['kwɔrɪ] steinbrudd *n;* bytte
n, rov *n;* bryte (stein).

quart [kwɔ:t] 1,136 liter (US 0,946
l).

quarter ['kwɔ:tə] fjerdedel *m;* kvar-
ter *n;* kvartal *n;* egn *m,* strøk *n;*
bydel *m;* fjerding *m* (fjerdepart

av slaktet dyr); nåde *m;* mål: 2,9
hl *m,* ¹/₄ eng. favn *m;* ¹/₄ yard
m; 12,7 kg *n;* dele i fire; parte-
re; innkvartere; ~ **deck** *mar* skan-
se *m;* ~ **ly** fjerdedels-; kvartals-;
~ **master** kvartermester *m;* ~ **s**
kvarter *n;* losji *n.*

quartet [kwɔ:'tet] kvartett *m.*

quartz [kwɔts] kvarts *m.*

quash [kwɔʃ] kue, undertrykke.

quaver ['kweɪvə] skjelve; vibrere.

quay [ki:] kai *f;* brygge *f.*

queen [kwi:n] dronning *m/f.*

queer [kwɪə] merkelig; rar; spole-
re.

quell [kwel] dempe; undertrykke.

quench [kwenʃ] slokke; undertryk-
ke.

query ['kwɪərɪ] spørsmål *n.*

question ['kwestʃən] spørsmål *n;*
problem *n;* sak *m;* tvil *m;* (ut)-
spørre; tvile på; **ask a person a**
~ **, put a** ~ **to a person** stille
noen et spørsmål; **the person in** ~
vedkommende; ~ **able** tvilsom;
~ **-mark** spørsmålstegn *n;* ~ **naire**
spørreskjema *n.*

queue [kju:] kø *m;* hårpisk *m;* ~
(up) stille seg i kø.

quibble ['kwɪbl] ordspill *n;* spiss-
findighet *m.*

quick [kwɪk] hurtig; snar; gløgg;
fin; fremskynde; skarp; levende
kjøtt *n;* ømt punkt *n;* ~ **en** kvikne
til; ~ **ness** livlighet *m;* raskhet *m;*

skarphet *m;* ~ **sand** kvikksand *m;*
~ **silver** kvikksølv *n;* ~-**witted**
slagferdig.
quid [kwɪd] skrå (tobakk) *m/f; dt*
pund (sterling) *n.*
quiet [ˈkwaɪət] rolig; stille; ro *m;*
berolige; ~ **ness**, ~ **ude** ro; stillhet
m.
quilt [kwɪlt] vatteppe *n;* vattere;
stoppe.
quinine [kwɪˈniːn] kinin.
quintessence [kwɪnˈtesəns] kvintes-
sens *m.*
quintett [kwɪnˈtet] kvintett *m.*
quirk [kwɜːk] særhet *m;* innfall *n.*

quit [kwɪt] forlate; oppgi; fri **(of**
fra); kvitt.
quite [kwaɪt] ganske; fullstendig;
~ **(so)**! helt riktig!
quits [kwɪts] skuls; **be** ~ være
skuls.
quiver [ˈkwɪvə] sitring *m/f;* kogger
n; sitre; beve.
quiz [kwɪz] spørrekonkurranse *m;*
spørre ut.
quota [ˈkwəʊtə] kvote *m;* andel *m.*
quotation [kwəʊˈteɪʃn] sitat *n;* pris-
notering *m/f;* ~ **marks** anførsels-
tegn *n.*
quote [kwəʊt] anføre, sitere; note-
re **(at** til).

R

rabbi [ˈræbaɪ] rabbiner *m.*
rabbit [ˈræbɪt] kanin *m.*
rabble [ˈræbl] pøbel(hop) *m.*
rabid [ˈræbɪd] rasende; gal.
race [reɪs] rase *m,* slekt *m/f;* ved-
deløp *n;* kappseilas, -roing *m/f;*
sterk strøm *m;* (kapp)løpe; ile,
jage; ~-**course** veddeløpsbane *m;*
~-**horse** veddeløpshest *m;* ~ **r**
veddeløpshest *m;* racer(-bil, -båt);
renndeltaker *m;* ~ **track** vedde-
løpsbane *m.*
racial [ˈreɪʃl] rase-.
racing [ˈreɪsɪŋ] veddeløp(s-).
rack [ræk] pinebenk *m;* hylle
m/f; stativ *n;* bagasjenett *n* **(lug-
gage** ~ **);** høyhekk *m;* strekke;
anspenne; pine.
racket [ˈrækɪt] tennisracket *m;* larm
m, uro *m;* svindelforetagende *n;*
pengeutpressing *m/f;* ~ **eer**
svindler *m;* pengeutpresser *m.*
racy [ˈreɪsɪ] pikant.
radar [ˈreɪdɑː] **(set)** radar *m* (ut-
styr).
radiant [ˈreɪdɪənt] strålende; ~ **te**
utstråle; ~ **tion** utstråling *m/f;*
~ **tion balance** strålingsbalanse
m; ~ **tor** radiator *m* (til opp-
varming); kjøler *m* (i bil).
radical [ˈrædɪkl] rot-; radikal;
~ **ism** radikalisme *m.*
radio [ˈreɪdɪəʊ] radio(apparat) *m*

(n); **(portable** ~ **)** reiseradio *m;*
radiotelegrafere; ~ **active** radio-
aktiv; ~ **gram** radiotelegram *n;*
røntgenbilde *n;* ~ **graph** røntgen-
bilde *n;* ~ **scopy** gjennomlysning
m med røntgenstråler.
radish [ˈrædɪʃ] reddik *m.*
radium [ˈreɪdɪəm] radium *n;* ~ **s**
radius *m.*
raffle [ˈræfl] tombola *m.*
raft [rɑːft] (tømmer)flåte *m;* fløte.
rag [ræg] fille *f;* klut *m;* lapp *m.*
rage [reɪdʒ] raseri *n;* lidenskap *m*
(for for); rase.
ragged [ˈrægɪd] fillet; ujevn.
raid [reɪd] overfall *n;* streiftog *n;*
overfalle; plyndre.
rail [reɪl] *jernb* skinne; rekkverk
n; gjerdestav *m;* sette opp gjer-
de; ~ **ing** gelender *n;* stakitt *n;*
~ **way** *amr* ~ **road** jernbane *m.*
rain [reɪn] regn(e) *n;* ~ **bow** regn-
bue *m;* ~ **coat** regnfrakk *m,* -kap-
pe *m;* ~ **fall** nedbør *m;* ~ **forest**
regnskog *m;* ~ **y** regnfull, regn-.
raise [reɪz] heve; løfte; reise; sette
opp; forhøye; vekke; oppvigle;
ta opp (lån); oppfostre; dyrke; *is*
amr (lønns)forhøyelse *m.*
raisin [ˈreɪzn] rosin *m.*
rake [reɪk] rive *m/f,* rake *f;* liberti-
ner *m;* rake; ransake; ~ **up** rippe
opp i.

rally ['rælɪ] samling m; stevne m; samle (seg); komme til krefter; småerte.

ram [ræm] vær m; saubukk m; rambukk m; drive, støte, ramme (into inn i).

ramble ['ræmbl] spasertur m; streife om; fantasere.

ramify ['ræmɪfaɪ] forgreine seg.

ramp [ræmp] rampe m; skråning m/f; storme.

rampant ['ræmpənt] frodig; klatrende (vegetasjon); tøylesløs.

rampart ['ræmpət] mil voll m.

ramshackle ['ræmʃækl] skrøpelig, falleferdig.

ranch [rɑ:n(t)ʃ] amr [ræ:n(t)ʃ] amr kvegfarm m.

rancid ['rænsɪd] harsk, ram.

rancorous ['ræŋkərəs] hatsk.

random ['rændəm] tilfeldig; at ~ på måfå.

range [reɪndʒ] rekke m/f; (fjell)-kjede m; område n, sfære m, spillerom n; skuddvidde m; komfyr m; ordne; stille opp; streife om; rekke; variere, veksle.

rank [ræŋk] rekke m/f; geledd n; rang m, grad m; rangere; yppig, frodig; illeluktende.

rankle ['ræŋkl] nage.

ransack ['rænsæk] ransake.

ransom ['rænsəm] løsepenger; løskjøping m/f; løskjøpe.

rant [rænt] bruke floskler; buldre og bråke; fraser.

rap [ræp] rapp n; smekk n; banking m/f; banke, slå.

rape [reɪp] voldtekt m; voldta.

rapid ['ræpɪd] hurtig; rivende; stri; ~ s elvestryk n; ~ ity [-'pɪd-] hurtighet m.

rapier ['reɪpɪə] kårde m.

rapprochement [ræprɔʃ'mã:ŋ] tilnærming m.

rapt [ræpt] henrykt; ~ ure henrykkelse m.

rare [reə] sjelden; tynn; amr rå, lite stekt; ~ ify fortynne(s); forfine; ~ eness, ~ ity sjeldenhet m.

rascal ['rɑ:skl] skurk m, slyngel m.

rash [ræʃ] utslett n; overilt.

rasher ['ræʃə] (tynn) baconskive m/f.

rasp [rɑ:sp] rasp m/f; raspe.

raspberry ['rɑ:zbərɪ] bringebær n.

rat [ræt] rotte m/f.

rate [reɪt] forhold n; (rente)sats m; takst m, pris m; rate m; kommuneskatt m; hastighet m; ~ of exchange valutakurs m; at any ~ i hvert fall; verdsette, taksere (at til); skjelle ut.

rather ['rɑ:ðə] heller, snarere; nokså; temmelig.

rating ['reɪtɪŋ] vurdering, taksering m/f.

ratio ['reɪʃɪəʊ] forhold n.

ration ['ræʃn] rasjon m (-ere).

rational ['ræʃnəl] fornuftig; ~ alize rasjonalisere; ~ ing rasjonering m/f.

rattle ['rætl] klapre; rasle; ~ snake klapperslange m.

rat-trap ['ræt træp] rottefelle m/f.

raucous ['rɔ:kəs] hes.

ravage ['rævɪdʒ] hærverk n; herje; ødelegge.

rave [reɪv] tale i ørske; rase.

ravel ['rævl] floke.

raven ['reɪvn] ravn m; ['rævn] plyndre; ~ ous ['rævɪnəs] skrubbsulten.

ravine [rə'vi:n] kløft m/f, juv n.

ravish ['rævɪʃ] rane; henrykke; voldta; ~ ing henrivende.

raw [rɔ:] rå; grov; umoden; uerfaren; hudløs, sår.

ray [reɪ] (lys)stråle m/f; rokke (fisk) m/f.

rayon ['reɪɒn] kunstsilke m.

raze [reɪz] rasere; ~ or barberhøvel, -maskin, -kniv m.

re angående.

reach [ri:tʃ] rekkevidde m; strekning m; rekke; strekke; nå.

react [rɪ'ækt] reagere; ~ ion reaksjon m; tilbakevirkning m/f; ~ ionary reaksjonær.

read [ri:d] lese; tyde; studere; lyde; ~ er leser m; foreleser m; korrekturleser m; lesebok m/f.

readily ['redɪlɪ] beredvillig; gjerne; ~ ness beredthet m.

reading ['ri:dɪŋ] lektyre m; (opp)-lesning m; oppfatning m; ~ -room lesesal m, -værelse n.

readjust ['ri:ə'dʒʌst] revidere; endre.

ready ['redɪ] ferdig; parat; beredt; beredvillig; for hånden; kvikk, ~ for school skolemoden.

real ['rɪəl] virkelig; faktisk; ekte; ~ property el ~ estate fast eiendom m; ~ ity [rɪ'ælɪtɪ] virkelighet m.

realiz|ation [rɪəlaɪ'zeɪ∫n] virkeliggjørelse m; realisasjon m, salg n; ~ e ['rɪəlaɪz] virkeliggjøre; realisere; bli klar over; innse; selge; tjene.

really ['rɪəlɪ] virkelig.

realm [relm] (konge)rike n.

reap [ri:p] skjære; høste; ~ er skurkar m; slåmaskin m; ~ ing season skuronn f.

reappear ['ri:ə'pɪə] komme til syne igjen; utkomme på nytt.

rear [rɪə] bakerste del m; bakside m/f; baktropp m; bak-; reise; oppføre; oppfostre; steile.

rearrange ['ri:ə'reɪndʒ] ordne på ny; omarbeide.

rear| seat baksete n; ~ suspension bakhjulsoppheng n.

reason ['ri:zn] grunn m; årsak m; fornuft m; forstand m; resonnere; tenke; by ~ of på grunn av; ~ able fornuftig; rimelig, moderat; ~ ing resonnement n.

reass|emble ['ri:ə'sembl] samle (seg) igjen; ~ ure berolige; gjenforsikre.

rebate ['ri:beɪt] rabatt m; avslag n.

rebel ['rebl] opprører m; [rɪ'bel] gjøre opprør (against mot); ~ lion opprør n; ~ lious opprørsk.

rebuild ['ri:bɪld] gjenoppbygge; ombygge.

rebuke [rɪ'bju:k] irettesette(lse m).

recalcitran|ce [rɪ'kælsɪtrəns] trass m; ~ t trassig, stridig.

recall [rɪ'kɔ:l] tilbakekalle(lse m); fremkalle(lse m); minnes; huske.

recede [rɪ'si:d] vike; gå tilbake.

receipt [rɪ'si:t] mottagelse m; kvittering m; matoppskrift m; kvittere; ~ s inntekter.

receiv|e [rɪ'si:v] motta; få; oppta; ~ er mottaker(apparat) m (n);

(bl.a. i radio); mikrofon m; (høre)rør n (på telefon).

recent ['ri:snt] ny; fersk; ~ ly nylig; i det siste.

reception [rɪ'sep∫n] mottagelse m; opptak n; ~ ist resepsjonist m.

receptive [rɪ'septɪv] mottakelig.

recess [rɪ'ses] fordypning m; nisje m, krok m; pause m; ~ ion tilbaketrekning m; lavkonjunktur m.

recharge [ri:'t∫ɑ:dʒ] lade opp igjen.

recipe ['resɪpɪ] oppskrift m.

recipient [rɪ'sɪpɪənt] mottaker m.

reciproca|l [rɪ'sɪprəkl] gjensidig; ~ l action vekselvirkning m; ~ te gjøre gjengjeld.

recit|al [rɪ'saɪtl] opplesning m; foredrag n; konsert m; beretning m; ~ ation [resɪ'teɪ∫n] deklamasjon; ~ e si fram; foredra; deklamere; berette.

reckless ['reklɪs] uvøren; skjødesløs; hensynsløs.

reckon ['rekn] (be)regne; telle; anse for; anta; ~ up regne sammen; ~ ing (be)regning m.

reclaim [ri:'kleɪm] vinne tilbake; forbedre; tørrlegge.

reclamation [reklə'meɪ∫n] gjenvinning m/f; tørrlegging m/f.

recogni|tion [rekəg'nɪ∫n] (an)erkjennelse m; gjenkjennelse m; ~ ze ['rekəgnaɪz] (an)erkjenne; gjenkjenne.

recoil [rɪ'kɔɪl] rekyl m; tilbakeslag n; vike (el springe) tilbake.

recollect [rekə'lekt] huske; minnes; ~ ion erindring m/f.

recommend [rekə'mend] anbefale; ~ ation anbefaling m/f.

recompense ['rekəmpens] erstatning m/f; belønning m/f; belønne; erstatte.

reconcil|e ['rekənsaɪl] forsone; bilegge; ~ iation [-sɪlɪ'eɪ∫n] forsoning m/f.

reconnoitre [rekə'nɔɪtə] rekognosere.

reconstruct ['ri:kən'strʌkt] gjenoppbygge; bygge om.

record ['rekɔ:d] rekord m; opptegnelse, dokument n; grammofonplate m/f; protokoll m; [rɪ'-] skrive ned; protokollere; ta opp (på plate *el* bånd).

recover [rɪˈkʌvə] få tilbake; gjenvinne; komme seg; ~ **y** gjenervervelse *m;* bedring *m/f.*

recreat|e [ˈrekrɪeɪt] kvikke opp; atsprede; ~ **ion** atspredelse *m;* rekreasjon *m;* friminutt *n.*

recruit [rɪˈkruːt] rekrutt(ere) *m;* verve.

rectify [ˈrektɪfaɪ] beriktige.

rector [ˈrektə] sogneprest *m;* rektor *m* (ved visse skoler); ~ **y** prestegård *m.*

recuperate [rɪˈkjuːpəreɪt] komme til krefter; gjenvinne helsen.

recur [rɪˈkɜː] komme igjen; skje igjen; ~ **rence** tilbakevending *m/f;* gjentagelse *m;* ~ **rent** tilbakevendende.

recycl|e [riːˈsaɪkl] resirkulere, gjenvinne; ~ **ing** gjenbruk *m/n,* resirkulering *m/f;* ~ **ing programme** gjenvinningsprogram *n.*

red rød (farge); radikal; kommunist; **Red Cross** Røde Kors; **(Little) Red Riding Hood** Rødhette; ~ **currant** rips *m;* ~ **den** bli rød; rødme; ~ **dish** rødlig; ~ **-light district** horestrøk; ~ **tape** byråkrati *n;* papirmølle *m/f.*

redecoration [riːdekəˈreɪʃn] opppussing *m/f.*

redeem [rɪˈdiːm] kjøpe tilbake; innløse; innfri; løskjøpe; ~ **able** som kan kjøpes tilbake, innløses.

redemption [rɪˈdempʃn] innløsning *m;* gjenkjøp *n;* forsoning, frelse.

redhot glødende.

redirect [ˈriːdɪˈrekt] omadressere, -dirigere.

redress [rɪˈdres] oppreisning *m;* hjelp *m/f;* gi oppreisning.

reduc|e [rɪˈdjuːs] redusere; sette ned; innskrenke; ~ **ing diet** slankediett *m;* ~ **ing treatment** slankekur *m;* ~ **tion** [rɪˈdʌkʃn] nedsettelse *m;* reduksjon *m;* innskrenkning *m/f.*

redundant [rɪˈdʌndənt] (altfor) rikelig; overflødig.

reed [riːd] *bot* rør *n;* siv *n.*

reef [riːf] (klippe)rev *n;* reve (seil).

reel [riːl] spole *m;* garnvinde *m/f;*

(trådsnelle); (film)rull *m;* spole; hespe; sjangle; tumle; vakle; ~ **off** ramse opp.

re|elect [ˈriːɪˈlekt] gjenvelge; ~ **enter** komme inn igjen; ~ **establish** gjenopprette.

refer [rɪˈfɜː] **to** (hen)vise til; henholde seg til; angå; ~ **ee** oppmann *m;* (fotball-, bokse)dommer *m.*

reference [ˈrefrəns] henvisning *m;* referanse *m;* oversendelse *m;* forbindelse *m;* **with** ~ **to** angående; ~ **book** oppslagsbok *m/f.*

referendum [refəˈrendəm] folkeavstemning.

refill [ˈriːfɪl] påfyll *n;* [riːˈfɪl] fylle på igjen.

refine [rɪˈfaɪn] rense; forfine; raffinere; ~ **ment** forfinelse *m;* foredling *m/f;* raffinering *m/f;* raffinement *n;* ~ **ry** raffineri *n.*

refit [ˈriːfɪt] reparasjon *m;* [riːˈfɪt] reparere.

reflect [rɪˈflekt] kaste tilbake; gi gjenskinn; reflektere; ~ **on** tenke på (*el* over); kaste skygge på; ~ **ion** refleks(jon) *m;* gjenskinn *n;* overveielse *m;* kritisk bemerkning *m/f;* ~ **ive** tenksom.

reflex [ˈriːfleks] refleks *m.*

reforestation [riːfɔrɪˈsteɪʃən] skogplanting, skogrehabilitering *m/f.*

reform [rɪˈfɔːm] forbedring *m/f;* reform(ere) *m;* forbedre; [ˈriːˈfɔːm] danne på nytt; ~ **ation** [refəˈmeɪʃn] reformering *m/f;* forbedring *m/f;* ~ **er** reformator *m.*

refract [rɪˈfrækt] bryte (lys); ~ **ory** gjenstridig.

refrain [rɪˈfreɪn] refreng *n;* avholde seg **(from** fra).

refresh [rɪˈfreʃ] forfriske; ~ **ment** forfriskning *m.*

refrigera|te [rɪˈfrɪdʒəreɪt] (av)kjøle; ~ **tor** kjøleapparat *n,* -skap *n.*

refuel [ˈriːˈfjʊəl] fylle bensin.

refuge [ˈrefjuːdʒ] tilflukt *m* (-ssted *n);* ~ **e** [ˈrefjʊˈdʒiː] flyktning *m.*

refund [ˈriːˈfʌnd] tilbakebetale.

refus|al [rɪˈfjuːzl] avslag *n;* vegring *m/f;* forkjøpsrett *m;* ~ **e** [ˈrefjuːsl] avfall *n;* [-z] avslå; avvise; nekte;

unnslå seg; vegre seg; ~ **e bin** søppelkasse *m.*

refut|ation [refjʊˈteɪ∫n] gjendrivelse *m;* ~ **e** gjendrive, motbevise.

regain [rɪˈgeɪn] gjenvinne.

regard [rɪˈgɑːd] aktelse *m;* blikk *n;* hensyntagen *m;* se på; legge merke til; betrakte; akte, ense; angå; **with** *(el* **in)** ~ **to** med hensyn til; **with kind -s** de beste hilsener; **as** ~ **s** hva – angår; ~ **ing** angående; ~ **less of** uten (å ta) hensyn til.

regatta [rɪˈgætə] regatta *m,* kappseilas *m.*

regenerate [rɪˈdʒenəreɪt] gjenføde(s); fornye(s).

regent [ˈriːdʒənt] regent *m.*

regime [reˈʒiːm] regime.

regimen [ˈredʒɪmen] diett *m.*

regiment [ˈredʒɪmənt] regiment *n.*

region [ˈriːdʒən] egn *m;* strøk *n,* region *m.*

register [ˈredʒɪstə] protokoll *m;* liste *m/f;* register *n;* fortegnelse *m;* spjeld *n;* bokføre; protokollere; tinglese; skrive inn (reisegods); rekommandere (brev); ~ **office** folkeregister *n;* ~ **ed** innskrevet; rekommandert.

registration [redʒɪˈstreɪ∫ən] registrering, påmelding, tinglysing *m/f;* ~ **fee** registreringsgebyr *n.*

regret [rɪˈgret] anger *m;* savn *n;* beklagelse *m;* beklage; angre; savne; ~ **table** beklagelig.

regular [ˈregjʊlə] regelmessig; fast; regulær; ordentlig; ~ **ity** [-ˈlær-] regelmessighet *m.*

regulat|e [ˈregjʊleɪt] regulere; ordne; styre; ~ **ion** regulering *m/f;* ordning *m/f;* regel *m;* ~ **ions** reglement *n,* forskrifter *m;* vedtekter *m.*

rehabilitat|e [riː(h)əˈbɪlɪteɪt] rehabilitere, få på beina igjen; ~ **ion** attføring *m/f;* ~ **ion centre** attføringssenter *n.*

rehash [ˈriːˈhæ∫] *fig* oppkok *n.*

rehears|al [rɪˈhɜːsl] teaterprøve *m/f;* ~ **e** fremsi; *teat* prøve; innstudere.

reign [reɪn] regjering(stid) *m/f (m/f);* regjere.

reimburse [ˈriːɪmˈbɜːs] tilbakebetale; dekke (utlegg); ~ **ment** tilbakebetaling *m/f.*

rein [reɪn] tøyle *(m);* tømme *m;* ~ **deer** rein *m,* reinsdyr *n.*

reinforce [ˈriːɪnˈfɔːs] forsterke; ~ **ment** forsterkning *m/f.*

reiterate [riːˈɪtəreɪt] ta opp igjen (og opp igjen), gjenta.

reject [rɪˈdʒekt] forkaste; vrake; avslå; avvise; ~ **ion** forkastelse *m;* vraking *m/f;* avslag *n.*

rejoic|e [rɪˈdʒɔɪs] glede (seg); fryde (seg) **(at, in** over); ~ **ing** fryd *m;* glede *m.*

rejoinder [rɪˈdʒɔɪndə] *jur* replikk *m.*

rejuvenate [rɪˈdʒuːvɪneɪt] forynge(s).

relapse [rɪˈlæps] tilbakefall *n;* falle tilbake; få tilbakefall.

relate [rɪˈleɪt] berette; ~ **to** angå; sette *el* stå i forbindelse med; ~ **d** beslektet **(to** med).

relation [rɪˈleɪ∫n] fortelling *m/f;* slektning *m;* forbindelse *m,* forhold *n;* ~ **ship** slektskap *n;* forhold *n.*

relative [ˈrelətɪv] slektning *m;* relativ; forholdsvis; ~ **to** angående.

relax [rɪˈlæks] slappe (av); koble av; løsne; ~ **ation** (av)slapping *m/f;* avkobling *m/f.*

relay (race) [rɪˈleɪ] stafett (løp) *m (n).*

release [rɪˈliːs] frigivelse *m;* løslatelse *m;* utsendelse *m;* utløser *m;* slippe fri; løslate; ettergi (gjeld), frafalle (rett); *film* sende ut (på markedet); utløse.

relegat|e [ˈreligeɪt] *sport* rykke ned; ~ **ion** nedrykning *m,* nedrykk *n.*

relent [rɪˈlent] formildes; gi etter; ~ **less** ubøyelig.

relevant [ˈrelevənt] relevant.

relia|bility [rɪlaɪəˈbɪlɪtɪ] pålitelighet *m;* ~ **ble** pålitelig; ~ **nce** tillit *m;* tiltro *m.*

relic [ˈrelɪk] levning *m;* relikvie *m.*

relief [rɪˈliːf] lindring *m/f;* lettelse *m;* hjelp *m/f;* sosialhjelp *m/f;* avløsning *m/f;* unnsetning *m/f;* relieff *n.*

relieve [rɪˈliːv] lette; understøtte; hjelpe; unnsette.

religion [rɪˈlɪdʒən] religion *m;*
~ **ous** religiøs; samvittighetsfull.
relinquish [rɪˈlɪŋkwɪʃ] slippe; opp-
gi; frafalle.
relish [ˈrelɪʃ] smakstilsetning; vel-
smak *m;* finne smak i.
relocate [ri:ləʊˈkeɪt] omplassere;
~ **ion** omplassering *m/f.*
reluctance [rɪˈlʌktəns] motvilje,
ulyst *m;* ~ **t** motvillig; uvillig.
rely [rɪˈlaɪ] **on** stole på.
remain [rɪˈmeɪn] (for)bli; være
igjen; vedbli å være; ~ **der** rest *m.*
remark [rɪˈmɑ:k] bemerkning *m/f;*
bemerke; ~ **able** bemerkelsesver-
dig; merkelig.
remedy [ˈremɪdɪ] (hjelpe)middel *n;*
legemiddel *n;* avhjelpe, råde bot
på.
remember [rɪˈmembə] huske; erind-
re; ~ **rance** minne *n;* erindring
m/f.
remind [rɪˈmaɪnd] minne **(of** om,
på); ~ **er** påminnelse *m;* kravbrev
n.
remit [rɪˈmɪt] sende tilbake; (over)-
sende; remittere; minske(s); etter-
gi; ~ **tance** remisse *m.*
remnant [ˈremnənt] levning *m;*
(tøy)rest *m.*
remorse [rɪˈmɔ:s] samvittighetsnag
n, anger *m;* ~ **ful** angrende.
remote [rɪˈməʊt] fjern; avsides; ~
control fjernkontroll *m.*
removable [rɪˈmu:vəbl] oppsigelig
(om personer); ~ **al** [rɪˈmu:vəl]
fjernelse *m;* flytting *m/f;* avskje-
digelse *m;* ~ **al van** flyttebil; ~ **e**
fjerne; rydde bort; avskjedige;
flytte.
remunerate [rɪˈmju:nəreɪt] (be)løn-
ne; ~ **ion** godtgjørelse *m.*
renaissance [rɪˈneɪsəns] renessanse
m.
render [ˈrendə] gjengjelde; gi til-
bake; gjengi, oversette; yte, gi;
gjøre.
rendez-vous [ˈrɒndɪvu:, ˈrã:ndeɪvu:]
stevnemøte *n.*
renew [rɪˈnju:] fornye; ~ **able re-**
source fornybar resurs *m.*
renounce [rɪˈnaʊns] (i kort:) renons
m; oppgi; gi avkall på; fornekte.

renovate [ˈrenoveɪt] restaurere;
~ **ion** opp-pussing *m/f.*
renown [rɪˈnaʊn] berømmelse *m;*
~ **ed** berømt.
rent (hus)leie *m/f;* revne *m/f,*
sprekk *m/f;* rift *m;* leie; forpakte;
~ **al** leieavgift *m/f;* leieinntekt
m/f; ~ **allowance** bostøtte *m;*
~ **-free** avgiftsfri.
renunciation [rɪnʌnsɪˈeɪʃn] forsakel-
se *m;* avkall *n.*
reorganization [ˈri:ɔ:gənaɪˈzeɪʃn]
omdannelse *m;* reorganisasjon *m;*
~ **e** omdanne; reorganisere; sa-
nere.
repair [rɪˈpeə] reparasjon *m;*
istandsettelse *m;* reparere.
reparation [repəˈreɪʃn] oppreisning
m/f; erstatning *m/f.*
repatriate [ri:ˈpætrɪeɪt] sende til-
bake til fedrelandet.
repay [rɪˈpeɪ] betale tilbake; ~ **ment**
tilbakebetaling *m/f.*
repeal [rɪˈpi:l] oppheve(lse *m).*
repeat [rɪˈpi:t] gjenta, repetere;
~ **edly** gjentatte ganger; ~ **er** re-
peterur *n,* -gevær *n;* gjensitter *m.*
repel [rɪˈpel] drive tilbake; avvise;
frastøte.
repent [rɪˈpent] angre; ~ **ance** an-
ger *m;* ~ **ant** angrende.
repercussion [ripəˈkʌʃn] tilbakeslag
n; ettervirkning *m.*
repertory [ˈrepətərɪ] repertoar *n.*
repetition [repɪˈtɪʃn] gjentagelse *m;*
repetisjon *m.*
replace [rɪˈpleɪs] sette tilbake; er-
statte; ~ **ment** tilbakesettelse *m;*
erstatning *m/f.*
replenish [rɪˈplenɪʃ] supplere, kom-
plettere.
replete [rɪˈpli:t] stappfull, overmett.
replica [ˈreplɪkə] miniatyrmodell;
kopi *m.*
reply [rɪˈplaɪ] svar(e) *n.*
report [rɪˈpɔ:t] melding *m/f;* rap-
port *m;* beretning *m/f;* rykte *n;*
referat *n;* smell *n,* knall *n;* beret-
te; melde (seg); rapportere; ~ **er**
referent *m,* reporter *m.*
repose [rɪˈpəʊz] hvile *(m).*
reprehensible [reprɪˈhensɪbl] klan-
derverdig.
represent [reprɪˈzent] fremstille;

forestille; representere; oppføre;
~ **ation** [-'teɪ-] fremstilling *m/f;*
oppførelse *m;* forestilling *m/f;*
representasjon *m;* ~ **ative** [-'zen-]
som forestiller; representant *m;*
representativ.
repress [rɪ'pres] undertrykke; ~ **ion**
undertrykkelse *m.*
reprieve [rɪ'priːv] frist *m;* utsette(l-
se) *(m);* benådning *m.*
reprimand ['reprɪmɑːnd] (gi) repri-
mande *(m).*
reprint ['riːprɪnt] trykke opp igjen;
opptrykk *n,* ny utgave *m/f.*
reprisals [rɪ'praɪzlz] represalier.
reproach [rɪ'prəʊtʃ] bebreide; be-
breidelse *m;* ~ **ful** bebreidende.
reproduce [riː'prə'djuːs] fremstille
igjen; frembringe på ny; reprodu-
sere; ~ **tion** [-'dʌk-] ny frembrin-
gelse *m;* forplantning *m/f;* repro-
duksjon *m.*
reproof [rɪ'pruːf] bebreidelse *m;*
~ **ve** [-v] bebreide.
reptile [reptaɪl] krypdyr *n.*
republic [rɪ'pʌblɪk] republikk *m;*
~ **an** republikansk; republikaner
m.
repudiate [rɪ'pjuːdɪeɪt] forkaste;
avvise; fornekte.
repugnance [rɪ'pʌgnəns] motvilje
m; avsky *m;* ~ **t** frastøtende;
motvillig.
repulse [rɪ'pʌls] drive tilbake; av-
vise; tilbakevisning *m/f;* ~ **ive**
frastøtende; motbydelig.
reputable ['repjʊtəbl] aktet, vel
ansett; hederlig; ~ **ation** [-'teɪ-]
rykte *n;* anseelse *m;* ~ **e** [rɪ'pjuːt]
anseelse; rykte; holde, anse for.
request [rɪ'kwest] anmodning *m;*
ønske *n;* ettersporsel *m;* anmode
om, be om; **by** ~ etter anmod-
ning.
requiem ['rekwɪəm] sjelemesse *m.*
require [rɪ'kwaɪə] forlange; kreve;
trenge; behøve; ~ **ment** fordring
m/f, krav *n;* behov *n.*
requisite ['rekwɪzɪt] nødvendig,
påkrevd; nødvendighet(sartikkel)
m; fornødenhet *m;* ~ **ion** [-'zɪʃn]
bestille; rekvirere; rekvisisjon *m;*
krav *n.*

rescue befri(else *m);* redning *m/f;*
redde.
research [rɪ'sɜːtʃ] forskning *m/f.*
resemblance [rɪ'zembləns] likhet
m; ~ **e** ligne.
resent [rɪ'zent] ta ille opp; føle seg
fornærmet over; ~ **ful** fortørnet;
~ **ment** fortørnelse *m;* harme *m.*
reserve [rɪ'zɜːv] reserve *m;* for-
behold *n;* reservat, verneområde
n; reservere; forbeholde; ~ **ed**
forbeholden; ~ **oir** ['rezəvwɑː]
basseng *n,* reservoar *n.*
reside [rɪ'zaɪd] bo; være bosatt;
~ **nce** ['rezɪdəns] opphold *n;* bo-
sted *n;* residens *m;* ~ **nce permit**
oppholdstillatelse *m;* ~ **nt** bosatt;
fastboende.
residue ['rezɪdjuː] levning *m;* rest
m.
resign [rɪ'zaɪn] oppgi; frasi seg; ta
avskjed; ~ **ation** [rezɪg'neɪʃn] fra-
tredelse *m;* avskjedsansøkning *m;*
resignasjon *m;* ~ **ed** resignert.
resilient [rɪ'zɪlɪənt] tilpasningsdyk-
tig, resilient, elastisk.
resin ['rezɪn] harpiks *m,* kvae *m.*
resist [rɪ'zɪst] motstå; ~ **ance** mot-
stand *m.*
resolute ['rezəluːt] besluttsom;
~ **eness** besluttsomhet *m;* ~ **ion**
[-'luːʃn] beslutning *m/f;* beslutt-
somhet *m;* oppløsning *m/f.*
resolve [rɪ'zɒlv] (opp)løse; beslutte;
beslutning *m/f.*
resonance ['rezənəns] resonans *m.*
resort [rɪ'zɔːt] tilholdssted *n;* in-
stans *m;* utvei *m;* **health** ~ kur-
sted *n;* ~ **to** ty til.
resound [rɪ'zaʊnd] gjenlyde.
resource [rɪ'sɔːs] hjelpekilde, resurs
m; ~ **s** resurser; pengemidler;
krefter; ~ **ful** oppfinnsom; råd-
snar.
respect [rɪs'pekt] aktelse *m,* respekt
m; hensyn *n;* henseende *m el n;*
akte, respektere; ta hensyn til;
angå; **in this** ~ i denne henseen-
de; ~ **able** aktverdig; skikkelig;
~ **ful** ærbødig; ~ **ing** angående;
~ **ive** hver sin, respektive; ~ **ively**
henholdsvis.
respiration [respə'reɪʃn] åndedrett
n.

respite ['respɪt] frist *m.*

respon|d [rɪs'pɒnd] svare; ~ **to** svare på, reagere på; ~ **se** svar *n;* reaksjon *n.*

responsi|bility [rɪspɒnsə'bɪlɪtɪ] ansvar(lighet) *n (m);* ~ **ble** ansvarlig; ~ **ve** mottagelig **(to** for).

rest hvile *m;* støtte *m;* pause *m;* rest *m;* **the** ~ de øvrige, de andre; hvile (ut); støtte (seg); ~ **(up)on** bygge på; bero på.

restaurant ['restərɒŋ, -rɑ:ŋ, -rənt] restaurant *m.*

rest|ful rolig; ~ **ive** stri, sta; ~ **less** ['restlɪs] rastløs; urolig; ~ **lessness** uro *m.*

restor|ation [restə'reɪʃn] istandsetting *m/f,* restaurering *m/f;* ~ **e** [rɪs'tɔ:] restaurere; gi tilbake; gjenopprette; helbrede.

restrain [rɪs'treɪn] holde tilbake, beherske; ~ **t** tvang *m;* (selv)beherskelse *m.*

restrict [rɪs'trɪkt] begrense; innskrenke; ~ **ion** innskrenkning *m/f;* begrensning *m/f;* hemning *m/f.*

result [rɪ'zʌlt] resultat *n;* resultere.

resume [rɪ'zju:m] ta tilbake; gjenoppta; sammenfatte.

resurge [rɪ's3:dʒ] gjenoppstå; ~ **nce** gjenoppstandelse, fornyelse *m.*

resurrection [rezə'rekʃn] gjenopplivelse *m;* oppstandelse *m.*

retail ['ri:teɪl] detalj(handel) *m;* [rɪ-'teɪl] selge i detalj; ~ **er** detaljist *m.*

retain [rɪ'teɪn] holde tilbake; beholde.

retaliat|e [rɪ'tælɪeɪt] gjengjelde; ~ **ion** gjengjeldelse *m.*

retard [rɪ'tɑ:d] forsinke; ~ **ed** tilbakestående, evneveik.

reticent ['retɪsənt] forbeholden.

retina ['retɪnə] netthinne *f.*

retire [rɪ'taɪə] trekke (seg) tilbake; gå av; ~ **e** pensjonist *m;* ~ **ment** avgang *m;* fratredelse *m;* tilbaketrukkenhet *m.*

retort [rɪ'tɔ:t] skarpt svar *n;* svare (skarpt).

retract [rɪ'trækt] trekke tilbake; ~ **able** som kan trekkes inn *(el* tilbake).

retreat [rɪ'tri:t] retrett *m;* tilbaketog *n;* trekke seg tilbake.

retrench [rɪ'trenʃ] innskrenke, skjære ned.

retrieve [rɪ'tri:v] gjenvinne; få igjen; gjenopprette.

retro|active [retrəʊ'æktɪv] tilbakevirkende; ~ **spect** ['retro-], ~ **spective view** [-'spek-] tilbakeblikk *n.*

return [rɪ't3:n] tilbaketur *m;* hjemkomst *m;* tilbakelevering *m/f;* tilbakebetaling *m/f;* avkastning *m/f;* rapport *m;* komme *(el* reise, gi, betale) tilbake; besvare; **by** ~ **(of post** *el* **mail)** omgående; ~ **ticket** returbillett *m;* **many happy** ~ **s (of the day)** til lykke med fødselsdagen.

reunion ['ri:'ju:njən] gjenforening *m/f;* møte *n,* sammenkomst *m.*

rev: ~ **up** øke farten, gi gass.

Rev. = Reverend.

reveal [rɪ'vi:l] røpe, avsløre, åpenbare.

reveille [rɪ'velɪ] revelje *m.*

revel ['revl] fest *m,* kalas *n;* feste, ture; ~ **ation** avsløring *m.*

revenge [rɪ'vendʒ] hevn *m;* hevne; ~ **ful** hevngjerrig.

revenue ['revɪnju:] (stats)inntekter.

reverberate [rɪ'v3:bəreɪt] ljome, gjenlyde, gi gjenklang.

revere [rɪ'vɪə] hedre; ære; ~ **nce** ['revərəns] ærefrykt *m;* ærbødighet *m;* ha ærbødighet for; ~ **nd** ærverdig; **the Rev. Amos Barton** pastor Amos Barton; ~ **nt** pietetsfull.

reverie ['revərɪ] dagdrøm(mer) *m.*

rever|se [rɪ'v3:s] motsetning *m/f;* motsatt side *m/f;* omslag *n;* uhell *n;* motgang *m;* bakside *m/f;* revers *m;* omvendt; vende om; ~ **sible** som kan vendes, omstilles; ~ **t** vende tilbake **(to** til).

review [rɪ'vju:] tilbakeblikk *n;* anmeldelse *m;* tidsskrift *n;* mil revy; ta et tilbakeblikk over; se igjennom; anmelde; ~ **er** anmelder *m.*

revis|e [rɪ'vaɪz] lese igjennom; revidere; repetere; ~ **ion** [rɪ'vɪʒn] gjennomsyn *n;* revisjon *m;* rettelse *m;* repetisjon *m.*

reviv|al [rɪ'vaɪvl] gjenoppvekkelse

m; fornyelse *m;* ~ **e** livne til
igjen; gjenopplive.
revoke [rɪ'vəʊk] tilbakekalle.
revolt [rɪ'vəʊlt] (gjøre) opprør *n;*
opprøre.
revolution [revə'lu:ʃn] omveltning
m/f; revolusjon *m;* omdreining
m/f; ~ **ary** revolusjonær; ~ **ize**
[-aɪz] revolusjonere.
revolv|e [rɪ'vɒlv] rotere; dreie (seg);
overveie; ~ **er** revolver *m;* ~ **ing**
roterende; ~ **ing door** svingdør
m/f.
revue [rɪ'vju:] revy *m.*
revulsion [rɪ'vʌlʃ ən] omslag, skifte.
reward [rɪ'wɔ:d] belønning *m/f;*
belønne; gjengjelde.
rhetoric ['retərɪk] retorikk *m;* vel-
talenhet *m.*
rheumat|ic [ru:'mætɪk] revmatisk;
~ **ism** ['ru:-] revmatisme *m.*
Rhine, the Rhinen; ~ **wine** rinsk-
vin *m.*
rhinoceros [raɪ'nɒsərəs] neshorn *n.*
rhubarb ['ru:bɑ:b] rabarbra *m.*
rhyme [raɪm] rim(e) *n.*
rhythm ['rɪðm] rytme *m;* takt *m;*
~ **ic(al)** rytmisk.
rib ribben *n;* ribbe *m/f;* spile *m.*
ribbon ['rɪbən] bånd *n;* fargebånd
n; remse *m/f;* sløyfe *f.*
rice [raɪs] ris *m.*
rich [rɪtʃ] rik (**in** på); fruktbar;
kraftig (om mat); ~ **es** rikdom *m.*
rick [rɪk] stakk *m,* såte *m.*
rickety ['rɪkɪtɪ] skrøpelig.
rid befri; frigjøre; fri; **get** ~ **of**
bli kvitt.
riddle ['rɪdl] gåte *f;* grovt såld *n;*
gjette, løse; sikte.
ride [raɪd] ritt *n;* kjøretur *m;* ride;
kjøre; ~ **r** rytter *m.*
ridge [rɪdʒ] rygg *m;* åsrygg *m.*
ridicul|e ['rɪdɪkju:l] spott(e) *m;* lat-
terliggjøre(lse *m);* ~ **ous** [rɪ'dɪk-
jʊləs] latterlig.
riff-raff ['rɪfræf] pøbel *m.*
rifle ['raɪfl] rifle *m/f,* gevær *n;*
rane, røve.
rift revne *m/f,* rift *m/f;* revne(t).
rig rigg(e) *m;* ~ **ging** takkelasje
m; rigg *m.*
right [raɪt] rett; riktig; høyre; ret-
t(ighet) *m;* **be** ~ ha rett; ~ -

angled rettvinklet; ~ **eous** [-ʃəs]
rettferdig; ~ **-minded** rettenkende.
rigid ['rɪdʒɪd] stiv; streng.
rigorous ['rɪgərəs] streng.
rim kant *m;* felg *m.*
rind [raɪnd] bark *m;* skorpe *m/f;*
svor *m.*
ring ring *m;* sirkel *m;* arena *m;*
manesje *m;* krets *m,* klikk *m;* rin-
ging *m/f;* ringe; lyde; klinge;
~ **leader** anfører *m;* hovedmann
m.
rink [rɪŋk] kunstig skøytebane *m.*
rinse [rɪns] skylle; skylling *m/f.*
riot ['raɪət] bråk *n;* spetakkel *n;*
tumult *m;* ~ **s** opptøyer; lage
bråk; bråke; ~ **ous** opprørsk; vill,
ubehersket.
rip rive; rakne; ~ **up** rippe opp
i; rive opp; sprette opp.
ripe [raɪp] moden; ~ **n** modne(s).
ripple ['rɪpl] kruse; skvulpe; krus-
ning *m/f.*
rise [raɪz] reise seg; stige; stå opp;
gå opp; heve seg; komme fram,
avansere; det å tilta; stigning
m/f; vekst *m;* oppgang *m.*
rising ['raɪzɪŋ] reisning *m/f.*
risk risiko *m;* risikere; ~ **y** risika-
bel, vågelig.
ritual ['rɪtjʊəl] ritual *n.*
rival ['raɪvəl] rival(inne) *m;* kon-
kurrent *m;* rivalisere; ~ **ry** rivali-
sering *m/f.*
river ['rɪvə] elv *m/f;* flod *m;* ~
course elveløp *n.*
rivet ['rɪvɪt] nagle *m;* klinke.
roach [rəʊtʃ] mort (fisk).
road [rəʊd] (lande)vei *m;* gate
m/f; ~ **bank** veiskråning *m/f,*
veikant *m;* ~ **toll** veipenger *mpl,*
veiavgift *m;* ~ **way** kjørebane *m.*
roam [rəʊm] streife, vandre om.
roar [rɔ:] brøl(e) *(n),* brus(e) *n.*
roast [rəʊst] steke; brenne (kaffe);
stek *m.*
rob [rɒb] rane; ~ **ber** raner *m;*
~ **bery** ran *n.*
robe [rəʊb] fotsid kappe *m/f;*
embetsdrakt *m.*
robin ['rɒbɪn] rødstrupe *m.*
rock [rɒk] klippe *m;* isbit *m;* gyn-
ge, vugge; ~ **carving** helleristning
m.

rocket ['rɒkɪt] rakett *m.*
rocking chair gyngestol *m.*
rocking horse gyngehest *m.*
rocky ['rɒkɪ] berglendt; ustø.
rod [rɒd] kjepp *m;* stav *m,* stang *m/f.*
rodent ['rəʊdənt] gnager *m;* ~ **icide** rottegift *m/f.*
roe [rəʊ] (fiske)rogn *m;* rådyr *n.*
rogu|e [rəʊg] kjeltring *m;* skøyer *m;* ~ **ish** skjelmsk.
role, rôle [rəʊl] rolle *m.*
roll [rəʊl] rulling *m/f;* rull *m;* valse *m;* rundstykke *n;* rulle, liste *m/f;* rulle; trille; valse; kjevle; slingre; ~ **up** rulle (seg) sammen; ~ **call** navneopprop *n;* ~ **ed** **wafer** krumkake *m;* ~ **er** valse *m;* ~ **er skate** rulleskøyte.
Rom|an ['rəʊmən] romersk; romer-(inne) *m (f);* ~ **an numeral** romertall *n;* ~ **e** Roma.
romantic [rɒ'mæntɪk] romantisk.
romp [rɒmp] tumle, boltre seg.
roof [ru:f] tak *n;* legge tak på; ~ **of the mouth** den harde gane *m.*
rook [rʊk] tårn (i sjakk) *n;* svindler *m.*
room [ru:m] rom *n;* værelse *n;* plass *m; amr* bo; ~ **s** bolig; ~ **y** rommelig.
roost [ru:st] vagle *m;* hønsehus *n;* sitte på vagle; sove; ~ **er** *amr* hane *m.*
root [ru:t] rot *m;* knoll *m;* slå rot; rote i (jorda); ~ **ed** rotfestet; ~ **less** rotløs; ~ **out** utrydde.
rope [rəʊp] tau *n;* rep *n;* binde med et tau.
ros|ary ['rəʊzərɪ] rosenkrans *m;* ~ **e** rose *m/f;* ~ **ebay** geitrams *m.*
roster ['rɒstə] *sport* lagoppstilling *m/f.*
rostrum ['rɒstrəm] talerstol.
rosy ['rəʊzɪ] rosenrød; rosa.
rot [rɒt] råte *m;* forråtnelse *m;* tøv *n;* tøve.
rotat|e [rəʊ'teɪt] *amr* ['rəʊ-] rotere; veksle; ~ **ion** [rə'teɪʃn] omdreining *m,* rotasjon *m.*
rote [rəʊt]: **by** ~ på rams.
rotten ['rɒtn] råtten; bedervet; elendig; ~ **ness** råttenskap *m.*
rouge [ru:ʒ] sminke *m;* sminke seg.

rough [rʌf] ujevn; ru; knudret; grov; rå; lurvet; barsk; tarvelig; primitiv; bølle *m/f;* utkast *n;* ~ **it tåle strabaser;** ~ **en** gjøre *(el* bli) ujevn, ru; ~ **-neck** bølle *m/f;* oljeriggarbeider *m;* ~ **ness** råhet *m;* grovhet *m.*
roulette [ru:'let] rulett *m.*
round [raʊnd] rund; hel; likefrem; tydelig; rundt (om); omkring; gjøre rund; (av)runde; dreie rundt; omgi; ring *m;* runding *m/f;* runde *m;* omgang *m;* sprosse *m/f;* ~ **trip** rundreise *m/f; amr* reise *(m/f)* tur–retur.
roundabout ['raʊndəbaʊt] rundkjøring *m;* omsvøp *n.*
rouse [raʊz] vekke.
rout [raʊt] vill flukt *m;* jage på flukt; beseire.
route [ru:t] (reise)rute *m/f.*
routine [ru:'ti:n] rutine *m.*
rove [rəʊv] streife omkring; vandre; ~ **r** vandrer *m.*
row [rəʊ] rad *m;* rekke *m/f;* ro.
row [raʊ] spetakkel *n;* bråk *n.*
row|an ['rəʊən] *bot* rogn *m;* ~ **dy** ['raʊdɪ] slåsskjempe *m;* ~ **er** roer *m;* ~ **ing boat** robåt *m.*
royal ['rɔɪəl] kongelig; ~ **ist** rojalist *m;* rojalistisk; ~ **ty** kongelighet *m;* kongeverdighet *m;* kongelige personer; avgift *m/f;* honorar *n.*
rub [rʌb] gni; stryke; skrubbe; gniing *m/f.*
rubber ['rʌbə] gummi *m;* viskelær *n;* (i kort) robber *m;* ~ **s** kalosjer.
rubbish ['rʌbɪʃ] avfall *n;* skrot *n;* sludder *n;* ~ **removal** avfallsfjerning *m/f.*
ruby ['ru:bɪ] rubin *m.*
rucksack ['rʌksæk] ryggsekk *m;* rypesekk *m.*
rudder ['rʌdə] ror *n;* styre *n.*
ruddy ['rʌdɪ] rødmusset; frisk.
rude [ru:d] grov; rå; udannet; uhøflig **(to** mot); ~ **ness** grovhet *m;* uhøflighet *m.*
rudimentary [ru:dɪ'mentərɪ] begynnende, grunnleggende.
ruffian ['rʌfjən] råtamp *m.*
ruffle ['rʌfl] rysj *m;* kruset strimmel *m;* kruse; ruske.
rug [rʌg] lite teppe *n;* sengeforleg-

ger *m;* reisepledd *n;* ~ **ged** [ˈrʌgɪd]
kupert, ulendt.
ruin [ˈruːɪn] ruin(ere) *m;* ødeleg-
ge(lse *m);* ~ **ous** ødeleggende; rui-
nerende.
rule [ruːl] regel *m;* forskrift *m/f;*
styre *n;* regjering *m/f;* linjal *m;*
lede; herske; regjere; linjere; **as a**
~ som regel; ~ **r** hersker *m;* lin-
jal *m.*
rum [rʌm] rom *m;* pussig.
rumble [ˈrʌmbl] rumle; ramle;
rumling *m/f.*
ruminate [ˈruːmɪneɪt] tygge drøv;
gruble over.
rumour [ˈruːmə] rykte *n.*
rummage [ˈrʌmɪdʒ] gjennomrote;
ransake; ransaking *m/f.*
rump [rʌmp] bakdel *m;* lårsteik
m; rumpe *m/f.*
run [rʌn] løpe; springe; renne;
flyte; strømme; *teat* oppføres,
spilles; være i gang; la løpe; fer-
des; trafikkere; kjøre; lyde (tekst,
melodi); drive (fabrikk, maskin,
forretning); løp *n;* renn *n;* gang
m; ferd *m;* ~ **down** forfølge;
jakte på; utmatte; kjøre ned (f.
eks. med bil); ~ **into** støte på;
beløpe seg til; ~ **into debt** stifte
gjeld; ~ **out (of),** ~ **short (of)**

slippe opp (for); ~ **up to** beløpe
seg til; ~ **about** liten, åpen bil *(el.*
motorbåt) *m;* ~ **away** flyktning
m; *bot* utløper *m;* ~ **e** rune *m;*
~ **g** trinn (stige); ~ **ic alphabet**
runealfabet *n;* ~ **ner** mei; ~ **ner-
up** nestbest, nr. 2; ~ **ning-board**
stigbrett *n,* stigtrinn *n;* ~ **way** rul-
lebane *m.*
rupture [ˈrʌptʃə] brudd *n.*
rural [ˈruːrəl] landlig; land-.
rush [rʌʃ] fare av sted; styrte, stor-
me; suse; jage på, sette fart i;
fremskynde; jag *n;* fremstyrting
m/f; tilstrømning *m/f;* sus *n;* *bot*
siv *n.*
rusk [rʌsk] kavring *m.*
russet [ˈrʌsɪt] vadmel *n;* rødbrun.
Russia [ˈrʌʃə] Russland; ~ **n** rus-
sisk, russer *m.*
rust [rʌst] rust(e) *m.*
rustic [ˈrʌstɪk] landlig; bondsk;
enkel.
rustle [ˈrʌsl] rasle; rasling *m/f.*
rusty [ˈrʌstɪ] rusten.
rut [rʌt] hjulspor *n;* brunst *m.*
ruthless [ˈruːθləs] ubarmhjertig;
hard.
rutting time [rʌtɪŋ taɪm] løpetid
(dyr).
rye [raɪ] rug *m.*

S

S. = **Saint; South; s.** = **se-
cond(s); shilling(s); steamer.**
S.A. = **South Africa** *el* **America;
Salvation Army.**
Sabbath [sæbəθ] sabbat *m.*
sable [ˈseɪbl] sobel *m;* sort.
sabotage [ˈsæbətɑːʒ] sabotasje *m.*
sabre [ˈseɪbə] ryttersabel *m;* ~ **-rat-
tling** sabelrasling *m/f.*
sack [sæk] sekk *m;* pose *m;* løs
kjole *el* jakke *m;* plyndring *m/f;*
plyndre; (gi) avskjed *m;* ~ **ing**
strie *m.*
sacrament [ˈsækrəmənt] sakrament
n.
sacred [ˈseɪkrɪd] hellig.
sacri|fice [ˈsækrɪfaɪs] offer *n;* ofring

m/f; (opp)ofre; ~ **lege** [-lɪdʒ]
vanhelligelse *m;* helligbrøde *m.*
sacristy [ˈsækrɪstɪ] sakristi *n.*
sad [sæd] bedrøvet; trist; bedrøve-
lig; ~ **den** bedrøve; bli bedrøvet.
saddle [ˈsædl] (ride)sal *m;* sale; ~
horse ridehest *m;* ~ **r** salmaker *m.*
sadness [ˈsædnɪs] tristhet *m/f.*
safe [seɪf] trygg; sikker; uskadd,
i god behold; pålitelig; penge-
skap *n;* ~ **-breaker** skapsprenger
m; ~ **guard** beskytte(lse *m),* ver-
n(e) *n;* ~ **ty** sikkerhet *m/f;* ~ **ty
pin** sikkerhetsnål *m/f;* ~ **ty razor**
barberhøvel *m.*
sag [sæg] sig(e) *n;* synke.
saga|cious [səˈgeɪʃəs] klok; skarp-

sindig; ~ **ity** [sə'gæsɪtɪ] skarpsindighet *m/f;* klokskap *m.*

sage [seɪdʒ] klok, vis(mann *m).*

sail [seɪl] seil(as) *n (m);* seilskute *f;* seile; ~ **or** sjømann *m;* matros *m.*

saint [seɪnt] helgen *m.*

sake [seɪk] **for** ~ **, for the** ~ **of** for – skyld; **for my** ~ for min skyld.

salacious [sə'leɪ ʃ əs] slibrig; vellystig.

salad ['sæləd] salat *m.*

salaried ['sælərɪd] lønnet; ~ **y** gasje *m.*

sale [seɪl] salg *n;* avsetning *m;* **(public)** ~ auksjon *m;* ~ **able** salgbar; ~ **sman** salgsrepresentant *m;* butikkekspeditør *m;* ~ **swoman** ekspeditrise *m/f.*

salient ['seɪljənt] fremspringende; tydelig; ~ **point** springende punkt *n.*

saliva [sə'laɪvə] spytt *n.*

sallow ['sæləʊ] selje *m/f;* gusten (hud).

sally ['sælɪ] utfall *n;* vittighet *m/f.*

salmon ['sæmən] laks *m;* ~ **-trout** sjø-aure (ørret) *m.*

saloon [sə'luːn] salong *m;* amr bar *m;* kneipe *m/f;* ~ **-rifle** salongrifle *m/f.*

salt [sɔːlt] salt(e) *n;* ~ **cellar** saltkar *n;* ~ **ed herring** saltsild *f;* ~ **petre** salpeter *m;* ~ **works** saltverk *n;* ~ **y** salt(aktig).

salubrious [sə'luːbrɪəs] sunn.

salutation [sæljʊ'teɪ ʃ n] hilsen *m.*

salute [sə'luːt] hilse; saluttere; hilsen *m;* honnør *m,* salutt *m.*

salvage ['sælvɪdʒ] berging *m/f;* redning *m;* berget skip *n (el* ladning); berge, redde; ~ **company** bergingskompani *n.*

salvation [sæl'veɪ ʃ n] *relg* frelse; **the Salvation Army** Frelsesarméen.

salve [sɑːv] salve *m.*

same [seɪm]:
   the ~ den, det, de samme; **all the** ~ likevel.

sample ['sɑːmpl] (vare)prøve *m;* smaksprøve; (ta) prøve (av).

sanatorium [sænə'tɔːrɪəm] sanatorium *n;* kuranstalt *m.*

sanctify ['sæŋktɪfaɪ] helliggjøre; innvie; ~ **imonious** skinnhellig; ~ **ion** stadfestelse *m;* godkjennelse *m;* sanksjon *m;* godkjenne; bifalle; ~ **uary** helligdom *m;* fristed *n,* asyl *n.*

sand [sænd] sand *m;* ~ **al** ['sændl] sandal *m;* ~ **blast** sandblåse; ~ **paper** sandpapir *n;* ~ **s** sandstrand *m/f;* sandstrekning(er); ~ **wich** smørbrød *n;* ~ **wichman** plakatbærer *m;* ~ **y** sandet; (rød)-blond.

sane [seɪn] forstandig; normal; tilregnelig.

sanitary ['sænɪtərɪ] sanitær; hygienisk; ~ **towel** sanitetsbind *n.*

sanitation [sænɪ'teɪ ʃ n] sunnhetsvesen *n;* sunnhetspleie *m;* hygiene *m;* ~ **y** åndelig sunnhet *m;* sunn fornuft *m.*

sap [sæp] saft *m/f;* sevje *m;* tappe saften (*el* kraften) av; underminere; pugge.

sapphire ['sæfaɪə] safir *m.*

sarcasm ['sɑːkæzm] spydighet *m;* sarkasme *m;* ~ **tic** [sɑː'kæstɪk] spydig; sarkastisk.

sarcophagus [sɑː'kɒfəgəs] sarkofag *m.*

sardine [sɑː'diːn, 'sɑːdiːn] sardin *m.*

satchel ['sæt ʃ əl] (skole)veske *m/f;* ransel *m.*

sateen [sæ'tiːn] sateng *m.*

satellite ['sætəlaɪt] drabant *m;* lydig følgesvenn *m;* satellitt *m;* ~ **state** vasallstat *m.*

satiate ['seɪ ʃ ɪeɪt] (over)mette; ~ **ation** (over)metthet *m/f;* ~ **ety** [sə'taɪətɪ] (over)metthet *m.*

satin ['sætɪn] sateng *m.*

satire ['sætaɪə] satire *m;* ~ **ical** satirisk.

satisfaction [sætɪs'fæk ʃ n] tilfredshet *m/f;* tilfredsstillelse *m;* oppreisning *m;* ~ **factory** tilfredsstillende; ~ **fied** tilfreds; ~ **fy** tilfredsstille; forvisse; overbevise.

saturate ['sæt ʃ əreɪt] *kjem* mette; gjennombløte.

Saturday ['sætədɪ] lørdag *m.*

sauce [sɔːs] saus *m;* sause; krydre *(fig);* ~ **boat** sausenebb *n;* ~ **pan**

kasserolle *m;* ~ r skål *m/f* (til kopp).

saucy ['sɔːsɪ] nesevis; smart.

sauna ['saʊnə] badstue *m/f.*

saunter ['sɔːntə] slentre.

saurians ['sɔːrɪəns] øgler (utdødde arter).

sausage ['sɒsɪdʒ] pølse *m/f.*

savage ['sævɪdʒ] vill; grusom; villmann *m;* barbar *m;* ~ **ry** villskap *m.*

save [seɪv] redde; bevare (**from** fra); trygge; spare (opp); unntagen.

saving ['seɪvɪŋ] sparsommelig; besparelse *m;* ~ **s** sparepenger; ~ **s bank** sparebank *m;* ~ **s-box** sparebøsse *m/f.*

saviour ['seɪvjə] frelser *m.*

savour ['seɪvə] smak *m;* aroma *m;* smake, dufte (**of** av); ~ **y** velsmakende; velluktende; delikat; pikant.

saw [sɔː] sag(e) *m/f;* ~ **dust** sagmugg *m;* ~ **-mill** sagbruk *n.*

saxophone ['sæksəfəʊn] saksofon *m.*

Saxon ['sæksn] (angel)sakser *m;* (angel)saksisk.

say [seɪ] si; **have one's** ~ si sin mening; **that is to** ~ det vil si; **I** ~ **!** det må jeg si!; si meg; hør her!; ~ **ing** ordtak *n;* ytring *m.*

scab [skæb] skorpe *m/f;* skabb *m;* streikebryter *m.*

scabbard ['skæbəd] skjede, slire *m.*

scaffold ['skæfəld] stillas *n;* skafott *n;* ~ **ing** stillas *n.*

scald [skɔːld] skålde.

scale [skeɪl] vekt(skål) *m/f;* skjell *n;* (tone)skala *m;* målestokk *m;* måle; veie; skalle av; bestige.

scalp [skælp] skalp(ere) *m.*

scamp [skæmp] lømmel, slamp; ~ **er** flykte, fare av sted.

scan [skæn] granske; skandere.

scandal ['skændl] skandale *m;* sladder *m;* ~ **ize** [-aɪz] forarge; ~ **ous** skandaløs.

Scandinavia [skændɪ'neɪvjə] Skandinavia; ~ **n** skandinavisk; skandinav *m.*

scant‖iness ['skæntɪnɪs] knapphet *m/f;* ~ **y** knapp, snau.

scape‖goat ['skeɪpgəʊt] syndebukk *m.*

scar [skɑː] arr *n;* skramme *m;* flerre; sette arr.

scarce [skeəs] knapp; sjelden; ~ **ely** neppe; knapt; ~ **ity** mangel *m* (**of** på).

scare [skeə] skremme; skrekk *m;* ~ **crow** fugleskremsel *n.*

scarf [skɑːf] skjerf *n;* sjal *n;* slips *n;* lask, skjøt *m.*

scarlet ['skɑːlɪt] skarlagen(rød); ~ **fever** skarlagensfeber *m.*

scatter ['skætə] spre (utover); strø; spre seg.

scene [siːn] scene *m;* skueplass *m;* opptrinn *n;* hendelse *m;* ~ **s** scenedekorasjoner, kulisser; ~ **ry** sceneri *n;* kulisser; natur(omgivelser); landskap.

scent [sent] (vel)lukt *m/f;* duft *m;* ha ferten av, være, lukte.

sceptic ['skeptɪk] skeptiker *m;* ~ **al** skeptisk; tvilende.

sceptre ['septə] septer *n.*

schedule ['ʃedjuːl *amr* 'skedʒl] fortegnelse *m;* (tog)tabell *m;* (time)-plan *m;* fastsette tidspunkt for.

schematic skjematisk.

scheme [skiːm] plan *m;* prosjekt *n;* utkast *n;* skjema *n;* planlegge.

scholar ['skɒlə] lærd *m;* (humanistisk) vitenskapsmann *m;* stipendiat *m;* ~ **ly** lærd; vitenskapelig; ~ **ship** lærdom *m;* vitenskap *m;* stipendium *n;* ~ **ship holder** stipendiat *n.*

school [skuːl] skole *m;* (fiske)stim *m;* lære; utdanne; skolere; **at** ~ på skolen; ~ **band** skolekorps *n;* ~ **blazer** skolegenser *m;* ~ **community** skolesamfunn*n;* ~ **councellor** rådgiver *m;* ~ **dental officer** skoletannlege *m;* ~ **district** skolekrets *m;* ~ **fees** skolepenger *mpl;* ~ **ing** undervisning *m/f;* skolering *m/f;* ~ **nurse** skole(helse)søster *m/f;* ~ **outing** skoletur *m.*

schooner ['skuːnə] skonnert *m.*

sciatica [saɪ'ætɪkə] isjias *m.*

scien‖ce ['saɪəns] (natur)vitenskap *m;* ~ **tific** [saɪən'tɪfɪk] (natur)vi-

tenskapelig; ~ **tist** (natur)viten-
skapsmann *m*.
scissors ['sɪzəz]: **(a pair of)** ~ saks
f.
scoff [skɒf] **at** spotte.
scold [skəʊld] skjenne på; skjelle;
~ **ing** skjenn(epreken) *n (m)*.
scoop [sku:p] øse *m/f*.
scope [skəʊp] spillerom *n; fig*
område *n*.
scorch [skɔ:tʃ] svi; brenne; fare
av sted; ~ **ed-earth policy** den
brente jords taktikk *m*.
score [skɔ:] skår *n;* hakk *n;* inn-
snitt *n;* regnskap *n;* poengsum
m; partitur *n;* snes *n;* merke;
notere; nedtegne; føre regnskap;
vinne; score; ~ **board** resultattav-
le *m/f*.
scorn [skɔ:n] forakt(e) *m;* ~ **ful**
foraktelig.
scorpion ['skɔ:pɪən] skorpion *m*.
Scot [skɒt] skotte *m*.
Scotch [skɒtʃ] skotsk; skotsk whis-
ky; skotsk (dialekt); **the** ~ skotte-
ne; ~ **man** skotte *m*. **Scotland**
['skɒtlənd] Skottland.
scoundrel ['skaʊndrəl] kjeltring *m;*
skurk *m;* usling *m*.
scour ['skaʊə] skure; skuring *m/f*.
scourge [skɜ:dʒ] svepe *m;* svøpe
m; piske; plage.
scouring powder skurepulver *n*.
scout [skaʊt] speider *m;* speide;
boy ~ speidergutt *m*.
scowl [skaʊl] skule.
scrabble ['skræbl] rable.
scramble ['skræmbl] krabbe; klat-
re; krafse, streve **(for** etter); ~ **d**
eggs eggerøre *m/f*.
scrap [skræp] lite stykke *n;* levning
m; lapp *m;* utklipp *n;* avfall *n;*
kassere; ~ **book** utklippsbok *m/f;*
~ **e** [skreɪp] skrape; skure; ~ **r**
skraper *m;* ~ **-iron** skrapjern *n*.
scratch [skrætʃ] risp *n;* kloring
m/f; klore; rispe; skrape.
scrawl [skrɔ:l] rable (ned); rabbel
n.
scrawny ['skrɔ:nɪ] knoklet, skrang-
lete.
scream [skri:m] skrik(e) *n*.
screen [skri:n] skjerm(e) *m;*

skjermbrett *n;* filmlerret *n;* film-;
verne; sortere; filme.
screw [skru:] skrue *m;* propell *m;*
gnier *m;* skru; vri; presse; ~ **-cap**
skrulokk *n;* ~ **driver** skrujern *n*.
scribble ['skrɪbl] rabbel *n;* rable,
smøre sammen.
script [skrɪpt] (hånd)skrift *m/f;*
skriveskrift *m/f; film* dreiebok
m/f; **the (Holy)** ~ **ure(s)** Bibelen,
Den hellige skrift.
scrub [skrʌb] kratt(skog) *n (m);*
skrubbe; skure.
scruple ['skru:pl] skruppel *m*.
scrupulous ['skru:pjʊləs] meget
samvittighetsfull; skrupuløs.
scrutin|ize ['skru:tɪnaɪz] granske;
~ **y** gransking *m/f*.
scull [skʌl] *mar* vrikke, ro.
scullery ['skʌlərɪ] oppvaskrom *n*.
sculpt|or ['skʌlptə] billedhugger *m;*
~ **ure** [-ʃə] skulptur *m*.
scum [skʌm] (av)skum *n*.
scurf [skɜ:f] flass *n;* skurv *m;*
skjell *n*.
scurvy ['skɜ:vɪ] skjørbuk *m*.
scuttle ['skʌtl] kullboks *m;* fare av
sted.
scythe [saɪð] (slå med) ljå *m*.
sea [si:] hav *n;* sjø *m;* ~ **s, at sea**
til sjøs, på sjøen; ~ **bird** sjøfugl
m; ~ **board** kyst(linje) *m;* ~ **-**
damage sjøskade *m;* ~ **faring** sjø-
farende, sjø-; ~ **gull** [gʌl] måke
m, f; ~ **level** hav(over)flate *m*.
seal [si:l] segl *n;* signet *n;* sel *m;*
forsegle; besegle; plombere.
sealing ['si:lɪŋ] selfangst *m;* forseg-
ling *m/f;* ~ **-wax** lakk *m*.
seam [si:m] søm *m (n);* fuge *m;*
geol gang *m,* lag *n;* fure *m,* ryn-
ke *m;* ~ **ed** furet.
seaman ['si:mən] matros *m*.
seamstress ['semstrɪs] sydame *m/f*.
sear [sɪə] brenne; svi.
search [sɜ:tʃ] (under)søke; gjen-
nomsøke; lete **(for** etter); visitere;
sondere; granske; søking *m/f;*
leting *m/f;* gransking *m/f;* **in** ~
of på leting etter; ~ **light** lyskas-
ter *m;* søkelys *n*.
sea|-serpent sjøorm *m;* ~ **sick** ['si:
sɪk] sjøsyk.

seaside ['si:'saɪd] kyst *m;* ~ resort
kystbadested *n.*

season ['si:zn] årstid *m/f;* sesong
m; rett tid *m/f* (for noe); mod-
ne; krydre; ~able beleilig; ~ing
krydder *n;* ~ ticket sesongbillett
m.

seat [si:t] sete *n;* benk *m;* sitte-
plass *m;* bosted *n;* sette; anvise
plass; ~ing plan klassekart *n.*

seaweed ['si:wi:d] *bot* tang *m.*

seaworthy ['si:wɜ:ðɪ] sjødyktig.

seclude [sɪ'klu:d] stenge ute; av-
sondre.

second ['sekənd] annen, andre;
nummer to; sekundant *m;* hjelper
m; sekund *n;* støtte, sekundere;
~ ary underordnet; ~ ary school
graduate avgangselev fra videre-
gående skole (russ); ~ cousin tre-
menning; ~ hand annenhånds;
brukt; antikvarisk; ~-rate an-
nenrangs; ~-sighted synsk.

secrecy ['si:krɪsɪ] hemmelighet *m;*
hemmeligholdelse *m;* ~ t hemme-
lig; hemmelighet *m;* ~ tariat sek-
retariat *n;* ~ tary ['sekrətrɪ] sek-
retær *m;* ~ of State minister *m;*
amr utenriksminister *m;* ~ tary-
general generalsekretær *m.*

secrete [sɪ'kri:t] skjule, gjemme
bort; utsondre; ~ion [sɪ'kri:ʃn]
sekret *n.*

sect [sekt] sekt *m/f.*

section ['sekʃn] snitt *n;* avdeling
m/f; avsnitt *n;* seksjon *m.*

sector sektor *m;* *mat* utsnitt *m.*

secular ['sekjʊlə] verdslig.

secure [sɪ'kjʊə] sikker, trygg; sikre,
feste; sikre *(el* skaffe) seg.

security [sɪ'kjʊərɪtɪ] sikkerhet *m;*
trygghet *m;* kausjon *m;* the Secu-
rity Council Sikkerhetsrådet;
~ ies verdipapirer.

sedative ['sedətɪv] beroligende
(middel).

sedimentation [sedɪmən'teɪʃn] *med*
senkning *m.*

sedition [sɪ'dɪʃn] oppvigleri *n.*

seduce [sɪ'dju:s] forføre; ~ er for-
fører *m;* ~ tive [sɪ'dʌktɪv] forføren-
de.

see [si:] se; innse; forstå; besøke,
treffe; omgås; påse, passe på; se

etter; følge; I ~ jeg skjønner;
wish to ~ a person ønske å tale
med noen; ~ a thing done sørge
for at noe blir gjort; ~ a person
off følge (til stasjonen); ~ out
følge ut; ~ (to it) that sørge for
at.

seed [si:d] frø *n;* sæd *m;* ~-corn
såkorn *n;* ~ling frøplante *m/f;* ~
potato settepotet *m;* ~y frørik;
medtatt; loslitt.

seeing ['si:ɪŋ]: worth ~ verd å se;
~ (that) ettersom.

seek [si:k] søke; forsøke.

seem [si:m] synes; se ut; ~ing
tilsynelatende; ~ly sømmelig;
passende.

seesaw ['si:sɔ:] huske *m.*

seethe [si:ð] syde; koke.

segment ['segmənt] *(elektr)* lamell.

segregate ['segrɪgeɪt] skille ut; av-
sondre; isolere; ~ion [-'geɪ-] ut-
skillelse *m;* (rase)skille *n.*

seine [seɪn] not *f.*

seize [si:z] gripe; forstå; konfiske-
re; ~ure pågripelse *m;* beslagleg-
gelse *m.*

seldom ['seldəm] *adv* sjelden.

select [sɪ'lekt] velge *(el* plukke) ut;
utvalgt; utsøkt, fin; ~ion (ut)valg
n.

self *pl,* selves selv; (eget) jeg;
~-centered egosentrisk; ~-
command selvbeherskelse *m;* ~-
confidence selvtillit *m;* ~-con-
scious forlegen; sjenert; ~contra-
diction selvmotsigelse *m;* ~-
control selvbeherskelse *m;* ~-
defence selvforsvar; ~ delusion
selvbedrag *n;* ~-denial selvfor-
nektelse *m;* ~-esteem selvaktelse
m; ~-government selvstyre *n;*
~-interest egennytte *m;* ~ ish
egoistisk; ~ less uselvisk; ~-
made selvgjort; ~-portrait selv-
portrett; ~-possessed behersket;
~ reproach selvbebreidelse *m;*
~ sacrificing selvoppofrende;
~-seeking egoistisk; ~-satisfied
selvtilfreds; ~ service selvbetje-
ning *m/f;* ~ starter selvstarter;
~-sufficient selvhjulpen;
~ supporting selverhvervende; ~-

taught person autodidakt *m;* ~ - **willed** egenrådig.

sell selge(s), ~ **er** selger *m;* (god) salgsvare *m;* ~ **ing price** salgspris *m*

seltzer ['seltsə] **(water)** selters *m.*

semaphore ['seməfɔ:] semafor(-flagg) *m.*

semblance ['sembləns] utseende *n;* likhet *m; fig* skinn *n.*

semen ['si:mən] sæd *m.*

semester [sɪ'mestə] *amr* semester *n.*

semi- halv-; ~ **-circle** halvsirkel; ~ **-detached house** tomannsbolig; ~ **-final** semifinale.

semolina [semə'li:nə] semule(gryn) *n.*

senate ['senɪt] senat *n.*

send sende; ~ **for** sende bud etter.

senile ['si:naɪl] senil.

senior ['si:njə] eldre; eldst(e); overordnet *m;* senior *m;* ~ **ity** [si:nɪ'ɒ-rɪtɪ] ansiennitet *m.*

sensation [sen'seɪʃn] følelse *m;* fornemmelse *m;* sensasjon *m;* ~ **al** sensasjonell.

sense [sens] sans *m;* sansning *m;* følelse *m;* forstand *m;* betydning *m;* ~ **less** bevisstløs; sanseløs; meningsløs.

sensi|bility [sensɪ'bɪlɪtɪ] følsomhet *m;* ~ **ble** følelig; merkbar; fornuftig; ~ **tive** sensibel; følsom.

sensor ['sensə] føler (temp., røyk) *m.*

sensual ['senʃʊəl] sanselig; ~ **ity** vellyst, sensualitet.

sentence ['sentəns] *jur* dom *m;* setning *m;* dømme **(to** til).

sentiment ['sentɪmənt] følelse *m;* mening *m/f;* ~ **al** [-'men-] sentimental.

sentinel ['sentɪnl] **sentry** ['sentrɪ] skiltvakt *m/f;* post *m;* ~ **-box** skilderhus *n.*

separat|e ['seprɪt] særskilt; (at)skilt; separere; skilles, gå fra hverandre; ~ **e estate** særeie *n;* ~ **ion** atskillelse *m.*

September [sep'tembə] september.

seque|l ['si:kwəl] fortsettelse *m;* følge *m;* ~ **nce** rekkefølge *m;* rekke *m/f;* sekvens *m.*

Serb [sɜ:b] serber *m.*

serene [sɪ'ri:n] klar; ren; rolig.

sergeant ['sɑ:dʒənt] sersjant *m;* overbetjent *m.*

seri|al ['sɪərɪəl] rekke-; føljetong *m;* (film)serie *m;* ~ **es** rekke *m/f;* serie *m.*

serious ['sɪərɪəs] alvorlig.

sermon ['sɜ:mən] preken *m.*

serpent ['sɜ:pənt] slange *m;* ~ **ine** [-taɪn] buktet.

servant ['sɜ:vənt] tjener *m;* hushjelp *m/f;* **civil** ~ statstjenestemann *m.*

serve [sɜ:v] tjene; betjene; servere; gjøre tjeneste; *tennis* serve.

service ['sɜ:vɪs] tjeneste *m;* nytte *m;* tjenestgjøring *m/f;* servering *m/f;* betjening *m/f;* statstjeneste *m,* (embets)verk *n;* gudstjeneste *m;* krigstjeneste *m;* servise *n;* ~ **able** nyttig; brukbar; ~ **station** bensinstasjon *m.*

session ['seʃn] sesjon *m;* samling *m/f;* møte *m.*

set sette; innfatte; fastsette (tid for); bestemme; anslå; ordne; stille (et ur etter, **a clock by); gå** ned (om himmellegemer); bli stiv, størkne; fast, stivnet; stø; bestemt; synking *m/f;* sett *n,* samling *m/f;* (radio- *el* TV-)apparat *n;* spisestell *n;* lag *n;* (omgangs)-krets *m;* snitt *n,* fasong *m; tennis* sett *n;* ~ **about to** ta fatt på; ~ **forth** sette fram; ~ **free** befri; ~ **off** starte; fremheve; ~ **out** dra av sted; fremføre; ~ **to** ta fatt (på); ~ **up** oppføre; sette opp; fremsette; ~ **back** tilbakeslag *n;* ~ **ting** nedgang *m;* innfatning *m;* ramme *m;* omgivelser.

settle ['setl] sette; bosette; etablere; ordne; avgjøre; betale, gjøre opp; gjøre det av med; festne seg; komme til ro; synke; bunnfelles; ~ **down** slå seg ned; bosette seg; slå seg til ro; ~ **d** fast, bestemt; ~ **ment** anbringelse *m;* bosetning *m;* ordning *m;* overenskomst *m;* oppgjør *n;* nybyggerkoloni *m;* ~ **r** kolonist, nybygger *m.*

seven sju; ~ **fold** sjufold; sjudobbelt; ~ **teen(th)** sytten(de); ~ **th**

sjuende; sjuendedel *m;* ~ **tieth**
syttiende; ~ **ty** sytti.

sever ['sevə] skille(s); bryte(s).

several ['sevrəl] atskillige; flere;
forskjellige; respektive.

severe [sɪ'vɪə] streng; hard; skarp;
voldsom.

sew [səʊ] sy; hefte (bok); ~ **er**
syer(ske) *m;* ['sjuə] kloakk *m;*
~ **age plant** kloakkrenseanlegg;
~ **erage** ['s(j)ʊərɪdʒ] kloakkanlegg
n; ~ **ing circle** syklubb *m;* ~ **ing
machine** symaskin *m;* ~ **ing
thread** sytråd *m.*

sex [seks] kjønn *n.*

sex pattern kjønnsrollemønster *n;*
~ **role** kjønnsrolle *m/f.*

sextant sekstant *m.*

sexton ['sekstən] kirketjener *m.*

sexual ['sekʃʊəl] kjønns-, kjønns-
lig; seksuell; ~ **disease** kjønns-
sykdom; ~ **intercourse** samleie *n.*

shabby ['ʃæbɪ] loslitt.

shackle ['ʃækl] lenke *m/f.*

shade [ʃeɪd] skygge *m;* nyanse *m,*
avskygning *m;* skjerm *m;* kaste
skygge på; skygge (for); skjerme;
sjattere.

shadow ['ʃædəʊ] skygge *m;* skygge-
bilde *n;* skygge (for).

shady ['ʃeɪdɪ] skyggefull.

shaft [ʃɑ:ft] skaft *n; poet* pil *m/f,*
spyd *n; tekn* aksel *m;* sjakt *m/f;*
~ **s** skjæker.

shaggy ['ʃægɪ] ragget.

shake [ʃeɪk] ryste; ruske; riste;
svekke; skjelve; rysting *m/f;* ska-
king *m/f;* håndtrykk *n;* ~ **y** ustø;
vaklende; sjaber.

shall [ʃæl] skal; vil.

shallow ['ʃæləʊ] grunn; overfla-
disk; grunne *m.*

sham [ʃæm] falsk; uekte; humbug
m; foregi; hykle.

shamble ['ʃæmbl] subbe; ~ **s** rot,
uorden.

shame [ʃeɪm] skam(følelse) *m;*
skjensel *m;* beskjemme; ~ **faced**
skamfull; ~ **ful** skjendig; ~ **less**
skamløs.

shampoo [ʃæm'pu:] hårvask *m;*
sjampo *m;* sjamponere.

shanty ['ʃæntɪ] *mar* oppsang *m;*

hytte *f;* koie *f;* ~ **town** brakkeby
m, slumområde *n.*

shape [ʃeɪp] skikkelse *m;* form
m; snitt *n;* figur *m;* danne; for-
me; **in bad** ~ **e** i dårlig stand *m;*
~ **eless** uformelig; ~ **ely** velfor-
met; velskapt; ~ **ing** utforming
m/f.

share [ʃeə] (an)del *m;* part *m;*
aksje *m;* (for)dele; ha sammen
(with med); ~ **holder** aksjonær *m.*

shark [ʃɑ:k] hai *m.*

sharp [ʃɑ:p] skarp; spiss; gløgg;
lur; **at ten** ~ presis kl. 10; **look**
~ **!** kvikt nå! ~ **en** skjerpe; kves-
se; spisse; ~ **er** bedrager *m;* ~ **e-
ner** (blyant)spisser *m;* ~ **ness**
skarphet *m;* skarpsindighet *m;*
~ **-sighted** skarpsindig.

shatter ['ʃætə] splintre(s).

shave [ʃeɪv] skave; barbere; strei-
fe; barbering *m/f;* ~ **ing** barbe-
ring *m/f;* ~ **ings** høvelspon *n;*
~ **ing-brush** barberkost *m.*

shawl [ʃɔ:l] sjal *n.*

she [ʃi:] hun; hunn- (om dyr); det
(om skip).

sheaf [ʃi:f] bunt *m;* nek *n.*

shear [ʃɪə] klippe (især sau); ~ **s**
saue- *el* hagesaks *f.*

sheath [ʃi:θ] skjede *m;* slire *m/f;*
~ **knife** tollekniv.

shed [ʃed] utgyte; spre; felle (tå-
rer, tenner etc.); skur *n.*

sheep [ʃi:p] sau *m.*

sheer [ʃɪə] skjær; ren.

sheet [ʃi:t] ark *n;* flak *n;* flate
m/f; plate *m/f;* laken *n; mar*
skjøt *n;* ~ **anchor** nødanker *n;*
~ **-glass** vindusglass *n;* ~ **-iron**
jernblikk *n.*

sheik sjeik *m;* ~ **dom** sjeikdømme
n.

shelf *pl* **shelves** [ʃelf, -vz] hylle
m/f; avsats *m;* grunne *m/f;* sand-
banke *m.*

shell [ʃel] skall *n;* skjell *n;* musling
m; (patron)hylse *m/f;* patron *m;*
granat *m;* skalle; bombardere;
~ **fish** skalldyr *n;* ~ **-proof** bom-
besikker.

shelter ['ʃeltə] ly *n;* vern *n;* beskyt-
te; huse; gi ly.

shelve [ʃelv] legge på hylle; skrin-
legge.

shepherd [ˈʃephəd] (saue)gjeter *m;*
gjete; vokte; ~ **'s dog** (skotsk) få-
rehund.

sherd [ʃɜ:d] skår (potte) *n.*

sheriff [ˈʃerɪf] sheriff *m;* foged *m;*
amr omtr. lensmann *m.*

the Shetland [ˈʃetlənd] **Isles, the
Shetlands** Shetlandsøyene.

shield [ʃi:ld] skjold *n;* vern *n;*
forsvar *n;* beskytte, verge.

shift [ʃɪft] skifte; omlegge; flytte
på; forskyve seg; greie seg; finne
utvei; skifte *n;* ombytting *m/f;*
arbeidsskift *n;* utvei *m;* klesskift
n; ~ **y** upålitelig.

shilling [ˈʃɪlɪŋ] shilling *m* (¹/₂₀
pund).

shimmer [ˈʃɪmə] flimre; flimring
m/f.

shine [ʃaɪn] skinn *n;* glans *m;* skin-
ne; stråle; pusse.

shingle [ˈʃɪŋgl] takspon *n;* grus *n
(m),* singel *m;* spontekke.

shiny [ˈʃaɪnɪ] skinnende; blank.

ship [ʃɪp] skip *n;* (inn)skipe;
mønstre på; ~ **-broker** skipsmek-
ler *m;* ~ **-chandler** skipshandler
m; ~ **ment** skiping *m/f,* parti *n;*
sending *m/f;* ~ **owner** skipsreder
m; ~ **ping** skipsfart *m;* tonnasje
m; ~ **ping company** (skips)rederi
n; ~ **wreck** skibbrudd *n;* forlise;
~ **yard** skipsverft *n.*

shire [ˈʃaɪə] eng. grevskap *n;* fylke
n.

shirk [ʃɜ:k] skulke.

shirt [ʃɜ:t] skjorte *n;* skjortebluse
m; ~ **ing** skjortestoff *n.*

shiver [ˈʃɪvə] splint(re) *m;* skjelve;
(kulde)gysing *m/f;* ~ **y** skjelven-
de; kulsen.

shoal [ʃəʊl] stim(e) *m;* grunne *m.*

shock [ʃɒk] støt *n;* sjokk *n;* ryste;
sjokkere; ~ **ing** anstøtelig; sjok-
kerende.

shoe [ʃu:] sko *m;* sko; beslå;
~ **black** skopusser *m;* ~ **horn** sko-
horn *n;* ~ **lace** skolisse *m/f;*
~ **maker** skomaker *m;* ~ **polish**
skokrem *m;* ~ **-string** skolisse
m/f.

shoot [ʃu:t] skyte; gå på jakt; styr-

te; lesse av; tømme; spire fram;
ta opp (film); skudd *n;* jakt *m/f;*
stryk *n* (i elv).

shooting [ˈʃu:tɪŋ] skyting *m/f;*
(film)opptak *n;* jakt(rett) *m;* sting
n; **go** ~ gå på jakt; ~ **range**
skytebane *m;* ~ **star** stjerneskudd
n.

shop [ʃɒp] butikk *m;* verksted *n;*
handle, gå i butikker; ~ **assistant**
ekspeditør *m;* ekspeditrise *m/f;*
~ **keeper** detaljhandler *m;* kjøp-
mann *m;* ~ **lifter** butikktyv *m;*
~ **ping centre** kjøpesenter *n;* ~
window utstillingsvindu *n.*

shore [ʃɔ:] kyst *m;* strand *m/f.*

short [ʃɔ:t] kort; liten (av vekst);
kortvarig; kortfattet; snau;
knapp; ~ **wave** kortbølge *m/f;* **in**
~ kort sagt; kortbukser; ~ **age**
mangel *m;* knapphet; ~ **circuit**
kortslutning *m;* ~ **coming** brist
m; mangel *m;* ~ **cut** snarvei *m;*
~ **en** forkorte; ~ **hand** stenografi
m; ~ **lived** kortvarig; ~ **ly** snart;
~ **ness** korthet *m;* ~ **s** shorts *m;*
~ **-sighted** kortsynt; nærsynt.

shot [ʃɒt] skudd *n;* hagl *n;* prosjek-
til(er) *n;* skuddvidde *m/f;* skytter
m; fotogr og *film* (øyeblikks)opp-
tak *n;* ~ **gun** haglebørse *m/f;* ~
put kulestøt *n;* ~ **putter** kulestø-
ter *m.*

shoulder [ˈʃəʊldə] skulder *m;* ta
på seg; ta på skuldrene.

shout [ʃaʊt] rop(e) *n;* brøl(e) *n.*

shove [ʃʌv] skubb(e) *n;* skyve.

shovel [ˈʃʌvl] skuffe *m/f;* skyfle.

show [ʃəʊ] vise (seg); fremvise;
forevise; stille ut; ~ **off** vise seg;
briljere; utstilling *m/f;* fremvis-
ning *m;* forestilling *m/f;* ytre
skinn *n;* forstillelse *m;* ~ **-case**
montre *m.*

shower [ˈʃaʊə] byge *m;* skur *m;*
(~ **-bath**) dusj(bad) *n;* dusje; ~ **y**
byget.

show-room utstillingslokale *n;* ~ **y**
prangende.

shred [ʃred] remse *m;* strimmel
m; trevl *m;* ~ **der** makulerings-
maskin *m.*

shrew [ʃru:] *fig* rivjern, hespetre.

shrewd [ʃruːd] skarp(sindig);
~ ness kløkt.
shriek [ʃriːk] hyl(e) n; skrik(e) n.
shrill [ʃrɪl] skingrende.
shrimp [ʃrɪmp] reke m/f; pusling
m/f.
shrine [ʃraɪn] helgenskrin n.
shrink [ʃrɪŋk] skrumpe inn; krym-
pe; vike tilbake for.
shrivel [ˈʃrɪvl] skrumpe inn.
Shrovetide [ˈʃrəʊvtaɪd] fastetid.
shrub [ʃrʌb] busk m.
shrug [ʃrʌg] trekke på skuldrene;
skuldertrekning m.
shudder [ˈʃʌdə] gyse; gysing m/f.
shuffle [ˈʃʌfl] skyve, slepe; stokke
(kort); blande.
shun [ʃʌn] unngå; sky.
shut [ʃʌt] lukke(s); lukke seg; luk-
ket; ~ down lukke; stanse ar-
beidet; ~ down stansing av ar-
beidet (i en fabrikk); ~ in inne-
lukke; ~ up stenge (inne); holde
munn; ~ ter skodde m; vindus-
lem m; fotogr lukker m.
shuttle [ˈʃʌtl] skyttel(fart) m; pend-
le; ~ cock fjærball m.
shy [ʃaɪ] sky; sjenert; skvetten;
bli sky; kaste; ~ away skygge
unna; ~ ness skyhet m.
Siberia [saɪˈbɪərɪə] Sibir.
sick [sɪk] syk (of av); sjøsyk;
kvalm; matt; lei og kei (of av);
~ -bed sykeseng m/f; ~ en bli
syk.
sickle [ˈsɪkl] sigd m.
sick-leave sykepermisjon m; ~ ly
sykelig; skrøpelig; usunn; kval-
mende; ~ ness sykdom m; kvalme
m.
side [saɪd] side m/f; kant m; par-
ti, lag (sport) n; side-; ta parti
(with for); ~ board anretnings-
bord n; ~ -car sidevogn m/f;
~ light sidelys n; streiflys n;
~ line sidelinje m/f; spille ut
(over sidelinjen); ~ long side-
lengs; ~ slip (om bil) gli til siden;
~ walk amr fortau n; ~ ways,
~ wise sidelengs.
siege [siːdʒ] beleiring m/f.
sieve [sɪv] sil(e), sikt m; sikte.
sift sikte; sile; prøve; strø.
sigh [saɪ] sukk(e) n.

sight [saɪt] syn(sevne) n (m); obser-
vasjon m; severdighet m; sikte n
(på skytevåpen); få øye på; få i
sikte; sikte inn el på; rette (skyte-
våpen); catch ~ of få øye på;
~ -seeing beskuelse m av sever-
digheter.
sign [saɪn] tegn n; vink n; skilt
n; gjøre tegn; merke; undertegne.
signal [ˈsɪgnəl] signal(isere) n; ekla-
tant; utmerket.
signature [ˈsɪgnətʃə] underskrift
m/f.
significance [sɪgˈnɪfɪk(ə)ns] betyd-
ning m/f; viktighet m; ~ t betyd-
ningsfull; betegnende.
signify [ˈsɪgnɪfaɪ] betegne; bety.
signpost [ˈsaɪnpəʊst] veiskilt n; vei-
viser m.
silence [ˈsaɪləns] stillhet m; taushet
m; få til å tie; ~ cer lyddemper
m; ~ t stille; taus.
silhouette [sɪlʊˈet] silhuett m.
silk silke m; ~ en silke; av silke;
~ y silkeaktig; silkemyk.
sill vinduskarm m; dørterskel m.
silliness [ˈsɪlɪnɪs] dumhet m; ~ y
dum; enfoldig; tosket.
silver [ˈsɪlvə] sølv n; ~ plate sølv-
plett; ~ wedding sølvbryllup n.
similar [ˈsɪmɪlə] lignende; lik; ma-
ken; ~ ity likhet m.
simmer [ˈsɪmə] småkoke; putre.
simple [ˈsɪmpl] enkel; lett.
simplicity [sɪmˈplɪsɪtɪ] enkelhet m;
letthet m; troskyldighet m; ~ fica-
tion forenkling m/f; ~ fy forenk-
le.
simply [ˈsɪmplɪ] simpelthen.
simulate [ˈsɪmjʊleɪt] simulere.
simultaneous [sɪməlˈteɪnjəs] samti-
dig; simultan-.
sin synd(e) m.
since [sɪns] siden; ettersom.
sincere [sɪnˈsɪə] oppriktig; ~ ity
[sɪnˈserɪtɪ] oppriktighet m.
sinew [ˈsɪnjuː] sene m; kraft m/f.
sinful syndig.
sing [sɪŋ] synge; ~ er sanger m.
singe [sɪndʒ] svi.
single [ˈsɪŋgl] enkelt; eneste; ens-
lig; ugift; utvelge, plukke ut; ten-
nis enkeltspill n; single;
~ -breasted enkeltspent, enkelt-

149

slay

knappet; ~ **file** gåsegang; ~-
handed uten hjelp.
singular ['sɪŋgjʊlə] entall *n;* enestå-
ende; usedvanlig; underlig.
sinister ['sɪnɪstə] illevarslende;
skummel.
sink [sɪŋk] synke; senke; grave,
bore; vask *m;* oppvaskkum *m;*
kloakk *m.*
sinner ['sɪnə] synder *m.*
sinuous ['sɪnjʊəs] buktet, slynget.
sinusitis [saɪnə'saɪtɪs] bihulebeten-
nelse *m.*
sip nippe **(at** til); tår *m.*
sir [sɜ:] (i tiltale) min herre; **Sir**
tittel foran knight's *el* baronet's
fornavn (og etternavn).
siren ['saɪrɪn] sirene *m.*
sirloin ['sɜ:lɔɪn] mørbradsteik *m/f.*
sissy ['sɪsɪ] mammadalt.
sister ['sɪstə] søster *m/f;* ~-**in-law**
svigerinne *m/f.*
sit sitte; holde møte(r); (om høne)
ruge **(on** på); passe (om klær); ~
down sette seg; ~ **up** sette seg
opp; sitte oppe (utover natten).
site [saɪt] beliggenhet *m;* plass *m;*
(bygge)tomt *m/f.*
sitting ['sɪtɪŋ] det å sitte; møte *n;*
sesjon *m;* ~-**room** dagligstue *m/f.*
situated ['sɪtjʊeɪtɪd] beliggende;
~ **ion** [sɪtjʊ'eɪʃn] situasjon *m;* be-
liggenhet *m;* stilling *m/f,* post *m.*
six [sɪks] seks; ~ **fold** seksdobbelt;
~ **teen** seksten; ~ **teenth** seksten-
de(del); ~ **th** sjette(del); ~ **thly**
for det sjette; ~ **ty** seksti.
size [saɪz] størrelse *m;* dimensjon
m; (sko- osv.) nummer *n;* sorte-
re; beregne.
skate [skeɪt] skøyte *f;* gå på skøy-
ter; ~ **eboard** rullebrett *n;* ~ **ing-
rink** (kunstig) skøytebane *m;* rul-
leskøytebane *m.*
skeleton ['skelɪtn] skjelett *n.*
skerries ['skerɪz] skjærgård *m.*
sketch [sketʃ] skisse(re) *m.*
ski [ski:] ski *m;* gå på ski.
skid skrense; støtteplanke *m.*
skier ['ski:ə] skiløper *m;* ~ **ing**
skiløping *m/f,* skisport *m.*
skilful ['skɪlfʊl] dyktig, evnerik.
ski lift skiheis *m.*

skill dyktighet *m;* ferdighet *m;*
~ **ed** faglært; dyktig.
skim (off) skumme (av); ~ **med
milk,** ~-**milk** skummet melk
m/f.
skin hud *m;* skinn *n;* skall *n* (på
frukt); hinne *f;* snerk *m;* flå,
skrelle; gro til; heles; ~ **ny** rad-
mager.
skip hopp *n;* byks *n;* sprett *n;*
hoppe; springe; hoppe tau; hop-
pe over; puffe; ~ **per** skipper *m;*
kaptein *m;* lagleder *m.*
skirmish ['skɜ:mɪʃ] skjærmyssel *m;*
småslåss.
skirt [skɜ:t] skjørt *n;* flik *m;* frak-
keskjøt *m;* ~ **s** (ofte) utkant *m;*
gå (*el* ligge) langsmed; streife.
skull [skʌl] hodeskalle *m.*
skunk [skʌŋk] stinkdyr *n.*
sky [skaɪ] himmel *m;* **in the** ~
på himmelen; ~-**high** skyhøy;
~ **light** takvindu *n;* overlys *n;*
~-**rocket** fyke i været, rase opp-
over; ~ **scraper** skyskraper *m.*
slab [slæb] plate *m/f;* steinhelle
m/f; skive *m/f* (av brød, kjøtt
o.l.).
slack [slæk] slapp; slakk; sløy;
~ **en** slappe (av); slakke; minske
(seil); ~ **er** slappfisk *m.*
slag [slæg] slagg *n.*
slam [slæm] smell *n;* slem *m* (i
bridge); smelle igjen (døra).
slander ['slɑ:ndə] baktale; bakvas-
ke(lse *m);* ~ **er** baktaler *m;* ~ **ous**
baktalende.
slang [slæŋ] slang *m.*
slant [slɑ:nt] skrå retning *m/f;*
synspunkt *n;* skråne; helle; ~ **ing**
skrå.
slap [slæp] dask(e) *m;* slag *n;* slå;
klapse.
slash [slæʃ] flenge (i); hogge, kut-
te, redusere.
slate [sleɪt] skifer(tavle) *m;* **a clean**
~ rent rulleblad *n.*
slaughter ['slɔ:tə] slakting *m/f;*
nedsabling *m/f,* blodbad *n;* slak-
te; ~ **house** slakteri *m.*
slave [sleɪv] slave *m;* ~ **r** sikle;
~ **ry** slaveri *n.*
slay [sleɪ] slå i hjel.

sled(ge) [sledʒ] slede *m;* kjelke *m;* kjøre med slede; ake.

sledge(hammer) ['sledʒhæmə] slegge *m/f.*

sleek [sli:k] glatt(e).

sleep [sli:p] søvn *m;* sove; ~ **er** sovende; sovevogn *m/f;* jernbanesville *m;* ~ **iness** søvnighet *m.*

sleeping-bag ['sli:pɪŋbæg] sovepose *m;* ~ **-car** sovevogn *m/f;* ~ **-sickness** sovesyke *m.*

sleep|less ['sli:plɪs] søvnløs; ~ **-ness** søvnløshet *m;* ~ **walker** søvngjenger *m;* ~ **y** søvnig.

sleet [sli:t] sludd *n.*

sleeve [sli:v] erme *n.*

sleigh [sleɪ] slede *m;* kjøre med slede; ~ **ing** kanefart *m.*

slender ['slendə] slank; smekker; tynn; skrøpelig; ~ **ness** slankhet *m.*

slice [slaɪs] skive *m/f;* del *m,* stykke *n;* sleiv *m/f,* spade *m;* spatel *m;* skjære i skiver; skjære opp.

slick [slɪk] glatt(e); elegant.

slid|e [slaɪd] gli; skli; sklie *f;* ras *n;* skred *n;* rutsjebane *m;* lysbilde; ~ **e-rule** regnestav *m;* ~ **ing scale** glideskala *m.*

slight [slaɪt] sped; ubetydelig; forbigå(else) *(m).*

slim slank; slanke seg; ~ **ming pill** slankepille *m;* ~ **ming remedy** slankemiddel *m.*

slime [slaɪm] slam *n;* slim *n.*

sling [slɪŋ] slynge *f;* fatle *m;* kaste; slynge.

slink [slɪŋk] luske.

slip gli; smutte; liste seg; slippe bort (fra); glidning *m;* feil *m;* strimmel *m;* underkjole *m;* putevar *n;* bedding *m/f;* ~ **on (off)** ta på (av) (kjole osv.); ~ **of paper** seddel *m;* ~ **per** tøffel *m;* ~ **peri-ness** hålke *m/f;* ~ **pery** glatt.

slit spalte *m;* rift *m/f;* revne *m;* skjære, sprette, klippe opp.

slobber ['slobə] sikle.

slogan ['sləʊgən] slagord *n.*

slop [slop] skyllevann *n;* pytt *m;* søle; skvalpe; ~ **py** sølet; slurvet.

slope [sləʊp] skråning *m;* helling, skråne.

slosh [slɒʃ] skvalpe; skvalping *m/f.*

slot [slɒt] sprekk *m;* spalte *m;* ~ **machine** (salgs- *el* spille)automat *m.*

slouch [slaʊtʃ] henge slapt; ~ **along** slentre avsted.

slovenly ['slʌvnlɪ] sjusket.

slow [sləʊ] langsom; sen; tungnem; kjedelig, langtekkelig; **my watch is ten minutes** ~ klokken min går ti minutter for sakte.

sludge [slʌdʒ] snøslaps *n;* sørpe *m/f;* mudder *n.*

sluggish ['slʌgɪʃ] treg.

sluice [slu:s] sluse *m/f;* skylle; ~ **gate** sluseport *m.*

slum area [slʌm -] slumkvarter *n.*

slumber ['slʌmbə] slumre; slummer *m;* ~ **ous** søvndyssende; søvnig.

slump [slʌmp] plutselig prisfall *n;* falle brått (om priser o.l.).

slur [slɜ:] snakke (*el* skrive) utydelig.

slurp [slɜ:p] slurpe.

slush [slʌʃ] slaps; søle *m/f.*

sly [slaɪ] slu; listig; lur.

smack [smæk] klask *n;* smatting *m/f;* smellkyss *n;* smak *m;* mar skøyte *f;* smake (**of** av); smatte; smaske.

small [smɔ:l] liten; ubetydelig; smålig; ~ **-hold** småbruk *n;* ~ **-holder** småbruker *m;* ~ **pox** kopper; ~ **talk** lett konversasjon *m.*

smart [smɑ:t] skarp; våken; gløgg; flott; fiks; velkledd; smart; svi; gjøre vondt; ~ **card** smartkort *n.*

smash [smæʃ] smadre(s); slå; slenge; slag *n;* ~ **ing** knusende; flott.

smattering ['smætərɪŋ] overfladisk kjennskap *m/n.*

smear [smɪə] fettflekk *m;* smøre (til); bakvaske; ~ **campaign** bakvaskelseskampanje *m.*

smell [smel] lukt(esans) *m;* lukte.

smelt smelte (malm).

smile [smaɪl] smil(e) *n.*

smite [smaɪt] slå; ramme.

smith [smɪθ] smed *m.*

smithy ['smɪðɪ] smie *m/f.*

smock [smɒk] arbeidskittel *m.*

smog [smɒg] (**smoke** + **fog**) røyktåke *m/f.*

smoke [sməʊk] ryke; røyk(e) *m;* *dt* sigar *m;* sigarett *m;* ~ **d and salted sausage** spekepølse *f;* ~ **detector** røykvarsler *m;* ~ **r** røyker *m;* røykekupé *m.*

smoking ['sməʊkɪŋ]: **no** ~ ! røyking forbudt!; ~ **-compartment** røykekupé *m.*

smoky ['sməʊkɪ] røykfylt.

smooth [smu:ð] glatt; jevn; rolig; glatte, berolige.

smoulder ['sməʊldə] ulme.

smug [smʌg] selvtilfreds.

smuggle ['smʌgl] smugle; ~ **r** smugler *m.*

smut [smʌt] (sot)flekk *m;* smuss *n;* skitt *n;* sote; smusse; ~ **ty** sotet; skitten; uanstendig.

snack [snæk] matbit *n;* lett måltid *n.*

snag [snæg] ulempe *m.*

snail [sneɪl] snegl *m* (med hus); ~ **shell** sneglehus *n.*

snake [sneɪk] slange *m.*

snap [snæp] snappe; glefse; knipse; ryke (gå i stykker); glefs *n;* smekk *m;* ~ **fastener** trykknapp; ~ **shot** øyeblikksfotografi *n.*

snare [sneə] (fange i) snare *m/f.*

snarl [snɑːl] snerre; knurre.

snatch [snætʃ] snappe; gripe (**at** etter); kjapt grep *n;* napp *n.*

sneak [sniːk] snike (seg); luske; sladre(hank *m*).

sneer [snɪə] smile hånlig.

sneeze [sniːz] nys(e) *n.*

sniff [snɪf] snuse; snufse; rynke på nesen (**at** av).

snipe ['snaɪp] bekkasin *m;* ~ **r** snikskytter *m.*

snob [snɒb] snobb *m;* ~ **bery** snobbethet *m;* ~ **bish** snobbet.

snooper [snuːpə] snushane *m.*

snore [snɔː] snork(e) *n;* ~ **t** snøfte; fnyse.

snout [snaʊt] snute *m;* tryne *n.*

snow [snəʊ] ~ **ball** snøball *m;* ~ **ball effect** snøballeffekt *m;* ~ **chain** snøkjetting; ~ **-drift** skavl *m;* ~ **goggles** snøbriller; ~ **storm** snøstorm *m;* ~ **y** snøhvit; snødekket.

snub [snʌb] irettesette; avbryte; ~ **-nose** oppstoppernese *m/f.*

snuff [snʌf] snus(e) *m;* utbrent veke *m;* snyte (et lys); ~ **-box** snusdåse *m.*

snug [snʌg] lun; koselig; legge seg (godt) ned; krype sammen.

so [səʊ] så(ledes); altså; **and** ~ **on** og så videre; ~ **-and-so** den og den.

soak [səʊk] gjennombløte; trekke til seg.

soap [səʊp] såpe *m/f;* såpe inn; ~ **suds** såpeskum *n.*

soar [sɔːr] fly høyt; sveve; stige sterkt (om pris o.l.).

sob [sɒb] hulke; hulking *m/f.*

sober ['səʊbə] nøktern; edru; edruelig; sindig.

sobriety [səʊ'braɪətɪ] nøkternhet *m;* edruelighet *m.*

so-called såkalt.

soccer ['sɒkə] (vanlig) fotball *m.*

sociable ['səʊʃəbl] selskapelig; omgjengelig.

social ['səʊʃl] sosial; samfunns-; selskapelig; ~ **ism** sosialisme *m;* ~ **ist** sosialist *m;* ~ **ize** ['səʊʃəlaɪz] sosialisere.

society [sə'saɪətɪ] samfunn(et); sosieteten; forening *m/f;* selskap *n.*

sociology [səʊsɪ'blɒdʒɪ] sosiologi *m.*

sock [sɒk] sokk *m;* slag *n.*

socket ['sɒkɪt] holder *m;* øyenhule *m/f;* hofteskål *m/f; elektr* stikkkontakt *m.*

sod [sɒd] grastorv *m/f.*

soda ['səʊdə] soda *m;* natron *n;* (~ **-water**) sodavann *n.*

sodden ['sɒdn] vasstrukken.

sodium ['səʊdjəm] natrium *n.*

sofa ['səʊfə] sofa *m.*

soft [sɒft] bløt; myk; svak; dempet; blid; ~ **en** ['sɒfn] bløtgjøre; mildne; ~ **ness** bløthet *m;* mildhet *m;* ~ **soap** grønnsåpe *m/f.*

soil [sɔɪl] jord(smonn) *m (n);* jordbunn *m;* skitt *m;* søle, skitne til; ~ **erosion** jorderosjon *m;* ~ **exhaustion** rovdrift, utpining *m/f* (av jord).

sojourn ['sɒdʒɜːn] opphold(e seg) *n.*

solar ['səʊlə] sol-; ~ **eclipse** solformørkelse *m;* ~ **energy** solenergi *m;* ~ **radiation** solstråling *m.*

soldier ['səʊldʒə] soldat *m;* ~ **y** soldater.

sold out utsolgt.

sole [səʊl] såle *m;* sjøtunge *m/f;* eneste; ene-; utelukkende.

solemn ['sɒləm] høytidelig; ~ **ity** [sɒ'lemnɪtɪ] høytidelighet *m.*

solicit [sə'lɪsɪt] be innstendig om; anmode om; ~ **or** (rådgivende) advokat *m.*

solid ['sɒlɪd] fast; massiv; solid; pålitelig; ~ **arity** [sɒlɪ'dærɪtɪ] solidaritet *m;* ~ **ify** [sə'lɪdɪfaɪ] (få til å) størkne; ~ **ity** [sə'lɪdɪtɪ] fasthet *m;* soliditet *m.*

solit|ary ['sɒlɪtərɪ] ensom; enslig; ~ **ude** ensomhet *m.*

soloist solist *m.*

solution [sə'luːʃn] (opp)løsning *m.*

solve [sɒlv] løse (problem o.l.).

solven|cy ['sɒlvənsɪ] betalingsevne *m;* ~ **t** løsemiddel *n;* solvent.

sombre ['sɒmbə] dyster.

some [sʌm] noen, noe; en eller annen, et eller annet; visse, somme; omtrent; ~ **body** noen, en eller annen; ~ **how** på en eller annen måte; ~ **one** noen.

somersault ['sʌməsɔːlt] (slå) saltomortale.

some|thing noe, et eller annet; ~ **time** en gang, en dag; ~ **times** undertiden; av og til; ~ **what** noe; litt; temmelig; ~ **where** et eller annet sted.

son [sʌn] sønn *m;* ~ **-in-law** svigersønn *m.*

song [sɒŋ] sang *m,* vise *m/f;* ~ **thrush** måltrost.

sonnet ['sɒnɪt] sonett *m.*

sonogram [sɒnə'græm] sonogram *n,* kurve *m* avtegnet etter lyd (f.eks. hjertefrekvens).

soon [suːn] snart; tidlig; gjerne; ~ **er** snarere; heller.

soot [sʊt] sot *m.*

soothe [suːð] berolige.

sooty ['sʊtɪ] sotet; svart.

sop [sɒp] oppbløtt brødbit *m;* godbit *m;* pyse *m;* bløte opp.

sophisticated [so'fɪstɪkeɪtɪd] tilgjort; verdenserfaren; forfinet.

soprano [sə'prɑːnəʊ] sopran *m.*

sorcer|er ['sɔːsərə] trollmann; ~ **y** trolldom *m.*

sordid ['sɔːdɪd] skitten; elendig; smålig.

sore [sɔː] sår *n;* byll *m;* ømt sted; sår; øm(tålig); ~ **ness** sårhet *m;* ømhet *m.*

sorrel ['sɒrəl] *bot* syre *m.*

sorr|ow ['sɒrəʊ] sorg *m;* bedrøvelse *m;* sørge; ~ **y** bedrøvet; sørgmodig; lei; (**I am**) **so** ~ **y!** unnskyld! **I am** ~ **y for him** jeg har vondt av ham.

sort [sɔːt] sort *m;* slag(s) *n;* sortere; ordne.

sottish ['sɒtɪʃ] forfyllet, fordrukken.

soul [səʊl] sjel *m/f.*

sound [saʊnd] lyd *m;* klang *m;* sonde *m;* sund *n;* sunn, frisk; sterk; uskadd; hel; dyp, fast (om søvn); velbegrunnet; sondere; lodde; prøve, få til å røpe; lyde; klinge; gi signal; **safe and** ~ i god behold; ~ **barrier** lydmur; ~ **deadening** lyddempende.

soup [suːp] suppe *m/f.*

sour ['saʊə] sur; gretten; surne; gjøre sur; forbitre; ~ **ish** syrlig.

source [sɔːs] kilde *m;* opprinnelse *m.*

south [saʊθ] sør; syden; sørover; i sør; ~ **-east** sørøst(lig); ~ **erly** ['sʌðəlɪ] sørlig, sønnen-; ~ **ern** sørlig, sør-; sydlandsk; ~ **erner** sydlending *m;* amr sørstatsmann *m;* **the South Pole** Sydpolen; ~ **ward** ['saʊθwəd] sørover.

south-west ['saʊθwest] sørvest; ~ **er** sørvestvind *m;* sydvest *m* (plagg).

souvenir ['suːv(ə)nɪə] suvenir *m.*

sovereign ['sɒvrɪn] høyest; suveren; hersker *m;* monark *m;* ~ **ty** suverenitet *m.*

the Soviet Union ['sɒvjet -] Sovjetunionen.

sow [saʊ] purke *f;* [səʊ] så (til); ~ **er** såmann *m;* ~ **ing machine** såmaskin *m.*

spa [spɑː] kursted *n.*

space [speɪs] rom *n;* plass *m;* areal *n;* tidsrom *n;* spalteplass *m;* verdensrommet; ~ **ship** romskip *n;* ~ **travelling** romfart *m.*

spacious ['speɪʃəs] rommelig.
spade [speɪd] spade *m;* ~ s spar.
Spain [speɪn] Spania.
span [spæn] spenn *n;* spann *n* (hester); spennvidde *m/f;* spenne (over); omspenne.
Spaniard ['spænjəd] spanier *m;* ~ sh spansk (også språket).
spank [spæŋk] klaske; daske.
spanner ['spænə] skrunøkkel *m;* skiftenøkkel *m.*
spar buoy [spɑːbɔɪ] *mar* stake *m.*
spare [speə] unnvære; avse; la være; skåne, spare; knapp; sparsom; ledig; reserve-; ~ (bed)-room gjesteværelse *n;* ~ parts reservedeler; ~ time fritid *m/f.*
sparing ['speərɪŋ] sparsom.
spark [spɑːk] gnist(re) *m;* tenne (om motor); ~ (ing)plug tennplugg *m;* ~ le gnist(re) *m;* funkle; boble; ~ ling musserende.
sparrow ['spærəʊ] spurv *m.*
sparse [spɑːs] glissen (spredt).
spasm ['spæzm] krampe *m.*
spatial ['speɪʃəl] romlig, rom-.
spawn [spɔːn] (legge) rogn *m/f;* gyte; avle; ~ ing ground gyteområde *n.*
speak [spiːk] tale; snakke; ~ out snakke ut (*el* høyt); ~ er taler *m;* ordstyrer *m;* president i Underhuset.
spear [spɪə] spyd *n;* lanse *m;* spidde; lystre (om fisk).
special ['speʃəl] spesiell; særlig; spesial-; ekstra(nummer, -tog); ~ ist fagmann *m;* ~ ity [speʃɪælɪtɪ] spesialitet *m;* ~ ize ['speʃəlaɪz] spesialisere (seg).
species ['spiːʃɪz] art *m,* slag *n.*
specific [spɪˈsɪfɪk] særegen; spesiell; spesifikk; ~ ication spesifisering *m/f;* ~ y ['spesɪfaɪ] spesifisere.
specimen ['spesɪmɪn] prøve *m;* eksemplar *n.*
speck [spek] flekk *m;* ~ of dust (støv)fnugg.
spectacle ['spektəkl] syn *n;* opptog *n;* a pair of ~ s et par briller.
spectacular [spek'tækjʊlə] iøynefallende; prangende.
spectator [spek'teɪtə] tilskuer *m.*

speculate ['spekjʊleɪt] gruble (on over); spekulere; ~ ion spekulasjon *m;* ~ or spekulant *m.*
speech [spiːtʃ] tale *m;* ~ less målløs, stum.
speed [spiːd] hast(e) *m;* hurtighet *m;* fart *m;* fare; ile; ~ up sette opp farten; ~ -limit fartsgrense *m/f;* ~ skating hurtigløp *n* (skøyter); ~ y hurtig; rask; snarlig.
spell (kort) periode *m;* tørn *m;* trylleformular *m/n;* fortrylle(lse *m);* stave; avløse; ~ bound fortryllet, fjetret.
spelling ['spelɪŋ] rettskrivning *m;* stavemåte *m.*
spend [spend] (for)bruke; tilbringe; ~ thrift ødeland *m.*
sperm [spɜːm] sæd *m.*
spew [spjuː] spy (ut).
sphere [sfɪə] sfære *m;* klode *m.*
spice [spaɪs] krydder(i) *n;* krydre.
spider ['spaɪdə] edderkopp *m;* ~ web edderkoppnett *n.*
spike [spaɪk] spiss *m;* pigg *m;* nagle *m;* aks *n;* nagle fast; ~ d shoes piggsko.
spill spille; søle; kaste av.
spin spinne; virvle; snurre rundt; om fly: gå i spinn.
spinach ['spɪnɪdʒ] spinat *m.*
spinal cord ['spaɪnəl kɔːd] ryggmarg *m;* ~ e ryggrad *m;* bokrygg *m;* torn *m.*
spinning-mill spinneri *n;* ~ -wheel rokk *m.*
spinster ['spɪnstə] ugift kvinne *m.*
spiny dogfish ['spaɪnɪ -] hå(fisk) *m.*
spiral ['spaɪrəl] spiral *m.*
spire [spaɪə] spir *n.*
spirit ['spɪrɪt] ånd *m;* spøkelse *n;* sinn(elag) *n;* humør *n;* lyst *m;* mot *n;* livlighet *m;* sprit *m;* oppmuntre; in high ~ s opprømt; in godt humør; in low ~ s nedslått; ~ ed livlig; energisk; kraftig; ~ s brennevin *n;* ~ stove primus; ~ ual åndelig; geistlig; ~ ual guide sjelesørger *m;* ~ ualism spiritisme *m;* ~ ualist spiritist *m.*
spit spidd *n;* odde *n;* spytt(e) *n;*

frese (om katt); sprute; ~ **fire**
['spɪtfaɪə] hissigpropp *m.*
spite [spaɪt] ondskap(sfullhet) *m;*
in ~ **of** til tross for; ~ **ful** ond-
skapsfull.
spittle ['spɪtl] spytt *n.*
splash [splæʃ] skvett *m;* plask *n;*
skvette, plaske, skvulpe, søle til;
make a ~ vekke sensasjon *m.*
spleen [spli:n] milt *m;* livstretthet
m; dårlig humør *n.*
splen|did ['splendɪd] strålende;
glimrende; storartet; ~ **dour** glans
m; prakt *m.*
splice [splaɪs] spleise; skjøte.
splint *med* skinne; ~ **er** splint *m;*
flis *f;* spon *n.*
split sprekk *m;* spalting *m/f;* split-
te(lse *m);* spalte; kløyve; dele seg.
splutter ['splʌtə] sprute; spruting
m/f; oppstyr *n.*
spoil [spɔɪl] bytte *n;* rov *n;* ødeleg-
ge; skjemme bort; spolere; ~-
sport gledesdreper *m.*
spoke [spəʊk] eike *m;* trinn *n;*
~ **sman,** ~ **sperson** talsmann, tals-
person *m.*
spong|e [spʌndʒ] svamp *m;* vaske
(*el* pusse ut) med svamp; ~ **e-cake**
sukkerbrød *n;* ~ **er** snyltegjest *m;*
~ **y** svampaktig.
spon|sor ['spɒnsə] fadder *m;* garan-
tist *m;* en som betaler radio- *el*
TV-program; støtte; garantere.
spontaneous [spɒn'teɪnjəs] spontan;
umiddelbar.
spook [spu:k] spøkelse *n.*
spool [spu:l] spole *m;* filmrull *m;*
(fiske)snelle *m/f;* spole.
spoon [spu:n] skje *m/f.*
spoor [spʊə] fotefar, spor *n.*
sporadic [spɔ:'rædɪk] sporadisk.
spore [spɔ:] *bot* spore *m.*
sport [spɔ:t] atspredelse *m;* lek
m; moro *m/f;* idrett *m;* leke;
drive sport; ~ **sman** sportsmann
m; jeger *m;* ~ **s-wear** sportsklær.
spot [spɒt] flekk *m;* sted *n;* bit
m, smule *m;* flekke; oppdage;
~ **less** uten flekker; lytefri; plett-
fri; ~ **light** prosjektør *m;* søkelys
n.
spouse [spaʊz] ektefelle *m.*

spout [spaʊt] takrenne *m/f;* tut
(kanne).
sprain [spreɪn] forstuing *m/f;* for-
stue.
sprat [spræt] brisling *m.*
sprawl [sprɔ:l] ligge henslengt; bre
seg.
spray [spreɪ] kvist *m;* sprøyt *m;*
sprøytevæske *m;* (over)sprøyte.
spread [spred] spre (utover); bre
(utover); dekke (bordet); spre
seg; utstrekning *m;* omfang *n;*
utbredelse *m.*
spree [spri:] rangel *m;* moro *m/f.*
sprig kvist *m;* kvast *m.*
spring [sprɪŋ] vår *m;* kilde *m;*
hopp *n;* (driv)fjær *m/f;* spenn-
kraft *m/f;* springe; sprette; bryte
fram; oppstå (**from** av); ~ **-board**
springbrett *n;* ~ **mattress** spring-
madrass *m;* ~ **-tide** springflo *m/f;*
~ **y** ['sprɪŋɪ] spenstig.
sprinkle ['sprɪŋkl] stenke; skvette;
~ **r** sprøytevogn *m/f;* sprinkler-
anlegg *n.*
sprout [spraʊt] spire *m;* skudd *n;*
spire; **Brussels** ~ **s** rosenkål *m.*
spruce [spru:s] gran *m/f;* fjong,
fin.
spry [spraɪ] kvikk; livlig.
spur [spɜ:] spore *m;* (an)spore.
spurt [spɜ:t] spurt *m;* sprut *m;*
spurte; sprute.
sputter ['spʌtə] sprute; snakke fort
og usammenhengende; frese.
spy [spaɪ] spion(ere) *m;* ~ **-glass**
liten kikkert *m.*
squabble ['skwɒbl] kjekl *n;* kjekle.
squad [skwɒd] lag *n;* patrulje *m;*
~ **ron** skvadron *m;* eskadron *m.*
squalid ['skwɒlɪd] skittèn; ussel.
squall [skwɔ:l] skrike; vræle; skrål
n; vindstøt *n,* byge *m.*
squander ['skwɒndə] ødsle bort;
spre(s).
square [skweə] firkantet; kvadra-
tisk; rettvinklet; undersetsig, fir-
skåren; ærlig; real; kvitt, skuls;
oppgjort (om mellomværende);
~ **with** ikke skylde noe; firkant
m; kvadrat *n;* åpen plass *m;* gjø-
re opp, ordne; bestikke; ~ **-built**
firskåren; ~ **mile** kvadratmil *f.*

squash [skwɒʃ] kryste; presse; fruktsaft *m/f;* gresskar *n,* squash.

squat [skwɒt] sitte på huk; ta opphold uten tillatelse; liten; undersetsig; ~ **ter** husokkupant; nybygger (austr. saueavler).

squeak [skwi:k] pip(e) *n.*

squeal [skwi:l] hvin(e) *n.*

squeeze [skwi:z] klem *m;* trykk *n;* press *n;* klemme, trykke, presse.

squint [skwɪnt] skjele.

squire [ˈskwaɪə] godseier *m.*

squirm [skwɜ:m] vri seg.

squirrel [ˈskwɪrəl] ekorn *n.*

squirt [skwɜ:t] sprøyt(e) *n.*

S.S. = steamship.

St. = Saint; Street.

stab [stæb] stikke; dolke.

stabili|ty [stəˈbɪlɪtɪ] fasthet *m;* stabilitet *m;* ~ **zation** [steɪbɪlaɪˈzeɪʃn] stabilisering *m/f;* ~ **ze** stabilisere.

stable [ˈsteɪbl] stabil; fast; varig; trygg; stall *m.*

stack [stæk] stabel *m;* (korn-, høy-)stakk *m;* stable; stakke (høy).

stadium [ˈsteɪdjəm] stadion *n.*

staff [stɑ:f] stab *m;* personale *n;* **on the** ~ (fast) ansatt; ~ **meeting** lærerråd *n.*

staff [stɑ:f] *pl* **staves** [steɪvz] stav *m;* stang *m/f;* stokk *m;* (flagg)-stang *m/f.*

stag [stæg] (kron)hjort *m;* ~ **party** herreselskap *n.*

stage [steɪdʒ] plattform *m;* stillas *n;* skueplass *m;* scene *m;* teater *n;* stadium *n;* sette i scene; ~ -**craft** regikunst *m;* ~ -**manager** regissør *m.*

stagger [ˈstægə] rave; forbløffe; raving *m/f.*

stag|nant [ˈstægnənt] stillestående; ~ **nate** stagnere.

stain [steɪn] farge; flekke; vanære; beise; flekk *m;* skam *m;* beis *m;* ~ **ed glass** glassmaleri *n;* ~ **less** plettfri; rustfri (stålvarer).

stair [steə] trapp(etrinn) *m/f(n);* ~ **case** trapp *m/f;* trappegang *m.*

stake [steɪk] stake *m;* påle *m;* innsats *m;* våge, sette på spill; **at** ~ på spill.

stale [steɪl] bedervet; flau; doven

(om øl); gammelt (brød); fortersket; ~ **mate** matt (i sjakk); stopp, dødt punkt *n.*

stalk [stɔ:k] stengel *m;* stilk *m;* liste seg fram; spankulere.

stall [stɔ:l] bås *m;* spiltau *n;* markedsbu *f; teat* orkesterplass *m.*

stallion [ˈstæljən] hingst *m.*

stalwart [ˈstɔ:lwət] traust, djerv, modig.

stamina [ˈstæmɪnə] utholdenhet *m.*

stammer [ˈstæmə] stamme.

stamp [stæmp] stempel *n;* preg *n;* avtrykk *n;* frimerke *n;* karakter *m;* stamping *m/f;* stemple; frankere; stampe; ~ **ede** [stæmˈpi:d] panikk *m.*

stand [stænd] stå; ligge (om bygning); bestå; være; tåle; stans *m;* bod *m;* (utstillings)stand *m;* standpunkt *n;* tribune *m;* **make a** ~ ogs.: gjøre motstand; ~ **by** stå ved; holde seg parat; ~ **off** holde seg på avstand; ~ **one's ground** holde stand; ~ **up for** gå i bresjen for.

standard [ˈstændəd] fane *f;* flagg *n;* norm *m;* standard *m;* målestokk *m;* myntfot *m;* normal-; ~ **of living** levestandard *m;* ~ **ize** standardisere.

standing [ˈstændɪŋ] stående; fast; stilling *m/f;* rang *m;* ~ **room** ståplass *m;* ~ **ticket** ståplass-billett *m.*

standpoint [ˈstændpɒɪnt] standpunkt *n;* synspunkt *n.*

standstill [ˈstæn(d)stɪl] stans *m;* stillstand *m.*

stanza [ˈstænzə] vers *n;* strofe *m.*

stap|le [ˈsteɪpl] stapel(vare) *m;* ~ **er,** ~ **ling machine** stiftemaskin *m.*

star [stɑ:] stjerne *m/f;* opptre i hovedrollen.

starboard [ˈstɑ:bəd] styrbord.

starch [stɑ:tʃ] stive(lse *m).*

stare [steə] stirre; stirring *m/f.*

starfish [ˈstɑ:fɪʃ] sjøstjerne *m/f.*

stark [stɑ:k] stiv; ren(t); fullstendig.

starling [ˈstɑ:lɪŋ] stær *m.*

start [stɑ:t] sett *n;* rykk *n;* begynnelse *m;* start *m;* starte; begynne; sette i gang; fare opp; dra av gårde; ~ er starter *m;* ~ ing-point utgangspunkt *n.*

startle ['stɑ:tl] forskrekke; ~ d oppskremt.

starv|ation [stɑ:'veɪʃn] sult *m;* hungersnød *m;* ~ e sulte.

state [steɪt] tilstand *m;* stilling *m/f;* stand *m;* rang *m;* stat *m;* stas *m;* ytre; erklære; fremsette; ~ liness statelighet *m;* ~ ly statelig; prektig; ~ ment beretning *m;* erklæring *m/f;* fremstilling *m/f;* ~ ment of account(s) kontoutskrift *m/f;* avregningsoppgave *m;* ~ of emergency unntakstilstand *m;* ~ room lugar *m; amr* kupé; ~ sman statsmann *m.*

station ['steɪʃn] stasjon *m;* (samfunns)stilling *m/f;* anbringe; stasjonere; ~ ary stasjonær; fast; ~ er papirhandler *m;* ~ ery skrivesaker; ~ waggon stasjonsvogn *m/f.*

statistic|al [stə'tɪstɪkl] statistisk; ~ s statistikk *m.*

statue ['stætju:] statue *m.*

stature ['stætʃə] legemshøyde *m;* (åndelig) vekst *m.*

status ['steɪtəs] status *m;* posisjon *m.*

statut|e ['stætjʊt] vedtekt *m;* ~ es statutter; ~ ory vedtektsfestet.

stave [steɪv] (tønne)stav *m;* strofe *m;* ~ off forhale, utsette.

stay [steɪ] opphold *n;* stag *n;* bardun *m;* (a pair of) ~ s korsett *n;* oppholde seg; stanse; (for)bli; bo; ~ away holde seg borte; ~ out bli ute.

stead [sted] sted; in his ~ i hans sted; instead of istedenfor; ~ fast fast; standhaftig; ~ iness støhet *m;* ~ y stø, fast; regelmessig; rolig; (at)stadig; vedholdende.

steak [steɪk] biff *m.*

steal [sti:l] stjele; liste seg.

steam [sti:m] damp(e) *m;* ~ bath badstue *m/f;* ~ -boiler dampkjele *m;* ~ -engine dampmaskin *m;* ~ er dampskip *n;* ~ -roller veivals *m;* ~ ship dampskip *n.*

steel [sti:l] stål *n;* herde (til stål); stålsette.

steep [sti:p] steil; bratt; stiv (pris);

skrent *m;* stup *n;* dyppe; legge i bløt.

steeple ['sti:pl] spisst (kirke-)tårn *n;* ~ chase hinderløp *n.*

steer [stɪə] (ung) okse *m;* styre; ~ age styring *m/f;* dekksplass *m;* ~ ing-wheel ratt *n.*

stem (tre)stamme *m;* stilk *m;* stett *m;* forstavn *m;* demme opp; stamme (from fra).

stench [stentʃ] stank *m.*

stencil stensil *m.*

stenograph|er [ste'nɒgrəfə] stenograf; ~ y stenografi *m.*

step skritt *n;* (fot)trinn *n;* trappetrinn *n;* tre; skritte; trå; (on på); ~ -child stebarn *n;* ~ father stefar *m;* ~ ladder gardintrapp *m;* ~ ping-down nedtrapping *m/f;* ~ ping-stone springbrett *n.*

steril|e ['steraɪl] steril; ~ ize ['sterɪlaɪz] sterilisere.

sterling ['stɜ:lɪŋ] ekte; gedigen; a pound ~ et pund sterling.

stern [stɜ:n] hard; streng; akterstevn *n;* ~ ness strenghet *m.*

stevedore ['sti:vdɔ:] stuer *m.*

stew [stju:] stuing *m/f;* lapskaus *m;* småkoke.

steward ['stju:əd] forvalter *m;* intendant *m;* stuert *m;* ~ ess flyvertinne.

stick [stɪk] stokk *m;* kjepp *m;* stang *m/f;* stykke *n;* stikke; støte; feste; sitte fast; klebe; ~ around holde seg i nærheten; ~ to holde fast ved; ~ ing-plaster heftplaster *n;* ~ y klebrig; seig; vanskelig; lummer.

stiff stiv; stri; vrien; sterk (drikk); ~ en stivne; gjøre stiv; ~ -necked *fig* stivnakket.

stigma brennemerke *n;* ~ tize ['stɪgmətaɪz] brennemerke.

stifle ['staɪfl] kvele; undertrykke.

still ennå; enda; likevel; stille; rolig; berolige; stagge; ~ birth dødfødsel, en dødfødt *m;* ~ born dødfødt; ~ ness stillhet *m.*

stilt stylte.

stimul|ant ['stɪmjʊlənt] stimulerende; oppstiver *m,* stimulans *m;* ~ ate stimulere; ~ ation stimulering *m/f.*

sting [stɪŋ] brodd *m;* nag *n;* stikk *n;* svi, smerte, stikke; ~ **y** ['stɪn-dʒɪ] gjerrig.

stink [stɪŋk] stank *m;* stinke **(of av)**.

stir [stɜ:] røre *n;* bevegelse *m;* liv *n;* røre (på); bevege (seg); rote opp i; ~ **up** opphisse; vekke.

stirrup ['stɪrəp] stigbøyle *m.*

stitch [stɪtʃ] sting *n;* maske *m;* sy; hefte sammen.

stoat [stəʊt] røyskatt *m/f.*

stock [stɒk] stokk *m;* stamme *m;* ætt *f;* lager *n;* beholdning *m;* bestand *m;* besetning *m;* skjefte *n;* bedding *m/f;* kapital *m;* statsobligasjon(er) *m;* aksje(r) *m;* **in** ~ på lager; ha på lager; føre; ~ **broker** fondsmekler *m;* ~ **company** *amr* aksjeselskap *n;* ~ **exchange** (fonds)børs *m;* ~ **fish** tørrfisk; ~ **holder** aksjonær *m.*

stocking ['stɒkɪŋ] strømpe *m;* ~ - **market** aksjemarked *n;* ~ **pile** lagre; ~ **s** [stɒks] *mar* stabel *m;* ~ **still** bom stille.

stocky ['stɒkɪ] undersetsig.

stoke [stəʊk] fyre (i), passe fyren; ~ **r** fyrbøter *m.*

stolid ['stɒlɪd] tung; sløv.

stomach ['stʌmək] mage(sekk) *m;* appetitt *m;* finne seg i.

stone [stəʊn] stein *m;* vekt = 14 eng. pund; steine; ta steinene ut av.

Stone Age: the ~ steinalderen.

stone|cutter steinhogger *m;* ~ **-deaf** stokk-døv; ~ **'s throw** steinkast *n.*

stony ['stəʊnɪ] steinhard; steinet.

stool [stu:l] krakk *m;* taburett *m;* stolgang *m;* avføring *m/f.*

stoop [stu:p] bøye seg; lute.

stop [stɒp] stanse; (til)stoppe; hindre; fylle; plombere; sperre; innstille (sine betalinger); slå seg til ro; oppholde seg; opphør(e) *n;* stans *m;* avbrytelse *m;* hindring *m/f;* skilletegn *n;* **(full** ~ punktum *n); mus* klaff *m;* register *n;* ~ **-gap** nødhjelp *m/f;* ~ **page** stans *m;* tilstopping *m/f;* hindring *m/f;* ~ **ping** fylling *m/f;* plombe *m;* ~ **-watch** stoppeklokke *m/f.*

storage ['stɔ:rɪdʒ] lagring *m/f;* lagerrom *n;* lageravgift *m/f.*

store [stɔ:] forråd *n;* lager *n;* *amr* butikk *m;* ~ **s** *pl,* **department** ~ varemagasin; oppbevare; lagre; ~ **house** lagerbygning *m;* ~ **keeper** lagerformann *m;* *amr* butikkeier *m.*

storey, story ['stɔ:rɪ] etasje *m.*

stork [stɔ:k] stork *m.*

storm [stɔ:m] (sterk) storm *m;* uvær *n;* storme; ~ **y** stormfull.

story ['stɔ:rɪ] historie *m;* fortelling *m/f;* skrøne *m/f;* etasje *m;* **short** ~ novelle *m.*

stout [staʊt] kraftig; traust; tapper; kjekk; korpulent; sterkt øl; ~ **ness** styrke *m;* kjekkhet *m;* korpulens *m.*

stove [stəʊv] ovn *m.*

stow [stəʊ] stue; ~ **age** stuing *m/f;* pakking *m/f;* ~ **away** blindpassasjer *m.*

straddle ['strædl] skreve; sitte over skrevs.

straggler ['stræglə] etternøler *m;* omstreifer *m.*

straight [streɪt] rett; strak; like; grei; rettskaffen; ~ **on** rett fram; **put** ~ ordne; ~ **forward** likefrem; redelig.

strain [streɪn] spenning *m/f;* påkjenning *m/f;* rase, art *m;* (an)spenne; (over)anstrenge; forstue; sile; ~ **ed** tvungen, anstrengt, stresset; ~ **er** sil *m.*

strait [streɪt] sund *n,* strede *n;* forlegenhet *m;* ~ **en** innsnevre; ~ **-jacket** tvangstrøye.

strand [strænd] strand(e) *m/f.*

strange [streɪndʒ] fremmed; merkelig; ~ **r** fremmed *m.*

strangle ['stræŋgl] kvele; ~ **hold** kvelertak, strupetak *n.*

strap [stræp] stropp *m;* rem *m/f;* spenne fast; slå (med rem).

strategic [strə'ti:dʒɪk] strategisk; ~ **ist** ['strætɪdʒɪst] strateg *m;* ~ **y** ['strætɪdʒɪ] strategi *m.*

stratification [strætɪfɪ'keɪʃən] lagdeling *m/f.*

stratosphere ['strætəsfɪə] stratosfære *m.*

stratum ['streɪtəm] lag.

straw [strɔ:] strå *n;* halm *m;* suge-rør *n;* ~ **berry** jordbær *n;* ~ **berry jam** jordbærsyltetøy *n.*

stray [streɪ] forville seg; flakke omkring; reke (drive); omstrei-fende.

streak [stri:k] strek *m;* stripe *m/f;* trekk *n;* snev *m;* fare av sted; ~ **y** stripet.

stream [stri:m] strøm *m;* elv *m/f;* bekk *m;* strømme; flagre; ~ **er** vimpel *m.*

street [stri:t] gate *m/f;* ~ **lamp** gatelykt.

strength [streŋθ] styrke *m;* ~ **en** styrke.

strenuous ['strenjʊəs] iherdig; ener-gisk; anstrengende.

stress (etter)trykk *n;* spenning *m/f;* betoning *m/f;* betone.

stretch [stretʃ] strekke (seg); tøye; strekning *m;* strekk *n;* anstrengel-se *m;* periode *m;* ~ **er** strekker *m;* sykebåre *m.*

strew [stru:] (be)strø; spre.

strict [strɪkt] streng; nøye.

stride [straɪd] (frem)skritt *n;* langt skritt; skride.

strident ['straɪdnt] skingrende.

strife [straɪf] strid *m.*

strike [straɪk] slå; treffe; støte mot; støte på; slå (om klokke *m);* stryke (flagg *n,* seil *n);* gjøre inn-trykk; avslutte (handel); ta fyr, tenne på (fyrstikk); slå ned (lyn); streik(e); ~ **out** slette ut; ~ **up** spille opp; **be (go) on** ~ streike.

striking ['straɪkɪŋ] påfallende; slå-ende; treffende.

string [strɪŋ] snor *m/f;* hyssing *m;* streng *m;* bånd *n;* forsyne med strenger; *mus* stemme; stramme; **the** ~ **s** strengeinstru-mentene; ~ **y** trevlet.

stringent ['strɪndʒənt] streng; strin-gent.

strip strimmel *m;* trekke av; kle av (seg); berøve **(of);** *tekn* ta fra hverandre.

stripe [straɪp] stripe *f.*

strive [straɪv] streve; kjempe **(against** mot).

stroke [strəʊk] slag *n;* tak *n;* støt *n;* (pensel)strøk *n;* (stempel)slag *n;* takt(åre) *m;* skråstrek *m;* stry-ke; ~ **of luck** lykketreff *n.*

stroll [strəʊl] spasere; tur *m.*

strong [strɒŋ] sterk; kraftig; ~ **hold** (høy)borg *m;* ~ **-willed** viljesterk.

structure ['strʌktʃə] struktur *m;* oppbygning *m;* byggverk *n.*

struggle ['strʌgl] kjempe; stri; kamp *m;* strev *n.*

strum [strʌm] klimpre; klimpring *m/f.*

strut [strʌt] spankulere.

strychnine ['strɪkni:n] stryknin *m/n.*

stub [stʌb] stump *m;* talong *m;* ~ **ble** gress- *el* skjeggstubb *m.*

stubborn ['stʌbən] stri; hårdnakket; stivsinnet; sta.

stud [stʌd] stift *m;* krage- *el* skjor-teknapp *m;* stutteri *n;* ~ **ded tyre** piggdekk.

student ['stju:dənt] student *m.*

studied ['stʌdɪd] lærd; overlagt; uttenkt; tilsiktet.

studio ['stju:dɪəʊ] atelier *n;* studio *n.*

studious ['stju:djəs] flittig; ivrig; omhyggelig.

study ['stʌdɪ] studium *n;* arbeids-værelse *n;* studere; ~ **in depth** fordype seg i.

stuff [stʌf] (rå)stoff *n;* emne *n;* skrap *n,* juks *n;* stoppe (ut); fylle; proppe; stappe; ~ **ing** farse *m,* fyll *f/n;* stopp *m;* polstring *m/f;* ~ **y** innelukket; trykkende; prip-pen.

stumbl|e ['stʌmbl] snuble; ~ **ing block** [-ɪŋ blɒk] anstøtsten *m.*

stump [stʌmp] stump *m;* stubbe *m;* humpe; forvirre; ~ **y** firskå-ren; stubbet.

stun [stʌn] bedøve; overvelde.

stunt [stʌnt] forkrøple; gjøre kunststykker; trick *n.*

stupe|faction [stju:pɪˈfækʃn] for-bløffelse *m;* ~ **fy** ['stju:pɪfaɪ] for-bløffe; bedøve.

stupendous [stju:ˈpendəs] veldig; overveldende.

stupid ['stju:pɪd] dum; sløv; ~ **ity** [stjʊˈpɪdɪtɪ] dumhet *m.*

sturdy ['stɜ:dɪ] robust; kraftig; traust.

stutter ['stʌtə] stamme.

sty [staɪ] svinesti *m; med* sti *m.*

style [staɪl] stil *m;* type *m;* mote *m;* griffel *m;* titulere; benevne; ~ **ish** stilig; flott.

stymie ['staɪmɪ] forpurre, hindre.

suave [swɑ:v] beleven; urban.

subconscious ['sʌb'kɒnʃəs] underbevisst.

subdivide [sʌbdɪ'vaɪd] underinndele; ~ **sion** ['sʌb'dɪvɪʒən] underavdeling *m/f.*

subdue [səb'dju:] undertrykke; dempe.

subheading ['sʌb'hedɪŋ] undertittel *m.*

subject ['sʌbdʒɪkt] statsborger *m;* undersått *m;* gjenstand *m;* emne *n;* sak *m/f;* (studie)fag *n;* ~ **to** under forbehold av; underkastet, -lagt; [səb'dʒekt] underkaste; undertvinge; utsette; ~ **ion** underkastelse *m;* ~ **ive** subjektiv *n.*

subjugate ['sʌbdʒʊgeɪt] undertvinge, underkue; ~ **ion** [sʌbdʒʊ'geɪʃn] underkuelse *m.*

subjunctive [səb'dʒʌŋktɪv] konjunktiv *m.*

sublet ['sʌb'let] fremleie.

sublime [sə'blaɪm] opphøyet.

submarine ['sʌbməri:n] undersjøisk; undervanns(båt *m).*

submerge [səb'mɜ:dʒ] dukke (ned); senke under vannet.

submissive [səb'mɪsɪv] underdanig.

submit [səb'mɪt] underkaste (seg); forelegge (**to** for).

subordinate [sə'bɔ:dɪnɪt] underordnet; [-eɪt] underordne.

subscribe [səb'skraɪb] skrive under; subskribere; abonnere (**to** på); tegne (et bidrag); ~ **r** abonnent *m;* bidragsyter *m.*

subscription [səb'skrɪpʃn] undertegning *m* (**to** av); abonnement *n;* (tegning av) bidrag *n.*

subsequent ['sʌbsɪkwənt] (på)følgende; ~ **ly** siden; dernest.

subservient [səb'sɜ:vɪənt] underdanig, servil, krypende.

subside [səb'saɪd] synke; legge seg; avta; ~ **iary** [səb'sɪdjərɪ] hjelpe-; side-; ~ **iary (company)** dattersel-

skap *n;* ~ **ize** ['sʌbsɪdaɪz] subsidiere; ~ **y** statsstøtte *m/f;* subsidier.

subsist [səb'sɪst] ernære seg; klare seg; ~ **ence** utkomme *n;* eksistens *m;* tilværelse *m.*

substance ['sʌbstəns] substans *m;* stoff *n;* hovedinnhold *n;* kjerne *m.*

substandard film smalfilm *m.*

substantial [səb'stænʃəl] betydelig; solid.

substantive ['sʌbstəntɪv] substantiv *n.*

substitute ['sʌbstɪtju:t] stedfortreder *m;* vikar *m;* reserve (i fotball og annen sport); erstatning *m;* sette istedenfor; vikariere (**for** for).

subterranean [sʌbtə'reɪnɪən] underjordisk.

subtle ['sʌtl] fin; subtil; skarp(sindig); ~ **ty** finesse *m.*

subtract [səb'trækt] trekke fra.

suburb ['sʌbɜ:b] forstad *m;* ~ **an** [sə'bɜ:bn] forstads-.

subway ['sʌbweɪ] fotgjengerundergang; *amr* undergrunnsbane *m.*

succeed [sək'si:d] følge etter; etterfølge; lykkes, ha hell med seg; ~ **to** arve.

success [sək'ses] gunstig resultat *n;* hell *n;* suksess *m;* ~ **ful** heldig; vellykket; ~ **ion** arvefølge *n;* tronfølge *n;* rekke(følge) *m;* ~ **or** etterfølger *m.*

succinct [sək'sɪŋkt] kort; fyndig.

succulent ['sʌkjʊlənt] saftig.

succumb [sə'kʌm] bukke under; ligge under (**to** for).

such [sʌtʃ] sådan; slik; ~ **a man** en slik mann; ~ **and** ~ den og den; en viss; ~ **is life** slik er livet.

suck [sʌk] suge; die; ~ **er** noe som suger; *amr slang* grønnskolling *m;* ~ **le** die; gi bryst; ~ **ling** pattebarn.

sudden ['sʌdn] plutselig; **all of a** ~ plutselig.

suds [sʌdz] såpeskum *n.*

sue [sju:] anklage; saksøke (**for** for); be, bønnfalle.

suet ['sjuɪt] talg *m/f.*

suffer ['sʌfə] lide (**from** av); tåle;

tillate; ~ er lidende; ~ ing lidelse *m.*

suffice [sə'faɪs] strekke til; være nok.

sufficien|cy [sə'fɪʃənsɪ] tilstrekkelig mengde *m;* ~ t tilstrekkelig.

suffocate ['sʌfəkeɪt] kvele(s).

sugar ['ʃʊgə] sukker *n;* sukre; lump ~ raffinade *m;* ~ -basin sukkerkopp *m;* ~ -cane sukkerrør *n;* ~ -peas sukkererter; ~ -tongs sukkerklype *m/f.*

suggest [sə'dʒest] foreslå; antyde; ~ ed price veiledende pris; ~ ion antydning *m;* forslag *n;* suggestion *m;* ~ ive tankevekkende; suggestiv.

suicide ['s(j)uːɪsaɪd] selvmord(er) *n* *(m).*

suit [s(j)uːt] drakt *m;* dress *m;* farge *m* (i kort); søksmål *n;* rettssak *m;* begjæring *m/f;* passe; kle; tilfredsstille; ~ ed (vel)egnet; ~ able passende (to, for for); ~ -case liten håndkoffert *m;* ~ e [swiːt] følge *n;* sett *n;* suite *m;* ~ or frier *m;* saksøker *m.*

sulky ['sʌlkɪ] furten; tverr.

sullen ['sʌlən] trist; tverr.

sulphur ['sʌlfə] svovel *m;* ~ dioxide svoveldioksid *n;* ~ ic [sʌl'fjʊərɪk] acid svovelsyre *m/f.*

sult|riness ['sʌltrɪnɪs] lummerhet *m;* ~ ry lummer; trykkende.

sum [sʌm] (penge)sum *m;* telle sammen.

summar|ize ['sʌməraɪz] sammenfatte; resymere; ~ y resymé *n;* utdrag *n;* kortfattet.

summer ['sʌmə] sommer *m.*

summit ['sʌmɪt] topp *m;* ~ meeting toppmøte.

summon ['sʌmən] stevne; innkalle; ~ s stevning *m.*

sumptuous ['sʌm(p)tʃʊəs] overdådig.

sun [sʌn] sol *m/f;* sole (seg); ~ beam solstråle *m;* ~ burn solbrenthet *m;* ~ burnt solbrent; Sunday ['-dɪ] søndag *m;* ~ dial solur *n;* ~ down solnedgang *m.*

sundr|ies ['sʌndrɪz] diverse (utgifter); ~ y diverse.

sun|glasses ['sʌnglɑːsɪz] solbriller; ~ -helmet tropehjelm *m.*

sunken rock ['sʌŋkn -] undervannsskjær *n.*

sun|rise ['sʌnraɪz] soloppgang *m;* ~ set solnedgang *m;* ~ shade parasoll *m;* ~ shine solskinn *n;* ~ stroke solstikk *n.*

superb [s(j)uːˈpɜːb] prektig; storartet; praktfull.

super|cilious [s(j)uːpəˈsɪlɪəs] overlegen; ~ ficial overfladisk; ~ fluous [s(j)ʊˈpɜːfluəs] overflødig; ~ human overmenneskelig; ~ intend lede; overvåke; ~ intendent inspektør *m;* leder *m;* politifullmektig.

superior [s(j)uːˈpɪərɪə] over-, høyere; overlegen; utmerket; overordnet; foresatt; ~ ity [-ˈbrɪtɪ] overlegenhet *m.*

superlative [s(j)uːˈpɜːlətɪv] superlativ *m;* høyest; av høyeste grad; fremragende.

super|man ['s(j)uːpəmæn] overmenneske *n;* ~ natural overnaturlig; ~ numerary overtallig; ~ power supermakt *m/f;* ~ scription over-, påskrift *m/f;* ~ sede fortrenge; avløse; erstatte; ~ sonic [-ˈsɒnɪk] overlyds-; ~ stition overtro *m;* ~ stitious [-ˈstɪʃəs] overtroisk; ~ structure overbygning *m;* ~ vise føre oppsyn med; ~ vision tilsyn *n;* kontroll *m;* ~ visor inspektør *m.*

supper ['sʌpə] aftensmat *m;* supé *m.*

supplant [sə'plɑːnt] fortrenge.

supple ['sʌpl] myk; smidig.

supplement ['sʌplɪment] tillegg *n;* (avis) bilag *n;* supplement *n;* supplere; ~ ary [-ˈmen-] supplerende; tilleggs-.

suppl|ier [sə'plaɪə] leverandør *m;* ~ y tilførsel *m;* levering *m/f;* forsyning *m/f;* forråd *n;* tilbud *n;* levere; forsyne.

support [sə'pɔːt] støtte *m/f;* understøttelse *m;* støtte; bære; underholde; forsørge; tåle; ~ er tilhenger *m;* en som støtter.

suppos|e [sə'pəʊz] anta; formode; ~ ition [sʌpə'zɪʃn] antagelse *m.*

suppress [sə'pres] undertrykke; av- skaffe; ~ **ion** undertrykkelse *m.*

suprem|acy [s(j)ʊ'preməsɪ] over- høyhet *m;* overlegenhet *m;* ~ **e** [s(j)ʊ'priːm] høyest; øverst; ~ **e court** høyesterett *m.*

surcharge [sɜːˈtʃɑːdʒ] straffeporto *m.*

sure [ʃʊə] sikker; trygg; viss; til- forlatelig; **make ~ (that)** forvisse seg (om at); ~ **ly** sikkert; ~ **ty** sik- kerhet *m;* kausjon(ist) *m (m).*

surf [sɜːf] brenning *m/f;* ~ **ace** ['sɜːfɪs] overflate *m/f;* ~ **board** surfbrett *n.*

surge [sɜːdʒ] brottsjø *m;* stor bølge *m/f.*

surge|on ['sɜːdʒən] kirurg *m;* ~ **ry** kirurgi *m;* operasjonssal *m.*

surmise ['sɜːmaɪz] antagelse *m;* [səˈmaɪz] anta.

surmount [sɜːˈmaʊnt] overvinne, komme over.

surname ['sɜːneɪm] tilnavn *n;* etter- navn *n.*

surpass [sɜːˈpɑːs] overtreffe; over- gå.

surplice ['sɜːplɪs] messeskjorte.

surplus ['sɜːpləs] overskudd *n.*

surprise [səˈpraɪz] overraske(lse *m).*

surrender [səˈrendə] overgivelse *m;* overgi (seg); utlevere.

surround [səˈraʊnd] omgi; omrin- ge; ~ **ings** omgivelser.

surtax ['sɜːtæks] ekstraskatt, mar- ginalskatt *m.*

sur|veillance [səˈveɪləns] overvåking *m/f;* ~ **vey** ['sɜːveɪ] overblikk *n;* oversikt; [sɜːˈveɪ] se over; besikti- ge; måle opp; ~ **veyor** takstmann *m;* landmåler *m.*

surviv|e [səˈvaɪv] overleve; ~ **al** det å overleve; (fortids)levning *m;* ~ **or** overlevende.

susceptible [səˈseptəbl] mottagelig; følsom.

suspect [səsˈpekt] mistenke; ane; ['sʌs-] mistenkt; mistenkelig.

suspend [səsˈpend] henge (opp); la avbryte; stanse; suspendere; ~ **ers** sokke- *el* strømpeholder *m; amr* bukseseler.

suspense [səsˈpens] uvisshet *m;* spenning *m/f.*

suspension [səsˈpenʃn] opphenging *m;* utsettelse *m;* suspensjon *m;* ~ **bridge** hengebru *f.*

suspic|ion [səsˈpiːʃn] mistanke *m;* ~ **ious** mistenksom; mistenkelig.

sustain [səsˈteɪn] støtte; utholde; lide (tap); ~ **tenance** ['sʌstɪnəns] underhold *n;* livsopphold *n.*

swagger ['swægə] skryte; spankule- re; swagger, håpe *m.*

swallow ['swɒləʊ] svale *m/f;* svel- ging *m/f;* svelge.

swamp [swɒmp] myr *f;* sump *m;* oversvømme; ~ **lands** sumpom- råder *npl.*

swan [swɒn] svane *m;* ~ **song** sva- nesang *m.*

swap [swɒp] bytte, utveksle.

swarm [swɔːm] sverm(e) *m;* yre; kry.

swastika ['swɒstɪkə] hakekors *n.*

sway [sweɪ] svinging *m/f;* helling *m/f;* makt *m/f,* innflytelse *m* (**over** over); svaie; beherske.

swear [sweə] sverge, edfeste; ban- ne.

sweat [swet] *s & v* svette *m;* ~ **er** ullgenser *m.*

Swed|e ['swiːd] svenske *m;* ~ **en** Sverige; ~ **ish** svensk; ~ **ish tur- nip** kålrabi *m.*

sweep [swiːp] feie; sope; fare hen- over; (**chimney**) ~ skorsteinsfeier *m;* ~ **er** gatefeier *m;* ~ **ing** også omfattende; gjennomgripende.

sweet [swiːt] søt; yndig; blid; ~ **en** gjøre søt; sukre; ~ **heart** kjæreste *m;* ~ **ish** søtlig; ~ **ness** søthet *m;* ynde *m;* ~ **s** sukkertøy *n;* ~ **- scented** velluktende.

swell [swel] svulme (opp); stige; vokse; svulming *m/f;* dønning *m;* flott, elegant; prima; snobb *m;* fin fyr *m;* ~ **ing** hevelse *m;* svulst *m.*

swelter ['sweltə] gispe av varme.

swerve [swɜːv] dreie av.

swift hurtig; rask.

swim svømme; ~ **mer** svømmer *m;* ~ **ming** svømming *m;* ~ **ming-pool** svømmebasseng *n;* ~ **ming suit** badedrakt *m/f;* ~ **ming trunks** badebukse.

swindle ['swɪndl] bedra, svindle;

svindel *m;* ~ **r** svindler *m;* bedrager *m.*

swine [swaɪn] svin *n.*

swing svinge; huske; dingle; sving(ing *m);* rytme *m;* spillerom *n;* swing *m* (dans).

swirl [swɜ:l] virvel *m;* virvle.

Swiss [swɪs] sveitsisk; sveitser *m;* **the** ~ sveitserne.

switch [swɪt] kjepp *m;* pisk *m;* elektrisk strømbryter *m;* pens *m;* skifte; pense; ~ **on** slå på (lys); ~**-board** sentralbord *n.*

Switzerland [ˈswɪtsələnd] Sveits.

swollen [ˈswəʊln] hoven, oppsvulmet, opphovnet; ~ **finger** verkefinger.

swoon [swu:n] besvime(lse *m).*

swoop [swu:p] slå ned (på **on**); nedslag *n.*

sword [sɔ:d] sverd *n;* kårde *m;* sabel *m;* ~ **fish** sverdfisk *m;* ~ **sman** fekter *m.*

syllable [ˈsɪləbl] stavelse *m.*

syllabus [ˈsɪləbəs] pensum *n;* leseplan *m.*

symbol [ˈsɪmbəl] symbol *n;* ~ **ic(al)** [-ˈbɒl-] symbolsk.

symmetrical [sɪˈmetrɪkl] symmetrisk.

sympath|etic [sɪmpəˈθetɪk] sympatisk; deltakende, medfølende; ~ **ize** [ˈsɪmpəθaɪz] sympatisere, ha medfølelse (med **with**); ~ **y** sympati *m.*

symphony [ˈsɪmfənɪ] symfoni *m.*

synagogue [ˈsɪnəgɒg] synagoge *m.*

synchronize [ˈsɪŋkrənaɪz] synkronisere; samordne; ~ **d swimming** synkronsvømming *m/f.*

synopsis [sɪˈnɒpsɪs] oversikt *m;* utdrag *n.*

synthes|is [ˈsɪnθɪsɪs] syntese *m;* ~ **ize** *tekn* fremstille kunstig.

synthetic [sɪnˈθetɪk] syntetisk, kunstig.

syphon [ˈsaɪfən] hevert *m.*

syringe [ˈsɪrɪndʒ] *med* sprøyte *m/f;* sprøyte (inn).

syrup [ˈsɪrəp] sukkerholdig (frukt)saft; sirup *m.*

system [ˈsɪstɪm] system *n;* ~ **atic** systematisk; ~ **atize** systematisere.

T

tab [tæb] merkelapp *m;* hempe *m/f.*

table [ˈteɪbl] bord *n;* tavle *m/f,* plate *m/f;* tabell *m;* ~ **-cloth** bordduk *m;* ~ **leg** bordbein *n;* ~ **silver** sølvtøy *n;* ~ **-spoon** spiseskje *m/f.*

tableau [ˈtæbləʊ] tablå.

tablet [ˈtæblɪt] tablett.

tabloid [ˈtæblɔɪd] tabloidformat *n,* avis *m/f* i lite format.

taboo [təˈbu:] tabu.

tacit [ˈtæsɪt] stilltiende; taus; ~ **urn** [ˈtæsɪtɜ:n] fåmælt.

tack [tæk] stift *m;* *mar* slag *n,* baut *m;* feste; hefte med stifter; tråkle; *mar* baute.

tackle [ˈtækl] takkel *n;* talje *m;* redskap *m (n);* greier; ta fatt på; *fotball* takle.

tacky [ˈtækɪ] klebrig.

tact [tækt] takt *m;* finfølelse *m;* ~ **ful** taktfull; ~ **ical** taktisk; ~ **ics** taktikk *m;* ~ **less(ness)** taktløs(het).

tag [tæg] merkelapp *m;* omkved *n;* sisten (lek); feste.

tail [teɪl] hale *m;* bakende *m;* ~ **s** *dt* snippkjole *m.*

tailor [ˈteɪlə] skredder *m;* sy, være skredder; ~ **-made (costume)** skreddersydd (drakt).

taint [teɪnt] plett(e) *(m);* flekk(e) *(m);* forurense; ~ **ed** flekket; forurenset, urent.

take [teɪk] ta; gripe; fange; arrestere; fakke; ta bort, med, imot; foreta; gjøre; utføre; kreve; oppfatte; forstå; fenge (om ild); anse **(for** for); ~ **in** ta inn; ta imot; motta; oppfatte; lure; abonnere (på avis); ~ **off** ta av seg (klær);

slå av; forminske; kopiere; starte,
gå opp (om fly); ~ **out** ta ut;
trekke ut; fjerne (flekk); utta, lø-
se; ~ **place** finne sted; ~ **to** like;
ha sympati for; ~ **up** ta opp;
anta; slå seg på; **be ~ n ill** bli
syk; ~ **-off** start *m;* parodi *m.*

tale [teɪl] fortelling *m/f;* **(fairy)** ~
eventyr *n.*

talent|['tælent] begavelse *m;* ~ **ed**
begavet, talentfull, evnerik.

talk [tɔ:k] snakk *n;* samtale *m;*
kåseri *n;* snakke; samtale; ~ **ative**
pratsom; ~ **ing-to** oppstrammer
m.

tall [tɔ:l] høy; stor; utrolig; ~ **boy**
høy kommode *m.*

tallow ['tæləʊ] talg *m.*

tally ['tælɪ] karvestokk *m;* regn-
skap *n;* føre regnskap; stemme
(med **with**).

talon ['tælən] klo *m/f* (rovdyr).

tame [teɪm] tam; temme; kue;
~ **ness** tamhet *m.*

tamper ['tæmpə] **with:** klusse med.

tampon ['tæmpən] tampong.

tan [tæn] garvebark *m;* solbrenthet
m; garve; gjøre, bli solbrent.

tangent ['tændʒənt] tangent.

tangible ['tændʒəbl] håndgripelig.

tangle ['tæŋgl] *s & v* floke *m.*

tank [tæŋk] beholder *m;* tank *m;*
tanke; ~ **ard** ølkrus *n;* ~ **er** tank-
skip *n.*

tanner ['tænə] garver *m;* ~ **y** garve-
ri *n.*

tantalize ['tæntəlaɪz] pine, erte.

tap [tæp] kran *m;* tønnetapp *m;*
(tappet) drikkevare *m;* lett slag
n; banke lett; tappe; ~ **-dance**
steppe (dans); ~ **-dancing** step-
ping *m/f.*

tape [teɪp] måle (*el* klebe-, lyd)-
bånd *n;* feste med bånd; **red** ~ *fig*
papirmølle *m/f;* ~ **recorder** bånd-
opptaker *m.*

taper ['teɪpə] (tynt voks)lys *n;*
smalne av; minke, avta.

tapestry ['tæpɪstrɪ] billedvev *m;*
billedteppe *n.*

tapeworm ['teɪpwɜ:m] bendelorm
m.

tap-room ['tæpru:m] skjenkestue
m/f; bar *m.*

tar [tɑ:] tjære *m/f;* tjærebre.

tard|**iness** ['tɑ:dɪnɪs] treghet, sen-
drektighet *m;* ~ **y** sen; treg.

tare [teə] tara.

target ['tɑ:gɪt] (skyte)skive *m/f,*
mål *n.*

tariff ['tærɪf] tariff *m;* takst *m.*

tarn [tɑ:n] tjern.

tarnish ['tɑ:nɪʃ] ta glansen av; an-
løpe(s); matthet *m.*

tarpaulin [tɑ:'pɔ:lɪn] presenning.

tarred roofing felt tjærepapp.

tart [tɑ:t] terte *m/f;* tøs *f;* besk.

tartan ['tɑ:tən] tartan *m,* rutet
skotsk tøy *n.*

task [tɑ:sk] oppgave *m/f;* plikt
m; verv *n;* lekse *m/f;* gi en opp-
gave; overanstrenge.

tassel ['tæsl] kvast *m,* dusk *m.*

tast|**e** [teɪst] smak *m;* smake (på);
~ **eful** smakfull; ~ **eless** smakløs;
~ **y** velsmakende.

tatter|**s** ['tætəz] filler; ~ **ed** fillet.

tattoo [tæ'tu:] tappenstrek; tatove-
ring.

taunt [tɔ:nt] hån(e) *m.*

taut [tɔ:t] tott, stram.

tavern ['tævən] vertshus *n.*

tawdry ['tɔ:drɪ] prangende; forlo-
ren.

tax [tæks] skatt *m;* beskatte; be-
byrde; beskylde; klandre; ~ **able**
skattbar; ~ **ation** beskatning *m;*
~ **evader** skattesnyter *m;* ~ **eva-**
sion skatteunndragelse *m,* skat-
tesnyteri *n;* ~ **-free** avgiftsfri; ~
haven skatteparadis *n.*

taxi(cab) ['tæksɪ(kæb)] drosje(bil)
m/f(m); ~ **meter** taksameter *n.*

taxpayer ['tækspeɪə] skattebetaler
m.

tea [ti:] te *m.*

teach [ti:tʃ] lære (fra seg); under-
vise; ~ **er** lærer(inne) *m.*

teaching ['ti:tʃɪŋ] lære *m/f,* under-
visning *m/f.*

team [ti:m] spann *n;* kobbel *n;* lag
n; ~ **-spirit** lagånd *m.*

teapot ['ti:pɒt] tekanne *m/f.*

tear [teə] rive (i stykker); få rift
i; slite i; rift *m/f;* [tɪə] tåre; ~
gas tåregass; ~ **s** gråt *m.*

tease [ti:z] erte; plage.

tea|spoon ['ti:spu:n] teskje *m/f;* ~
strainer tesil.
technic|al ['teknɪkl] teknisk; ~ian
tekniker *m.*
technicolor ['teknɪkʌlə] fargefilm
m.
technique [tek'ni:k] teknikk *m.*
technolog|ical [teknə'lɒdʒɪkl] tekno-
logisk; ~y [tek'nɒlədʒɪ] teknologi
m.
tedious ['ti:dɪəs] trettende; langtek-
kelig; kjedelig.
teem [ti:m] vrimle, myldre.
teen-ager ['ti:neɪdʒə] tenåring *m.*
teetotaller [ti:'təʊtlə] avholdsmann
m.
tele|fax ['telɪfæks] telefax (medde-
lelsen) *m;* ~gram telegram *n;*
~graph telegraf *m;* telegrafere;
~graphic telegrafisk; ~graphist
[tɪ'legrəfɪst] telegrafist *m;* ~graphy
telegrafi *m.*
telepathy [tɪ'lepəθɪ] telepati.
tele|phone ['telɪfəʊn] telefon *m;* te-
lefonere; ~phone exchange tele-
fonsentral *m;* ~phonist telefonist
m; ~photo lens telelinse *m/f.*
tele|printer ['telɪ'prɪntə] fjernskriver
m; ~scope teleskop *n;* ~vision
fjernsyn *n.*
telex(call) teleks(melding) *m*
(m/f).
tell fortelle; si (til); be; sladre;
skjelne; gjøre virkning (on på);
ta på, leite på; ~ a person to do
something gi noen beskjed om å
gjøre en ting.
temper ['tempə] modifisere (ved
tilsetning); blande (i riktig for-
hold); mildne; dempe; lynne *n;*
humør *n;* lune *n;* lose one's ~
miste selvbeherskelsen; bli sint;
~ance måtehold *n;* ~ature
[-prɪtʃə] temperatur *m.*
tempest ['tempɪst] storm *m.*
temple ['templ] tempel *n;* tinning
m.
tempor|al ['tempərəl] tids-; timelig;
verdslig; ~ary midlertidig; ~ize
nøle; se tiden an; forsøke å vinne
tid.
tempt friste; forlede; ~ation fris-
telse *m.*

tenant ['tenənt] leieboer *m;* forpak-
te(r *m);* leie.
tend tendere; vise (*el* ha) tilbøye-
lighet *m* (to, towards til); passe;
vokte.
tenden|cy ['tendənsɪ] retning *m/f;*
tendens *m;* ~tious [-'denʃəs] ten-
densiøs.
tender ['tendə] tilbud *n;* anbud *n;*
vokter *m;* tender *m;* tilby; sart;
følsom; øm; mør; ~foot grønn-
skolling, nykomling *m;* ~-heart-
ed ømhjertet; ~ness sarthet *m;*
ømhet *m.*
tendon ['tendən] sene *m.*
tenet ['tenɪt] tros-, læresetning *m.*
tenfold ['tenfəʊld] tidobbelt.
tennis-court ['tenɪskɔ:t] tennisbane
m.
tenor ['tenə] (hoved)innhold *n; mus*
tenor *m.*
tens|e [tens] spent; stram; *gram*
tid(sform *m);* ~ion spenning *m;*
stramming *m.*
tent telt *n.*
tenth [tenθ] tiende(del) *(m).*
tepid ['tepɪd] lunken.
term [tɜ:m] termin *m;* (tids)grense
m/f; periode *m;* semester *n;* ut-
trykk *n;* benevne, kalle; ~s betin-
gelser; be on good (bad) ~s with
stå på god (dårlig) fot med.
termin|able ['tɜ:mɪnəbl] oppsigelig;
~al ['tɜ:mɪnl] ende-; ytter-; ende-
stasjon *m;* ~ate begrense; (av)-
slutte; ~ation [-'neɪʃn] ende(lse)
m; (av)slutning *m;* ~us endesta-
sjon *m.*
terrace ['terəs] terrasse *m;* ~d
house rekkehus *n.*
terri|ble ['terəbl] skrekkelig; ~fic
[tə'rɪfɪk] fryktelig; veldig; ~fy
skremme; forferde.
territor|ial waters territorialfar-
vann; ~y ['terɪt(ə)rɪ] (land)om-
råde *n;* territorium *n.*
terror ['terə] skrekk *m;* redsel *m;*
~ism terrorisme *m;* ~ist terro-
rist *m;* ~ize terrorisere.
terse [tɜ:s] klar, konsis (stil).
test *s & v* prøve *m/f;* undersøke(l-
se *m).*
testament ['testəmənt] testament *n;*
~ary testamentarisk.

testicle ['testəkl] testikkel.

testify ['testɪfaɪ] (be)vitne.

testimonial [testɪ'məʊnjəl] vitnemål n; attest m; ~ **y** ['testɪmənɪ] vitnemål n; vitneprov n.

test tube [-tju:b] reagensglass; prøverør n; ~ **baby** prøverørsbarn n.

testy ['testɪ] gretten; amper.

tetanus ['tetənəs] stivkrampe m.

tether ['teðə] tjor(e) n.

Teutonic [tjʊ'tɒnɪk] germansk.

text [tekst] tekst m; skriftsted n; ~ **-book** lærebok m/f.

textile ['tekstaɪl] vevet; tekstil-; ~ **s** tekstilvarer.

texture ['tekstʃə] vev m; tekstur m; fig struktur m.

than [ðæn] enn.

thank [θæŋk] takke; ~ **you very much!** mange takk!; **no,** ~ **you!** nei takk!; ~ **s** takk; ~ **s to** takket være; ~ **ful** takknemlig; ~ **less** utakknemlig; ~ **sgiving** takksigelse m; **Thanksgiving Day** amr takkefest, i alm. siste torsdag i november.

that [ðæt] den, det, den (el det) der, i pl **those** de der; som; at, så at, for at.

thatch [θætʃ] halmtak n; takhalm m; tekke; ~ **ed roof** stråtak n.

thaw [θɔ:] tøvær n; smelte; tø.

the [foran konsonant ðə, med sterk betoning ði: foran vokallyd ðɪ] den, det, de; ~ **...** ~ jo ... desto.

theatre ['θɪətə] teater n; auditorium n; skueplass m; ~ **e of war** krigsskueplass m; ~ **ical** teatralsk.

theft [θeft] tyveri n.

their [ðeə] deres; sin; sitt; sine; ~ **s** deres; sin.

them [ðem, ubetont ð(ə)m] dem; (etter prep ogs) seg; ~ **selves** seg; seg selv.

theme [θi:m] tema n; stil m.

then [ðen] da; den gang; deretter; så; derfor; daværende.

theologian [θɪə'ləʊdʒən] teolog m; ~ **y** teologi m.

theory ['θɪərɪ] teori m; ~ **ist** teoretiker m.

therapeutical [θerə'pju:tɪkl] terapeutisk; ~ **y** terapi m.

there [ðeə] der, dit; ~ **is,** ~ **are** det er, det finnes; ~ **you are!** der har du det! vær så god!

thereabout(s) ['ðeərəbaʊts] deromkring; ~ **after** deretter; ~ **by** derved; ~ **fore** derfor; følgelig; ~ **upon** derpå; som følge derav; like etterpå.

thermometer [θə'mɒmɪtə] termometer n; ~ **s bag** ['θɜ:məs -] kjølebag m; ~ **s flask,** ~ **s bottle** termosflaske m/f; ~ **stat** termostat.

these [ði:z] (pl av **this**) disse.

they [ðeɪ] de; folk; man.

thick [θɪk] tykk; tett; uklar; grumset; ~ **en** bli tykk; gjøre tykk; ~ **et** tykning m; kratt n; ~ **ness** tykkelse m; ~ **set** undersetsig.

thief [θi:f] pl **thieves** [θi:vz] tyv m.

thieve [θi:v] stjele; ~ **ish** tyvaktig.

thigh [θaɪ] lår n.

thimble ['θɪmbl] fingerbøll n.

thin [θɪn] tynn; mager; tynne(s) ut.

thing [θɪŋ] ting n; vesen n; ~ **s** saker; forhold; klær.

think [θɪŋk] tenke (**of, about** på; **about, over** over); mene; tro; synes; ~ **ing** tenkning m.

third [θɜ:d] tredje(del); ~ **ly** for det tredje.

thirst [θɜ:st] tørst m; tørste (**for, after** etter); ~ **y** tørst.

thirteen ['θɜ:'ti:n] tretten; ~ **teenth** trettende; ~ **tieth** trettiende; ~ **ty** tretti.

this [ðɪs] pl **these** denne, dette, disse; ~ **morning** i morges, i formiddag.

thistle ['θɪsl] tistel.

thorn [θɔ:n] torn m; ~ **y** tornet.

thorough ['θʌrə] grundig; fullstendig; inngående; ~ **bred** fullblods; ~ **fare** (hoved)trafikkåre m/f.

those [ðəʊz] de (der); dem (pl av **that**).

though [ðəʊ] skjønt; selv om; (sist i setningen) likevel; **as** ~ som om; **even** ~ selv om.

thought [θɔ:t] tanke m; tankegang m; tenkning m; ~ **ful** tankefull; hensynsfull (**of** mot); ~ **less** tankeløs; ubekymret.

thousand [ˈθaʊzənd] tusen; ~ **th** tusende.

thrash [θræʃ] treske; jule, denge.

thread [θred] tråd *m;* garn *n;* gjenge *m* (på skrue); træ i nål, på snor; ~ **bare** loslitt.

threat [θret] trussel *m;* ~ **en** true (med).

three [θriː] tre; ~ **fold** trefold; tredobbel.

thresh [θreʃ] treske (korn).

threshold [ˈθreʃhould] terskel *m.*

thrice [θraɪs] tre ganger.

thrift [θrɪft] sparsommelighet *m;* ~ **less** ødsel; ~ **y** sparsommelig.

thrill [θrɪl] sitring *m/f;* skjelving *m;* gysing *m/f;* spenning *m;* sitre; grøsse; begeistre; ~ **er** spenningsroman, -film *m.*

thrive [θraɪv] trives.

throat [θrəʊt] svelg *n;* strupe *m;* hals *m;* **have a sore** ~ ha vondt i halsen; ~ **-clearing** kremt *m (n).*

throb [θrɒb] banking *m/f;* slag *n;* banke, hamre, pulsere.

throne [θrəʊn] trone *m.*

throng [θrɒŋ] trengsel *m;* mengde *m;* stimle sammen.

through [θruː] (i)gjennom; ved; ferdig; gjennomgangs-; ~ **out** over hele; gjennom hele.

throw [θrəʊ] kaste; ~ **away** kaste bort; sløse (med); ~ **out** kaste ut; avvise.

thrush [θrʌʃ] trost *m.*

thrust [θrʌst] støt(e) *n;* stikk(e) *n.*

thud [θʌd] dump (lyd).

thug [θʌg] kjeltring *m.*

thumb [θʌm] tommelfinger *m;* fingre med; bla i.

thunder [ˈθʌndə] torden *m;* tordne; ~ **bolt** lynstråle *m;* ~ **clap** tordenskrall; ~ **storm** tordenvær *n.*

Thursday [ˈθɜːzdɪ] torsdag *m.*

thus [ðʌs] så(ledes), på denne måte; derfor.

thwart [θwɔːt] på tvers; tofte *m/f;* motarbeide; hindre.

thyme [taɪm] timian *m.*

thyroid gland [ˈθaɪrɔɪd glænd] skjoldbruskkjertel *m.*

tick [tɪk] putevar *n;* tikking *m/f;* tikke, merke av.

ticket [ˈtɪkɪt] billett *m;* adgangskort *n;* (lodd)seddel *m;* ~ **-collector** billettør *m;* **return** ~ tur-retur billett.

tickle [ˈtɪkl] kile; ~ **ish** kilen; ømtålig.

tide [taɪd] tidevann *n;* strøm *m;* retning *m.*

tidings [ˈtaɪdɪŋz] tidender; etterretninger; nytt.

tidy [ˈtaɪdɪ] nett; pen; rydde; ryddig.

tie [taɪ] bånd *n;* slips *n;* binde; knytte; forbinde; ~ **r** [tɪə] lag *n,* rad *m.*

tiger [ˈtaɪgə] tiger *m.*

tight [taɪt] tett; fast; stram; trang; gnien; pussa; ~ **en** stramme(s); spenne (belte); ~ **-rope walker** linedanser; ~ **s** strømpebukser.

tigress [ˈtaɪgrɪs] hunntiger *m.*

tile [taɪl] tegl(stein) *n (m);* takstein *m;* (golv)flis *m/f.*

till (inn)til; ~ **now** hittil; **not** ~ ikke før; først; pengeskuff *m;* dyrke; pløye opp; ~ **er** rorkult *m;* dyrker *m.*

tilt helling *m/f;* turnering *m/f;* vippe.

timber [ˈtɪmbə] tømmer *n;* ~ **-boom** lense.

time [taɪm] tid *m/f;* klokkeslett *n; mus* takt *m/f;* gang *m;* avpasse; ta tiden; beregne; **at** ~ **s** undertiden; **at the same** ~ samtidig; **by that** ~ innen den tid; **in** ~ i rett tid; i tide; **for the** ~ **being** foreløpig; inntil videre; **have a good** ~ ha det hyggelig (morsomt); ~ **-honoured** hevdvunnen; ~ **ly** som kommer i rett tid; ~ **-table** timeplan *m;* togtabell *m.*

timid [ˈtɪmɪd] engstelig; sky.

tin tinn *n;* blikkboks *m;* (hvit)-blikk *n;* fortinne; legge ned hermetisk.

tincture [ˈtɪŋktʃə] skjær *n;* anstrøk *n.*

tinder [ˈtɪndə] knusk.

tinge [tɪndʒ] fargeskjær *n;* anstrøk *n;* snev *m.*

tingle [ˈtɪŋgl] krible; suse.

tinkle [ˈtɪŋkl] klirre; single.

tin|man ['tɪnmən] blikkenslager *m;*
~ **-opener** bokseåpner *m.*

tint (farge)tone *m;* sjattering *m/f;*
farge; gi et anstrøk.

tiny ['taɪnɪ] ørliten.

tip spiss *m;* tipp *m;* tupp *m;* lett
slag; avfallsplass *m;* drikkepen-
ger; vink *n;* beslå (på spissen); slå
lett på; vippe; tippe; gi drikke-
penger *el* vink; ~ **-off** vink *n;*
~ **sy** pussa; beruset; (**on**) ~ **toe**
(på) tå.

tire ['taɪə] *amr* sykkel- *el* bildekk
n; gjøre *el* bli trett; ~ **d** trett;
~ **some** kjedelig.

tissue ['tɪsjuː] vev *n;* ~ (**paper**)
silkepapir *n.*

tit brystvorte *m/f.*

tit|bit godbit; ~ (**mouse**) ['tɪt(maʊs)]
meis *m.*

titillate ['tɪtɪleɪt] kile.

title ['taɪtl] tittel *m; jur* rett *m;*
skjøte *n;* titulere; ~ **d** adelig.

titter ['tɪtə] fnis(e) *m el n.*

titular ['tɪtjʊlə] titulær.

to [tʊ, tə] til; for; (for) å.

toad [təʊd] padde *m/f;* ~ **stool**
fluesopp *m;* ~ **y** spyttslikker *m;*
krype; smiske.

toast [təʊst] ristet brød *n;* skål(ta-
le *m) m;* riste; skåle; ~ **er** brødris-
ter *m.*

tobacco [tə'bækəʊ] tobakk *m;*
~ **nist** tobakkshandler *m.*

toboggan [tə'bɒgən] kjelke *m.*

today [tə'deɪ] i dag.

toddler ['tɒdlə] pjokk, smårolling
m.

toe [təʊ] tå *m/f;* spiss *m;* røre
med tåa.

toffee ['tɒfɪ] fløtekaramell *m.*

together [tə'geðə] sammen.

toil [tɔɪl] slit *n;* slite; streve.

toilet ['tɔɪlɪt] toalett *n;* antrekk *n;*
påkledning *m.*

token ['təʊkn] tegn *n;* merke *n;*
erindring *m.*

tolera|ble ['tɒlərəbl] tålelig; uthol-
delig; ~ **nce** toleranse *m;* ~ **nt** to-
lerant; ~ **te** tåle; finne seg i; tole-
rere; ~ **tion** toleranse *m.*

toll [təʊl] vei-, bropenger; ringe;
klemte; ~ **call** rikstelefonsamtale
m; ~ **gate, plaza** bomstasjon *m.*

tomato [tə'mɑːtəʊ] *pl* ~ **es** tomat *m.*

tomb [tuːm] grav(mæle) *m (n);*
~ **stone** gravstein *m.*

tomboy ['tɒmbɔɪ] galneheie *f;* vilter
jente *f.*

tomcat ['tɒmkæt] hannkatt *m.*

tome [təʊm] bind *n* (av bok).

tomorrow [tə'mɒrəʊ] i morgen.

Tom Thumb Tommeliten.

ton [tɒn] tonn *n.*

tone [təʊn] tone *m;* klang *m;* tone-
(fall *n).*

tongs [tɒŋz] *pl* (**a pair of**) ~ (en)
tang *m.*

tongue [tʌŋ] tunge *m/f;* språk *n;*
bruke munn på; pløse (i sko).

tonic ['tɒnɪk] styrkende (middel).

tonight [tə'naɪt] i aften; i natt.

tonnage ['tʌnɪdʒ] tonnasje *m.*

tonsil ['tɒnsl] *anat* mandel *m.*

too [tuː] også; (alt)for.

tool [tuːl] verktøy *n;* redskap *n;*
~ **-kit** verktøykasse *f.*

tooth [tuːθ] *pl* **teeth** tann *m/f;*
~ **ache** tannpine *m;* ~ **-brush**
tannbørste *m;* ~ **-paste** tannkrem.

top [tɒp] topp *m;* øverste del;
overside *m;* spiss *m;* mers *n;* snur-
rebass *m;* øverst; prima; rage
opp; være fremherskende; over-
gå; toppe; ~ **-hat** flosshatt *m.*

topic ['tɒpɪk] emne *n;* tema *n;* ~ **al**
aktuell.

topmost høyest; øverst.

topple [tɒpl] styrte, vippe av pin-
nen.

torch [tɔːtʃ] fakkel *m;* (**electric**) ~
lommelykt *m/f.*

torment ['tɔːmənt] kval *m;* pinsel
m; [tɔːˈ-] pine; plage.

torpid ['tɔːpɪd] sløv; treg.

torrent ['tɒrənt] strøm *m;* striregn
n.

torrid ['tɒrɪd] brennende het.

torsion ['tɔːʃən] vridning *m.*

tortoise ['tɔːtəs] skilpadde *m/f.*

tortuous ['tɔːtjʊəs] kroket; buktet.

torture ['tɔːtʃə] tortur(ere) *m.*

toss [tɒs] kast(e) *n.*

total ['təʊtl] hel; total; samlet sum
m; ~ **up to** beløpe seg til; ~ **ita-
rian** totalitær; ~ **ity** [təʊ'tælɪtɪ]
helhet *m.*

totter ['tɒtə] vakle; stavre.

touch [tʌtʃ] (be)røre; ta på; føle
på; ~ **up** friske opp; berøring
m; anstrøk *n;* **get in(to)** ~ **with**
komme i forbindelse med; ~ **ing**
rørende; angående; ~**y** pirrelig;
nærtagende.

tough [tʌf] seig; vanskelig; vrien;
barsk; tøff; ~ **ness** seighet *m.*

tour [tʊə] (rund)reise *m;* tur *m;*
turné *m;* reise (omkring).

tourist ['tʊərɪst] turist *m;* ~ **agen-
cy,** ~ **office** *amr* ~ **bureau** reise-
byrå *n.*

tournament ['tʊənəment] turnering
m/f.

tow [təʊ] buksering *m;* stry *n;* sle-
pe; buksere.

toward(s) [təˈwɔːd(z)] mot; i ret-
ning av; (hen)imot.

towel ['taʊəl] håndkle *n.*

tower ['taʊə] tårn *n;* heve seg;
kneise; ~ **ing** tårnhøy.

town [taʊn] by *m;* ~ **council** bysty-
re *n;* ~ **hall** rådhus *n;* ~ **planning**
byplanlegging; ~ **ship** kommune
m; ~ **sman** bysbarn.

toxic ['tɒksɪk] giftig; ~ **chemicals**
giftige kjemikalier.

toy [tɔɪ] leketøy *n.*

trace [treɪs] spor *n;* merke *n;* (et-
ter)spore; oppspore; streke opp;
~ **able** påviselig.

track [træk] spor *n;* far *n;* fotspor
n; vei *m;* sti *m;* jernbanelinje
m/f; sport bane *m;* (etter)spore;
~ **-and-field** friidrett *m;* ~ **shoes**
joggesko *m/f.*

tract [trækt] trakt.

traction ['trækʃn] trekking *m/f;*
trekk *n;* ~ **tor** traktor *m.*

trade [treɪd] handel *m;* bransje
m; næring *m/f;* håndverk *n;*
(frakt)fart *m;* handle; ~**-mark**
varemerke *n;* fabrikkmerke *n;*
~ **r** næringsdrivende *m;* handels-
skip *n;* ~**(s) union** fagforening
m; ~ **wind** passat.

tradition [trəˈdɪʃn] overlevering
m/f; tradisjon *m;* ~ **al** tradisjo-
nell.

traffic ['træfɪk] trafikk *m;* ferdsel
m; handel *m;* trafikkere; handle;
~ **ator** retningsviser (bil); ~ **jam**
trafikkkaos *n;* ~ **ker** narkotika-

handler *m;* ~ **king** narkotikaom-
setning *m.*

tragedy ['trædʒɪdɪ] tragedie *m;*
~ **ic(al)** tragisk.

trail [treɪl] slep *n;* hale *m;* løype
f; vei *m;* spor *n;* slepe; (opp)spo-
re; ~ **er** (bil)tilhenger *m;* ~ **ing
line** dorg *m/f.*

train [treɪn] tog *n;* slep *n;* rekke
m/f; rad *m;* følge *n;* opptog *n;*
utdanne (seg); trene; ~ **ee** [treɪˈniː]
læregutt *m;* ~ **ing suit** trenings-
drakt.

trait [treɪt] (karakter- *el* ansikts-)-
trekk *n;* ~ **or** forræder *m;* ~ **orous**
forrædersk.

tram(-car) [træm(kɑː)] sporvogn
m/f; trikk *m.*

tramp [træmp] fottur *m;* trampbåt
m; landstryker *m;* ludder *n;*
trampe; vandre; traske; ~ **le** tråk-
ke; ~ **trade** trampfart.

tramway ['træmweɪ] sporvei *m;*
trikk *m.*

trance [trɑːns] transe.

tranquil ['træŋkwɪl] rolig; ~ **lity** ro,
stillhet *m.*

transact [trænˈzækt] utføre; ~ **ion**
forretning *m.*

transcend [trænˈsend] overgå; over-
skride; ~ **cribe** skrive om; tran-
skribere; *mus* utsette; ~ **cript**
['trænskrɪpt] gjenpart *m;* kopi *m;*
~ **cription** [trɑːnˈskrɪpʃn, træn-]
mus utsettelse *m.*

transfer ['trænsfɜː] overføring *m/f;*
forflytting *m/f;* [-ˈfɜː] overføre;
forflytte; ~ **able** som kan overfø-
res; ~ **ence** ['træns-] overføring
m/f.

transform [trænsˈfɔːm] omdanne;
omforme; forvandle; ~ **ation** om-
forming *m/f;* forvandling *m/f.*

transfuse [trænsˈfjuːz] inngyte;
overføre (blod); ~ **gress** overskri-
de, overtre; ~ **gression** overskri-
delse, overtredelse *m.*

transit ['trænzɪt] transitt *m;* gjen-
nomgang *m,* -reise *m/f;* ~ **ion**
[-ˈzɪʃn] overgang *m.*

translate [trænsˈleɪt] oversette;
~ **ion** oversettelse *m;* ~ **or** over-
setter *m.*

transmission [trænzˈmɪʃn] *tekn, fys,*

rad overføring *m/f;* ~ **ssion line** overføringslinje *m/f;* ~ **t** oversende; overføre.

trans|parent [træns'peərənt] gjennomsiktig; ~ **pire** svette; sive ut; ~ **plantation** omplanting *m/f;* transplantasjon *m;* ~ **planting** omplanting *m/f;* ~ **port** ['trænspɔ:t] befordring *m/f;* transport *m; fig* henrykkelse *m;* [-'pɔ:t] befordre; transportere; ~ **ship** omlaste; ~ **shipment** omlasting *m/f.*

trap [træp] felle *m/f;* ~ **s** greier; fange i felle; besnære; ~ **door** (fall)lem *m;* luke *m/f.*

trapez|e [trə'pi:z] trapés; ~ **ium** *mat* trapés.

trapper ['træpə] pelsjeger *m.*

trash [træʃ] skrap *n;* sludder *n;* ~ **y** verdiløs; unyttig.

travail ['træveil] slit *n;* fødselsveer.

travel ['trævl] reise (i); være på reise; reise *m/f;* ~ **ler** reisende *m;* passasjer *m;* ~ **ler's cheque** reisesjekk *m.*

trawl [trɔ:l] trål(e) *m.*

tray [trei] brett *n;* bakke *m.*

treacher|ous ['tretʃərəs] forrædersk; ~ **y** forræderi *n.*

treacle ['tri:kl] sirup (mørk) *m.*

tread [tred] tre; tråkke; trinn *n;* gange *m;* ~ **le** pedal *m;* ~ **mill** tredemølle.

treason ['tri:zn] (høy)forræderi *n.*

treasur|e ['treʒə] skatt *m;* klenodie *n;* gjemme (på); verdsette; ~ **er** kasserer *m;* skattmester *m;* ~ **y** skattkammer *n;* (hoved)kasse *m/f;* statskassen *m.*

treat [tri:t] behandle; traktere; spandere; traktement *n;* nytelse *m;* ~ **with** underhandle med; ~ **ise** ['tri:tiz] avhandling *m/f;* ~ **ment** behandling *m/f;* ~ **y** traktat *m;* **Treaty of Rome** Romatraktaten.

treble ['trebl] tredobbelt; diskant.

tree [tri:] tre *n;* ~ **line** tregrense.

trefoil ['tri:fɔil] trekløver.

trellis espalier *m.*

tremble ['trembl] skjelve.

tremendous [tri'mendəs] veldig; skrekkelig.

tremor ['tremə] rystelse *m.*

trench [trentʃ] grøft *f;* skyttergrav *m;* grave; grøfte; ~ **ant** skarp; bitende; ~ **-coat** vanntett ytterfrakk *m.*

trend retning *m/f;* tendens *m;* strekke seg.

trespass ['trespəs] gå *el* trenge seg inn på annenmanns eiendom; ~ **er** uvedkommende.

tress lokk *m;* flette *m/f.*

triad ['traiəd] treklang.

trial ['traiəl] prøve(lse) *m;* forsøk *n;* rettergang *m;* sak *m/f;* **on** ~ på prøve; for retten; ~ **-and-error** prøving og feiling.

triang|le ['traiæŋgl] trekant *m;* ~ **ular** trekantet.

tribe [traib] stamme *m;* slekt *m;* flokk *m,* skare *m.*

tributary ['tribjutəri] bielv

trick [trik] knep *n;* kunststykke *n;* lure; ~ **out** spjåke til.

trickle ['trikl] risle; piple.

trick(s)y ['trik(s)i] lur; kinkig.

tricot ['trikəu] trikot.

tricycle ['traisikl] trehjulssykkel.

trifl|e ['traifl] bagatell *m;* tøve; ~ **ing** ubetydelig; tøvet.

trigger ['trigə] avtrekker *m* (på skytevåpen).

trigonometry [trigə'nɔmitri] trigonometri *m.*

trill [tril] trille; slå triller.

trim nett; fiks; velordnet; trimme; bringe i orden; klippe; stusse; orden *m;* stand *m;* pynt *m;* ~ **mings** besetning *m;* pynt *m.*

Trinity ['triniti] treenighet *m.*

trinket ['triŋkit] smykke *n.*

trip utflukt *m;* tur *m;* kortere reise; trippe; snuble.

tripe [traip] innmat *m;* vrøvl *n;* ~ **s** innvoller.

triple ['tripl] tredobbelt; ~ **t(s)** trilling(er).

trite [trait] forslitt; banal.

triumph ['traiəmf] triumf *m;* triumfere (**over** over); ~ **al arch** triumfbue; ~ **ant** [-'ʌmf-] triumferende.

trivial ['triviəl] hverdagslig; triviell; ubetydelig.

trolley ['trɒlɪ] tralle *m/f;* ~ **(bus)** trolleybuss *m.*

trombone [trɒm'bəʊn] basun *m.*

troop [tru:p] tropp *m;* flokk *m; pl* tropper; samle seg; marsjere.

trophy ['trəʊfɪ] trofé *n;* seierstegn *n.*

tropic ['trɒpɪk] vendekrets *m;* ~ **al** tropisk; **the** ~ **s** tropene.

trot [trɒt] trav(e) *n;* ~ **ter** travhest *m;* ~ **ting track** travbane.

troubadour ['tru:bədʊə] trubadur.

trouble ['trʌbl] vanskelighet *m;* ubehagelighet *m;* ugreie *f;* besvær *n;* plage *m;* bry *n;* uleilighet *m;* røre i (vann); forstyrre; forurolige; bry; plage; besvære; ~ **some** besværlig; brysom; plagsom.

trough [trɒf] trau *n.*

trousers ['traʊzəz] bukser.

trousseau ['tru:səʊ] brudeutstyr *n.*

trout [traʊt] aure *m,* ørret *m.*

truant ['tru:ənt] skulker *m.*

truce [tru:s] våpenstillstand *m.*

truck [trʌk] tralle *m/f;* transportvogn *m;* godsvogn *m; amr* lastebil *m;* tuskhandel *m;* frakte med godsvogn *el* lastebil.

trudge [trʌdʒ] traske.

true [tru:] sann; tro(fast); riktig; ekte; **come** ~ gå i oppfyllelse; **be** ~ **of** være tilfelle med.

truffle ['trʌfl] trøffel *m.*

truly ['tru:lɪ] i sannhet; oppriktig; **yours** ~ ærbødigst (foran underskriften i et brev).

trump [trʌmp] trumf(e) *m;* ~ **up** dikte opp.

trumpet ['trʌmpɪt] trompet *m;* støte i trompet; utbasunere.

trunk [trʌŋk] (tre)stamme *m;* kropp *m;* hoveddel *m;* snabel *m;* (stor) koffert *m;* ~ **call** rikstelefonsamtale *m;* ~ **dialling** fjernvalg *n;* ~ **line** hovedlinje *m/f;* ~ **s** turn-, badebukser.

trust [trʌst] tillit *m* (**in** til); betrodde midler; **on** ~ på kreditt; **in** ~ til forvaring; *merk* trust; stole på; ~ **ee** tillitsmann *m,* verge *m;* ~ **ful,** ~ **ing** tillitsfull.

trustworth|iness ['trʌstwɜ:ðɪnɪs] pålitelighet *m;* ~ **y** pålitelig.

truth [tru:θ] sannhet *m;* ~ **ful** sannferdig.

try [traɪ] forsøke; undersøke; prøve; sette på prøve; anstrenge; røyne på; ~ **on** prøve på (seg klær); ~ **ing** anstrengende; vanskelig; ubehagelig.

tub [tʌb] balje *f;* kar *n;* **(bath)** ~ badekar *n.*

tube [tju:b] rør *n;* munnstykke *n; amr* (radio)rør *n;* tube *m;* undergrunnsbanen (i London); ~ **r** *bot* knoll *m.*

tubercu|losis [tjʊ(:)bɜ:kju:'ləʊsɪs] tuberkulose; ~ **lous** tuberkuløs.

TUC (The Trades Union Congress) Landsorganisasjonen (i England).

tuck [tʌk] legg *n* (på klær); sy i legg; stikke, folde (**in** inn); ~ **up** brette opp.

Tuesday ['tju:zdɪ] tirsdag *m.*

tuft [tʌft] kvast *m.*

tug [tʌg] slepebåt *m* (ogs. ~ **boat);** slepe, taue; hale; ~ **-of-war** tautrekking *m/f,* nappetak *n.*

tuition [tjʊ(:)'ɪʃn] undervisning *m/f;* betaling for undervisning.

tulip ['tju:lɪp] tulipan *m;* ~ **bulb** tulipanløk.

tumble ['tʌmbl] tumle; rulle; ramle ned; ~ **down** falleferdig; ~ **drier** tørketrommel *m;* ~ **r** øl- *el* vannglass *n;* akrobat *m.*

tumour ['tju:mə] svulst *m.*

tumult ['tju:mʌlt] tumult *m;* forvirring *m/f;* tummel *m;* ~ **uous** [-'mʌl-] stormende; urolig.

tuna ['tju:nə] tunfisk *m.*

tune [tju:n] melodi *m; mus* harmoni *m;* stemme; **out of** ~ ustemt; ~ **in (to)** *rad* stille inn (på).

tunny ['tʌnɪ] størje *m/f.*

turbine ['tɜ:bɪn] turbin.

turbot ['tɜ:bət] piggvar *m.*

turbulent ['tɜ:bjʊlənt] urolig; opprørt; stormende.

tureen [tjʊ'ri:n] terrin *m.*

turf [tɜ:f] grastorv *m/f;* veddeløpsbane *m.*

Turkey ['tɜ:kɪ] Tyrkia; **turkey** kalkun *m.*

Turkish ['tɜ:kɪʃ] tyrkisk.

turmoil ['tɜ:mɒɪl] bråke; uro *m/f.*

turn [tɜ:n] dreie (rundt); vende;

snu; svinge; omvende; forandre (seg) **(into** til); vende noen bort **(from** fra); bøye av; bli; surne; skilles; ~ **a corner** dreie om hjørnet; ~ **down** *dt* avslå; ~ **off, on** skru av, på (vannkran osv.); ~ **out** kaste, vise ut; vise seg å være; frembringe; produsere (varer); ~ **to** ta fatt på; ~ **up** vende opp; skru opp; vise seg uventet; omdreining *m;* krumning *m;* vending *m/f;* omslag *n;* omskifting *m/f;* forandring *m/f;* tur *m,* slag *n;* tur *m,* omgang *m* **(by** ~ **s** skiftevis); **do somebody a good** ~ gjøre noen en tjeneste; **it is my** ~ det er min tur; ~ **ing-point** vendepunkt *n.*

turnip ['tɜ:nɪp] turnips *m.*

turn|out ['tɜ:n'aʊt] utstyr *n;* kjøregreier; streik *m;* fremmøte *n;* (netto) produksjon *m;* ~ **over** omsetning *m;* ~ **pike** veibom *m;* ~ **pike(-road)** *amr* avgiftsbelagt motorvei *m;* ~ **stile** telleapparat; ~ **-up** oppbrett *n.*

turpentine ['tɜ:pəntaɪn] terpentin.

turret ['tʌrɪt] *mar* tårn.

turtle ['tɜ:tl] skilpadde *m/f;* turteldue *m/f.*

tusk [tʌsk] støttann *m/f.*

tutor ['tju:tə] (hus)lærer *m;* studieleder *m.*

tuxedo [tʌk'si:dəʊ] *amr* smoking *m.*

twaddler ['twɒdlə] vrøvlebøtte *f.*

tweezers ['twi:zəz] pinsett *m.*

twelfth [twelfθ] tolvte.

twelve [twelv] tolv; ~ **fold** tolvdobbelt.

twentieth ['twentɪɪθ] tyvende.

twenty ['twentɪ] tyve; ~ **fold** tyvedobbelt.

twice [twaɪs] to ganger.

twig kvist *m;* ~ **gy** grenet; mager.

twilight ['twaɪlaɪt] tussmørke *n;* grålysning *m/f;* skumring *m/f.*

twin tvilling *m;* dobbelt-.

twine [twaɪn] snoing *m/f;* hyssing *m;* sno; tvinne.

twinkle ['twɪŋkl] blinke; glitre; funkle.

twirl [twɜ:l] virvle; snurre.

twist vridning *m/f;* omdreining *m/f;* tvist *m;* vri; sno; tvinne.

twitch [twɪtʃ] napp(e) *n;* rykk(e) *n.*

twitter ['twɪtə] kvitter *n;* kvitre.

two [tu:] to; ~ **fold** dobbelt; ~ **pence** ['tʌpəns] to pence.

type [taɪp] type *m;* forbilde *n;* mønster *n;* preg *n;* sats *m;* skrive på maskin; ~ **writer** skrivemaskin *m.*

typhoid fever ['taɪfɔɪd -] nervefeber, tyfus *m.*

typhoon [taɪ'fu:n] tyfon *m.*

typical ['tɪpɪkl] typisk **(of** for).

typist ['taɪpɪst] maskinskriver(ske) *m.*

typographer [taɪ'pɒgrəfə] typograf.

tyran|nize ['tɪrənaɪz] tyrannisere; ~ **ny** tyranni *n;* ~ **t** ['taɪrənt] tyrann *m.*

tyre [taɪə] bil- *el* sykkeldekk *n.*

U

ubiquitous [jʊ'bɪkwɪtəs] allestedsnærværende.

udder ['ʌdə] jur *n.*

ugl|iness ['ʌglɪnɪs] stygghet *m;* ~ **y** stygg, heslig.

U. K. = United Kingdom.

ulcer ['ʌlsə] sår *n;* **(gastric)** ~ magesår *n.*

ultimate ['ʌltɪmɪt] sist; endelig.

ultraviolet [ʌltrə'vaɪəlɪt] ultrafiolett.

umbrella [ʌm'brelə] paraply *m.*

umpire ['ʌmpaɪə] oppmann *m;* dommer *m (sport).*

UN FN.

un|able ['ʌn'eɪbl] ute av stand **(to** til); ~ **abridged** uforkortet; ~ **accented** [ʌnæk'sentɪd] ubetont; ~ **acceptable** uantagelig.

unaccustomed [ʌnə'kʌstəmd] uvant; ~ **to** ikke vant til.

un|acquainted [ʌnə'kweɪntɪd] ukjent; ~ **affected** uberørt; enkel; naturlig; ~ **alterable** uforander-

lig; ~ **altered** uforandret; ~ **amiable** uelskverdig.
unanim|ity [ju:nə'nımıtı] enstemmighet *m;* ~ **ous** [ju'nænıməs] enstemmig.
un|announced uanmeldt; ~ **answerable** [ʌn'ɑ:nsərəbl] som ikke kan besvares; ugjendrivelig; ~ **answered** ubesvart; ~ **appetizing** uappetittlig; ~ **armed** ubevæpnet; ~ **asked** ubedt; ~ **assuming** beskjeden; ~ **attainable** uoppnåelig; ~ **attended** forlatt; ~ **available** utilgjengelig; ikke for hånden; ~ **avoidable** uunngåelig.
unaware ['ʌnə'weə] uvitende **(of** om); ~ **s** uforvarende.
un|balanced ['ʌn'bælənst] ubalansert; ulikevektig; ~ **bar** åpne; ~ **bearable** uutholdelig; ~ **beaten** ubeseiret; ~ **becoming** ukledelig; ~ **believable** utrolig; ~ **believing** vantro; ~ **bend** slappe av; tø opp; ~ **bias(s)ed** fordomsfri; ~ **bidden** ubuden; ~ **bind** løse; ~ **bolt** åpne; ~ **bound** ubundet; ~ **bridled** tøylesløs.
un|broken ['ʌn'brəʊkn] ubrutt; ~ **burden** lesse av; lette **(of** for); ~ **button** knappe opp; ~ **canniness** uhygge *m;* ~ **canny** [ʌn'kænı] nifs, uhyggelig; ~ **ceasing** uopphørlig; ~ **certain** usikker; ~ **certainty** usikkerhet *m;* ~ **challenged** upåtalt; ~ **checked** uhindret; ~ **civilized** usivilisert.
uncle ['ʌŋkl] onkel *m.*
un|cleanly urenslig; ~ **comfortable** [ʌn'kʌmfətəbl] ubehagelig; ubekvem; ~ **common** usedvanlig; ~ **concerned** ubekymret; uinteressert; ~ **conditional** ubetinget; ~ **conquered** ubeseiret; ~ **conscious** bevisstløs; ubevisst; ~ **consecrated** uinnvidd (jord).
un|contested ['ʌnkɒn'testıd] ubestridt; ~ **contradicted** uimotsagt; ~ **controllable** ubehersket; ~ **convinced** ikke overbevist; ~ **corrupted** ufordervet; ~ **couple** kople fra; ~ **cover** avdekke; ~ **cultivated** udyrket; ~ **customed** ufortollet; ~ **cut** uoppskåret; ~ **damaged** uskadd; ~ **daunted** ['ʌn'dɔ:ntıd]

uforferdet; ~ **decided** uavgjort; ubestemt; ~ **defined** ubestemt; ~ **democratic** udemokratisk; ~ **deniable** unektelig.
under ['ʌndə] under; nede; nedenfor; underordnet; under-; ~ **bid** underby; ~ **clothing** undertøy *n;* ~ **cut** underselge; presse prisnivået; rykke grunnen bort under; ~ **developed** underutviklet; ~ **done** halvrå; ~ **estimate** undervurdere; ~ **expose** *fotogr* undereksponere; ~ **fed** underernært; ~ **go** gjennomgå; ~ **graduate** student *m;* ~ **ground (railway)** undergrunnsbane *m;* ~ **line** understreke; ~ **mine** underminere; ~ **most** underst; ~ **neath** under; ~ **nourishment** underernæring *m/f;* ~ **pay** underbetale; ~ **rate** undervurdere; ~ **rating** undervurdering *m/f;* ~ **sign** undertegne; ~ **sized** under gjennomsnittsstørrelse; ~ **skirt** underskjørt *n;* ~ **stand** forstå; oppfatte; erfare; høre; ~ **statement** for svakt uttrykk *n;* ~ **take** foreta; påta seg; **(firm of)** ~ **takers** begravelsesbyrå; ~ **taking** foretakende *n;* ~ **value** undervurdere; ~ **wear** undertøy *n;* ~ **weight** undervekt *m/f;* ~ **world** underverden *m.*
un|deserved ['ʌndı'z3:vd] ufortjent; ~ **desirable** uønsket; brysom; plagsom; ~ **developed** uutviklet; ~ **digested** ufordøyet; ~ **diminished** uforminsket; ~ **disguised** åpenlys; ~ **disturbed** uforstyrret; ~ **divided** udelt; ~ **do** knytte opp; omgjøre, ødelegge; ~ **doubted(ly)** utvilsom(t); ~ **dress** kle av (seg); ~ **due** utilbørlig; ~ **dying** uforgjengelig; ~ **earth** grave fram, grave ut; ~ **earthly** overnaturlig; overjordisk; ~ **easy** urolig; engstelig; ~ **eatable** uspiselig; ~ **economic** uøkonomisk; ~ **economical** udryg, uøkonomisk; ~ **educated** uutdannet; ~ **employed** arbeidsløs; ~ **employment** [-ım'plɔımənt] arbeidsløshet *m.*
un|equal ['ʌn'i:kwəl] ulik; ~ **equivocal** utvetydig, klar; ~ **essential** uvesentlig; ~ **even** ujevn; ~ **ex-**

pected uventet; ~ **explored** ikke utforsket; ~ **fading** ekte (farge); ~ **failing** ufeilbar; ~ **fair** urimelig; urettferdig; ~ **faithful** utro; ~ **faithfulness** utroskap *n;* ~ **fashionable** umoderne; ~ **fasten** løse; åpne; ~ **fathomable** ['ʌn'fæðəməbl] uutgrunnelig; ~ **favourable** ugunstig; ~ **feeling** ufølsom; ~ **finished** uferdig; ~ **fit** uskikket; ~ **fold** utfolde (seg); ~ **foreseen** ikke forutsett; ~ **forgettable** uforglemmelig; ~ **fortified** ubefestet; ~ **fortunate** beklagelig; uheldig; ~ **fortunately** dessverre; ~ **founded** ugrunnet; ~ **free** ufri; ~ **furnished** umøblert; ~ **gainly** klosset; ~ **grateful** utakknemlig; ~ **guarded** ubevoktet; ~ **handy** uhåndterlig; ~ **happy** ulykkelig; ~ **healthy** usunn; ~ **heard (of)** uhørt; ~ **hook** ta av kroken; hekte opp; ~ **hurt** u-skadd.

uni|fication [ju:nɪfɪ'keɪʃən] gjenforening *m/f;* ~ **form** ['ju:nɪfɔ:m] ensartet; uniformere; uniform *m/f;* ~ **fy** ['ju:nɪfaɪ] forene.

un|imaginative ['ʌnɪ'mædʒɪnətɪv] fantasiløs; ~ **impaired** usvekket; ~ **influenced** ikke påvirket; ~ **inhabitable** ubeboelig; ~ **inhabited** ['ʌnɪn'hæbɪtɪd] ubebodd; ~ **initiated** uinnvidd (i hemmelighet); ~ **injured** uskadd; ~ **insured** ikke assurert; ~ **intelligent** uintelligent; ~ **intelligible** uforståelig; ~ **intentional** utilsiktet; ~ **invited** ubedt.

union ['ju:njən] forening *m/f*, lag *n;* enighet *m;* union *m;* ekteskap(elig forbindelse) *n;* rørkobling *m/f;* **(trade)** ~ fagforening *m/f.*

unique [ju'ni:k] enestående.

unit ['ju:nɪt] enhet *m;* ~ **e** [ju'naɪt] forene (seg); **the United Kingdom** kongeriket Storbritannia og (Nord-)Irland; **the United States (of America)** De forente stater; ~ **y** ['jʊnɪtɪ] enhet *m;* enighet *m.*

univers|al [ju:nɪ'vɜ:səl] universell; altomfattende; verdens-; alminnelig; ~ **ality** [-'sæl-] altomfatten-

de karakter *m;* ~ **e** univers *n;* verden *m;* ~ **ity** universitet *n.*

un|just ['ʌn'dʒʌst] urettferdig; ~ **kempt** ['ʌn'kem(p)t] uflidd; ~ **kind** uvennlig; ~ **known** ukjent; ~ **lace** snøre opp; ~ **lawful** ulovlig.

unleaded [ʌn'ledɪd] blyfri.

unless [ən'les, ʌn'-] med mindre; hvis ikke.

un|like ['ʌn'laɪk] ulik; motsatt; ~ **likelihood** usannsynlighet *m;* ~ **likely** usannsynlig; ~ **limited** ubegrenset; ~ **load** losse; lesse av; ~ **lock** låse opp; ~ **lucky** uheldig; ~ **manageable** umedgjørlig; ~ **manly** umandig; ~ **married** ugift; ~ **matched** uovertruffet; ~ **mentionable** unevnelig; ~ **merciful** nådeløs; ~ **mindful** glemsom; uten tanke **(of** på); ~ **mistakable** umiskjennelig; ~ **mitigated** absolutt; ren(dyrket); ~ **mixed** ublandet.

unmoved ['ʌn'mu:vd] uberørt; uanfektet.

un|natural [ʌn'nætʃrəl] unaturlig; ~ **navigable** ufarbar; ~ **necessary** unødvendig; ~ **noticed** ubemerket; ~ **obtrusive** beskjeden; ~ **organized** uorganisert; ~ **original** uselvstendig (om arb.).

un|pack ['ʌn'pæk] pakke ut; ~ **paid** ubetalt; ~ **painted** usminket; ~ **palatable** usmakelig; ~ **paralleled** uten sidestykke *n;* ~ **pardonable** utilgivelig; ~ **pleasant** ubehagelig; ~ **popularity** upopularitet *m;* ~ **practical** upraktisk; ~ **precedented** uhørt; enestående; ~ **prejudiced** fordomsfri; ~ **prepared** uforberedt; ~ **pretentious** beskjeden; ~ **principled** prinsippløs; ~ **profitable** ulønnsom; ~ **promising** lite lovende; ~ **provided for** uforsørget; ~ **punished** ustraffet; ~ **qualified** uskikket; absolutt; ubetinget; ~ **questionable** ubestridelig; utvilsom; ~ **ravel** løse (opp); greie ut; ~ **reasonable** urimelig; ufornuftig; ~ **recognizable** ukjennelig; ~ **redeemed** uinnfridd, uinnløst; ~ **refined** uraffinert; udannet;

~**reliable** upålitelig; ~**remitting** uopphørlig; ~**reserved** uforbeholden; ~**restrained** ubehersket; ubundet; ~**rewarded** ubelønnet; ~**ripe** umoden; ~**rivalled** uten like; uforlignelig; ~**ruly** ustyrlig; ~**safe** utrygg; upålitelig; ~**safeness** usikkerhet *m;* ~**sal(e)able** ukurant (varer); ~**satisfactory** utilfredsstillende; ~**savoury** usmakelig; ~**scientific** uvitenskapelig; ~**screw** skru løs; ~**scrupulous** hensynsløs; samvittighetsløs; ~**seen** usett; ~**selfish** uselvisk.

unsettle [ˈʌnˈsetl] rokke ved; bringe ut av fatning; ~**d** ustadig, usikker; ubetalt; ikke bebodd.

un|shaken [ˈʌnˈʃeɪkn] urokket; ~**shaven** ubarbert; ~**sheltered** værhard.

unshrink|able [ˈʌnˈʃrɪŋkəbl] krympefri; ~**ing** uforferdet.

un|sightly [ʌnˈsaɪtlɪ] stygg; heslig; ~**skilled** ikke faglært; ~**sociable** uselskapelig; ~**solvable** uløselig; ~**sophisticated** enkel, naturlig; ~**sound** usunn; sykelig; bedervet; skadd; ~**sparing** gavmild; streng; ~**speakable** usigelig; ~**spent** ubrukt; ~**spoiled** ufordervet; ~**stable** usikker; ustø; ~**stained** uplettet; ~**stamped** ufrankert; ~**steadiness** ustadighet *m;* ~**steady** ustø; usikker; ~**stitch** sprette opp; ~**suitable** upassende; ~**surpassed** uovertruffen; ~**suspecting** troskyldig; ~**tenable** uholdbar; ~**thinkable** utenkelig; ~**tidy** uordentlig; ~**tie** knytte opp.

until [ʌnˈtɪl] (inn)til.

un|timely [ˈʌnˈtaɪmlɪ] ubeleilig; for tidlig; brått; ~**tiring** utrettelig; ~**touched** uberørt; ~**travelled** ikke bereist; ~**tried** uforsøkt; ~**true** usann; utro; ~**truth** usannhet *m;* ~**truthful** usannferdig; ~**usual** usedvanlig; ~**used** ubenyttet; ~**utterable** usigelig; ~**varied** uforanderlig; ~**veil** avsløre; ~**warranted** uberettiget; ~**well** uvel; ~**wieldy** besværlig; ~**willing** uvillig; ~**wise** uklok; ~**wittingly** uforvarende;

~**worthy** uverdig; ~**wrap** pakke ut; ~**written** uskrevet.

up [ʌp] oppe; opp; oppover; opp i; oppe på; **the sun is** ~ solen har stått opp; **time is** ~ tiden er utløpt, omme; **be hard** ~ ha det vanskelig (økonomisk); ~ **to** inntil; **it's** ~ **to me to do** det er min sak å gjøre; **what's** ~? hva er på ferde?; **it's all** ~ **with him** det er ute med ham; ~ **the ante** *v* høyne innsatsen.

up|braid [ʊpˈbreɪd] bebreide; ~**bringing** oppdragelse *m;* ~**date** oppdatere; ~**heaval** omveltning *m/f;* ~**hill** oppover bakke; ~**hold** vedlikeholde; støtte.

upholster [ʌpˈhəʊlstə] stoppe; polstre; trekke; ~**er** salmaker *m.*

upkeep [ˈʌpkiːp] vedlikehold *n.*

upon [əˈpɒn] (op)på.

upper [ˈʌpə] øvre; høyere; ~**most** øverst; ~**s** overlær *n;* tøygamasjer.

upright [ˈʌpraɪt] opprettstående; rettskaffen.

uproar [ˈʌprɔː] oppstyr *n.*

upset [ʌpˈset] velte; kantre; bringe ut av fatning *m.*

upshot [ˈʌpʃɒt] resultat *n.*

upside [ˈʌpsaɪd]: ~ **down** opp ned; endevendt.

upstairs [ˈʌpˈsteəz] ovenpå.

upstart [ˈʌpstɑːt] oppkomling *m.*

up|surge [ʌpˈsɜːdʒ]; ~**swing** [ˈʌpswɪŋ] oppsving *n.*

up-to-date [ˈʌptəˈdeɪt] à jour; moderne.

upward [ˈʌpwəd] oppover.

uranium [jʊˈreɪnɪəm] uran *n;* ~**enriched** anriket uran.

urchin [ˈɔːtʃɪn] sjøpinnsvin *n;* (gate)gutt *m.*

urge [ɜːdʒ] drive; tilskynde; anbefale; be inntrengende; betone sterkt; ~**ncy** press *n;* tvingende nødvendighet *m;* ~**nt** påtrengende nødvendig; presserende; som haster.

urin|al [ˈjʊərɪnəl] pissoar *n;* ~**ate** pisse, urinere; ~**e** [ˈjʊərɪn] urin *m.*

urn [ɜːn] urne *m/f.*

us [ʌs] oss.

U.S.(A.) = **United States (of America)**.

usable [ˈjuːzəbl] brukbar.

usage [ˈjuːzɪdʒ] skikk og bruk; sedvane *m;* språkbruk *m;* behandling *m/f.*

use [juːs] bruk *m;* anvendelse *m;* skikk *m;* øvelse *m;* vane *m;* nytte *m/f;* [juːz] bruke; benytte; behandle; **he ~ d to do** han pleide å gjøre; **~ d to** vant til; **~ ful** nyttig; brukbar; **~ less** unyttig; ubrukbar.

usher [ˈʌʃə] dørvakt *m;* rettstjener *m;* føre inn; **~ in** innlede; innvarsle.

usual [ˈjuːʒʊəl] vanlig.

usurer [ˈjuːʒərə] ågerkar; **~ y** [ˈjuːʒʊrɪ], åger *m.*

usurp [juˈzɜːp] tilrive seg.

utensil [juˈtensɪl] redskap *n;* (kjøkken)utstyr *n.*

uterus [ˈjuːtərəs] livmor.

utili|ty [juˈtɪlɪtɪ] nytte *m/f;* **~ zation** [juːtɪlaɪˈzeɪʃn] utnyttelse *m;* **~ ze** [ˈjuːtɪlaɪz] bruke; nyttiggjøre (seg); utnytte.

utmost [ˈʌtməʊst] ytterst.

utter [ˈʌtə] fullstendig, absolutt; ytre; uttale; **~ ance** ytring *m/f;* uttalelse *m;* språklig ytringsmåte *m;* **~ most** ytterst.

uvula [ˈjuːvjʊlə] drøvel.

V

vacan|cy [ˈveɪkənsɪ] tomrom *n;* ledig plass *m,* ledig post *m;* **~ t** tom; ledig; ubesatt.

vacation [vəˈkeɪʃn] ferie *m;* **~ er** turist, ferierende *m.*

vaccinate [ˈvæksɪneɪt] vaksinere.

vacillat|e [ˈvæsɪleɪt] vakle; **~ ion** slingring *m/f;* vakling *m/f.*

vacuum [ˈvækjʊəm] vakuum *n;* **~ cleaner** støvsuger *m.*

vagabond [ˈvægəbənd] vagabond.

vagrant [ˈveɪgrənt] løsgjenger *m;* omstreifer *m.*

vague [veɪg] vag; ubestemt.

vain [veɪn] tom; forgjeves; forfengelig; stolt **(of** av); **in ~** forgjeves.

valet [ˈvælɪt] kammertjener *m.*

valiant [ˈvælɪənt] tapper.

valid [ˈvælɪd] gyldig; **~ ity** [vəˈlɪdɪtɪ] gyldighet *m.*

valise [vəˈliːz] reiseveske *m/f.*

valley [ˈvælɪ] dal *m.*

valour [ˈvælə] tapperhet *m.*

valu|able [ˈvæljʊəbl] verdifull; **~ ables** verdisaker; **~ e** [-jʊ] verdi *m;* valør *m;* valuta *m;* vurdere; verdsette; **~ e added tax (VAT)** merverdiavgift.

valve [vælv] ventil *m;* klaff *m;* rad rør *n.*

vampire [ˈvæmpaɪə] vampyr *m.*

van [væn] flyttevogn *m/f;* varevogn *m/f; jernb* godsvogn *m/f.*

vanguard [ˈvænɡɑːd] fortropp.

vanilla [vəˈnɪlə] vanilje *m.*

vanish [ˈvænɪʃ] forsvinne.

vanity [ˈvænɪtɪ] forfengelighet *m;* tomhet *m;* **~ -bag,** **~ -case** selskapsveske *m/f.*

vapour [ˈveɪpə] dunst, damp.

varia|ble [ˈveərɪəbl] foranderlig; **~ nce** forskjell *m;* uoverensstemmelse *m;* **~ tion** forandring *m/f;* forskjell *m;* variasjon *m.*

varicose [ˈværɪkəʊs] **vein** åreknute *m.*

variety [vəˈraɪətɪ] avveksling *m/f;* forandring *m/f;* mangfoldighet *m;* avart *m;* **~ show** varietéforestilling *m.*

various [ˈveərɪəs] forskjellig(e); diverse; foranderlig.

varnish [ˈvɑːnɪʃ] ferniss(ere) *m.*

vary [ˈveərɪ] forandre (seg); variere; veksle; **~ from** avvike fra.

vase [vɑːz] vase *m.*

vaseline [ˈvæsɪliːn] vaselin *m.*

vassal [ˈvæsəl] vasall *m.*

vast [vɑːst] uhyre; veldig; umåtelig.

vault [vɔːlt] hvelv(ing) *n (m/f);* sprang *n,* hopp *n;* **pole ~** stavsprang *n;* hvelve (seg); hoppe.

veal [vi:l] kalvekjøtt *n;* **roast** ~ kalvestek *m.*

vegelable ['vedʒɪtəbl] plante-, vegetabilsk; kjøkkenvekst *m;* ~ **oil** matolje; ~ **bles** grønnsaker; ~ **rian** [-'tærɪən] vegetarianer *m;* ~ **tion** vegetasjon *m.*

vehemen|ce ['vi:ɪməns] heftighet *m;* voldsomhet *m;* ~ **t** heftig; voldsom.

vehicle ['vi:ɪkl] kjøretøy *n;* redskap *n;* (uttrykks)middel *n.*

veil [veɪl] slør *n;* (til)sløre; tilhylle.

vein [veɪn] vene *m;* (blod)åre *m/f;* åre *m/f*(i tre); stemning *m.*

velocity [vɪ'lɒsɪtɪ] hastighet *m.*

velvet ['velvɪt] fløyel *m;* ~ **een** bomullsfløyel *m.*

venal ['vi:nl] bestikkelig.

vending machine salgsautomat *m.*

vendor ['vendɔ:] selger *m.*

veneer [və'nɪə] finer.

venerable ['venərəbl] ærverdig.

venerat|e ['venəreɪt] høyakte; holde i ære; ~ **ion** ærbødighet *m;* ærefrykt *m.*

venereal [vɪ'nɪərɪəl] venerisk.

Venetian [vɪ'ni:ʃn] venetiansk; venetianer *m;* ~ **blind** persienne *m.*

vengeance ['vendʒəns] hevn *m.*

Venice ['venɪs] Venezia.

venison ['ven(ɪ)zn] vilt *n;* dyrekjøtt *n.*

venom ['venəm] gift(ighet) *m.*

vent lufthull *n;* trekkhull *n;* fritt løp *n;* **give** ~ **to** gi luft, gi avløp.

ventilat|e ['ventɪleɪt] ventilere; drøfte; ~ **ion** ventilasjon *m;* ~ **or** ventilator *m.*

ventriloquist [ven'trɪləkwɪst] buktaler *m.*

ventur|e ['ventʃə] vågestykke *n;* spekulasjon *m;* risiko *m;* våge; løpe en risiko; ~ **ous** dristig.

veraci|ous [və'reɪʃəs] sannferdig; ~ **ty** [və'ræsɪtɪ] sannferdighet *m.*

veranda [və'rændə] veranda *m.*

verb [vɜ:b] verb(um) *n;* ~ **al** muntlig; ord-; ordrett; verbal-; ~ **atim** [və'beɪtɪm] ordrett.

verdict ['vɜ:dɪkt] *jur* kjennelse *m.*

verdigris ['vɜ:dɪgri:s] irr *n.*

verge [vɜ:dʒ] rand *m/f;* kant *m.*

verify ['verɪfaɪ] bevise; bekrefte; etterprøve.

veritable ['verɪtəbl] sann; virkelig.

vermin ['vɜ:mɪn] skadedyr *n.*

versatile ['vɜ:sətaɪl] allsidig.

vers|e [vɜ:s] vers *n;* verselinje *m/f;* poesi *m;* ~ **ed** bevandret; kyndig; erfaren (**in** i); ~ **ion** ['-ʃn] versjon *m,* gjengivelse *m;* utgave, oversettelse *m.*

vertebra ['vɜ:tɪbrə] virvel *m* (knokkel).

vertical ['vɜ:tɪkl] vertikal.

verve [vɜ:v] liv *n;* kraft *f.*

very ['verɪ] meget; **the** ~ **best** det aller beste; **the** ~ **same** selvsamme; **in the** ~ **act** på fersk gjerning *m.*

vessel ['vesl] kar *n;* skip *n.*

vest undertrøye *m/f;* vest *m;* bekle; forlene; overdra.

vestibule ['vestɪbju:l] (for)hall *m;* entré *m;* vestibyle *m.*

vestige ['vestɪdʒ] spor *n.*

vestry ['vestrɪ] sakristi *n.*

vet [vet] dyrlege *m;* (lege)undersøke.

veterinary ['vetrɪn(ə)rɪ] (**surgeon**), dyrlege *m;* veterinær *m.*

vex [veks] ergre; plage; irritere; ~ **ation** ergrelse *m;* plaging *m/f;* ~ **atious** ergerlig; fortredelig; brysom.

viable ['vaɪəbl] levedyktig.

vial ['vaɪəl] medisinglass *n.*

vibrat|e [vaɪ'breɪt] vibrere; ~ **ion** vibrasjon *m;* svingning *m;* dirring *m/f.*

vicar ['vɪkə] sogneprest *m.*

vice [vaɪs] last *m;* feil *m;* mangel *m;* skruestikke *m/f;* vise-; ~ **-chairman** nestkommanderende, viseformann *m;* ~ **-president** nestformann *m,* visepresident *m.*

vice versa ['vaɪsɪ 'vɜ:sə] omvendt.

vicinity [vɪ'sɪnɪtɪ] nærhet *m;* naboskap *n.*

vicious ['vɪʃəs] lastefull; slett; ondskapsfull.

victim ['vɪktɪm] offer *n;* ~ **ize** bedra; narre.

victor ['vɪktə] seierherre *m;* ~ **ious** seierrik; ~ **y** seier *m.*

video ['vɪdɪəʊ] video(film); ta opp

på video; ~ **cassette** videokassett *m;* ~ **(cassette) recorder (VCR)** video-opptaker *m;* ~ **tape (recorder)** videobånd(-opptaker) *n.*

Vienna ['vɪ'enə] Wien.

view [vju:] syn *n;* blikk *n;* synsvidde *m/f;* utsikt *m;* mening *m/f;* bese; se på; betrakte; **in** ~ **of** i betraktning av; **point of** ~ synspunkt *n;* **in my** ~ i mine øyne; **with a** ~ **to** med henblikk på; i den hensikt å; ~ **data** teledata; ~ **er** fjernsynsseer; ~ **-finder** søker *m* (på fotografiapparat); ~ **point** synspunkt *n.*

vigilan|ce ['vɪdʒɪləns] vaktsomhet *m,* årvåkenhet *m;* ~ **t** årvåken, vaktsom.

vignette [vɪn'jet] vignett.

vigorous ['vɪgərəs] kraftig; sprek; sterk.

vigour ['vɪgə] kraft *m/f.*

vile [vaɪl] sjofel; ussel.

vili|fication [vɪlɪfɪ'keɪʃən] bakvaskelse *m;* ~ **fy** bakvaske.

village ['vɪlɪdʒ] landsby *m;* ~ **r** landsbyboer *m.*

villain ['vɪlən] kjeltring *m;* skurk *m;* ~ **y** skurkestrek *m.*

vindicate ['vɪndɪkeɪt] hevde, forfekte.

vine [vaɪn] vinranke *m;* vinstokk *m.*

vin|egar ['vɪnɪgə] eddik *m;* ~ **eyard** ['vɪnjəd] vingård *m;* ~ **tage** vinhøst *m;* årgang *m.*

viol|a [vɪ'əʊlə] bratsj; ~ **ate** ['vaɪəleɪt] krenke; overtre; bryte; ~ **ence** vold(somhet) *m;* ~ **ent** voldsom.

violet ['vaɪəlɪt] fiol *m.*

violin [vaɪə'lɪn] fiolin *m.*

viper ['vaɪpə] hoggorm *m.*

virgin ['vɜ:dʒɪn] jomfru *f;* ~ **ity** jomfrudom, møydom *m.*

virtual ['vɜ:tjʊəl] faktisk.

virtu|e ['vɜ:tʃʊ] dyd *m;* ærbarhet *m;* **by** ~ **e of** i kraft av; **paragon of** ~ **e** dydsmønster; ~ **oso** virtuos *m.*

virtuous ['vɜ:tʃʊəs] dydig.

visa ['vi:zə] visum *n;* visere.

visage ['vɪzɪdʒ] åsyn *n.*

viscount ['vaɪkaʊnt] vicomte *m.*

visib|ility [vɪzɪ'bɪlɪtɪ] synlighet *m;* siktbarhet *m;* ~ **le** synlig.

vision ['vɪʒən] syn *n;* synsevne *m;* visjon *m;* ~ **ary** visjonær *m.*

visit ['vɪzɪt] besøk(e) *n;* ~ **ation** visitas *m.*

visitor ['vɪzɪtə] besøkende *m;* ~ **s' book** fremmedbok *m/f.*

visual ['vɪʒʊəl] syns-; synlig.

vital ['vaɪtl] livs-; livsviktig; ~ **ity** livskraft *m/f.*

vivid livlig; levende.

vocabulary [və'kæbjʊlərɪ] ordsamling *m/f;* ordliste *m/f;* ordforråd *n.*

vocal ['vəʊkl] stemme-; vokal-; sang-; ~ **chord** stemmebånd *n;* ~ **ist** sanger(inne) *m.*

vocation [və'keɪʃn] kall *n;* yrke *n;* ~ **al guidance** yrkesveiledning *m;* ~ **al school** yrkesskole *m.*

vociferous [və'sɪfərəs] høyrøstet.

vogue [vəʊg] mote *m.*

voice [vɔɪs] stemme *m;* uttrykk *n;* ~ **less** ustemt (lyd).

void [vɔɪd] tom; *jur* ugyldig; tomrom *n;* lakune *m;* ~ **of** fri for; blottet for.

volatile ['vɒlətaɪl] flyktig.

volcano [vɒl'keɪnəʊ] *pl* **-es** vulkan *m.*

volition [vəʊ'lɪʃn] vilje *m.*

volley ['vɒlɪ] salve *m/f; tennis* fluktslag *n;* fyre av.

volplane ['vɒl'pleɪn] glideflukt *m.*

voltage ['vəʊltɪdʒ] spenning *m/f.*

volte-face [vɒltfɑ:s] kuvending, helomvending *m.*

voluble ['vɒljʊbl] flytende; munnrapp.

volum|e ['vɒljʊm] bind *n;* bok *m/f;* volum *n;* innhold *n;* omfang *n;* ~ **inous** [və'lju:-] omfangsrik.

volunt|ary ['vɒləntərɪ] frivillig; ~ **ary organization** frivillig organisasjon *m;* ~ **eer** [vɒlən'tɪə] frivillig; påta seg frivillig.

voluptuousness [və'lʌptʃʊəsnɪs] vellyst *m.*

vomit ['vɒmɪt] brekke seg; oppkast *n.*

voraci|ous [və'reɪʃs] grådig, glupsk; ~ **ty** grådighet *m.*

vortex ['vɔ:teks] malstrøm.

vot|ary [ˈvəʊtərɪ] tilhenger *m;* ~ **e**
(valg)stemme *m;* avstemning *m;*
avlegge stemme; votere, vedta;
~ **er** velger *m.*

vouch [vaʊtʃ]: ~ **for** borge for;
innestå for; ~ **er** bilag *n;* kvitte-
ring *m/f.*

vow [vaʊ] (høytidelig) løfte *n;* love
(høytidelig).

vowel [ˈvaʊəl] vokal *m.*

voyage [ˈvɔɪdʒ] (lengre) reise (til
sjøs *el* pr. fly).

voyeur [vɔɪˈjɜː] kikker *m.*

vulcanize [ˈvʌlkənaɪz] vulkanisere.

vulgar [ˈvʌlgə] alminnelig; simpel;
tarvelig; rå; vulgær; ~ **ity** [-ˈgær-]
plumphet *m;* simpelhet *m;* ~ **ize**
forsimple.

vulnerable [ˈvʌlnərəbl] sårbar; i
faresonen (kortspill).

vulture [ˈvʌltʃə] gribb *m.*

W

wad [wɒd] dott *m;* propp *m;*
~ **ding** vattering *m/f;* vatt *m.*

wad|e [weɪd] vade; vasse; ~ **ers**
vadestøvler; sjøstøvler; ~ **ing-
bird** vadefugl *m.*

wafer [ˈweɪfə] (tynn) kjeks *m,* oblat
n.

waffle [ˈwɒfl] vaffel *m;* ~ **-iron**
vaffeljern *n.*

wag [wæg] svinge; dingle; logre
med; skøyer *m.*

wage-freeze [weɪdʒ friːz] lønns-
stopp.

wager [ˈweɪdʒə] vedde(mål) *n.*

wages [ˈweɪdʒɪz] lønn *m/f;* ~ **ac-
count** lønnskonto.

waggon [ˈwægən] lastevogn *m/f;*
~ **er** kjørekar *m.*

wagtail [ˈwægteɪl] linerle.

waif [weɪf] hittebarn *n;* herreløst
dyr *n.*

wail [weɪl] klage; jamre seg; jam-
mer *m;* klage *m;* **the Wailing
Wall** Klagemuren (i Jerusalem).

waist [weɪst] liv *n;* midje *m/f;*
~ **coat** [ˈweɪskəʊt] vest *m.*

wait [weɪt] vente; varte opp; ~
for vente på; **keep** ~ **ing** la ven-
te; ~ **er** kelner *m;* ~ **ing-room**
venteværelse *n;* ~ **ress** serverings-
dame *m/f.*

waive [weɪv] oppgi; gi avkall på.

wake [weɪk] kjølvann *n;* vekke;
våkne; ~ **up** våkne; vekke; ~ **n**
våkne; vekke.

walk [wɔːk] gå; spasere; vandre;
spasertur *m;* gange *m;* ~ **er** fot-

gjenger *m;* spaserende; ~ **er-on**
statist *m.*

walking [ˈwɔːkɪŋ]: ~ **-stick** spaser-
stokk *m;* ~ **tour** spasertur *m.*

wall [wɔːl] mur *m;* vegg *m;* omgi
med mur; befeste; ~ **up** mure til;
~ **et** lommebok *m/f;* veske *m/f;*
~ **-flower** veggpryd *m.*

wallow [ˈwɒləʊ] velte seg.

wallpaper [ˈwɔːlˈpeɪpə] tapet *m.*

walnut [ˈwɔːlnʌt] valnøtt *m/f.*

walrus [ˈwɔːlrəs] hvalross *m.*

waltz [wɔːls] (danse) vals *m.*

wander [ˈwɒndə] vandre; gå seg
bort; tale over seg; ~ **er** vand-
ringsmann *m.*

wane [weɪn] avta; blekne; svinne.

wangle [ˈwæŋgl] fikse; bruke knep.

want [wɒnt] mangel *m* (**of** på);
trang *m;* nød *m;* mangle; ønske;
trenge; ville ha.

wanton [ˈwɒntən] flokse *f;* vilter.

war [wɔː] krig *m.*

warble [ˈwɔːbl] trille; synge.

ward [wɔːd] vakthold *n;* formyn-
derskap *n;* vern *n;* myndling *m;*
avdeling *m,* sal *m* (i hospital); ~
off avverge; ~ **en** vokter *m;* opp-
synsmann *m.*

wardrobe [ˈwɔːdrəʊb] garderobe
m; klesskap *n.*

ware vare(sort *m); varer;* **china** ~
porselenssaker; ~ **house** lager-
bygning *m;* lagre.

war|fare [ˈwɔːfeə] krigføring *m/f;*
~ **head** stridshode *n.*

warm [wɔːm] varm; varme (seg);
~ **th** varme *m.*

warn [wɔ:n] advare **(against** mot); varsle; formane; ~ **ing** (ad)varsel *m;* oppsigelse *m.*

warp [wɔ:p] forvri; gjøre kroket; (om trevirke) slå seg.

warrant ['wɔrənt] bemyndigelse *m;* garanti *m;* sikkerhet *m;* hjemmel *m;* bemyndige; garantere.

warrior ['wɒrɪə] kriger *m.*

wart [wɔ:t] vorte *m/f.*

wary ['weərɪ] forsiktig.

was [wɒz] var; ble.

wash [wɒʃ] vaske (seg); skylle over; ~ **up** vaske opp; ~ **able** vaskbar; ~ **ed out** utvasket; utslitt; vask *m;* skylling *m;* (bølge)- slag *n;* plask *n;* skvulp *m;* ~ **er** vaskemaskin *m;* ~ **erwoman** vaskekone *f;* ~ **ing** vask *m;* vasketøy *n;* ~ **ing powder** vaskepulver; ~ **proof** vaskeekte; ~ **-stand** vaskeservant *m.*

wasp [wɒsp] veps *m;* ~ **ish** vepse-; irritabel; ~ **'s nest** vepsebol.

waste [weɪst] øde; udyrket; ubrukt; unyttig; avfalls-; ødeleggelse *m;* ødselhet *m;* sløsing *m/f;* tap *n;* ødelegge; sløse; (gå til) spille; ~ **ful** ødsel; ~ **land** øde- mark *m/f;* ~ **paper basket** papir- kurv *m.*

watch [wɒtʃ] vakt(hold) *m/f(n);* armbånds-, lommeur *n;* våke; se på; iaktta; passe på; ~ **dog** vakt- hund *m;* ~ **ful** påpasselig; ~ **mak- er** urmaker *m;* ~ **man** vaktmann *m;* ~ **tower** vakttårn *n;* ~ **word** parole.

water ['wɔ:tə] vann *n;* vanne; ta inn vann; spe opp; løpe i vann; **high** ~ flo *m/f;* **low** ~ ebbe *m;* ~ **-closet** vannklosett *n;* ~ **- colour** vannfarge *m;* ~ **course** vassdrag *n;* ~ **fall** foss; ~ **ing hole** vannhull *n;* ~ **ing-place** badested *n;* vanningssted *n;* ~ **logged** vass- trukken; ~ **pollution** vannfor- urensning *m;* ~ **proof** vanntett; regnfrakk *m;* ~ **s** farvann *n;* ~ **shed** vannskille *n;* ~ **tight** vanntett; ~ **way** vannvei *m*, kanal *m;* ~ **works** vannverk *n;* ~ **y** våt; vassen.

wave [weɪv] bølge *m/f;* vifte; vin- ke; vaie; bølge (hår).

waver [weɪvə] være usikker; vakle.

wax [wæks] voks *m;* vokse; tilta (måne).

way [weɪ] vei(stykke) *m (n);* ret- ning *m;* kurs *m;* måte *m; mar* fart *m;* **by the** ~ forresten; **by** ~ **of** gjennom; via; **out of the** ~ uvan- lig; **have one's** ~ få sin vilje; ~ **lay** ligge på lur etter; ~ **side** veikant *m;* ~ **ward** egensindig.

we [wɪ(:)] vi.

weak [wi:k] svak; ~ **en** svekke(s); ~ **ling** svekling *m;* ~ **ly** svakelig; svakt; ~ **ness** svakhet *m;* ~ **-willed** viljeløs.

wealth [welθ] velstand *m;* rikdom *m;* ~ **y** velstående.

weapon ['wepən] våpen *n.*

wear [weə] bære; ha på (seg); sli- te(s); være holdbar; bruk *m;* sli- t(asje) *n (m);* holdbarhet *m;* ~ **away** slite(s); ~ **and tear** slitasje *m.*

weariness ['wɪərɪnɪs] tretthet *m.*

weary ['wɪərɪ] trett; trette(s).

weather ['weðə] vær *n; mar* lo; klare seg gjennom; forvitre; ~ **beaten** værbitt; ~ **-bound** vær- fast; ~ **cock** værhane *m;* ~ **- forecast** værvarsel *m.*

weave [wi:v] veve; flette; danne; vev(n)ing *m/f.*

web vev *m;* spindelvev *n* el *m;* ~ **-foot** svømmefot *m.*

wed ekte; gifte seg med; ektevie; forbinde.

wedding ['wedɪŋ] bryllup *n;* ~ **cer- emony** vielse; ~ **-dress** brudekjole *m;* ~ **-ring** giftering *m.*

wedge [wedʒ] kile *m;* kile fast.

wedlock ['wedlɒk] ekteskap *n.*

Wednesday ['wenzdɪ] onsdag *m.*

weed [wi:d] ugress *n;* ukrutt *n;* luke; renske; ~ **killer** ugress- dreper, ugressgift *m*, ugressmid- del *n.*

week [wi:k] uke *m/f;* ~ **day** hver- dag *m;* ~ **ly** ukeblad *n;* ukentlig.

weep [wi:p] gråte; ~ **ing birch** hen- gebjørk *f.*

weigh [weɪ] veie; ~ **(up)on** tynge

på; ~ t vekt *m/f;* byrde *m;* ~ ty
vektig; tung.
welcome ['welkəm] (ønske) velkom-
men; velkomst(hilsen) *m.*
weld sveise (sammen).
welfare ['welfeə] velferd *m;* ~ of-
ficer sosialkurator *m.*
well brønn *m;* kilde *m;* sjakt
m/f; godt; vel; riktig; frisk; as
~ as så vel som; så godt som;
~ -being trivsel, velvære; ~ off,
~ -to-do velstående; I am not ~
jeg er ikke frisk; ~ -advised klok;
veloverveid; ~ -bred veloppdra-
gen; ~ -deserved velfortjent; ~ -
dressed velkledd; ~ -fed vel(er)-
nært; ~ -intentioned velmenende;
~ -known velkjent; ~ qualified
velkvalifisert (skikket); ~ -shaped
velskapt.
Welsh [welʃ] walisisk; ~ man vali-
ser *m.*
welter ['weltə] rulle; velte seg; rot
n; virvar *n.*
west vest *m;* vestlig; vest-; vestre;
the W. End Vestkanten; ~ ern
vestlig; ~ erner vesterlending *m;*
Western Europe Vest-Europa; **the
Western Powers** Vestmaktene;
~ ward(s) vestover; mot vest.
wet våt; fuktig; regnfull; rå; ~
through gjennomvåt; væte *m;*
fuktighet *m;* væte; fukte; ~ land
våtmark *m/f;* ~ tish kram (om
snø).
whack [wæk] klask *n;* del *m.*
whale [(h)weIl] hval *m;* ~ oil hval-
olje *m/f;* ~ r hvalfanger *m;*
fangstskip *n.*
whaling ['(h)weIlɪŋ] hvalfangst *m.*
wharf [(h)wɔːf] brygge *f;* kai *m/f.*
what [(h)wɒt] hva; hva for en;
hvilken; det som; ~ about ...?
hva med ...?; ~ ever hva ... enn;
hva i all verden.
wheat [(h)wiːt] hvete *m.*
wheedle ['wiːdl] smiske.
wheel [(h)wiːl] hjul *n;* rokk *m;*
ratt *n;* kjøre; trille; rulle; ~ bar-
row trillebår *m/f,* drakjerre *f;* ~
chair rullestol *m ;* ~ suspension
hjuloppheng *n.*
wheeze [(h)wiːz] hvese.
whelp hvalp *m.*

when [(h)wen] når; da; mens dog;
~ ce hvorfra; ~ (so)ever når ...
enn; når som helst som.
where [(h)weə] hvor; hvorhen;
~ abouts hvor omtrent; opp-
holdssted *n;* ~ as mens derimot;
~ upon hvoretter; ~ ver hvor som
helst; hvor enn; hvor i all verden.
whet [(h)wet] hvesse; slipe.
whether ['(h)wɛðə] (hva) enten (or
eller); om.
whetstone bryne *n.*
whey [weI] myse.
which [(h)wItʃ] hvilken; hvem;
som; (hva) som.
while [(h)waIl] tid *m/f,* stund *m;*
mens; så lenge som; ~ away for-
drive.
whim [(h)wIm] lune *n;* nykke *m,*
n; innfall *n.*
whimper ['(h)wImpə] klynke.
whimsical ['(h)wImzIkl] lunefull;
snurrig; underlig.
whine ['(h)waIn] klynke; sutre; kla-
ge; klynk *n.*
whinny ['wInI] knegge.
whip [(h)wIp] pisk(e) *m;* slå; svepe
m/f, pol innpisker *m;* ~ lash
nakkesleng *m.*
whirl [(h)wɜːl] virvle; snurre; vir-
vel *m;* snurring *m;* ~ pool mal-
strøm.
whisk [(h)wIsk] visk *m;* støvkost
m; feie; sope; daske; piske (egg,
fløte); ~ ers kinnskjegg *n.*
whisper ['(h)wIspə] hviske; hvis-
king *m/f.*
whistle ['(h)wIsl] plystre; pipe;
plystring *m/f;* fløyte *m/f.*
white [(h)waIt] hvit; ren; blek;
hvitte; hvitt; hvite *m;* ~ lie nød-
løgn *m/f;* ~ -hot hvitglødende;
~ n gjøre hvit; bleke(s); ~ ness
hvithet *m;* ~ wash renvasking *m;*
hvitte; renvaske.
whiting ['waItIŋ] hvitting *m.*
Whitsun(tide) ['(h)wItsʊn(taId)]
pinse *m/f.*
whittle ['(h)wItl] spikke.
whizz [(h)wIz] suse; visle.
who [huː] hvem; hvem som; som;
den som; ~ ever hvem enn; en-
hver som; hvem i all verden.
whole [həʊl] hel; helhet *m;* on the

~ i det hele tatt; stort sett;
~ **hearted** helhjertet; ~ **sale** en
gros; ~ **saler** grossist *m;* ~ **some**
sunn; gagnlig.

whoop [hu:p] hyle; huie; gispe;
huing *m/f;* ~ **ing-cough** kikhoste
m.

whore [hɔ:] hore *f.*

whose [hu:z] hvis; hvem sin (sitt,
sine).

whosoever [hu:səʊ'evə] hvem som
enn; enhver som.

why [(h)waɪ] hvorfor; hva! åh!

wick veke *m.*

wicked ['wɪkɪd] ond; slem; ~ **ness**
ondskap *m.*

wicker ['wɪkə]: ~ **basket** vidjekurv
m; ~ **chair** kurvstol *m.*

wicket ['wɪkɪt] (billett)luke.

wide [waɪd] vid; vidstrakt; stor;
bred; ~ **n** utvide (seg); ~ **spread**
utbredt.

widow ['wɪdəʊ] enke *m/f;* ~ **er**
enkemann *m.*

width [wɪdθ] vidde *m/f;* bredde *m.*

wife [waɪf] *pl* **wives** [waɪvz] hustru
m/f; kone *f.*

wig parykk *m.*

wild [waɪld] vill; vilter; ustyrlig;
forrykt; villmark *m/f;* ~ **erness**
['wɪldənɪs] villmark *m/f;* villnis *n;*
~ **life** villmarksliv *n;* ~ **ness** vill-
het *m.*

wilful ['wɪlfʊl] egenrådig.

will vilje *m;* **(last)** ~ testamente
n; vil.

willing ['wɪlɪŋ] villig; ~ **ly** gjerne;
~ **ness** villighet *m.*

willow ['wɪləʊ] pil(etre) *m (n).*

will-power viljekraft, viljestyrke.

win vinne; seire.

wince [wɪns] krympe seg.

winch vinsj.

wind [wɪnd] vind *m;* pust *m;* luf-
te; la puste ut; få teften av; **throw
to the** ~ **s** gi en god dag i;
~ **bag** snakkesalig person; ~ **fall**
nedfallsfrukt *m;* uventet fordel
m; [waɪnd] tvinne; sno; vikle;
bøyning *m,* slyng *m;* ~ **up** vinde
opp; avslutte; avvikle (forret-
ning); trekke opp (et ur).

winding ['waɪndɪŋ] omdreining *m;*
sving *m;* bøyning *m;* ~ **stairs** vin-

deltrapp *m/f;* ~ **-up** avvikling
m/f; likvidasjon *m.*

wind mill vindmølle *m/f.*

window ['wɪndəʊ] vindu *n;* ~
dresser vindusdekoratør *m;*
~ **ledge** vinduskarm *m;* ~ **pane**
vindusrute *m/f;* ~ **shutter** vindus-
lem *m;* ~ **sill** vinduskarm *m.*

wind|pipe ['wɪndpaɪp] luftrør *n;*
~ **-screen** *amr* ~ **-shield** frontglass
n; ~ **y** blåsende.

wine [waɪn] vin *m;* ~ **card** vin-
kart *n.*

wing [wɪŋ] vinge *m;* fløy *m/f;*
skvettskjerm *m;* ~ **ed** vingeskutt;
bevinget; ~ **span** vingespenn *n.*

wink blinke; plire; blunk *n.*

winner ['wɪnə] vinner *m.*

winning ['wɪnɪŋ] vinnende.

winter ['wɪntə] vinter *m;* over-
vintre.

wintry ['wɪntrɪ] vinterlig.

wipe [waɪp] tørke, stryke av; ~
off tørke bort (*el* av); ~ **out** stry-
ke ut; utslette.

wire ['waɪə] (metall)tråd *m;* (led-
nings)tråd *m;* streng *m; dt* tele-
gram *m;* telegrafere; ~ **less** trådløs
(telegraf); radio(telegram) *m (n);*
~ **less operator** radiotelegrafist
m; ~ **less set** radioapparat *n.*

wiry ['waɪrɪ] ståltråd-; seig.

wisdom ['wɪzdəm] visdom *m;* ~
tooth visdomstann *m/f.*

wise [waɪz] vis; klok; måte *m;*
~ **crack** morsomhet *m.*

wish [wɪʃ] ønske *v & s (n);* ~ **ful
thinking** ønsketenkning *m.*

wisp dott *m;* flis *m/f.*

wit vidd *n;* vett *n;* forstand *m;*
klokskap *m;* åndrikhet *m.*

witch [wɪtʃ] heks *m/f;* forhekse;
~ **craft** trolldom *m.*

with [wɪð] med; sammen med;
hos; foruten; av; **live** ~ bo hos;
angry ~ sint på; ~ **draw** trekke
(seg) tilbake **(from** fra); ta tilbake;
ta ut (av banken); ~ **drawal** til-
baketrekning *m/f;* uttak *n* (av en
bank).

wither ['wɪðə] visne.

with|hold [wɪð'həʊld] holde tilbake;
nekte (samtykke); ~ **in** innenfor;

innvendig; innen; ~ **out** utenfor;
uten; ~ **stand** motstå.

witness ['wɪtnɪs] vitne(sbyrd) *n (n);*
bevitne(lse *m);* være vitne til; se;
oppleve; ~ **-box** vitneboks *m.*

witty ['wɪtɪ] åndrik; vittig.

wizard ['wɪzəd] trollmann *m.*

wobble ['wɒbl] slingre; være ustø;
rave.

woe [wəʊ] smerte *m;* sorg *m;*
~ **ful** sørgelig.

wolf, *pl* **wolves** [wʊlf, -vz] ulv *m.*

woman ['wʊmən], *pl* **women** ['wɪmɪn]
kvinne *m;* kone *f;* ~ **hood** kvinne-
lighet *m;* voksen (kvinnes) alder
m; kvinner; ~ **ly** kvinnelig.

womb [wu:m] livmor *m/f;* skjød *n.*

wonder ['wʌndə] (for)undring *m;*
(vid)under *n;* undre seg; ~ **ful,**
vidunderlig; ~ **land** eventyrland
n.

woo [wu:] beile til.

wood [wʊd] skog *m;* tre *n;* tøm-
mer *n;* ved *m;* trevirke *n;* ~ **alco-
hol** trespirit; ~ **-carver** treskjærer;
~ **cock** rugde *m/f;* ~ **cut** tresnitt;
~ **-cutter** vedhogger *m;* ~ **cutting**
vedhogst *m;* ~ **ed** skogvokst; ~ **en**
tre-; av tre; klosset; stiv; ~ **en-
graving** xylografi *m,* tresnitt *n;*
treskjæring *m;* ~ **pecker** hakke-
spett *m;* ~ **-shed** vedskjul *n;* ~ **-
wool** treull; ~ **work** treverk *n;*
trearbeid *n.*

wool [wʊl] ull *m/f;* garn *n;* ~ **len**
ull-; av ull.

word [wɔ:d] ord *n;* beskjed *m;*
uttrykke; formulere; **by** ~ **of
mouth** muntlig; ~ **ing** ordlyd *m;*
~ **processing** tekstbehandling *m;*
~ **processor** tekstbehandlingsma-
skin *m;* ~ **s** *mus* tekst *m.*

work [wɔ:k] arbeid *n;* verk *n;* gjer-
ning *m/f;* arbeide; (om maskin)
gå; virke; drive; betjene (ma-
skin); ~ **out** utarbeide; løse (pro-
blem); vise seg (brukbar, effek-
tiv); ~ **up** opparbeide; bearbei-
de; **at** ~ i arbeid; ~ **able** bruk-
bar; ~ **day** hverdag *m;* ~ **er** ar-
beider *m;* ~ **s** verk *n;* fabrikk *m.*

working: in ~ **order** i brukbar
stand; ~ **capital** driftskapital; ~

expenses omkostninger; ~ **year**
driftsår.

workman ['wɜ:kmən] arbeider *m;*
~ **like** fagmessig; ~ **ship** fag-
kyndighet *m;* (fagmessig) utførel-
se *m.*

work permit [wɜ:k 'pɜ:mɪt] arbeids-
tillatelse *m.*

workshop ['wɜ:kʃɒp] verksted *n.*

world [wɜ:ld] verden *m;* **The** ~
Bank Verdensbanken; ~ **champi-
on(ship)** verdensmester(skap)
m(n); ~ **- community** verdenssam-
funnet; ~ **exhibition, -fair** ver-
densutstilling *m/f;* ~ **famous** ver-
densberømt; ~ **ly** verdslig; jor-
disk; ~ **-wide** verdensomfattende.

worm [wɜ:m] orm *m;* mark *m;*
datavirus *n;* lirke; sno seg (som
en orm); ~ **-eaten** markspist;
~ **wood** malurt.

worn-out ['wɔ:n'aʊt] utslitt.

worry ['wʌrɪ] plage; engste (seg);
bry; engstelse *m;* bekymring *m/f;*
plage *m/f.*

worse [wɜ:s] verre; dårligere.

worship ['wɜ:ʃɪp] (guds)dyrkelse
m; tilbedelse *m;* tilbe; dyrke;
holde gudstjeneste *m;* ~ **per** til-
beder *m.*

worst [wɜ:st] verst; dårligst; besei-
re.

worsted ['wʊstɪd] kamgarn *n.*

worth [wɜ:θ] verd; verdi *m;* **it is**
~ **while** det er umaken verd;
~ **less** verdiløs; ~ **y** ['wɜ:ðɪ] ver-
dig; aktverdig.

would [wʊd] ville; ville gjerne;
pleide; ~ **-be** som vil være; som
utgir seg for å være.

wound [wu:nd] sår(e) *n.*

wrangle ['ræŋgl] kjekle; kjekling
m, f; ~ **r** kranglefant *m; amr*
cowboy *m.*

wrap [ræp] vikle; svøpe; ~ **(up)**
pakke inn; sjal *n,* pledd *n;* ~ **per**
omslag *n;* emballasje *m;* over-
trekk *n;* morgenkjole *m;* ~ **ping
paper** innpakningspapir *n.*

wrath [rɒθ] vrede *m.*

wreath [ri:θ] krans *m;* vinding
m/f; ~ **e** [ri:ð] (be)kranse.

wreck [rek] ødeleggelse *m;* skib-
brudd *n;* vrak *n;* tilintetgjøre;

strande; forlise; ~ **age** vrakgods
n; ~ **ing bar** brekkjern *n.*
wren [ren] gjerdesmutt *m.*
wrench [ren(t)ʃ] skiftenøkkel *m;*
vri; rykke.
wrestle ['resl] bryte (med); kjempe;
stri; ~ **r** bryter *m.*
wretch [retʃ] usling (stakkar) *m;*
~ **ed** ['retʃɪd] elendig; ~ **edness**
usselhet *m.*
wriggle ['rɪgl] vrikke; vri seg; sno
seg.
wring [rɪŋ] vri (seg).
wrinkle ['rɪŋkl] rynke *m/f.*
wrist [rɪst] håndledd *n; ~* **-watch**
armbåndsur *n.*

write [raɪt] skrive; ~ **r** skribent
m; forfatter *m.*
writing ['raɪtɪŋ] skrivning *m;* (hånd)-
skrift *m/f;* innskrift *m/f;* **in** ~
skriftlig.
written [rɪtn] skriftlig.
wrong [rɒŋ] urett; feil; forkjært;
vrang; gal(t); forurette(lse *m);*
urett; **be** ~ ta feil; ~ **doer** en som
gjør urett; forbryter *m; ~* **doing,**
urett *m;* forsyndelse *m;* forbrytel-
se *m.*
wrought iron [rɔːt -] smijern *n.*
wry [raɪ] skjev; vri (seg).

X

X, Xt = Christ.
xenophobia ['zenəfəʊbɪə] fremmed-
frykt *m.*
Xmas = Christmas.

X-ray ['eks'reɪ] røntgenstråle *m;*
røntgenfotografere.
xylography [zaɪ'lɒgrəfɪ] xylografi
m, tresnitt *n; ~* **phone** xylofon *m.*

Y

yacht [jɒt] yacht *m;* lystbåt *m;*
~ **ing** seilsport *m.*
Yankee ['jæŋkɪ] i USA: innbygger
av New England; i verden for
øvrig: innbygger i USA.
yap [jæp] bjeff(e) *n.*
YAP - Young Aspiring Profes-
sional japp.
yard [jɑːd] yard *m* (eng. lengde-
mål: 0,914 m); *mar* rå *m/f;*
gård(splass) *m.*
yarn [jɑːn] garn *n;* historie *m.*
yawn [jɔːn] gjesp(e) *m, n.*
year [jɪə] år *n; ~* **ly** årlig.
yearning ['jɜːnɪŋ] lengselsfull.
yeast [jiːst] gjær *m.*
yell [jel] hyl(e) *n.*
yellow ['jeləʊ] gul; gulfarge *m;*
gulne; ~ **ish** gulaktig.
yelp [jelp] bjeff(e) *n.*
yes [jes] ja.
yesterday ['jestədɪ] i går.
yet [jet] enda; ennå; dog; likevel;
as ~ ennå.
yew-tree [juːtriː] barlind *m.*

yield [jiːld] gi; innbringe; kaste
av seg; yte; gi etter; utbytte *n;*
ytelse *m; ~* **ing** unnfallen.
yodel ['jəʊdl] jodle.
yogurt ['jɒgət] yoghurt *m.*
yoke [jəʊk] åk *n;* (for)spann *n;*
forene; spenne i åk.
yolk [jəʊk] eggeplomme *m/f.*
you [juː] du, deg; De, Dem; dere;
man.
young [jʌŋ] ung; liten; **the** ~
ungdommen; ~ **ster** ung gutt *m.*
your [jɔːə] din; ditt; dine; deres;
Deres, ~ **s** (substantivisk) din;
Deres; ~ **self,** *pl* ~ **selves** du (*el*
deg, De, Dem) selv; refleksivt:
deg (*el* Dem); seg; deg (*el* Dem,
seg) selv.
youth [juːθ] ungdom *m;* ung mann
m; ~ **hostel** ungdomsherberge *n.*
yo-yo jo-jo *m.*
Yugoslav ['juːgəʊslɑːv] jugosla-
v(isk); ~ **ia** ['juːgəʊslɑːvɪə] Jugo-
slavia.

Z

zeal [zi:l] iver *m;* ~ **ot** svermer
m; fanatiker *m;* ~ **ous** [ˈzeləs] iv-
rig; nidkjær.
zebra [ˈzi:brə] sebra *m;* ~ **crossing**
fotgjengerovergang *m* (med stri-
per).
zenith [ˈzenɪθ] senit.
zero [ˈzɪərəʊ] null(punkt) *n.*
zest lyst *m/f;* glede *m* (**for** ved);
behag *n.*

zigzag [ˈzɪgzæg] siksak.
zinc [zɪŋk] sink; ~ **oxide** sinkhvitt.
Zionism [ˈzaɪənɪzm] sionisme *m.*
zip fastener [ˈzɪp ˈfɑ:snə] *el* **zipper**
[ˈzɪpə] glidelås *m.*
zone [zəʊn] sone *m/f.*
zoo [zu:] *dt* zoologisk hage *m;*
~ **logist** [zəʊˈblədʒɪst] zoolog *m;*
~ **logy** [zəʊˈblədʒɪ] zoologi *m.*

FORKORTELSER BRUKT I BOKA

adj	adjektiv	*m*	maskulin, hankjønn
adv	adverb	*mar*	sjøfart
agr	landbruk	*mask*	maskin
amr	amerikansk	*mat*	matematikk
anat	anatomi	*med*	medisin, legevitenskap
arb	arbeid	*merk*	handel
art	artikkel	*mil*	militært
ast	astronomi	*min*	mineralogi
bergv	bergverksdrift	*mots*	motsatt
bibl	bibelsk	*mus*	musikk
bot	botanikk	*n*	nøytrum, intetkjønn
brit	britisk	*num*	tallord
d.s.s.	det samme som	*ogs*	også
dt	dagligtale	*o.l.*	og lignende
dvs.	det vil si	*omtr*	omtrent
el	eller	*osv.*	og så videre
elektr	elektrisitet	*perf.pts*	perfektum partisipp
eng	engelsk	*pl*	flertall
etc	og så videre	*poet*	dikterisk, poetisk
f	femininum, hunkjønn	*pol*	politikk
fig	figurlig	*pron*	pronomen
filos	filosofi	*prp*	preposisjon
fork	forkortelse	*rad*	radio
fotogr	fotografi	*rel(g)*	religion
fys	fysikk	*s*	substantiv
gen	genitiv	*sc*	vitenskap
geo	geografi	*sg*	entall
geol	geologi	*st*	noe, something
geom	geometri	*teat(r)*	teater
gram	grammatikk	*tekn*	teknikk
idr	idrett	*tr*	transitivt
inf	infinitiv	*typogr*	typografi
is	især	*ubest*	ubestemt
itr	intransitivt	*v*	verb
jernb	jernbane	*vanl*	vanlig
jur	juridisk	*vi*	intransitivt verb
kjem	kjemi	*vr*	refleksivt verb
koll	kollektiv	*vt*	transitivt verb
konj	konjunksjon	*zool*	zoologi
konkr	konkret		

I

['] betegner trykk og står foran den trykksterke stavelsen
[:] betegner lang lyd *seat* [si:t]
[ɑ:] som i *father* [fɑ:]
[aɪ] som i *eye* [aɪ]
[aʊ] som i *how* [haʊ]
[æ] som i *hat* [hæt]
[b] som i *beat* [bi:t]
[d] som i *do* [du:]
[ð] som i *then* [ðen]
[θ] som i *thin* [θin]
[e] som i *lesson* ['lesn]
[eə] som i *hair* [heə]
[eɪ] som i *hate* [heɪt]
[ɜ:] som i *hurt* [hɜ:t]
[ə] som i *about* [ə'baʊt]
[əʊ] som i *no* [nəʊ]
[f] som i *find* [faɪnd]
[g] som i *go* [gəʊ]
[h] som i *hat* [hæt]
[i:] som i *feel* [fi:l]
[ɪ] som i *fill* [fɪl]

[j] som i *you* [ju:]
[k] som i *can* [kæn]
[l] som i *low* [ləʊ]
[m] som i *man* [mæn]
[n] som i *no* [nəʊ]
[ŋ] som i *sing* [sɪŋ]
[p] som i *pea* [pi:]
[r] som i *red* [red]
[s] som i *so* [səʊ]
[ʃ] som i *she* [ʃi:]
[t] som i *toe* [təʊ]
[u:] som i *fool* [fu:l]
[ʊ] som i *full* [fʊl]
[v] som i *vein* [veɪn]
[w] som i *weak* [wi:k]
[z] som i *zeal* [zi:l]
[ʒ] som i *measure* ['meʒə]
[ɔ:] som i *court* [kɔ:t]
[ɒ] som i *box* [bɒks]
[ɔɪ] som i *boy* [bɔɪ]
[ʌ] som i *cut* [kʌt]

Infinitiv		*Preteritum*	*Perfektum partisipp*
arise	*oppstå*	arose	arisen
awake	*våkne*	awoke	awoke/awaked
be	*være*	was/were	been
bear	*bære*	bore	borne
bear	*føde*	bore	born/borne
beat	*slå*	beat	beaten
become	*bli*	became	become
beget	*avle*	begot	begotten
begin	*begynne*	began	begun
bend	*bøye*	bent	bent
bereave	*berøve*	bereaved/bereft	bereaved/bereft
beseech	*bønnfalle*	besought	besought
bet	*vedde*	betted/bet	betted/bet
bid	*befale*	bade	bidden
bid	*gi bud*	bid	bid
bind	*binde*	bound	bound
bite	*bite*	bit	bitten
bleed	*blø*	bled	bled
blow	*blåse*	blew	blown
break	*brekke*	broke	broken
breed	*avle*	bred	bred
bring	*bringe*	brought	brought
build	*bygge*	built	built
burn	*brenne*	burnt/burned	burnt/burned
burst	*briste*	burst	burst
buy	*kjøpe*	bought	bought
(can)	*kunne*	could	(been able to)
cast	*kaste*	cast	cast
catch	*fange*	caught	caught
choose	*velge*	chose	chosen
cleave	*kløyve*	cleft	cleft
cling	*klynge seg*	clung	clung
come	*komme*	came	come
cost	*koste*	cost	cost
creep	*krype*	crept	crept
cut	*hogge*	cut	cut
deal	*handle*	dealt	dealt

III

Infinitiv		Preteritum	Perfektum partisipp
dig	*grave*	dug	dug
do	*gjøre*	did	done
draw	*trekke*	drew	drawn
dream	*drømme*	dreamt/dreamed	dreamt/dreamed
drink	*drikke*	drank	drunk
driven	*kjøre*	drove	driven
dwell	*bo*	dwelt	dwelt
eat	*spise*	ate	eaten
fall	*falle*	felle	fallen
feed	*mate*	fed	fed
feel	*føle*	felt	felt
fight	*kjempe*	fought	fought
find	*finne*	found	found
flee	*flykte*	fled	fled
fling	*slenge*	flung	flung
fly	*fly*	flew	flown
fly	*flykte*	fled	fled
forget	*glemme*	forgot	forgotten
forsake	*svikte*	forsook	forsaken
freeze	*fryse*	froze	frozen
get	*få*	got	got
give	*gi*	gave	given
go	*gå*	went	gone
grind	*male*	ground	ground
grow	*vokse*	grew	grown
hang	*henge*	hung	hung
have	*ha*	had	had
hear	*høre*	heard	heard
hide	*skjule*	hid	hidden/hid
hit	*ramme*	hit	hit
hold	*holde*	held	held
hurt	*skade*	hurt	hurt
keep	*beholde*	kept	kept
kneel	*knele*	knelt	knelt
knit	*strikke*	knitted/knit	knitted/knit
know	*vite*	knew	known
lay	*legge*	laid	laid
lead	*føre*	led	led
lean	*lene*	leaned/leant	leaned/leant
leap	*hoppe*	leaped/leapt	leaped/leapt
learn	*lære*	learnt/learned	learnt/learned
leave	*forlate*	left	left
lend	*låne (ut)*	lent	lent
let	*la*	let	let
lie	*ligge*	lay	lain

Infinitiv		Preteritum	Perfektum partisipp
light	*tenne*	lit/lighted	lit/lighted
load	*laste*	loaded	loaded/laden
lose	*tape, miste*	lost	lost
make	*gjøre, lage*	made	made
(may)	*få lov til*	might	(been allowed to)
mean	*mene*	meant	meant
meet	*møte*	met	met
mow	*slå (gress)*	mowed	mown
(must)	*må*	must	(had to)
(ought)	*burde*	ought	
pay	*betale*	paid	paid
put	*legge*	put	put
read	*lese*	read	read
rend	*rive*	rent	rent
rid	*befri*	rid/ridded	rid
ride	*ri*	rode	ridden
ring	*ringe*	rang	rung
rise	*reise seg*	rose	risen
run	*løpe*	ran	run
say	*si*	said	said
see	*se*	saw	seen
seek	*søke*	sought	sought
sell	*selge*	sold	sold
send	*sende*	sent	sent
set	*sette*	set	set
sew	*sy*	sewed	sewed/sewn
shake	*ryste*	shook	shaken
(shall)	*skulle*	should	(been obliged to)
shed	*felle (tårer)*	shed	shed
shine	*skinne*	shone	shone
shoe	*sko*	shod	shod
shoot	*skyte*	shot	shot
show	*vise*	showed	shown
shrink	*krympe, vike*	shrank	shrunk
shut	*lukke*	shut	shut
sing	*synge*	sang	sung
sink	*synke*	sank	sunk
sit	*sitte*	sat	sat
slay	*slå i hjel*	slew	slain
sleep	*sove*	slept	slept
slide	*gli*	slid	slid
sling	*slynge*	slung	slung
slink	*luske*	slunk	slunk
slit	*flekke*	slit	slit
smell	*lukte*	smelt	smelt

Infinitiv		Preteritum	Perfektum partisipp
smite	*slå*	smote	smitten
sow	*så*	sowed	sowed/sown
speak	*snakke*	spoke	spoken
speed	*ile*	sped	sped
spell	*stave*	spelt/spelled	spelt/spelled
spend	*bruke*	spent	spent
spill	*spille*	spilt/spilled	spilt/spilled
spin	*spinne*	spun	spun
spit	*spytte*	spat	spat
split	*splitte*	split	split
spoil	*ødelegge*	spoilt/spoiled	spoilt/spoiled
spread	*spre*	spread	spread
spring	*springe*	sprang	sprung
stand	*stå*	stood	stood
steal	*stjele*	stole	stolen
stick	*klebe*	stuck	stuck
sting	*stikke*	stung	stung
stink	*stinke*	stank	stunk
strew	*strø*	strewed	strewed/strewn
stride	*skride*	strode	stridden
strike	*slå*	struck	struck
string	*trekke på snor*	strung	strung
strive	*streve*	strove	striven
swear	*sverge*	swore	sworn
sweep	*feie*	swept	swept
swell	*svulme*	swelled	swollen
swim	*svømme*	swam	swum
take	*ta*	took	taken
teach	*undervise*	taught	taught
tear	*rive*	tore	torn
tell	*fortelle*	told	told
think	*tenke*	thought	thought
thrive	*trives*	throve	thriven
throw	*kaste*	threw	thrown
tread	*tre*	trod	trodden
wake	*våkne*	woke/waked	waked
wear	*bære*	wore	worn
weave	*veve*	wove	woven
weep	*gråte*	wept	wept
(will)	*ville*	would	wanted to
win	*vinne*	won	won
wind	*vinde, sno*	wound	wound
wring	*vri*	wrung	wrung
write	*skrive*	wrote	written

MÅL OG VEKT

Length

1 inch = 2,54 cm
1 foot = 12 inches = 30,48 cm
1 yard = 3 feet = 0,9144 m
1 mile = 1760 yards = 1609,3 m
1 nautical mile = 1/60 degree = 1 minute = 1852 metres

Area

1 square inch = 6,45 cm^2
1 square foot = 0,093 m^2
1 square yard = 0,836 m^2
1 acre = 4840 square yards = 4,05 da.
1 square mile = 640 acres = 2590 da.

Volume

1 cubic inch = 16,39 cm^3
1 pint = 0,568 litre
1 quart (GB) = 1,136 litre
1 quart (USA) = 0,946 litre
1 gallon (GB) = 4 quarts = 4,546 litre
1 gallon (USA) = 4 quarts = 3,785 litre
1 bushel (GB) = 8 gallons = 36,37 litre
1 bushel (USA) = 8 gallons = 35,24 litre
1 cubic foot = 0,0283 m^3
1 cubic yard = 0,7646 m^3
1 barrel (oil) = 159 litre
6,29 barrels = 1 m^3

Weight

1 ounce = 28 g
1 pound = 457 g
1 stone = 14 pounds = 6,35 kg
1 cwt = 1 hundredweight = 112 pounds = 50,8 kg
1 short ton = 907,2 kg
1 long ton = 1016 kg

TEMPERATUR

100 °C (Celsius) = 212 °F (Fahrenheit)
  0 °C   = 32 °F

Omgjøring fra Celsius til Fahrenheit:

 0 °C = 32 °F
 1 °C = 32 + 1,8   = 33,8 °F
 2 °C = 32 + (2 × 1,8)   = 35,6 °F
 3 °C = 32 + (3 × 1,8)   = 37,4 °F
10 °C = 32 + (10 × 1,8)   = 50,0 °F
20 °C = 32 + (20 × 1,8)   = 68,0 °F
30 °C = 32 + (30 × 1,8)   = 86,0 °F

MYNT

Britisk mynt

1 pound (£1) = 100 pence (100p)

(Før 1971: 1 pound (£1) = 20 shillings (20 s)
           1 shilling   = 12 pence (12 d))

Skillemynt:
1/2 p	– a halfpenny
1p	– a penny
2p	– two pence, twopence
5p	– a five pence piece
10p	– a ten pence piece
20p	– a twenty pence piece
50p	– a fifty pence piece

Sedler:
£1	– a pound note, a quid
£5	– a five pound note, a fiver, five quid
£10	– a ten pound note, a tenner, ten quid
£20	– a twenty pound note

Amerikansk mynt

1 dollar ($1) = 100 cents (100 c)

Skillemynt:
1 c	– a penny
5 c	– a nickel
10 c	– a dime
25 c	– a quarter
50 c	– a half-dollar

Sedler:
Greenbacks:
	$1	– a dollar bill, a buck
	$5	– a five dollar bill
	$10	– a ten dollar bill
	$20	– a twenty dollar bill

Større sedler: £50, £100, £500, £1000, £10 000

KLOKKESLETT

DATO

Britisk

3 (3rd) April, 1910
(the third of April nineteen ten)

Amerikansk

April 3, 1910 / 4.3.1910
(April third nineteen ten)

Månedsnavnene kan forkortes slik:
Jan, Feb, Mar, Apr, May, Jun, Jul, Aug, Sep, Oct, Nov, Dec

HELLIGDAGER OG HØYTIDER

British holidays

1 January	*New Year's Day*
Mars/April	*Easter*
	Good Friday - People eat cross buns for breakfast to remind us of the crucifixion of Jesus Christ.
	Easter Sunday - the day of resurrection. People eat Easter Eggs.
May/June	*Whitsun Day*
	Whitsun Monday
31 October	*Halloween* (see US list)
5 November	*Guy Fawkes Day* - On that day, in 1605, Guy Fawkes tried to blow up the Houses of Parliament. Guy Fawkes was sentenced to death and executed. People light bonfires and usually burn a Guy Fawkes figure. Children ask for «a penny for the guy».
25 December	*Christmas Day* - Children get presents in the morning. The traditional dinner is turkey and Christmas pudding.
26 December	*Boxing Day* - Rich people used to give money or a gift to their servants, or to the milkman, postman, dustman, who got their boxes filled. That's how the day got its name.

American holidays

January 1	*New Year's Day*
3rd Monday in January	*Martin Luther King Day* - In commemoration of the black clergyman who fought so bravely for equal rights for black people. He was assassinated in 1968.
February 14	*Valentine's Day* - Valentine died as a Christian Martyr. Many people send greeting cards to friends, and you can give small gifts to your close friends.
3rd Monday in February	*President's Day* - It's a celebration of the birthday of the first President of the United States, George Washington. Gradually the day has come to celebrate all former American Presidents.
4th Monday in May	*Memorial Day* - A day to honour those who fell in the Civil War (1861—1865) and other wars.

| July 4 | *Independence Day* - the «birth» of the Nation: The United States declared independence from Great Britain, and the Declaration of Independence was signed. |

July 4

Independence Day - the «birth» of the Nation: The United States declared independence from Great Britain, and the Declaration of Independence was signed.

1st Monday in September

Labour Day - Labour Unions arrange parades.

2nd Monday in October

Columbus Day - In commemoration of Columbus' discovery of America in 1492 (October 12).

October 9

Leif Erikson Day - In honour of the viking who made a voyage to America 1000 years ago.

October 31

Halloween - Children dress in funny costumes and knock on neighbours' doors, shouting «Trick or Treat». Usually they get gifts like candy and fruit. If they don't get anything, they may «punish» their neighbour in some way: soaping windows, cutting clotheslines, etc. The real meaning of «Halloween» is All Saints' Day, a Catholic celebration of the Saints.

November 11

Veterans' Day - Originally to honour veterans from the First World War (1914—1918), now veterans from all wars in which American soldiers have been involved, are honoured.

4th Thursday in November

Thanksgiving Day - In commemoration of the first immigrants who came to America, the Pilgrims. They came on «the Mayflower» and settled on the East Coast in 1620. Half of them died during the first winter. On Thanksgiving Day families gather to enjoy a traditional dinner.

25 December

Christmas Day - The day when you get Christmas gifts. The families have their traditional Christmas meal.

England

County	Centre
Greater London	London
Greater Manchester	Manchester
Merseyside	Liverpool
South Yorkshire	Barnsley
Tyne and Wear	South Shields
West Midlands	Wolverhampton
West Yorkshire	Wakefield
Avon	Bristol
Bedfordshire	Bedford
Berkshire	Reading
Buckinghamshire	Aylesbury
Cambridgeshire	Cambridge
Cheshire	Chester
Cleveland	Teesside
Cornwall	Truro
Cumbria	Carlisle
Derbyshire	Matlock
Devon	Exeter
Dorset	Dorchester
Durham	Durham
East Sussex	Lewes
Essex	Chelmsford
Gloucestershire	Gloucester
Hampshire	Winchester
Hereford and Worcester	Worcester
Hertfordshire	Hertford
Humberside	Hull
Kent	Maidstone
Lancashire	Preston
Leicestershire	Leicester
Lincolnshire	Lincoln
Norfolk	Norwich
Northamptonshire	Northampton
Northumberland	Newcastle upon Tyne
North Yorkshire	Northallerton
Nottinghamshire	Nottingham
Oxfordshire	Oxford

County	Centre
Shropshire	Shrewsbury
Somerset	Taunton
Staffordshire	Stafford
Suffolk	Ipswich
Surrey	Kingston upon Thames
Warwickshire	Warwick
West Sussex	Chichester
Wight, Isle of	Newport
Wiltshire	Trowbridge

Wales

Clwyd	Mold
Dyfed	Carmarthen
Gwent	Newport
Gwynedd	Caernarvon
Mid Glamorgan	Merthyr Tydfil
Powys	Brecon
South Glamorgan	Cardiff
West Glamorgan	Swansea

Scotland

Region

Borders	Newtown St. Boswells
Central	Stirling
Dumfries and Galloway	Dumfries
Fife	Glenrothes
Grampian	Aberdeen
Highland	Inverness
Lothian	Edinburgh
Orkney	Kirkwall
Shetland	Lerwick
Strathclyde	Glasgow
Tayside	Dundee
Western Isles	Stornoway

Northern Ireland

Antrim	Antrim
Ards	Newtonards
Armagh	Armagh
Ballymena	Ballymena
Ballymoney	Ballymoney
Banbridge	Banbridge
Belfast	Belfast
Carrickfergus	Carrickfergus

County	Centre
Castlereagh	Belfast
Coleraine	Coleraine
Cookstown	Cookstown
Craigovan	Portadown
Down	Downpatrick
Dungannon	Dungannon
Fermanagh	Enniskillen
Larne	Larne
Limavady	Limavady
Lisburn	Lisburn
Londonderry	Londonderry
Magherafelt	Magherafelt
Moyle	Ballycastle
Newry and Mourne	Newry
North Down	Bangor
Omagh	Omagh
Strabane	Strabane

AMERIKAS FORENTE STATER

Område	Delstat	Fork.	Hovedstad
New England:	Maine	ME	Augusta
	New Hampshire	NH	Concord
	Vermont	VT	Montpelier
	Massachusetts	MA	Boston
	Rhode Island	RI	Providence
	Connecticut	CT	Hartford
Mellomatlantiske stater:	New York	NY	Albany
	New Jersey	NJ	Trenton
	Pennsylvania	PA	Harrisburg
Nordøstre sentralstater:	Ohio	OH	Columbus
	Indiana	IN	Indianapolis
	Illinois	IL	Springfield
	Michigan	MI	Lansing
	Wisconsin	WI	Madison
Nordvestre sentralstater:	Minnesota	MN	St. Paul
	Iowa	IA	Des Moines
	Missouri	MO	Jefferson City
	North Dakota	ND	Bismarck
	South Dakota	SD	Pierre
	Nebraska	NE	Lincoln
	Kansas	KS	Topeka
Søratlantiske stater:	Delaware	DE	Dover
	Maryland	MD	Annapolis
	Virginia	VA	Richmond
	West Virginia	WV	Charleston
	North Carolina	NC	Raleigh
	South Carolina	SC	Columbia
	Georgia	GA	Atlanta
	Florida	FL	Tallahassee
Sørøstre sentralstater:	Kentucky	KY	Frankfort
	Tennessee	TN	Nashville
	Alabama	AL	Montgomery
	Mississippi	MS	Jackson

Område	Delstat	Fork.	Hovedstad
Sørvestre sentralstater:	Arkansas	AR	Little Rock
	Louisiana	LA	Baton Rouge
	Oklahoma	OK	Oklahoma City
	Texas	TX	Austin
Fjellstatene:	Montana	MT	Helena
	Idaho	ID	Boise City
	Wyoming	WY	Cheyenne
	Colorado	CO	Denver
	New Mexico	NM	Santa Fé
	Arizona	AZ	Phoenix
	Utah	UT	Salt Lake City
	Nevada	NV	Carson City
Stillehavsstatene:	Washington	WA	Olympia
	Oregon	OR	Salem
	California	CA	Sacramento
	Alaska	AK	Juneau
	Hawaii	HI	Honolulu
District of Columbia	Washington DC		

GEOGRAFISKE NAVN

Land og hovedsteder i Europa

Land	*Hovedstad*
Albania	Tirana
Andorra	Andorra la Vieja
Austria	Vienna
Belgium	Brussels
Bulgaria	Sofia
Czechoslovakia	Prague
Cyprus	Nicosia
Denmark	Copenhagen
England*	London
Estonia	Tallinn
Finland	Helsinki
France	Paris
Germany	Bonn (Berlin from 199?)
Faeroes*	Torshavn
Greenland*	Godthaab
Greece	Athens
Hungary	Budapest
Iceland	Reykjavik
Ireland	Dublin
Italy	Rome
Latvia	Riga
Liechtenstein	Vaduz
Lithuania	Vilnius
Luxembourg	Luxembourg
Malta	Valletta
Monaco	Monaco
Netherlands, the	Amsterdam
Northern Ireland*	Belfast
Norway	Oslo
Poland	Warsaw
Portugal	Lisbon
Rumania	Bucurest
San Marino	San Marino
Scotland*	Edinburgh
Russia	Moscow
Spain	Madrid
Sweden	Stockholm

Land	Hovedstad
Switzerland	Bern
Turkey	Ankara
Wales*	Cardiff
Yugoslavia	Belgrade

* not independent states

Andre stedsnavn som kan by på problemer

Aix-la-Chapelle	Aachen
Albion	England
Alsatia	Alsace
Asia Minor	Lilleasia
Baltic	Østersjøen
Basle	Basel
Bavaria	Bayern
Bohemia	Böhmen
Bothnia, the Gulf of	Bottenviken
Brittany	Bretagne
Bruges	Brugge
Caledonia	Skottland
Calvary, Mount	Golgata
Cologne	Köln
Constance, the Lake of	Bodensjøen
Crete	Kreta
Crimea	Krim
Cyprus	Kypros
Danube	Donau
Eire	Irland
Elsinore	Helsingør
Erin	Irland
Florence	Firenze
Flushing	Vlissingen
Geneva	Genève
Genoa	Genua
Gothenburg	Göteborg
Hague, the	Haag
Jutland	Jylland
Leghorn	Livorno
Leman, Lake	Genfersjøen
Mediterranean, the	Middelhavet
Milan	Milano
Munich	München
Naples	Napoli
Pacific, the	Stillehavet
Pomerania	Pommern
Prussia	Preussen
Ratisbon	Regensburg

YRKESBETEGNELSER SOM ER BLITT FAMILIENAVN

Mange yrker/håndverk er blitt til familienavn –
ikke alle er familienavn på norsk.

Baker	baker
Barber	barber
Blacksmith	grovsmed
Brewer	brygger
Butcher	slakter
Carpenter	snekker/tømmermann
Carter	vognmaker
Cobbler	lappeskomaker
Cooper	bøkker
Dyer	farger
Farmer	bonde
Fisher	fisker
Furrier	buntmaker
Gardener	gartner
Goldsmith	gullsmed
Hatter	hattemaker
Hunter	jeger
Locksmith	låsesmed
Mason	murer
Mercer	manufakturhandler
Miner	gruvearbeider
Miller	møller
Painter	maler
Potter	pottemaker
Saddler	salmaker
Shoemaker	skomaker
Smith	smed
Slaughter	slakter
Stoker	fyrbøter
Tanner	garver
Thatcher	taktekker
Tailor, Taylor	skredder
Weaver	vever

Starters/Appetisers

soup of the day
pâté
chilled melon
smoked salmon
prawn cocktail

Forretter

dagens suppe
postei, paté
iskald melon
røkelaks
rekecocktail

Fish and crustaceans

cod
craw fish
eel
flounder
haddock
halibut
herring
kippers
lobster
mackerel
mussels
prawns
salmon
shrimps
trout
whiting

Fisk og skalldyr

torsk
kreps
ål
flyndre
kolje
hellefisk, kveite
sild
røkesild
hummer
makrell
blåskjell
store reker
laks
reker
ørret
hvitting

Meat

beef
chop
ham
lamb
mutton
pork
roast beef
sausages
steak
veal

Kjøtt

oksekjøtt
kotelett
skinke
lammekjøtt
fårekjøtt
svinekjøtt
roastbiff
pølser
biff
kalvekjøtt

Poultry	*Fugl, fjærfe*
chicken	kylling
fowl	høns
goose	gås
turkey	kalkun

Game	*Vilt*
duck	and
ptarmigan	rype
hare	hare
quail	vaktel
venison	rådyrstek

Potatoes and vegetables	*Poteter og grønnsaker*
baked potato	bakt potet
boiled potatoes	kokte poteter
chips	pommes frites
crisps	chips, potetgull
French fries (US)	pommes frites
chips (US)	chips, potetgull
mashed potatoes	potetstappe
beans	bønner
broccoli	brokkoli
cabbage	kål
carrots	gulrøtter
cauliflower	blomkål
chives	gressløk
cucumber	slangeagurk
garlic	hvitløk
leek	purre
lettuce	salat
mushroom	sopp
onion	løk
peas	erter
radishes	reddiker

Sweets, desserts	*Desserter*
apple pie	eplepai
blackberries	bjørnebær
raspberries	bringebær
strawberries	jordbær
cakes	kaker
ice cream	is
sherbet	sorbet

Beverages	Drikkevarer
beer	øl
wine	vin
lemonade	brus, mineralvann
mineral water	mineralvann, selters

BRITISK-ENGELSK OG AMERIKANSK-ENGELSK

Det meste er likt, men det er en del forskjeller i uttale, skrivemåte og betydning.

Forskjellig skrivemåte

Britisk	*Amerikansk*
colour	color
labour	labor
favour	favor
centre	center
metre	meter
theatre	theater
marvellous	marvelous
traveller	traveler
defence	defense
licence	license
catalogue	catalog
cheque	check
grey	gray
programme	program
tyre	tire
aluminium	aluminum

Forskjellig betydning

at the moment	presently
autumn	fall
holiday	vacation
break	recess
term	semester
billion	trillion
thousand billions	quadrillion
thousand millions	billion
bill (restaurant etc.)	check
note (bank note)	bill
form	blank

Britisk	Amerikansk
Christian name	first name
surname	last name
full stop	period
rubber	eraser
Managing Director	President
shareholder	stockholder
headmaster	principal
caretaker	janitor
cinema	movie
shop	store
chemist's	drugstore
ironmonger's	hardware store
newspaper kiosk	newsstand
cable	telegram
trousers	pants
braces	suspenders
dinner-jacket	tuxedo
packet	pack
parcel	package
tin	can
corn	grain
maize	corn
sweets	candy
torch	flashlight
hire	rent
flat	apartment
block of flats	apartment house
ground floor	first floor
lift	elevator
lavatory	bathroom
drapes	curtains
dustbin	garbage can
automobile	car
lorry	truck
petrol	gas, gasoline
car park	parking lot
public convenience	comfort station
pavement	sidewalk
queue	line
railway	railroad
underground	subway
hobo	tramp

ENGELSKE FORKORTELSER

AA	Alcoholics Anonymous
AD	Anno Domini
AIDS	Acquired Immune Deficiency Syndrome
am., a.m.	ante meridiem
ANC	African National Congress
AP	Associated Press
Ave	avenue
BA	British Airways; Bachelor of Arts
B & B	bed and breakfast
BBC	British Broadcasting Corporation
BC	before Christ
B. of E.	Bank of England
BR	British Rail
Bros.	Brothers
BSc.	Bachelor of Science
BST	British Summer Time
C	centigrade (Celsius)
CBE	Commander of the Order of the British Empire
CBS	Columbia Broadcasting System (USA)
CD	compact disc; Corps Diplomatique
CE	Council of Europe
cf	confer
CIA	Central Intelligence Agency
cm	centimetre
CNN	Cable News Network
c/o	care of
Co.	company
COD	cash on delivery
Cons.	Conservative
cont.	continued
Corp.	Corporation
cp.	compare
Cres.	Crescent
CSE	Certificate of Secondary Education
CWO	cash with order
d	penny, pence
DC	District of Columbia (USA)
deg.	degree
Dem.	Democrat
Dept., dept.	department

dir.	director
DJ	disc jockey
doz.	dozen
EC	European Community
ECG	electrocardiogram
EDP, edp	electronic data processing
EEC	European Economic Community
EFTA	European Free Trade Area
e.g., eg	for example (exempli gratia)
EMU	European Monetary Union
encl.	enclosed, enclosure
Esq.	Esquire
ex.	example
ext.	extension
F	Fahrenheit
FA	Football Association
FAO	Food and Agricultural Organization
FBI	Federal Bureau of Investigation (USA)
Fed.	Federal
ff	following
FO	Foreign Office
fob.	free on board
ft.	foot, feet
GATT	General Agreement on Tariffs and Trade
gaz.	gazette
GB	Great Britain
GCE	General Certificate of Education
GDP	gross domestic product
GHQ	General Headquarters
GI	government issue (USA)
GMT	Greenwich Mean Time
GNP	gross national product
Gov.	governor
GP	general practitioner
GPO	general post office
HIV	Human Immuno-deficiency Virus
HM	Her/His Majesty
HO	Home Office
HP	hire purchase; horse power; Houses of Parliament
HQ	headquarters
HRH	Her/His Royal Highness
ICBM	intercontinental ballistic missile
i.e.	that is (id est)
IMF	International Monetary Fund
Inc.	incorporated
incl.	including
IOU	I owe you
IRA	Irish Republican Army

IT	information technology
Jr.	Junior
km	kilometre
£	pound (mynt)
Lab	Labour
lb.	pound (vekt)
Lib	Liberal
Ltd.	Limited
m	metre
MA	Master of Arts
MBE	Member of the British Empire
MIA	Missing in action
misc	miscellaneous
MP	Member of Parliament
mph	miles per hour
Mr	Mister
Mt	Mount
NATO	North Atlantic Treaty Organization
NBC	National Broadcasting Corporation (USA)
NHS	National Health Service
No., no.	number
OAU	Organization of African Unity
OBE	Order of the British Empire
OHMS	On Her Majesty's Service
OK	all correct
OPEC	Organization of Petrol Exporting Countries
oz., oz	ounce
p	penny, pence
p.a.	per year (per annum)
PLA	Port of London Authority
PLC	Public Limited Company
PLO	Palestine Liberation Organization
pm., p.m.	post meridiem
PM	Prime Minister
PO	Post Office
POB	Post Office Box
POW	prisoner of war
PR	public relations
Pres.	President
PS	postscript
PTA	parent-teacher association
PTO	please turn over
RAF	Royal Air Force
Rd.	road
re.	with reference to
ref.	reference
reg(d)	register(ed)
Rev.	Reverend

R.I.P.	Rest in peace
RM	Royal Marines
RN	Royal Navy
RSVP	please answer (répondez s'il vous plaît)
S.A.E., sae.	stamped addressed envelope
SALT	Strategic Arms Limitation Talks
sec.	second; secretary; section
sen	senate, senior
SHAPE	Supreme Headquarters of Allied Powers in Europe
St.	street, Saint
STD	subscriber trunk dialling; sexually transmitted disease
t.	ton(s)
TB	tuberculosis
TT	teetotaller
TUC	Trades Union Congress
UAR	United Arab Republic
UFO	Unidentified Flying Object
UK	United Kingdom
UN	United Nations
UPI	United Press International
USA	United States of America
USSR	Union of Soviet Socialist Republics
v.	versus
VAT	value added tax
VC	Vice Chairman
VCR	video cassette recorder
VIP	Very Important Person
viz.	namely (videlicet)
vol.	volume
VP	Vice President
VSOP	Very Special Old Pale
WASP	White Anglo Saxon Protestant
WHO	World Health Organization
X-mas	Christmas
YFU	Youth for Understanding
YHA	Youth Hostels Association
YMCA	Young Men's Christian Association
YWCA	Young Women's Christian Association

Signs of the Zodiac		*Stjernebilder*
Aries	21/3 − 20/4	Væren
Taurus	21/4 − 21/5	Tyren
Gemini	22/5 − 21/6	Tvillingene
Cancer	22/6 − 22/7	Krepsen
Leo	23/7 − 23/8	Løven
Virgo	24/8 − 23/9	Jomfruen
Libra	24/9 − 23/10	Vekten
Scorpius	24/10 − 22/11	Skorpionen
Sagittarius	23/11 − 21/12	Skytten
Capricorn	22/12 − 20/1	Steinbukken
Aquarius	21/1 − 18/2	Vannmannen
Pisces	19/2 − 20/3	Fiskene

STAVING AV EGENNAVN OG VANSKELIGE ORD

Norge		*Engelsktalende land*
Anna	A	Alfred
Bernhard	B	Benjamin
Cæsar	C	Charles
David	D	David
Edith	E	Edward
Fredrik	F	Fredrick
Gustav	G	George
Harald	H	Harry
Ivar	I	Isaac
Johan	J	Jack
Karin	K	King
Ludwig	L	London
Martin	M	Mary
Nils	N	Nellie
Olivia	O	Oliver
Petter	P	Peter
Quintus	Q	Queen
Rikard	R	Robert
Sigrid	S	Samuel
Teodor	T	Tommy
Ulrik	U	Uncle
V enkelt-v	V	Victor
W dobbelt-v	W	William
Xerxes	X	Xray
Yngling	Y	Yellow
Zakarias	Z	Zebra
Ærleg	Æ	
Ørn	Ø	
Åse	Å	

abbed abbot; ~ **isse** abbess.
abc-bok primer, ABC-book.
abdi|kasjon abdication; ~ **sere** abdicate.
abnorm abnormal; ~ **itet** abnormality.
abonne|ment subscription; ~ **nt** subscriber; ~ **re** subscribe **(på:** to).
abort abortion, miscarriage; ~ **ere** abort, miscarry.
absolutt absolute.
absorbere absorb.
abstrakt abstract.
absurd absurd; ~ **itet** absurdity.
ad- se også **at-**.
add|ere add (up); ~ **isjon** addition.
adel nobility; ~ **ig** noble, titled; ~ **smann** nobleman.
adgang admittance, admission, access; **(vei til)** approach, access; ~ **forbudt** no admittance.
adjektiv adjective.
adjø good-bye.
adle ennoble, knight.
adlyde obey.
administr|asjon administration, management; ~ **ativ** administrative; ~ **ere** manage, administer.
admiral admiral.
adop|sjon adoption; ~ **tere** adopt; ~ **tivbarn** adopted *(el* adoptive) child.
adresse address; ~ **bok** directory; ~ **re** address.
advar|e warn **(mot:** against; **om:** of); ~ **sel** warning.
adverb adverb.
advokat lawyer; counsel; **(høyesteretts ~)** barrister; *(jur* rådgiver) solicitor; *amr* attorney.
aero|bic aerobics; ~ **dynamisk** aerodynamic.

affekt excitement; emotion, passion; **komme i** ~ become excited; ~ **ert** affected.
affære affair.
Afrika Africa.
afrikan|er, ~ **sk** African.
aften evening, night; **høytids-** eve; ~ **smat** supper.
agent agent; ~ **ur** agency.
agere act, play, sham.
aggressiv militant.
agit|asjon agitation; ~ **ere** agitate.
agn bait; (på korn) chaff, husk; ~ **e** bait.
agrar agrarian.
agronom agronomist.
agurk cucumber.
AIDS AIDS = acquired immune deficiency syndrome; ~ **-smittet** AIDS-infected.
à jour up to date.
akademi academy; ~ **ker** university graduate; ~ **sk** academic(al).
ake sledge, slide (on a sledge).
akevitt aquavit.
akkl|amasjon acclamation; ~ **imatisere** acclimatize.
akkompagn|ere accompany; ~ **atør** accompanist.
akkord *mus* chord; *arb* contract, piece-work; *merk* composition, arrangement.
akkurat *adj* exact, accurate; precise; *adv* (nettopp) exactly, just.
à konto on account.
akrobat acrobat.
aks ear, spike; ~ **e** axis; ~ **el** (på hjul) axle; *mask* shaft; (skulder) shoulder.
aksent accent; ~ **uere** accent, accentuate.
aksept *merk* acceptance; ~ **abel**

acceptable; ~ **ere** accept; *merk* accept, honour.

aksje share; *amr* stock; ~ **kapital** share capital; ~ **marked** stockmarket; ~ **selskap** limited liability company (A/S = Ltd.); *amr* corporation, stock company.

aksjon action; **gå til** ~ take action; ~ **ær** shareholder.

akt act; ~ **e** intend; respect; ~ **else** respect, regard, esteem.

akter aft; astern; ~ **dekk** afterdeck; ~ **ende** stern.

aktiv active; ~ **a** *pl* assets (~ **og passiva** assets and liabilities); ~ **itet** activity.

aktor counsel for the prosecution, prosecutor; ~ **at** prosecution.

akt|**pågivende** mindful, attentive; ~ **pågivenhet** attention; ~ **som** heedful, careful; ~ **stykke** document; ~ **ualitet** current interest; ~ **uell** topical, current; ~ **verdig** respectable.

akusti|**kk** acoustics *pl;* ~ **sk** acoustic.

akutt acute.

akvarell water-colour.

akvarium aquarium.

alarm alarm; ~ **ere** alarm.

albatross albatross.

albu|**e** elbow; ~ **rom** elbow room

album album.

aldeles quite, entirely; altogether; ~ **ikke** not at all.

ald|**er** age; ~ **erdom** old age; ~ **ersforskjell** difference in age; ~ **erstrygd** old-age pension; ~ **rende** elderly.

aldri never.

alene alone, by oneself.

alfabet alphabet; ~ **isk** alphabetical.

alge alga *(pl* algae), seaweed.

alkohol alcohol; ~ **fri** non alcoholic; ~ **iker** alcoholic.

alkove alcove.

all all; ~ **e** everyone, everybody, all.

allé avenue.

allehelgens|**aften** All Saints' Eve, *amr* Halloween; ~ **dag** All Saints' Day.

aller best best of all, the very best.

alle|**rede** already; as early as; ~ **r først** first of all; ~ **rgi** allergy; ~ **rgisk** allergic; ~ **r mest** most of all; ~ **sammen** all of us (you, them), everybody; ~ **slags** all kinds of; ~ **stedsnærværende** omnipresent, ubiquitous.

allfarvei public highway.

alli|**anse** alliance; ~ **ere; ~ ert** ally; **de allierte** the Allies.

alligator alligator.

allikevel still, yet, all the same.

all|**makt** omnipotence; ~ **mektig** almighty.

allmenn general; ~ **befinnende** state of health in general; ~ **heten** the public; ~ **ing** common.

all|**sidig** versatile; all-round; ~ **slags** all kinds of; ~ **tid** always; ~ **ting** everything; ~ **vitende** omniscient, all-knowing.

alm elm.

almanakk almanac.

alm|**innelig** common, general, ordinary; ~ **innelighet, i** ~ in general, generally; ~ **isse** alms, charity; ~ **ue** the common people.

alpelue beret.

Alpene (the) Alps.

alt everything, all; ~ **i** ~ altogether; *mus* (contr)alto; se også **allerede**.

altan balcony.

alter altar; ~ **ert** excited, agitated; ~ **gang** communion; ~ **nativ** alternative.

altetende omnivorous.

alt|**for** too, much too, far too; ~ **muligmann** jack-of-all-trades; ~ **så** therefore, consequently, so.

alu|**minium** aluminium; ~ **n** alum.

alv elf, fairy.

alvor seriousness, earnestness; gravity; **for** ~ in earnest; ~ **lig** serious, earnest; grave.

ama|**lgam** amalgam; ~ **sone** amazon; ~ **tør** amateur.

ambassad|**e** embassy; ~ **ør** ambassador.

ambisjon ambition.

ambolt anvil.

ambulanse ambulance.

Amerika America.

amerikan|er; ~sk American; ~sk
olje castor oil.
amfetamin amphetamine.
amme *s & v* nurse.
ammoniakk ammonia.
ammunisjon ammunition.
amnesti amnesty.
amortiser|e amortize; ~ing amor-
tization.
amper fretful, peevish.
amput|asjon amputation; ~ere
amputate.
amulett amulet, charm.
analfabet illiterate.
analyse analysis *(pl* analyses); ~re
analyse.
ananas pineapple.
anarki anarchy; ~st anarchist.
anatom anatomist.
anatomi anatomy.
anbefal|e recommend; ~ing re-
commendation; ~ingsbrev letter
of introduction.
anbringe put, place; ~lse placing,
investment (penger); application.
anbud tender (på: for).
and duck.
and|akt (andektighet) devotion;
(kort gudstjeneste) prayers; ~ek-
tig devout.
andel share; quota.
andpusten out of breath.
andre others, other people.
and|rik drake; ~unge duckling.
ane suspect, guess; forebode; (jeg
~r ikke) I have no idea.
anekdote anecdote.
anelse suspicion.
anemi (blodfattighet) anemia.
aner *pl* ancestors.
anerkjenne acknowledge, recog-
nize; ~lse acknowledg(e)ment;
recognition.
anfall assault; attack; *med* fit;
~e attack, assault.
anfør|e command, lead; *merk* en-
ter, book; (sitere) cite, quote; ~er
kingpin; ~sel command; quota-
tion; ~selstegn quotation marks.
angel hook; ~sakser, ~saksisk
Anglo-Saxon.
anger remorse, regret, repentance;
~full contrite.
angi inform against, denounce;

(vise) indicate; (nevne) state;
~velig alleged, ostensible; ~ver
informer.
angre regret; repent (på: of);
~nde remorseful.
angr|ep attack, assault, charge,
aggression; ~ipe attack, assault;
(tære) corrode; ~iper aggressor,
attacker.
angst fear, dread; anxiety.
angå concern, regard, bear on;
~ende concerning, regarding.
anholde apprehend, arrest; ~lse
apprehension, arrest.
animere animate.
anis anise.
anke *s & v* appeal.
ankel ankle.
anker anchor; ~kjetting cable;
~plass berth, anchoring ground.
anklage *v* accuse (for: of), charge
(for: with); indict; *s* accusation;
charge; indictment; ~r *jur* prose-
cutor.
ankom|me arrive (til: at, in); ~st
arrival.
ankre anchor.
anledning (gang, festlig ~) occa-
sion, (gunstig ~, sjanse), oppor-
tunity.
anlegg (oppføring) construction;
(fabrikk) works, plant; *elektr* in-
stallation; (evner) talent, turn,
aptitude; ~e construct, lay out;
(sak) bring an action against.
anliggende affair; business.
anløpe *mar* touch at, call at.
anmelde (til politiet) report, de-
nounce; (bok) review; ~lse re-
port, denunciation; (bok) review;
~r reviewer.
anmerk|e note, put down; ~ning
comment, note, remark.
anmod|e om request; ~ning re-
quest.
anneks annex.
annekter|e annex; ~ing annexa-
tion.
annen other; *num* second; ~ klas-
se(s) second-class; ~rangs sec-
ond-rate; ~steds elsewhere;
somewhere else.
annerledes different; otherwise.

annonse advertisement; ~ **plass** advertising space; ~ **re** advertise.

annuller|e cancel, annul; ~ **ing** cancellation.

anonym anonymous; ~ **itet** anonymity.

anoreksi anorexia.

anret|ning serving; (sted) pantry; ~ **te** arrange, prepare; (forårsake) cause.

anriket (uran) (uranium) enriched.

ansamling crowd (of people).

ansatt employed (in an office).

anse| for regard as, consider; ~ **else** reputation; image; ~ **lig** considerable; ~ **tt** respected; ~ **tte** employ, engage, appoint; ~ **ttelse** employment, engagement, appointment.

ansiennitet seniority.

ansikt face; ~ **s-** facial; ~ **sfarge** complexion; ~ **sløftning** face-lift; ~ **strekk** feature.

ansjos anchovy.

anskaffe procure, get; (kjøpe) purchase; ~ **lse** procurement; purchase.

anskuel|ig plain, intelligible; ~ **iggjøre** elucidate, illustrate; ~ **se** view.

ansl|ag mus touch; (vurdering) estimate; ~ **å** mus strike; estimate **(til:** at).

an|spenne strain; ~ **spent** (in)tense; ~ **spore** stimulate, urge.

anstalt institution.

anstandsdame chaperon.

anstendig decent, proper; ~ **het** decency.

anstrenge| seg (for å) endeavour (to), exert oneself (to); ~ **lse** effort, exertion; ~ **nde** tiring, strenuous.

anstøt offence, scandal; ~ **elig** offensive, indecent; ~ **sten** stumbling block.

ansvar responsibility; ~ **lig** responsible **(for:** for; **overfor:** to); ~ **sløs** irresponsible.

anta suppose; conjecture; (en lære etc.) embrace, adopt; (form etc.) assume; ~ **gelig** acceptable; (sannsynligvis) probably; ~ **gelse**

acceptance; adoption; supposition; conjecture.

antall number.

antarktisk antarctic.

antatt putative.

antenne s aerial, antenna (pl -ae); v light, set fire to; ~ **lig** inflammable.

antik|k antique; ~ **ken** antiquity; ~ **var** second-hand bookseller; antiquarian; ~ **vert** antiquated.

anti|lope antelope; ~ **luftskyts** anti-aircraft guns, flak; ~ **pati** antipathy; ~ **septisk** antiseptic.

antrekk dress, attire.

antropolog anthropologist; ~ **i** anthropology.

antyd|e indicate; (la forstå) suggest, hint; ~ **ning** indication; (forslag) suggestion; (spor) trace.

anvende use, employ **(til:** for); (tid) spend; (teori) apply **(på:** to); ~ **lig** applicable, practicable; ~ **lse** employment, use, application.

anvis|e (vise) show; (tildele) assign; merk pass for payment; (på bank) draw on a bank; ~ **ning** instructions; merk order, cheque.

aparte odd, queer.

apartheid apartheid.

apati apathy; ~ **sk** apathetic.

ape monkey, ape; v mimic, ape.

apoplek|si apoplexy; ~ **tisk** apoplectic.

apostel apostle.

apotek chemist's shop, pharmacy; amr drugstore; ~ **er** chemist, druggist; ~ **ervarer** drugs.

apparat apparatus, (fjernsyn, radio) set.

appell appeal; ~ **ere** appeal.

appelsin orange.

appetitt appetite; ~ **lig** appetizing, delicate.

applau|dere applaud; ~ **s** applause.

aprikos apricot.

april April; ~ **snarr** April fool; **1.** ~ All Fools' Day.

apropos by the way.

arab|er Arab; ~ **ia** Arabia; ~ **isk** Arabian; (språket) Arabic.

arbeid work, labour; (beskjeftigelse) employment; (et ~) a job;

~ **e** work, labour; ~ **er** worker, workman; **(grov ~)** labourer; ~ **erklasse** working class; ~ **erparti** Labour Party; ~ **sdag** working day, workday; ~ **sdyktig** able to work; ~ **sgiver** employer; ~ **skontor** Employment Office; ~ **skraft** manpower; ~ **sledighetstrygd** dole; ~ **slønn** wages; ~ **sløs** unemployed; ~ **sløshet** unemployment; ~ **smarked** labour market; ~ **som** industrious; ~ **staker** employee; ~ **stid** working hours; ~ **stillatelse** work (*el* labour) permit; ~ **sværelse** study.
areal area.
arena arena.
arg (sint) angry, indignant.
Argentina Argentina, the Argentine.
argentinsk Argentine.
argument argument; ~ **asjon** argumentation; ~ **ere** argue.
arie aria.
aristokrat aristocrat; ~ **i** aristocracy; ~ **isk** aristocratic.
aritmetikk arithmetic.
ark *bibl* ark; (papir) sheet.
arkeolog archaeologist.
arkipel archipelago.
arkitekt architect; ~ **ur** architecture.
arkiv archives *pl; merk* file, record; ~ **ar** archivist, keeper of the records; ~ **ere** file; ~ **skap** filing cabinet.
arktisk arctic.
arm arm; ~ **bind** armlet; ~ **bånd** bracelet; ~ **båndsur** wrist-watch; ~ **é** army; ~ **heving** push-up; ~ **hule** armpit.
aroma aroma, flavour; ~ **tisk** aromatic.
arr scar; *bot* stigma.
arrangere arrange, organize.
arrangør organizer.
arrest arrest, custody; *mar* embargo; (fengsel) prison; ~ **ant** prisoner; ~ **ere** arrest.
arroganse arrogance; ~ **t** arrogant, haughty.
arsenal arsenal.
arsenikk arsenic.

art (vesen) nature; (slags) sort, kind; *sc* species.
arterie artery.
artikkel article; ~ **ulere** articulate.
artilleri artillery.
artisjokk artichoke.
artist artiste; ~ **isk** artistic.
artium *(omtr tilsv.)* General Certificate of Education (Advanced Level) (GCEA).
arv inheritance; heritage; ~ **e** inherit; ~ **efølge** order of succession; ~ **egods** inheritance; ~ **elig** heritable; hereditary; ~ **eløs** disinherited; ~ **estykke** heirloom; ~ **ing** heir; (kvinnelig) heiress.
asbest asbestos.
asfalt; ~ **ere** asphalt.
Asia Asia; ~ **tisk** Asian, Asiatic.
asjett small plate.
ask *bot* ash; ~ **e** ashes *pl;* ~ **ebeger** ash-tray; ~ **eonsdag** Ash Wednesday.
Askepott Cinderella.
askese asceticism; ~ **t** ascetic; ~ **tisk** ascetic.
asparges asparagus.
aspekt aspect.
aspirant aspirant, candidate; ~ **e-re** aspire (**til:** to).
aspirin aspirin.
assimilasjon assimilation; ~ **ere** assimilate (**med:** to).
assistanse assistance; ~ **ent** assistant; ~ **ere** assist.
assortere assort.
assuranse insurance; ~ **ere** insure.
astma asthma.
astrolog astrologer; ~ **logi** astrology; ~ **nom** astronomer; ~ **nomi** astronomy.
asurblå azure.
asyl asylum; refuge; ~ **søker** asylum-seeker.
at that.
ateisme atheism; ~ **t** atheist.
atelier studio.
Aten Athens.
atferd conduct, behaviour.
atkomst access.
Atlanterhavet the Atlantic (Ocean).
atlet athlete; ~ **isk** athletic.
atmosfære atmosphere; ~ **isk** at-

mospheric; ~ **iske forstyrrelser** atmospherics.

atom atom; ~ **bombe** atom(ic) bomb; ~ **drevet** nuclear- *el* atomic-powered; ~ **kraftverk** atomic power plant, nuclear plant; ~ **krig** nuclear war.

atskille part, separate, segregate; ~ **lse** separation, detachment.

atskillig *adv* considerably, a good deal; ~ **e** several, quite a few.

atspred|else diversion; amusement; ~ **t** *fig* absent-minded.

atten eighteen; ~ **de** eighteenth.

attentat attempt(ed murder).

atter again, once more.

attest certificate, testimonial; ~ **e-re** certify.

attføring rehabilitation; ~ **ssenter** rehabilitation centre.

attrå *v* desire, covet; *s* desire (**etter:** of); craving, longing (**etter:** for; **etter å:** to); ~ **verdig** desirable.

audi|ens audience; ~ **torium** lecture room.

august August.

auksjon auction, public sale; ~ **a-rius** auctioneer.

aure trout.

Austral|ia Australia; ~ **ier,** ~ **sk** Australian.

autentisk authentic.

auto|didakt self-taught person; ~ **graf** autograph; ~ **mat** slot (*el* vending) machine; ~ **matisk** automatic; ~ **risasjon** authorization; ~ **risere** authorize; ~ **risert** authorized, licensed; ~ **ritet** authority.

av *prp* of; by; from; *adv* off.

avanse *merk* profit; ~ **ment** promotion; ~ **re** (rykke fram) advance; (forfremmes) be promoted, rise.

avart variety.

avbestill|e cancel; ~ **ing** cancellation.

avbetal|e pay off; ~ **ing** paying off; *konkr* part payment, instalment; (**på** ~) on hire purchase.

avbilde portray, depict.

avbleket discoloured, faded.

avbryte interrupt, disconnect, discontinue; (for godt) break off; ~ **lse** interruption; break.

avbud, sende ~ send an excuse.

av|danket discarded; ~ **dekke** uncover; (statue) unveil.

avdeling *merk* department; section; compartment; *mil* detachment; ~ **skontor** branch office; ~ **ssjef** department manager, head of department.

avdempe deaden.

avdrag part payment, instalment; ~ **svis** by instalments.

avdrift deviation; *mar* drift.

avdød deceased; late.

aveny avenue

aversjon aversion.

avert|ere advertise (**etter:** for).

avfall refuse, waste; (søppel) rubbish, garbage, litter; ~ **sdynge** refuse (*el* rubbish) heap; ~ **sfjerning** rubbish removal.

avfarge discolour.

avfeldig decrepit, infirm; ~ **het** decay, infirmity.

avfolk|e depopulate; ~ **ing** depopulation.

avfyre fire, discharge.

avføring motion, evacuation, stools, crap; ~ **smiddel** laxative, aperient.

avgang departure; ~ **seksamen** leaving (*el* final) examination; ~ **selev** (fra videreg. skole) secondary school graduate; ~ **stid** time of departure.

avgift (skatt) tax; (toll) duty; (gebyr) fee; (forbruker) excise; ~ **sfri** tax-free; ~ **spliktig** dutiable.

avgjøre (ordne) settle; (bestemme) decide, determine; ~ **lse** settlement; decision; ~ **nde** decisive; (endelig) final, conclusive; crucial.

avgrense bound, limit.

avgrunn abyss, gulf.

avgud idol; ~ **sbilde** idol; ~ **sdyrkelse** idolatry.

avgå (fra embete) retire.

avhandling treatise, paper; thesis, dissertation, discourse.

avheng|e av depend on; ~ **ig** dependent, contingent (**av:** on); ~ **ighet** dependence.

avhjelpe (et onde) remedy; (mangel) relieve.

avhold(enhet) abstinence, abstention; ~ e (hindre) prevent; (møter) hold; ~ e seg fra abstain from; ~ smann teetotaller, total abstainer; ~ t popular, beloved.

avhoppler defector; ~ ing defection.

avis (news)paper; ~ kiosk newsstand, (større) bookstall.

avkall renunciation; gi ~ på give up, relinquish, forego.

avkastning yield, profit.

avkjølle cool; refrigerate; ~ ing cooling; refrigeration.

avklare clarify.

avkle undress, strip; ~ dning undressing, stripping.

avkobling relaxation.

avkom offspring; jur issue.

avkrefte weaken, enfeeble; ~ lse weakening, enfeeblement; ~ t weakened.

avkrok out-of-the-way place.

avl (grøde) crop, produce; (kveg) breeding; ~ e (av jorda) raise, grow; (frambringe) beget, engender, spawn; (om dyr) breed.

avlang oblong.

avlaste relieve (for: of).

avlat indulgence; ~ skremmer pardoner.

avlede (utlede av) derive from; (tanker) divert, detract.

avleglge (besøk) pay; (regnskap) render; (eksamen) pass; ~ ger cutting; ~ s antiquated, out of date, obsolete.

avleirle deposit.

avlesse unload, discharge.

avleverle deliver; ~ ing delivery.

avling crop.

avlive put to death, kill.

avlyse cancel, call off.

avlytte (med skjult mikrofon) bug.

avløp outlet; ~ sgrøft drain.

avløsle (vakt) relieve; (følge etter) succeed; ~ ning relief.

avmagrle emaciate; ~ ingskur reducing treatment (el cure).

avmakt impotence; ~ mektig impotent; ~ militarisere demilitar-

ize; ~ militarisering demilitarization; ~ målt measured; formal.

avpasse adapt (etter: to).

avpresse extort.

avregning clearing; (~ soppgave) (statement of) account; (oppgjør) settlement; ~ reise v leave, depart (til: for); s departure; ~ runde round (off).

avsats (i fjell) ledge; (trappe-) landing.

avse spare.

avsendellse dispatch, shipment; ~ r sender; (av varer også) consignor, shipper.

avsetning sale; ~ te (fra embete) remove, dismiss; (konge) dethrone; (selge) sell; ~ telse removal, dismissal; dethronement.

avsi (dom) give (judgment).

avsides remote, out of the way.

avsinldig insane, mad; (rasende) frantic; ~ n madness.

avskaffe abolish; ~ lse abolition.

avskjed leave, farewell; (avskjedigelse) dismissal; (frivillig) retirement; få ~ be dismissed; dt be sacked el fired; ~ ige dismiss; mil discharge; dt sack, fire; ~ sbesøk farewell visit; ~ ssøknad resignation.

avskjære intercept.

avskogle deforest; ~ ing deforestation.

avskrekke frighten, deter.

avskrift copy; ~ ve merk write off; depreciate; ~ vning copying; (-sbeløp) write-off, depreciation.

avskum scum.

avsky s disgust, aversion; v detest, abhor; ~ elig detestable, abominable, abhorrent; ~ elighet abomination.

avslag refusal, denial, rejection; merk reduction, allowance.

avslutte finish, close, conclude; ~ ning close, conclusion.

avslørle (røpe) reveal, disclose, divulge; (avduke) unveil; ~ ing disclosure, revelation.

avslå turn down, refuse.

avsmak distaste, dislike.

avsnitt paragraph; (utdrag) passage, section.

avsondr|e separate, detach; ~ et isolated; ~ ing separation.

avspark kick-off.

avspenning détente.

av|sperre bar, cut off; ~ spore derail; ~ stamning descent, genealogy; ~ stand distance; ~ sted away, off; ~ stemning voting, vote; ~ stigning dismounting; ~ stive shore (up), support.

avstraffe punish; ~ lse punishment.

avstøpning cast.

avstå (overlate) give up; ~ fra desist from; (land) cede; ~ else (land) cession.

avsvekke extenuate.

avta fall off, decrease, decline.

avtale v arrange; agree on; s (overenskomst) agreement; (~ om møte) appointment.

avtrekker trigger.

avtrykk (opptrykk) impression, print, copy.

avvei wrong way; på ~ er astray.

avveie balance, weigh.

avveksl|ende varying; ~ ing change, variation.

avvente await, wait for.

avverge ward off, avert, fend off.

avvik aberration.

avvike differ, deviate (fra: from); ~ lse deviation.

avvikle get through, finish; merk (forretning) wind up.

avvis|e (en), turn (el send) away; (forslag) refuse, reject; (beskyldning) repudiate; ~ ning dismissal, refusal, rejection, repudiation.

avvæpn|e disarm; ~ ing disarmament.

B

babord port.

bad bath; bathroom; (ute) bathe, swim; ~ e take (el have) a bath; (ute) go bathing, go for a swim, bathe; ~ ebukse swimming trunks; ~ edrakt bathing suit el costume; ~ ehette bathing cap; ~ ehotell sea-side hotel; ~ ekar (bath)tub; ~ eværelse bathroom.

badstue sauna, steam bath.

bagasje luggage, især amr baggage; ~ hylle luggage rack; ~ rom (i bil) boot.

bagatell trifle.

bajas buffoon, zany; ~ eri zaniness.

bajonett bayonet.

bak prp, adv og s behind; bottom; ~ aksel rear axle; ~ bein hind leg; ~ dør back door.

bake bake; ~ pulver baking powder; ~ r baker; ~ ri bakery.

bak|erst adj hindmost; adv at the back; ~ etter prp behind; adv afterwards; ~ evje backwater; ~ fra from behind; ~ grunn background; ~ hjulsoppheng (uavhengig) (independent) rear suspen-

sion; ~ hold ambush; ~ hånd fig reserve.

bakke s hill; v reverse, back; ~ ut back out; ~ kam hill crest.

bak|kropp hind part (of the body); (insekt) abdomen; ~ lengs backwards; ~ lomme hip-pocket; ~ lykt rear (el tail) light; ~ rus hangover; ~ sete rear seat, back seat; ~ side back.

bak|strev reaction; ~ tale slander, backbite; ~ tanke secret thought, ulterior motive.

bakteri|e bacterium (pl -ia); ~ olog bacteriologist.

bak|tropp rear; ~ vaske vilify; ~ vaskelse defamation, vilification; ~ vaskelseskampanje smear campaign; ~ vasker detractor; ~ vendt the wrong way.

balanse balance; ~ re poise; også merk balance.

baldakin canopy.

bale toil, struggle.

balje tub.

balkong balcony; teat dress circle.

ball ball.

ballade (dikt) ballad; (ståhei) row.

ballast ballast.
balle (vare-) bale; (tå-) ball.
ballett ballet.
ballong balloon; (flaske) demi-
john; (syre-) carboy.
balltre bat.
balsam balsam, balm; ~ **ere** em-
balm.
baltisk Baltic.
bambus bamboo.
banal commonplace, trivial.
banan banana.
bandasje, ~ **re** bandage.
band|e band, gang; ~ **eleder** king-
pin; ~ **itt** bandit, gangster, brig-
and.
bandolær bandolier.
bane *idr* course, track, ground;
ast orbit; *v* ~ **vei** clear the way;
~ **brytende** (arbeid) pioneer(ing);
~ **sår** mortal wound.
bank bank; (pryl) a thrashing;
~ **bok** pass-book, bank-book;
~ **e** *s* bank; *v* beat, thrash, throb,
clobber; ~ **ekjøtt** stewed beef;
~ **erott** *s* bankruptcy, failure; (gå
~ **erott**) go bankrupt; ~ **ett** ban-
quet; ~ **eånd** rapping spirit; ~ **ier**
bankier; ~ **konto** bank account;
~ **obligasjon** bank bond; ~ **obrev**
registered letter, *amr* money let-
ter; ~ **sjef** bank manager; ~ **vesen**
banking; ~ **virksomhet** banking.
bann ban, excommunication; ~ **e**
curse, swear; ~ **er** banner; ~ **lyse**
(lyse i bann) excommunicate,
ban; (forvise) banish.
bar *s* bar; *adj* bare.
barakke barracks; (arbeids ~) hut,
shed.
barbar barbarian; ~ **i** barbarism;
barbarity; ~ **isk** (grusom) barbar-
ous.
barber barber; ~ **blad** razorblade;
~ **e** (seg) shave; ~ **høvel** safety
razor; ~ **kost** shaving-brush;
~ **maskin** (electric) shaver *el* ra-
zor.
barbiturater barbiturates.
bare *adv* only, just, but; *adj* mere.
bark bark; ~ **e** (garve) tan; (av-
barke) bark; ~ **et** tanned; hard-
ened.
bar|lind yew-tree.

barm bosom, bust; ~ **hjertig** mer-
ciful; ~ **hjertighet** mercy, com-
passion; ~ **hjertighetsdrap** eu-
thanasia.
barn child *(pl* children); ~ **aktig**
childish; ~ **dom** childhood, in-
fancy; ~ **ebarn** grandchild; ~ **ebi-
drag** family allowance; ~ **ehage**
nursery school, kindergarten;
~ **ehjem** children's home; ~ **e-
oppdragelse** children's education;
~ **epike**, ~ **epleierske** nurse; ~ **e-
trygd** family allowances; ~ **evern**
child welfare; ~ **evogn** peram-
bulator, pram; *især amr* baby car-
riage; ~ **slig** childish.
barokk grotesque; baroque.
barometer barometer.
baron baron; ~ **esse** baroness.
barre bar, ingot.
barri|ere barrier; ~ **kade**, ~ **kadere**
barricade.
barsel lying in, confinement;
~ **seng** childbed.
barsk harsh, stern, rough, grim,
austere, gruff; (klima) severe;
~ **het** austerity.
barskog conifer(ous) forest.
bart moustache.
bartender barkeeper.
bartre conifer.
baryton barytone.
bas ganger, foreman.
basar baza(a)r.
bas|e base; ~ **ere** base, found;
~ **is** basis; ~ **isk** basic.
basill bacillus *(pl* -i), germ.
basketak fight, struggle.
bass bass; ~ **eng** reservoir; (hav-
ne-) basin; (svømme-) swim-
ming-pool.
bast bast, bass.
bastard bastard; hybrid, mongrel.
basun trombone; *bibl* trumpet.
batalj|e fight, battle; ~ **on** battal-
ion.
batteri battery.
baug bow.
baut|a monolith; ~ **e** go about,
tack.
bavian baboon.
Bayern Bavaria.
be ask **(om:** for); (innstendig)
beg; (til Gud) pray.

bearbeide (materiale) work (up);
(bok) revise; *teat* adapt.

bebo (sted) inhabit; (hus) occupy;
~ **elig** habitable; ~ **else** habita-
tion; ~ **elseshus** dwelling house;
~ **er** (sted) inhabitant, resident,
inmate; (hus) occupant.

bebreide, ~ **lse** reproach.

bebude announce, proclaim, fore-
shadow.

bebygge cover with buildings; (ko-
lonisere) settle, colonize; ~ **lse**
buildings; settlement.

bedding slip.

bede|dag prayer-day; ~ **hus** chapel.

bedek|ke cover; ~ **ning** cover(ing);
agr cover, leap.

bederve|lig perishable; ~ **t** spoilt.

bedra deceive; (for penger) cheat,
defraud, swindle; ~ **g** deception;
~ **ger** deceiver; swindler; crook;
impostor; ~ **geri** deceit; fraud,
swindle; imposture; ~ **gersk** de-
ceitful.

bedre *adj* better; *v* better, im-
prove; ameliorate.

bedrift (dåd) achievement, ex-
ploit; *merk* business, concern;
factory, works.

bedrøve grieve, distress; afflict;
~ **lig** sorrowful, sad, dismal; ~ **t**
sorry; grieved **(over:** at).

bedømme judge; ~ **lse** judg(e)-
ment.

bedøve (ved slag og *fig)* stun, stu-
pefy; *med* anaesthetize, narco-
tize; (forgifte) drug; ~ **lse** anaes-
thesia; ~ **lsesmiddel** anaesthetic,
narcotic, drug.

bedåre charm, infatuate; ~ **nde**
charming, bewitching; adorable.

befal officers; ~ **e** command, or-
der, bid; ~ **ing** command, or-
der(s); ~ **ingsmann** officer.

befatte seg med have to do with,
concern oneself with.

beferdet busy, crowded.

befest|e (styrke) strengthen; *fig*
confirm; *mil* fortify; ~ **ning** forti-
fication.

befinne| seg be; find oneself;
~ **nde** (state of) health.

befippelse flurry

befolk|e populate, people; ~ **ning**
population.

befordr|e (sende) forward; (trans-
portere) carry, convey; ~ **ings-
middel** (means of) conveyance.

befrakt|e freight, charter; ~ **er**
charterer.

befri (set) free, release, liberate,
extricate; disengage; ~ **else** re-
lease, liberation; *fig* relief.

befrukt|e fructify, make fruitful,
fertilize; ~ **ning** fertilization, fruc-
tification; *(kunstig)* insemination;
~ **ningshindrende** contraceptive.

beføle feel, finger, paw.

begave|lse gifts, talents, intelli-
gence; ~ **t** gifted, talented.

begeistr|et *adj* enthusiastic **(for:**
about); ~ **ing** enthusiasm.

beger cup, beaker, goblet.

begge both, either.

begivenhet event, incident, occur-
rence.

begjær desire, lust, craving; ~ **e**
desire, covet, crave; ~ **ing** re-
quest; demand; ~ **lig** *adj* desirous
(etter: of), greedy **(etter:** of, for);
~ **lighet** greed, cupidity.

begrave bury; ~ **lse** funeral, bur-
ial; ~ **lsesbyrå** firm of undertak-
ers.

begrens|e limit, restrict, confine;
~ **ning** limitation, restriction, pa-
rameter, (sterk) clampdown.

begrep notion, idea, concept **(om:**
of).

begripe understand, comprehend,
grasp.

begrunne state the reasons for;
~ **lse** ground.

begunstige; ~ **lse** favour.

begynne begin, start, commence;
~ **lse** beginning, start, outset,
commencement; ~ **nde** rudimen-
tary; ~ **r** beginner, novice.

begå commit, make.

behag pleasure, satisfaction; ~ **e**
please; ~ **elig** agreeable, pleasant.

behandl|e treat, handle; ~ **ing**
treatment, handling.

behefte burden, encumber; **sterkt**
~ **t** heavily mortgaged.

behendig handy, deft, adroit.

beherske master, control.

behold, i ~ safe, intact; **ha i** ~
have left; ~ **e** keep, retain; ~ **er**
container; ~ **ning** stock, supply;
(kasse) cash balance.

be|hov need, requirement; ~ **hørig**
due, proper; ~ **høve** need, want,
require.

beige beige.

bein *adj* straight; *s* (knokkel)
bone; (lem) leg; ~ **brudd** fracture;
~ **marg** bone-marrow.

beis, ~ **e** stain.

beisk se **besk.**

beite *s* pasture; *v* graze, browse.

bek pitch.

bekjempe combat, fight.

bekjen|ne confess; ~ **nelse** confes-
sion; ~ **t** *s* acquaintance; ~ **tgjøre**
announce; ~ **tskap** acquaintance.

bekk brook.

bekkasin snipe.

bekken (for syke) bedpan; *mus*
cymbal; *med* pelvis.

beklage regret, be sorry, deplore;
(~ seg **over**) complain of *el*
about; grumble; ~ **lig** regrettable,
deplorable; ~ **lse** regret.

bekost|e pay the expenses of;
~ **ning; på min** ~ at my expense.

bekranse wreathe.

bekrefte confirm; affirm; (bevit-
ne) attest, certify; ~ **lse** confirma-
tion; ~ **nde** affirmative.

bekvem convenient; (makelig)
comfortable; ~ **me seg til** bring
oneself to; ~ **melighet** comfort,
convenience.

bekymr|e worry, trouble; ~ **seg
for** be concerned *(el* worried)
about; ~ **seg om** care about; ~ **et**
worried, concerned, anxious;
~ **ing** worry, care, concern, an-
xiety.

belast|e load; *merk* charge, debit;
~ **ning** load.

belegg coat(ing); (på tunga) fur;
~ **e** cover, coat.

beleilig convenient.

beleir|e besiege; ~ **ing** siege.

belg *bot* shell, pod, husk; (blåse-)
bellows.

Belgia Belgium.

belgier, belgisk Belgian.

beliggen|de lying, situated; ~ **het**

situation, site; (geografisk) posi-
tion.

belte belt, girdle.

belys|e light (up), illuminate; ex-
pose; *fig* elucidate; ~ **ning** light-
ning, illumination.

belære instruct, teach; ~ **nde** in-
structive.

belønn|e; ~ **ing** reward.

beløp amount; ~ **e seg til** amount
to.

bemanne man.

bemektige seg seize, take posses-
sion of.

bemerk|e (si) remark, observe.
~ **elsesverdig** remarkable; ~ **ning**
remark; comment.

bemyndige authorize; ~ **lse** au-
thority, authorization; warrant.

ben se *bein.*

bendel|bånd tape; ~ **orm** tape-
worm.

benekte deny; ~ **nde** *adj* negative;
adv in the negative.

benevne name, call, denominate;
~ **lse** denomination.

benk bench; seat.

benklær trousers.

bensin petrol; *amr* gas(oline);
(rense)bensin benzine; ~ **stasjon**
petrol (service *el* filling) station.

benytte use, make use of, employ;
~ **lse** use, using.

benåd|e, ~ **ning** pardon.

beordre order, direct.

beplante plant.

bered|e prepare; ~ **skap** prepared-
ness.

beregn|e calculate; ~ **e seg** charge;
~ **elig** calculable; ~ **ende** calcu-
lating, scheming; ~ **ing** calcula-
tion.

beret|ning account, report; ~ **te**
relate, report; ~ **tige** entitle; ~ **ti-
gelse** right; ~ **tiget** legitimate; (~
til) entitled to.

berg mountain, hill; ~ **art** species
of stone, mineral; ~ **e** save, res-
cue; ~ **elønn** salvage money;
~ **ing** saving, salvage; ~ **ingskom-
pani** salvage company; ~ **kløft**
ravine; ~ **lendt** mountainous;
~ **prekenen** the Sermon on the

Mount; ~ **verk** mine; ~ **verksdrift** mining.

berike enrich.

beriktige correct, rectify; ~ **lse** correction, rectification.

berme dregs *pl,* lees *pl.*

berolige soothe, calm down; ~ **nde** reassuring, comforting; ~ **nde middel** sedative, barbiturates.

beruse intoxicate; inebriate; ~ **lse** intoxication; ~ **t** intoxicated, inebriate(d); drunk; tipsy.

beryktet disreputable, of bad repute, notorious, infamous.

berøm|me praise, commend; ~ **melse** fame, celebrity, renown; (ros) praise, commendation; ~ **t** famous, celebrated; ~ **thet** celebrity.

berør|e touch; *fig* touch on; (ramme) affect; ~ **ingspunkt** point of contact.

berøve deprive of.

besatt possessed, obsessed.

bese view, inspect, look over.

besegle seal.

beseire defeat, conquer.

beset|ning (fe) livestock; (på klær) trimming; *mil* garrison; *mar* crew; ~ **te** (land) occupy; (post) fill; ~ **telse** obsession.

besin|dig cool, sober; ~ **ne seg** change one's mind.

besitte possess; ~ **lse** possession; ~ **lser** (land) dominions, dependencies.

besjele animate.

besk bitter, acrid.

beskadigelse breakage.

beskaffenhet nature; (tilstand) condition.

beskat|ning taxation; ~ **te** tax.

beskjed (svar) answer; (bud) message; ~ **en** modest; ~ **enhet** modesty.

beskjeftige employ; ~ **lse** occupation, employment.

beskjære (tre) prune, trim; *fig* curtail, reduce.

beskrive describe; ~ **lse** description, account; ~ **nde** descriptive.

beskyld|e for accuse of, charge with; ~ **ning** accusation.

beskytte protect, (safe)guard; ~ **lse** protection, safeguard; ~ **r** protector.

beslag (av metall) fittings; ~ **legge** confiscate, seize; ~ **leggelse** confiscation, seizure.

beslektet related, akin (**med:** to).

beslut|te decide, resolve, make up one's mind; ~ **ning** resolution, decision; ~ **tsom** resolute; ~ **tsomhet** determination.

besmitte contaminate; ~ **lse** contamination.

besnære ensnare, fascinate; ~ **nde** fascinating.

bespare|lse saving, economy; ~ **nde** economical.

best *s* beast, brute; *adv* best.

bestand stock; ~ **del** component, ingredient; ~ **ig** constantly, always.

beste|borger bourgeois; ~ **far** grandfather, ~ **mor** grandmother.

bestem|me decide, resolve; (fastsette) fix; ~ **melse** decision; determination; (påbud) regulation; ~ **melsessted** destination; ~ **me seg** make up one's mind; ~ **t** (fastsatt) appointed, fixed; (nøyaktig) definite; (om karakter) determined; (av skjebnen) destined; *adv* definitely.

bestige (hest) mount; (trone) ascend; (fjell) climb.

bestikk (spise-) knife, fork and spoon.

bestikke bribe; ~ **lig** corrupt(ible); ~ **lse** bribery.

bestil|le (varer) order; (billett, rom) book; *amr* reserve; ~ **ling** (ordre) order; (billett, rom) booking *is amr* reservation.

bestrebe seg endeavour; ~ **lse** endeavour, effort.

bestride dispute.

bestyre manage, be in charge of; ~ **r** manager, director; (skole) headmaster.

bestyrke confirm.

bestyrte|lse consternation; ~ **t** dismayed.

bestå exist; (vare) continue, endure; (eksamen) pass; ~ **av** consist of; ~ **ende** existing.

besvare answer, reply to; ~ **else**
(av oppgave) paper.

besvime, ~ **lse** faint, swoon.

besvær trouble, inconvenience;
~ **e** (give) trouble; ~ **lig** trouble-
some; difficult; cumbersome;
~ **lighet** nuisance.

besynderlig strange, curious.

besøk visit, call; ~ **e** visit, call on
(a person), call at (a place); come
and (el to) see (a person); ~ **ende**
visitor.

besørge see to, attend to.

betakke seg decline with thanks.

betal‖bar payable; ~ **e** pay; ~ **ing**
payment.

betegne (bety) signify, denote,
mark, designate; ~ **lse** designa-
tion, term; ~ **nde** significant;
characteristic.

betenk‖e seg hesitate; ~ **elighet**
scruple, qualm; ~ **ning** hesitation.

betennelse inflammation.

betinge‖lse condition; terms *pl;*
~ **lsesløs** unconditional; ~ **t** con-
ditional.

betjen‖e (ekspedere) serve, attend;
(maskin) operate; ~ **ing** service;
(personale) staff; ~ **t** constable.

beton‖e stress, emphasize, accen-
tuate; ~ **g** concrete; ~ **gørken**
concrete desert; ~ **ing** stress,
emphasis.

betrakt‖e look at, regard, contem-
plate; ~ **elig** considerable; ~ **ning**
consideration.

betro confide, entrust; ~ **dd** trust-
ed.

betvile doubt, question.

bety mean; signify; ~ **delig** *adj*
considerable; *adv* considerably;
~ **dning** meaning, sense; (viktig-
het) significance, importance;
~ **dningsfull** important; ~ **dnings-
løs** insignificant.

beundr‖e admire; ~ **er** admirer;
~ **ing** admiration; ~ **ingsverdig**
admirable.

bevar‖e keep, preserve; conserve
(verne); ~ **ing** conservation (vern
av natur).

beveg‖e induce; ~ **(seg)** move, stir;
~ **elig** movable; ~ **else** move-
ment, motion; ~ **grunn** motive.

bever beaver.

beverte serve; entertain.

bevilg‖e, ~ **ning** grant.

bevilling licence.

bevirke bring about, cause.

bevis proof; (~ materiale) evi-
dence **(på, for:** of); ~ **e** prove;
~ **elig** provable.

bevisst conscious; ~ **het** con-
sciousness; ~ **løs** unconscious,
senseless.

bevitne testify to, certify, attest;
~ **lse** certificate, attestation.

bevokte guard, watch.

bevæpne arm.

beære honour.

biapparat extension telephone.

bibel bible; ~ **sk** biblical.

bibetydning connotation.

bibliotek library; ~ **ar** librarian.

bidra contribute; ~ **g** contribu-
tion; (understøttelse) allowance;
~ **gsyter** contributor.

bie bee.

bi‖elv tributary, affluent; ~ **fag**
subsidiary subject.

bifall applause; (samtykke) ap-
proval; ~ **e** approve (of); consent
to; ~ **srop** acclamation.

biff (beef)steak.

bigami bigamy.

bihulebetennelse sinusitis.

biinntekt extra income.

bikube beehive.

bil (motor-)car; *amr* auto(mobile);

bilag (regnskap) voucher; (til
brev) enclosure.

bilde picture; image.

bil‖dekk tyre; *amr* tire; ~ **e** *v* go
by car, motor.

bi‖legge settle; ~ **leggelse** settle-
ment.

bil‖ist motorist;

biljard billiards.

bille beetle.

billed‖bok picturebook; ~ **hugger**
sculptor; ~ **lig** figurative; ~ **tep-
pe,** ~ **vev** tapestry.

billett ticket; ~ **inntekt** gate mon-
ey; ~ **kontor** *teat* box-office; *jernb*
booking-office; *amr* ticket office;
~ **ør** ticket collector, conductor.

billig cheap, inexpensive; ~ **bok**

paper-back, pocket-book; ~ e (bi-falle) approve (of).
billion billion.
bil|utleie car hire service, car rent-al; ~ **verksted** garage, motor re-pair shop.
bind (forbinding) bandage; (bok) volume; ~ **e** tie, bind, fasten; ~ **for øynene** blindfold; ~ **ers** (pa-per) clip *el* fastener; ~ **estrek** hy-phen.
binge bin; (grise-) (pig)sty.
bio|dynamisk biodynamic; ~ **grafi** biography; ~ **logi** biology; ~ **tek-nologi** biotechnology.
biprodukt byproduct.
birolle minor *(el* subordinate) part.
birøkt bee-keeping; ~ **er** bee-keeper.
bisak side issue.
bisam(rotte) muskrat.
bisarr bizarr, odd.
bi-seksuell bi-sexual.
bisetning subordinate clause.
bisettelse funeral service.
biskop bishop; ~ **pelig** episcopal.
bislag porch.
bisle bridle.
bisonokse bison.
bisp bishop; ~ **edømme** bishopric, diocese; ~ **eembete** episcopate; ~ **evisitas** episcopal visitation.
bissel bit; bridle.
bistand assistance, aid.
bister grim, gruff, stern.
bistå assist, aid, help.
bit bit, morsel; ~ **e** bite; (sammen tennene) clench; ~ **ende** biting; *fig* sarcastic.
bitte liten tiny, puny.
bitter bitter; (besk) acrid; ~ **het** bitterness.
bjeff yelp, bark (**til:** at).
bjelke beam.
bjelle little bell; ~ **klang** jingle; ~ **ku** bell-cow.
bjørk birch.
bjørn bear; ~ **ebær** blackberry.
bla turn over the leaves; ~ **d** leaf *(pl* leaves); (kniv) blade.
blaff puff.
blafre (lys) flicker; (seil) flap.

blakk (hest) dun; (pengelens) broke.
bland|e mix, mingle; (kvaliteter) blend; (kort) shuffle; ~ **e seg opp i** interfere; ~ **et** miscellaneous; ~ **ing** mixture; (av kvaliteter) blend; ~ **ingsrase** cross-breed.
blank shining; bright; (ubeskre-vet) blank; (glatt) glossy; ~ **ett** form; *amr* blank.
blant among; **midt i** ~ amid; ~ **andre** among others; ~ **annet** among other things.
blasert blasé.
blasfemi blasphemy; ~ **sk** blas-phemous.
blei wedge.
bleie nappy, *amr* diaper.
bleike bleach.
blek *(el* **bleik)** pale.
blekk ink; ~ **hus** inkpot; ~ **klatt** blot; ~ **sprut** squid; octopus.
blekne turn pale; *fig* fade.
blemme blister.
blend|e dazzle; (vindu) darken; ~ **ende** dazzling; ~ **ing** black-out.
bli be; (forbli) stay, remain; (overgang) become; turn; grow, get.
blid mild, gentle; smiling; ~ **gjøre** mollify.
blikk look, glance, regard; (me-tall) sheet iron; ~ **boks** tin; *amr* can; ~ **enslager** tinman; ~ **eske** tin; *amr* can; ~ **fang** eye catcher; ~ **stille** dead calm.
blind blind; ~ **e** blind; ~ **ebukk** blindman's buff; ~ **emann** dum-my; ~ **gate** blind alley, impasse; ~ **het** blindness; ~ **passasjer** stowaway; ~ **tarm** appendix; ~ **tarmbetennelse** appendicitis.
blingse squint.
blink glimpse, blink; (av lyn) flash; (med øynene) twinkle; (i skive) bull's eye; ~ **e** twinkle, blink; (trær) mark, blaze; ~ **skudd** bull's eye.
blitz *fotogr* flashlight, flash lamp.
blod blood; ~ **bad** massacre, car-nage; ~ **fattig** anemic (anaemic); ~ **forgiftning** bloodpoisoning; ~ **ig** gory; bloody; ~ **igle** leech; ~ **kar** bloodvessel; ~ **mangel** ane-

mia (anaemia); ~ **overføring**
blood transfusion; ~ **propp**
blood-clot; ~ **pudding** black pud-
ding; ~ **skam** incest; ~ **styrtning**
violent hemorrhage; ~ **sutgytelse**
bloodshed; ~ **trykk** blood pres-
sure.

blokade blockade, embargo; ~ **k**
(bolig-, kloss) block; (skrive-)
pad; ~ **kere** (vei, konto) block;
(havn) blockade; ~ **keringsfrie**
bremser anti-lock brakes; ~ **khus**
block-house.

blomkål cauliflower.

blomst flower; *(is* på frukttrær)
blossom; (blomstring) bloom;
~ **erforretning** florist's shop;
~ **erhandler** florist; ~ **erpotte**
flower-pot; ~ **erstøv** pollen; ~ **re**
flower, bloom; ~ **rende** *fig* florid;
~ **ring** flowering; blossom.

blond blond, fair; ~ **e** lace; ~ **ine**
blonde.

blot sacrifice.

blotte (lay) bare; ~ **et (for)** de-
void (of); ~ **stille** expose.

bluferdig bashful, coy.

blund nap; ~ **e** nap, doze.

blunk twinkle; ~ **e** twinkle; wink,
blink (**til:** at).

bluse blouse.

bluss blaze, flame; (gass) jet; ~ **e**
blaze, flame; ~ **e opp** flare (up),
blaze up.

bly lead; ~ **ant** pencil; ~ **fri (ben-**
sin) unleaded (fuel); ~ **lodd**
plummet.

blyg bashful, shy; ~ **het** bash-
fulness; shyness.

blære (vable) blister; (urin-) blad-
der.

blø bleed.

bløff bluff.

bløt soft; ~ **aktig** effeminate;
~ **gjøre** mollify; ~ **kokt** soft
boiled.

blå blue; ~ **bær** bil-, blue- *el*
whortleberry; ~ **kopi** blueprint;
~ **papir** carbon paper; ~ **rev** blue
fox.

blåse blow; ~ **belg** bellows; ~
opp inflate.

blåskjell sea mussel; ~ **veis** blue
anemone.

bo *v* live; (midlertidig) stay; *jur*
estate; ~ **bestyrer** trustee.

boble *s* & *v* bubble.

bod (salgs-) stall, booth.

bohem Bohemian.

boikott; ~ **e** boycott.

bok book; ~ **anmeldelse** (book)
review; ~ **bind** (book-) cover;
~ **binder** bookbinder; ~ **buss**
mobile library; ~ **føre** enter,
book; ~ **føring** book-keeping;
~ **handel** book(seller's) shop; *amr*
bookstore; ~ **holder** bookkeeper,
accountant; ~ **holderi** bookkeep-
ing, accountancy; ~ **hylle** book-
shelf; ~ **merke** bookmark; ~ **orm**
bookworm; ~ **reol** bookcase.

boks (blikk-) tin; ~ **e** box; ~ **e-**
hanske boxing-glove; ~ **ekamp**
boxing-match; ~ **er** boxer; ~ **e-**
åpner tin-opener.

bokstav letter; ~ **elig** literal; ~ **ere**
spell; ~ **rim** alliteration.

boktrykker printer.

bolig house, dwelling, habitation;
residence; ~ **felt** housing project;
~ **mangel** housing shortage;
~ **nød** housing famine; ~ **område**
housing project.

bolle (kar) bowl, basin; (hvete-)
bun, muffin; (fiske-, kjøtt-) ball.

bolt, ~ **e** bolt; ~ **re seg** romp.

bolverk (vern) bulwark.

bom bar; (på vei) turnpike; toll-
bar, tollgate; (gymnastikk) beam;
(feilskudd) miss.

bombardement bombardment;
~ **ere** bomb(ard), shell.

bombe bomb; ~ **fly** bomber;
~ **kaster** mortar; ~ **sikker** shell-
proof.

bomme miss; ~ **rt** blunder.

bompenger toll.

boms bum.

bomstasjon toll gate, toll plaza.

bom stille stock-still.

bomull cotton.

bonde peasant, farmer; ~ *(i sjakk)*
pawn; ~ **gård** farm; ~ **samfunn**
agrarian society.

bone wax, polish.

bonus bonus.

bopel residence, domicile.

bor bore; drill.

bord table; (kant) border, trimming; *mar* board; (fjøl) board; ~ **bein** table leg; ~ **bønn** grace; ~ **dame** partner at table; ~ **duk** tablecloth; ~ **e** board; ~ **ell** brothel.

bore bore; (i metall og stein) drill; ~ **plattform** drilling platform; ~ **tårn** derrick.

borg castle; (kreditt) credit, trust.

borger citizen; ~ **krig** civil war; ~ **mester** mayor; ~ **plikt** civic duty; ~ **rettigheter** civil *(el* civic) rights.

bornert narrow-minded.

borre bur(r).

borsyre boric acid.

bort away, off; **reise** ~ go away; **ta** ~ remove, take away; **vise** ~ dismiss, turn away; ~ **e** away; absent; gone; ~ **ekamp** away match; ~ **enfor** beyond; ~ **est** farthest, furthest, furthermost; ~ **falle** drop, lapse; ~ **forklare** explain away; ~ **føre** carry off, kidnap, abduct; ~ **førelse** kidnapping, abduction; ~ **gang** death, decease; ~ **gjemt** hidden away; remote; ~ **imot** towards; nearly; ~ **kommet** lost; ~ **lede** (vann) drain off; (tanker) divert; (mistanke) ward off; ~ **reist** away (from home); ~ **sett fra** apart from; ~ **skjemt** spoilt; ~ **visning** dismissal, expulsion.

borvann dilution of boric acid.

bo|satt resident, living; ~ **sted** habitat; ~ **støtte** rent allowance.

bot *jur* fine; forfeit; (botshandling) penance.

botani|ker botanist; ~ **kk** botany; ~ **sk** botanical.

botemiddel remedy.

bra *adj* good, *adv* well.

brak; ~ **e** crash, peal, din.

brakk (vann) brackish; (jord) fallow.

brakke hut, barracks; ~ **by** shantytown.

bramfri unostentatious.

brann fire, conflagration; ~ **alarm** fire-alarm; ~ **bil** fire-engine; ~ **farlig** inflammable; ~ **forsikring** fire insurance; ~ **hydrant** fire

plug; ~ **mann** fireman; ~ **mur** fireproof wall; ~ **slange** fire-hose; ~ **slokkingsapparat** (fire) extinguisher; ~ **stasjon** fire-station; ~ **stiftelse** arson; ~ **stifter** arsonist; ~ **stige** fire escape; ~ **vesen** fire brigade.

bransje trade, line (of business).

Brasil Brazil.

bratsj viola, tenor violin.

bratt steep, precipitous, abrupt, bluff.

brautende ostentatious.

bre *s* glacier; *v* spread; ~ **d** broad, wide; ~ **dd** (elv) bank; (sjø) shore; ~ **dde** breadth, width; *geo* latitude; ~ **ddfull** brimful; ~ **dside** broadside.

bregne fern, bracken.

breke bleat.

brekke break, fracture; ~ **seg** vomit.

brekkjern wrecking bar, nailbar.

brem (på hatt) brim.

bremse *v & s* brake.

brenn|bar inflammable, combustible, flammable; ~ **e** burn; ~ **e-merke** *s* brand, stigma; *v* brand, stigmatize; ~ **ende** burning; (sviende) scorching; ardent; ~ **eri** distillery; ~ **esle** nettle; ~ **evin** spirits, liquor(s); ~ **glass** burning-glass; ~ **ing** surf, breakers; ~ **punkt** focus.

brensel fuel.

brent jords taktikk scorched-earth policy.

bresje breach.

brett board; (serverings-) tray; (fold) crease; ~ **e** fold double.

brev letter; ~ **kort** postcard; ~ **porto** postage; ~ **veksle** correspond.

brigade brigade; ~ **general** brigadier.

brigg brig.

brikke (underlag) mat; (i spill) man, piece.

briljant brilliant.

brille|r spectacles, glasses; ~ **slange** cobra.

bringe (til den talende) bring; take; ~ **for dagen** bring out; ~

bort carry; ~ **i fare** imperil;
~ **bær** raspberry.
bris breeze.
brisling sprat, brisling.
brist (feil) flaw, defect; ~ **e** burst,
crack; ~ **epunkt** breaking point.
brit|**e** Briton; ~ **isk** British.
bro bridge; ~ **stein** paving stone.
brodd *zool* og *fig* sting.
broder|**e** embroider; ~ **i** embroide-
ry.
broder|**lig** brotherly, fraternal;
~ **mord** fratricide; ~ **morder** frat-
ricide.
broket multi-coloured, variegated;
chequered.
brokk hernia.
bronse bronze.
bro-, (bom)penger toll.
bror brother; ~ **datter** niece;
~ **part** lion's share; ~ **skap** broth-
erhood, fraternity; ~ **sønn** neph-
ew.
brosje brooch.
brosjyre brochure, booklet,
pamphlet.
brott surf, breakers; ~ **sjø** breaker.
bru bridge.
brud bride.
brudd break, rupture; (bein-) frac-
ture; (krenkelse) breach, infrac-
tion; ~ **stykke** fragment.
brud|**ekjole** wedding dress; ~ **epar**
bridal couple; ~ **gom** bride-
groom.
bruk use; (skikk) practice, cus-
tom; (gard) farm; (bedrift) facto-
ry, works; ~ **bar** usable, fit for
use; ~ **e** use, employ; apply; (tid,
penger) spend; (opp) deplete;
(pleie) be in the habit of; ~ **san-
visning** directions for use;
~ **skunst** applied (*el* decorative)
art.
bru|**legge** pave; cobble; ~ **legning**
paving; pavement.
brumme growl; *fig* grumble.
brun brown.
brunst (hunndyr) heat; (hanndyr)
rut; ~ **ig** in heat; rutting.
brus (lyd) rushing sound, roar;
(drikk) (fizzy) lemonade; ~ **e**
(lyd) roar; (skumme) fizz.
brusk gristle.

Brussel Brussels.
brusten broken; (om øyne) glazed.
brutal brutal; ~ **itet** brutality.
brutto|**beløp** gross amount; ~ **inn-
tekt** gross earnings; ~ **vekt** gross
weight.
bry *s & v* discomfort; trouble;
bother; ~ **dd** embarrassed; ~ **deri**
inconvenience, trouble.
brygg brew; ~ **e** *v* brew; (kai)
wharf, quay; ~ **er** brewer; ~ **er-
hus** washhouse, laundry; ~ **eri**
brewery; ~ **esjauer** docker; long-
shoreman.
bryllup wedding; ~ **s-** bridal, nup-
tial; ~ **sreise** honeymoon.
bryn (eye)brow; ~ **e** *s* whetstone;
v sharpen, whet, hone; ~ **je** coat
of mail.
brysk brusque, blunt.
brysom troublesome.
bryst breast; (~ **kasse**) chest;
~ **bilde** bust; ~ **nål** brooch;
~ **vern** parapet; ~ **vorte** nipple,
tit.
bryte (brekke) break; (lys) refract;
mar break; *idr* wrestle; (fram)
erupt; ~ **opp** break up; ~ **sam-
men** break down; ~ **(s) ned** de-
compose; ~ **r** *idr* wrestler; *elektr*
switch.
brød bread; (et ~) a loaf (of
bread); ~ **e** guilt; ~ **rister** toaster;
~ **skorpe** crust of b.; ~ **smule**
crumb (of b.).
brøk fraction; ~ **del** fraction;
~ **regning** fractions; ~ **strek** frac-
tion line.
brøl; ~ **e** roar, bellow, bawl.
brønn well.
brøyte clear a road.
brå abrupt, sudden; ~ **hast** hot
hurry; ~ **k** (mas) fuss; (larm)
noise; ~ **ke** fuss; make a noise;
~ **kende** fussy; noisy; boisterous;
~ **vende** turn short.
bu (salgs-) *s* booth, stall.
bud (befaling) command; *bibl*
commandment; (ærend) message;
(sendebud) messenger; (tilbud)
offer; (auksjon) bid; ~ **bringer**
messenger; ~ **eie** dairymaid;
~ **sjett** budget; ~ **skap** message.
bue bow; (hvelving) arch; (sirkel-)

arc; ~ **gang** arcade; ~ **skytter** archer.
buffet (møbel) sideboard, buffet; (i restaurant) buffet.
buk belly; abdomen.
bukett bouquet, nosegay, bunch.
bukk (geit) he-goat; (geite-, sauel. reins-) buck; (tre) horse, trestle; (kuske-) box; **hoppe** ~ (play) leapfrog; (hilsen) bow; ~ **e** bow; ~ **e under** succumb (**for:** to).
bukse|r trousers; *is amr* pants; (korte) breeches; shorts; ~ **tow**, tug; ~ **seler** braces; *amr* suspenders; ~ **smekk** fly.
bukspyttkjertel pancreas.
bukt (hav) gulf, bay, inlet.
buktaler ventriloquist.
bukte seg bend, wind, meander.
buld|er noise, din; rumble; ~ **re** roar, rumble.
bule (kul) bump, lump; (ut) bulge; (kneipe) dive.
bulevard boulevard.
buljong broth, clear soup, bouillon; (for syke) beef tea; ~ **terning** bouillon cube.
bulk dent, dint; ~ **et** dented.
bulldog bulldog.
bulle bull; ~ **tin** bulletin.
bunad national costume.
bunk|e heap, pile; ~ **er** *mar* bunker; ~ **re** bunker.
bunn bottom; ~ **fall** sediment, deposit; (i flaske) dregs, lees.
bunt bundle, bunch; ~ **e** bundle, bunch; ~ **maker** furrier.
bur cage, hutch.
burde ought to, should.
burgunder burgundy.
burlesk burlesque.
buse| **på** go in head foremost; ~ **ut med** blurt out; ~ **mann** bugbear, bogey.
busk bush, shrub.
buskap cattle, livestock.
buskas thicket, brush.
buss bus; (tur-)coach.
bust bristle; ~ **et** dishevelled, untidy.
butikk shop, *amr* store; ~ **ekspeditør** shop assistant; salesman; ~ **tyv** shoplifter.
butt blunt.

butterdeig puff paste.
by town; city; *v* (befale) command, order; (tilby) offer; (gjøre bud) bid; ~ **bud** porter.
bygd country district, parish.
byge shower; (vind-) squall; (torden-) thunderstorm.
bygg (korn) barley; (bygning) building; ~ **e** build, construct; ~ **herre** builder's employer; ~ **mester** (master) builder.
bygning building, edifice.
bygs|el lease; ~ **le** lease.
bykommune borough.
byks bounce; ~ **e** bound, leapfrog.
byll boil, abscess.
bylt bundle.
byrde burden, load; ~ **full** cumbersome.
by|**regulering** town-planning; ~ **rett** magistrate's court.
byrå bureau, agency; ~ **krat** bureaucrat; ~ **krati** bureaucracy, red tape.
bysse galley; *v* lull.
byste bust; ~ **holder** bra, brassiere.
bystyre town council.
bytte exchange; (krigs-) booty, spoils; (dyrs) prey; *v* (ex)change, commute, swap; ~ **handel** barter.
bær berry.
bære carry; *fig* bear; (holde oppe); support; (være iført) wear; ~ **seg** (jamre) moan, wail; ~ **evne** *mar* carrying capacity; ~ **pose** carrier bag; ~ **r** porter, carrier; ~ **stol** sedan-chair.
bøddel hangman, executioner.
bøffel buffalo.
bøk beech.
bøkker cooper.
bølge wave, billow; sea; *v* fluctuate; ~ **blikk** corrugated iron; ~ **bryter** breakwater; ~ **topp** wave-crest.
bøling flock; herd.
bølle *s* rough neck, bully; *v* bully.
bønn (til Gud), prayer; (bønnfallelse) entreaty; (anmodning) request; ~ **e** bean; ~ **ebok** prayerbook; ~ **eskrift** petition; ~ **falle** entreat, implore, beseech; ~ **høre** grant, hear.

bør (av **burde**) ought to, should;
s burden, charge; (medvind) fair
wind.
børs exchange; bourse; ~ **mekler**
stockbroker.
børse gun.
børste *s & v* brush.
bøsse (salt-, pepper-) castor;
(spare-) (money-)box.
bøte (sette i stand) mend, patch;
~ **for** pay for.
bøtte bucket; pail.
bøye (sjømerke) buoy; life-buoy;

v bend, bow; *gram* inflect; ~ **lig**
flexible.
bøyle hoop, ring.
både, ~ **og** both – and.
bål (bon)fire; (som straff) stake.
bånd band; tape; tie; brace;
(pynt) ribbon; *fig* bond, tie;
~ **opptaker** tape recorder.
båre (lik-) bier; (syke-) stretcher.
båt boat; ~ **byggeri** boat builder's
yard; ~ **flyktninger** boat refugees;
~ **naust** boat house; ~ **shake**
boat-hook; ~ **sman** boatswain.

C

ca. ab., abt. (about), approx. (ap-
proximately).
cabriolet convertible.
campingvogn caravan; *amr* trailer.
CD-spiller compact disc player.
celeber celebrated.
celle cell; ~ **formet** cellular; ~ **vev**
cellular tissue.
cellist (violin)cellist; ~ **o** cello.
cellofan cellophane.
cellull synthetic wool; ~ **oid** cellu-
loid; ~ **ose** (papirmasse) wood-
pulp.
celsius centigrade.

centigram centigramme; ~ **liter**
centilitre; ~ **meter** centimetre.
cerebral parese cerebral palsy.
certeparti charter-party.
champagne champagne.
chartre charter.
cif *merk* c.i.f., C.I.F.
cirka circa.
cisterne cistern, tank.
clutch clutch.
cricketspill cricket.
CV - personlige opplysninger CV
- curriculum vitae.

D

da *adv* then; *tidskonj* when; *år-
sakskonj* as.
daddel *bot* date; (kritikk) blame,
censure; ~ **elverdig** blameworthy,
reprehensible.
dag day; ~ **blad** daily; ~ **bok** dia-
ry; ~ **driver** idler, loafer; ~ **drøm**
daydream; ~ **es** dawn; ~ **gry**
dawn, daybreak; ~ **lig** daily;
~ **ligstue** parlour, sitting-room,
living-room; ~ **slys** daylight;
~ **sorden** agenda; ~ **sverk** day's
work.
dakapo encore.
dal valley; ~ **e** sink, go down.
dam (spill) draughts; *amr* check-
ers; (vann) pond; pool; puddle;

(demning) dam; ~ **brett** draught-
board.
dame lady; (kort) queen; ~ **frisør**
ladies' hairdresser; ~ **messig** lady-
like; ~ **skredder** ladies' tailor.
damp (vann-) steam; vapour;
~ **bad** steam-bath; ~ **e** steam;
~ **er** steamer; ~ **maskin** steam-
engine; ~ **skip** steamship, steam-
er.
Danmark Denmark.
danne (forme) form, shape; ~ **lse**
culture, education; (tilblivelse)
formation; ~ **t** well-bred, cul-
tured.
dans dance; ~ **e** dance; ~ **er,**
~ **erinne** dancer.

dansk Danish; ~ **e** Dane.
daske (slå lett) dab, spank.
dat|a data, facts; ~ **abehandling** data processing; ~ **amaskin** computer; ~ **asnok** hacker; ~ **avirus** worm; ~ **ere** date; ~ **o** date.
datter daughter; ~ **datter** granddaughter; ~ **selskap** subsidiary company.
daværende at that time, then.
de *pers pron* they; *demonst pron* those.
debatt debate.
deb|et debit; ~ **itere** debit; ~ **itor** debtor.
debut debut, first appearance; ~ **ere** make one's debut.
dedi|kasjon dedication; ~ **sere** dedicate.
defekt *adj* defective, *s* defect.
defensiv defensive.
defin|ere define; ~ **isjon** definition.
deg you; yourself.
degradere degrade.
deig dough; (smør-) paste.
deilig (vakker) beautiful, lovely; (om smak) delicious; delightful.
dekanus dean.
dekk *mar* deck; (bil-) tyre; ~ **e**, *v* cover; (utgifter) meet, cover; (bord) lay; *s* cover(ing); (lag) layer; ~ **slast** deck-cargo.
deklamasjon declamation, recitation.
dekning *merk* payment, settlement, cover; (reportasje) coverage.
dekor|asjon decoration; *pl teat* scenery; ~ **ativ** ornamental; ~ **a-tør** decorator; (vindus-) window-dresser; ~ **ere** decorate; (vindu) dress.
dekret decree.
deksel cover, lid.
del part, portion; (andel) share; ~ **aktighet** participation; (i forbrytelse) complicity; ~ **e** divide; share; ~ **egasjon** delegation; ~ **e-gere**, ~ **egert** delegate; ~ **elig** divisible; ~ **elinje** dividing line.
delfin dolphin.
delikat (lekker) delicious, dainty; (fintfølende *el* kinkig) delicate; ~ **esse** delicacy.

deling division, partition.
dels in part, partly.
delta *s* delta.
delta (i) take part (in), participate (in); ~ **gelse** participation; (medfølelse) sympathy; ~ **ker** participant; *merk* partner.
deltid(s) part-time.
delvis *adv* in part, partly; *adj* partial.
dem them; **Dem** you.
demagog demagogue.
dement|ere deny, contradict; ~ **i** denial, contradiction.
dem|me dam; ~ **me opp** embank; ~ **ning** dam, barrage, embankment.
demokrat democrat; ~ **i** democracy; ~ **isere** democratize; ~ **isk** democratic.
demon demon; ~ **isk** demoniac.
demonstr|ant demonstrator; ~ **a-sjon** demonstration; ~ **ere** demonstrate.
demonter|e dismantle, disassemble; ~ **t** disassembled.
demoralisere demoralize.
dempe (lyd) deaden, muffle; (lys) subdue; *fig* damp down; *mus* mute; ~ **r** damper.
demr|e dawn; ~ **ing** dawn, twilight.
den it; that, the; ~ **gang** then, at that time.
denge thrash, beat.
denitrogenoksid nitrous oxide.
denne this.
deodorant deodorant.
departement ministry; *is amr* department.
deponere deposit, lodge.
depositum deposit.
depot depot.
deprimert depressed.
deput|asjon deputation; ~ **ert** deputy.
der there; ~ **e** you; ~ **es** their(s); your(s); ~ **etter** then, afterwards, subsequently; ~ **for** therefore, so; ~ **fra** from there, thence; ~ **iblant** among them; ~ **imot** on the other hand; ~ **på** then, next; ~ **som** if, in case; ~ **ved** thereby;

by that means; ~ **værende** local, there (present).

desember December.

desert|ere desert; ~ **ør** deserter.

desimal decimal.

desin|feksjon disinfection; ~ **feksjonsmiddel** disinfectant; ~ **fisere** disinfect; ~ **formasjon** disinformation.

desorientere confuse.

despera|sjon desperation; ~ **t** desperate.

despot despot; ~ **i** despotism.

dessert sweet; *(is* frukt) dessert.

dessuten besides, moreover, furthermore.

dessverre unfortunately; alas.

destill|asjon distillation; ~ **atør** distiller; ~ **ere** distil.

desto the; ~ **bedre** all (*el* so much) the better; **ikke** ~ **mindre** nevertheless.

det it; that; the; there.

detalj detail; *merk* retail; ~ **ist** retailer, retail dealer.

detektiv detective.

dette this.

devaluer|e devalue; ~ **ing** devaluation.

dia|betiker diabetic; ~ **gnose** diagnosis; ~ **gram** graph; ~ **kon** (male) nurse; ~ **lekt** dialect; ~ **log** dialogue; ~ **mant** diamond; ~ **mantsliper** diamond-cutter; ~ **meter** diameter; ~ **ré** diarrh(o)ea.

die (gi bryst) suckle.

diett (mat) diet; (-penger) daily allowance.

difteri diphtheria.

diger big, bulky, huge.

digital| audiobåndspiller digital audiotape recorder (DAT); ~ **kompakt kassett** Digita.

digresjon digression.

dike dike.

dikt poem; ~ **afon** dictaphone; ~ **at** dictation; ~ **ator** dictator; ~ **atur** dictatorship; ~ **e** (opp-dikte) invent, fabricate; (skrive poesi) write (*el* compose) poetry; ~ **er** poet; ~ **ere** dictate; ~ **ning** poetry, fiction.

dilemma dilemma.

diligence stage-coach.

dill (krydder) dill; (tull) nonsense.

dimensjon dimension, size.

dimittere dismiss.

dimme blur.

din(e), ditt (foran *s*) your; (alene) yours.

diplom diploma; ~ **at** diplomat(ist); ~ **ati** diplomacy; ~ **atisk** diplomatic.

direk|sjon board of directors; ~ **te** direct; ~ **torat** directorate; ~ **tør** manager; *amr* president; (for offentlig institusjon) director.

dirig|ent (møte-) chairman; *mus* conductor; band master; ~ **ere** (møte) be in the chair, preside; (trafikk) direct; *mus* conduct.

dirk picklock.

dirre quiver, vibrate.

dis (tåke) haze.

disharmoni discord.

disig hazy.

disip|lin discipline; (fag) branch of knowledge; ~ **pel** disciple.

disk counter.

diskont|ere ~ **o** discount.

diskos discus.

diskotek discotheque.

dis|kresjon discretion; ~ **kret** discreet; ~ **kriminere** discriminate (against); ~ **kriminering** discrimination; ~ **kusjon** discussion; ~ **kutere** discuss; ~ **kvalifisere** disqualify.

dis|pensasjon exemption; ~ **ponent** manager; ~ **ponere over** have at one's disposal *el* available; ~ **ponibel** available; ~ **posisjon** disposition; (utkast) outline; (rådighet) disposal.

disse these.

dissek|ere dissect; ~ **sjon** dissection.

dissen|s dissent; ~ **ter** dissenter, nonconformist; ~ **tere** dissent.

dissonans dissonance, discord.

distanse distance.

distink|sjon (merke) badge; ~ **t** distinct.

distra|here distract, disturb; ~ **ksjon** absence of mind; preoccupation.

distré absent-minded.

distrikt district, area.
dit there.
diva diva; ~ n couch, divan.
diverse sundry, various.
dividend; ~ dende dividend; ~ dere divide; ~ sjon division.
djerv bold, brave, stalwart.
djevel devil, fiend; ~ sk demoniac, devilish, diabolical; ~ skap devilry.
do loo, lavatory, privy.
dobbelt double, twofold; ~ bokholderi book-keeping by double entry; ~ spill double-dealing; ~ værelse double room; ~ så mange twice as many.
dog however, still, yet.
dogmatisk dogmatic.
dokk dock; tørr ~ dry-dock.
dokke doll; (marionett) puppet.
doktor doctor, (lege) physician; ~ grad doctor's degree.
dokument document, (forfatnings-) charter; ~ ere document; ~ mappe briefcase.
dolk dagger; ~ e stab.
dom sentence; judgment; ~ felle convict; ~ fellelse conviction; ~ inere dominate; ~ kirke cathedral; ~ medag doomsday, judgement day; ~ mer judge, justice; (fotball) referee; ~ prost dean; ~ stol court of justice; lawcourt.
dongeri dungaree, jean; ~ bukser dungarees, jeans.
dope dope.
dorg trailing line.
dorme doze.
dorsk indolent.
dosent senior lecturer; amr associate professor; ~ is dose.
doven lazy, idle; ~ enskap laziness; ~ ne seg idle, laze.
dra (trekke) draw, pull, drag; (bevege seg) go, move; ~ g pull, tug; (av sigarett) whiff, puff.
drabantby satellite town, dormitory suburb.
drake dragon; (leke) kite.
drakt dress, costume.
dram dram, nip.
drama drama; ~ tiker dramatist, playwright; ~ tisk dramatic.

dranker drunkard, drinker.
drap manslaughter, murder, homicide.
drastisk drastic.
dregg grapnel, drag.
dreibar revolving; ~ e turn; ~ ebenk lathe; ~ er turner; ~ ning turn; rotation.
drenere drain; ~ ing drainage.
dreng farm servant.
drepe kill.
dress suit; ~ ere train; ~ ur training.
drift instinct; (virksomhet) operation(s); (strøm) drift; ~ ig active, enterprising; ~ skapital working capital; ~ somkostninger working expenses; ~ sår working year.
drikk drink; (det å drikke) drinking; ~ e drink; ~ eglass drinking-glass; ~ elig drinkable; ~ epenger tip(s), gratuity; ~ evarer beverages, drinkables; ~ evise drinking song; ~ feldig addicted to drink(ing); ~ feldighet drunkenness.
drill drill.
dristig bold, daring, daunting; (dum) ~ audacious; ~ het boldness, daring.
dritt (vulg.) crap; ~ prat (vulg.) bullshit.
drive (jage) drive; (forretning o.l.) carry on, run; (maskin) drive, operate, work; (gå og drive) lounge, saunter; mar drift, be adrift; ~ e bort dispel; ~ fjær mainspring; ~ garn drift-net; ~ hjul driving-wheel; ~ hus hothouse, conservatory, greenhouse; ~ huseffekt greenhouse effect; ~ kraft motive power, impetus; ~ stoff fuel.
dronning queen.
drops sweets, drops.
drosje taxi, cab; ~ holdeplass taxi (el cab) rank (el stand); ~ sjåfør cabman.
drue grape; ~ klase cluster of grapes; ~ sukker grapesugar, glucose.
drukken intoxicated, drunk; ~ bolt drunkard; ~ skap drunkenness.

drukne *vt* drown; *vi* be drowned.
dryg se *drøy.*
drypp; ~ **e** drop, drip.
drysse *vt* sprinkle; *vi* fall.
drøfte discuss, talk over, argue;
~ **lse** discussion, talk.
drøm; ~ **me** dream; ~ **mende**
dreamy.
drønn din; ~ **e** boom, bang.
drøpel uvula.
drøv cud; **tygge** ~ chew the cud,
ruminate.
drøy (rekker langt) goes a long
way; ~ **e** linger, make sth. go far.
dråpe drop.
du you. ~ **blett** duplicate.
due pigeon; (turtel-) dove.
duell duel; ~ **ere** (fight a) duel.
duett duet.
duft fragrance, odour, aroma;
~ **e** smell (sweet).
duge be good, be fit; ~ **lig** fit,
capable; ~ **lighet** aptitude.
dugg dew; ~ **et** dewy.
duk (bord-) table-cloth.
dukke *v* duck, dive, plunge; ~
opp turn up, emerge; *s* se *dokke.*
dum stupid, silly, foolish; ~ **dris-
tig** foolhardy; ~ **het** stupidity;
foolishness; folly.
dump *adj* dull; (lyd) muffled; *s*
depression; (lyd) thud; ~ **e** (falle)
plump; (stryke) fail; (kaste) jetti-
son; *merk* dump.
dumrian fool, blockhead.
dun down; ~ **der** banging, roar,
thunder; ~ **dre** bang, roar; ~ **dyne**
eider-down; ~ **et** downy.
dunk *m* keg; tin; *n* thump, knock;
~ **e** bump, knock; ~ **el** dark,
dim, obscure.
dunst vapour, fume; ~ **e** reek,
fume; (~ **bort**) evaporate.
duppe bob.
dur *mus* major; (lyd) drone;
(sterk) roar; ~ **e** drone; roar.
dusin dozen.
dusj shower(-bath), douche.
dusk tuft; tassel; ~ **regn;** ~ **regne**
drizzle.
dusør reward.
dvale (om dyr) hibernation; (sløv-
het) lethargy, torpor; **ligge i** ~
hibernate.

dvele tarry, linger; *fig* ~ **ved**
dwell (up)on.
dverg dwarf, gnome; ~ **aktig**
dwarfish.
dvs. i.e., that is (to say).
dybde depth; *fig* profundity.
dyd virtue; ~ **ig** virtuous;
~ **smønster** paragon of virtue.
dykke dive; ~ **r** diver.
dyktig capable, able, competent,
efficient, clever; ~ **het** capability,
proficiency.
dynam|isk dynamic; ~ **itt** dyna-
mite; ~ **o** dynamo.
dynasti dynasty.
dyne (klitt) dune, down; (i seng)
featherbed, eiderdown.
dynge *s & v* heap, pile; *s* landfill.
dynke sprinkle.
dynn mire, mud.
dyp *adj* deep; (*fig* også) profound;
s deep, depth; ~ **fryse** deep-
freeze; ~ **fryser** deep freeze,
freezer; ~ **pe** dip, immerse; ~ **sin-
dig** profound.
dyr *adj* dear, expensive; *s* ani-
mal; beast; ~ **eart** species of ani-
mals; ~ **ebar** dear, precious; ~ **e-
hage** zoological garden(s), zoo;
~ **ekjøpt** dearly bought; ~ **esteik**
roast venison; ~ **isk** (brutal) brut-
ish, bestial.
dyrk|bar arable; ~ **e** (jorda) culti-
vate, till; (korn *o.l.*) grow; *relg*
worship; ~ **er** grower.
dyr|lege veterinary; *dt* vet; ~ **skue**
cattle-show; ~ **tid** time of high
prices.
dysse lull, hush; ~ **ned** hush *(el*
smother) up.
dyst combat, fight, joust; ~ **er**
sombre, gloomy.
dytt; ~ **e** nudge, prod, push.
dyvåt drenched.
dø die.
død *s* death, decease; *adj* dead;
~ **bringende** fatal, lethal; ~ **elig**
mortal, deadly; ~ **elighet** mortali-
ty; ~ **elighet(sprosent)** death rate,
mortality rate; ~ **fødsel** stillbirth;
~ **født** stillborn; ~ **sleie** death-
bed; ~ **sstraff** capital punish-
ment; ~ **strett** deadbeat; ~ **sårsak**
cause of death.

døende dying.

døgn day and night, 24 hours; ~ **flue** ephemera.

dømme judge; *jur* sentence, convict.

dønning swell, heave.

døpe baptize, christen; ~ **navn** Christian name, forename; *amr* first *(el* given) name.

dør door.

dørk deck, floor.

dør|karm door-case; ~ **klinke** door-handle; ~ **skilt** door-plate; ~ **slag** colander; ~ **terskel** threshold; ~ **vakt** doorkeeper, doorman; commissionaire; usher; ~ **åpning** doorway.

døs; ~ **e** doze, drowse; ~ **ig** drowsy; ~ **ighet** drowsiness.

døv deaf; ~ **het** deafness; ~ **stum** deaf-and-dumb; deaf-mute.

døyt jot.

døyve deaden.

dåd deed, achievement, act.

dådyr fallow, deer.

dåne swoon, faint.

dåp baptism, christening.

dåre *s* fool; ~ **lig** (slett) bad, poor; (syk) ill, unwell; ~ **ligere** worse; poorer; ~ **ligst** worst, poorest; ~ **skap** folly.

dåse tin, box; ~ **mikkel** gawk.

E

ebbe *s* ebb(-tide), low tide; *v* (ut) ebb (away).

ed oath; **falsk** ~ perjury; **avlegge** ~ (på) take an oath (on).

EDB EDP (electronic data processing).

edder venom; ~ **kopp** spider; ~ **koppnett** spider web.

eddik vinegar.

edel noble; ~ **modig** nobleminded, magnanimous, generous; ~ **stein** precious stone, gem.

ederdun eider(-down).

edfeste swear (in).

edru sober; ~ **elig** sober; ~ **elighet** sobriety.

EF EC (European Community).

effekt effect; ~ **er** effects; ~ **full** effective; ~ **iv** effective; (dyktig) efficient; ~ **ivitet** efficiency; ~ **uere** effect, execute.

eføy ivy.

egen own; (eiendommelig) peculiar **(for:** to); (særegen) particular; (underlig) odd, singular; ~ **artet** peculiar; ~ **artethet** peculiarity; ~ **mektig** arbitrary; ~ **navn** proper name; ~ **nytte** self-interest; ~ **rådig** wilful, arbitrary; ~ **skap** quality; **i** ~ **skap av** in the capacity of; ~ **tlig** proper, real; *adv* pro-

perly *(el* strictly) speaking; ~ **verdi** intrinsic value.

egg egg; (på kniv) edge; ~ **e** incite, goad; *(opp)* incense; ~ **ende** inciting; ~ **eglass** egg-cup; ~ **ehvite** white of an egg; ~ **eplomme** yolk of an egg; ~ **erøre** scrambled eggs; ~ **eskall** eggshell; ~ **stokk** ovary.

egle pick a quarrel.

egn region, parts, tract.

egne seg (for, til) be suited (to *el* for), be suitable *(el* fit) (for); ~ **t** fit(ted), proper, suitable.

egoisme selfishness, egotism, egoism; ~ **t** ego(t)ist; ~ **tisk** ego(t)istic(al).

egypter; ~ **isk** Egyptian.

eid isthmus, neck of land.

eie *s* possession; *v* own, possess; ~ **form** the genitive; ~ **ndeler** belongings, property; ~ **ndom** property, (jord) estate; (fast) real property (estate); ~ **ndommelig** peculiar, quaint; ~ **ndommelighet** peculiarity; ~ **ndomsmekler** estate agent; ~ **r** owner, proprietor.

eik oak; ~ **e** (i hjul) spoke; ~ **enøtt** acorn.

eim vapour; odour.

einer juniper.

einstøing lone wolf.

ekkel disgusting, nasty.
ekko echo.
ekorn squirrel.
eksakt exact.
eksamen examination, *dt* exam;
ta ~ pass an examination;
~ **svitnemål** certificate, diploma.
eksaminator examiner; ~ **ere** examine; question.
eksekusjon execution; ~ **utiv** executive; ~ **vere** execute.
eksellense excellency.
eksem eczema.
eksempel example, instance; **for**
~ for example *el* instance, e.g.
(exempli gratia); ~ **lar** specimen;
(bok o.l.) copy; ~ **larisk** exemplary.
eksentrisk eccentric.
eksepsjonell exceptional.
eksersere drill; ~ **erplass** drill-ground; ~ **is** drill.
eksil exile.
eksistens existence, being; ~ **re** exist.
ekskludere expel; ~ **siv** exclusive;
~ **sive** exclusive of, excluding,
excluded; ~ **sjon** expulsion.
ekskrementer excrements.
ekskursjon excursion.
eksos exhaust; ~ **rør** exhaust pipe.
eksotisk exotic.
ekspansiv expansive.
ekspedere (sende) dispatch, forward; (gjøre av med) dispatch,
dispose of; (en kunde) attend to,
serve; ~ **isjon** forwarding; (kontor) office; (ferd) expedition;
~ **itrise** shop assistant, saleswoman, shopgirl; ~ **itør** shop assistant, salesman; *amr* clerk; (på
kontor) forwarding clerk.
eksperiment experiment; ~ **ere**
experiment.
ekspert expert; ~ **ise** expertise.
eksplodere explode, blow up,
burst; ~ **siv** explosive; ~ **sjon** explosion, detonation.
eksponent exponent; ~ **ring** exposure.
eksport export(ation); *konkr* exports; ~ **ere** export; ~ **ør** exporter.
ekspress express.

ekspropriasjon expropriation, dispossession; ~ **ere** expropriate.
ekstase ecstasy.
ekstemporere (på skole) do unseens.
ekstra extra; ~ **kt** extract; ~ **nummer** (avis) special issue; (dacapo)
encore; ~ **ordinær** extraordinary,
exceptional; ~ **skatt** supertax,
surtax; ~ **tog** special train; ~ **vaganse** extravagance.
ekstrem extreme.
ekte genuine, real; (gull *o.l.*)
pure; (ekte født) legitimate; *v*
marry; ~ **felle** spouse; ~ **født** legitimate; ~ **mann** husband; ~ **par**
married couple; ~ **skap** matrimony, marriage, (på tvers av rase el.
religion) intermarriage; ~ **skape-**
lig conjugal, nuptial, marital;
~ **skapsbrudd** adultery.
ekthet genuineness.
ekvator the equator.
ekvipere equip, fit out; ~ **ing**
equipment; ~ **ingsforretning** gentlemen's outfitter.
elastisitet elasticity; ~ **k** elastic,
resilient.
elde (old) age; ~ **es** grow old,
age; ~ **gammel** very old; (fra
gammel tid) ~ **re** older; elder;
~ **st** oldest, eldest.
elefant elephant.
eleganse elegance; ~ **t** elegant,
fashionable.
elegi elegy; ~ **sk** elegiac.
elektrifisere electrify; ~ **ker** electrician; ~ **sitet** electricity; ~ **sk**
electric(al).
elektroingeniør electrical engineer; ~ **n** electron; ~ **teknikk**
electrotechnics.
element element; ~ **ær** elementary.
elendig wretched, miserable; ~ **het**
wretchedness, misery.
elev pupil; (voksen) student.
elfenbein ivory.
elg elk; *amr* moose.
eliminasjon elimination; ~ **ere**
eliminate.
elite élite; pick.
eller or; ~ **s** or else, otherwise;
(vanligvis) usually, generally.
elleve eleven; ~ **te** eleventh.

elsk|e love; ~ elig lovable; ~ er
lover; ~ erinne mistress; ~ et be-
loved; ~ ling darling; ~ verdig
amiable, kind; ~ verdighet kind-
ness.
elte knead.
elv river; ~ eblest nettle rash;
~ ebredd bank; ~ eleie river-bed;
~ eløp river course; ~ emunning
mouth of a river; estuary.
emalje; ~ re enamel.
emballasje packing (material).
embet|e office; ~ seksamen univer-
sity degree; ~ smann (Govern-
ment) official, civil servant,
(høytstående) dignitary.
emblem emblem, badge.
emigr|ant emigrant; ~ ere emi-
grate.
emne s subject, topic; (materiale)
material.
en art a, an; num pron one.
enda (foran komparativ) still,
even; se ennå.
ende s end; (bak) ~ haunches;
buttocks; v end, finish, conclude;
~ fram straightforward; ~ lig adj
final, definite, eventual; adv at
last, finally; ~ lse ending, termi-
nation; ~ stasjon terminus;
~ vende turn upside down.
endog even.
endr|e alter, amend; ~ ing altera-
tion.
ene| og alene solely; ~ boer her-
mit, recluse; ~ bolig detached
house; one-family house; ~ for-
handler sole distributor; ~ rett
monopoly, sole right.
energi energy; ~ besparende ener-
gy-saving; ~ sk energetic; ~ til-
gang energy supply.
ene|rådig absolute; ~ s agree;
~ ste only; ~ stående unique;
~ tale monologue; ~ velde abso-
lute power; ~ voldsherre absolute
ruler, autocrat.
enfold simplicity; ~ ig simple;
brainless.
eng meadow.
engang once; ~ s- disposable;
~ sblele disposable nappy;
~ semballasje disposable pack-

age; ~ sflaske non-returnable
bottle.
engasje|ment engagement; ~ re
engage; (til dans) ask for a dance.
engel angel.
engelsk English; ~ mann English-
man.
en gros wholesale.
engstelig uneasy; anxious, timid.
enhet unity; unit.
enhver s everybody; adj every,
any.
enig (være ~) agree, be agreed;
~ het agreement, concord.
enke widow; ~ dronning queen
dowager; queen mother; ~ mann
widower.
enkel simple, plain; single; ~ thet
detail; ~ tknappet single-
breasted; ~ tværelse single room.
enn than; but.
ennå still, yet; (ikke ~) not yet.
enorm enormous, huge, formida-
ble.
ens identical, alike; ~ artet uni-
form; ~ e heed; ~ farget plain;
of one colour; ~ formig monoto-
nous, humdrum.
ensidig (syn) one-sided, bias(s)ed.
ens|lig solitary, single; ~ om lone-
ly, solitary; ~ omhet loneliness,
solitude.
enstemmig unanimous; mus uni-
son; ~ het unanimity.
entall the singular.
enten – eller either ... or.
entré hall, vestibule; (betaling)
admission (fee).
entreprenør contractor.
enveis|gate, ~ kjøring one-way
street, traffic.
epidemi epidemic.
epilep|si epilepsy; ~ tiker, ~ tisk
epileptic.
epilog epilogue.
episk epic.
episod|e episode; ~ isk episodic.
epistel epistle.
eple apple; ~ vin cider.
epoke epoch.
epos epic, epos.
eremitt hermit.
erfar|e (få vite) learn; (oppleve)

experience; ~ **en** experienced; ~ **ing** experience.

erg|erlig (kjedelig) annoying, vexatious; (~ **over**) annoyed (el vexed at); ~ **re** terge, annoy, vex; ~ **relse** annoyance, vexation.

erindr|e remember, recollect; ~ **ing** remembrance.

erke- arch.

erke|biskop archbishop; ~ **rival** archrival.

erkjenne acknowledge, admit, recognize; ~ **seg skyldig** plead guilty; ~ **lse** acknowledgment, recognition, admission.

erklær|e declare, state; ~ **ing** declaration, statement.

erme sleeve.

ernær|e (fø) nourish, nurture; ~ **ing** nourishment, nutrition.

erobr|e conquer; ~ **er** conqueror; ~ **ing** conquest.

eroti|kk eroticism; ~ **sk** erotic.

erstatning compensation; (surrogat) substitute; ~ **skrav** claim for compensation; ~ **splikt** liability.

erstatte replace; (gi erstatning) compensate, supersede.

ert pea:

erte tease **(med:** about); ~ **suppe** pea soup.

erts ore.

eruptiv eruptive

erverv trade, livelihood; ~ **e (seg)** acquire.

ese (gjære) ferment; (heve seg) rise. *

esel donkey; ass.

esing fermentation; *mar* gunnel, gunwale.

eskadre, eskadron squadron.

eskapade escapade

eske box.

eskimo Eskimo.

eskorte, ~ **re** escort.

espalier trellis, espalier.

ess (kort) ace; *mus* E flat.

esse forge, furnace.

essens essence.

esteti|ker aesthete; ~ **kk** (a)esthetics; ~ **sk** (a)esthetic.

etabl|ere establish; ~ **ering;** ~ **issement** establishment.

etappe stage.

etasje stor(e)y, floor.

etat service.

ete eat.

eter ether.

etikett label; ~ **e** etiquette.

eti|kk ethics; ~ **sk** ethical.

etnisk ethnic.

etse corrode; ~ **nde** corrosive, caustic.

etter *prp* after; (bak) behind; (ifølge) according to; *adv* after(wards); ~ **betaling** back pay; ~ **forske** inquire into, investigate; ~ **forskning** investigation; ~ **følge** follow; succeed; ~ **følger** successor; ~ **gi** remit, pardon; ~ **givelse** remission; ~ **gjøre** fake; ~ **hånden** gradually; ~ **komme** comply with; accede to; ~ **kommer** descendant; ~ **krav (mot)** cash on delivery (C.O.D.); ~ **krigs-** postwar; ~ **late** leave (behind); ~ **ligne** imitate; ~ **ligning** imitation; ~ **lyse** advertise for; ~ **lyst** wanted; ~ **middag** afternoon; ~ **navn** surname, family name; ~ **nøler** straggler; latecomer; ~ **på** afterwards; ~ **retning** information, news; ~ **retningsvesen** intelligence service; ~ **se** inspect; overhaul; ~ **skrift** postscript; ~ **skudd** (på-) in arrear(s); ~ **slekt** posterity; ~ **som** as, since; ~ **spill** epilogue; ~ **spørsel** demand; ~ **syn** inspection; overhaul; ~ **tanke** reflection; ~ **trykk** emphasis, stress; ~ **trykk forbudt** copyright; all rights reserved; ~ **utdannelse** in-service training; further education; ~ **virkning** aftereffect.

etui case.

Europ|a Europe; ~ **arådet** the Council of Europe (CE); ~ **eer;** ~ **éisk** European.

evakuer|e evacuate; ~ **ing** evacuation.

evangeli|sk evangelic(al); ~ **um** gospel.

eventu|alitet contingency, eventuality; ~ **ell** possible; (if) any; ~ **elt** *adv* possibly, if necessary.

eventyr (opplevelse) adventure; (fortelling) (fairy-)tale; ~ **er** ad-

venturer; ~ **land** wonderland;
~ **lig** fabulous, fantastic; ~ **lyst**
love of adventure; ~ **prins** Prince
Charming; ~ **slott** fairy palace.
evig eternal; perpetual; **Den** ~ **e**
stad the Eternal City; ~ **grønn**
evergreen; ~ **ungdom** perpetual
youth; ~ **het** eternity.

evne faculty, capability, ability,
capacity; ~ **løs** incapable, incom-
petent; ~ **rik** gifted, talented;
~ **veik** deficient, feebleminded,
retarded.
EØS - Europeisk økonomisk sam-
arbeid European Economic Co-
operation.

F

fabel fable; ~ **elaktig** fabulous;
~ **le** fable.
fabrikant manufacturer; ~ **asjon**
manufacture; ~ **at** make, pro-
duct; ~ **k** factory, mill; ~ **kar-**
beider factory worker; ~ **kere**
manufacture, make; ~ **kmerke**
trade mark.
fadder godfather; godmother.
faderlig fatherly, paternal.
fadervår the Lord's Prayer.
fadese blunder.
fag (skole) subject; (område) line,
profession; (håndverk) trade;
~ **arbeider** skilled worker.
fagforening trade(s) union; ~ **lært**
skilled; ~ **mann** expert, specialist;
~ **utdannelse** specialized *(el* pro-
fessional) training.
fajanse faience.
fakir fakir.
fakke catch, nab.
fakkel torch.
fakse fax.
faktisk *adj* actual, real, virtual;
adv as a matter of fact, actually,
virtually, in fact.
faktor factor; ~ **um** fact.
faktura invoice (**over, på:** for).
fakultet faculty.
falk falcon, hawk.
fall fall; **i** ~ in case; ~ **dør** trap-
door; ~ **e** fall, drop; (in value)
depreciate; ~ **eferdig** tumble-
down, rickety; ramshackle; ~ **e**
fra hverandre disintegrate.
fallent bankrupt; ~ **gruve** pitfall;
~ **itt** *s* bankruptcy, failure; *adj*
bankrupt.
fallskjerm parachute; ~ **hopper**
parachutist.

falme fade.
falsk false; (forfalsket) forged;
~ **het** falseness, guile; ~ **mynter**
counterfeiter, coiner; ~ **neri** for-
gery, fakery.
familie family; ~ **forsørger** bread-
winner; ~ **navn** family name; sur-
name.
familiær familiar.
famle grope, fumble (**etter:** for).
fanatiker fanatic; ~ **sk** fanatic.
fanden the Devil, the Fiend; Old
Nick; ~ **ivoldsk** devil-may-care.
fane banner, standard, ensign.
fanfare fanfare, flourish.
fang lap; ~ **e** *v* catch, capture; *s*
prisoner, captive, (politisk) de-
tainee; ~ **eleir** prison camp; ~ **en-**
skap captivity, imprisonment;
~ **evokter** warden, jailer; ~ **st**
(bytte) capture; (fisk) catch,
draught.
fant tramp; gipsy.
fantasere rave; ~ **i** (innbilnings-
evne) imagination; (innfall) fan-
cy, fantasy; *mus* fantasia; ~ **ifos-**
ter phantom; ~ **ifull** imaginative,
fanciful; ~ **t** visionary; ~ **tisk**
fantastic.
far father; (spor) track, trail; ~ **ao**
Pharaoh; ~ **bror** (paternal) uncle;
~ **løs** fatherless; ~ **skap** father-
hood; paternity.
fare *v* (reise) go, travel; (av sted)
scamper; *mar* sail; (ile) rush;
dart; *s* danger, peril; **bringe i** ~
jeopardize; ~ **sone** danger area
~ **truende** perilous.
farfar (paternal) grandfather.
farge *s* colour; (stoff) dye; paint;
(kort) suit; *v* dye; colour; ~ **fjern-**

syn colour television; ~ **handel** colour shop; ~ **legge** colour.

farin castor sugar.

fariseer Pharisee.

farlig dangerous, perilous.

farmas|i pharmacy; ~ **øyt** (dispensing) chemist's assistant, pharmacist.

farmor (paternal) grandmother.

farsdag Father's Day.

farse (mat) forcemeat; (komedie) farce.

farsott epidemic.

fart (hastighet) speed, rate; (handels-) trade; ~ **e omkring** gad about; ~ **sgrense** speed limit.

far|tøy vessel, craft, ship; ~ **vann** waters.

farvel good-bye, farewell.

fasade front, façade.

fasan pheasant.

fascis|me Fascism; ~ **t**; ~ **tisk** Fascist.

fase phase; ~ **ut** phase out.

fasit key; answer book.

fasong shape, cut.

fast firm; solid; ~ **boende** resident; (~ **satt**) fixed.

faste v & s fast; ~ **lavn** Shrovetide; ~ **tid** Lent.

fast|het firmness; solidity; fastness; ~ **holde** stick to, insist on, maintain; ~ **land** mainland, continent; ~ **sette** appoint, fix, stipulate.

fat dish; (tønne) cask, barrel, basin.

fatalitet fatality

fatle sling.

fatning composure.

fatt (få ~ i) get (el catch) hold of.

fatte (begripe) comprehend, understand; (beslutning) make, take (a decision); ~ **t** composed, collected.

fattig poor, destitute; **gjøre** ~ impoverish; ~ **dom** poverty, destitution.

favn (mål) fathom; ~ **e** embrace; ~ **tak** embrace, hug.

fav|orisere favour; ~ **oritt** favourite; ~ **ør** favour.

fe fairy; (dyr) cattle.

feber fever; ~ **aktig** feverish.

febrilsk feverish, fidgety.

februar February.

fedme fatness, obesity.

fedreland (native) country; ~ **ssang** national anthem.

fedrift cattle breeding.

feie sweep; ~ **brett** dustpan; ~ **er** chimney-sweep.

feide feud

feig cowardly, craven; ~ **ing** coward; ~ **het** cowardice.

feil s mistake, error; (mangel) defect, fault; (skyld) fault; adj wrong, incorrect; adv amiss, wrong(ly); ~ **beregne** miscalculate; ~ **ernæring** malnutrition; ~ **fri** faultless; ~ **tagelse** mistake; ~ **tolke** misinterpret.

feir|e celebrate; ~ **ing** celebration.

feit fat.

fekt|e fence; ~ **ing** fencing.

fele fiddle; ~ **spiller** fiddler.

felg rim.

felle s trap; v (trær) fell; (drepe) slay; (tårer) shed; ~ **s** common, joint, communal; ~ **smarkedet** the Common Market; ~ **srom** common room; ~ **s satsing** joint venture; ~ **sskap** community, fellowship.

felt (område) field; sphere; mil field; ~ **flaske** canteen; ~ **seng** campbed, cot; ~ **stol** folding chair; ~ **tog** campaign.

fem five; ~ **te** fifth; ~ **ten** fifteen; ~ **ti** fifty.

fenalår cured leg of mutton.

feng|e catch (el take) fire; ~ **hette** (percussion) cap.

feng|sel prison, jail; ~ **selsbetjent** jailer; ~ **sle** imprison; fig captivate, fascinate; ~ **sling** imprisonment.

fenomen phenomenon; (pl -mena); ~ **al** phenomenal.

fenrik second lieutenant; amr ensign.

ferd expedition; (oppførsel) conduct; ~ **ig** (rede) ready; (fullendt) finished, done; ~ **ighet** skill; ~ **ighus** prefab; ~ **sel** traffic; ~ **selsåre** thoroughfare.

ferie holiday(s); amr vacation;

~ re (spend one's) holiday;
~ rende vacationer.
ferje ferry(-boat).
ferniss; ~ sere varnish.
fersk fresh; ~ en peach; ~ vann
freshwater.
fesjå cattle-show.
fest (privat) celebration, party;
(offentlig) festival; (måltid) feast,
banquet; (holde ~) feast, cele-
brate; ~ e s hold; handle; v fas-
ten, fix, hitch; ~ forestilling gala
performance; ~ lig festive; ~ lig-
het festivity; ~ ning fort, fortress.
fet fat; ~ e fatten; ~ evarer delica-
tessen; ~ t fat, grease; ~ tet
greasy.
fetter (male) cousin.
fiasko failure, fiasco, bust; dt
flop.
fiber fibre.
fiende enemy; ~ skap enmity;
~ tlig hostile; ~ lighet hostility.
figur figure, shape; ~ lig figura-
tive.
fiken fig; ~ blad fig leaf.
fiks smart; (idé) fixed; ~ e fix.
fil, file file.
filet fillet.
filial branch.
filigran filigree
filipens pimple.
fille rag, tatter; ~ rye patchwork
rug; ~ t ragged.
film film, picture; amr movie;
~ atelier studio; ~ byrå film
agency; ~ e film; ~ sekvens foot-
age; ~ stjerne film star.
filolog philologist; ~ i philology;
~ isk philological.
filosof philosopher; ~ i philoso-
phy.
filt felt; ~ er filter, strainer; ~ re
(sammen) entangle; ~ rere filter,
strain.
fin fine.
finale sport final(s); mus finale.
finanser finances; ~ siell finan-
cial; ~ siere finance.
finér veneer.
finger finger; ~ avtrykk finger-
print; ~ bøl thimble; ~ e feign;
~ ferdighet dexterity; mus execu-
tion; ~ nem handy.

Finland Finland.
finne (fisk) fin; (finlending) Finn;
v find; ~ smak i relish; ~ sted
take place; ~ rlønn reward.
finsk Finnish.
fintfølende sensitive.
fiol; ~ ett violet; ~ in violin;
~ inbue bow; ~ inist violinist.
fire num four; v ease off, lower;
fig yield; ~ fisle lizard; ~ kant
square; ~ kløver four-leaved clo-
ver; ~ linger quadruplets.
firma firm, company; ~ merke
trade mark.
fisk fish; ~ e v fish; s fishing;
~ ehandler fishmonger; ~ er fish-
erman; ~ eredskap fishing tackle;
~ eri fishery; ~ erigrense limit
of the fishing zone, fishing limits;
~ eriminister Minister of Fish-
eries; ~ estang fishing rod.
fjas foolery, nonsense.
fjel board.
fjell mountain; rock; ~ dal glen;
~ kjede chain (el range) of moun-
tains; ~ klatrer mountaineer, al-
pinist; ~ kløft gorge; canyon;
~ land mountainous country;
~ skrent cliff.
fjerde fourth.
fjern far(-off), distant, remote;
aloof; ~ e remove; ~ e (seg) with-
draw; ~ e eksplosjonsfare defuse;
~ ing elimination; ~ kontroll re-
mote control; ~ skriver teleprin-
ter; ~ syn television, TV, dt telly;
~ synsapparat television set;
~ synsskjerm television screen;
~ valg dialled trunk call.
fjollet apish.
fjord fjord; fiord; (Skottland)
firth.
fjorten fourteen; ~ dager a fort-
night.
fjær feather; (stål-) spring; ~ e
(ebbe) ebb; ~ fe poultry.
fjøs cowhouse.
flagg flag; colours; ~ e fly the
flag; ~ ermus bat; ~ stang flag-
staff.
flagre flutter, flicker.
flak flake; (is-) floe.
flakke (vandre) roam, rove.
flakong flacon.

flaks (ha ~) be in luck, be lucky; **~ e** flap, flutter.

flamme v & s flame, blaze.

flanell flannel.

flanke flank.

flaske bottle; **~ hals** bottleneck.

flass dandruff.

flat flat; **~ brysted** flat-chested; **~ e** flat; **~ ehugst** clear-cutting; **~ einnhold** area; **~ lus** crab-louse.

flau (skamfull) ashamed; flat, insipid; *merk* dull, flat; **~ vind** light wind.

flekk stain, spot.

fleksib|el flexible; **~ ilitet** flexibility.

flenge v & s slash, tear, gash.

fler|e (enn) more (than); (atskillige) several; **~ koneri** polygamy; **~ stavelsesord** polysyllable; **~ tall** *gram* the plural; (de fleste) the majority; **~ tydig** ambiguous; **~ umettet (fett)** polyunsaturated (fat).

flesk pork; bacon.

flest(e) most; (de fleste) most.

flette v & s plait, braid.

flid application, diligence, industry.

flikk patch; **~ e** patch; (sko) cobble.

flimre glimmer.

flink clever; good; deft.

flint flint.

flir; **~ e** grin.

flis (tre-) chip, splinter; (golv) tile; **~ elagt** tiled.

flittig diligent, industrious.

flo flood(-tide), high tide; **~ d** river; **~ dhest** hippopotamus, *dt* hippo.

floke v & s ravel, tangle; entanglement; **~ t** fuzzy.

flokk (mennesker) crowd, party; (fe) herd; (sau) flock; (ulv) pack; (fugl) flight, flock; **~ e seg** flock, crowd.

flom flood, flow; **~ lys** floodlight; **~ me** (over) overflow.

flor (stoff) gauze; crape; (blomstring) bloom, flowering, blossom; **~ a** flora; **~ ere** flourish.

florin florin.

flosshatt top hat, silk hat.

flott (flytende), afloat; (fin) smart, stylish, posh; (rundhåndet) liberal; **~ e seg** be lavish; **~ ør** float.

flue fly; **~ sopp** toadstool.

flukt escape; (flyging) flight; **~ stol** deck-chair.

fluor fluorine.

fly v fly; s plane, aeroplane, aircraft, *amr* airplane; **~ billett** flight ticket; **~ buss** airport bus; **~ geblad** flysheet, pamphlet; **~ geferdig** fledged; **~ gefisk** flying fish; **~ gel** grand piano; **~ ger** aviator, airman; (føreren av flyet) pilot; **~ ging** aviation, flight; **~ kaprer** hijacker; **~ kapring** hijacking.

flykt|e run away, fly, flee, scamper; (unnslippe) escape; **~ ig** inconstant, transitory; **~ ning** fugitive, refugee.

flyndre flounder.

fly|plass airport; *mil* airfield; **~ selskap** airline.

flyte flow, run; (på vannet) float; **~ over** brim; **~ dokk** floating dock; **~ nde** liquid; (tale) fluent; **~ nde-krystall skjerm** liquid-crystal display.

flytt|e move, remove; migrate; **~ ing** removal; **~ ebil** removal van.

fly|tur flight; **~ vertinne** air hostess, stewardess.

flørt flirtation; (om person) flirt; **~ e** flirt, philander; **~ ing** philandering.

fløte v float; s cream.

fløy wing.

fløyel velvet.

fløyte s whistle; *mus* flute; v whistle; **~ spiller** flutist.

flå flay, skin; *fig* flay, fleece; **~ kjeftet** flippant.

flåte fleet; marine; *mil* navy; (tømmer-) float, raft.

FN UN (United Nations).

fnise; fnising titter, giggle.

fnugg (støv-) speck of dust; (snø-) flake.

fnyse snort.

fold fold; crease; *agr* fold; **~ e** fold.

folk people; *dt is amr* folk(s);

(arbeids-) men, hands; ~ **e-** ethnic; ~ **eavstemning** referendum, plebiscite; ~ **eferd** tribe, nation; ~ **elig** popular; ~ **eregister** register office; ~ **erik** populous; ~ **e-sang** folksong; ~ **etom** derelict; ~ **etrygd** national insurance; ~ **evise** (ancient) ballad, folksong.

follekniv clasp knife; jackknife.
fomle fumble.
fond fund.
fonn drift of snow.
fontene fountain.
for *prp* for, to, at, of etc; *adv* (altfor) too; (med infinitiv) (in order) to; *konj* for.
fôr (i klær) lining; (til dyr) fodder; forage.
forakt contempt, scorn, disdain; ~ **e** despise, disdain; ~ **elig** contemptible, despicable; (som viser forakt) contemptuous.
foran *prp & adv* before, in front of, ahead of; ~ **derlig** changeable, variable; ~ **dre** change, alter; ~ **dring** change, alteration; ~ **ledige** cause; ~ **ledning** occasion; ~ **stående** above; the foregoing.
forarge scandalize; offend; ~ **lse** scandal, offence.
for at (so) that, in order that.
forbanne ~ **lse** curse; ~ **t** blasted, (ac)cursed, damned.
forbause surprise, amaze, astonish; ~ **lse** surprise, amazement, astonishment.
forbedr|e better, improve; ~ **seg** improve; ~ **ing** improvement.
forbe|hold reservation, reserve; ~ **holde seg** reserve; ~ **n** foreleg; ~ **rede** prepare; ~ **redelse** preparation; ~ **redende** preparatory.
forbi *prp & adv* by, past; ~ **gå** pass over; ~ **gåelse** neglect; ~ **gående** passing; ~ **kjøring** overtaking; ~ **passerende** passer-by.
forbilde model, idol.
forbind|e connect, link, associate; (sår) dress, bandage; ~ **else** connection; relation(s); touch; (samferdsel) communication.
forbli remain, stay.
forbitre embitter.

forblø seg bleed to death.
forbløffe amaze, bewilder, astound, flabbergast, dumbfound, stupefy; ~ **lse** amazement, bewilderment, stupefaction.
forbokstav initial (letter).
forbrenn|e burn; incinerate; ~ **ing** burning; *kjem* combustion.
forbruk consumption; ~ **e** consume; ~ **er** consumer.
forbryte forfeit; ~ **lse** crime; felony; ~ **r** criminal; offender; felon.
forbud prohibition, interdiction.
forbund association, league, confederation, federation; ~ **s-** federal; ~ **sfelle** ally, confederate.
forby forbid; interdict; (ved lov) prohibit, ban.
forbytte mix up.
forbønn, (gå i ~ for) intercede for.
fordampe evaporate.
fordel advantage; ~ **aktig** advantageous; ~ **e** distribute, divide; ~ **er** distributor; ~ **ing** distribution.
forderve *fig* deprave, blight; ~ **lse** depravity.
fordi because.
fordoble double; *fig* redouble.
fordom prejudice; ~ **sfri** unprejudiced, unbias(s)ed.
fordra stand, bear, endure.
fordr|e claim, demand; ~ **ing** claim, demand; ~ **ingsfull** exacting, pretentious; ~ **ingsløs** unpretentious.
fordreie distort, twist.
fordrive drive away, eject; (tiden) while away; ~ **lse** expulsion.
fordrukken (foran *s*) drunken; sottish.
fordufte (også *fig*) evaporate.
fordyp|e deepen; ~ **e seg i** study in depth; ~ **ning** hollow, dent (recess).
fordyre make dearer.
fordømme condemn; damn; denounce; ~ **lse** condemnation, denunciation.
fordøye digest; ~ **lig** digestible; ~ **lse** digestion.
fôre (klær) line; (dyr) feed.
forebygge prevent.

foredl|e refine; ~ **ing** refinement, improvement.

fore|drag lecture, talk, discourse; (språkbehandling) diction; *mus* execution; ~ **dragsholder** lecturer; ~ **gangsmann** pioneer; ~ **gi** pretend; ~ **gripe** anticipate; ~ **gå** take place; ~ **gående** preceding; ~ **komme** occur; (synes) seem, appear; ~ **kommende** obliging; ~ **komst** occurrence, existence.

foreldet obsolete, out of date; (krav) (statute-)barred.

foreldre parents; ~ **løs** orphan.

fore|legge place *(el* put) before, submit; ~ **lese** lecture; ~ **leser** lecturer; ~ **lesning** lecture; ~ **ligge** be, exist.

forelske| seg fall in love; ~ **lse** love; ~ **t** in love, (**i**: with), amorous.

foreløpig provisional, temporary, preliminary.

foren|e unite, combine, unify; ~ **ing** union, association, society, club; ~ **kle** simplify; ~ **kling** simplification.

forenlig som passer sammen med; compatible; consistent (with); ~ **het** compatibility.

fore|satt superior; ~ **skrevet** prescribed; ~ **slå** propose, suggest; ~ **speile** hold out; ~ **spørre** inquire; ~ **spørsel** inquiry; ~ **stille** introduce (**for:** to); represent; *v* imagine; (seg) envision; ~ **stilling** *teat* performance; (begrep) idea; ~ **stå** (lede) manage, be in charge of; (komme) be at hand, approach; ~ **stående** forthcoming.

fore|ta undertake, make; ~ **tagende** undertaking, enterprise; ~ **taksom** enterprising; ~ **teelse** phenomenon; ~ **trede** audience; ~ **trekke** prefer (**for:** to).

forevige eternalize.

fore|vise present; ~ **visning** presentation.

forfall decay; decadence; *fig* decline; *jur* excuse; *merk* **(ved ~)** when due; **ha** ~ be prevented; ~ **e** decay, dilapidate; *merk* fall due; ~ **ent** dilapidated; ~ **sdag** *merk* due date *(el* day).

forfalsk|e falsify; forge; fake; ~ **r** faker; ~ **ning** falsification, forgery, counterfeit, fake.

forfatning (tilstand) state, condition; (stats-) constitution.

forfatte compose, write; ~ **r** author, writer; ~ **rinne** authoress.

for|fedre forefathers, ancestors; ~ **fekte** defend, vindicate; ~ **fengelig** vain; ~ **fengelighet** vanity.

forferde terrify, appal, dismay, horrify; ~ **lig** appalling, frightful, terrible, dreadful, awful, horrible; ~ **lse** terror, dismay.

forfine refine.

forfjamse disconcert; ~ **lse** confusion; ~ **t** confused.

forfjor, i ~ the year before last.

forflyt|te, ~ **ning** transfer.

forfra (fra forsiden) from the front; (om igjen) from the beginning.

forfremme advance, promote; ~ **lse** promotion.

forfrisk|e refresh; ~ **ning** refreshment.

for|frossen frozen, chilled; ~ **fryse** freeze; ~ **frysning** frost-bite; ~ **fyllet** sottish.

forfølge pursue; (for å skade) persecute; ~ **lse** pursuit; persecution; ~ **r** pursuer; persecutor.

forføre seduce; ~ **lse** seduction; ~ **nde** seductive; ~ **r** seducer.

for|gangen bygone, gone by; ~ **gasser** carburettor; ~ **gifte** poison, taint; ~ **gjeldet** indebted; ~ **gjenger** predecessor; ~ **gjeves** *adj* vain; *adv* in vain; ~ **glemmegei** forget-me-not; ~ **glemmelse** oversight; ~ **grene seg** ramify, branch (off); ~ **grunn** foreground; *teat* front of the stage; ~ **gude** adore, idolize; ~ **gylle** gild; ~ **gylling,** ~ **gylt** gilt; ~ **gå** perish; ~ **gårs, i** ~ the day before yesterday.

for|hale delay, retard, stave off; ~ **handle** negotiate, *merk* deal in, sell; ~ **handler** dealer, distributor, mediator; ~ **handling** negotiation; distribution, sale; ~ **haste seg** be in too great a hurry; ~ **hastet** hurried, hasty; ~ **hekse**

bewitch; ~ **heng** curtain; ~ **hen-
værende** former; ~ **herde** harden;
~ **herlige** glorify; ~ **herligelse**
glorification; ~ **hindre** prevent;
~ **hindring** hindrance, obstacle;
~ **hjul** front wheel.

forhold (proporsjon) proportion;
(forbindelse) relation(s), connec-
tion; (omstendighet) fact, cir-
cumstances, conditions; *mat* ra-
tio; ~ **e seg** (gå fram) proceed;
saken ~ **er seg slik** the fact (of
the matter) is this; ~ **smessig** pro-
portional; comparative; ~ **sregel**
measure; precautionary measure;
~ **svis** comparatively.

forhør examination; inquiry; in-
terrogation; ~ **e** examine; ask;
interrogate; ~ **e seg** inquire.

forhøy|e heighten, raise; (lønn)
increase; (pris) raise, increase;
~ **else** rise, increase; ~ **ning** rise;
(i lokale) platform.

forhånd (i kort) lead; **på** ~ in
advance, beforehand.

forhåp|entlig it is to be hoped;
~ **ning** hope, expectation;
~ **ningsfull** hopeful.

fôring (klær) lining; *mar* ceiling;
(av dyr) feeding.

for|kaste reject; ~ **kastelig** objec-
tionable; condemnable; ~ **kjem-
per** champion, advocate; ~ **kjæle**
spoil; ~ **kjærlighet** predilection,
preference; ~ **kjært** awry.

forkjøl|e seg catch a cold; **jeg er**
~ **t** I have a cold; ~ **lse** cold.

forkjøpet (komme i ~ **)** anticipate.

forkjørsrett right of way, priority.

forklar|e explain; ~ **ing** explana-
tion; ~ **lig** explicable.

forkle *s* apron; *v* disguise; ~ **dning**
disguise.

for|kludre bungle, botch; ~ **korte**
shorten, abridge; (ord) abbrevi-
ate; ~ **kortelse** shortening,
abridgment, abbreviation; ~ **kyn-
ne** announce; *jur* serve; *relg*
preach; ~ **kynnelse** announce-
ment, preaching; ~ **lag** publish-
ing house; ~ **lange** demand, ask
(for), claim.

forlat|e leave; quit; (oppgi) aban-
don; ~ **else** pardon; **(om** ~ **else)**

(beg your) pardon, sorry; ~ **t** de-
serted, abandoned.

forlede entice.

forleden (dag), the other day.

forleg|en embarrassed; ~ **enhet**
embarrassment, quandary; ~ **ge**
mislay; (utgi) publish; ~ **ger** pub-
lisher.

forleng|e lengthen, prolong, ex-
tend; ~ **else** lengthening, prolon-
gation, extension.

forlik agreement, compromise;
~ **e** reconcile.

for|lis (ship)wreck; ~ **lise** be lost
el wrecked.

forlove| seg become engaged **(med:**
to); ~ **de (hans, hennes** ~ **)** his fi-
ancée, her fiancé; ~ **r** best man.

forlystelse entertainment, amuse-
ment.

forløp (gang) course; ~ **e** (løpe
av) pass off; ~ **er** forerunner, pre-
cursor.

form form, shape; (støpe-) mould;
~ **alitet** formality.

forman|e exhort, admonish; ~ **ing**
exhortation, admonition, warn-
ing.

formann (i styre) chairman, *amr*
president; (i forening) president;
(arbeids-) foreman; ~ **sstilling**
chairmanship.

form|asjon formation; ~ **at** size;
~ **e** form, shape; ~ **el** formula;
~ **elig** *adv* actually, positively;
~ **ell** formal; ~ **ere seg** breed,
multiply, propagate, proliferate;
~ **ering** breeding, multiplication,
propagation.

for|middag morning, forenoon;
(før kl. 12) a.m.; ~ **milde** (lindre)
alleviate, mitigate; (bløtgjøre)
mollify; ~ **mildende omstendighet**
extenuating circumstance;
~ **minske** reduce, decrease, di-
minish.

form|lære accidence; ~ **løs** form-
less, irregular.

formod|e suppose, presume; ~ **ent-
lig** probably, presumably; ~ **et**
putative; ~ **ning** supposition.

formsak matter of form.

formue fortune; (eiendom) prop-

erty; ~ **nde** wealthy, well off;
~ **skatt** property tax.
formul|ar form; ~ **ere** formulate;
word; ~ **ering** formulation.
formynder guardian.
formørke darken; eclipse; ~ **lse**
(sol, måne) eclipse.
formål purpose, object; ~ **sløs**
purposeless.
fornavn Christian *el* first name,
forename.
fornedrelse abasement.
fornem distinguished; ~ **het** dis-
tinction, gentility; ~ **me** feel;
~ **melse** feeling.
fornuft reason; **sunn** ~ common
sense; ~ **ig** reasonable, sensible.
fornybar resurs renewable re-
source.
fornye renew; ~ **lse** renewal, inno-
vation.
fornærme offend, insult; ~ **lse** in-
sult, jibe.
fornøy|d satisfied, pleased, con-
tent(ed); ~ **elig** amusing, delight-
ful; ~ **else** pleasure; (forlystelse)
entertainment, amusement.
for|ord preface, foreword; ~ **ordne**
ordain, order, enact; *med* pre-
scribe; ~ **ordning** ordinance, de-
cree; ~ **over** forward, ahead.
for|pakte farm, rent; ~ **pakter** ten-
ant (farmer); ~ **peste** infect;
~ **plante (seg)** propagate;
~ **plantning** propagation; ~ **plei-
ning** (kost), board; ~ **plikte seg**
engage (oneself), bind oneself,
commit oneself; ~ **pliktelse** obli-
gation, engagement, liability;
~ **pliktende** binding; ~ **pliktet**
obliged, bound; ~ **post** outpost;
~ **purre** frustrate, foil; baffle; sty-
mie.
for|rang precedence; ~ **regne seg**
miscalculate; ~ **rente** pay interest
on.
forrest foremost; ~ **en** (apropos),
by the way; (dessuten) besides.
forretning business; (butikk) shop;
deal; ~ **sbrev** business (*el* com-
mercial) letter; ~ **sforbindelse**
business connection; ~ **slokale(r)**
business premises; ~ **smann** busi-

ness man; ~ **smessig** businesslike;
~ **sreise** business trip.
forrett (mat) entrée, first course
~ **e** (i kirken) officiate.
forrige last; previous.
forring|e deteriorate, impair; ~ **el-
se** depreciation.
for|rykke displace, dislocate; *fig*
disturb; ~ **rykt** crazy; ~ **ræder**
traitor **(mot:** to); ~ **ræderi** treach-
ery, betrayal; (lands-) treason;
~ **rædersk** treacherous; ~ **råd**
supply; store; ~ **råde** betray;
~ **råtne** rot, putrefy; ~ **råtnelse**
putrefaction.
forsagt timid, diffident.
forsalg (billetter) advance book-
ing.
forsamling assembly.
for|seelse offence; delinquency;
foul; ~ **seggjort** elaborate; ~ **seg-
le** seal (up); ~ **sendelse** forward-
ing; (vareparti) consignment;
~ **sere** force; ~ **sete** front seat;
~ **sett** purpose; ~ **settlig** inten-
tional; ~ **side** front; (mynt o.l.)
face.
forsikr|e assure; (assurere) insure;
affirm; ~ **ing** assurance; insur-
ance; ~ **ingspolise** insurance poli-
cy; ~ **ingspremie** insurance pre-
mium; ~ **ingsselskap** insurance
company.
forsiktig (varsom) careful; wary;
(ved fare) cautious; ~ **het** care;
caution.
for|sinke; ~ **sinkelse** delay; ~ **sin-
ket** late, belated; ~ **skanse** en-
trench, barricade; ~ **skansning**
entrenchment, barricade.
forske, forskning research; ~ **r**
researcher, research worker.
forskjell difference; distinction;
~ **ig** different; (atskillige) var-
ious.
forskrekke frighten, appal; ~ **lse**
fright, consternation.
forskrifter regulations.
for|skrudd eccentric; ~ **skudd** ad-
vance; ~ **skuddsvis** in advance;
~ **skyve** displace, shift; ~ **slag**
proposal, suggestion; motion;
~ **slitt** hackneyed.
for|smak foretaste; ~ **smedelig** dis-

graceful; ~ **små** refuse; ~ **snakke
seg** make a slip of the tongue;
~ **snevring** contraction; ~ **sommer**
early summer; ~ **sone** reconcile,
conciliate; ~ **soning** (re)reconcilia-
tion; ~ **sorg** (understøttelse) poor
relief, dole; ~ **sove seg** oversleep
(oneself); ~ **sovelse** oversleeping.
forspill prelude; ~ **e** forfeit; throw
away.
for|**spise seg** overeat (oneself);
~ **spist** pampered; ~ **sprang**
(head)start, lead; ~ **stad** suburb.
forstand (fornuft) reason, sense;
~ **er** principal, director; ~ **ig** sen-
sible, discerning.
for|**stavelse** prefix; ~ **stavn** stem,
prow; ~ **steine** petrify; ~ **sterke**
strengthen, reinforce, fortify,
boost; ~ **sterker** *rad* amplifier;
~ **sterkning** strengthening; rein-
forcement.
forstmann forester.
for|**stoppe** constipate; ~ **stoppelse**
med constipation; ~ **stue** *v* strain,
sprain; ~ **stumme** become silent.
forstyrre disturb; (bry) trouble;
~ **lse** disturbance, trouble.
forstørre magnify; *fotogr* enlarge;
~ **lse** magnification; enlarge-
ment; ~ **lsesglass** magnifying
glass.
forstå understand; see; ~ **else**
understanding; comprehension.
forsvar defence; ~ **e** defend; ~ **er**
jur counsel for the defence; ~ **lig**
(berettiget) justifiable; (sikker)
secure; ~ **sløs** defenceless.
for|**svinne** disappear, vanish; ~ **syn**
providence; ~ **syne** supply, pro-
vide; (~ **seg** ved bordet) help
oneself **(med:** to); ~ **syning** sup-
ply; ~ **søk** attempt **(på:** at); (prø-
ve) test, trial; ~ **søke** try, attempt;
~ **sømme;** ~ **sømmelse** neglect;
delinquency; ~ **sørge** provide for,
support; ~ **sørger** supporter.
fort *s* fort; *adv* quickly, fast.
fortau pavement; *amr* sidewalk;
~ **skant** kerb, curb.
fortegnelse list, catalogue, record.
for|**telle** tell, narrate; ~ **teller** nar-
rator; ~ **telling** story; ~ **teppe**

curtain; ~ **tid** past; ~ **tie** conceal
(for: from); ~ **tinne** tin.
fortjen|e deserve, merit; ~ **este**
profit, merit; earnings; ~ **stfull**
deserving; ~ **t** worthy **(til:** of).
fort|løpende consecutive.
for|tolke interpret; ~ **tolkning** in-
terpretation; ~ **tolle** pay duty on,
clear; declare; ~ **treffelig** excel-
lent; ~ **treffelighet** excellence;
~ **trenge** supplant, supersede.
fortrinn preference; (fordel) ad-
vantage; ~ **svis** preferably, by
preference.
fortrolig confidential; ~ **het** con-
fidence.
fortropp van(guard).
fortrylle charm, fascinate, en-
chant; ~ **lse** charm, fascination,
enchantment.
fortsette continue, go on, carry
on; ~ **lse** continuation.
fortumlet confused.
fortvile; ~ **lse** despair; ~ **t** desper-
ate; in despair.
for|**tynne** dilute; ~ **tære** consume;
~ **tørnet** exasperated; ~ **tøye**
moor, make fast; ~ **tøyning** moor-
ing.
foru|**lempe** molest; (plage) annoy;
~ **lykke** be lost, perish; be
wrecked.
forund|erlig strange, odd; ~ **re**
surprise; ~ **ring** surprise.
forurens|e pollute; contaminate;
taint; ~ **et** tainted; ~ **ning** pollu-
tion, contamination; ~ **ningskilde**
pollutant.
forurolige disquiet.
forut in advance, ahead; *mar* for-
ward; ~ **anelse** presentiment;
~ **bestemme** predestine; ~ **be-
stemmelse** predestination; ~ **be-
stemt** predeterminate; ~ **bestille**
book in advance; ~ **datere** ante-
date; ~ **en** besides; ~ **inntatt** pre-
disposed, prejudiced, biased;
~ **satt at** provided (that); ~ **se**
foresee; ~ **seende** provident;
~ **seenhet** foresight; ~ **setning**
condition, understanding; ~ **sette**
assume, (pre)suppose, take for
granted; ~ **si** foretell, predict.
forvalt|e administer, manage; ~ **er**

steward, manager; ~ **ning** administration, management.
forvandl|e transform, change; ~ **ing** transformation.
for|vanske distort, misrepresent; ~ **varing** keeping, custody, detention; charge; ~ **veien: i** ~ beforehand, in advance; ~ **veksle** mistake **(med:** for); ~ **veksling** confusion, mistake; ~ **ventning** expectation, anticipation; ~ **verre** aggravate; ~ **vikling** complication; ~ **virre** confuse, bewilder; baffle; ~ **virring** confusion, bewilderment, debacle; ~ **vise** banish, exile, expatriate; ~ **visning** banishment; exile, expatriation, ostracism; ~ **visse seg om** make sure of; ascertain; ~ **vissning** assurance; ~ **vitre** disintegrate, weather; ~ **vitring** disintegration; ~ **vrenge** distort, twist; ~ **vrengning** distortion; ~ **vridd** distorted; ~ **vridning** distortion; dislocation; ~ **værelse** antechamber *el* -room.
forynge rejuvenate.
forørkning desertification.
forårsake cause, occasion, bring about.
fosfat phosphate; ~ **fri** phosphate free.
fosfor phosphorus, phosphor.
foss waterfall, cataract, cascade; ~ **e** gush.
fossil fossil; ~ **t brensel** fossil fuel.
foster fetus; embryo; ~ **fordrivelse** feticide, criminal abortion; ~ **foreldre** foster-parents.
fostre rear; *fig* breed; foster.
fot foot; (bord) leg; (glass) stem; (mast) heel; **på stående** ~ offhand; **stå på en god** ~ **med** be on good terms with; **til** ~ **s** on foot; ~ **ball** football, soccer; ~ **ballbane** football ground; ~ **ballforbund** football-association; ~ **ballkamp** football match; ~ **efar** footprint, spoor; ~ **feste** footing; ~ **gjenger** pedestrian; ~ **gjengerovergang** zebra (*el* pedestrian crossing); ~ **gjengerundergang** subway; ~ **note** footnote.
foto|apparat camera; ~ **forretning**

camera shop; ~ **graf** photographer; photograph; ~ **grafering** photography; ~ **grafi** photo(graph); ~ **kjemisk smog** photochemical smog; ~ **kopi,** ~ **kopiere** photocopy; ~ **stat** photostat (copy).
fot|spor footprint; ~ **trinn** footstep; **(gå)** ~ **tur** hike; ~ **turist** hiker; ~ **tøy** footwear.
fra from; ~ **be seg** decline, deprecate; ~ **drag** deduction; ~ **fall** drop-out; ~ **flytte** leave.
frakk (over)coat; ~ **eskjøt** coattail.
fraksjon section, wing.
frakt (avgift båt, fly) freight; *(jernb* bil) carriage; (varer båt) cargo; ~ **brev** *mar* bill of lading; *jernb* consignment note; *amr* freight bill; ~ **e** carry, freight; ~ **gods** goods.
fralands- offshore.
fralegge seg (ansvar) disclaim, deny.
fram forward, on, forth (se også **frem-);** ~ **for** before; in preference to; ~ **for alt** above all; ~ **gang** progress; ~ **gangsmåte** procedure, course; ~ **komstmiddel** conveyance; ~ **møte** attendance; ~ **over** forward, ahead; ~ **steg** progress; ~ **støt** drive, push; ~ **tid** future; ~ **tidig** future; ~ **tidsmulighet** prospect; ~ **vekst** emergence.
frankere stamp.
Frankrike France.
fransk French, ~ **mann** Frenchman.
fraråde advise against, dissuade.
frase empty phrase; ~ **r** cant.
fra|si seg renounce, resign; ~ **skilt** divorced; ~ **støtende** repulsive.
fra|ta deprive of; ~ **tre** retire from.
fra|vike deviate from; ~ **vær** absence; ~ **værende** absent.
fredag Friday.
fred peace; ~ **e** preserve, protect; ~ **elig** peaceful; ~ **løs** outlaw; ~ **ning** protection; ~ **sommelig** peaceable.
fregatt frigate.
fregne freckle.
frekk impudent, cheeky, brazen; ~ **het** impudence, face.

frekvens frequency.
frelse *s* rescue; *relg* salvation; *v* save, rescue; ~ **r** saver, rescuer; *relg* Saviour; ~ **sarméen** the Salvation Army.
frem|ad forward, onward; ~ **bringe** produce; bring forth; ~ **by** offer.
fremdeles still.
fremdrift propulsion.
fremgangsmåte plan, method.
fremgå appear (**av:** from).
frem|herskende predominant; ~ **heve** stress, emphasize; ~ **holde** point out.
fremkalle *teat* call before the curtain; (forårsake) cause, bring about; *fotogr* develop.
fremlegge present, produce.
fremleie *s* subletting.
fremme further, promote, advance; ~ **lig** forward.
fremmed *adj* strange; (utenlandsk) foreign; *s* stranger; foreigner; *jur* alien; ~ **arbeider** foreign worker; ~ **frykt** xenophobia; ~ **gjøring** alienation.
frem|ragende prominent, eminent; ~ **sette** put forward.
frem|skritt progress; ~ **skynde** hasten, expedite.
fremst *adj* front; foremost; *adv* in front; **først og** ~ primarily, first of all.
frem|stille (lage) produce, make; (avbilde) represent; (rolle) personate; (skildre) describe; ~ **stilling** (fabrikasjon) production; (rolle) impersonation; (redegjørelse) account; ~ **stående** prominent.
frem|toning phenomenon, appearance; ~ **tredende** prominent, outstanding; ~ **tvinge** enforce; extort; ~ **tvingelse** extortion; ~ **vise** exhibit.
freongass freon gas.
frese (sprake) crackle; (sprute) sputter; (visle) hiss.
fresko fresco.
fri *adj* free; ~ **for** devoid (of); **i det** ~ in the open (air); *v* (beile) propose, woo; ~ **dag** holiday, day off; ~ **er** suitor; ~ **eri** proposal; courtship; ~ **finne** acquit (**for:**

of); ~ **finnelse** acquittal; **på** ~ **fot** at liberty; ~ **gi**, ~ **gjøre** set free, release, emancipate; ~ **gjørelse** release, liberation; emancipation; ~ **handel** free trade; ~ **havn** free port; ~ **het** freedom, liberty; ~ **het fra straff** impunity; ~ **idrett** athletics, track-and-field; ~ **idrettsmann** athlete.
frikjenne acquit (**for:** of); ~ **lse** acquittal.
friksjon friction
fri|kvarter break, recess; ~ **land** open ground; ~ **lans** freelance.
fri|luftsliv outdoor life; ~ **merke** (postage) stamp; ~ **merkesamler** philatelist; ~ **modig** frank, outspoken; open; ~ **murer** freemason.
friserdame hairdresser.
frisk fresh; (sunn) healthy, in good health, well; (fersk, ny) fresh; ~ **e opp** (kunnskaper) brush up; ~ **ne til** recover; (om vind) freshen.
frispark free kick.
frist respite; dead-line; ~ **e** (føre i fristelse) tempt; (lide) experience; ~ **else** temptation.
fristed sanctuary.
fris|yre hair style; ~ **ør** hairdresser.
fri|ta exempt; ~ **tagelse** dispensation; ~ **tenker** freethinker; ~ **tid** leisure (time), spare time.
fritt *adv* freely; (gratis) free (of charge).
fri|vakt off-duty watch; **ha** ~ **vakt** be off duty; *s* volunteer; ~ **villig** voluntary; ~ **villig organisasjon** voluntary organization.
frodig luxuriant, exuberant; ~ **het** luxuriance, exuberance.
frokost breakfast.
from pious; devout; mild; ~ **het** piety.
front front; ~ **glass** windscreen; ~ **lys** headlight.
fros|sen frozen; ~ **t** frost.
frosk frog; ~ **emann** frogman.
frottere rub.
fru Mrs(.); ~ **e** (hustru) wife; (gift kvinne) married woman.
frukt fruit; *fig* product; ~ **avl** fruit growing; ~ **bar** fertile; (frukt-

bringende) fruitful; ~ **barhet** fertility; ~ **hage** orchard; ~ **handler** fruiterer; ~ **saft** fruit juice; ~ **sommelig** pregnant, with child; ~ **sommelighet** pregnancy.
frustrert frustrated.
fryd joy, delight; ~ **e** rejoice; gladden; ~ **efull** joyful, joyous.
frykt fear, dread; ~ **e** fear, dread, be afraid of; ~ **elig** fearful, dreadful, terrible; ~ **inngytende** terrifying; ~ **løs** fearless.
frynse fringe; ~ **gode** fringe benefit; ~ **t** fraying.
fryse freeze; (om person) be cold, freeze; ~ **ut** ostracize; ~ **boks** freezer; (dypfryser) deep-freeze; ~ **punkt** freezing point; ~ **ri** cold storage plant.
frø seed.
frøken unmarried woman; (tittel) Miss.
fråde *s & v* froth, foam.
fråtse gormandize; ~ **i** *fig* revel in; ~ **ri** gluttony.
fugl bird; ~ **eskremsel** scarecrow.
fukt|**e** wet, moisten; ~ **ig** damp, moist, humid, muggy; ~ **ighet** dampness, moisture, humidity.
full full; (~ **stendig**) complete; (beruset) drunk; **drikke seg** ~ get drunk; ~ **t** fully, quite; ~ **t utviklet** full-fledged; ~ **blods** thoroughbred; ~ **ende** complete; ~ **endt** perfect; ~ **føre** carry through, complete, accomplish; ~ **førelse** accomplishment; ~ **kommen** perfect; ~ **kommenhet** perfection; ~ **makt** authority; **gi** ~ **makt** accredit; ~ **mektig** confidential (*el* head) clerk; ~ **måne** full moon; ~ **stendig** complete.
fundament foundation, basis; ~ **al** fundamental.
funder|**e** found; *merk* fund; (gruble) muse; ~ **ing** foundation; musing; reflection.
fungere function; ~ **nde** acting.
funksjon function; ~ **ær** employee; (offentlig) civil servant.
funn find, discovery.
fure *agr* furrow; (rynke) wrinkle; *v* furrow; line.
furte sulk; ~ **n** sulky.

furu pine, fir; (materialet) deal.
fusjon *merk* merger, amalgamation; ~ **ere** merge, slå sammen.
fusk cheating; ~ **e** cheat.
futt pep.
futteral case, cover.
futurum the future (tense).
fy! fie!
fyke (snø, sand), drift; ~ **i været** sky-rocket.
fyld|**e** plenty, abundance; ~ **estgjørende** satisfactory; ~ **ig** plump; complete; (om vin) full-bodied.
fylke county.
fyll (i mat) stuffing; (drikking) drinking; ~ **e** fill; stuff; ~ **ebøtte** guzzler; boozer; ~ **ekjøring** drunk driving; ~ **epenn** fountain pen; ~ **ing** landfill.
fyr (om person) fellow, chap, bloke, guy, jack; (ild) fire; (lys) light, beacon; ~ **bøter** stoker; ~ **e** fire, heat; ~ **ig** fiery.
fyrst|**e** prince; ~ **edømme** principality; ~ **inne** princess.
fyr|**stikk** match; ~ **stikkeske** match-box; ~ **tårn** lighthouse; ~ **verkeri** fireworks; ~ **vokter** lighthousekeeper.
fysik|**er** physicist; ~ **k** *sc* physics; (konstitusjon) physique.
fysisk physical.
fæl horrible, hideous, awful, grim.
færr|**e** fewer; ~ **est** fewest.
fø feed; ~ **de** *s* food; *v* give birth to; bear; ~ **de-** natal; ~ **deby** native town; ~ **deral** federal; ~ **des- ted** birthplace; ~ **dsel** birth; ~ **dsels-** natal; ~ **dselsdag** birthday; ~ **dselsrate** birth-rate; ~ **dselsår** year of birth; ~ **dselsveer** (ha) be in labour; ~ **dt** born; ~ **flekk** mole, birthmark.
føl|**bar** tangible; ~ **e (seg)** feel; ~ **ehorn** feelers, antenna; ~ **else** feeling; (fornemmelse) sensation; (sinnsbevegelse) emotion; (sansen) touch; ~ **elsesløs** unfeeling, callous; ~ **er** (temp., røyk) sensor.
følge *v* (~ **etter** ~) follow; (**etter** ~) succeed; (ledsage) accompany; *s* (**rekke** ~) succession; (resultat) result, consequence; (selskap)

company; ~ **lig** consequently, accordingly; ~ **nde** the following.
føling touch.
føljetong serial.
føll foal; (hingst) colt; (hoppe) filly.
følsom sensitive.
før *prp* before, prior to; *adv* before, previously; *konj* before; ~ **e** *v* carry; (lede) lead, conduct; (en vare) stock, keep; *amr* carry; (bøker) keep; *s* (state of) the roads; ~ **ekteskapelig** prenuptial; ~ **er** leader; (veiviser) guide; *mar* master; (fly) pilot; ~ **erkort** driving *(el* driver's) licence; ~ **historisk** pre-historic; ~ **krigs** prewar.
først *adv* first; ~ **og fremst** primarily; ~ **e** first; ~ **egangsforbryter** first offender; ~ **ehjelp**

first aid; ~ **eklasses** first-class; ~ **kommende** next; ~ **nevnte** the first mentioned; (av to) the former.
førti forty; ~ **ende** fortieth.
føydal feudal.
føye (rette seg etter) humour, please; ~ **sammen** join, unite; ~ **til** add; ~ **lig** compliant; amenable.
få *v* get, receive, obtain; have; *adj* few; ~ **på beina igjen** rehabilitate; ~ **fengt** futile, vain; ~ **mælt** reticent.
fåre|hund shepherd's dog; (skotsk) collie; ~ **kjøtt** mutton; ~ **kotelett** mutton chop.
fåtall minority; ~ **ig** few in number.

G

gagn benefit, good; ~ **e** benefit, be of advantage to; ~ **lig** advantageous, useful, beneficial.
gal mad, crazy; (feil) wrong; **bli** ~ go mad; ~ **ehus** madhouse.
galant gallant.
gale crow.
galge gallows.
galla(antrekk) full dress.
galle gall, bile; ~ **blære** gallbladder; ~ **stein** gall-stone; ~ **syk** bilious.
galleri gallery.
gallionsfigur figure head.
gallupundersøkelse Gallup poll, public opinion poll.
galopp ~ **ere** gallop.
galskap madness, craziness.
galvanisere galvanize.
gamasjer gaiters; leggings.
gamlehjem old people's home.
gammel old; **(fra** ~ **tid)** ancient; ~ **dags** old-fashioned.
gane *s* palate; *v fisk* gut.
gang (om tid) time; (forløp) course; (gåing) walk; (korridor) corridor; burrow; ~ **bar** current; ~ **lag** gait.

ganske quite, fairly, pretty; altogether; ~ **visst** certainly.
gap gap, opening; ~ **e** gape, yawn; ~ **estokk** pillory.
garant|ere, ~ **i** guarantee, warrant.
garasje garage.
garde guard(s); ~ **robe** *(teat* og restaurant) cloakroom; (klær) wardrobe; ~ **robedame,** ~ **robevakt** cloakroom attendant.
gardin curtain; ~ **trapp** step-ladder.
garn yarn, thread, cotton; (fiske-) net.
garnison garrison.
garnnøste ball of yarn *el* wool.
gartner gardener, horticulturist; ~ **i** market garden.
garve tan; ~ **r** tanner; ~ **ri** tannery.
gas (tøy) gauze.
gasje salary; se *lønn.*
gass gas; ~ **bluss** gas-jet; ~ **e** gander; ~ **maske** gas mask; ~ **måler** gasmeter; ~ **tenner** gaslighter; ~ **verk** gas-works.
gast sailor, seaman.
gate street; ~ **dør** front door; ~ **pike** prostitute; ~ **selger** coster-

monger, hawker; ~ **stein** paving
stone.
gauk cuckoo.
gaule howl.
gaupe lynx.
gave gift; donation; present;
boon; (natur-) talent, gift.
gavl gable.
gavmild liberal, openhanded,
bountiful; ~ **het** bounty, genero-
sity.
geberde gesture.
gebiss (set of) false teeth, denture.
gebyr fee, charge.
gehør ear.
geip grimace.
geistlig clerical, ecclesiastical;
~ **het** clergy.
geit goat; ~ **ost** goat's cheese;
~ **erams** rosebay.
gelé jelly.
geledd rank; (i dybden) file.
gelender banister, railing.
gemytt temper, disposition; ~ **lig**
pleasant; genial.
gen (biologisk) gene.
general general; ~ **direktør** direc-
tor-general; ~ **forsamling** general
meeting; ~ **isere** generalize; ~ **i-**
sering generalization; ~ **konsul**
consul-general; ~ **sekretær** secre-
tary-general.
generasjon generation.
generell general.
Genève Geneva.
geni genius; ~ **al** of genius; ingen-
ious.
genitiv the genitive (case).
genre style, line, manner.
genser sweater, pull-over.
genteknologi gene technology.
geo|graf geographer; ~ **grafi** geo-
graphy; ~ **logi** geology; ~ **metri**
geometry.
gerilja guerilla.
germansk Germanic, Teutonic.
gesims cornice.
geskjeftig fussy, bustling; ~ **per-**
son busybody.
gestikulere gesticulate.
getto ghetto.
gevinst profit, gains, jackpot; (i
lotteri) prize; (i spill) winnings.
gevær (jakt ~) gun; **(militær ~)**

rifle; ~ **kolbe** gunstock; ~ **kule**
bullet; ~ **salve** fusillade.
gi give, bestow; (kort) deal; ~
gjenklang reverberate; ~ **mot**
embolden; ~ **videre** impart.
gift adj married **(med:** to); s poi-
son; ~ **e seg** get married, marry;
~ **ering** wedding ring; ~ **ermål**
marriage; ~ **fri** non-toxic; ~ **ig**
poisonous, toxic; ~ **ige kjemika-**
lier toxic chemicals.
gigant giant; ~ **isk** gigantic.
gikt rheumatism; gout.
gild fine; (om farge) gaudy; ~ **e**
feast, banquet.
gips gypsum; (brent) plaster; ~ **e**
plaster.
gir; ~ **e** gear; ~ **kasse** gearbox
(-case) girkasse; ~ **stang** gear lev-
er.
gir|ere (overføre) transfer; en-
dorse; ~ **o** giro; ~ **onummer** giro
number.
gisp; ~ **e** gasp.
gissel hostage.
gitar guitar.
gitter railing; grating; ~ **verk** lat-
tice.
giver donor.
gjalle resound.
gjedde pike.
gjel gully, ravine.
gjeld debt; ~ **e** (angå) apply to,
concern; (være gyldig) be valid,
hold good, apply; (kastrere) geld,
castrate; ~ **ende** jur in force; **gjøre**
~ **ende** maintain; advance;
~ **sbevis;** ~ **sbrev** I.O.U.; (obliga-
sjon) bond.
gjelle (fiske-) gill.
gjemme v hide, conceal; ~ **sted**
hidingplace.
gjemsel (lek) hide-and-seek.
gjen|bruk recycling; ~ **drive** refute;
confute; ~ **ferd** apparition, ghost;
~ **forening** unification; ~ **fortelle**
retell; ~ **fortelling** reproduction.
gjeng gang; (klikk) set.
gjenge (på skrue) thread, groove;
(lås-) ward; (gang) course, pro-
gress.
gjengi render; ~ **velse** (redegjørel-
se) account; (oversettelse) ren-
dering.

gjengjeld return; ~ **e** return, re-pay, retaliate.

gjengs current; prevalent.

gjen|kjenne recognize; ~ **kjennelse** recognition; ~ **kjøp** redemption; ~ **klang** echo; ~ **levende** surviving; survivor; ~ **lyd;** ~ **lyde** echo, reverberate.

gjennom *prp* through; ~ **bore** pierce; ~ **brudd** breaking through, breakthrough; *fig* awakening; ~ **fart** passage; ~ **føre** carry through, accomplish; ~ **gang** passage, thoroughfare; ~ **gangs-billett** through ticket; ~ **gripende** thorough, radical; ~ **gå** go through, examine; (et kurs) take; ~ **gående** *adv* generally; ~ **kjørsel forbudt** no thoroughfare; ~ **lysning** radioscopy; ~ **reise** journey through; transit; **han var her på** ~ **reise** he was passing through here; ~ **siktig** transparent; ~ **siktighet** transparency; ~ **skue** see through; ~ **slag** (kopi) (carbon) copy; ~ **slagskraft** clout; ~ **snitt** average; ~ **snittlig** average; *adv* on an average; ~ **stekt** (well) done; ~ **syn** inspection; ~ **trekk** draught; ~ **trenge** penetrate; pierce; ~ **trengende** piercing, pervasive; ~ **våt** wet through, drenched, soaked.

gjenopp|bygge rebuild; ~ **bygging** reconstruction; ~ **live** revive; ~ **livelse** revival; ~ **rette** re-establish, restore; ~ **rettelse** re-establishment, restoration; ~ **stå** resurge; ~ **ta** resume; ~ **tagelse** resumption.

gjenpart copy, duplicate.

gjen|sidig mutual, reciprocal; ~ **sidig avhengig** interdependent; ~ **sidig avhengighet** interdependence; ~ **skinn** reflection; ~ **speile** reflect, mirror; ~ **stand** object; thing; (emne) subject, ~ **stridig;** refractory; obstinate, stubborn; ~ **syn: på** ~ see you again tomorrow, next week! *etc;* so long!

gjenta repeat; (ta opp igjen og opp igjen) reiterate; ~ **gelse** repetition; ~ **tte ganger** repeatedly.

gjen|velge re-elect; ~ **vinne** regain,

recover; recuperate; recycle; ~ **vinning** reclamation; recycling; ~ **vinningsprogram** recycling programme.

gjerde fence; ~ **inn** fence in; ~ **smutt** wren.

gjern|e willingly, gladly; **(jeg vil(le)** ~ **)** I should like to; ~ **ing** deed, act, action; ~ **ingsmann** culprit.

gjerrig stingy, mean, avaricious; ~ **het** avarice; ~ **knark** niggard.

gjesp; ~ **e** yawn.

gjest guest; visitor; ~ **e** visit; ~ **fri** hospitable; ~ **frihet** hospitality; ~ **giveri** hostel.

gjete herd, tend; ~ **r** herdsman; **(saue** ~ **)** shepherd.

gjet|ning guess(work); conjecture; ~ **te** guess; conjecture **(på:** at).

gjær yeast; ~ **e** *v* ferment; *s* **i** ~ **e** brewing, in the wind; ~ **ing** fermentation.

gjø bark, bay; ~ **(de)** fatten.

gjødd pampered.

gjøds|el manure, fertilizer; **(kunst** ~ **)** fertilizer; ~ **elavrenning** manure runoff; ~ **le** manure; fertilize.

gjøgle juggle; ~ **r** juggler.

gjøk cuckoo.

gjøkalv fatted calf.

gjøn fun; **drive** ~ make fun **(med:** of); banter.

gjøre do; make; ~ **kur** court, philander; ~ **modig** embolden; ~ **mål** business, duties.

gjørlig practicable, feasible.

gjørme mud, mire; ~ **t** muddy.

glad glad, happy, pleased.

glane stare, gape **(på:** at).

glans splendour; lustre; brightness; brilliancy; (på tøy) gloss; (politur) polish; ~ **bilde** glossy picture.

glaser|e; glasur glaze; (sugar) icing.

glass glass; ~ **maleri** stained glass; ~ **mester** glazier; ~ **rute** pane of glass.

glatt smooth; (som man glir på) slippery.

glede *s* joy, delight, pleasure, gladness; *v* please, gladden; *vr* rejoice; (til) look forward to;

~ **lig** pleasant, gratifying; ~ **lig jul** a merry Christmas; ~ **srus** euphoria.

glefse snap.

glem|me v forget; (~ **igjen**) leave; ~ **sel** oblivion; ~ **som** forgetful; ~ **somhet** forgetfulness.

glenne glade.

gli s: **få på** ~ set going; v slip; glide; slide; ~ **deflukt** volplane; ~ **delås** zip(per); ~ **deskala** sliding scale.

glim|re glitter, glisten; fig shine; ~ **rende** brilliant; splendid; ~ **t** gleam, blink; (flyktig blikk) glimpse; (lyn) flash; ~ **te** gleam; flash.

glinse glisten, shine.

glipp: gå ~ **av** miss, lose; ~ **e** fail; (med øynene) blink, wink.

glis; ~ **e** grin.

glitr|e; ~ **ing** glitter.

glo s live coal; pl embers; v stare, gape (**på:** at).

global global; ~ **oppvarming** global warming; ~ **temperatur** global temperature.

globus globe.

glo|ende red-hot; ~ **ret** gaudy, flashy.

glorie glory, halo.

glose word; ~ **bok** notebook; ~ **forråd** vocabulary.

glugge hole, aperture.

glupsk greedy, voracious.

glød fig glow, ardour; ~ **e** glow; ~ **elampe** incandescent lamp; ~ **ende** red-hot; glowing, incandescent; fig ardent.

gløgg shrewd, bright, smart, astute.

gløtt peep, gleam; **på** ~ ajar.

gnage gnaw; browse; (ved gnidning) fret, chafe; ~ **r** rodent.

gni rub; chafe; ~ **dning** rubbing, friction; ~ **er** miser; ~ **eraktig** niggardly, stingy.

gnist spark; ~ **re** sparkle.

gnål (mas) nagging; ~ **e** nag, harp on one string.

god good; (snill) kind; **vær så** ~ (if you) please; (tilbydende) there it is; help yourself; ~ **artet** mild; ~ **bit** titbit; ~ **e** s good, benefit;

~ **til** ~ **e** due; ~ **gjørende** beneficient; ~ **gjørenhet** beneficience; ~ **het** goodness; kindness; ~ **hjertet** kindhearted; ~ **kjenne** sanction, approve (of); ~ **kjennelse** approval; ~ **modig** good-natured.

gods (varer) goods; (jord) estate, ~ **eier** land-owner, landed proprietor; ~ **ekspedisjon** goods office.

god|skrive credit; ~ **slig** good-natured; ~ **snakke med** coax.

gods|stasjon goods station; ~ **tog** goods train; amr freight train; ~ **vogn** (åpen) truck; (goods)wag-(g)on; amr freight car; (lukket) van.

godt adv well.

godta accept; ~ **gelse** acceptance.

godtgjøre (erstatte), compensate, make good; ~ **lse** compensation.

god|troende credulous; ~ **troenhet** credulity; ~ **vilje** good will.

gold barren, sterile.

golf gulf; (spill) golf; ~ **bane** golf links, golf course; ~ **strømmen** the Gulf Stream.

golv floor; ~ **teppe** carpet.

gomle munch.

gondol gondola.

gongong gong.

gorilla gorilla.

gotisk Gothic.

grad degree; (rang) rank, grade; ~ **ere** grade; ~ **sforskjell** difference in degree; ~ **vis** gradual.

grafi|kk prints, graphic art; ~ **sk** graphic(al).

gram gram, gramme.

grammat|ikk grammar; ~ **isk** grammatical.

grammofon gramophone; ~ **plate** (gramophone) record; disc.

gran spruce.

granat mil shell; (**hånd** ~) (hand)-grenade; (edelstein) garnet.

granitt granite.

gransk|e inquire into, scrutinize; ~ **ing** inquiry, scrutiny.

grapefrukt grapefruit

gras grass; ~ **klipper** lawn-mower; ~ **rota** the grassroots pl.

grasiøs graceful.

gratiale gratuity, bonus.
gratis free (of charge), gratis.
gratul|asjon congratulation; ~ **ere** congratulate (**med:** on).
grav pit; (for døde) grave, tomb; (festnings-) moat; ~ **e** dig; ~ **e fram** unearth; ~ **e ned** bury; ~ **e ut** excavate; unearth; ~ **emaskin** excavator; ~ **er** sexton; ~ **ere** engrave; ~ **erende** grave; ~ **haug** grave-mound; barrow.
gravid pregnant; ~ **itet** pregnancy.
gravit|asjon gravitation.
grav|kapell mortuary; ~ **legge** entomb, bury; ~ **lund** cemetery, graveyard; ~ **skrift** epitaph; ~ **stein** tombstone; ~ **ør** engraver.
grei (tydelig) clear, plain; (lett) easy; ~ **e** (klare) manage, succeed in; (kjemme) comb; (ordne) arrange; put straight; *s* gadget; ~ **e ut** disentangle.
grein branch; (større på tre) bough.
greip (dung)fork.
greker Greek.
grell garish, gaudy.
gremm|e seg grieve, ~ **lse** grief, vexation.
grense *s* frontier, border; boundary; *fig* limit; ~ **til** *v* border on; ~ **land** borderland; ~ **løs** boundless.
grep grasp, grip, hold, clinch, clutch.
gresk Greek.
gress grass; ~ **e** graze; ~ **enke** grass-widow; ~ **hoppe** grasshopper; ~ **kar** pumpkin.
gretten cross, peevish, grumpy, ill-tempered.
grev|e count; *eng* earl; ~ **inne** countess.
grevling badger.
gribb vulture.
grill; grille grill.
grimase grimace.
grind gate.
grine (gråte) weep, cry; (være gretten) grumble, fret; ~ **biter** grumbler.
gripe catch, seize; apprehend; grasp; grab, clutch; *fig* grip; ~

an go about; ~ **inn** interfere; ~ **nde** touching, impressive.
gris pig, hog; ~ **e til** foul; ~ **ebinge** pigsty; ~ **eri** filth; ~ **et** dirty; ~ **unge** piglet.
grisk greedy, avaricious (**etter:** for, of); ~ **het** greed(iness), avarice.
grissen sparse, scattered.
gro grow; ~ **bunn** soil.
grop cavity, hollow.
gros: en ~ wholesale; ~ **s** gross; ~ **serer**, ~ **sist** wholesaler, merchant.
grotesk grotesque.
grotte grotto.
grov coarse; rough; gross; (uhøflig) rude; ~ **feil** bad (*el* gross) mistake; ~ **het** coarseness; grossness; ~ **kornet** coarse-grained; ~ **smed** blacksmith.
gruble muse, brood, contemplate; ~ **ri** contemplation.
gru|e for dread; ~ **e** *s* hearth, fireplace; ~ **elig** horrible, shocking.
grumset muddy, thick.
grundig thorough; ~ **het** thoroughness.
grunn (fornuftsgrunn) reason (**til:** for); (årsak) cause (**til:** of); (bunn) ground, bottom; **på** ~ aground; **på** ~ **av** because of, owing to; *adj* shallow; ~ - basic; ~ **e** *s* bank, shoal; *v* ground, found; ~ **feste** consolidate; ~ **fjell** bedrock; ~ **flate** base; ~ **lag** basis, foundation; ~ **legge** found, establish; ~ **leggelse** foundation, establishment; ~ **leggende** basic, rudimentary; ~ **legger** founder; ~ **lov** constitution; ~ **lønn** basic salary; ~ **løs** causeless; ~ **skole** elementary school, primary school; ~ **stein** foundation stone; ~ **stoff** element; ~ **støte** run aground, ground; ~ **tall** cardinal number; ~ **tone** keynote; ~ **vann** ground water; ~ **voll** foundation, basis.
gruppe group, faction; ~ **re seg** group.
grus gravel, grit; ~ **tak** gravel-pit.
grusom cruel; ~ **het** cruelty, atrocity.

grut grounds *pl.*
gruve mine; ~ **arbeider** miner; ~ **drift** mining.
gry *v & s* dawn.
gryn grain; (havre-) groats *pl.*
grynt; ~ **e** grunt.
gryte pot.
grøde crop.
grøft; ~ **e** ditch.
Grønland Greenland.
grønn green; ~ **saker** vegetables; ~ **sakhandler** greengrocer; ~ **skolling** tenderfoot; ~ **såpe** soft soap.
grøsse shudder, thrill.
grøt porridge.
grå gray, grey; ~ **bjørn** grizzly bear.
grådig greedy, voracious, gluttonous; ~ **het** greed(iness), voracity.
grålig grizzly; ~ **ne** turn gray; ~ **sprengt** grizzled.
gråt weeping; ~ **e** cry, weep.
gud God; ~ **barn** godchild; ~ **dom** deity, divinity; ~ **dommelig** divine; ~ **ebilde** idol; ~ **far** godfather; ~ **fryktig** godly, pious; ~ **fryktighet** godliness, piety; ~ **inne** goddess; ~ **sbespottelig** blasphemous; ~ **sbespottelse** blasphemy; ~ **stjeneste** (divine) service.
guffen disagreeable; bleak.
gufs gust, puff.
gul yellow.
gulrot carrot.
gull gold; ~ **alder** golden age; ~ **bryllup** golden wedding; ~ **gruve** gold-mine, bonanza; ~ **medalje** gold medal; ~ **smed** jeweller, gold-smith.
gulne turn yellow.
gulsott jaundice.
gulv floor; ~ **teppe** carpet.

gummi rubber; (lim) gum; ~ **strikk** rubber *(el* elastic) band.
gunst boon; ~ **bevisning** favour; ~ **ig** favourable.
gurgle gargle.
gusten sallow, wan.
gutt boy, lad; ~ **aktig** boyish; ~ **eår** boyhood.
guvernante governess.
guvernør governor.
gyldig valid; ~ **het** validity.
gylden florin
gyllen golden.
gymnas grammar school.
gymnastikk gymnastics, physical exercises.
gynge *s* swing; *v* swing, rock; ~ **hest** rocking horse; ~ **stol** rocking chair.
gys; ~ **e** shudder; ~ **elig** horrible, gruesome; ~ **elighet** horror; ~ **ning** chill.
gyte (fisk) spawn; ~ **område** spawning ground.
gå go; (spasere) walk; (avgå) leave; (om maskiner) work; **det** ~ **r an** it will do; ~ **dukken** go bust; ~ **etter** (hente) go for; (rette seg etter) go by; ~ **fra** leave; ~ **framover** (make) progress; ~ **igjen** reappear, haunt; ~ **inn** enter; ~ **i oppløsning** disintegrate; ~ **ned** *ast* set; ~ **nedenom** go bust; ~ **ombord** embark; ~ **opp,** *ast, teat, merk* rise; ~ **over** cross, go over; ~ **på** go ahead.
gågate pedestrian street.
gård (på landet) farm; (i byen) house; (gårdsplass) (court)yard; ~ **bruker** farmer.
gås goose *(pl* geese); ~ **egang** single file; ~ **eøyne** quotation marks; ~ **unge** gosling; *bot* pussy willow.
gåte enigma, riddle, puzzle; ~ **full** enigmatic; puzzling.

H

ha have.
ha det cheerio.
Haag the Hague.
habil competent, efficient.

hage garden; (frukt-) orchard; ~ **bruk** gardening, horticulture; ~ **bruker** horticulturist.
hagl hail; (et) hailstone; (til sky-

ting) shot; ~ børse shotgun, fowl-
ing-piece; ~ e hail.
hagtorn hawthorn.
hai shark.
haike hitch-hike.
hake (krok) hook; *fig* drawback
(ved: to); (del av ansikt) chin;
~ kors swastika.
hakk notch, indention; ~ e *s* pick-
(axe), hoe; *v* pick, hack, hoe; (om
fugler) peck (på: at); ~ espett
woodpecker.
hale *s* tail; *v* haul, pull.
hall hall; (hotell) lounge, lobby.
hallik pimp, pander, ponce.
hallomann announcer.
hallusinasjon hallucination.
halm; ~ strå straw; ~ tak
thatched roof.
hals neck; (strupe) throat; ~ brek-
kende breathtaking; ~ bånd neck-
lace; (til hund) collar; ~ hogge
behead, decapitate.
halt lame; ~ e limp; *fig* halt.
halv half; ~ - demi-, semi-; ~ an-
nen one and a half; ~ blods half-
breed; ~ dagspost half-time post;
~ del half *(pl* halves); ~ ere hal-
ve; ~ hjertet half-hearted; ~ kule
hemisphere; ~ mørke twilight;
~ måne half-moon; ~ pensjon
half-board *(el* -pension); ~ sirkel
semi-circle; ~ veis half-way;
~ voksen adolescent; ~ øy penin-
sula; ~ år half-year.
ham *pron* him.
hammer hammer.
hamp hemp.
hamre hammer, throb.
hamstre hoard; ~ ing hoarding.
han he; ~ s his.
handel trade, commerce; (en en-
kelt ~) bargain; deal; ~ savtale
trade agreement; ~ sbrev trading
licence; ~ sflåte mercantile ma-
rine; ~ sforbindelse trade connec-
tion; ~ sforbund embargo;
~ sgymnas business college;
~ shøyskole school of economics
and business administration;
~ skorrespondanse commercial
correspondence; ~ sreisende
commercial traveller; ~ sskole
commercial school.

handle act; (drive handel) trade,
deal; (gjøre innkjøp) shop;
~ kraftig energetic; ~ måte pro-
cedure.
handling action, act.
hane cock; *amr* rooster; ~ kam
cockscomb.
hang bent, inclination, propensity.
hangar hangar; ~ skip aircraft
carrier.
hangle ail.
hank handle, ear.
hankjønn male sex; *gram* the
masculine (gender).
hann male, he; buck; ~ katt tom-
cat.
hanske glove.
hard hard; (streng) severe; ~ før
hardy; ~ hendt rough; ~ het
hardness; ~ hjertet hardhearted;
~ hudet callous; ~ kokt hard-
boiled; ~ nakket obstinate, per-
sistent.
hare hare.
harem harem.
hareskår harelip.
harke hawk.
harm indignant (på: with); ~ e
indignation; ~ løs harmless, inof-
fensive.
harmonere harmonize; ~ i harmo-
ny; ~ isk harmonious.
harpe harp; ~ spiller harpist.
harpiks resin.
harpun; ~ ere harpoon.
harsk rancid.
harv; ~ e harrow.
hasardspill gambling.
hasj(isj) hashish.
hasp(e) (vindus) catch.
hassel hazel; ~ nøtt hazel nut.
hast hurry, haste; ~ e hasten,
hurry; (det haster) it is urgent;
~ ig hurried, quick; (overilet)
hasty; ~ ighet speed, rate, veloci-
ty; ~ verk hurry, haste.
hat hatred, hate; ~ e hate; ~ eful
spiteful; ~ sk rancorous.
hatt hat; (dame-) bonnet; (stiv)
bowler; ~ emaker hatter.
haug (bakke) hill; (dynge) heap,
pile.
hauk hawk; ~ e call, shout.
hav sea; ocean; ~ arere (bli

skadd) be damaged; (totalt) be wrecked; ~ **ari** (skade) damage; (skipbrudd) (ship)wreck; *jur* average; ~ **blikk** (dead) calm; ~ **dyr** marine animal; ~ **frue** mermaid.

havn harbour; (by) port; ~ **earbeider** docker; ~ **fogd** harbour master; ~ **emyndigheter;** ~ **evesenet** the port authorities.

havoverflate sea level.

havre oats *pl;* ~ **gryn** groats; ~ **grøt** porridge; ~ **mel** oatmeal; ~ **velling** gruel.

havsnød distress (at sea).

hebraisk; ~ **eer** Hebrew.

hede heath.

hedensk heathen, pagan; ~ **ap** heathenism, paganism.

heder honour, glory; ~ **lig** honourable; honest; ~ **lighet** integrity; ~ **sbevisning** mark of respect; ~ **sgjest** guest of honour.

hedning pagan, heathen, gentile.

hedre honour; dignify; revere.

hefte *s* pamphlet, brochure, booklet; part; *v* (oppholde) delay, detain; (feste) fix, fasten; attach; (bok) stitch, sew; ~ **maskin** stapling machine.

heftig vehement, violent, fierce, impetuous; (smerte) acute, intense; ~ **plaster** adhesive plaster.

hegg bird cherry.

hegre *zool* heron.

hei heath; moor; upland.

heis lift; *amr* elevator; ~ **e** hoist; ~ **ekran** crane.

hekk hedge; *idr* hurdle; ~ **e** nest; (ruge ut) hatch; ~ **eløp** hurdle (race).

hekle *v* crochet.

heks witch, hag; ~ **e** practise witchcraft; ~ **eri** witchery.

hekte *s & v* hook; ~ **fast** hitch; ~ **t** (på stoff) hooked.

hektisk hectic.

hektogram hectogram(me); ~ **liter** hectolitre.

hel whole, all, entire; ~ **automatisk** fully automatic.

helbred health; ~ **e** cure; heal; ~ **elig** curable; ~ **else** cure, healing; ~ **stilstand** state of health.

heldagsstilling full-time position.

heldig fortunate; successful; (slumpe-) lucky; ~ **vis** fortunately; (til alt hell) luckily.

hele *s* whole; *v* heal; (ta imot tyvegods) receive stolen goods; ~ **r** receiver (of stolen goods).

helg (helligdag) holiday; (høytid) (church) festival; ~ **en** saint; ~ **enskrin** shrine.

helhet whole, totality; entirety; ~ **sinntrykk** general impression.

helhjertet whole-hearted.

helikopter helicopter.

hell (slumpe-) luck; fortune; success.

Hellas Greece.

helle *s* flag(stone); *vi* (skråne) slant, slope; (øse) pour; ~ **fisk** halibut.

heller rather, sooner.

helleristning rock carving *(el* engraving).

hellig holy, sacred; ~ **brøde** sacrilege; ~ **dag** holiday; ~ **dom** sanctuary; ~ **e** hallow; ~ **het** holiness; ~ **holde** observe; ~ **holdelse** observance.

helling slope; *fig* inclination.

helse health; ~ **attest** health certificate; ~ **bevisst** health-conscious; ~ **stell** health care; ~ **vesen** public health service, health care.

helst preferably.

helt *adv* quite, totally, entirely, completely.

helt *s* hero; ~ **edåd** heroic deed; ~ **emodig** heroic; ~ **inne** heroine.

helvete hell.

hemme hamper, check, impede.

hemmelig clandestine; ~ **het** secret; ~ **hetsfull** mysterious; (om person) secretive.

hemning *med* inhibition.

hemorroider piles, haemorrhoids.

hempe loop.

henblikk: med ~ **på** with a view to.

hende happen, occur; ~ **lse** occurrence; (episode) incident; (begivenhet) event.

hendig handy.

henfallen til addicted to.

henført in ectasy, entranced.

henge hang; ~ **bjørk** weeping birch; ~ **bro** suspension bridge; ~ **køye** hammock; ~ **lås** padlock; ~ **myr** quagmire; ~ **ned** droop.

hengi|ven devoted, attached; ~ **venhet** affection, devotion, attachment.

hengning hanging.

hengs|el hinge; ~ **let** lanky.

hen|hold: i ~ **til** with reference to; ~ **holdsvis** respectively; ~ **imot** towards; ~ **lede** (oppmerksomheten), draw, call; ~ **legge** shelve; *jur* drop.

henne her; ~ **s** (foran *s*) her; (alene) hers.

hen|rette execute; ~ **rettelse** execution; ~ **rivende** charming, fascinating; ~ **rykkelse** delight, rapture; ~ **rykt** delighted **(over:** at, with).

hen|seende respect; ~ **sikt** intention, purpose; **med** ~ **sikt** on purpose; ~ **siktsmessig** suitable, adequate; ~ **stand** respite; ~ **stille;** ~ **stilling** request; ~ **syn** regard, consideration; **uten** ~ **syn til** irrespective of; ~ **synsfull** considerate; ~ **synsledd** indirect object; ~ **synsløs** inconsiderate.

hente fetch, go for, collect.

hentyd|e allude **(til:** to), hint **(til:** at); ~ **ning** allusion, hint.

hen|vende address, direct; ~ **seg til** (tiltale) address oneself to; ~ **seg til** (om) apply to (for); ~ **vendelse** application; address ~ **vise** refer; ~ **visning** reference.

her here; ~ **barium** herbarium; ~ **berge** hostel.

herde harden; (stål) temper.

her|etter from now on; ~ **fra** from here.

herje ravage, harry, devastate.

herkomst extraction, descent.

herlig glorious, magnificent, delightful; ~ **het** glory.

herme; ~ **etter** mimic.

hermed herewith, with this.

hermekråke mocking-bird.

hermelin ermine.

hermet|ikk tinned *(el* canned) food(s); ~ **ikkboks** tin, can; ~ **ikkfabrikk** canning factory,

cannery; ~ **ikkåpner** tin opener; ~ **isere** tin, can; (frukt) preserve; ~ **isk** hermetic; (hermetisert) tinned, canned; (frukt) preserved.

herold herald.

herr mister ~ **e** gentleman; (over-)lord; master.

herred district; ~ **styre** rural district council.

herre|dømme rule, dominion, domination; ~ **ekvipering** gentleman's outfitter; ~ **gård** manor; ~ **konfeksjon** men's (ready-made) clothing; ~ **toalett** gent.

herskapsbolig mansion.

herske rule; reign; (være rådende) prevail; ~ **r** sovereign; ruler; ~ **rinne** mistress; ~ **syk** domineering.

hertug duke; ~ **dømme** duchy; ~ **inne** duchess.

herved hereby.

hes hoarse, husky.

hesje *s* haydrying rack.

heslig ugly; ~ **het** ugliness.

hest horse; ~ **ehandler** horse-dealer; ~ **ehov** horse's hoof; *bot* coltsfoot; ~ **ekraft** horsepower; ~ **ekur** rough remedy; ~ **esko** horseshoe; ~ **eveddeløp** horse race.

het hot; ~ **e** *s* heat; *v* be called *el* named; ~ **eroseksuell** heterosexual; ~ **eslag** sunstroke; ~ **te** hood.

hevd (sedvane) custom; prescription; **holde i** ~ maintain; ~ **e** maintain, assert, vindicate; ~ **vunnen** time-honoured.

heve raise; remove; heave; (oppheve) lift; (få utbetalt) draw; (sjekk) cash; (møte) dissolve, adjourn; ~ **lse** rising, swelling; ~ **rt** syphon.

hevn; ~ **e** revenge, avenge; ~ **gjerrig** revengeful.

hi lair.

hige hanker.

hikk; ~ **e** hiccough, hiccup.

hikst catch (of breath); ~ **e** catch one's breath, pant.

hilse greet; ~ **n** greeting; salutation; (sendt) compliments, regards.

himmel (synlig) sky; *fig* heaven;
   Kristi ~ **fartsdag** Ascension Day;
   ~ **blå** azure; ~ **sk** heavenly, ce-
   lestial; ~ **strøk** zone.
hind hind; ~ **er** hindrance, obsta-
   cle; ~ **erløp** steeplechase; ~ **re**
   prevent, hinder, stymie; ~ **ring**
   hindrance, obstacle, impediment.
hingst stallion.
hinke limp; (hoppe) hop.
hinne membrane; (tynn) film.
hinsides beyond.
hisse excite; (egge) set on; ~ **ig**
   hot-headed, quick-tempered;
   ~ **igpropp** spitfire.
historie history; (fortelling) story;
   ~ **iker** historian; ~ **isk** histor-
   ic(al).
hit here; ~ **til** so far, (up) till
   now, hitherto.
hittebarn foundling; ~ **godskontor**
   lost property office.
HIV HIV = Human Immuno-
   deficiency Virus; ~ **-smittet**
   HIV-infected.
hive (hale) heave; (kaste) throw,
   fling, chuck; (etter pust) gasp (for
   breath).
hjelm helmet.
hjelp help; assistance, aid; **ved** ~
   av by means of; ~ **e** help, aid,
   assist; ~ **e-** ancillary; ~ **eaksjon**
   relief action; ~ **eløs** helpless;
   ~ **emiddel** aid; ~ **emidler** facili-
   ties; ~ **er** assistant; ~ **som** help-
   ful.
hjem home; ~ **for foreldreløse**
   orphanage; ~ **by** native town;
   ~ **komst** return; ~ **land** native
   country.
hjemlengsel homesickness, nostal-
   gia; ~ **lig** domestic; (hyggelig)
   homelike.
hjemme at home; ~ **brent** moon-
   shine; ~ **fra** from home; ~ **indu-
   stri** domestic industry; ~ **l** war-
   rant; ~ **laget** homemade; ~ **lek-
   ser**, ~ **oppgaver** homework; ~ **sei-
   er** home (win).
hjemområde habitat; ~ **over** home-
   ward; ~ **sted** domicile; ~ **vei** way
   home.
hjerne brain; ~ - cerebral; ~ **beten-
   nelse** inflammation of the brain;

~ **hinnebetennelse** meningitis;
   ~ **rystelse** concussion (of the
   brain).
hjerte heart; ~ **anfall** heart attack;
   ~ **bank** palpitation; ~ **infarkt** in-
   farct of the heart; ~ **lig** hearty,
   cordial; ~ **lighet** cordiality; ~ **løs**
   heartless; ~ **onde** heart trouble *el*
   disease; ~ **r** (kort) hearts; ~ **skjæ-
   rende** heartrending; ~ **slag** heart-
   beat; *med* heart failure.
hjort deer *(pl* deer); (kron-) stag;
   ~ **eskinn** buckskin.
hjul wheel; ~ **aksel** (wheel) axle;
   ~ **beint** bow-legged; ~ **oppheng**
   wheel suspension; ~ **spor** rut,
   wheel track.
hjørne corner; ~ **spark** corner;
   ~ **stein** corner-stone.
hode head; ~ **arbeid** brain work;
   ~ **kulls** headlong; ~ **pine** head-
   ache; ~ **pute** pillow.
hoff court; ~ **folk** courtiers;
   ~ **narr** court jester *el* fool.
hofte hip; ~ **holder** girdle.
hogg cut; ~ **e** cut, chop; ~ **e ut**
   carve; ~ **estabbe** choppingblock;
   ~ **orm** viper, adder; ~ **tann** fang;
   (stor) tusk.
hogst cutting, felling.
hold (sting) pain, stitch; (avstand)
   range, distance; (kant) quarter;
   ~ **bar** tenable; *fig* valid; (varig)
   durable; ~ **barhet** durability; ~ **e**
   hold; (~ seg, beholde) keep; (va-
   re) last; ~ **e fast ved** hold on to,
   stick to; ~ **e munn** shut up; ~ **e
   opp med** cease ~ **eplass** stop,
   halt; taxi rank *(el* stand); ~ **e-
   punkt** basis; ~ **e tilbake** with-
   hold; ~ **e ut** endure; ~ **ning** (inn-
   stilling) attitude; (kroppsføring)
   carriage; ~ **ningsløs** weak, vacil-
   lating.
Holland Holland; ~ **sk** Dutch.
hollender Dutchman.
holme islet, holm.
holt grove.
homo poof *vulg.*
homoseksuell homosexual, gay;
   dt s pansy, queer, fairy; (kvinne-
   lig) lesbian.
honning honey; ~ **kake** ginger-
   bread.

hon|nør honour; ~ **orar** fee; ~ **ore-re** pay; (veksel) honour.

hop crowd; ~ **e seg opp** pile up.

hopp jump, leap; ~ **bakke** jumping hill; ~ **e** (hest) mare; jump, leap; ~ **e bukk** leap-frog; ~ **e over** skip.

hor adultery; ~ **e** whore; ~ **estrøk** red-light district (slang).

horisont horizon.

hormon hormone.

horn horn; ~ **aktig** horny; ~ **briller** hornrimmed spectacles; ~ **hinne** cornea; ~ **musikk** brass music; ~ **musikkorps** brass band.

hos with, at.

Hosebåndsordenen The Order of the Garter.

hospit|al hospital; ~ **s** hospice.

hoste *s & v* cough.

hotell hotel.

hov (hest) hoof.

hoved|arving principle heir; ~ **bestanddel** main ingredient; ~ **bok** ledger; ~ **bygning** main building; ~ **gate** main street; ~ **inngang** main entrance; ~ **kontor** head office; ~ **kvarter** headquarters; ~ **nøkkel** master key; ~ **person** *teat* principal character; ~ **postkontor** central *(el* general) post office; ~ **regel** principal rule; ~ **rolle** principle *(el* leading) part; ~ **sak** main point; ~ **sakelig** mainly, chiefly; ~ **setning** *gram* main clause; ~ **stad** capital; ~ **trafikkåre** arterial road; ~ **vekt: legge** ~ **en på** lay particular stress on.

hov|en swollen; *fig* arrogant; ~ **enhet** swelling; *fig* arrogance; ~ **ere** exult; ~ **mester** headwaiter; butler; ~ **mod** arrogance; pride; haughtiness; ~ **modig** haughty; ~ **ne opp** swell.

hud skin; (større dyr) hide.

huk: sitte på ~ squat; ~ **e seg ned** crouch, squat.

hukommelse memory; ~ **stap** amnesia.

hul hollow; (*i tann*) cavity; ~ **der** fairy; ~ **e** *s* cave, cavern, den, burrow; ~ **e ut** *v* hollow; ~ **het** hollowness.

hulke sob.

hull hole; ~ **et** full of holes; ~ **kort** punch(ed) card; ~ **maskin** perforator.

hul|mål measure of capacity; ~ **ning** hollow, depression; ~ **rom** cavity; ~ **ter til bulter** pell-mell, helter-skelter; ~ **øyd** hollow-eyed.

human humane; ~ **isme** humanism; ~ **ist** humanist.

humle *zool* bumblebee; *bot* hop.

hummer lobster; ~ **teine** lobster-pot.

humor humour; ~ **istisk** humorous.

hump; ~ **e** bump.

humør spirits; **godt, dårlig** ~ high, low spirits.

hun she.

hund dog; (jakt-) hound; ~ **edager** dogdays; ~ **ehus** kennel; ~ **ekjeks** dog-biscuit; ~ **evakt,** *mar* middle watch; ~ **eveddeløp** dog racing.

hundre a hundred; ~ **del** hundredth; ~ **årsdag** hundredth anniversary; ~ **årsjubileum** centenary.

hundse bully.

hunger hunger; ~ **sdød** death by starvation; ~ **snød** famine, starvation.

hunkjønn female sex; *gram* feminine gender.

hunn she, female.

hurpe hag.

hurra hurra(h); ~ **rop** cheer.

hurtig quick, rapid, fast, swift; ~ **het** quickness, speed, rapidity, fastness; ~ **løp** (skøyter) speed skating; ~ **tog** fast train; express(-train).

hus house; building; ~ **arbeid** house work, chores; ~ **bestyrerinne** housekeeper; ~ **bruk; til** ~ for home purposes; ~ **dyr** domestic animal; ~ **e** house; ~ **flid** home crafts, domestic industry; ~ **frue** mistress; ~ **hjelp** maid (-servant); ~ **holdning** housekeeping; (husstand) household.

huske *v* remember, recollect; (gynge) swing, seesaw; *s* swing.

hus|leie rent; ~ **lig** domestic; ~ **ly** shelter; ~ **mor** housewife; ~ **ok-**

kupant squatter; ~ **tru** wife;
~ **vill** houseless.
hutre shiver.
hva what.
hval whale; ~ **fanger** whaleman;
(skip) whaler; ~ **fangst** whaling;
~ **ross** walrus.
(h)valp pup(py), whelp.
hvelve; ~ **ing** arch, vault.
hvem who; whom.
hver every; each; ~ **andre** each
other, one another; ~ **dag** week-
day; ~ **dagsklær** everyday
clothes; ~ **dagslig** commonplace,
everyday; ~ **gang** every time.
hvese hiss.
hvete wheat; ~ **brødsdager** honey-
moon; ~ **mel** wheat-flour.
hvil; ~ **e** s & v rest; ~ **edag** day
of rest; ~ **eløs** restless.
hvilken which; what; ~ **som helst**
any.
hvin; ~ **e** shriek.
(h)virvel whirl; (i vannet) whirl-
pool, eddy; (knokkel) vertebra.
hvis if, in case; gen whose.
hviske whisper.
hvit; ~ **e** white; ~ **evarer** linens;
~ **glødende** white-hot; ~ **løk** gar-
lic; ~ **ne** whiten; ~ **ting** (fisk)
whiting; ~ **vasking** whitewash.
hvor (sted) where; (grad) how;
~ **av** of which, of whom; ~ **dan**
how; ~ **for** why; ~ **fra** from
where; ~ **hen** where; ~ **vidt**
whether.
hybel bed-sitting-room; dt bedsit-
ter, digs pl; ~ **leilighet** flatlet.
hydraulisk hydraulic.
hydrofoilbåt hydrofoil.
hyene hyena.
hygge s comfort; cosiness; ~ **seg**
make oneself comfortable; have a
good time; ~ **lig** cosy; nice; (be-
hagelig) pleasant, comfortable.
hygiene hygiene; ~ **isk** hygienic.
hykle feign, simulate; ~ **r** hypo-
crite; ~ **ri** cant, hypocrisy; ~ **rsk**
hypocritical.
hyl; ~ **e** howl, yell.
hylle s shelf; rack; (i fjellet)
ledge; v wrap, cover; (gi hyllest)
pay homage to; ~ **st** homage.

hylse case, casing; ~ **ter** case,
cover; holster.
hymne anthem.
hypnose hypnosis; ~ **tisere** hypno-
tize; ~ **tisk** hypnotic.
hypotek mortgage; ~ **tese** hypo-
thesis; ~ **tetisk** hypothetical.
hyppe earth up.
hyppig frequent; ~ **het** frequency.
hyrde shepherd; ~ **dikt** pastoral
(poem); ~ **stav** pastoral staff,
crook.
hyre s (lønn) wages; v engage,
sign on; ~ **kontrakt** articles of
agreement.
hyse (kolje) haddock.
hyssing string.
hysteri hysterics; ~ **sk** hysterical.
hytte hut, cottage, cabin.
hæl heel.
hær army; ~ **skare** host; ~ **verk**
malicious damage.
høflig polite, civil, courteous;
~ **het** politeness, civility, courte-
sy.
hølje ned pelt down.
høne hen, fowl; ~ **s** fowl, poultry;
~ **segård** poultry yard; ~ **sehus**
hen-house; ~ **seri** poultry farm.
hørbar audible; ~ **e** hear; (høre
etter) listen; ~ **eapparat** hearing
aid; ~ **erør** ear-trumpet; (på tele-
fon) receiver; ~ **evidde** earshot,
hearing; ~ **ing** hearing; ~ **lig** au-
dible; ~ **sel** hearing.
høst (årstid) autumn; amr fall;
(innhøsting) harvest; (grøde)
crop; ~ **e** harvest, reap; ~ **takke-
fest** Thanksgiving Day.
høvding chief, chieftain.
høve se **anledning, passe.**
høvel; ~ **le** plane; ~ **benk** joiner's
bench; ~ **flis** shavings.
høy s hay; adj high; (person, tre)
tall; (lyd) loud; ~ **akte** esteem
highly; ~ **aktelse** high esteem;
~ **borg** stronghold.
høyde height; (nivå) level; (vekst)
stature; (over havet) elevation;
(lyd) loudness; mus pitch; geo,
ast altitude; ~ **hopp** high jump;
~ **punkt** height, climax, peak,
highlight.
høyesterett supreme court; ~ **fjell**

(high) mountain; ~ **fjellshotell** mountain hotel; ~ **forræderi** (high) treason; ~ **frekvens** high frequency; ~ **gaffel** pitchfork; ~ **het** highness; ~ **kant: på** ~ on edge; ~ **konjunktur** boom; ~ **lytt** *adj* loud; *adv* aloud, loudly; ~ **messe** morning service; (katolsk) high mass; ~ **ne** raise, enhance; ~ **ne innsatsen** up the ante; ~ **onn** haymaking.

høyre right; *pol* the Right; (partiet) the Conservative Party; ~ **mann** conservative.

høy|rød scarlet, crimson; ~ **røstet** loud, vociferous; ~ **sesong** peak season; ~ **sinnet** generous; ~ **sinnethet** generosity; ~ **skole** university; ~ **spenning; ~ spent** high tension; ~ **st** most, highly; (i høyden) at (the) most; ~ **stakk** haystack.

høy|t aloud; ~ **teknologi** high-tech(nology).

høytid festival; ~ **elig** solemn; ~ **elighet** ceremony; ~ **sdag** holiday; ~ **sfull** solemn.

høytrykk high pressure.

høyt|stående high, important; ~ **taler** loudspeaker; ~ **travende** high-flown, high faluting.

høyvann high water.

hå (fisk) spiny dogfish; *agr* aftermath.

hålke slipperiness.

hån scorn, disdain, derision.

hånd hand; ~ **arbeid** (sytøy) needlework; (motsatt maskinarbeide) handwork; ~ **bevegelse** gesture; ~ **bok** manual, handbook; ~ **flate** palm; ~ **full** handful; ~ **granat** grenade; ~ **gripelig** palpable, tangible; ~ **heve** maintain, enforce; ~ **jern** handcuffs *pl;* ~ **kle** towel; ~ **kuffert** suitcase; handbag; ~ **laget** handmade; ~ **ledd** wrist; ~ **skrift** handwriting; ~ **sopprekning** show of hands; ~ **srekning** a (helping) hand; ~ **tak** handle; ~ **tere** handle, manage; ~ **trykk** handshake; ~ **verk** trade, craft; ~ **verker** craftsman, tradesman, artisan; ~ **veske** handbag.

hån|e scorn, mock, jeer, deride; ~ **latter** scornful laughter; ~ **lig** contemptuous, scornful.

håp; ~ **e** hope; ~ **efull** hopeful, promising; ~ **løs** hopeless.

hår hair; ~ **balsam** conditioner; ~ **børste** hairbrush; ~ **nål** hairpin; ~ **reisende** hair-raising; horrific; ~ **tørrer** hair dryer; ~ **vann** hair lotion.

hås hoarse, husky.

håv net; (stor) dipper.

I

i in, at; (tidens lengde) for.

i aften tonight, this evening.

iaktta observe; watch; ~ **gelse** observation; ~ **ker** observer.

iallfall in any case, at all events, at any rate.

ibenholt ebony.

iberegnet included.

iblant now and then; se *blant.*

i dag today, to-day.

idé idea; ~ **al** ideal; ~ **alist** idealist; ~ **alistisk** idealistic; ~ **ell** ideal.

identi|fikasjon identification; ~ **fisere** identify; ~ **sk** identical; ~ **tet** identity.

idet *konj.* as, when.

idiom idiom.

idiot idiot; ~ **isk** idiotic.

idol idol.

idrett sport(s); (fri-) athletics; ~ **sforening** sports club; ~ **smann** sportsman; ~ **splass** sports ground.

idyll idyll; ~ **isk** idyllic.

i| fall if, in case; ~ **fjor** last year; ~ **forfjor** the year before last; ~ **forgårs** the day before yesterday; ~ **formiddag** this morning.

ifølge according to, in accordance with.

iføre seg don.

igjen again; (til overs) left; anew;
  gi ~ give back.
igjære afoot.
igle leech.
ignorering disregard.
i går yesterday.
ihendehaver holder, bearer.
iherdig energetic, persevering;
  ~ **het** energy.
i hjel dead, to death.
i hvert fall se *iallfall.*
ikke not; no; ~ **noe(n)** *adj* no,
  not any; *s* nothing, nobody, not
  anybody; ~ **-alliert** non-aligned;
  ~ **-fornybar ressurs** non-renew-
  able resource; ~ **-giftig** non-toxic.
i kveld tonight, this evening.
ilbud express message; (person)
  express messenger.
ild fire; ~ **er** ferret; ~ **fast** fire-
  proof; ~ **flue** fire-fly; ~ **full** fiery;
  ardent; ~ **prøve** ordeal; ~ **raker**
  poker; ~ **rød** fiery red; ~ **spåset-**
  telse arson; ~ **sted** fire-place.
ile *v* hasten, hurry; *s* stone sin-
  ker; ~ **gods** express goods.
iligne assess, tax.
i like måte likewise; (svar) the
  same to you.
ille ill, bad(ly); ~ **befinnende** in-
  disposition; ailment.
illegal illegal; ~ **itim** illegitimate.
illevarslende ill-boding, sinister,
  ominous.
illojal disloyal; (konkurranse) un-
  fair; ~ **itet** disloyalty.
illusjon illusion, delusion; ~ **so-**
  risk illusory, delusive; ~ **strasjon**
  illustration; ~ **strere** illustrate.
ilsamtale urgent call; ~ **telegram**
  express telegram; ~ **ter** hasty; ir-
  ritable.
imaginær imaginary.
imellom (en gang ~ **)** once in a
  while; se *mellom.*
imens *konj* while; *adv* in the
  meantime, meanwhile.
imidlertid however.
imitator imitator.
immatrikulere matriculate.
immun immune **(mot:** from); ~ **i-**
  tet immunity.
i morgen tomorrow; ~ **morges**
  this morning.

imot against; **ha** ~ dislike.
imperativ the imperative (mood);
  ~ **fektum** the imperfect *el* past
  tense.
imperie- imperial-; ~ **um** empire.
implisere involve, implicate.
imponere impress; ~ **nde** impres-
  sive; (veldig) imposing; formida-
  ble.
import import(ation); *konkr* im-
  ports *pl;* ~ **ere** import; ~ **ør** im-
  porter.
impotens impotence; ~ **t** impo-
  tent.
impregnere (tøy) proof.
impresario impresario, manager.
improvisasjon improvisation; ~ **i-**
  sere improvise.
impuls impulse; ~ **iv** impulsive.
imøtegå (motsette seg) oppose;
  (gjendrive) refute; ~ **komme**
  meet, accommodate; ~ **kommen-**
  de obliging; ~ **se** look forward
  to, await.
i natt (som var) last night; (som
  er *el* kommer) tonight, this night.
incest incest.
indeks index.
inder Indian.
India India; ~ **ner;** ~ **nsk** Indian.
indignasjon indignation; ~ **ert** in-
  dignant **(over:** at).
indikativ the indicative (mood);
  ~ **direkte** indirect; ~ **disium** cir-
  cumstantial evidence; ~ **disk** In-
  dian; ~ **diskresjon** indiscretion;
  ~ **diskret** indiscreet; ~ **disponert**
  indisposed; ~ **divid;** ~ **dividuell**
  individual.
indre *adj* inner, interior, internal;
  s interior, internal.
industri industry; ~ **alisere** indus-
  trialize; ~ **arbeider** industrial
  worker; ~ **ell** industrial.
infam infamous; ~ **fanteri** infan-
  try, foot; ~ **feksjon** infection;
  ~ **filtrasjon** infiltration; ~ **finitiv**
  the infinitive (mood); ~ **fisere** in-
  fect; ~ **fisering** infection; ~ **fla-**
  sjon inflation; ~ **fluensa** influen-
  za; *dt* flu; ~ **fluere** influence, af-
  fect; ~ **formasjon** information;
  ~ **formere** inform; ~ **frarød** in-
  frared.

ingefær ginger.
ingen *adj* no; *s* no one, nobody,
(om to) neither; none.
ingeniør engineer.
ingen| som helst no, none *el* no
one whatever; ~ steds nowhere;
~ ting nothing.
inhabil disqualified; gjøre ~ dis-
qualify.
inhalere inhale.
initialer initials.
initiativ initiative.
injuri|e (skriftlig) libel; (muntlig)
slander; ~ ere libel.
in|karnasjon incarnation; ~ kasso
collection; inkludere include;
~ klusive inclusive of, including;
~ kompetent incompetent;
~ konsekvens inconsistency;
~ konsekvent inconsistent; ~ ku-
basjonstid incubation period.
inn in; ~ anke appeal; godt ~ ar-
beidet well established.
innbe|fatte include; comprehend;
comprise; ~ retning; ~ rette re-
port; ~ taling payment.
innbil|le make (one) believe;
~ ning imagination, fancy; ~ sk
conceited; ~ skhet conceit.
inn|binding binding; bli ~ blandet
i be mixed up with, be involved
in; ~ blanding intervention; (uti-
dig) interference; ~ blikk insight;
~ bo furniture; ~ bringe yield,
bring in, fetch; ~ bringende lucra-
tive.
innbrudd burglary; ~ styv burglar.
innby invite; ~ delse invitation;
~ dende inviting.
innbygger inhabitant.
innbyrdes mutual.
inn|dele divide; classify; ~ deling
division; classification; ~ dra
(konfiskere) confiscate; ~ drive
(innkassere) collect.
inne in; ~ bære involve, imply,
connote; ~ frossen ice-bound;
~ ha hold; ~ haver (eier) posses-
sor; (lisens o.l.) holder; ~ holde
contain, hold; ~ klima indoor cli-
mate.
innen (et tidsrom) within; (et tids-
punkt) by; ~ bys within the town;
local; ~ dørs indoor; *adv* in-

doors; ~ for within; ~ fra from
within; ~ lands inland; ~ riks
domestic, inland.
innerst inmost, innermost; *adv*
farthest in.
inne|slutte surround; ~ sluttet re-
served; ~ sperre shut up, impri-
son; ~ sperring confinement;
~ stengt shut up, confined; ~ stå
answer *(el* vouch) for.
inneværende present, current.
inn|fall (tanke) fancy, whim, fad;
~ fatning mounting; setting;
(brille-) rim; ~ finne seg appear;
turn *(el* show) up; ~ flytelse in-
fluence, clout; ha ~ flytelse på
influence; ~ flytelsesrik influen-
tial; ~ fri (veksel) meet, honour;
(løfte) fulfil; ~ født native, indi-
genous; ~ føre import; (noe nytt)
introduce; ~ føring introduction;
~ førsel se *import.*
inn|gang entrance; ~ gifte inter-
marriage; ~ gjerde fence in, en-
close; ~ gravere engrave; ~ grep
encroachment; *med* operation;
~ gripende radical, thorough;
~ grodd inveterate, deeply root-
ed; ~ gå (avtale *o.l.)* enter into,
make; ~ gående thorough, de-
tailed.
inn|hegning enclosure; ~ hente (ta
igjen) catch up with, overtake.
innhold contents *pl;* ~ sfortegnelse
(table of) contents.
innhylle envelop, wrap up.
inn|høste; ~ høsting harvest.
inn|i inside, within; ~ i into.
inn|kalle call in; summon; ~ kal-
lelse summons; ~ kassere collect;
~ kjøp purchase; ~ kjøpspris
buying price; ~ kjøpssjef (chief)
buyer; ~ kjørsel drive; ~ kreve
collect; ~ kvartering accommoda-
tion, *mil* quartering.
inn|lasting shipment; ~ late seg
(på) enter *(el* embark) (on); ~ le-
de open; ~ ledende introductory;
~ ledning opening, introduction;
~ legg (i brev) enclosure; (i de-
batt) contribution; *jur* plea;
~ lemme incorporate; ~ levere
hand in; ~ losjere lodge, accom-
modate; ~ lysende evident, ob-

vious; ~ **løp** inlet; ~ **løse** (få ut-
betalt) cash; ~ **løsning** redemp-
tion.
inn|mark home fields; ~ **mat**
pluck; ~ **melding** entry.
innover *adv* inward(s).
inn|pakking packing (up), wrap-
ping (up); ~ **pakningspapir** wrap-
ping paper; ~ **pisker** whip.
inn|prente inculcate; ~ **ramme**
frame; ~ **rede** fit up, furnish;
~ **registrere** register; ~ **reise** entry
permit; ~ **retning** (apparat) con-
trivance, gadget, device, appli-
ance; ~ **rette** arrange; adjust;
~ **rullere** enrol(l); admit; ~ **ryk-
king** indentation; ~ **rømme** (gi)
allow, grant; (vedgå) admit;
~ **rømmelse** allowance; admis-
sion, concession.
inn|samling collection; ~ **sats** (an-
strengelse) effort; (i spill) stake(s),
ante; ~ **se** realize; ~ **sender** sen-
der; ~ **sette** install; ~ **side** inside;
~ **sigelse** objection; ~ **sikt** in-
sight; ~ **sjø** lake; ~ **skipe** ship;
~ **skipning** embarkation; ~ **skjer-
pe** enjoin, enforce, inculcate;
~ **skjerpelse** enforcement;
~ **skrenke** restrict; limit, curtail;
~ **skrenkning** restriction; ~ **skrift**
inscription; ~ **skripsjon** inscrip-
tion; ~ **skrive** enter; ~ **skrumpet**
shrunken; ~ **skudd** contribution;
(i leilighet) share; (i bank) depos-
it; ~ **skytelse** impulse; ~ **skyter**
depositor; ~ **slag** element;
~ **smigrende** ingratiating; ~ **snitt**
incision; ~ **stendig** urgent, pres-
sing; ~ **stifte** institute; ~ **stille** (til
embete) nominate; (maskin) ad-
just; (kikkert) focus; (stanse)
stop; (avlyse) cancel; ~ **stilling**
nomination; adjustment; (fra ko-
mité) report.
inn|ta (måltid) partake of, take;
(erobre) take; ~ **tekt** income;
earnings; (offentlig) revenue;
~ **tektsskatt** income tax; ~ **til** till,
until, up to; ~ **tre** happen, occur;
~ **treden** entry; ~ **treffe** (hende)
happen, occur; ~ **trengende** ur-
gent; ~ **trenger** intruder; ~ **trykk**
impression.

innunder below, under; (tid) near
el just before.
innvandr|e immigrate; ~ **rer** immi-
grant; ~ **ring** immigration.
innvend|e object (**imot:** to); ~ **ig**
internal, inside; ~ **ing** objection.
innvie (åpne) inaugurate; (i en
hemmelighet) initiate (in); ~ **lse**
inauguration; initiation.
inn|viklet complicated, intricate,
complex; ~ **vilge** grant; ~ **virke**
på; ~ **virkning** influence; impact;
~ **voller** entrails, bowels; ~ **vortes**
adj internal; ~ **ånde** inhale.
in|sekt insect; ~ **sektdreper** insecti-
cide; ~ **sektmiddel** insecticide;
~ **sinuasjon** insinuation; ~ **si-
nuere** insinuate; ~ **sistere** insist
(**på:** upon); ~ **solvens** insolvency;
~ **solvent** insolvent; ~ **speksjon**
inspection; ~ **spektør** inspector;
~ **spirasjon** inspiration; ~ **spirere**
inspire; ~ **spisere** inspect; ~ **stal-
lasjon** installation; ~ **stallatør**
electrician; ~ **stallere** install;
~ **stinkt** instinct; ~ **stitusjon** insti-
tution; ~ **stitutt** institute.
instru|ere instruct; ~ **ks(er)** in-
structions; ~ **ktør** instructor; *teat*
director; ~ **ment** instrument;
~ **mentbord** dashboard.
intakt intact.
intell|ektuell intellectual; ~ **igens**
intelligence; ~ **igent** intelligent.
intendant intendant; *mil* commis-
sary.
intens intense; ~ **itet** intensity.
interess|ant interesting; ~ **e** inter-
est; ~ **ere** interest; ~ **ert** inter-
ested.
inter|iør interior; ~ **messo** inter-
lude, intermezzo; ~ **nasjonal** in-
ternational; ~ **natskole** board-
ing-school; ~ **nere** intern; ~ **ne-
ring** internment; ~ **ntelefon** inter-
com; ~ **pellasjon** question; ~ **pel-
lere** put a question to, interpel-
late; ~ **vall** interval; ~ **venere** in-
tervene; ~ **vensjon** intervention;
~ **vju; intervjue** interview.
intet no; none; (ingenting) no-
thing; ~ **kjønn** the neuter (gen-
der); ~ **sigende** insignificant.
intim intimate; ~ **itet** intimacy.

intoleran|se intolerance; ~ **t** intolerant.
intonasjon intonation.
intransitiv intransitive.
intravenøs intravenous.
intrige intrigue; ~ **maker** intriguer; ~ **re** intrigue, plot.
introdu|ksjon introduction; ~ **sere** introduce.
intui|sjon intuition; ~ **tiv** intuitive.
invadere invade.
invalid *adj* invalid, disabled; *s* invalid.
in|vasjon invasion; ~ **ventar** (møbler) furniture; (fast tilbehør) fixtures *pl;* (løst) fittings *pl;* (-fortegnelse) inventory; ~ **vestere** invest; ~ **vestering** investment; ~ **vestor** investor.
i over|morgen the day after tomorrow; ~ **flod** copious.
ire Irishman.
irettesette; ~ **lse** rebuke, reprimand.
Irland Ireland, Eire.
ironi irony; ~ **sere** speak ironically; ~ **sk** ironic(al).
irr verdigris; ~ **e** rust.
irr|asjonell irrational; ~ **elevant** irrelevant.
irrit|abel irritable; ~ **asjon** irritation; ~ **ere** irritate, exasperate; chafe.
irsk Irish.

is ice; (-krem) ice-cream; ~ **aktig** icy; ~ **bjørn** polar bear; ~ **bre** glacier; ~ **bryter** ice-breaker
iscenesette produce, stage.
isdekke ice-cap.
ise ice.
isenkram hardware, ironware.
isfjell iceberg; ~ **flak** ice floe.
isjias sciatica.
islam Islam; ~ **sk** Islamic.
Island Iceland; ~ **sk** Icelandic.
islending Icelander.
isol|asjon isolation; *tekn* insulation; ~ **ere** isolate; *tekn* insulate; ~ **ering** insulation.
isse crown, top.
i stand til capable.
istapp icicle.
istedenfor instead of.
i stedet instead.
istiden the glacial period.
i stykker to pieces, broken, asunder.
især particularly, especially.
Itali|a Italy; ~ **ener;** ~ **ensk** Italian.
iver eagerness.
iverksette carry into effect, execute; ~ **lse** execution.
ivrig eager, anxious, keen.
iørefallende catchy.
iøynefallende conspicuous.
i år this year.

J

ja yes; well; indeed.
jade (stein) jade.
jag rush, hurry; ~ **e** *vt* chase; hunt; drive (away); *vi* (~ **av sted**) hurry, rush; ~ **er** *mar* destroyer; ~ **erfly** fighter; ~ **uar** jaguar.
jakke jacket, coat.
jakt hunting, shooting; ~ **hund** sporting dog.
jam|mer lamentation, wailing; (elendighet) misery; ~ **re** wail; ~ **re over** bewail.
jam|sides side by side; ~ **stilling** equal position; ~ **vekt** equilibrium, balance.

januar January.
Japan Japan; ~ **er;** ~ **sk** Japanese.
japp yap = Young Aspiring Professional.
jarl earl.
jeg I; *s* ego, self.
jeger hunter, sportsman.
jekk jack; ~ **e opp** jack up.
jeksel molar.
jenke seg (etter) adapt oneself to.
jent|e girl, lass; ~ **unge** little girl.
jern iron; ~ **alder** iron age.
jernbane railway, *amr* railroad; ~ **konduktør** guard; *amr* conductor; ~ **kupé** compartment; ~ **skin-**

ne rail; ~ **stasjon** railway station; ~ **tog** train; ~ **vogn** railway carriage; *amr* railroad car.

jern|beslag iron mounting; ~ **blikk** sheet-iron; ~ **hard** hard as iron; ~ **malm** iron ore; ~ **støperi** iron foundry; ~ **teppe** iron curtain; ~ **vare** ironware, hardware; ~ **verk** ironworks.

jerv glutton, wolverene.

jesuitt Jesuit.

jetfly jet plane.

jevn even, level; smooth; ~ **aldrende** of the same age; ~ **døgn** equinox; ~ **e** level; *fig* smooth, adjust; (suppe) thicken; ~ **føre** compare; ~ **god** equal.

jo yes; ~ **mer,** ~ **bedre** the more, the better.

jobb job; ~ **e** (arbeide), work.

jod iodine; ~ **holdig** iodic.

jodle yodel.

jogge jog; ~ **sko** track shoes.

jo-jo yo-yo.

jolle dinghy.

jomfru virgin, maid(en); ~ **dom** virginity; ~ **elig** virgin(al); ~ **nalsk** old-maidish, spinsterish; ~ **tur** maiden trip.

jonsok Midsummer Day.

jord earth; (-overflaten) ground; (-bunn) soil; (-egods) land; ~ **bruk** agriculture, farming; ~ **bruks-** agrarian; ~ **bunn** soil; ~ **bær** strawberry; ~ **bærsyltetøy** strawberry jam; ~ **e** *v* earth ; *s* field; ~ **egods** landed property, estate; ~ **erosjon** soil erosion; ~ **isk** earthly; ~ **klode** globe; ~ **mor** midwife; ~ **nøtt** peanut; ~ **omseiler** globetrotter; ~ **skjelv** earthquake; ~ **slag** mildew.

journal journal; *mar* log-book; ~ **ist** journalist.

jub|el exultation, jubilation; rejoicing(s); ~ **ilere** celebrate a jubilee; ~ **ileum** jubilee; ~ **le** shout with joy, be jubilant.

jugl gimcrack.

jugoslav, jugoslavisk Yugoslav. **Jugoslavia** Yugoslavia.

juks (skrap) trash; (fusk) cheating; hoax; ~ **e** cheat.

jul Christmas; ~ **aften** Christmas Eve; ~ **egave** Christmas present *(el* gift); ~ **enisse** Santa Claus, Father Christmas; ~ **esang** Christmas carol.

juli July.

jumper jumper.

jungel jungle.

juni June.

Jupiter Jove.

jur udder, bag.

jur|idisk legal, juridicial; ~ **ist** lawyer; (student) law student; ~ **y** jury.

jus law.

justere adjust.

justis|departement ministry of justice; ~ **mord** judicial murder.

jute jute.

juv canyon, ravine.

juvél jewel, gem; ~ **besatt** jewelled; ~ **er** jeweller.

Jylland Jutland.

jypling colt.

jærtegn sign, omen.

jød|e Jew; ~ **inne** Jewess; ~ **isk** Jewish.

jøkel glacier.

jåle *s* la-di-da; ~ **t** affected, la-di-da.

K

kabal patience.

kabaret cabaret.

kabel cable.

kabinett cabinet; **(stille)** ~ **spørsmål** demand a vote of confidence.

kadaver carcass, cadaver.

kadett cadet.

kafé café, coffee-house.

kafeteria cafeteria.

kaffe coffee; ~ **bønne** coffee bean; ~ **grut** coffee-grounds; ~ **in** caffein(e); ~ **kanne** coffee-pot; ~ **trakter** percolator.

kagge keg.
kahytt cabin; state-room.
kai quay, wharf.
kajakk kayak.
kakao cocoa.
kake cake; pastry.
kakerlakk cockroach.
kaki khaki.
kakle cackle.
kaktus cactus.
kalas carousal, feast.
kald cold, frigid; ~ **blodig** cold-blooded; (rolig) cool; *adv* in cold blood; coolly; ~ **svette** be in a cold sweat.
kalender calendar.
kalesje hood.
kaliber calibre, bore.
kalk (beger) chalice; cup; (jord-art) lime; (til hviting) whitewash; (pussekalk) plaster; ~ **e** white-wash; plaster; ~ **holdig jord** cal-careous earth.
kalkulasjon calculation; ~ **ator** calculator; ~ **ere** calculate.
kalkun turkey.
kalkyle calculation.
kall calling; vocation.
kalle call; ~ **sammen** convene.
kalori calorie.
kalosjer galoshes.
kalv calf; ~ **beint** knock-kneed; ~ **e** calve, ~ **ekjøtt** veal.
kam comb; (hane ~ , bakke ~) crest.
kamé cameo.
kamel camel.
kamera camera.
kamerat companion, friend; com-rade; buddy; chum(my); ~ **skap** companionship, fellowship; ~ **slig** comradely.
kamfer camphor; ~ **dråper** cam-phorated spirits.
kamgarn worsted.
kamin fire-place; ~ **hylle** mantel-piece.
kammer chamber; room; ~ **mu-sikk** chamber music; ~ **pike** la-dy's maid; ~ **tjener** valet.
kamp fight, combat, struggle, match; ~ **anje** campaign; ~ **dyk-tig** in fighting condition; *mil* ef-fective; ~ **ere** camp; ~ **estein**

boulder; ~ **vilje** morale; ~ **ånd** fighting spirit, morale.
kamuflasje; ~ **ere** camouflage.
Kanada Canada; ~ **ier;** ~ **isk** Canadian.
kanal (gravd) canal; (naturlig) channel; **Kanalen** the Channel.
kanarifugl canary.
kandidat (ansøker) candidate; (en som har tatt embetseksamen) graduate; ~ **ur** candidature.
kanefart sleighing.
kanel cinnamon.
kanin rabbit.
kanne (kaffe, te) pot; (metall) can.
kannibal cannibal.
kano canoe.
kanon gun, (gammeldags) cannon; ~ **båt** gunboat; ~ **ér** gunner; ~ **kule** cannon-ball.
kanskje perhaps, maybe.
kansler chancellor.
kant (rand) edge; border; brink; (egn) part, region; (retning) direc-tion; (hold) quarter; ~ **ate** canta-ta; ~ **e** border, edge; ~ **et** angu-lar; ~ **ine** canteen; ~ **re** capsize.
kanyle hypodermic needle.
kaos chaos; ~ **tisk** chaotic.
kapasitet capacity; ability.
kapell chapel; ~ **an** curate; ~ **mes-ter** conductor.
kaperfartøy privateer.
kapital capital; ~ **isme** capitalism; ~ **ist** capitalist; ~ **istisk** capitalis-tic.
kapittel chapter.
kapitulasjon capitulation; ~ **ere** capitulate, surrender.
kapp (forberg) cape; **om** ~ in competition; **løpe om** ~ race; ~ **e** *v* cut; *s* cloak, mantle; (frakk) coat; jacket; ~ **es** vie, compete **(om:** for); ~ **estrid** com-petition, rivalry; ~ **løp** (running)-race; ~ **roing** boat-race; ~ **rusting** armaments race; ~ **sag** cross-cut saw; ~ **seilas** sailing race, regatta.
kapre seize, capture, hijack; ~ **r** hijacker.
kaprifolium honeysuckle.
kapsel capsule.
kaptein captain.

kar vessel; (mann) man; fellow, chap, guy.
karabin carbine.
karaffel decanter, carafe.
karakter character; (på skolen) mark; *am* grade; ~ **fast** firm; ~ **isere** characterize; ~ **istikk** characterization; ~ **istisk** characteristic **(for:** of).
karamell caramel.
karantene quarantine.
karat carat.
karbohydrat carbohydrate; ~ **ndioksid** carbon dioxide ~ **npapir** carbon paper.
kardemomme cardamom.
kardialgi heartburn, cardialgia.
kardinal cardinal.
karikatur caricature, cartoon; ~ **aturtegner** caricaturist, cartoonist; ~ **ere** caricature.
karjol carriole; *amr* sulky.
karm frame, case.
karneval carnival; (maskeball) fancy-dress ball.
karosseri body.
karpe carp.
karri curry.
karriere career.
karrig meagre; (jord) barren.
kart map; *mar* chart.
kartell cartel.
kartlegge chart.
kartong carton; (papp) cardboard.
kartotek file(s), index; ~ **skap** filing cabinet.
karusell merry-go-round.
karve *v* cut; *bot* caraway.
kaserne barracks.
kasino casino.
kaskade cascade.
kaskoforsikring (skip) hull insurance; (bil) motor insurance.
kassaapparat cash register; ~ **lapp; -seddel** slip, check.
kasse (av tre) case; (mindre) box; (pengeskrin) cashbox; (i butikk) (cash *el* pay)desk; ~ **beholdning** cash in hand; ~ **bok** cash book; ~ **dagbok** form register; ~ **kontrollapparat** cash register; ~ **re** discard, scrap; ~ **rer** cashier, treasurer, bursar; ~ **rolle** saucepan; ~ **tt** cassette.

kast throw, cast; (vind) gust; (not-) sweep.
kastanje chestnut; ~ **brun** auburn; ~ **tter** castanets.
kaste *v* throw, cast; toss; chuck; *s* caste; ~ **opp** vomit; ~ **pil** dart; ~ **spyd** javelin.
kastrere castrate.
kasus case.
katakombe catacomb.
katalog catalogue.
katalysator catalytic converter.
katarr catarrh.
katastrofal catastrophic; disastrous, calamitous ~ **e** catastrophe, disaster, calamity, debacle; ~ **e-hjelp** disaster relief.
katedral cathedral.
kategori category; ~ **sk** categorical.
katekisme catechism.
kateter (på skole) (teacher's) desk.
katolikk Catholic; ~ **isisme** Catholicism; ~ **sk** Catholic.
katt cat; ~ **aktig** feline; ~ **unge** kitten.
kaudervelsk double-Dutch.
kausal causal.
kausjon security, surety; (ved løslatelse) bail; ~ **ere (for)** stand security (for).
kautsjuk rubber, caoutchouc.
kav *s* bustle.
kavaler gentleman; (i dans) partner; ~ **eri** cavalry; ~ **kade** cavalcade.
kave struggle; bustle about.
kaviar caviar.
kavring rusk.
keiser emperor; ~ **dømme** empire; ~ **inne** empress; ~ **lig** imperial.
keitet awkward, clumsy.
keivhendt left-handed.
kelner waiter.
kemner town treasurer.
kenguru kangaroo.
kennel kennels *pl*.
keramikk ceramics.
KFK-gass CFC-gas.
kidnappe abduct; ~ **er** abductor; ~ **ing** abduction.
kikhoste whooping cough.
kikk peek.
kikke peep, peer, peek; ~ **r** vo-

yeur; ~ **rt** binoculars, field-glasses; *teat* opera-glasses.
kilde source, spring, gusher.
kile *v* tickle; (blei) *s & v* wedge; ~ **n** ticklish; ~ **skrift** cuneiform (characters); ~ **vink** box on the ear.
kilo kilo; ~ **gram** kilogram(me); ~ **meter** kilometre; ~ **meterstand** mileage.
kime *s* germ, embryo; *v* ring, chime.
Kin|a China; ~ **eser;** ~ **esisk** Chinese.
kinin quinine.
kinkig ticklish, delicate.
kinn cheek; ~ **e** *s & v* churn; ~ **skjegg** whiskers.
kino cinema; **gå på** ~ go to the cinema *(el* the pictures, *amr* the movies).
kiosk kiosk; bookingstall; **(avis ~)** newsstand, (news)stall.
kirke church; (dissenter-) chapel; ~ **gård** graveyard, cemetery, burial ground; (ved kirken) churchyard; ~ **lig** ecclesiastical; ~ **tjener** sexton.
kirsebær cherry.
kirurg surgeon; ~ **i** surgery.
kiste chest; *mar* locker; (lik-) coffin.
kitt; ~ **e** putty.
kittel smock(-frock).
kjake jaw.
kjapp quick, fast.
kje kid.
kjed weary, tired; ~ **e** *v* tire, bore; ~ **e seg** be bored; *s* chain; ~ **eforretning** chain store; ~ **elig** tiresome, tedious; boring, dull, humdrum; (ergerlig) annoying; (person) bore; ~ **ereaksjon** chain reaction; ~ **somhet** boredom.
kjeft muzzle, chops; **hold** ~ shut your mouth, shut up.
kjegle *mat* cone; *typogr* shank; ~ **formet** conical; ~ **spill** ninepins, skittles; bowling.
kjekk (tiltalende) nice, likable.
kjekl wrangling; ~ **e** wrangle, quarrel, bicker.
kjeks biscuit, cracker.

kjele kettle; (damp-) boiler; ~ **dress** boiler suit, overalls.
kjelke sledge; toboggan.
kjeller (etasje) basement; (rom) cellar; ~ **mester** butler.
kjeltring scoundrel, rascal, blackguard, thug.
kjemi chemistry; ~ **kalier** chemicals, ~ **ker** chemist; ~ **sk** chemical.
kjemme comb.
kjempe *s* giant; *v* fight, struggle; ~ **messig** gigantic.
kjenne know; ~ **lig** recognizable **(på:** by); ~ **lse** decision; (av jury) verdict; ~ **merke** mark, sign; ~ **r** connoisseur.
kjenn|ing *mar* sight (of land); (bekjent) acquaintance; ~ **skap** knowledge **(til:** of); acquaintance **(til:** with).
kjensgjerning fact.
kjent known, familiar; acquainted; well-known.
kjepp stick, cudgel, rod; ~ **hest** hobby-horse; fad.
kjerne *s & v* churn; (nøtt og *fig)* kernel; (frukt) seed; pip; (celle) nucleus; *fig* core, essence, heart; ~ **fysikk** nuclear physics; ~ **krig** nuclear war; ~ **reaktor** nuclear reactor.
kjerre cart.
kjerring (old) woman, crone.
kjertel gland.
kjetter heretic; ~ **i** heresy; ~ **sk** heretical.
kjetting chain.
kjeve jaw.
kjevle *s* rolling-pin; *v* roll.
kjole dress; frock; gown; (preste-) gown; (herre-) dress-coat; ~ **liv** bodice; ~ **stoff** dress material.
kjortel coat.
kjæle fondle, caress, cuddle; ~ **degge** pet; ~ **n** cuddly; ~ **navn** pet name.
kjær dear; ~ **este** sweetheart; ~ **kommen** welcome; ~ **lig** fond, loving, affectionate; ~ **lighet** love, affection; (neste-) charity; ~ **tegn;** ~ **tegne** caress.
kjøkken kitchen; *mar* galley;

~ **benk** dresser; ~ **hage** kitchen garden; ~ **sjef** chef.

kjøl keel.

kjøle|anlegg cold storage plant; ~ **bag** thermos bag, cooling bag; ~ **skap** refrigerator; *dt* fridge; *am* icebox; ~ **system** cooling system.

kjøl|ig cool; (ubehagelig) chilly; ~ **ne** cool.

kjølvann wake; **i** ~ **et av** in the wake of.

kjønn sex; *gram* gender; ~ **sorganer** genitals; ~ **srolle** sex role; ~ **srollemønster** sex role pattern; ~ **ssykdom** sexual disease.

kjøp purchase; buying; (godt-) bargain; ~ **e** buy, purchase (av: from); ~ **er** buyer, purchaser; ~ **esenter** mall, shopping centre; ~ **esum** purchase price; ~ **mann** (detalj-) shopkeeper; (grossist) merchant.

kjøre drive; run; ride; ~ **på tomgang** idle; ~ **bane** roadway; ~ **felt** lane; ~ **kort** driver's *(el* driving) licence; ~ **r** driver; ~ **skole** driving school; ~ **tur** drive, ride; ~ **tøy** vehicle.

kjøter cur, mongrel.

kjøtt flesh; (mat) meat; ~ **etende** carnivorous; ~ **forretning** butcher's shop.

kladd rough draft.

kladdeføre cloggy *el* sticky snow.

klaff leaf, flap; (ventil) valve; ~ **e** tally; fit.

klage *s* complaint; *v* complain; (over: of); ~ **muren** (Jerusalem) the Wailing Wall; ~ **mål** grievance; ~ **sang** elegy.

klam clammy, damp.

klammer brackets.

klammeri altercation, quarrel, brawl, broil.

klamre seg til grasp, cling to.

klan clan.

kland|er; ~ **re** blame.

klang sound, ring.

klapp (lett slag) tap, rap, pat; (bifall) applause, clapping of hands; ~ **e** clap, applaud; (som kjærtegn) pat, stroke; ~ **erslange** rattlesnake; ~ **sete** flap-up seat, folding seat.

klapre rattle; (om tenner) chatter.

klaps; ~ **e** slap.

klar clear; bright; (tydelig) plain, evident; (utvetydig) unequivocal; ~ **over** aware of; ~ **e** manage; ~ **ere** clear; ~ **ering** *merk* clearance; ~ **gjøre** elucidate; ~ **het** clearness; clarity; ~ **inett** clarinet.

klase cluster, bunch.

klask; ~ **e** smack, spank.

klass|e class; (skole-) form, class; *amr* grade; ~ **eforstander** form teacher, form master; ~ **ekamerat** classmate; ~ **ekart** seating plan, form chart; ~ **elærer** form teacher; ~ **elærerråd** form teachers' meeting; ~ **emiljø** environment (atmosphere/milieu) created by the form (class); ~ **esituasjon** classroom situation; ~ **etur** class excursion, form outing; ~ **ifisere** classify; ~ **ifisering** classification; ~ **iker** classic; ~ **isk** classic(al).

klatre climb.

klatt (blekk) blot; (smør) pat; (klump) lump.

klausul clause.

klave collar.

klav|er piano; ~ **iatur** keyboard.

kle dress; (holde med klær) clothe; (passe) become, suit; ~ **seg** dress; ~ **av seg** undress; ~ **på seg** dress (oneself).

kleb|e stick, adhere (ved: to); ~ **erstein** steatite; ~ **rig** sticky, adhesive, tacky.

klede cloth; ~ **bon** garment; ~ **lig** becoming.

klegg gadfly, horsefly.

klekke hatch; ~ **lig** considerable.

klem hug, squeeze; ~ **me** *s* clamp; *v* squeeze; pinch; (kjærtegn) hug, squeeze.

klemt; ~ **e** toll.

klenge cling, stick; ~ **navn** nickname.

kleptoman kleptomaniac.

kles|børste clothes-brush; ~ **handler** clotier; ~ **henger** coat hanger; ~ **klype** clothes-peg; ~ **kott** closet; ~ **plagg** garment; ~ **skap** wardrobe.

kli bran.

klient client; ~ **el** clientele.
klikk set, gang, clique; **slå** ~
misfire; *fig* fail; ~ **e** misfire; fail.
klima climate; ~ **forandring** climate change; ~ **ks** climax; ~ **tisk** climatic.
klimpre strum.
kling|e *s* blade; *v* sound; jingle;
~ **ende mynt** hard cash; ~ **klang** dingdong; jingle.
klini|kk clinic; ~ **sk** clinic(al).
klinke *s* rivet; (på dør) latch; *v* rivet; ~ **kule** marble.
klipp cut, clip; ~ **e** cut, clip; (sauer) shear; *s* rock, cliff; ~ **fisk** split cod, klippfish.
klirr; ~ **e** clash, clink, jingle, clank, tinkle.
klisjé cliché.
kliss sticky mass; stickiness; ~ **e** stick; ~ **et** sticky; ~ **våt** drenched, soaked.
klist|er; ~ **re** paste.
klo claw; (rovfugl) talon.
kloakk sewer; ~ **innhold** sewage;
~ **anlegg** sewerage; ~ **renseanlegg** sewage plant.
klode globe, sphere.
klok wise, prudent.
klokke (til å ringe med) bell;
(vegg-) clock; (armbåndsur) watch; ~ **r** sexton; ~ **slett** hour.
klokskap wisdom, prudence.
klone clone.
klor chlorine; ~ **e** scratch, claw;
~ **fluorkarbon (KFK)** chlorofluorcarbon (CFC); ~ **oform;** ~ **ofor-mere** chloroform; ~ **vann** chlorine water.
klosett water-closet, W.C.
kloss *s* block; *fig* bungler; *adj* close; ~ **et** clumsy; ~ **ethet** awkwardness, clumsiness; ~ **major** gawk.
kloster monastery; (nonne-) convent, nunnery.
klovn clown.
klubb club; ~ **e** mallet, club; *v* club; ~ **lokale** club-house.
klukk; ~ **e** cluck, gurgle; ~ **le** chuckle.
klump lump; (jord-) clod; ~ **et** lumpy; ~ **fot** club-foot.
klunke (på instrument) strum.

kluss trouble; fuss; ~ **e med** tamper with.
klut cloth; rag; (støve-) duster.
klynge *s* cluster, group; *v* cling to.
klynk; ~ **e** whimper, whine.
klyp nip, pinch; ~ **e** *s* clip; (snus) pinch; *v* nip, pinch.
klyse gob.
klystér clyster.
klær clothes, clothing.
klø *vt* scratch; *vi* itch.
kløft cleft, crack, gap, gully, ravine.
kløkt shrewdness, sagacity; ~ **ig** shrewd, sagacious.
kløne bungler; ~ **t** awkward; clumsy.
kløver (kort) clubs; *bot* clover.
kløvhest packhorse.
kløyve split, cleave.
kna knead, work.
knagg peg.
knake creak.
knall report, crack.
knapp *adj* scant(y), scarce; *s* button; ~ **e** button; ~ **e igjen** button up; ~ **e opp** unbutton; ~ **enål** pin;
~ **het** scarcity, shortage; ~ **hull** buttonhole.
knapt (neppe) hardly, barely, scarcely.
knas|e crackle, (s)crunch; ~ **ke** munch.
knaus crag, rock.
kne knee; ~ **skål** knee-cap.
kneb|el; ~ **le** gag.
knegge neigh, whinny.
kneipe dive, pub.
kneise strut, carry the head high.
knekk crack; (brudd) break, crack; *fig* shock; ~ **e** break, crack, snap.
knekkebrød crispbread.
knekt fellow; (kort) knave, jack.
knele kneel.
knep trick, ploy; gimmick; (håndlag) knack; ~ **en** narrow.
knepp; ~ **e** click.
knip pinch; (mage-) gripes; ~ **e,** *s* pinch, fix, quandary; *v* pinch; nab; (spare) spare, pinch; (stjele) purloin; ~ **en** parsimonious; ~ **e-tak, (i et** ~ **)** at a pinch; ~ **etang**

pincers; ~ **etangmanøver** pincer movement.

kniplinger lace.

knippe bunch; bundle.

knips; ~ **e** snap.

knirke creak.

knis; ~ **e** giggle, titter.

knitre crackle.

kniv knife *(pl* knives); ~ **smed** cutler.

knok|e knuckle; ~ **kel** bone; ~ **let(e)** bony, scrawny.

knoll *bot* tuber.

knop knot.

knopp bud; ~ **skyting** budding; gemmation.

knott knob; *zool* gnat.

knudret rugged; rough.

knuge press, squeeze; (tynge) oppress; ~ **nde** oppressive.

knurr; ~ **e** growl, snarl; *fig* murmur, grumble.

knuse crush, smash; break.

knusk tinder; ~ **tørr** bonedry.

knuslet niggardly, mean, parsimonious.

knute knot; ~ **punkt** junction.

kny *s* slightest sound; *v* breathe a word.

knytt|e *s* bundle; tie, knot; *v fig* attach, bind, tie; ~ **(til)** affiliate to, associate; ~ **neve** fist.

koagulere coagulate.

koalisjon coalition.

kobbe seal.

kobbel (to) couple; (tre) leash.

kobber copper.

koble couple; ~ (slappe) **av** relax.

kobolt cobalt.

kode code.

koffert (hånd-) suitcase; (stor) trunk.

koie shanty.

kok boiling (state); ~ **ain** cocaine; ~ **e** boil; (lage mat) cook; ~ **eplate** hot-plate; ~ **epunkt** boiling point.

kokett coquettish; ~ **ere** flirt, coquet.

kokhet boiling hot.

kokk; ~ **e** cook.

kokosnøtt coco(a)nut.

koks coke.

kolbe (gevær-) butt; *kjem* retort, flask; *bot* spadix.

koldbrann gangrene.

koler|a cholera; ~ **isk** choleric.

kolesterol cholesterol.

kolibri colibri, hummingbird.

kolikk gripes, colic.

kolje haddock.

kollbøtte somersault; **slå** ~ turn a somersault.

kollega colleague.

kollek|sjon collection; ~ **t** collection; ~ **tiv** collective.

kolli packages, piece.

kolli|dere collide, clash; ~ **sjon** collision, clashing.

kolon colon.

koloni colony; ~ **alforretning** grocery; ~ **alhandler** grocer; ~ **alvarer** groceries; ~ **sasjon** colonization; ~ **sere** colonize.

kolonn|ade colonnade; ~ **e** column.

koloss colossus; ~ **al** colossal.

kombin|asjon combination; ~ **ere** combine.

komedie comedy.

komet comet.

komfort comfort(s); ~ **abel** comfortable.

komfyr range; cooker.

komi|ker comic actor, comedian; ~ **sk;** comic(al).

komité committee.

komma comma.

kommand|ant commandant, governor; ~ **ere** order; command; ~ **o** command; ~ **ør** commander.

komme *v* come; (an ~) arrive; get; (seg) recover, recuperate; ~ **løs fra** extricate; ~ **over** surmount; ~ **nde** coming, next.

komment|ar (bemerkning) comment; (forklaring) commentary; ~ **ere** comment (on).

kommersiell commercial.

kommisjon commission; (nemnd) board; ~ **ær** commission agent.

kommiss|ariat commissariat; ~ **ær** commissary.

kommode chest of drawers; *amr* bureau.

kommun|al local; (i by) municipal; ~ **e** municipality; (land-) rural district; ~ **eskatt** local rate *el* tax.

kommunikasjon communication; ~ **smiddel** means of communication.

kommuniké communiqué.

kommunis|me communism; ~ **t** communist; (slang) commie.

kompan|i company; ~ **iskap** partnership; ~ **jong** partner.

kompass compass.

kompensasjon compensation.

kompet|anse competence; ~ **ent** competent.

kompleks *s & adj* complex.

komplett; ~ **ere** complete, replenish.

kompli|ment compliment; ~ **kasjon** complication; ~ **sere** complicate.

komplott conspiracy, plot.

kompo|nere compose; ~ **nist** composer; ~ **sisjon** composition.

kompott compote, stewed fruit.

komprimere compress.

kompromiss compromise; ~ **løs** implacable.

kompromittere compromise.

kon|densator condenser; ~ **densere** condense; ~ **ditor** confectioner; pastry cook; ~ **ditori** confectioner's shop; (med servering) tearoom; ~ **dolanse** condolence; ~ **dolere** condole with; ~ **dom** condom; ~ **dor** condor; ~ **duite** tact; ~ **duktør** guard; (buss, trikk) conductor.

kone (hustru) wife; (kvinne) woman.

kon|feksjon ready-made clothes; ~ **fekt** sweets, chocolates; *amr* candy; ~ **feranse** conference; (samtale) interview; ~ **ferere** confer; ~ **fesjon** confession, creed; ~ **fesjonsløs** adhering to no creed; ~ **fidensiell** confidential; ~ **firmant** candidate for confirmation, confirmand; ~ **firmasjon** confirmation; ~ **firmere** confirm; ~ **fiskasjon** confiscation; ~ **fiskere** confiscate, seize; ~ **flikt** conflict.

konfrontere confront.

konge king; ~ **dømme** monarchy; ~ **lig** royal; ~ **rike** kingdom.

kongle cone.

konglomerat conglomerate.

kongress congress; ~ **medlem** congressman.

konjakk cognac, brandy.

konjunk|sjon conjunction; ~ **tiv** the subjunctive (mood); ~ **turer** state of the market; trade conditions.

kon|kav concave; ~ **kludere** conclude; ~ **klusjon** conclusion; ~ **kret** concrete; ~ **kurranse** competition; contest; ~ **kurransedyktig** competitive; ~ **kurrent** competitor; ~ **kurrere** compete; ~ **kurs,** failure, bankruptcy; *adj* bankrupt; **gå** ~ **kurs** fail, go into bankruptcy.

konsekven|s consistency; consequence; ~ **t** consistent.

konsent|rasjon concentration; ~ **rasjonsleir** concentration camp; ~ **rere (seg)** concentrate.

konsept (rough) draft; **gå fra** ~ **ene** lose one's head.

konsern group.

konsert concert.

konserv|ativ conservative; ~ **ator** keeper, curator; ~ **ere** keep, preserve; ~ **ering** preservation.

kon|sesjon concession, licence; ~ **sis** concise; ~ **sistens** consistency; ~ **sonant** consonant; ~ **spirere** conspire; ~ **stant,** invariable, constant; ~ **statere** ascertain; state.

konstitusjon constitution.

konstru|ere construct; ~ **ksjon** construction; ~ **ktør** constructor.

konsul consul; ~ **at** consulate; ~ **ent** adviser, consultant; ~ **tasjon** consultation; ~ **tere** consult.

konsumere consume.

kon|takt contact, touch; *elektr* switch; ~ **taktlinse** contact lens; ~ **tant** cash; ~ **tant betaling** cash payment; ~ **tinent** continent; ~ **tinentalsokkelen** the Continental Shelf; ~ **tingent** subscription; (kvote) quota; contribution; ~ **to** account.

kontor office; ~ **dame** office girl, woman clerk; typist; ~ **ist** clerk; ~ **tid** office hours.

kontoutskrift statement of account.

kontra versus; ~ **bass** doublebass; ~ **hent** contractor; ~ **here** contract.

kon|trakt contract; ~ **trast** contrast.

kontroll; ~ **erbar** controllable; ~ **ere** control, check; ~ **ør** controller, supervisor, inspector.

kontur contour, outline.

kon|vall lily of the valley; ~ **veks** convex; ~ **vensjon** convention; ~ **versasjon** conversation; ~ **versasjonsleksikon** encyclop(a)edia; ~ **versere** converse; *tr* entertain; ~ **voi** convoy; ~ **volutt** envelope.

ko|operativ co-operative; ~ **ordinasjon** co-ordination.

kopi copy; ~ **ere** copy.

kop|le couple; ~ **ling** coupling; *jernb* coupler; (bil) clutch.

kopp cup; ~ **er** *med* small-pox; (metall) copper; ~ **erstikk** print.

kor chorus; (sangerne) choir; ~ **al** choral.

korall coral; ~ **rev** atoll.

kordfløyel corduroy.

korg basket.

korint currant.

kork cork; ~ **etrekker** corkscrew.

korn grain, cereal; (på marken) corn; (sikte-) aim, sight; ~ **slag** cereals.

kornett cornet.

korporal corporal.

korps corps, body; *mus* band.

korpulent corpulent, stout.

korrekt correct; ~ **ur** proof; ~ **ur-lakk** correction fluid.

korrespond|anse correspondence; ~ **ent** correspondent; ~ **ere** correspond.

korridor corridor.

korrigere correct.

korrup|sjon corruption; ~ **t** corrupt.

kors cross.

korsett corset, stays.

kors|feste crucify; ~ **festelse** crucifixion; ~ **rygg** loins; ~ **tog** crusade; ~ **vei** crossroad.

kort *s* card; *adj* short; ~ **bølge** short wave; ~ **fattet** concise,

brief; ~ **het** shortness; brevity, conciseness; ~ **klipt** close cropped; ~ **siktig** short(-term); ~ **slutning** short circuit; ~ **spill** card-game; ~ **stokk** pack *(amr* deck) of cards; ~ **synt** *fig* short-sighted; ~ **varig** of short duration, short-lived.

kose *vr* make oneself cosy; ~ **lig** cosy, snug; nice.

kosmet|ikk cosmetics *pl;* ~ **isk;** ~ **isk preparat** cosmetic.

kost (mat) board, food, fare; (feie-) broom; (maler-) brush; ~ **og losji** board and lodging ~ **bar** precious, valuable, costly; (dyr) expensive; ~ **e** cost; ~ **eskaft** broom-stick; ~ **nadskutt** cost-cutting; ~ **skole** boarding-school.

kostyme costume.

kotelett cutlet, chop.

kott cubby(hole), closet.

krabbe *s* crab; *v* crawl.

krafse claw, scramble.

kraft strength; power; force; ~ **anstrengelse** effort; ~ **ig** strong, vigorous, hefty, husky; ~ **løs** impotent; ~ **stasjon** power station.

krage collar; ~ **bein** collarbone.

krakilsk cantankerous, quarrelsome.

krakk stool; (handelskrise) crash, collapse.

kram *s* wares; (skrap) trash; *adj* clogging, wettish; ~ **bu** shop; ~ **kar** pedlar.

kramp|aktig convulsive; ~ **e** (jern-krok) cramp; (-trekning) spasm; fit, convulsions; cramp; ~ **elatter** hysteric laughter; ~ **etrekning** convulsion.

kran (heise) crane; (vann-) tap, cock.

krang|el; ~ **le** quarrel.

kraniebrudd fracture of the skull.

krans wreath, garland.

krater crater.

kratt thicket, brushwood.

krav demand; (fordring) claim.

kreatur animal; (kveg) cattle.

kredit; kreditere credit; ~ **or** creditor; **kreditt** credit; ~ **tkort** credit card.

kreft cancer.

krem (pisket fløte) whipped cream; (hud- o.l.) cream.

krem|asjon cremation; ~ **atorium** crematorium; ~ **ere** cremate.

kremt throat-clearing; ~ **e** clear one's throat.

krenge careen, heel.

krenke violate; (en) hurt; offend; ~ **lse** violation; injury; infraction; ~ **nde** insulting.

krepp crape.

kreps crawfish, crayfish.

kresen fastidious, discriminating; particular.

krets circle; ring; cycle; circuit; (distrikt) district; ~ **e** circle.

kreve demand; require; (fordre) claim.

krig war; ~ **er** warrior; ~ **ersk** martial, warlike; ~ **førende** belligerent; ~ **føring** warfare; ~ **srett** court martial; ~ **sskueplass** theatre of war.

kriminal|domstol criminal court; ~ **film** detective film; ~ **itet** crime, criminality; ~ **roman** detective novel; ~ **sak** criminal case.

kriminell criminal.

krimskrams crap.

kringkast|e broadcast; ~ **ing** broadcasting.

krise crisis, pl crises.

krist|elig; ~ **en** Christian; ~ **endom** Christianity; ~ **torn** holly; ~ **us** Christ.

kriterium criterion (pl -ia).

kriti|ker critic; (anmelder) reviewer; ~ **kk** criticism; ~ **kksyke** fault-finding; ~ **sere** criticize; ~ **sk** critical.

kritt; ~ **e** chalk.

kro inn, pub(lic-house).

kroat Croat.

krok (hjørne), corner; (jern-) hook, crook; (fiske-) hook; ~ **et** crooked, hooked.

krokket croquet.

krokodille crocodile.

krone s & v crown, corona.

kronikk feature article.

kroning coronation.

kronologi chronology; ~ **sk** chronological.

kronprins Crown Prince; (i England) Prince of Wales.

kropp body; ~ **sarbeid** manual work; ~ **svisitere** frisk.

krukke pitcher, jar.

krum curved, crooked, hooked; ~ **kake** rolled wafer; ~ **me** bend, bow; ~ **ming** bend, curve; ~ **spring** dodge; ~ **tapp** crank.

krus mug; (øl-) tankard; ~ **ning** ripple.

krusifiks crucifix.

krutt (gun-) powder.

kry adj proud; v swarm.

krybbe manger, crib.

kryd|der; ~ **deri** spice; ~ **re** spice, season.

krykke crutch.

krympe shrink; ~ **fri** unshrinkable.

kryp|dyr reptile; ~ **e** creep; (kravle) crawl; fig fawn, cringe; ~ **e (for)** grovel; ~ **ende** subservient; ~ **skytter** poacher.

krysning cross(ing), cross-breed.

kryss cross, (vei-) crossroads; ~ **e** cross, cross breed; ~ **er** cruiser; ~ **finér** plywood; ~ **forhør** cross-examination; ~ **ild** cross-fire; ~ **ordoppgave** crossword puzzle.

krystall crystal; ~ **isere** crystallize.

krøll(e) s curl; ~ **e** v curl; (om papir, klær) crease, crumple; ~ **et** curly; crumpled; ~ **tang** curling iron.

krønike chronicle, annals.

krøpling cripple.

kråke crow; ~ **mål** gibberish, double-Dutch.

krås crop.

ku cow.

kubbe log.

kube hive.

kubein crowbar.

kubikk|innhold volume; ~ **meter** cubic metre; ~ **rot** cube root.

ku|e subdue, cow, daunt, quash; ~ **jon** coward.

kul bump, bulge.

kulde cold; ~ **grad** degree of frost; ~ **gysning** cold shiver.

kule ball; globe; bowl; mat sphere; (gevær-) bullet; ~ **lager** ball-bearing; ~ **penn** ballpen;

~ **støt** shot put; ~ **støter** shot putter.

kul|inarisk culinary; ~ **ing** breeze; ~ **isse** scene, wing.

kull (fugler) brood, hatch; (patte-dyr) litter; (tre-) charcoal; (stein-) coal; ~ **boks** coal-scuttle; ~ **gruve** coal mine, colliery; ~ **gruvear-beider** collier; ~ **kaste** upset; ~ **svart** jet black; ~ **stoff** carbon; ~ **syre** carbonic acid.

kulminere culminate.

kult|ivere cultivate; ~ **ivert** cultured; ~ **ur** civilization; culture; ~ **urell** cultural; ~ **us** cult.

kum tank; basin; ~ **merlig** miserable.

kun only.

kunde customer, client.

kunn|e be able to; ~ **gjøre** make known; announce; ~ **gjøring** declaration, announcement; ~ **skap** knowledge, information.

kunst art; (-stykke) trick; ~ **gjød-sel** fertilizer; ~ **ig** artificial; ~ **løp** figure skating; ~ **maler** artist, painter; ~ **ner** artist; ~ **stoff** synthetic material; ~ **verk** work of art.

kupé *jernb* compartment; (bil) coupé.

kupert rough, rugged.

kupong coupon.

kupp coup; (fangst) haul; **(gjøre et)** ~ (make a) killing.

kuppel dome; (lampe-) globe.

kur cure, (course of) treatment; **gjøre** ~ **til** make love to; ~ **anstalt** sanatorium.

kurér courier.

kur|ere cure, heal; ~ **fyrste** elector; ~ **iositet** curiosity; ~ **iøs** curious, singular.

kurs course; *merk* quotation; (valuta-) rate (of exchange); ~ **iv** italics; ~ **notering** exchange quotation.

kursted health resort; spa.

kursus course.

kurtis|ane courtesan; ~ **ere** flirt with.

kurv basket; ~ **e** curve ~ **fletning** wicker-work; ~ **stol** wicker chair.

kusine cousin.

kusk coachman, driver.

kusma mumps.

kutt; ~ **e** cut; ~ **e ut** (gradvis) phase out.

kuvending volte-face.

kuvert cover.

kuøye bull's eye.

kvadr|ant quadrant; ~ **at** square; ~ **atmeter** square metre; ~ **atrot** square root.

kvae resin.

kvaksalver quack(doctor).

kval pang, agony, anguish.

kvali|fikasjon qualification; ~ **fise-re** qualify; ~ **tet** quality.

kvalm sick; (lummer) close; ~ **e** sickness, nausea.

kvant|itet; ~ **um** quantity.

kvart quarter, fourth; (format) quarto; ~ **al** (tid) quarter; (hus) block; ~ **e** hook, nab; ~ **er** quarter (of an hour); ~ **ett** quartet.

kvarts quartz.

kvass sharp.

kvast tuft.

kve pen, fold.

kveg cattle; ~ **avl** cattle breeding.

kveil; ~ **e** coil.

kveite (fisk), halibut.

kveker Quaker.

kvekk|e croak, quack; ~ **ing** quack.

kveld evening; **i** ~ this evening, tonight.

kvel|e strangle; stifle; choke; suffocate; smother; ~ **etak** stranglehold; ~ **erslange** boa constrictor; ~ **stoff** nitrogen.

kvern (hand-) mill, grinder.

kvesse whet, sharpen.

kveste(lse) bruise.

kvie seg feel reluctant.

kvige heifer.

kvikk lively, quick; ~ **sand** quicksand; ~ **sølv;** quicksilver, mercury.

kvikne til rally, recover.

kvinne woman *(pl* women); ~ **lig** female; feminine; ~ **sak** feminism.

kvint|essens quintessence; ~ **ett** quintet.

kvise pimple.

kvist twig, sprig; (i bord) knot;

(i hus) garret, attic; ~ e strip;
~ kammer garret.
kvitre chirp, twitter.
kvitt (bli ~) get rid of; ~ e seg
med dispose of, jettison.
kvitter|e (give a) receipt; ~ ing
receipt.
kvot|e quota; ~ ient quotient.
kykeliky cock-a-doodle-doo.
kylling chicken.
kyndig skilled; ~ het knowledge,
skill.
kyn|iker; ~ isk cynic; ~ isme cyni-
cism.
kysk chaste; ~ het chastity.
kyss; ~ e kiss.

kyst coast; ~ båt coaster; ~ by
seaside town.
kø queue; (biljard) cue.
København Copenhagen.
kølle club, cudgel.
Köln Cologne.
køye s berth; (henge-) hammock;
cot; (fast) bunk; v turn in.
kål cabbage; ~ rabi Swedish tur-
nip.
kåpe coat.
kår (forhold) conditions; circum-
stances.
kårde rapier.
kåre choose, elect.
kåt wild, wanton.

L

la let; (våpen) load, charge; (tilla-
te) allow, permit, let.
labb paw.
laboratorium laboratory.
labyrint labyrinth, maze.
lade (opp igjen) recharge.
lad|ested small seaport town;
~ ning (last) cargo, load; (krutt)
charge.
lag (jord- o.l.) layer, stratum, tier;
(strøk) coat(ing); (sports- o.l.)
team; ~ deling stratification.
lage make.
lager stock, store; (lokale) ware-
house; på ~ in stock; ikke på ~
out of stock.
lagleder skipper.
lagmannsrett court of assize.
lagoppstilling (sport) roster.
lagre store, stockpile; (for å for-
bedre) season.
lagune lagoon.
lagånd team spirit.
lake brine, pickle; (fisk) burbot.
lakei lackey, footman.
laken sheet.
lakk (ferniss) lacquer, varnish;
(emalje-) enamel; (segl-) sealing
wax; ~ e seal; ~ ere varnish, lac-
quer, enamel; ~ sko patent leath-
er shoes.
lakris liquorice.
laks salmon.

lakserolje castor oil.
lam s lamb; adj paralysed; ~ a
llama; ~ ell elektr segment; ~ me
(gjøre lam) paralyse; (få lam)
lamb; ~ mekjøtt lamb.
lampe lamp; ~ feber stage fright;
~ skjerm lamp shade; ~ tt brack-
et lamp.
land country; (mots. sjø) land; i
~ ashore; ~ bruk agriculture;
~ brukshøgskole agricultural col-
lege; ~ bruksskole agricultural
school; ~ e land; ~ eiendom land-
ed property; ~ eplage scourge;
~ esorg national mourning; ~ e-
vei highway; ~ flyktig exiled;
~ flyktighet exile; ~ gang land-
ing, debarkment; konkr gangway;
~ ingsbane landing strip; ~ krab-
be landlubber; ~ lig rural; ~ må-
ler surveyor; ~ område territory;
~ sby village; ~ sdel part of the
country; ~ sette disembark;
~ sforræder traitor; ~ sforræderi
treason; ~ skamp international
(match); ~ skap scenery; (maleri)
landscape; ~ slag national team;
~ slagsspiller All-Norway (,etc)
player; ~ smann (fellow) country-
man, compatriot; ~ smøte nation-
al congress; ~ stryker bum,
tramp.
lang long; ~ e (fisk) ling; ~ finger

middle finger; ~**fredag** Good
Friday; ~**modig** longsuffering;
~**renn** cross-country race; cross-
country skiing; ~s *prp* along; **på**
~s lengthwise; ~**som** slow;
~**synt** long-sighted, far-sighted;
~t far; ~**trekkende** far-reach-
ing; ~**varig** of long duration,
long; ~**viser** minute hand.
lanse lance, spear; ~**re** launch,
introduce.
lanterne lantern.
lapp patch; (papir) scrap; ~**e**
patch; ~**eteppe** patch-work.
laps|kaus stew, hash; ~**us** slip.
larm noise, din; ~**ende** noisy,
boisterous.
larve caterpillar, larva, maggot.
lasaron tramp.
laser|stråle laser beam; ~**våpen**
laser weapon.
lass load.
last (synd) vice; (bør) burden;
(skips-) cargo; bulk; ~**e** load;
(klandre) blame; ~**ebil** lorry;
amr truck; ~**ebåt** cargo boat,
freighter; ~**ekran** derrick; ~**e-
rom** hold.
lat lazy; ~**e** (synes) seem, ap-
pear; ~**e som om** pretend to (med
inf), pretend that.
latin, latinsk Latin.
latter laughter, laugh; ~**lig** ridi-
culous.
laug guild.
laurbær *bot* laurel; *fig* laurels.
lav *adj* low; *s bot* lichen; ~**a** la-
va; ~**adel** gentry; ~**endel** laven-
der; ~**erestående** inferior, lower;
~**ine** avalanche; ~**konjunktur**
recession; ~**land** lowland.
le *s* shelter; *mar* lee(ward); *v*
laugh.
ledd joint; (av kjede) link;
(slekts-) generation.
lede lead; (bestyre) manage, con-
duct; (vei-) guide; *fys* conduct;
~**lse** direction, management;
guidance; **ha** ~**lsen** be in charge;
~**nde** leading; ~**r** leader; *merk*
manager, executive; *fys* conduc-
tor; (i avis) leader, *amr* editorial;
~**stjerne** guiding star.
ledig (stilling, leilighet) vacant,

(ikke opptatt) free, available;
~**gang** idleness.
ledning line; (rør) pipe.
ledsage accompany, attend; ~**r**
companion; ~**else** accompani-
ment.
leg|al legal; ~**alisere** legalize;
~**asjon** legation; ~**at** endow-
ment, foundation.
lege *s* doctor; physician; *v* heal,
cure; ~**attest** medical certificate;
~**middel** medicine, drug.
legem|e body; ~**lig** bodily, corpo-
ral; ~**liggjøre** incarnate.
legend|e legend; ~**arisk** legendary.
leger|e; ~**ing** alloy.
legg *n* fold, plait; *m* calf; ~**e**
put, lay, place; ~**e på** (mynter i
automat) insert; ~**seg** lie down;
(gå til sengs) go to bed.
legitim legitimate; ~**asjonspapirer**
identification papers; ~**ere seg**
prove one's identity.
lei *s* direction; *mar* channel; *adj*
sorry **(for:** about *el* for); sick,
tired **(av:** of); ~**der** ladder; ~**e** *s*
(betaling) rent, hire; *v* hire; rent;
(leie ut) let; (føre ved hånden)
lead; ~**ebil** rented *(el* hired) car;
~**eboer** tenant; (losjerende) lod-
ger; ~**egård** block of flats; *amr*
apartment house; ~**esoldat** mer-
cenary; ~**lending** tenant farmer;
~**lighet** (beleilig tid) opportuni-
ty; (anledning) occasion; (bolig)
flat; *amr* apartment.
leir camp; ~**e** clay; ~**krukke**
earthen pot; ~**varer** earthenware.
lek *s* game, play; *adj* lay; ~**e** *v*
play; *s* toy; ~**ekamerat** playfel-
low; ~**eplass** playground; ~**etøy**
toy(s).
lekk leak; ~**asje** leakage; ~**e**
leak.
lekker dainty, nice, delicate.
lek|mann layman; ~**predikant** lay
preacher.
lekse lesson; ~**bok** homework
diary.
leksikon (konversasjons-) ency-
clopaedia; (ordbok) dictionary.
lekter barge.
lektor grammar school teacher;
(universitets-) lecturer.

lem *m* trapdoor; (vindus-) shutter; (arm *el* bein) limb; ~ **en** lemming; ~ **feldig** lenient; ~ **leste** mutilate; maim.

lempe på relax, modify; **med** ~ gently.

lemster stiff.

len feud

lend loin; ~ **e** ground.

lene lean; ~ **stol** armchair, easy-chair.

leng|de length; *geo* longitude; ~ **degrad** longitude; **i** ~ **den** *fig* in the long run; ~ **e** long, (for) a long time; ~ **es** long (etter: for); ~ **re** farther; ~ **sel** longing, yearning, nostalgia; ~ **selsfull** longing; ~ **st** farthest; ~ **te** long, hanker.

lenke *s & v* chain; fetter.

lens empty; *mar* dry; free (from water); ~ **e** *v* run before the wind; (tømme) empty; (øse) bale; *s* timber-boom; ~ **herre** feudal lord; ~ **mann** (police) sergeant, sheriff.

leopard leopard.

leppe lip; ~ **pomade** lip balm; ~ **stift** lipstick.

lerke *zool* lark; (lomme-) (pocket-)flask.

lerret linen; (seilduk) canvas; (film) screen.

lesbisk lesbian.

lese read; ~ **bok** reader; ~ **lig** legible, readable; ~ **sal** reading-room.

leske quench; ~ **drikk** refreshing drink.

lespe lisp.

lesse load; ~ **av** unload.

lest last.

lete look, search (etter: for).

letne (klarne opp) lighten *(el* clear) up.

lett (mots. tung) light; (mots. vanskelig) easy; ~ **bevegelig** easily moved; ~ **e** (om vekt) lighten; (gjøre mindre vanskelig) facilitate; (løfte) lift; (hjertet) relieve, ease; (tåke) clear, lift; (om fly) take off; ~ **e anker** weigh anchor; ~ **else** relief; ~ **ferdighet** frivolity.

lett|het facility; ~ **sindig** light, frivolous; ~ **sindighet** levity; ~ **troen-**

de credulous; ~ **vekt** lightweight; ~ **vint** easygoing.

leve live, be alive; ~ **brød** livelihood; ~ **dyktig** viable; ~ **kostnad** cost of living; ~ **n** noise, uproar, frolic; ~ **nde** living; alive; vivid; *fig* lively.

lever liver.

lever|andør supplier; ~ **anse** delivery; supply; ~ **e** deliver; furnish, supply, (mat til) cater for; ~ **ing** delivery; supply, (av mat) catering.

leverpostei liver paste.

leve|sett mode of living; ~ **standard** standard of living; ~ **tid** lifetime.

levn|e leave; ~ **et** life; ~ **ing** remnant.

levre coagulate; ~ **t** clotted.

li hillside.

liberal liberal.

lide suffer; ~ **lse** suffering; ~ **nskap** passion; ~ **nskapelig** passionate.

liga league.

ligge lie.

lign|e resemble; (skatt) assess; ~ **else** parable; ~ **ende** similar; ~ **ing** (skatt) assessment; *mat* equation.

lik *s* corpse, dead body; cadaver; *adj* like; similar; equal; ~ **blek** ghastly, cadaverous; ~ **(edan)** alike.

like *s* match; *v* like, fancy; enjoy; *adj* (tall) even; *adv* equally, just; ~ **etter** immediately after; ~ **overfor** (just) opposite; ~ **ved** close by; **uten** ~ unique; ~ **fram** straightforward; blunt; ~ **gyldig** indifferent; careless; ~ **gyldighet** indifference, alienation; ~ **ledes** likewise; ~ **stilling** equality; ~ **strøm** direct current; ~ **så** likewise; ~ **vekt** equilibrium; ~ **vel** still, yet, all the same; after all.

likhet likeness, resemblance; similarity; (i rettigheter) equality; ~ **stegn** sign of equation.

lik|hus morgue; ~ **kapell;** ~ **kjeller** mortuary; ~ **kiste** coffin; **rettslig** ~ **skue** inquest.

liksom like; as; (som om) as if; (så å si) as it were.
likså (stor, mye) **som** as (big, much) as.
liktorn corn.
likvid liquid; ~ **ere** liquidate.
likvogn hearse.
likør liqueur.
lilje lily.
lilla lilac, mauve.
Lilleasia Asia Minor.
lim; ~ **e** glue; ~ **e** *s* broom.
limonade lemonade.
lin *bot* flax; (tøy) linen.
lindr|e relieve, ease, alleviate, mitigate; ~ **ing** relief, ease, alleviation.
line rope; (fiske-) line; ~ **danser** tight-rope walker.
linerle wagtail.
linj|al ruler; ~ **e** line; (studie-) side; ~ **ere** rule, line.
linse lens; *bot* lentil.
lin|tråd linen thread; ~ **tøy** linen.
lirekasse barrel organ; ~ **mann** organ-grinder.
lisens licence; *amr* license; **gi** ~ to license.
lisse lace.
list (lurhet) cunning; (kant) list; ~ **e** *s* list; ~ **e seg** move gently, steal; ~ **ig** cunning, sly, designing.
lite *adj, adv* little; ~ **n** small.
liter litre, liter.
litt a little, a bit.
litter|atur literature; ~ **ær** literary.
liv life; (kjole-) bodice; (midje) waist; ~ **aktig** lifelike; ~ **belte** life-belt; ~ **båt** life-boat; ~ **e opp** exhilarate; ~ **kjole** tail *(el* dress) coat, tails; ~ **lig** lively, gay, dapper; brisk; vivid; ~ **løs** lifeless; ~ **mor** womb, uterus; ~ **nære** support oneself; ~ **nære seg** subsist, support oneself; ~ **ré** livery; ~ **rem** belt; ~ **rente** annuity; ~ **rett** favourite dish; ~ **sanskuelse** view of life; ~ **sbetingelse** essential condition; ~ **sfare** mortal danger; ~ **sforsikring** life insurance; ~ **svarig** for life; ~ **vakt** bodyguard.
ljome reverberate.

ljå scythe.
lo (på tøy) nap, pile.
LO (Landsorganisasjonen i Norge) tilsvarer TUC (The Trades Union Congress)
lobbe lob.
lodd (skjebne) lot; (i lotteri) ticket; (på vekt) weight; *mar* lead; ~ **e** (måle havdyp) sound; *fig* plumb; (metall) solder; ~ **e ut** raffle; ~ **elampe** soldering lamp; ~ **en** shaggy; ~ **rett** perpendicular, vertical; ~ **seddel** lottery ticket; ~ **trekning** drawing of lots.
loff white bread.
loffe *mar* luff.
loft loft; ~ **srom** garret, attic.
logaritme logarithm; ~ **tabell** table of logarithms.
logg log; ~ **bok** log-book.
logi|kk logic; ~ **sk** logical.
logre wag the tail.
lojal loyal; ~ **itet** loyalty.
lokal local; ~ **e** premises, room; ~ **isere** localize.
lokk cover, lid; (hår) lock; ~ **e** allure, lure, decoy; tempt, entice, coax; (fugl) call; ~ **edue** decoy, stool pigeon; ~ **emat** bait.
lokomotiv locomotive, engine; ~ **fører** enginedriver; *amr* engineer.
lomme pocket; ~ **bok** wallet, pocket-book; *amr* billfold; ~ **lerke** (hip-)flask; ~ **lykt** (electric) torch, flashlight; ~ **tyv** pickpocket; ~ **tørkle** (pocket) handkerchief; ~ **ur** watch.
loppe flea; ~ **marked** flea market.
lort dirt, filth.
los; ~ **e** pilot.
losj|e *teat* box; (frimurer-) lodge; ~ **ere** lodge; ~ **erende** lodger; ~ **i** lodging(s); **kost og** ~ **i** board and lodging.
loslitt threadbare.
loss: kaste ~ cast off; ~ **e** unload, land, discharge; ~ **ebom** derrick; ~ **epram** lighter.
lott share; (på fiske) lay; ~ **eri** lottery.
lov (tillatelse) leave, permission; *jur* law; (en enkelt) statute, act; ~ **e** (gi et løfte) promise; (prise)

praise; ~ **ende** promising; ~ **for-slag** bill; ~ **givende** legislative; ~ **givning** legislation; ~ **lig** lawful, legal; ~ **lydig** law-abiding; ~ **løs** lawless; ~ **overtreder** offender; ~ **prise** praise; ~ **sang** hymn; ~ **stridig** illegal; ~ **tale** eulogy.

lubben plump; chubby.

lue (flamme) *s & v* blaze, flame; (hodeplagg) cap.

luffe flipper.

luft air; **i fri** ~ in the open (air); ~ **e** air; ~ **angrep** airraid; ~ **fart** aviation; ~ **forurensning** air pollution; ~ **fukter** air-dampener; ~ **havn** airport; ~ **ig** airy; ~ **lomme** airpocket; ~ **post** airmail; ~ **putefartøy** hovercraft; ~ **rør** airpipe, windpipe; ~ **slott** castles in the air *(el* in Spain); ~ **speiling** mirage; ~ **tett** airtight; ~ **trykk** atmospheric *(el* air) pressure; ~ **våpen** airforce.

lugar cabin.

lugg forelock; ~ **e** pull (by) the hair.

luke *s* (lem) trapdoor; (på kontor) window; (billett-) wicket; *mar* hatch; *v* weed.

lukke *v* shut; close.

lukningstid closing time.

luksu|riøs luxurious; ~ **s** luxury.

lukt smell; scent; odour; ~ **e** smell.

lummer close; (også *fig)* sultry, muggy.

lumpen mean, paltry.

lumsk insidious.

lun (i le) sheltered; (varm) mild.

lund grove.

lune *v* shelter; *s* humour, mood; whim; ~ **full** capricious, fanciful.

lunge lung; ~ **betennelse** pneumonia.

lunken tepid, lukewarm.

lunsj lunch; (formelt) luncheon.

lunte *s* fuse.

lupe magnifying glass.

lur *s* (kort søvn) nap, doze; (instrument) lur(e); *adj* cunning, sly; **ligge på** ~ lurk; ~ **e** (bedra) trick, fool, dupe, take in; ~ **eri** hoax.

lurve|leven hubbub; ~ **t** shabby.

lus louse, *pl* lice; ~ **ing** box on the ear.

luske sneak, slink.

lut *s* lye; *adj* bent, stooping; ~ **e** soak in lye; (bøye seg) stoop, bend.

luthersk Lutheran.

lutre purify.

ly shelter, cover.

lyd sound; ~ **bølge** sound wave; ~ **bånd** recording tape; ~ **bånd-opptaker** tape recorder; ~ **dempende** sound deadening; ~ **demper** silencer, muffler; ~ **e** sound; (om tekst) read, run; (adlyde) obey; ~ **ig** obedient; ~ **ighet** obedience; ~ **lære** acoustics; phonetics; ~ **løs** noiseless; ~ **mur** sound barrier; ~ **skrift** phonetic writing.

lykke (hell) (good) fortune, luck; (-følelse) happiness; ~ **lig** happy; ~ **rus** euphoria; ~ **s** succeed ~ **varslende** auspicious.

lykk|salig blissful; ~ **salighet** bliss; ~ **ønske** congratulate **(med:** on); ~ **ønskning** congratulation, felicitation.

lykt lantern; (gate-) streetlamp; ~ **estolpe** lamppost.

lymfe lymph; ~ **kjertel** lymphatic gland.

lyn lightning; (-glimt) flash; ~ **av-leder** lightning conductor; ~ **e** lighten; *fig* flash.

lyng heather; ~ **mo** heath.

lynne disposition, temper.

lynsje lynch.

lyr (fisk) pollack.

lyr|e lyre; ~ **iker** lyric poet; ~ **ikk** lyric poetry; ~ **isk** lyric(al).

lys *s* light; (talg-) candle; *adj* light, bright; (hår og hud) fair; ~ **bilde** slide; ~ **e** light, shine; ~ **ende** shining, bright, luminous; ~ **ekrone** chandelier; ~ **erød** pink, light red; ~ **estake** candlestick; ~ **ing** (til ekteskap) banns *pl;* ~ **ingsblad** gazette; ~ **kaster** searchlight; (på bil) headlight; ~ **ke** *anat* groin; ~ **løy-pe** lighted ski trail; ~ **ne** lighten, brighten; (dages) grow light, dawn; ~ **ning** (i skogen) glade; ~ **punkt** bright spot; ~ **pære**

(electric) bulb; ~ **stoffrør** fluorescent lamp; ~ **styrke** brilliancy.

lyst delight, pleasure; (tilbøyelighet) inclination; mind; **ha** ~ **på** want, feel like; **ha** ~ **til** I should like to, I want to; ~ **gass** laughing gas; ~ **hus** arbour, summer-house; ~ **ig** merry, gay, frolic; ~ **ighet** mirth, merriment, gaiety; ~ **re** obey; (fiske) spear; ~ **spill** comedy.

lyte blemish, flaw, defect; ~ **fri** faultless, flawless.

lytte listen; (i smug) eavesdrop; ~ **r** listener.

lyve lie, tell a lie.

lær leather.

lærd learned; ~ **om** learning, erudition, lore.

lære *v* (andre) teach; (selv) learn; *s* (håndverks-) apprenticeship; ~ **bok** textbook; ~ **gutt** apprentice, trainee; ~ **penge** lesson; ~ **r** teacher, master; ~ **rik** instructive; ~ **rråd** staff meeting ~ **rværelse** common room; ~ **tid** apprenticeship.

lærling apprentice, trainee.

lødig fine, genuine, pure.

løe barn.

løft lift; *fig* big effort.

løfte *v* lift, raise; *fig* elevate; *s* promise; (høytidelig) vow; ~ **brudd** breach of promise.

løgn lie, falsehood; ~ **er** liar.

løk onion; (blomster-) bulb.

løkke (renne-) loop, noose.

lømmel lout, scamp.

lønn wages, pay; (gasje) salary; (belønning) reward; *bot* maple; ~ **e** pay, remunerate; (belønne) reward; ~ **e seg** pay; ~ **ing** se *lønn;* ~ **ingsdag** pay-day; ~ **ings-**

liste payroll; ~ **lig** secret; ~ **sfor-høyelse** increase of wages; ~ **skonflikt** wage dispute; ~ **skonto** wages account; ~ **som** profitable; ~ **sstopp** wage-freeze.

løp run, course; (elv) course; (børse) barrel; (kanon) bore; **i** ~ **et av** in the course of, during.

løpe run; ~ **sammen** converge; ~ **bane** career; ~ **grav** trench; ~ **nummer** serial number; ~ **r** runner; (sjakk) bishop; (fotball) forward; ~ **tid** (dyrs) rutting time; *merk* (veksel) currency; (lån) term.

løpsk: hesten løp ~ the horse bolted.

lørdag Saturday.

løs loose, lax; ~ **arbeid** casual employment; ~ **e** unfasten, loosen; (løse opp) untie; (billett) book, *amr* buy; (en oppgave) solve; ~ **emiddel** solvent; ~ **epenger** ransom; ~ **gjenger** tramp, vagrant; ~ **late** release, set free; ~ **ne** loosen; ~ **ning** solution; ~ **revet** disconnected; ~ **t skudd** blank shot; ~ **t snakk** idle talk; ~ **øre** movables *pl.*

løv leaves, foliage.

løve lion; ~ **tann** *bot* dandelion.

løvskog deciduous forest.

løy *adj* slack; ~ **e** *mar* abate; ~ **er** fun; ~ **pe** (ski-) ski-track.

løytnant lieutenant.

lån loan; ~ **e (av)** borrow (from); (låne ut) lend, *amr* loan.

lår thigh; (slakt) leg.

lås ~ **e** lock; ~ **esmed** locksmith.

låt sound; (melodi) tune; ~ **e** sound.

låve barn.

M

madrass mattress.

magasin (stor-) department store; (blad; i gevær) magazine; (lager) warehouse; ~ **ere** store.

mage stomach; (buk) belly; ~ **saft** gastric juice; ~ **sår** gastric ulcer.

mager lean; gaunt; haggard; twiggy; *fig* meagre.

magi magic; ~ **ker** magician; ~ **sk** magic(al).

magnet magnet; ~ **isk** magnetic.

mahogni mahogany.

mai May.
mais maize; *amr* corn; ~ **kolbe** corncob.
majestet majesty; ~ **isk** majestic.
majones mayonnaise.
major major; ~ **itet** majority.
mak, i ro og ~ at one's leisure.
makaber macabre.
makaroni macaroni.
make *s* (like) match, equal, like; (ekte-, fugls ~) mate; ~ **lig** *adj* easy, comfortable; (om person) indolent, easygoing; *adv* at one's ease; ~ **løs** matchless, unique.
makker partner.
makrell mackerel; ~ **størje** tunny.
maksimum maximum.
makt power; (kraft) force; **med** ~ by force; **stå ved** ~ be in force, be valid; **ha** ~ **en** be in power; ~ **e** manage; be able to; ~ **esløs** powerless.
makuleringsmaskin shredder.
mal|e paint, depict; (på kvern) grind; (om katt) purr; ~ **er** painter; (kunst-, også) artist; ~ **eri** painting, picture; ~ **erkost** paintbrush; ~ **ermester** master (house-)painter; ~ **erpensel** paint-brush; ~ **ing** painting; (farge) paint; (på kvern) grinding.
malm ore.
malplassert misplaced, inept.
malstrøm maelstrom, vortex, whirlpool.
malt malt; ~ **ekstrakt** malt extract.
mal|traktere maltreat; ~ **urt** wormwood; ~ **urtbeger** cup of bitterness.
mamma mamma, ma(mmy), mum-(my); ~ **dalt** mammy's darling, sissy.
mammon mammon.
mammut mammoth.
man *(ubest pron)* one; people, we, you, they.
man *s* mane.
mandag Monday.
man|dat (fullmakt) authority; mandate; (oppdrag) commission; ~ **del** almond; (halskjertel) tonsil; ~ **dig** manful, manly; ~ **dolin** mandolin; ~ **e** conjure; ~ **ér**

manner; mannerism; ~ **esje** ring; ~ **et** jellyfish.
mange many, a great *(el* good) many, a lot of, plenty of; ~ **l** want, lack, deficiency; (knapphet) shortage, scarcity; (feil) defect, flaw; ~ **lfull** defective, faulty, deficient; ~ **millionær** multimillionaire; ~ **sidet** many-sided.
mangfoldig manifold; ~ **e** very many, ever so many; ~ **gjøre** (noe skrevet) duplicate.
mangle (ikke ha) want, lack; (ikke finnes) be wanting, be missing; (ikke ha nok) be short of; ~ **nde** missing.
mani mania, craze; ~ **fest** manifesto; ~ **kyre** manicure; ~ **pulasjon** manipulation; ~ **pulere** manipulate.
manke mane.
mank|ere be wanting *el* missing; ~ **o** deficiency, deficit.
mann man; bloke; (ekte-) husband; ~ **dom** manhood; ~ **ekeng** mannequin; ~ **haftig** mannish; ~ **lig** male, masculine; ~ **skap** (skip og fly) crew; ~ **tall** census.
mansjett cuff; ~ **knapp** cuff-link.
manu|ell manual; ~ **faktur** drapery goods; ~ **fakturhandel** draper's shop; *amr* dry-goods store; ~ **skript** manuscript.
manøvre; ~ **re** manoeuvre.
mappe (dokument-) briefcase.
mare; ~ **ritt** nightmare.
marg (i bok) margin; (i bein) marrow; ~ **arin** margarine; ~ **in** margin; ~ **inalskatt** surtax.
marine navy; ~ **soldat** marine.
marionett puppet.
mark *(el* makk)** maggot, worm; (åker) field; ground, land; ~ **ant** marked, distinctive; ~ **blomst** wild flower; ~ **ed** market; ~ **edsfører** marketer; ~ **edsføring** marketing; ~ **edsorientert** market-oriented; ~ **ere** mark; ~ **ise** (solseil) awning; ~ **mus** field-mouse; ~ **spist** worm-eaten.
marmelade marmalade.
marmor marble.
mars March.
marsipan marzipan.

marsj; ~ **ere** march.
marsjal, marskalk marshal.
marsjandisehandler second-hand dealer, junk dealer.
marsjordre (utvisning i sport) marching order.
marsvin guinea-pig.
mart|re torture; ~ **yr** martyr.
mas trouble, bother; (gnål) nagging; importunities; ~ **e** fuss, bother; (gnåle) nag, importune; ~ **ekopp** persistent person, nuisance.
maske (i nett) mesh; (strikking) stitch; (for ansiktet) mask; ~ **rade** fancy-dress ball; ~ **re** mask, disguise.
maskin machine; engine; ~ **eri** machinery; ~ **gevær** machine gun; ~ **ingeniør** mechanical engineer; ~ **ist** engineer; ~ **rom** engineroom; ~ **skade** breakdown; (liten) engine trouble; ~ **skrive** type(write); ~ **skriver** typist; ~ **skriving** typewriting.
maskot mascot.
maskulin masculine.
masovn blast furnace.
massakre; ~ **re** massacre.
massasje massage.
masse mass; **en** ~ **av** a lot of, lots of, heaps of; ~ **media** mass media.
massiv massive; (ikke hul) solid.
mast mast.
mat food; ~ **e** feed.
matemat|iker mathematician; ~ **ikk** mathematics; ~ **isk** mathematical.
materi|ale material; ~ **alisme** materialism; ~ **alistisk** materialistic; ~ **e** matter, (i sår) matter, pus; ~ **ell** *adj s* material.
mat|laging cooking; ~ **mor** mistress of a house; ~ **olje** vegetable oil; ~ **pakke** lunch packet; ~ **rester** left-overs.
matrik|kel register, roll; ~ **ulere** register; ~ **ulering** registration.
matrise matrix.
matros seaman.
matt (glansløs) dull, mat; (svak) faint, dim; (i sjakk) mate; ~ **e** *s* mat; ~ **het** faintness; dullness.

matvarer foods, foodstuffs.
maur ant; ~ **tue** anthill.
med *prp* with; by.
medalj|e medal; ~ **evinner** medalist; ~ **ong** medallion; (smykke) locket.
med|arbeider collaborator, coworker; ~ **borger** fellow citizen; ~ **dele** inform, state, report; communicate; advise; impart; ~ **delelse** information, message; communication, advice; ~ **delsom** communicative; ~ **eier** joint owner, co-owner; ~ **født** inborn, innate; ~ **følelse** sympathy; ~ **føre** involve, entail; ~ **gang** prosperity, success; ~ **gi** admit; ~ **gift** dowry; ~ **gjørlig** amenable; ~ **hjelper** assistant; ~ **hold** support.
medi|sin medicine; ~ **siner** (student) medical student; (lege) doctor; ~ **sinsk** medical; ~ **sintran** cod-liver oil.
medisterpølse pork sausage.
meditere meditate.
medlem member; ~ **skap** membership.
med|lidende compassionate; ~ **lidenhet** pity, compassion, sympathy; ~ **menneske** fellow being; ~ **mindre** unless; ~ **regnet** including, included; counting; ~ **skyldig** *adj* accessory (**i:** to); *s* accomplice (**i:** in); ~ **tatt** (utslitt) worn out; ~ **vind** fair wind; ~ **virke** co-operate, contribute; ~ **ynk** pity, compassion.
meg me.
meget very; (mye) much, plenty (of), a great *(el* good) deal (of).
mei(e) *s* runner.
meie mow (down), reap.
meieri dairy; ~ **produkter** dairy produce; ~ **st** dairyman.
meis|el; ~ **le** chisel.
meitemark angleworm, earthworm.
mekan|iker mechanic(ian); ~ **ikk** mechanics; ~ **isk** mechanic(al), automatic; ~ **isme** mechanism.
mekl|e mediate; ~ **er** mediator; *merk* broker; ~ **ergebyr** brokerage; ~ **ing** mediation.

mekre bleat.
mektig mighty, powerful.
mel (siktet) flour; (grovmalt) meal.
melankolii; ~ **sk** melancholy.
melde report, notify; announce; (i kort) declare, bid; ~ **ing** report, notification, announcement; ~ **ugg** blight.
melk; ~ **e** milk; ~ **e** s (hos fisk) milt; ~ **eutsalg** dairy; ~ **evei** milky way, galaxy.
mellom between; (blant) among; ~ **Amerika** Central America; ~ **folkelig** international; ~ **for- nøyd** not very pleased; ~ **golv** midriff, diaphragm; ~ **komst** intervention; ~ **lande** touch down; ~ **landing** intermediate landing; ~ **mann** middleman; ~ **rom** space; (tid) interval; *typogr mus* space; ~ **spill** interlude; ~ **stør- relse** medium size; ~ **ting** something between.
melodi tune; melody; ~ **di Grand Prix** European Song Contest; ~ **disk** melodious; ~ **drama** melo- drama; ~ **dramatisk** melodramat- ic.
melon melon.
membran membrane.
memoarer memoirs; ~ **randum** memorandum; ~ **rere** memorize.
men but.
men s harm, injury.
mene (ville ha sagt) mean; (synes) think; (være av den mening at) be of (the) opinion that, think that.
mened perjury.
mengde number; quantity; (av mennesker) crowd.
menig (soldat) common soldier, private; ~ **het** (i kirken) congre- gation; (sogn) parish; (sognefolk) parishioners; ~ **mann** the man in the street.
mening (oppfatning) opinion, view; (betydning) meaning, sense, (hensikt) intention; ~ **sfor- skjell** difference of opinion; ~ **sløs** absurd; ~ **småling** (public) opinion poll.
menneske man, human being;

~ **heten** mankind, humanity; ~ **lig** human; ~ **rettighet** human right.
mens while, whilst; (~ **derimot)** whereas.
menstruasjon menstruation.
mental mental; ~ **itet** mentality.
mente: en i ~ carry one.
menuett minuet.
meny menu, bill of fare.
mer more.
merkantil mercantile.
merkbar noticeable, perceptible; ~ **e** s (tegn) mark; (emblem) badge; (fabrikat) brand, make; *v* mark; (legge merke til) notice; (kjenne) perceive; ~ **elapp** tag; (etikett) label; ~ **elig** remarkable; (underlig) curious, strange, odd, extraordinary; ~ **nad** remark, comment; ~ **verdig** remarkable; (underlig) curious, strange, odd.
merr mare; jade.
merverdiavgift value added tax (VAT).
mesén patron.
meslinger measles.
messe (vare-) fair; (høymesse etc.) mass; (spisested) mess(room); *v* chant; ~ **skjorte** surplice.
Messias Messiah.
messing brass.
mest most; ~ **epart** lion's share; ~ **eparten** the greater part, most.
mester master; *idr* champion; ~ **kokk** master-cook; ~ **lig** mas- terly; ~ **skap** (dyktighet) master- ship; *idr* championship; ~ **stykke** masterpiece.
mestre master, cope with.
metafysikk metaphysics.
metall metal; ~ **isk** metallic.
meteor meteor; ~ **olog** meteorolo- gist; ~ **ologi** meteorology; ~ **olo- gisk institutt** Meteorological Of- fice.
meter metre.
metode method; ~ **isk** methodical; ~ **ist** Methodist.
mett, jeg er ~ I have had enough (to eat), I am full (up); ~ **e** fill; (skaffe mat) feed; *kjem* saturate; ~ **else** satiety; *kjem* saturation.
middag (tidspunkt) noon, midday;

minus

(måltid) dinner; ~ **shvil** after din-
ner nap; ~ **smat** dinner.
middel means; ~ **alderen** the
Middle Ages; ~ **alderlig** me-
di(a)eval; ~ **havet** the Mediterra-
nean; ~ **mådig** mediocre; ~ **s**
middling, average, medium;
~ **temperatur** mean temperature;
~ **tid** mean time; ~ **vei** middle
course; **den gyldne** ~ **vei** the gol-
den mean.
midje waist.
midlertidig temporary.
midnatt midnight; ~ **ssol** midnight
sun.
midt i in the middle of; ~ **iblant**
in the midst of; ~ **erst** middle,
central; ~ **gang** aisle; ~ **punkt**
centre; ~ **skips** midships; ~ **som-
mer** midsummer; ~ **veis** halfway,
midway.
migrene migraine.
mikro bølge microwave; ~ **bølge-
ovn** microwave oven; ~ **fon** mi-
crophone; *dt* mike; ~ **prosessor**
microprocessor; ~ **skop** micro-
scope.
mikstur mixture.
mil Norwegian mile.
mild mild; gentle; lenient; ~ **het**
mildness, gentleness; ~ **ne** soften,
mitigate, alleviate, extenuate.
mile pæl milestone.
milit ant militant; ~ **arisme** mili-
tarism; ~ **arist**; ~ **aristisk**; mili-
tarist; ~ **s** militia; ~ **ær** *adj* mili-
tary; *s* military man, soldier;
~ **ærnekter** conscientious objec-
tor; ~ **ærtjeneste** military service.
miljø environment, milieu, sur-
roundings; ~ **-** environmental;
~ **aktivist** environmental activist;
~ **bevisst** environmental con-
scious; ~ **bevissthet** environmen-
talism; ~ **forkjemper** environ-
mentalist; ~ **forurensning** envi-
ronment pollution; ~ **kamp** envi-
ronmentalism; ~ **katastrofe** envi-
ronmental disaster; ~ **konflikt**
conflict of environment; ~ **messig**
environmental; ~ **politikk** en-
vironmental policy; ~ **skadelig**
harmful to the environment;
~ **spørsmål** environmental issue;

~ **vennlig** environment friendly;
~ **vern** environmental protection,
conservation of the environment;
~ **vernarbeid** environmental
work; ~ **verndepartementet** De-
partment of the Environment;
~ **verngruppe** environmentalist
group; ~ **vernminister** Environ-
ment Secretary.
milli ard milliard; *amr* billion;
~ **on** million; ~ **onær** millionaire.
milt milt, spleen.
mimi kk facial expression(s); ~ **sk**
mimic.
mimre twitch, (minnes) recollect.
min(e), mitt (foran *s)* my; (alene)
mine.
mindre (om størrelse) smaller; (om
mengde *el* grad) less; ~ **tall** mi-
nority; ~ **verdig** inferior; ~ **ver-
dighetskompleks** inferiority
complex; ~ **årig** under age, mi-
nor.
mine (uttrykk) air, look; (gruve,
sjømine) mine; ~ **felt** mine field;
~ **ral** mineral; ~ **ralvann** mineral
water; ~ **re** mine, blast; ~ **skudd**
blast.
mini atyr miniature; ~ **atyrmodell**
replica; ~ **bank** cash dispenser;
~ **mal** minimal; ~ **mum** mini-
mum.
minister minister, secretary of
state; (sendemann) minister; ~ **i-
um** ministry; (regjering) cabinet.
mink mink.
minke decrease; dwindle.
minne *s* memory; *konkr* souvenir,
keepsake; *v* remind (**om:** of);
~ **lig** amicable; ~ **lighet: i** ~ **,jur**
out of court; ~ **s** (huske) remem-
ber, recollect; (feire minnet om)
commemorate; ~ **smerke** monu-
ment, memorial; ~ **verdig** mem-
orable.
minoritet minority.
minske *tr* diminish, reduce, abate;
itr decrease, diminish.
minst *(mots* mest) least; *(mots*
størst), smallest; **i det** ~ **e** at
least; ~ **elønn** minimum wage(s).
min us minus; less; ~ **utiøs** mi-
nute; ~ **utt** minute; ~ **uttviser**
minute hand.

mirak|el miracle; ~ **elkur** panacea; ~ **uløs** miraculous.

mis|antrop misanthrope; ~ **billige** disapprove; ~ **billigelse** disapproval; ~ **bruk**; ~ **bruke** abuse; ~ **danne** deform; ~ **dannelse** deformity; ~ **forhold** disproportion; ~ **fornøyd** displeased, dissatisfied; (stadig) discontented; ~ **forstå** misunderstand; ~ **forståelse** misunderstanding; ~ **foster** monster; ~ **grep** mistake, error; ~ **hag** displeasure; ~ **hage** displease; ~ **handle** ill-treat, maltreat, maul; ~ **handling** ill-treatment, maltreatment.

misjon mission; ~ **ær** missionary.

mis|kreditt discredit; ~ **ligholde** break, fail to fulfil; ~ **ligholdelse** (av kontrakt) breach of a contract; (av veksel) non-payment; ~ **like** dislike; ~ **lyd** dissonance; ~ **lykkes** fail, not succeed; ~ **lykket** unsuccessful, abortive; ~ **modig** dejected, downhearted; ~ **nøye** dissatisfaction, discontent, displeasure; ~ **tanke** suspicion.

miste lose.

misteltein mistletoe.

mistenk|e suspect **(for:** of); ~ **elig** suspicious; ~ **som** suspicious; ~ **somhet** suspicion, suspiciousness.

mis|tillit distrust; ~ **tillitsvotum** vote of no confidence; ~ **tro** *s & v* distrust, mistrust; ~ **troisk** distrustful, suspicious; ~ **troiskhet** suspiciousness; ~ **tyde** misinterpret.

misunne envy, grudge; ~ **lig** envious, jealous; ~ **lse** envy, jealousy; ~ **lsesverdig** enviable.

misvisende misleading.

mjød mead.

mjøl se *mel.*

mo *s* (lyngmo) heath; *mil* drill-ground.

mobb mob.

mobiliser|e mobilize; ~ **ing** mobilization.

modell; ~ **ere** model.

moden ripe, mellow; *fig* mature; ~ **het** ripeness, maturity.

moder|asjon (måtehold), modera-tion; (avslag i pris) reduction, discount; ~ **at;** ~ **ere** moderate.

moderlig maternal.

modern|e fashionable, up-to-date; (nåværende) modern; ~ **isere** modernize.

modifi|kasjon modification; qualification; ~ **sere** modify; qualify.

modig courageous, brave, stalwart.

modn(e) ripen; *fig* mature.

mokasin moccasin.

mold mould; ~ **varp** mole.

molekyl molecule.

moll *mus* minor; **gå i** ~ go in the minor key.

molo pier, mole, breakwater.

molte cloudberry.

moment (faktor) point, item, factor; ~ **an** momentary.

monark monarch; ~ **i** monarchy.

monn (grad) degree; ~ **e** (gjøre virkning) help.

monogam monogamous; ~ **i** monogamy.

monokkel monocle, eyeglass.

mono|litt monolith ~ **log** monologue, soliloquy; ~ **pol** monopoly **(på:** of); ~ **polisere** monopolize; ~ **ton** monotonous.

monstrum monster.

monsun monsoon.

mont|ere mount, erect; install; (sette sammen) assemble; (sette på) fit on; ~ **ering** installation, mounting, erection, fitting on, assembly; ~ **re** show-case; ~ **ør** fitter; *elektr* electrician.

monument monument, memorial; ~ **al** monumental.

moped moped.

mor mother.

moral morality, morals; (kamp-moral) morale; (i historie *o.l.*) moral; ~ **isere** moralize; ~ **isering** moralizing; ~ **ist** moralist; moralizer; ~ **sk** moral.

morbror maternal uncle.

mord murder, assassination; ~ **brann** arson; ~ **er** murderer, assassin; ~ **forsøk** attempted murder.

more amuse, divert, entertain; *vr* enjoy oneself.

morell morello (cherry).

moréne moraine.
morfar maternal grandfather.
morfin morphia, morphine.
morgen morning; **i** ~ tomorrow;
~ **kjole** dressing-gown; *amr* robe.
morges, i ~ this morning.
morild phosphorescence.
mork|en decayed, rotten; (skjør)
brittle; ~ **ne** decay.
mormor maternal grandmother.
morn da cheerio.
moro amusement, fun.
morsdag Mother's Day.
morsealfabet Morse code.
morsk fierce-looking, grim, gruff.
mors|liv womb; ~ **melk** mother's
milk; ~ **mål** mother tongue.
morsom amusing, entertaining;
(pussig) funny; ~ **het** joke.
mort roach. ~ **er** mortar.
mortifi|kasjon annulment, cancel-
lation; ~ **sere** declare null and
void; cancel.
mosaikk; ~ **arbeid** mosaic.
mose moss; ~ **grodd** mossgrown.
mosjon exercise; ~ **ere** take exer-
cise.
moské mosque.
moskito mosquito.
moskus musk; ~ **okse** musk-ox.
Moskva Moscow.
most (eple-) cider; (drue-) must.
moster maternal aunt.
mot *prp* against; **(i)** ~ - anti-; (hen-
imot) towards; *idr* og *jur* versus;
s courage, heart; ~ **angrep** coun-
ter-attack; ~ **arbeide** oppose;
(motvirke) counteract; ~ **bevise**
disprove; ~ **bydelig** disgusting,
repulsive; ~ **bør** contrary winds;
fig check, opposition.
mote fashion, mode; ~ **forretning**
milliner's shop; ~ **hus** fashion
house; ~ **journal** fashion maga-
zine.
mot|forslag counterproposal;
~ **gang** adversity; ~ **gift** antidote;
~ **hake** barb.
motiv motive; ~ **ere** motivate; jus-
tify; explain the motives of; ~ **er-
ing** motivation.
motløs crestfallen, despondent;
(gjøre ~) discourage; ~ **het** de-
jection, despondency.

motor engine (især *elektr*) motor;
~ **båt** motorboat; ~ **isere** motor-
ize; ~ **kjøretøy** motor vehicle;
~ **skip** motor ship *(el* vessel);
~ **stopp** engine trouble; break-
down; ~ **sykkel** motor-cycle;
~ **vei** motorway.
motpart opponent.
mot|satt opposite, contrary; (om-
vendt) reverse; ~ **setning** opposi-
tion, contrast; ~ **sette seg** oppose;
~ **setningsforhold** antagonism;
~ **si** contradict; ~ **sigelse** contra-
diction; ~ **sigende** contradictory;
~ **spiller** adversary; ~ **stand** re-
sistance, opposition; ~ **stander**
opponent, adversary; antagonist;
~ **strebende** reluctant, grudging-
ly; ~ **stridende** contradictory,
conflicting; ~ **stykke** counter-
part; ~ **stå** resist, withstand;
~ **svare** correspond to.
motta receive; (anta) accept; ~ **ge-
lig** susceptible; amenable; ~ **ge-
lighet** susceptibility; ~ **gelse** re-
ceipt; (særlig av person) recep-
tion; ~ **ker** receiver.
mottiltak countermeasure.
motto motto.
mot|trekk countermove; ~ **vekt**
counterbalance; ~ **verge** defence;
~ **vilje** reluctance; ~ **villig** reluc-
tant; ~ **vind** contrary wind; ~ **vir-
ke** counteract.
mud|der mud, mire; ~ **dermaskin**
dredge(r); ~ **derpram** mud boat.
muffe muff; (på ledning, rør)
socket.
mugg mould, mildew; ~ **e** jug;
(stor) pitcher; ~ **en** musty, moul-
dy.
mugne mould.
Muhammed Mohammed.
muhammed|aner; ~ **ansk** Muslim,
Moslem, Mohammedan.
mukke grumble.
mulatt mulatto.
muld se *mold.*
muldvarp mole.
muldyr mule.
mule muzzle.
mulig possible; ~ **ens** possibly;
~ **gjøre** make possible; ~ **het**
possibility, chance, eventuality.

mulkt; ~ **ere** fine.
multiplikasjon multiplication; ~ **lisere** multiply; **(med:** by).
mumie mummy.
mumle mutter, mumble; ~ **ing** murmur.
München Munich.
munk monk, friar; ~ **ekappe** cowl; ~ **ekloster** monastery; ~ **eorden** monastic order.
munn mouth; ~ **full** mouthful; ~ **hell** saying; ~ **hoggeri** wrangling; ~ **hule** cavity of the mouth; ~ **ing** (elve-) mouth, (stor) estuary; (på skytevåpen) muzzle; ~ **kurv** muzzle; ~ **og klauvsyke** foot-and-mouth disease; ~ **skjenk** cup-bearer; ~ **spill** mouth-organ; ~ **stykke** (sigarett) holder; (blåseinstrument) mouth-piece; ~ **vik** corner of the mouth.
munter gay, merry; ~ **het** gaiety, merriness.
muntlig oral, verbal.
mur wall; ~ **er** bricklayer, mason; ~ **hus** brick *el* stone house; ~ **meldyr** marmot; ~ **mester** master bricklayer; ~ **stein** brick.
mus mouse; ~ **efelle** mousetrap.
muse Muse.
museum museum.
musikalsk musical; ~ **ant,** ~ **er** musician; ~ **k** music; ~ **khandel** music shop; ~ **korps** brass band.
muskat nutmeg; ~ **blomme** mace.
muskel muscle.
musketér musketeer.
muskulatur musculature; ~ **øs** muscular.
musling (blåskjell) mussel; ~ **skall** shell.
musselin muslin.
musserende sparkling.
mustasje moustache.
mutt sulky, curt.
mye se *meget.*
mygg mosquito, gnat; ~ **stikk** mosquito bite.
myk (bløt) soft, mellow; (smidig) supple, lithe, pliable.
mylder throng, crowd; ~ **re** swarm, crowd, teem.
mynde greyhound.
myndig (bydende) imperious, au-

thoritative; *jur* of age; ~ **het** authority; ~ **hetsalder** *jur* majority, full age.
mynt coin; ~ **enhet** monetary unit; ~ **fot** monetary standard.
myr bog; (sump) swamp, marsh.
myrde murder, assassinate.
myrlendt boggy, swampy.
myrra myrrh.
myrull cotton-grass.
myse *v* squint; *s* whey.
mysterium mystery; ~ **isk** mysterious.
myte *s* myth; ~ **isk** mythic(al); ~ **ologi** mythology.
mytteri; gjøre ~ mutiny.
møbel piece of furniture; *pl* furniture; ~ **elhandler** furniture dealer; ~ **elsnekker** cabinetmaker; ~ **lere** furnish.
møkk dung, muck; ~ **kjerre** dung-cart.
mølje jam, jumble, mix, hodgepodge.
møll moth.
mølle mill; ~ **r** miller.
møllkule mothball.
møne ridge of a roof.
mønje red-lead, minium.
mønster pattern, model; *gram* paradigm; ~ **gyldig** model, exemplary; ~ **verdig** exemplary.
mønstre; ~ **ing** muster; ~ **et** patterned.
mør (kjøtt) tender; ~ **banke** (rundjule) beat black and blue; ~ **brad,** ~ **bradstek** sirloin.
mørk dark; (dyster) gloomy; dim; dingy; ~ **e** dark; darkness; ~ **e-rom** darkroom; ~ **ne** darken.
mørtel mortar.
møte *v* meet, encounter; (støte på) meet with; *s* meeting, encounter; ~ **s** meet, converge; ~ **sted** meeting place.
møy maid(en), virgin; ~ **dom** maidenhood, virginity.
møye pains, trouble.
måfå: på ~ at random, at haphazard.
måke *s* (sea-)gull; *v* clear away, shovel.
mål, (~ **eenhet)** measure; gauge; (omfang) dimension; (hensikt)

aim, goal, object(ive); (språk)
tongue; language; ~ **bevisst** pur-
poseful; ~ **binde** nonplus; ~ **e**
measure; ~ **einstrument** gauge;
~ **er** meter; ~ **estokk** standard;
(kart) scale; ~ **forskjell** aggre-
gate; ~ **føre** dialect; ~ **løs**
speechless; ~ **mann** goal-keeper;
~ **stang** goalpost; ~ **tid** meal;
~ **trost** song thrush.

måne moon; (på hodet) bald spot;
~ **d** month; ~ **dlig** monthly;
~ **fase** phase of the moon; ~ **ferd**

lunar flight; ~ **formørkelse**
eclipse of the moon; ~ **lys(t)**
moonlight; ~ **sigd** crescent.

måpe gape.

går marten.

måte way, manner; fashion;
~ **hold** moderation; (i nytelser)
temperance; ~ **holdende** moder-
ate, temperate; ~ **lig** mediocre;
indifferent.

måtte (nødvendighet) be obliged
to, have to, must.

N

nabo neighbour; ~ **lag** neighbour-
hood, vicinity; ~ **skap** neighbour-
hood.

nafta naphtha; ~ **lin** naphthalene.

nag: bære ~ bear malice *el*
grudge; ~ **e** gnaw, rankle.

nagle *s* og *v* rivet.

naiv naive; ~ **itet** naiveté.

naken naked; (i kunst) nude.

nakke nape, back of the head;
~ **sleng** whiplash.

Napoli Naples.

napp (av fisk) bite; ~ **e** twitch;
~ **etak** tug-of-war.

narko||liga drug syndicate; ~ **man**
drug addict; doper (slang); ~ **se**
narcosis; ~ **-selger** pusher
(slang); ~ **tika** narcotics, drugs,
dope; ~ **tikahandler** trafficker,
drug dealer; ~ **tikamisbruk** drug
abuse; ~ **tikamisbruker** drug
abuser; ~ **tikaomsetning** traffick-
ing.

narr fool; ~ **aktig** foolish; ~ **e**
trick, fool, delude, dupe, double-
cross, balk; ~ **estreker** pranks,
foolery.

nasjon nation; ~ **al** national;
~ **aldrakt** national costume;
~ **alforsamling** national assem-
bly; ~ **alisere** nationalize; ~ **ali-
sering** nationalization; ~ **alisme**
nationalism; ~ **alitet** nationality;
~ **alsang** national anthem.

naske pilfer; ~ **ri** pilferage.

natrium sodium; ~ **on** soda.

natt night; ~ **bord** bedside table;
~ **ergal** nightingale; ~ **kjole** night
dress; ~ **tillegg** bonus for night
work; ~ **verden** the Lord's Sup-
per, the Holy Communion.

natur nature; (landskap) scenery;
~ **alistisk** naturalistic; ~ **fag** nat-
ural science; ~ **forsker** naturalist;
~ **gass** natural gas; ~ **historie**
natural history; ~ **lig** natural;
~ **ligvis** naturally, of course;
~ **miljø** natural environment;
~ **silke** real silk; ~ **stridig** contra-
ry to nature; ~ **vern** nature con-
servation, conservation of nature;
~ **verner** conservationist; ~ **vern-
forening** conservation organisa-
tion; ~ **vernområde** nature pre-
serve; ~ **vitenskap** (natural)
science; ~ **vitenskapsmann** scien-
tist.

nautisk nautical.

nav nave, hub.

navigasjon navigation; ~ **atør** na-
vigator; ~ **ere** navigate.

navle navel; ~ **streng** navel string,
umbilical cord.

navn name; ~ **e** mark; ~ **eopprop**
call-over, roll-call; ~ **eskilt** name
plate; ~ **etrekk** signature; ~ **gi**
name, mention by name.

nazisme Nazism; ~ **t**; ~ **tisk** Nazi.

nebb beak, bill; ~ **et** *fig* saucy,
pert; ~ **tang** pliers.

ned down; ~ **arvet** inherited;
~ **brent** burnt down; ~ **brutt**

broken (down); ~ **brytbar** decom-
position; ~ **bør** rainfall, precipi-
tation; ~ **e** down, below.

neden|for *prp adv* below; ~ **fra**
from below; ~ **under** beneath;
down below, downstairs.

neder|drektig vile, base, infamous;
~ **lag** defeat; N-land the Nether-
lands; ~ **landsk** Dutch; ~ **st** low-
est, nethermost; *adv* at the bot-
tom.

ned|etter downwards; **(radioaktivt)**
~ **fall** fall-out; ~ **gang** (vei ned)
way down, descent; *fig* decline,
falling off, decrease; ~ **gangstid**
recession, depression; ~ **komme**
give birth to, be delivered **(med :**
of); ~ **komst** delivery; ~ **latende**
condescending; ~ **late seg** con-
descend, stoop; ~ **legge** (forret-
ning, skole *o.l.)* close (down),
shut down; (arbeidet) stop, cease;
(hermetisere) tin, can, pack,
(frukt) preserve; ~ **over** *adv*
down, downwards; *prp* down;
~ **overbakke** downhill; ~ **rakking**
running down, disparagement;
~ **re** lower; ~ **rig** base, vile;
~ **ringet** low(-necked), décolle-
tée; ~ **rivning** demolition; ~ **ruste**
disarm; ~ **rustning** disarmament;
~ **rykk** relegation ~ **rykning** rele-
gation.

ned|sable cut down; ~ **satt** (pris),
reduced; ~ **senkning** sinking, low-
ering; ~ **sette** (priser) reduce; (en
komité) appoint, set up; ~ **settel-
se** reduction; appointment;
~ **settende** disparaging, deprecia-
tory, detractory; ~ **skjæring** re-
duction, cut, cutback, cost-cut-
ting; ~ **skrive** (valuta) devalue;
(redusere) reduce; ~ **skriving** re-
duction; (av valuta) devaluation;
~ **slag** (i pris) reduction, dis-
count; ~ **slakting** carnage; ~ **slå-
ende** disheartening; ~ **slått** de-
jected; ~ **smeltning** meltdown;
~ **stamme** descend; ~ **stemt** de-
jected; ~ **stemthet** dejection.

nedtrapping stepping-down, de-
escalation.

ned|trykt depressed, blue; ~ **verdi-**

ge degrade, disgrace; ~ **verdigelse**
degradation.

negativ *s & adj* negative.

neger negro; ~ **kvinne** (negresse)
negress.

negl nail; ~ **eklipper** clippers;
~ **elakk** nail varnish *(el* polish).

neglisjere neglect.

nei no.

neie (drop a) curts(e)y.

nek sheaf.

nekrolog obituary.

nektar nectar.

nekte refuse; **(be ~)** deny; ~ **lse,**
gram negation; denial, negation;
~ **nde** negative.

nellik pink; carnation; (krydder)
clove.

nemlig (d.v.s.) namely, viz.; (for-
di) because, for.

nemnd committee, board.

neonlys neon light.

nepe turnip.

neppe hardly, scarcely.

nerve nerve; ~ **feber** typhoid fe-
ver; ~ **lege** neurologist; ~ **smerter**
neuralgia; ~ **system** nervous sys-
tem.

nervøs nervous; ~ **itet** nervous-
ness.

nes isthmus, headland, foreland;
~ **e** nose; **fin** ~ **e** flair; ~ **ebor**
nostril; ~ **egrus** prostrate; ~ **evis**
saucy, impertinent; ~ **horn** rhino-
ceros; *dt* rhino.

nesle nettle.

nest, neste next; ~ **best** runner-up;
~ **e** *s* neighbour; ~ **en** almost,
nearly, all but; ~ **formann** vice-
chairman, vice-president; ~ **kom-
manderende** second in command;
~ **sist** last but one.

nett *adj* neat, nice; *s* net; **(bære ~)**
string bag; ~ **hendt** handy, deft;
~ **hinne** retina; ~ **ing** netting;
~ **o** net; ~ **obeløp** net amount;
~ **opp** just; ~ **outbytte** net pro-
ceeds; ~ **verk** net-work.

neve fist; hand; ~ **nyttig** handy.

never birch bark.

nevne mention; ~ **r** denominator;
~ **verdig** worth mentioning.

nevro|log neurologist; ~ **se** neuro-
sis; ~ **tiker,** ~ **tisk** neurotic.

nevø nephew.
ni nine.
nidkjær zealous; ~ **het** zeal.
niese niece.
nifs creepy, eerie.
nihilisme nihilism; ~ **t** nihilist.
nikk; ~ **e** nod.
nikkel nickel.
nikotin nicotine.
Nilen the Nile.
nipp; ~ **e** sip.
nise porpoise.
nisje niche.
nisse s (hob)goblin, puck, gnome;
~ **lue** red stocking cap.
nitrat nitrate; ~ **ogen** nitrogen;
~ **ogenoksid** nitrogen oxide;
~ **oglyserin** nitroglycerine.
nitten nineteen; ~ **i** ninety.
nivellere; ~ **å** level.
nobel noble; ~ **lesse** nobility.
noe (et el annet) something; (noe
som helst) anything; adv some-
what; ~ **n** adj og s some; any; (en
el annen) somebody; (noen som
helst) anybody; ~ **nlunde** tolera-
bly, fairly; ~ **nsinne** ever;
~ **nsteds** anywhere; (et el annet
sted) somewhere.
nok adj enough, sufficient; adv
enough, sufficiently; ~ **så** fairly,
pretty; (temmelig) rather.
nomade nomad; ~ **folk** nomadic
people.
nominativ the nominative; ~ **ell**
nominal; ~ **ere** nominate.
nonne nun; ~ **kloster** nunnery,
convent.
nord north; ~ **enfor** adj (to the)
north of; ~ **isk** northern; Nordic;
~ **lig** northern; ~ **lys** northern
lights, aurora borealis; ~ **mann**
Norwegian; ~ **pol** north el arctic
pole; ~ **på** in the North; **Nordsjø-
en** the North Sea.
Norge Norway.
norm norm, rule, standard; ~ **al**
normal; ~ **alisere** normalize,
standardize.
norrøn Norse.
norsk Norwegian.
nostalgi nostalgia.
not seine, closing net.
nota bill; ~ **bene** observe, mind.

notat note.
note note; (til et musikkstykke)
music; ~ **re** note; ~ **ring** noting;
~ **stativ** music stand.
notis note; (i avis) paragraph,
notice; ~ **bok** notebook.
notorisk notorious.
novelle short story.
november November.
novise novice.
nudist nudist.
null (tegn) nought, naught;
(punkt) zero; nil; ~ **punkt** zero.
numerisk numerical; ~ **men**
numb; ~ **mer** number; (størrelse
av klær) size; (i program) item;
(utgave) issue; (eksemplar av
blad) copy; ~ **mer to** runner-up;
~ **merere** number; ~ **merert plass**
reserved seat; ~ **merskilt** (på bil)
number-plate, license plate.
ny (mots gammel) new; (ytterlige-
re) fresh, further; (månefase) new
moon; **på** ~ afresh.
nyanse shade, nuance; ~ **re** shade
off; ~ **rt** nuanced.
nybakt fig fledgling.
nybegynner beginner; ~ **bygger**
settler.
nydelig nice, pretty, lovely.
nyfiken curious, inquisitive;
~ **forlovet** recently engaged;
~ **gift** newly married; ~ **het(er)**
news; **en** ~ **het** a piece of news.
nykokt freshly boiled; ~ **komling**
newcomer, tenderfoot; ~ **lig** re-
cently, lately; of late.
nymalt freshly painted.
nymfe nymph.
nymotens newfangled; ~ **måne**
new moon.
nynne hum.
nype hip; ~ **rose** dog-rose.
nyre kidney; ~ **stein** renal calcu-
lus, nephrite.
nys; ~ **e** sneeze.
nysgjerrig curious, inquisitive;
~ **het** curiosity.
nyskapning innovation.
nysølv nickel (el German) silver.
nyte enjoy; ~ **lse** enjoyment,
pleasure; ~ **lsessyk** pleasure-seek-
ing.
nytt s news.

nytte *v* (gagne) be of use, help, avail; (bruke) use; *s* use; (fordel) benefit, advantage, utility; ~ **løs** useless.

nyttig useful, helpful.

nyttår New Year; **godt** ~ a Happy New Year; ~ **saften** New Year's Eve.

nær *adj* near, close; *prp* near; ~ **bilde** close-up; ~ **e** nourish, feed, nurture; (en følelse) entertain, nourish, cherish; ~ **ende** nourishing, nutritious; ~ **gående** indiscreet, forward; ~ **het** neighbourhood.

næring (føde) nourishment, food; (levevei) trade, industry; ~ **sdrivende** trader, tradesman; ~ **sliv** trade (and industry); ~ **svei** industry, trade.

nær|me seg approach (draw) near; ~ **synt** shortsighted, myopic; ~ **synt person** myope; ~ **synthet** myopy; ~ **tagende** touchy; sensitive; ~ **vær** presence; ~ **værende** present.

nød need, want, distress; ~ **anker** sheet-anchor; ~ **brems** emergency brake; ~ **e** urge, press; ~ **havn** port of refuge; ~ **ig** reluctantly; ~ **landing** forced landing; ~ **lidende** needy, destitute; ~ **løgn** white lie; ~ **rop** cry of distress; ~ **sfall: i** ~ in case of need; ~ **stilfelle** emergency; ~ **t til** obliged *(el* forced, compelled) to; ~ **utgang** emergency exit; ~ **vendig** necessary; ~ **vendiggjøre** necessitate; ~ **vendighet** necessity; ~ **vendigvis** necessarily; ~ **verge** self-defence.

nøkk nix.

nøk|kel key; *mus* clef; (til gåte) clue; ~ **lehull** keyhole; ~ **leknippe** bunch of keys; ~ **lering** key-ring.

nøktern sober.

nøl|e hesitate, linger; ~ **ing** hesitation.

nøste *s* ball.

nøtt nut; ~ **ekjerne** kernel of a nut; ~ **eknekker** nutcracker(s); ~ **eskall** nutshell; ~ **eskrike** jay.

nøyaktig exact, accurate; ~ **het** exactness, accuracy.

nøye *adj* close; (omhyggelig) careful, *vr* be content *(el* satisfied **(med:** with)); ~ **regnende** particular **(med:** about).

nøysom easily satisfied; ~ **het** contentment.

nøytral neutral, non-aligned; ~ **e land** non-aligned countries; ~ **isere** neutralize; ~ **itet** neutrality, nonalignment.

nå *adv* now; *v* reach; (tog *o.l.)* catch.

nåde grace; (barmhjertighet) mercy; ~ **gave** gift of grace; ~ **løs** unmerciful; ~ **støt** death blow, coup de grâce.

nådig gracious.

nål needle; (knappe-) pin; ~ **eskog** coniferous forest; ~ **etre** conifer.

når when; ~ **som helst** whenever; (at) any time.

nå|tid present time; *gram* the present (tense); ~ **tildags** nowadays; ~ **vel** well (then); ~ **værende** present, prevailing.

oase oasis.

obdu|ksjon autopsy, post-mortem (examination); ~ **sere** perform a post-mortem on.

oberst colonel.

objekt object; ~ **iv** *adj* objective; *s* lens, objective; ~ **ivitet** objectivity.

oblat wafer.

obliga|sjon bond; ~ **torisk** compulsory, obligatory.

obo oboe.

observ|asjon observation; ~ **atør** observer; ~ **atorium** observatory; ~ **ere** observe.

odd point; ~ **e** *s* point; headland; *adj* (om tall) uneven, odd.

ode ode.

odel allodial possession; ~ **sbonde** allodialist; ~ **sgård** allodium.

odiøs invidious.

offensiv offensive.

offentlig public, communal; ~ **e organer** utilities; ~ **gjøre** publish; ~ **gjørelse** publication.

offer sacrifice; (for ulykke) victim; (døde og sårede i krig) casualty; (~ **gave**) offering; ~ **villig** self-sacrificing.

offiser officer; ~ **iell** official.

ofre; ~ **ing** sacrifice.

ofte often.

og and; ~ **så** also; too; as well.

oker ochre.

okkupasjon occupation; ~ **ere** occupy.

okse bull; (trekk-) ox; ~ **kjøtt** beef.

oksyd oxide; ~ **ere** oxidize; ~ **e-ring** oxidation.

oksygen oxygen.

oktav (format) octavo; *mus* octave.

oktober October.

olabukser jeans.

oldefar great-grandfather; ~ **emor** great-grandmother; ~ **frue** matron; ~ **ing** old man; ~ **tid** antiquity.

oliven olive; ~ **olje** olive oil.

olje *s & v* oil; ~ **aktig** oily; ~ **boring** (oil) drilling; ~ **boringsplattform** drilling platform; ~ **farge** oil-colour; ~ **felt** oil-field; ~ **hyre** oilskins; ~ **ledning** pipeline; ~ **lerret** oilcloth; ~ **maleri** oil-painting.; ~ **raffineri** oil refinery; ~ **søl** oil spill.

olm furious, mad.

olympiade Olympic Games.

om *konj* whether, if; (dersom) if; (selv om) even if, even though; *prp* about; of; on; *adv* ~ **igjen** (over) again, once more; ~ **arbeide** revise; ~ **bestemme seg** change one's mind; ~ **bord** on board, aboard; ~ **bringelse** delivery; ~ **bygning** rebuilding; ~ **bæring** delivery; ~ **danne** transform,

convert; ~ **dannelse** transformation, conversion; ~ **dreining** turn, revolution; rotation; ~ **dømme** judgment; reputation; ~ **egn** neighbourhood, surroundings, environs.

omelett omelet(te).

omfang (utstrekning) extent; (størrelse) volume; bulk; ~ **fangsrik** extensive, voluminous; ~ **fatte** (innbefatte) comprise, include, comprehend, encompass; ~ **fattende** comprehensive, extensive; ~ **favne**; ~ **favnelse** embrace, hug; ~ **forme** transform.

omgang (omdreining) rotation; (samkvem) intercourse; (i konkurranse) round; (fotball) half-time; ~ **gangskrets** circle of acquaintances; ~ **gi** surround; ~ **givelser** surroundings, environment; ~ **gjengelig** sociable; ~ **gå** evade, elude, *mil* outflank; ~ **gående** (pr ~) by return (of post); ~ **gås** associate with.

omhu care; ~ **hyggelig** careful; ~ **igjen** again, over again; ~ **kamp** *idr* play-off; ~ **kjørsel** diversion, detour; ~ **komme** perish; ~ **kostninger** cost(s); (avgifter) charge(s); expense(s); ~ **kranse** encircle; ~ **krets** circumference, circuit; ~ **kring** (a)round, about; ~ **kved** refrain.

om lag about; ~ **land** se *omegn;* ~ **laste** trans-ship; ~ **lasting** trans-shipment; ~ **legging** reorganization; rearrangement; ~ **lyd** mutation; ~ **løp** circulation.

omme over, at an end.

omordne rearrange; ~ **organisere** reorganize; ~ **planting** transplanting, replanting; ~ **plassere** relocate; ~ **plassering** relocation; ~ **reisende** travelling, itinerant; ~ **ringe** surround; ~ **riss** outline; contour; ~ **råde** territory, area; *fig* field.

omsetning *merk* turnover, sales; ~ **setningsavgift** purchase tax; ~ **sette** sell; ~ **settelig** negotiable; ~ **sider** eventually, at length; ~ **skape** transform; ~ **skipe** trans-ship; ~ **skjære** circumcise;

~ **skjæring** circumcision; ~ **sko-
lere** re-educate; ~ **skrive**; ~ **skriv-
ning** paraphrase; ~ **slag** revul-
sion; (på brev) wrapper; (til bok)
cover; *med* compress; (i været)
change; ~ **sorg** care; ~ **stendelig**
adj circumstantial, detailed;
~ **stendighet** circumstance,
~ **stigning** change; ~ **streifer** va-
grant, tramp; ~ **stridt** disputed;
controversial; ~ **styrte** over-
throw; ~ **støte** (oppheve) set
aside, reverse; ~ **sydd** altered.
om|tale *s v* mention; ~ **tanke**
thoughtfulness; ~ **tenksom**
thoughtful; ~ **trent** about, ap-
proximately; circa; ~ **trentlig**
approximate; ~ **tvistelig** contest-
able; ~ **tåket** groggy; ~ **valg** re-
election; ~ **vei** roundabout way,
detour; ~ **veltning** revolution;
~ **vende** convert; **en** ~ **vendt** a
convert; ~ **vendelse** conversion;
~ **vendt** reverse; ~ **verden** outside
world; ~ **viser** guide; ~ **visning**
showing about; ~ **vurdering** re-
valuation.
ond evil, wicked; ~ **artet** (syk-
dom) dangerous, malignant; ~ **e**
evil; ~ **sinnet** evil-minded;
~ **skap** wickedness; spite, ma-
levolence; ~ **skapsfull** malicious,
vicious, malevolent.
onkel uncle.
onsdag Wednesday.
oper|a opera; (bygning) opera
house; ~ **asjon** operation; ~ **ere**
operate, *tr* operate on; ~ **ette**
operetta.
opinion public opinion; ~ **sunder-
søkelse** (public) opinion poll.
opp up; ~ **arbeide** work up; ~ **be-
vare** keep; ~ **bevaring** *jernb* left-
luggage office; ~ **bevaringsboks**
locker; ~ **blåst** inflated; ~ **brakt**
indignant; ~ **brett** turn-up;
~ **brudd** departure; ~ **brukt** (be-
holdning) exhausted; (penger)
spent; ~ **byggelig** edifying.
opp|dage discover; detect; dis-
close; ~ **dagelse** discovery; ~ **da-
gelsesreisende** explorer; ~ **datere**
update; ~ **demning** embankment;
~ **diktning** fabrication; ~ **dra**

bring up; ~ **drag** commission;
task; mission; ~ **dragelse** up-
bringing; education; ~ **drett**
breeding, rearing; ~ **dretter**
breeder; ~ **drift** buoyancy; *fig*
ambition.
oppe up; (åpen) open.
opp|fange (oppsnappe) intercept;
~ **farende** hot-tempered; ~ **fat-
ning** (forståelse) comprehension,
conception; (mening) opinion,
view; ~ **fatte** (forstå) understand,
catch; ~ **finne** invent; ~ **finnelse**
invention; ~ **finner** inventor;
~ **flamme** inflame, incense;
~ **fordre** invite, call upon;
~ **fordring** invitation, request;
~ **fostre** nurture; ~ **fylle** fulfil;
~ **fyllelse** fulfilment; **gå i** ~ **fyl-
lelse** come true; ~ **føre** (bygge)
construct, erect; *teat* perform; (i
regnskap) enter; *vr* behave; ~ **fø-
relse** erection; performance;
~ **førsel** behaviour, conduct, de-
meanour.
opp|gang rise; (i hus) staircase;
~ **gangstid** boom; ~ **gave** (arbeid)
task, job; (stil-) subject; (eksa-
mens-) paper, test; (fortegnelse)
statement; ~ **gi** give up; aban-
don; (meddele) state; ~ **gjør** set-
tlement; ~ **glødd** *fig* enthusiastic.
opp|hav origin; ~ **havsmann** au-
thor; ~ **havsrett** copyright; ~ **heve**
(avskaffe) lift, abolish; (lov) re-
peal; ~ **hevelse** lifting, abolition,
repeal; ~ **hisse** excite, stir up, in-
flame; ~ **hisselse** excitement;
~ **hold** stay; (stans) break; ~ **hol-
de** (forsinke) delay; detain; *vr*
stay, (fast) live; ~ **holdstillatelse**
residence permit; ~ **hopning** ac-
cumulation; congestion; ~ **hovnet**
swollen; ~ **hør** cessation, discon-
tinuance; ~ **høre** cease, stop, end,
discontinue; ~ **høye** raise, ele-
vate; ~ **høyet** elevated; *fig* sub-
lime.
opp|ildne inflame.
opp|kalle etter name after; ~ **kast**
vomit; ~ **kavet** flurried; ~ **kjøper**
buyer; ~ **kjørsel** drive; ~ **klare**
clear up; ~ **knappet** unbuttoned;
~ **kok** slight boiling, boil; *fig*

rehash; ~ **komling** upstart, parvenu; ~ **komme** spring; well; ~ **komst** origin, rise; ~ **krav** (sende mot ~) send C.O.D. (cash on delivery); ~ **kreve** collect; ~ **kvikke** refresh.

opp|lag (av bok) impression; (av avis) circulation; **skip i** ~ **lag** laid-up ships; ~ **lagt** (være ~, i stemning) feel fit, be in a good mood; (selvfølgelig) obvious, evident; ~ **land** surrounding country; ~ **lesning** reading (aloud); ~ **leve**, ~ **levelse** experience; adventure; ~ **live** (oppmuntre) cheer (up); ~ **livningsforsøk** attempt at resuscitation; ~ **lyse** light up, illuminate; (meddele) inform, state; ~ **lysning** (piece of) information; bare *sg;* (folke ~) enlightenment; ~ **lysningstiden** the Age of Enlightenment; ~ **lyst** (om belysning) illuminated, lit up; (om kunnskaper) enlightened, educated; ~ **læring** training; ~ **lært** trained; ~ **løp** riot; ~ **løse** dissolve; ~ **løselig** dissolvable; ~ **løsning** dissolution, disintegration; *kjem* solution.

opp|mann umpire, arbitrator; ~ **merksom** attentive; (være ~ på), be aware of; ~ **merksomhet** attention; ~ **muntre** (tilskynde) encourage; (gjøre glad) cheer up; exhilarate; ~ **muntring** encouragement; ~ **navn** nickname; ~ **ned** upside-down; ~ **nevne** appoint; ~ **nå** obtain, achieve, attain, gain.

opp|ofre; ~ **ofrelse** sacrifice; ~ **ofrende** devoted.

oppon|ent opponent; ~ **ere** object, raise objections.

opportun|ist; ~ **istisk** opportunist.

opposisjon opposition.

oppover up, upward(s).

opp|-pakning pack; ~ **pussing** renovation, redecoration.

opp|regning enumeration; ~ **reisning** reparation; satisfaction; ~ **reist** erect; ~ **renskning** clean-up; ~ **rette** found, establish; ~ **rettelse** foundation, establishment; ~ **rettholde** maintain;

~ **riktig** sincere, candid, ingenuous; ~ **riktighet** sincerity; ~ **ringning** call; ~ **rinnelig** original; (ur-) aboriginal ~ **rinnelse** origin; ~ **rivende** harrowing; ~ **rop** proclamation; (navne-) call-over, roll-call; ~ **rustning** rearmament; ~ **rydding** clearance, clean up; ~ **rør** rebellion, revolt; (opptøyer) riot(s); ~ **røre** (vekke avsky) revolt; ~ **rørende** shocking, revolting; ~ **rører** rebel; ~ **rørsk** rebellious; ~ **rørt** (hav) rough; *fig* shocked; ~ **rådd** at a loss.

opp|samling accumulation; ~ **satt på** bent *(el* keen) on; ~ **sigelig** terminable; (obligasjon) redeemable; (funksjonær) removable; ~ **sigelse** notice; (kontrakt) termination; (lån) calling in; ~ **sigelsestid** term of notice; ~ **sikt** attention; (sterkere) sensation; ~ **siktsvekkende** sensational; ~ **skake** upset; ~ **skaket** upset; ~ **skjørtet** bustling; ~ **skremt** alarmed, startled; ~ **skrift** recipe; ~ **skrive** (forhøye) write up; ~ **skrytt** overpraised; ~ **slag** (på erme) cuff; (plakat) bill, notice; ~ **slagsbok** reference book; ~ **slagstavle** notice board; ~ **smuldring** disintegration; ~ **snappe** *fig* catch; (brev *o.l.)* intercept; ~ **spedd** diluted, thinned; ~ **spilt** *fig* keyed up; ~ **spinn** fabrication; ~ **spore** trace.

opp|stand insurrection, rising; ~ **standelse** (fra de døde) resurrection; (røre) excitement, stir; ~ **stemt** in high spirits; ~ **stigende** ascending; ~ **stigning** ascent; ~ **stille** (ordne) arrange; ~ **stilling** arrangement; *mil* falling in; ~ **stiver** pick-me-up; ~ **stoppernese** snub-nose; ~ **strammer** (tiltale) talking-to; ~ **styltet** stilted; ~ **styr** stir, commotion; ado; uproar; hoopla; ~ **stå** *fig* arise; ~ **suge** absorb; ~ **suging** absorption ~ **summere** sum up; ~ **summering** summary; ~ **sving** *merk* boom, upswing, upsurge; ~ **svulmet** swollen; ~ **syn** supervision;

~ **synsfartøy** fishery protection vessel; ~ **synsmann** inspector, supervisor, caretaker; ~ **søke** (besøke) go and see, look up.

opp|ta take up, occupy; ~ **tagelse** admission; ~ **tagelsesprøve** entrance examination; ~ **tak** (lydbånd *o.l.)* recording; ~ **tatt** engaged; (plass *o.l.* også) taken; ~ **tegne**; ~ **tegnelse** record; ~ **tog** procession; ~ **trapping** escalation, stepping-up; ~ **tre** *teat* appear; (handle) act; ~ **treden** appearance; (handling) action; (oppførsel) conduct; ~ **trekker** bottle opener; ~ **trinn** scene; ~ **trykk** reprint; ~ **tøyer** riot(s).

opp|vakt bright, intelligent; ~ **varming** heating; ~ **varte** wait upon *el* on; ~ **vask** washing-up; *konkr* dishes; ~ **vaskmaskin** dishwashing machine, dishwasher; ~ **vaskrom** scullery; ~ **veie** counterbalance; ~ **vekst** adolescence; ~ **vigle** stir up; ~ **vigler** agitator; ~ **vigleri** agitation; ~ **vise** show; ~ **visning** display, show.

oppøve train.

optiker optician.

optimis|me optimism; ~ **t** optimist; ~ **tisk** optimistic.

or (tre) alder.

orakel oracle.

oransje orange.

ord word; **be om** ~ **et** request leave to speak; **gi** ~ **et** call on, give the floor; ~ **bok** dictionary.

orden order; ~ **smann** methodical person; (på skole) monitor; ~ **stall** ordinal number; ~ **tlig** (som er i orden) orderly, tidy; (riktig) proper, regular; (anstendig) decent.

ord|forråd vocabulary; ~ **fører** chairman; (i bykommune) mayor.

ordin|asjon ordination; ~ **ere** ordain; *med* prescribe; ~ **ær** ordinary; (simpel) common.

ord|klasse part of speech; ~ **kløveri** hair-splitting; ~ **lyd** wording.

ordn|e arrange, fix; ~ **ing** arrangement.

ordonnans orderly.

ordre order.

ord|rett literal, verbatim; ~ **skifte** debate, discussion; ~ **spill** pun; ~ **språk** proverb, byword; ~ **stilling** word order; ~ **styrer** chairman; ~ **tak** saying, byword.

organ organ; (stemme) organ of speech, voice; ~ **isasjon** organization; ~ **isator** organizer; ~ **isere** organize; ~ **isk** organic; ~ **isme** organism; ~ **ist** organist.

orgel organ.

orgie orgy.

orient|alsk oriental; ~ **en** the East, the Orient; ~ **ere** inform, brief; ~ **ere seg** take one's bearings, orientate oneself; ~ **ering** (rettledning) guidance, information; *idr* orienteering.

original original.

orkan hurricane.

orke (greie) manage; (holde ut) bear.

orkester orchestra, band.

orkidé orchid.

orm worm; (slange) snake.

ornament; ~ **ere** ornament.

ortodoks orthodox.

ortografi orthography; ~ **sk** orthographic.

os (røyk) smoke; (elve-) mouth, outlet; ~ **e** smoke.

osean ocean.

osp aspen; ~ **e-** aspen.

oss us.

ost cheese.

osv etc, and so on, and so forth.

oter otter.

otium leisure, retirement.

oval *adj & s* oval.

oven|for *adv & prp* above; ~ **fra** from above; ~ **nevnt**; ~ **stående** above(-mentioned); ~ **på** (i etasjen over) upstairs.

over over; (høyere oppe enn) above; **(tvers** ~ **)** across; ~ **alt** everywhere; ~ **anstrenge seg** overwork *(el* overstrain) oneself; ~ **anstrengelse** overstrain; ~ **arm** upper arm.

over|befolket over-populated; ~ **beiting** over-browsing, overgrazing; ~ **bevise** convince **(om:** of); ~ **bevisning** conviction; ~ **blikk** general view; ~ **bord**

overboard; ~ **bringe** deliver; ~ **by**
outbid; ~ **bærende** indulgent
(med: to); ~ **bærenhet** indul-
gence, forbearance.

over|del upper part; ~ **dra** trans-
fer; consign; (myndighet) del-
egate; ~ **dreven** exaggerated; ex-
cessive; immoderate; ~ **drive** ex-
aggerate; ~ **drivelse** exaggeration;
~ **døve** drown; ~ **dådig** luxurious,
sumptuous.

over|ens: komme, stemme ~ agree;
~ **enskomst** agreement; ~ **ens-
stemmelse** accordance, agree-
ment; compliance; conformity.

over|fall mugging; ~ **falle** assault;
~ **fallsmann** mugger; ~ **fart**
crossing, passage; ~ **fladisk** su-
perficial; ~ **flate** surface; ~ **flod**
abundance, exuberance; ~ **flødig**
superfluous, redundant; ~ **for** *prp
adv* opposite; *prp fig* in (the)
face of; ~ **fylle** glut; ~ **fylt** over-
crowded; ~ **føre** transfer; (TV og
radio) transmit; (blod) transfuse;
~ **føring** transfer; (TV og radio)
transmission; (blod) transfusion;
~ **føringslinje** transmission line;
~ **ført** (om betydning) figurative.

over|gang crossing; *fig* transition;
~ **gangsalder** climacteric;
~ **gangsbillett** transfer(-ticket);
~ **gi** hand over; ~ **gi seg;** ~ **givel-
se** surrender; ~ **grep** encroach-
ment; ~ **grodd** overrun; ~ **gå** ex-
ceed, surpass.

over|hale; overhaling overhaul;
~ **hengende** (om fare) imminent,
impending; ~ **herredømme** su-
premacy; ~ **hode** head; ~ **hodet**
(i det hele tatt) at all; ~ **holde**
observe, keep; ~ **høvle** *fig* dress
down; **ta** ~ **hånd** become ram-
pant.

overilt rash.

overingeniør chief engineer.

over|jordisk unearthly; ~ **kjeve** up-
per jaw; ~ **kjørt: bli** ~ get run
over; ~ **klasse** upper classes;
~ **kokk** chef; ~ **kommando** chief
command; ~ **komme** manage;
~ **kommelig** (pris) reasonable.

over|lagt premeditated; wilful;
~ **last** injury; ~ **late** leave; ~ **lege**

chief physician; ~ **legen** superior;
(i vesen) haughty, supercilious;
~ **legenhet** superiority; (i vesen)
haughtiness; ~ **legg: med** ~ de-
liberately; ~ **lesse** overload; ~ **le-
ve** survive; ~ **levende** survivor;
~ **levere** deliver; ~ **liste** outwit;
~ **lyd** supersonic; ~ **lær** upper
(part of shoe), vamp; ~ **løper** de-
serter, defector.

over|makt superiority; ~ **mann** su-
perior; ~ **manne** overpower;
~ **menneske** superman; ~ **men-
neskelig** superhuman; ~ **mett** re-
plete; ~ **mette** glut; ~ **moden**
overripe; ~ **morgen: i** ~ the day
after to-morrow; ~ **måte** extreme-
ly.

over|natte stay overnight, spend
the night; ~ **naturlig** supernatu-
ral.

over|oppsyn supervision; ~ **ordent-
lig** extraordinary; ~ **ordnet** su-
perior.

over|raske; ~ **raskelse** surprise;
~ **reise** crossing, passage; ~ **rek-
ke** present; ~ **rumple** take by
surprise.

over|s, til overs left(over); ~ **se**
(ikke se) overlook, miss; ~ **sette**
translate; ~ **settelse** translation;
~ **setter** translator; ~ **sikt** survey;
~ **sjøisk** oversea(s); ~ **skrevs**
astride; ~ **skride** exceed, trans-
gress; ~ **skridelse** excess, trans-
gression; ~ **skrift** heading; (i
avis) headline; ~ **skudd** surplus,
excess; ~ **skuelig** forseeable;
~ **skyet** overcast; ~ **slag** esti-
mate; ~ **spent** high-strung; ~ **sti-
ge** exceed, surpass; ~ **strykning**
crossing out, deletion; ~ **strøm-
mende** effusive, profuse, exuber-
ant; ~ **svømme** overflow, flood;
fig overrun; ~ **svømmelse** flood,
inundation, deluge; ~ **søster** head
nurse.

over|ta take over; ~ **tak: ha** ~ **et**
have the upper hand; ~ **tale** per-
suade, coax, induce; ~ **talelse**
persuasion; ~ **tid** overtime; ~ **tje-
ner** butler; ~ **tre** (lov *o.l.)* in-
fringe, break, transgress; ~ **tre-
delse** infringement; transgres-

sion; ~ **treffe** exceed, surpass;
~ **trekke** (konto) overdraw; ~ **tro**
superstition; ~ **troisk** superstitious.
overveie consider, think over;
~ **veielse** consideration, deliberation; ~ **veiende** *adv* mainly, chiefly; ~ **vekt** overweight; *fig* preponderance; predominance; ~ **velde**
overwhelm; ~ **vinne** conquer, de-
feat; (vanskelighet) overcome,
surmount; ~ **vintre** winter; ~ **vurdere** overestimate; ~ **være** attend;
~ **våke** watch (over), supervise,
(video) surveillance.
overøse med shower with.
ovn stove; (baker-) oven; (smelte-)
furnace; *elektr* heater.
ozon ozone; ~ **hull** ozone hole;
~ **lag** ozone layer.

P

padde toad.
padle paddle.
pakk (pøbel) mob; ~ **e** *s* parcel;
(fabrikkpakket) packet; *v* pack;
wrap; ~ **e inn** wrap up; ~ **e opp**
unpack; unwrap; ~ **epost** parcel
post; ~ **hus** warehouse; ~ **is** pack
ice.
pakning package, packing.
pakt pact, covenant.
palass palace.
palett palette.
palme palm; ~ **søndag** Palm Sunday.
panel (på vegg), wainscot; (TV,
radio) panel.
panikk; panisk panic.
panne (steke-) frying-pan; (ansiktsdel) forehead, brow; ~ **kake**
pancake; ~ **lugg** forelock.
panser armour; (på bil) bonnet;
amr hood; ~ **bil** armoured car;
~ **hvelv** strong room.
pant pledge; gage; (hånd-) pawn;
(i fast eiendom) mortgage; (for
flaske) deposit; ~ **elåner** pawnbroker; ~ **er** panther; ~ **obligasjon** mortgage (deed); ~ **sette**
pawn; (i fast eiendom) mortgage.
papegøye parrot.
papir paper; ~ **fabrikk** paper mill;
~ **forretning** stationer's shop;
~ **kurv** wastepaper basket; ~ **løst**
ekteskap common law marriage;
~ **masse** paper-pulp; ~ **mølle** red
tape; ~ **pose** paper bag.
papp (limt) pasteboard; (kartong)
cardboard.
pappa dad, daddy.
pappeske cardboard box, carton.
par couple, pair.
parabolantenne dish; (stor) parabolic reflector.
parade; ~ **dere** parade; ~ **dis** paradise; **hoppe** ~ **dis** play hopscotch; ~ **doks** paradox; ~ **doksal**
paradoxical; ~ **fin** paraffin;
~ **frase** paraphrase; ~ **graf**
paragraph; (i lov) section; ~ **llell**
parallel; ~ **meter** parameter;
~ **ply** umbrella; ~ **sitt** parasite;
~ **soll** parasol; ~ **t** ready.
parentes parenthesis *pl* ~ theses.
parere parry; (adlyde) obey; fend
off.
parfyme perfume; ~ **butikk** perfumery; ~ **re** perfume.
pari par.
paringstid pairing *(el* mating) season.
park park; ~ **ere** park; ~ **eringsplass** parkingplace *(el* ground);
(større) car-park, parking lot;
~ **ett** (golv) parquet; *teat* stalls;
~ **ometer** parking meter.
parlament parliament; ~ **arisk**
parliamentary.
parlør phrase book.
parodi parody; ~ **sk** parodic.
parole (slagord) watchword, slogan.
parsell lot; ~ **ere** parcel out.
part part, share; *jur* party; ~ **ere**
cut up; ~ **erre** pit; ~ **i** *pol* party;
(vare-) consignment, shipment;
(giftermål) match; *mus* part; ~ **isan** partisan; ~ **isipp** participle;

~ **isk** partial, biased; ~ **itur** score.

parykk wig.

pasient patient.

pasifisme pacifism; ~ **ist;** ~ **istisk** pacifist.

pasje page.

pasjon passion; ~ **ert** (ivrig) keen, ardent.

pass (reise-) passport; (fjell-, i kort) pass; (tilsyn) attention, care; (pleie) nursing; ~ **asje** passage; ~ **asjer** passenger; ~ **at** trade wind; ~ **e** (være beleilig) suit; (ha rett form) fit; (ta seg av) look after; ~ **seg** take care; ~ **seg for** beware (of); ~ **ende** suitable, fit, adequate, appropriate, becoming; apt; ~ **er** compasses; ~ **ere** pass (by); ~ **érseddel** permit; ~ **iar** talk, chat; ~ **iv** passive; ~ **iva** liabilities.

pasta paste.

pastell-; ~ **farge** pastel.

pasteurisere pasteurize.

pastill pastille, lozenge.

patent patent; ~ **ert** patented.

patetisk pathetic; ~ **os** pathos.

patriark patriarch; ~ **ot** patriot; ~ **otisk** patriotic.

patron cartridge.

patrulje; ~ **re** patrol.

patte suck; ~ **barn** suckling; ~ **dyr** mammal.

pauke kettle-drum.

pause pause, recess; *teat o.l.* interval; *mus* rest.

pave pope; ~ **lig** papal.

paviljong pavilion.

pedagog pedagogue; ~ **isk** pedagogic(al).

pedal pedal.

peile take a bearing; ~ **ing** bearing; **ta** ~ **ing på** (sikte på) aim at.

peis fire-place, hearth; ~ **hylle** mantelpiece.

pek; gjøre et ~ play a trick on; ~ **e** point **(på:** at *fig* to); ~ **efinger** forefinger; ~ **estokk** pointer.

pels fur; ~ **dyr** furred animal; ~ **handler** furrier; ~ **jeger** trapper; ~ **kåpe** furcoat.

pen nice, handsome, pretty, good-looking.

pendel pendulum; ~ **le** (svinge) oscillate; (reise) commute; ~ **ler** commuter.

pengeknipe money difficulty; ~ **lens** penniless; ~ **plassering** investment; ~ **pung** purse; ~ **r** money; ~ **seddel** banknote; ~ **skap** safe; ~ **skuff** till; ~ **utpressing** blackmail.

penn pen; ~ **al** pencilcase; ~ **eskaft** pen-holder; ~ **strøk** stroke of the pen.

pensel brush.

pensjon pension; (kost) board; ~ **at** boardinghouse; ~ **atskole** boarding-school; ~ **ist** pensioner, retiree; ~ **skasse** pension fund; ~ **ær** boarder.

pensum syllabus; curriculum.

pepper pepper; ~ **bøsse** pepperbox; ~ **mynte** peppermint; ~ **rot** horse-radish.

per *el* pr.: ~ **stykk** a piece; ~ **dag** per *(el* a) day; ~ **båt, post,** by boat, by post.

perfeksjonere seg i improve one's knowledge of; ~ **t** perfect; ~ **tum** the perfect tense.

perforere perforate.

pergament parchment; ~ **papir** parchment paper.

periferi periphery; ~ **ode** period; ~ **odevis** periodic(al); ~ **skop** periscope.

perle pearl; (glass) bead; ~ **fisker** pearl-diver; ~ **halsbånd** pearl-necklace; ~ **mor** mother-of-pearl.

perm cover; (omslag) file; ~ **anent** permanent; ~ **isjon** leave (of absence); ~ **ittere** (gi permisjon) grant leave; (sende bort) dismiss.

perpleks taken aback, perplexed.

perrong platform.

perser Persian; ~ **ianer** Persian lamb; khan; ~ **ienne** Venetian blind; ~ **ille** parsley; ~ **isk** Persian.

person person; *teat* character; ~ **ale** personnel, staff; ~ **ifikasjon** personification; ~ **ifisere** personify; ~ **lig** personal, in person; ~ **lighet** personality; ~ **nummer** civil registration number (C.R.N); ~ **søker** bleeper, pager.

perspektiv perspective.
pertentlig meticulous, prim.
pervers perverted.
pese pant.
pessimis|me pessimism; ~ **t** pessimist; ~ **tisk** pessimistic.
pest plague, pestilence.
petroleum kerosene, paraffin oil; (jordolje) petroleum.
pian|ist pianist; ~ **o** piano; ~ **o-krakk** music stool.
piet|et piety; ~ **etsfull** reverent; ~ **isme** pietism.
pigg spike; ~ **dekk** studded tyre; ~ **sko** spiked shoe; ~ **tråd** barbed wire; ~ **var** turbot.
pikant piquant, racy.
pike girl; ~ **navn** (etternavn) maiden name; **speider** ~ girlguide; ~ **år** girlhood.
pikkolo (hotellgutt) page; *amr* bellhop, bellboy; ~ **fløyte** piccolo.
pil *bot* willow; (til bue) arrow; ~ **ar** pillar; ~ **egrim** pilgrim; ~ **egrimsferd** pilgrimage.
pille *s* pill; *v* pick.
pils lager.
pine *s* & *v* pain, torment, torture; ~ **benk** rack.
pingvin penguin.
pinlig awkward, painful, embarrassing.
pinne stick; (vagle) perch; ~ **kjøtt** (smoked) mutton rib.
pinnsvin hedgehog.
pinse Whitsun(tide); ~ **dag** Whitsunday; ~ **lilje** white narcissus.
pinsett tweezers.
pion peony.
pionér pioneer.
pip squeak; ~ **e** *s* pipe; *mus* fife; *v* whistle; squeak; chirp; ~ **ekonsert** catcalls; ~ **erenser** pipe-cleaner.
piple trickle, ooze.
pir (fisk) young mackerel; (brygge) pier; (mindre) jetty.
pirat pirate.
pirk|e prod; ~ **eri;** ~ **et** niggling.
pirre irritate; stimulate.
piruett pirouette.
pisk whip; (pryl) flogging; ~ **e** -whip, flog; (fløte, egg) beat, whip.
piss piss, urine; ~ **e** piss, urinate; ~ **oar** urinal.
pistol pistol; *amr* gun.
pjokk toddler.
plag|e *s* & *v* trouble, bother, worry; *v* pester; harass; *s* nuisance; ~ **som** troublesome.
plagg garment.
plagi|at plagiarism; ~ **ere** plagiarize.
plakat placard, bill, poster.
plan *adj* plane; *s* plan, scheme, design, schedule; plane; (nivå) level; ~ **ere** level; ~ **et** planet.
planke plank; deal; ~ **gjerde** board fence, hoarding.
plan|legge plan; ~ **løs** planless; aimless; ~ **messig** systematic.
plansje (kart) chart.
plant|asje plantation; ~ **asjeeier** planter; ~ **e** *s* & *v* plant; ~ **eskole** forest nursery.
plapre babble, prattle.
plask; ~ **e** splash; ~ **regn** downpour.
plass (rom) room, space; (sted) place; (firkantet ~ i en by) square; (rund ~) circus; (sitte-) seat; (lønnet post), place, situation.
plassere place, locate; *merk* invest.
plaster plaster.
plast|flaske plastic bottle; ~ **ikk;** ~ **isk** plast; plastic.
plate plate; (bord-) top; (stein-) slab; (tynn metall- *el* glass-plate) sheet; (grammofon-) record; *elektr* hotplate; ~ **spiller** record player.
platina platinum.
platt flat; vulgar; ~ **form** platform; ~ **fot** flat foot; ~ **-tysk** Low German.
platå plateau, tableland.
pledd (reise-) travelling rug; plaid.
pleie *v* (ha for vane) usually do st; (pleide å) used to do st; (passe) tend, nurse, look after, foster; *s* nursing; tending; ~ **barn** foster-child; ~ **hjem** nursing home; ~ **r,** ~ **rske** nurse.

plen lawn; ~ **klipper** lawn mower.
plenum, i ~ in plenary session.
plett spot; *fig* blot; (sølv-) silver
plate; ~ **fri** spotless.
plikt duty; ~ **ig** obliged, (in duty)
bound; ~ **oppfyllende** dutiful.
plire blink, squint.
plissé pleating.
plog plough; ~ **fure** furrow.
plombe (i tann) filling; (bly-)
(lead) seal; ~ **re** (tann) fill, stop;
(forsegle) seal (with lead).
plomme (egg) yolk; (frukt) plum.
pludre babble.
plugg peg; plug; sturdy boy; ~ **e**
plug.
plukke pick; gather.
plump *adj* coarse, vulgar; *s*
splash; ~ **e** plump; ~ **het** vulgari-
ty.
pluss plus.
plutselig *adj* sudden, abrupt; *adv*
suddenly.
plyndre plunder, pillage; rob;
maraud; ~ **ing** pillage, plunder-
ing, marauding.
plysj plush.
plystre whistle.
pløse (i sko) tongue; (pose) bag;
~ **t** baggy, bloated, flabby.
pløye plough.
podagra gout.
pode *v* graft.
poeng point; ~ **tere** emphasize;
~ **tert** *adv* pointedly.
poesi poetry; ~ **t** poet.
pokal cup.
pokker the deuce, the devil, damn.
pol pole; ~ **akk** Pole; ~ **ar** polar;
~ **arisere** polarize; ~ **arsirkel** po-
lar *(el* arctic) circle.
polemikk controversy; ~ **sk** con-
troversial, polemic.
Polen Poland.
polere polish.
poliklinikk policlinic.
polise policy; ~ **ti** police; ~ **tifull-
mektig** superintendent; ~ **tikam-
mer** police-station; ~ **tiker** politi-
cian; ~ **tikk** (virksomhet) poli-
tics; (linje, fremgangsmåte) poli-
cy; ~ **timann** police officer, po-
liceman, cop, bobby; ~ **timester**
chief constable, chief of police;

~ **tisk** political; ~ **tistasjon** po-
lice-station; ~ **tur** polish.
polsk Polish.
polstre upholster.
polygami polygamy.
polypp *zool* polyp; *med* polyp(us).
pomade pomade.
pomp pomp, state; ~ **og prakt**
pageantry; ~ **øs** pompous, stately.
ponni pony.
poppel poplar.
popularisere popularize; ~ **aritet**
popularity; ~ **ær** popular.
pore pore.
pornografi pornography; ~ **sk**
pornographic.
porselen china, porcelain; ~ **svarer**
china(-ware).
porsjon portion, share; (mat) help-
ing.
port gate; ~ **al** portal; ~ **efølje**
portfolio; ~ **emoné** purse; ~ **for-
bud** curfew; ~ **ier** hallporter;
~ **iere** curtain, portiére; ~ **ner**
porter; ~ **o** postage; ~ **rett** por-
trait; ~ **ugal** Portugal; ~ **ugiser;**
~ **ugisisk** Portuguese; ~ **vin** port.
porøs porous.
pose bag; ~ **re** pose.
posisjon position; ~ **tiv** positive;
~ **tur** attitude, pose.
post (brev *o.l.)* post, mail; (-vesen)
post; (stilling) appointment, post,
situation; (på program og i regn-
skap) item; ~ **anvisning**
money order; ~ **boks** post office
box; ~ **bud** postman; *amr* mail-
man.
poste post, mail.
postei pie; pâté.
postere post; ~ **giro** post giro,
postal cheque (service); ~ **hus**
post office; ~ **kasse** letterbox;
~ **kontor** post office; ~ **kort** post-
card; ~ **legge** post, mail; ~ **mester**
postmaster; ~ **nummer** postcode;
~ **oppkrav** (sende mot ~) send
C.O.D. (cash on delivery); ~ **pak-
ke** postal parcel; ~ **stempel** post-
mark.
pote paw.
potens power; (kjønnskraft også)
potency.
potet potato; **franske** ~ **er** chips;

~ **mel** potato flour; ~ **stappe** mashed potatoes.

pott|aske potash; ~ **e** pot; ~ **ema-ker** potter; ~ **eplante** pot(ted) plant.

P-pille contraceptive pill.

pragmatisk pragmatic.

Praha, Prag Prague.

praie hail.

prak|sis practice; ~ **t** splendour; ~ **tfull** splendid, magnificent; ~ **tikant** trainee; ~ **tisere** practise; ~ **tisk** practical.

pram (flat-bottomed) rowboat; barge.

prange shine; ~ **med** show off; ~ **nde** flashy.

prat; ~ **e** chat; ~ **som** talkative.

predikant preacher.

preferanse preference; ~ **aksje** preference share.

preg impress, stamp; ~ **e** stamp, characterize.

preke preach; ~ **n** sermon; ~ **stol** pulpit.

prektig splendid; excellent; gorgeous.

prekær precarious.

prelle av glance off.

preludium prelude.

premie (forsikrings-) premium; (belønning) prize, award; ~ **konkurranse** prize competition.

première first night *el* performance.

premisse premise.

prepar|at preparation; ~ **ere** prepare.

preposisjon preposition.

presang present, gift.

presenning tarpaulin.

presen|s the present (tense); ~ **tabel** presentable; ~ **tasjon** (av person) introduction; (av veksel) presentation; ~ **tere** (person) introduce **(for:** to); (regning, veksel) present.

presid|ent president; (ordfører) chairman; ~ **ere** preside.

presis precise, punctual; (om klokkeslett) sharp; ~ **ere** define precisely; ~ **jon** precision.

press pressure; (påkjenning) strain; ~ **e** *s* press; *v* press; (sam-

men) clench; ~ **ebyrå** news agency; ~ **efrihet** freedom of the press; ~ **ekonferanse** press-conference; ~ **erende** urgent; ~ **gruppe** pressure group.

prest clergyman; parson; (katolsk) priest; (sogne-) rector, vicar; (kapellan) curate; (skips-, felt- *etc)* chaplain; (Skottland og dissenter-) minister; ~ **asjon** achievement; ~ **egård** rectory, vicarage; ~ **ekjole** cassock; ~ **ekrage** *bot* ox-eye daisy; ~ **ere** perform, achieve; ~ **isje** prestige.

pretensiøs pretentious.

preteritum imperfect, past tense.

Preussen Prussia.

preven|sjon contraception; ~ **tiv** *adj* preventive; ~ **tive midler** contraceptives.

prikk dot; (flekk) spot; ~ **e** dot; (stikke) prick.

prim|a first-class; ~ **itiv** primitive; ~ **us** primus; spirit stove; ~ **ær** primary.

prins prince; ~ **esse** princess; ~ **gemal** Prince Consort; ~ **ipiell** fundamental, in principle; ~ **ipp** principle.

priorit|ere give preference *(el* priority) to; ~ **et** priority; (pant) mortgage; ~ **etsaksje** preference share; ~ **etslån** mortgage loan.

prippen prim.

pris price; (premie) prize, award; ~ **avslag** allowance, reduction in the price, discount; ~ **e** (rose) praise; (fastsette prisen på) price; ~ **fall** fall in price(s); ~ **forhøyelse** se *-stigning;* ~ **lapp** price tag; ~ **liste** price-list; ~ **me** prism; (i lysekrone) drop; ~ **nedsettelse** reduction in *(el* of) prices; price reduction; ~ **notering** quotation; ~ **stigning** rise of *(el* in) prices; ~ **stopp** price freeze; ~ **verdig** praiseworthy.

privat private; ~ **isere** privatize.

privilegium privilege.

problem problem.

produ|ksjon production; ~ **kt** product; ~ **ktiv** productive; ~ **sent** producer; grower; ~ **sere** produce.

pro|fan profane; ~ fesjon profession; (håndverk) trade; ~ fesjonell professional; ~ fessor professor; ~ fet prophet; ~ feti prophecy; ~ fil profile; ~ fitt; ~ fittere profit.

pro|gnose prognosis; ~ gram, ~ grammere program(me); ~ grammerer programmer; ~ gressiv progressive; ~ klamasjon proclamation; ~ klamere proclaim.

pro|letar proletarian; ~ log prologue; ~ menade promenade; ~ mille per thousand.

pro|nomen pronoun; ~ pell propeller; screw; ~ porsjon proportion.

propp plug; ~ e (fylle) cram; ~ e seg gorge (oneself); ~ full choke-full.

prosa prose; ~ isk prosaic.

prosed|ere *jur* plead; ~ yre final addresses of counsel; (fremgangsmåte) procedure.

prosent per cent; (-sats) percentage.

prosesjon procession.

prosess *jur* (law)suit, action; (kjemi) process.

pro|sjekt project, scheme; ~ sjektør *teat* spotlight; (til film) projector; ~ sjektil projectile; ~ spektkort (picture) postcard; ~ stituert prostitute; ~ stitusjon prostitution.

pro|test protest; ~ testant Protestant; ~ testere protest; ~ tokoll register, record (møte-) minutebook; ~ tokollere register, record.

proviant provisions; ~ ere take in supplies.

pro|vins province; ~ vinsiell provincial; ~ visjon commission; ~ visorisk provisional, temporary; ~ vokasjon provocation; ~ vosere provoke.

prute haggle, bargain.

pryd ornament; ~ e adorn, decorate, ornament.

pryl thrashing, beating; ~ e thrash, beat, cane.

prærie prairie.

prøve *s* trial, test; (av noe, vare-) sample; *teat* rehearsal; *v* try; (fag-

messig) test; *teat* rehearse; ~ lse trial, ordeal; ~ rør test tube; ~ rørsbarn test tube baby; ~ tid probation; ~ tur trial trip.

prøving og feiling trial-and-error.

prøyss|er; ~ isk Prussian.

psevdonym pseudonym, pen-name.

psyk|iater psychiatrist; ~ iatri psychiatry; ~ isk psychic(al); ~ oanalyse psychoanalysis; ~ olog psychologist; ~ ologi psychology; ~ ologisk psychological.

pubertet puberty.

publi|kasjon publication; ~ kum the public; *teat* audience; ~ sere publish.

puddel poodle.

pud|der; ~ re powder.

pudding pudding.

puff; ~ e push, jostle.

pugg; ~ e cram, swot.

pukkel hump, hunch; ~ rygg hunch-back.

pulje *idr* division, group; (i spill) pool.

pull (på hatt) crown.

puls pulse; ~ ere pulsate, throb; ~ åre artery.

pult desk.

pulver powder; ~ kaffe instant coffee.

pumpe *s & v* pump.

pund pound; ~ seddel pound note.

pung purse; *zool* pouch; ~ dyr marsupial.

punkt point; (prikk) dot; ~ ere ~ ering puncture; ~ lig punctual; ~ um full stop.

punsj punch.

pupill pupil.

puppe *zool* pupa, chrysalis; ~ hylster cocoon.

pur (ren, skjær) pure.

puré purée.

puritan|er Puritan; ~ sk puritan(ical).

purke sow.

purpur purple.

purre *s* leek; *v* (vekke), call; rouse; *mar* turn out; (minne om) remind of, press for.

pus pussy.

pusle (små-) fiddle, potter; ~ spill (jig-saw) puzzle.

puss (materie) pus; (pynt) finery;
(mur) plaster; (påfunn) trick; ~ **a**
tipsy; ~ **e** clean; polish; ~ **e opp**
redecorate; ~ **emiddel** polish;
~ **ig** queer, funny.
pust breath; (vind-) puff; ~ **e**
breathe; ~ **erom** breathing space,
respite.
pute (sofa-) cushion; (hode-) pil-
low; ~ **var** pillow-case *(el* slip).
putre (småkoke) simmer.
pygmé pygmy.
pyjamas pyjama(s).
pynt ornament; (besetning) trim-
mings; (odde) point; ~ **e** dec-
orate; ~ **e seg** dress up.
pyramide pyramid; ~ **oman** pyro-
maniac.
Pyrenéene the Pyrenees.
pyse sissy; drip.
pytonslange phython.
pytt *s* pool, puddle.
pæl pole, stake.
pære pear; *elektr* bulb.
pøbel mob (om flere), cad (om
en); ~ **aktig** vulgar.
pøl pool, puddle.
pølse sausage; ~ **bu** hot dog stand.
pøns(k)e på be up to; ~ **ut** de-
vise, think out.
pøs bucket; ~ **e** pour.
på *prp* on, upon; ~ **berope seg**
plead; ~ **bud**; ~ **by** order; ~ **dra
seg** incur.
påfallende striking; ~ **fugl** pea-
cock; ~ **funn** invention; ~ **fyll**
refill; ~ **følgende** following, sub-
sequent; ~ **gripe** *jur* arrest; ~ **gå-
ende** pushing; ~ **hengsmotor** out-
board motor.
påkalle (oppmerksomheten) at-

tract; ~ **kjenning** strain, stress;
~ **kledd** dressed; ~ **kledning**
dress.
påle pole, stake.
pålegg (forhøyelse) increase, rise;
(på brød) cheese, meat etc.; ~ **leg-
ge** (skatt *o.l.)* impose; ~ **litelig**
reliable, dependable, trustworthy;
~ **litelighet** trustworthyness.
påminne admonish; ~ **minnelse**
reminder, admonition; ~ **mønstre**
engage; ~ **passelig** attentive, care-
ful; ~ **peke** point out; ~ **pekende**
gram demonstrative; ~ **rørende**
relative.
påse at see (to it) that, take care
that.
påske Easter; ~ **dag** Easter Day
el Sunday; ~ **lilje** daffodil.
påskjønne (belønne) reward;
~ **skrift** inscription; (på veksel
o.l.) endorsement; (underskrift)
signature; ~ **skudd** pretext, ex-
cuse; ~ **skynde** hasten; ~ **stand**
assertion; ~ **stå** assert, maintain;
allege; ~ **stålelig** assertive, stub-
born.
påta seg assume, undertake; ~ **ta-
le** *v* criticize; *s* censure; *jur* prose-
cution; ~ **talemyndighet** prosecut-
ing authority; ~ **tegne** en-
dorse; (underskrive) sign; ~ **tren-
gende** obtrusive; (~ **nødvendig)**
urgent; ~ **trykk** pressure; ~ **tvinge**
force upon.
påvente: i ~ **av** in anticipation
of; pending; ~ **virke** affect;
~ **virkning** influence; ~ **vise** point
out, show; (bevise) prove; ~ **vis-
ning** demonstration.

R

rabalder noise, row.
rabarbra rhubarb.
rabatt *merk* discount; (bed) bor-
der.
rabbiner rabbi.
rable scribble.
rad row; **på** ~ in a row.
radaranlegg radar installation.

radiator radiator.
radikal; ~ **er** radical; ~ **isme** radi-
calism.
radio radio, wireless; ~ **aktiv** ra-
dioactive; ~ **apparat** radio set;
~ **skopi** radioscopy.
radium radium; ~ **s** radius.
radmager lanky.

raffin|ade lump sugar; ~ **ere** refine; ~ **eri** refinery.

rage (fram) project; (~ **opp**) rise, tower.

raid raid.

rak straight; ~ **e** (angå) concern; (med rive) rake.

rakett rocket; *mil* missile.

rakke ned på abuse, run down, disparage.

rakne (om tøy) rip; (om strømpe) ladder; ~ **fri** ladderproof.

rakrygget erect, upright.

ralle rattle.

ram (om smak) acrid, rank; ~ **a-skrik** outcry; ~ **bukk** rammer.

ramle (falle) tumble; (skramle) rumble, lumber.

ramme *v* hit, strike; *s* frame.

ramn raven.

ramp *koll* mob, rabble; (en person) hooligan; ~ **elys** footlights; *fig* limelight; ~ **onere** damage.

rams; på ~ by rote; ~ **e opp** reel off.

ran robbery.

rand (kant) edge; border; (på glass) brim; *fig* brink, verge.

rane rob; ~ **r** robber.

rang rank; (for-) precedence; ~ **el** spree, booze, revel; ~ **ere** rank; ~ **le** (rasle) rattle; (ture) go on the booze *el* spree, revel, gad about; *s* rattle.

rank straight, erect.

ran|sake search, ransack; *dt* frisk; ~ **sel** knapsack; (skole-) satchel; ~ **smann** robber.

rap; ~ **e** belch.

rapp *adj* quick, swift.

rapphøne partridge.

rapport; ~ **ere** report.

rar queer, strange; ~ **ing** odd type; freak; ~ **itet** curiosity.

ras landslide, landslip; (snø-) avalanche; ~ **e** (ut) slide; (være rasende) rage, rave; storm; *s* race; (dyre-) breed; ~ **ediskriminering** racial discrimination; ~ **ehat** racial hatred; ~ **ende** furious; **gjøre** ~ **ende** infuriate; ~ **ere** raze; ~ **eri** fury, rage, frenzy; ~ **e opp-over** sky-rocket; ~ **eskille** segre-

gation, apartheid; ~ **isme** racism; ~ **ist** racist.

rasjon; ~ **ere;** ration; ~ **alisere** rationalize; ~ **ering** rationing.

rask *adj* quick; rapid, swift, fast.

rasle rattle; rustle; clank.

rasp; ~ **e** rasp.

rast; ~ **e** rest; ~ **løs** restless.

rate instalment; (frakt-) rate.

ratt (steering-) wheel.

raut; ~ **e** low.

rav *s* amber; ~ **e** stagger, reel.

ravine ravine.

ravn raven.

razzia raid; crackdown.

re (en seng) make a bed.

re|agensglass test-tube; ~ **agere** react; ~ **aksjon** reaction; ~ **aksjonær** reactionary.

real honest; straight; (virkelig) real; ~ **fag** science; ~ **isasjon** realization; (utsalg) disposal sale; ~ **isere** realize; ~ **isme** realism; ~ **ist** realist; (lærer i realfag) science teacher; ~ **itet** reality; ~ **lønn** real wages.

rebel|l rebel; ~ **sk** rebellious.

red roads *pl.*

redak|sjon (kontor) editorial office; (stab) editorial staff; ~ **tør** editor.

redd afraid, scared, frightened.

redde save; (befri) rescue.

reddik radish.

rede ready; ~ **gjøre** give an account (**for:** of); ~ **gjørelse** account, statement; ~ **lig** honest; ~ **r** shipowner; ~ **ri** shipping company.

redigere (avis) edit; (formulere) draft.

redning saving; rescue; ~ **sbelte** lifebelt; ~ **sbåt** lifeboat; ~ **svest** life-jacket.

redsel horror, terror; ~ **sfull** horrible, terrible, dreadful; ~ **skabinett** chamber of horrors.

redskap tool, implement; appliance; utensil.

redu|ksjon reduction; ~ **sere** reduce.

reell real.

refer|anse reference; ~ **at** report; (fra møte) minutes; ~ **erent** reporter; ~ **ere** (et møte) report; (~ **til**) refer (to).

refleks reflex; ~ **tere** reflect (**over: on**).

reform|asjon reformation; ~ **ere** reform.

refreng refrain, chorus.

refse chastise, punish; ~ **lse** chastisement, punishment.

refunder|e refund; ~ **ing** refundment.

regatta regatta.

regel rule; ~ **brudd** foul; ~ **messig** regular.

reg|ent ruler, regent; ~ **gime** regime; ~ **giment** regiment; ~ **gion** region; ~ **gissør** *teat* stage manager; (film) director.

regist|er register, record; (alfabetisk) index; ~ **rere** register, record; ~ **reringsgebyr** registration fee.

regjer|e govern, rule, reign; ~ **ing** government; ~ **ingstid** reign.

regle jingle; ~ **ment** regulations.

regn rain; ~ **bue** rainbow; ~ **byge** shower; ~ **e** rain; (telle) count; (be-) reckon, calculate, enumerate; compute; ~ **efeil** miscalculation; ~ **emaskin** calculator, computer; ~ **eoppgave** arithmetical problem; ~ **frakk** raincoat; ~ **ing** (fag) arithmetic; (regnskap) account; (for varer *el* annet) bill; ~ **skap** account(s); ~ **skapsbilag** voucher; ~ **skapsfører** accountant; ~ **skog** rain forest; ~ **skur** shower; ~ **vær** rainy weather.

regul|ativ (lønns-) scale of wages; ~ **erbar** adjustable; ~ **ere** regulate; (justere) adjust; ~ **ering** regulation, adjustment.

rehabilitere rehabilitate.

rein reindeer.

rein *adj* clean; (ublandet) pure; ~ **gjøring** cleaning (up); ~ **hold** cleaning; ~ **t** *adv* (helt) purely, quite, completely.

reip rope.

reir nest.

reise *vt* raise, erect; *vi* go; (av-) leave, depart (**til**: for); (være på reise) travel; *s* journey; *mar* voyage; passage; (**kort** ~) trip; ~ **by**-

rå travel bureau, tourist agency; ~ **gods** luggage; ~ **leder** guide, tour conductor; ~ **nde** traveller; ~ **radio** portable radio; ~ **rute** itinerary; ~ **sjekk** traveller's cheque.

reisning revolt; (holdning) carriage.

reke *v* (drive) stray, roam; *s* shrimp, (større) prawn.

rekke *v* reach; (levere) hand; pass; *s* row, range, series; *mil* rank; *mar* rail; ~ **følge** order, sequence; ~ **hus** terraced *(el* undetached) house; ~ **vidde** reach, scope.

rekkverk rail(ing); (i trapp) banisters *pl.*

reklam|asjon complaint; (krav) claim; ~ **e** advertising; ~ **ebyrå** advertising agency; ~ **epåfunn** gimmick; ~ **ere** (klage) complain, claim; (drive reklame) advertise; ~ **etavle** billboard.

re|kognosere reconnoitre; ~ **kommandert brev** registered letter; ~ **konvalesens** convalescence; ~ **konvalesent** convalescent; ~ **kord** record; ~ **kreasjon** recreation; ~ **krutt**; ~ **kruttere** recruit.

rektor headmaster; (ved fagskole) principal; (universitet) rector.

rekvisisjon requisition.

rekyl; ~ **ere** recoil.

relativ relative; ~ **itetsteorien** the theory of relativity.

relevant relevant, pertinent.

relieff relief.

religi|on religion; ~ **øs** religious.

relikvie relic.

reling gunwale.

rem strap; (liv-) belt; ~ **isse** remittance; ~ **se** strip.

ren se *rein.*

renessanse renaissance.

renn run; *idr* race, run; ~ **e** *s* conduit, pipe; (tak-) spout; *mar* channel; (i is) lane; (grøft) canal, drain, gully; *v* run; flow; (sola) rise; (lekke) leak; ~ **eløkke** noose; ~ **estein** gutter.

renommé reputation.

renonsere på renounce, give up.

renovasjon garbage collection;
~ **sarbeider** garbage collector.
rense clean; purify; purge; (kjemisk) dry-clean; ~ **anlegg** purifier
plant; ~ **ri** cleaner's.
rente(r) interest; ~ **fot** rate;
~ **srente** compound interest.
reol shelves *pl* book-case.
rep rope.
reparasjon; ~ **ere** repair.
repertoar repertory; ~ **petere** revise; repeat; ~ **petisjon** revision;
repetition; ~ **plikk** *jur* rejoinder;
teat speech; ~ **plisere** reply;
~ **portasje** report; *rad* (running)
commentary.
represalier reprisals.
representant representative; ~ **a-sjon** representation; (bevertning)
entertainment; ~ **ere** represent.
reprimande reprimand.
reprise *teat* revival; *rad* repeat.
reproduksjon reproduction; ~ **sere**
reproduce.
republikaner; ~ **ikansk** republican; ~ **ikk** republic.
resepsjon (hotell) reception desk;
~ **ist** receptionist; ~ **ssjef** reception clerk, receptionist.
resept prescription.
reservasjon reservation; ~ **at** (wild
life) preserve; (Indian) reservation; ~ **e** reserve; ~ **edel**
spare part; ~ **elege** assistant physician; ~ **ere** reserve; ~ **ert** aloof;
~ **oar** reservoir, basin.
residens residence; ~ **signasjon**
resignation; ~ **signert** resigned;
~ **sirkulere** recycle; ~ **sirkulering**
recycling ~ **solusjon** resolution;
~ **sonans** resonance; ~ **sonnement**
reasoning; ~ **sonnere** reason.
respekt respect, regards; ~ **abel**
respectable; ~ **ere** respect.
respons response.
ressurser resources.
rest remainder; (med bestemt *art)*
rest; (av beløp, ordre) balance;
~ **anse** arrears *pl.*
restaurant restaurant; ~ **atør** restaurant keeper; ~ **ere** restore,
renovate.
rester (mat) left-overs; ~ **ere** re-

main, be left; ~ **riksjon** restriction, clampdown.
resultat outcome; ~ **tattavle** scoreboard; ~ **tere** result.
resurs resource.
resymé summary, résumé; ~ **ere**
sum up, summarize.
retning direction; ~ **slinje** guideline; ~ **snummer** (telefon) dialling
code; ~ **sviser** (bil) trafficator,
direction indicator.
retorikk rhetoric.
rett *s* (mat) dish, course; (motsatt
urett) right; *jur* lawcourt; **ha** ~
be right; *adj adv* right; (direkte)
straight; ~ **e** (gjøre ben) straighten; correct; (henvende) address,
direct; *s* the right side; ~ **else**
correction; ~ **ergang** process, trial; ~ **esnor** *fig* guide.
rettferdig just; ~ **het** justice.
rettighet right, privilege; ~ **ledning** guidance; ~ **messig** lawful,
legitimate; ~ **skaffen** upright;
~ **skrivning** orthography, spelling; ~ **slig** legal; ~ **ssak** case,
(law)suit, trial; ~ **stjener** usher;
~ **tenkende** rightminded; ~ **vinklet** right-angled.
retur return; ~ **billett** return(ticket); ~ **nere** return; ~ **provisjon**
kickback.
rev *mar* reef; *zool* fox.
revansje revenge; ~ **velje** reveille;
~ **vers** reverse.
revesaks fox-trap.
revidere revise; (som revisor) audit; ~ **sjon** revision; (av regnskap) audit(ing); ~ **sor** auditor,
(statsautorisert ~) chartered accountant.
revmatisk rheumatic; ~ **isme** rheumatism.
revne *s* (sprekk) crack; (flenge)
rent; *v* (briste) crack; (sprekke)
tear.
revolusjon revolution; ~ **volusjonær** revolutionary; ~ **volver** revolver; ~ **vy** (mønstring) review;
teat revue.
Rhinen the Rhine.
ri *s* fit, spell; *v* se **ride.**
ribbe *s* rib; *idr* wall bars; (svine) ~
pork rib; *v* pluck; ~ **n** rib.

ridder knight; ~ **lig** chivalrous; ~ **vesen** chivalry.

ride ride, go on horseback; ~ **hest** saddle horse; ~ **kunst** horsemanship; ~ **pisk** horsewhip; ~ **tur** ride.

rifle (gevær) rifle.

rift tear; (på kroppen) scratch; (etterspørsel) rush, demand.

rigg rigging; ~ **e** (til) rig.

rik rich, wealthy; ~ **dom** riches; wealth; ~ **e** kingdom; ~ **elig** plentiful, abundant; ample, copious; bountiful; ~ **sadvokat** attorney-general; ~ **srettsanklage** impeachment; ~ **stelefon** (sentral) trunk exchange; (samtale) trunk *(el* long-distance) call.

riktig *adj* right, correct; *adv* (ganske) quite; ~ **het** correctness; ~ **nok** ... (men), it is true... (but).

rim (-frost) hoar frost, rime; (vers) rhyme; ~ **e** rime; rhyme; ~ **elig** reasonable.

ring ring; ~ **e** ring; *adj* (tarvelig) poor; (ubetydelig) slight; ~ **eakt** contempt, disregard; ~ **eakte** despise; ~ **eapparat** bell; ~ **er** ringer.

rip(e) (båt-) gunwale; ~ **e** *s & v* scratch.

rippe opp i rake up.

rips *bot* red currant.

ris (kvister) twigs; (til straff) rod; (bjørke-) birch; (korn) rice; ~ **e** *v* birch, spank; *s* giant; ~ **engryn** rice.

risikabel hazardous; risky; ~ **ere;** ~ **o** risk.

risle ripple, run.

risp; ~ **e** scratch.

riss (utkast) sketch, draft; ~ **e** scratch; (tegne) draft, sketch, outline.

rist (jern-) grate, grating; broil; (på fot) instep; ~ **e** (steke) grill; (brød) toast; (ryste) shake.

ritt ride.

ritual ritual.

rival; ~ **isere** rival.

rive *s* rake; *v* (flenge, rykke) tear; (snappe) snatch; ~ **ned** pull down, demolish; ~ **jern** grater, rasp; *fig* shrew.

ro *s* rest, tranquillity; (stillhet) quiet; *v* row, pull; ~ **båt** rowing boat.

robber (kortspill) rubber.

robust sturdy.

roe (seg) calm down; ~ **r** rower.

rogn (i fisk) roe; *bot* roan, rowan.

rojalist; ~ **tisk** royalist.

rokk spinning wheel; ~ **e** *v* (vugge) rock; (flytte) budge; (svekke) shake; *s* (fisk) ray.

rolig quiet, calm, still, placid.

rolle part, role; ~ **besetning** cast.

rom (værelse) room, (plass også) space; *mar* hold; (drikk) rum.

Roma Rome.

roman novel; ~ **forfatter** novelist; ~ **se;** ~ **tikk** romance; ~ **tisk** romantic.

Romatraktaten Treaty of Rome.

romer; ~ **sk** Roman; ~ **tall** Roman numeral.

romfarer astronaut; ~ **t** space travelling.

romme contain, hold; ~ **lig** spacious, roomy.

romskip spaceship.

rop; ~ **e** call, cry, shout, clamour; ~ **ert** megaphone.

ror helm; (blad) rudder; ~ **mann** helmsman.

ros praise.

rosa pink; ~ **e** *s* rose; *v* praise; commend; ~ **enkrans** rosary; ~ **enkål** Brussels sprouts *pl.*

rosin raisin.

rosverdig praiseworthy.

rot root; (uorden) disorder, mess, shambles; ~ **asjon** rotation; ~ **e** (lage rot) make a mess; (gjennom ~) rummage; ~ **ere** rotate, revolve; ~ **et** messy; ~ **festet** rooted; ~ **løs** rootless.

rotte rat; ~ **felle** rat-trap; ~ **gift** rodenticide.

rov prey; **drive** ~ **drift** exploit ruthlessly; *agr* exhaust the soil; ~ **dyr** beast of prey; predator.

ru rough.

rubin ruby.

rubrikk (spalte) column (til utfylling) space, blank.

rug rye; ~ **de** woodcock.

ruge brood; **(~ ut)** hatch.

ruin; ~ **ere** ruin; ~ **ert** broken.
rujern pig-iron.
rulett roulette.
rull roll; (valse) roller; (spole) reel; (tøy) mangle; *s* (kles-) mangle; ~ **ebane** runway; ~ **eblad** record; ~ **ebrett** skateboard; ~ **e- gardin** blind; ~ **eskøyte** roller-skate; ~ **estol** wheel *(el* Bath) chair; ~ **etrapp** escalator.
rum|le; ~ **mel** rumble.
rumpe buttocks *pl,* behind, rump, bum.
rund *adj adv* round; ~ **e** *s & v* round, lap; ~ **håndet** generous, openhanded; ~ **jule** thrash, clobber; ~ **kjøring** roundabout; ~ **reise** round trip; ~ **skriv** circular; ~ **skue** panorama; ~ **spørring** public opinion *(el* Gallup) poll; ~ **stykke** roll.
rune rune; ~ **alfabet** runic alphabet.
runge ring.
rus intoxication; ~ **drikk** intoxicant.
rushtid peak *(el* rush) hours.
rusk *s* (støvgrann) mote; (svær kar) hulk; *adj* crazy; ~ **e** pull; shake; ~ **evær** rough weather.
rusle loiter, potter.
russ|er; ~ **isk** Russian.
Russland Russia.
rust rust; ~ **e** rust; *mil* arm; (utstyre) fit out; ~ **en** rusty; ~ **fri** noncorrosive, stainless; ~ **ning** armour.
rute (vei) route; (forbindelse) service; (-plan) time-table; (glass) pane; (firkant) square; ~ **bil** bus; ~ **fly** airliner; ~ **r** (kort) diamonds; ~ **t** chequered.
rutine routine; (erfaring) experience, practice; ~ **arbeid** chores; ~ **rt** experienced.
rutsje glide, slide.
ruve bulk.
ry renown, fame.
ryd|de clear, tidy; ~ **dig** orderly, tidy; ~ **ning** clearing.
rye rug.
rygg back; (fjell-) ridge; ~ **e** back, reverse; ~ **esløs** depraved, profligate; ~ **marg** spinal cord; ~ **rad**

spine; *fig* backbone; ~ **sekk** rucksack.
ryke (gå i stykker), burst, snap; (sende ut røyk) smoke; (ulme) smoulder.
rykk; ~ **e** jerk, hitch; twitch; ~ **e inn** insert; ~ **e ned** relegate; ~ **evis** by jerks.
rykte rumour, report; (omdømme) reputation; ~ **s** be rumoured.
rynke *s & v* wrinkle; ~ **pannen** frown.
rype ptarmigan, grouse.
ryste shake; (forferde) shock; ~ **lse** concussion, tremor, quake.
rytm|e rhythm; ~ **isk** rhythmical.
rytter horseman, rider, equestrian.
rød red; ~ **bete** beetroot; ~ **brun** maroon; ~ **e hunder** German measles; **R-e Kors** Red Cross; ~ **hette** (Little) Red Riding Hood; ~ **me** *s & v* blush, flush; ~ **musset** ruddy; ~ **spette** plaice; ~ **strupe** robin; ~ **vin** red wine; (bordeaux) claret.
røkelse incense.
røm|me *vi* run away; (om fange) escape; *vt* (e)vacuate; *s* (heavy) cream; ~ **ning** flight, escape.
rønne hovel.
røntgen (-stråler) X-rays; ~ **behandling** X-ray treatment.
røpe betray, give away, divulge.
rør (ledning) pipe; rør; (mindre) tube; ~ **e** *v* move, stir; (seg) budge; (berøre) touch; (våse) talk nonsense; *s* (oppstyr) commotion, stir; (rot) muddle; ~ **ende** touching, moving; ~ **ledning** pipeline; ~ **legger** plumber, pipe layer; ~ **lig** movable; ~ **sukker** cane sugar.
røst voice.
røve rob; (plyndre) plunder; ~ **r** robber.
røyk; ~ **e** smoke; ~ **ekupé** smoker, smoking-compartment; ~ **er** smoker; ~ **fylt** smoky; ~ **varsler** smoke detector.
røys heap of stones; ~ **katt** stoat, ermine.
rå *s mar* yard; *adj* raw; crude; (grov) coarse; rude; vulgar; (luft) damp, raw; *v* se *råde*.

råd advice; counsel *sg;* (et ~) a piece of advice; (utvei) means; (forsamling) council; **ha** ~ **til** afford; ~ **e** advise; (herske) rule; ~ **elig** advisable; ~ **føre seg** consult; ~ **giver** adviser; counsellor, (på skole) school counsellor; ~ **hus** town hall, city hall; ~ **ighet** disposal; ~ **løs** perplexed; ~ **mann** alderman; ~ **slagning** deliberation; ~ **slå** consult, deliberate; ~ **smedlem** councillor; ~ **spørre** consult; ~ **vill** perplexed, at a loss.

råhet coarseness.
råk (is) lane.
råke se *treffe.*
råkald bleak.
råkjører road hog.
rå|materiale raw material; ~ **ne** boar; ~ **olje** crude oil; ~ **produkt** raw product; ~ **skap** brutality; ~ **stoff** raw material; ~ **tamp** ruffian.
råt|ne rot, decay; ~ **ten** rotten, decayed; ~ **tenskap** rottenness, decay.

S

sabbat Sabbath.
sabel sword; sabre; ~ **rasling** sabre rattling.
sabot|asje; ~ **ere** sabotage.
safir sapphire.
saft juice; *bot* sap; (med sukker) syrup; ~ **ig** juicy, succulent.
sag saw.
saga saga.
sag|bruk sawmill; ~ **e** saw; ~ **flis** sawdust.
sagn legend, tradition.
sak (anliggende) matter; affair; (emne) subject; (idé) cause; *jur* case; ~ **ke akterut** lag behind; ~ **kunnskap** expert knowledge, know-how; ~ **kyndig** expert; ~ **lig** unbiased; objective; ~ **lighet** objectivity; ~ **liste** agenda.
sakr|ament sacrament; ~ **isti** vestry, sacristy.
saks scissors *pl.*
sakser Saxon.
saksofon saxophone.
sak|somkostninger costs; ~ **søke** bring an action against; sue; ~ **søker** plaintiff; ~ **søkte** defendant.
sakt|e slow; ~ **ens** no doubt; ~ **modig** mild, meek, gentle; ~ **modighet** mildness; ~ **ne** (på farten) slow down; slacken.
sal hall; (hest) saddle.
salat *bot* lettuce; (rett) salad.
sald|ere; ~ **o** balance.

sale saddle.
salg sale; **til** ~ **s** for *(el* on) sale; ~ **savdeling** sales department; ~ **spris** selling price; ~ **ssjef** sales manager.
salig blessed, blest; ~ **het** salvation.
salmaker upholsterer, saddler.
salme hymn; ~ **bok** hymn-book.
salmiakk sal-ammoniac.
salong drawing-room; *mar* saloon; ~ **gevær** saloon rifle.
salpeter salpetre, nitre; ~ **syre** nitric acid.
salt *s & adj* salt; ~ **bøsse** salt castor; ~ **e** salt; ~ **holdig** saline; ~ **kar** saltcellar; ~ **lake** brine, pickle.
saltomortale somersault.
saltsild salted herring(s).
salutt; ~ **ere** salute.
salve (gevær-) volley; (smurning) salve, ointment, liniment; *v* anoint; ~ **lse** *fig* unction.
salær fee.
samarbeid co-operation, collaboration; ~ **e** co-operate, collaborate.
sam|band se *forbindelse;* ~ **boer** cohabitant; ~ **boerkontrakt** cohabitation pact; ~ **boerskap** cohabitation; ~ **eie** joint ownership; ~ **eksistens** coexistence; ~ **ferdselsmiddel** means of communication; ~ **funn** society, community;

~ **funnsforhold** social conditions; ~ **hold** concord; ~ **hørighet** solidarity; ~ **kvem** intercourse.

sam|le collect, gather, congregate; ~ **le opp** accumulate; ~ **lebånd** assembly line; ~ **leie** sexual intercourse; ~ **ler** collector; ~ **ling** collection; (mennesker) assembly.

samme the same.

sammen together; ~ **bitt** clenched; ~ **blanding** mixture; (forveksling) confusion; ~ **brudd** collapse, breakdown; ~ **drag** summary, précis; ~ **fatte** sum up; ~ **filtring** entanglement; ~ **flette** intertwine; ~ **føyning** joining, junction; ~ **heng** connection, coherence, context; ~ **hengende** coherent, cohesive; ~ **kalle** convoke; se *innkalle;* ~ **komst** meeting; ~ **kople** couple; ~ **krøpet** crouching; ~ **ligne** compare; ~ **ligning** comparison.

sammen|satt (innviklet) complex; compound; (~ **av**) composed of; ~ **setning** composition; ~ **slutning** union, cartel; *merk* amalgamation, merger; ~ **smeltning** fusion; amalgamation; ~ **støt** collision, encounter; clash; ~ **surium** hotchpotch; ~ **sveise** weld together; ~ **sverge seg** conspire; ~ **svergelse** conspiracy; ~ **svoren** conspirator; ~ **treff** coincidence; ~ **trekning** contraction; ~ **trengt** concentrated; ~ **trykt** compressed.

sam|ordne co-ordinate; ~ **råd** consultation; ~ **svar** se *overensstemmelse;* ~ **t** together with; ~ **tale** *s* conversation, talk; *v* converse, talk; ~ **taleavgift** charge for a call; ~ **tidig** *adj* contemporary; (**som inntreffer ~**) simultaneous; *adv* at the same time; ~ **tykke** *v* *& s* consent; assent; ~ **virkelag** co-operative society; ~ **vittighet** conscience; ~ **vittighetsfull** conscientious; ~ **vittighetskval** pangs of conscience; ~ **vittighetsløs** unscrupulous.

sanatorium sanatorium.

sand sand, grit; ~ **al** sandal; ~ **papir** sand-paper.

saner|e (bydel) clear (slums); *merk* reorganize.

sang song; singing; ~ **er** singer; ~ **kor** choir.

sanitet *mil* medical corps; ~ **sbind** sanitary towel.

sanitær sanitary.

sanksjon; ~ **ere** sanction.

sankt Saint, St.; ~ **hansaften** Midsummer Eve; ~ **hansorm** glowworm.

sann true; ~ **elig** indeed; ~ **ferdig** truthful; ~ **het** truth; ~ **synlig** probable, likely; ~ **synlighet** probability, likelihood; ~ **synligvis** probably, most likely.

sans sense; ~ **e** perceive, notice; ~ **elig** sensuous; (sensuell) sensual; ~ **eløs** senseless.

sardin sardine.

sarkofag sarcophagus.

sart delicate, tender.

satellitt satellite.

sateng satin; (imitert) sateen.

satir|e satire; ~ **isk** satiric(al).

sats (takst) rate; *typogr* type; *mus* movement; (ved sprang) take-off; ~ **e på** take on.

sau sheep; ~ **ebukk** ram; ~ **ekjøtt** mutton.

saus sauce, gravy; ~ **nebb** sauce boat.

savn want; ~ **e** (lengte etter) miss; (mangle) want, be missing.

scene scene; *teat konkr* stage.

se see; (se på) look.

sebra zebra.

sed custom, usage.

seddel slip of paper; (penge-) (bank-)note.

sedelighetsforbryter sexual criminal.

sedvan|e custom, usage; ~ **erett** customary law; (i England) common law; ~ **lig** customary, usual.

segl seal; ~ **lakk** sealing-wax.

segne sink, drop.

sei *zool* coalfish.

seidel mug, tankard.

seier victory; ~ **herre** victor, conqueror; ~ **rik** victorious; ~ **sikker** confident of victory.

seig tough.

seil sail; ~ **as** sailing, race; ~ **bar**

navigable; ~ **båt** sailing boat; ~ **duk** canvas; ~ **e** sail; ~ **fly** glider.

sein se *sen*.

seire conquer, win, be victorious.

sekk sack; (mindre) bag; ~ **epipe** bagpipe.

sekret secretion; ~ **ariat** secretariat; ~ **ær** secretary.

seks six.

seksjon section.

sekstant sextant; ~ **ten** sixteen; ~ **ti** sixty; ~ **ualdrift** sexual instinct *el* urge; ~ **ualundervisning** sex instruction; ~ **uell** sexual.

sekt sect; ~ **or** sector.

sekund second; ~ **a** second-rate; ~ **ant**, ~ **ere** second; ~ **ær** secondary.

sel seal.

sele *s & v* harness; ~ **r** (bukse-) braces; *amr* suspenders; ~ **tøy** harness.

selfangst sealing, seal fishery.

selge sell; ~ **r** seller; (yrke) salesman.

selje sallow.

selleri celery.

selskap (-elig sammenkomst) party; company; (forening) society; (aksje- o.l.) company; ~ **elig** social; (~ anlagt) sociable; ~ **santrekk** evening dress; ~ **sreise** conducted tour.

selters seltzer (water).

selv *pron* myself *etc; adv* even; ~ **aktelse** self-respect, self-esteem; ~ **angivelse** income tax return.

selvbebreidelse self-reproach; ~ **bedrag** self-delusion; ~ **beherskelse** self-command; ~ **betjening** self-service; ~ **bevisst** self-confident; ~ **biografi** autobiography.

selveier freeholder; ~ **ervervende** self-supporting; ~ **forsvar** self-defence; ~ **følge** matter of course; ~ **følgelig** *adj* natural; obvious; matter-of-course; *adv* of course, naturally.

selvgjort self-made; ~ **god** conceited; ~ **hjulpen** self-supporting; ~ **isk** selfish; ~ **lysende** phosphorescent; ~ **mord; ~ morder** suicide; ~ **motsigelse** self-contradiction.

selv om even if; even though; ~ **oppofrelse** self-sacrifice; ~ **portrett** self-portrait; ~ **råderett** autonomy; ~ **rådig** wilful; ~ **rådighet** wilfulness.

selvsagt se *selvfølgelig;* ~ **sikker** self-confident; ~ **starter** self-starter; ~ **stendig** independent; ~ **stendighet** independence; ~ **styre** self-government, autonomy; ~ **suggestion** autosuggestion; ~ **syn** personal inspection.

selvtekt taking the law into one's own hands; ~ **tilfreds** self-satisfied, complacent; ~ **tillit** self-confidence.

sement; ~ **ere** cement.

semester term; *amr* semester.

semifinale semi-final.

semsket (skinn) chamois (leather).

semule(gryn) semolina.

sen (langsom) slow, tardy; (tid) late; ~ **t** late; ~ **t ute** belated.

senat senate; ~ **or** senator.

sende send; (ved bordet) pass; *rad* transmit; ~ **over telefax** fax; ~ **ut** emit; ~ **bud** messenger; ~ **r** sender.

sending (varer) consignment, shipment; *rad* transmission.

sendrektighet tardiness.

sene sinew, tendon; ~ **knute** ganglion; ~ **strekk** sprain.

seng bed; ~ **eforlegger** bedside rug; ~ **ekamerat** bedfellow; ~ **eteppe** bedspread; ~ **etid** bedtime; ~ **etøy** bedding, bedclothes; ~ **ekant** bedside.

senil senile; ~ **or** senior.

senit zenith.

senke lower; (redusere) reduce; ~ **ned** (i vann) submerge.

senkning *med* sedimentation.

sennep mustard; ~ **skrukke** mustard-pot.

sensasjon sensation; ~ **ell** sensational.

sensibel sensitive.

sensor (film- o.l.) censor; (ved eksamen) external examiner; ~ **ur** censorship; (ved eksamen) marking; ~ **urere** censor; give marks.

senter centre; *amr* center.
sentimental sentimental.
sentral *adj* central; *s* (telephone) exchange; ~ **albord** switchboard; ~ **alborddame** telephonist, (switchboard) operator; ~ **alfyring** central heating; ~ **alisering** centralization; ~ **ifugalkraft** centrifugal force; ~ **um** centre; *amr* center.
separasjon separation; ~ **t; separere** separate.
september September.
septer sceptre.
septiktank septic tank.
serber Serb.
seremoni ceremony; ~ **ell** ceremonial.
serenade serenade.
serie series.
sersjant sergeant.
sertifikat (kjørekort) driving *(el* driver's) licence; (ellers) certificate.
servere serve; ~ **ering** service; ~ **eringsavgift** service charge; ~ **eringsdame** waitress; ~ **icebil** breakdown lorry; ~ **iett** napkin, serviette; ~ **ise** service, set; ~ **itør** waiter.
sesjon session, sitting.
sesong season; ~ **arbeid** seasonal work.
sete seat; buttocks.
setning sentence; (ledd-) clause.
sett (sammenhørende ting) set; (måte) way; ~ **at** suppose.
sette place, put, set; *typogr* compose, set; ~ **høyt** cherish; ~ **inn** insert; ~ **i stand til** capacitate; ~ **seg** sit down; ~ **maskin** composing machine; ~ **potet** seed potato; ~ **r** *zool* setter; *typogr* compositor; ~ **ri** composing-room.
severdig worth seeing; ~ **het** sight.
sevje sap.
sfære sphere; ~ **isk** spherical.
Shetlandsøyene the Shetland Isles.
si say, tell; ~ **fra** let know; ~ **opp** give notice.
Sibir Siberia.
Sicilia Sicily.
sid long.
side side; (dyr) flank; (bok) page;

(av en sak) aspect; ~ **om** ~ abreast; ~ **flesk** bacon; ~ **gate** side street, by-street; ~ **lengs** sideways, sidelong; ~ **linje** side-line; ~ **mann** neighbour; ~ **vogn** sidecar.
siden *prp, konj & adv* since; (senere) later, afterwards; (derpå) then; **for -** ~ ago; **ved** ~ beside.
sider cider.
sidesprang escapade; ~ **stille** juxtapose; ~ **stilling** juxtaposition; ~ **stykke** parallel, counterpart; ~ **vei** side road.
siffer figure; ~ **skrift** cipher.
sigar cigar; ~ **ett** cigarette; ~ **etui** cigar-case.
sigd sickle.
sige (gli) glide; (gi etter) sag.
signal signal; ~ **ement** description; ~ **ere** signal.
signatur signature.
signe bless.
signere sign.
signet seal, signet.
sigøyner gipsy.
sikker (viss) sure, certain; (trygg) safe; ~ **het** (trygghet) safety, security; (visshet) certainty; ~ **hetsbelte** seat *(el* safety) belt; ~ **hetsnål** safety pin; ~ **hetsrådet** the Security Council; ~ **hetsventil** safety valve; ~ **t** *adv* (trygt) safely; certainly.
sikle slobber, slaver.
sikre secure, ensure; ~ **ing** (på våpen) safety catch; *jur* preventive detention; *elektr* fuse.
siksak zigzag.
sikt *merk* sight; (såld) sieve; ~ **barhet** visibility; ~ **e** aim, **(på, til:** at); charge **(for:** with); (mel) sift; *s* (mål) aim; (synlighet) sight, view; ~ **else** *jur* charge; ~ **ekorn** sight.
sil strainer, sieve.
sild herring; ~ **efiske** herring fishery; ~ **emel** herring meal.
sildre trickle.
sile *vt* strain, filter.
silhuett silhouette.
silke silk; ~ **myk** silky; ~ **stoff** silk fabric.
silregn pouring rain.

simpel (tarvelig) mean, poor; (udannet) common; vulgar; ~ **then** simply.

simulere simulate, feign.

sindig (rolig) steady, cool.

sing|el gravel, shingle; ~ **le** tinkle.

sink zinc; ~ **hvitt** zinc oxide.

sinke *v* retard, delay; *s* backward child.

sinn mind; ~ **e** temper, anger; ~ **elag** disposition; ~ **rik** ingenious.

sinns|bevegelse emotion, agitation; ~ **forvirret** distracted, mentally deranged; ~ **forvirring** derangement; ~ **ro** peace of mind; ~ **syk** insane; ~ ~ **mann** madman; lunatic; ~ **sykdom** mental disease, insanity, lunacy; ~ **sykehus** mental hospital; lunatic asylum; ~ **tilstand** state of mind.

sint angry (**på:** with); ferocious.

sionisme Zionism.

sirene siren; (fabrikk-) hooter.

sirk|el circle; ~ **elsag** circular saw; ~ **ulasjon** circulation; ~ **ulere** circulate; ~ **ulære** circular; ~ **us** circus.

sirup syrup; (mørk) treacle.

sist(e) last; (nyeste) latest; ~ **en** (lek) tag; ~ **nevnte** last-mentioned; (**av:** to) the latter.

sit|at quotation; ~ **ere** quote.

sitre tremble, quiver.

sitron lemon.

sitte sit; ~ **plass** seat.

situasjon situation.

siv rush, reed.

sive ooze; filter; *fig* leak out.

sivil civil; civilian; ~ **ingeniør** graduate engineer; ~ **isasjon** civilization; ~ **isere** civilize; ~ **ulydighet** civil disobedience; ~ **økonom** Bachelor of Science in Economics.

sjaber shabby.

sjakal jackal.

sjakett morning coat.

sjakk chess; **holde i** ~ keep in check; **si** ~ say check; ~ **brett** chess-board; ~ **brikke** chess-man; ~ **matt** checkmate.

sjakt shaft.

sjal shawl.

sjalte switch; ~ **ut** switch off, cut out.

sjalu jealous (**på:** of); ~ **si** jealousy.

sjampinjong mushroom.

sjampo shampoo.

sjangle reel, stagger; ~ **nde** groggy.

sjanse chance (**for:** of).

sjargong jargon.

sjarm; ~ **ere** charm.

sjattering shade.

sjau (travelhet) bustle; (støy) noise; ~ **e** bustle; make noise; ~ **er** labourer, docker.

sjef manager, head; *dt* boss, chief; ~ **redaktør** chief editor.

sjeik sheik; ~ **dømme** sheikdom.

sjekk cheque (**på:** for); *amr* check; ~ **hefte** cheque book.

sjel soul.

sjelden *adj* rare, scarce; *adv* seldom, rarely; ~ **het** rare thing; *konkr* rarity.

sjele|lig mental; psychical; ~ **messe** requiem; ~ **sørger** spiritual guide.

sjel|full soulful; ~ **sstyrke** fortitude.

sjener|e (hindre) hamper; (plage) trouble, bother; annoy; ~ **ende** embarrassing, troublesome; ~ **t** (av vesen) shy; ~ **øs** generous.

sjikan|e chicane, spite; ~ **øs** spiteful.

sjiraff giraffe.

sjofel mean, shabby.

sjokk; ~ **ere** shock.

sjokolade chocolate.

sjongl|ere juggle; ~ **ør** juggler.

sju seven.

sjuskete dowdy.

sjø (inn-) lake; (hav) sea, ocean; ~ **dyktig** seaworthy; ~ **farende** seafaring; ~ **fart** navigation, shipping; ~ **folk** seamen; ~ **forklaring** maritime declaration; ~ **fugl** seabird; ~ **gang** heavy sea; ~ **kart** chart; ~ **mann** sailor, seaman; ~ **merke** beacon; ~ **mil** nautical mile; ~ **orm** seaserpent; ~ **pinnsvin** urchin; ~ **reise** voyage; ~ **rett** maritime court; (lov) maritime law; ~ **røver** pirate;

~ **sette** launch; ~ **skade** sea-damage; ~ **stjerne** starfish; ~ **syk** seasick; ~ **syke** seasickness; ~ **tunge** sole; ~ **ørret** salmon-trout, sea-trout.

sjåfør driver; (privat-) chauffeur.

sjåvini|sme chauvinism; ~ **st** chauvinist.

skabb scabbies.

skade *v* (såre) hurt, injure, harm; (beskadige) damage; *s* (på person) injury, hurt; (materiell-) damage; (ulempe) harm; ~ **dyr** vermin; ~ **fro** malicious; ~ **fryd** spite; ~ **lig** injurious, harmful; detrimental; ~ **serstatning** indemnity, compensation; *jur* damages; ~ **sløs: holde** ~ indemnify.

skaffe get, obtain, procure; (forsyne med) supply *(el* provide) with.

skafott scaffold.

skaft handle; ~ **estøvler** high boots.

skake shake; (vogn) jolt.

skala scale.

skalk (av brød) heel; (hatt) bowler; ~ **e lukene** batten down the hatches.

skall shell, husk; (av frukt) peel; ~ **dyr** shellfish; ~ **e** *s* skull; *v* (~ **av**) peel (off), scale; ~ **et** bald.

skalp; ~ **ere** scalp.

skam shame, disgrace; ~ **fere** maul; ~ **full** ashamed; ~ **løs** shameless; ~ **melig** ignominious; ~ **me seg** be ashamed.

skammel (foot-)stool.

skam|melig shameful, disgraceful; ~ **plett** stain.

skandal|e scandal; ~ **øs** scandalous.

skandinav; ~ **isk** Scandinavian; **Skandinavia** Scandinavia.

skanse *mil* earthwork; *mar* quarter-deck; ~ **kledning** bulwark.

skap (kles-) wardrobe; cabinet; (mat-) cupboard; (lite) locker; ~ **e** create; ~ **else** creation; ~ **ende** create; ~ **er** creator; ~ **ing** creation; ~ **ning** (vesen) creature, being; ~ **sprenger** safe-breaker.

skar (i fjell) gap, glen; ~ **e** crowd; (på snø) crust; ~ **lagen** scarlet; ~ **lagensfeber** scarlet fever.

skarp sharp, keen; acute; ~ **retter** executioner; ~ **sindig** keen, acute, discerning; ~ **sindighet** discernment; ~ **skytter** sharpshooter; ~ **synt** keen-sighted.

skarv *zool* cormorant; (slyngel) scamp, rogue.

skatt (kostbarhet) treasure; (til stat) tax; (til kommune) rate; ~ **bar** taxable; ~ **e** (verdsette) estimate, value; (yte skatt) pay taxes; ~ **ebetaler** taxpayer; ~ **e-byrde** burden of taxation; ~ **e-fogd** collector of income tax; ~ **egraver** treasure hunter; ~ **elig-ning** assessment (of taxes); ~ **e-paradis** tax haven; ~ **esnyteri** tax evasion; ~ **eunndragelse** tax evasion; ~ **kammer** treasury; ~ **legge** tax.

skaut headscarf.

skavank fault, defect, blemish.

skavl snowdrift.

skep|sis scepticism; ~ **tiker** sceptic; ~ **tisk** sceptical.

ski ski; **gå på** ~ ski, go skiing.

skibbrudd shipwreck; ~ **en** shipwrecked, castaway.

skifer; ~ **tavle** slate.

skift shift; ~ **e** *s* change; *jur* division; *v* change; (dele) divide; commute; alternate; ~ **enøkkel** (monkey) wrench; ~ **erett** probate court.

ski|føre skiing conditions; ~ **gard** wooden fence; ~ **heis** ski lift.

skikk custom; ~ **elig** decent; ~ **else** form, shape, figure; ~ **et** fit(ted), suitable; ~ **ethet** aptitude.

skild|erhus sentry box; ~ **re** describe, depict; ~ **ring** description.

skill parting; ~ **e** *v* separate, part, detach; ~ **emynt** (small) change; ~ **es** part; (ektefolk) be divorced; ~ **etegn** punctuation mark; ~ **e-vegg** partition; ~ **evei** crossroads.

skilpadde tortoise; (hav-) turtle.

skilsmisse divorce; ~ **sak** divorce suit.

skilt *s* sign; *adj* (fra-) divorced; ~ **vakt** sentry.

ski|løper skier; ~ **løype** skitrack.

skingre shrill.

skinke ham.

skinn (av dyr) skin; (lær) leather; (pels) fur; (lys) light; ~ **angrep** mock attack, feint; ~ **død** *adj* apparently dead; ~ **e** *v* shine; *jernb* rail; ~ **ebein** shinbone, tibia; ~ **ende** brilliant; ~ **hanske** leather glove; ~ **hellig** hypocritical; ~ **kåpe** fur coat; ~ **mager** emaciated; ~ **syk** jealous; ~ **syke** jealousy.

skip ship; (kirke-) nave; ~ **e** ship.

skipper captain.

skips|byggeri shipyard; ~ **fart** shipping; (seilas) navigation; ~ **handler** ship chandler; ~ **led** fairway; ~ **mekler** shipbroker; ~ **reder** shipowner; ~ **rederi** shipping company; ~ **verft** shipyard.

skirenn skiing competition.

skisport skiing.

skisse; ~ **re** sketch, outline.

skistav ski pole.

skitt dirt, filth, grime; *fig* trash, rubbish; ~ **en** dirty, soiled, dingy, grubby; ~ **entøy** dirty linen.

skive (skyte-) target; (brød, kjøtt) slice, (tykk) chunk; (telefon-, ur-) dial; disc.

skje *v* happen, occur, come about; *s* spoon.

skjebne fate, destiny, fortune; ~ **bestemthet** fatality; ~ **svanger** (for: to); (avgjørende) fateful, fatal.

skjede sheath, scabbard.

skjegg beard.

skjele squint.

skjelett skeleton.

skjell shell; (fiske-) scale.

skjell|e (ut) abuse; ~ **sord** invective.

skjelm rogue; ~ **sk** roguish.

skjelne distinguish, discern.

skjelv quake; ~ **e** tremble, shiver.

skjema form; ~ **tisk** schematic.

skjemme spoil; ~ **bort** spoil; ~ **seg ut** disgrace oneself.

skjemt; ~ **e** jest, joke, frolic.

skjendig disgraceful, outrageous.

skjeneplate frisbee.

skjenk (møbel) sideboard; ~ **e** (gi) present, give, bestow; (helle) pour (out); ~ **erett** licence.

skjenn scolding; ~ **e** scold.

skjensel disgrace, dishonour.

skjeppe bushel.

skjerf scarf, muffler.

skjerm screen; (lampe-) shade; ~ **bildeundersøkelse** mass radiography; ~ **e** screen, shield.

skjerpe (gjøre skarp) sharpen, whet; (gjøre strengere) tighten up; aggravate.

skjev wry, crooked, awry; oblique; *fig* distorted; ~ **het** wryness; obliqueness; distortion.

skjold shield; ~ **bruskkjertel** thyroid gland; ~ **et** stained; discoloured.

skjorte shirt; ~ **erme** shirtsleeve.

skjul hiding(-place); (ved-) shed; ~ **e** hide, conceal.

skjær *s* (lys) gleam; (farge) tinge; (i sjøen) rock; ~ **e** *s* magpie; *v* cut; ~ **e tenner** gnash one's teeth; ~ **e ut** carve; ~ **ende** (om lyd) shrill; (motsetn.) glaring; ~ **gård** skerries; ~ **ing** *jernb* cutting; ~ **ingspunkt** point of intersection; ~ **sild** purgatory; ~ **torsdag** Maundy Thursday.

skjød lap; ~ **ehund** lap dog; ~ **esløs** careless.

skjønn *s* judgment; (overslag) estimate; *adj* beautiful; ~ **e** understand; ~ **er** connoisseur; ~ **het** beauty; ~ **hetskonkurranse** beauty contest; ~ **hetsmiddel** cosmetic; ~ **hetssalong** beauty parlour; ~ **litteratur** fiction; ~ **ssak** matter of judgment.

skjønt *konj* (al)though.

skjør brittle, fragile; ~ **buk** scurvy.

skjørt skirt.

skjøt (frakke-) tail; (sammenføyning) joint; ~ **e** *s jur* deed (of conveyance); *v* (på) lengthen; ~ **sel** care; ~ **te** take care of.

skli slide; (om hjul) skid; ~ **e** slide.

sko *s & v* shoe.

skodde mist; (tykk) fog; (vindus-) shutter.

skofte shirk, cut work.

skog forest; (mindre) wood; ~ **bruk** forestry; ~ **lendt** wooded; ~ **planting** reforestation; ~ **rehabilitering** reforestation; ~ **sdrift**

forestry; ~**vokter** gamekeeper; forester.

sko|**horn** shoehorn; ~**krem** shoe polish.

skole school; ~**fag** (school) subject; ~**ferie** (school) holidays; vacation; ~**hjem** reform school; ~**jakke** school blazer; ~**kjøkken** school kitchen; domestic science; ~**korps** school band; ~**krets** school district; ~**moden** ready for school; ~**penger** school fees; ~**plass** place (at a school); ~**pliktig** of school age; ~**re** school, train; ~**samfunn** school community; ~**sjef** director of education; ~**stil** essay written in class; ~**(helse)søster** school nurse; ~**tannlege** school dental officer; ~**trett** tired of school; ~**tur** school outing; ~**veske** school bag; ~**vogn** learner car (L-car).

skolisse shoelace.

skomaker shoemaker, cobbler.

skonnert schooner.

skopusser shoeblack.

skorpe crust; (sår) scab.

skorpion scorpion.

skorstein chimney; *mar* funnel; ~**sfeier** chimney sweep(er).

skotsk Scottish; (om produkter) Scotch.

skott|e Scot(sman); Scotchman; **Skottland** Scotland.

skotøy footwear; ~**forretning** shoe shop.

skral poor; (syk) poorly.

skrall; ~**e** peal.

skramme scratch.

skrang|el; ~**le** rattle, clank; ~**lete** scrawny; ~**ling** clank.

skranke (i bank *o.l.*) counter; *jur* bar.

skrap rubbish, trash; (avfall) refuse; ~**e** *v* scrape, *s* (irettesettelse) reprimand; ~**handel** junk shop; ~**handler** junk dealer; ~**jern** scrap iron.

skravle chatter, jabber; ~**kopp** chatterbox.

skred (snø-) avalanche; (jord-) landslide.

skredder tailor; ~**sydd** tailored, tailor-made.

skrei cod(fish).

skrekk terror, fright; ~**elig** terrible, dreadful, frightful, horrible; ~**slagen** terror-struck.

skrell (skall) peel, parings; ~**e** peel, pare.

skremme frighten, scare, terrify; ~**nde** frightening, terrifying.

skrense skid.

skrent steep slope.

skreppe bag, knapsack.

skrev|e (ta lange steg) stride; (sprike) spread; ~**s over** astride.

skribent writer.

skride stride, stalk.

skrift *m* (hånd-) (hand)writing; *typogr* type, letter; *n* book; pamphlet; ~**e** *s* confession; *v* confess; ~**emål** confession; ~**lig** written, in writing; ~**språk** written language; ~**sted** text.

skrik; ~**e** cry, clamour; (sterkere) scream, shriek.

skrin box; casket; ~**legge** shelve.

skritt pace, step; *anat* crutch, crotch, fork; ~**e** pace; ~**vis** step by step.

skriv letter; se *brev;* ~**e** write; *mask* type; ~**ebok** exercise book; ~**ebord** writing table, desk; ~**ebordsplate** desktop; ~**e-maskin** typewriter; ~**esaker** stationery.

skrog (skip) hull; (bil) chassis.

skrot (skrap) scrap, junk.

skrott (dyr) carcass.

skrubb|e scrub; ~**sulten** ravenous; ~**sår** graze.

skru|e *s & v* screw; ~**estikke** vice; ~**jern** screwdriver.

skrukke wrinkle.

skru|kork; ~**lokk** screw cap.

skrullet crazy, daft.

skrumpe inn, sammen shrink, shrivel up.

skrunøkkel wrench, spanner.

skruppel scruple.

skrutrekker screwdriver.

skryt; ~**e** brag, boast; (esel) bray; ~**er** braggart, boaster.

skrøne *s & v* yarn, fib.

skrøpelig frail, weak, breakable,

rickety, ramshackle; ~ **het** in-firmity.

skrå *s* quid (of tobacco); *adj* slop-ing, slanting, oblique; *v* cross; (tobakk) chew.

skrål; ~ **e** bawl, roar, shout.

skrå|ne; ~ **ning** slope, slant; ~ **plan** inclined plane; *fig* down-ward path; ~ **sikker** cocksure; ~ **strek** shilling stroke; ~ **tak** sloping roof; ~ **tobakk** chewing tobacco.

skubb; ~ **e** push, jostle, hustle.

skudd shot; *bot* shoot, sprout; ~ **hold** range; ~ **sikker** bullet-proof; ~ **år** leap year.

skue|plass scene; ~ **spill** play; ~ **spiller** actor; ~ **spillerinne** ac-tress.

skuff drawer; ~ **e** *s & v* shovel; *v* (ikke oppfylle forventning) dis-appoint; ~ **else** disappointment; deception; ~ **ende** disappointing; deceptive; delusive.

skulder shoulder; ~ **trekk** shrug; ~ **veske** shoulder bag.

skule scowl.

skulke shirk; (skolen) play truant, shirk school; ~ **r** truant.

skulptur sculpture.

skuls: være ~ be quits.

skum *s* foam; (såpe) lather; (øl) head, froth; ~ **gummi** foam rub-ber; ~ **me** *vi* foam; (øl) froth; (så-pe) lather; *vt* skim; ~ **mel** sinister, dismal; ~ **met melk** skimmed milk.

skumring twilight, dusk.

skur shed; (regn) shower.

skurd (skuronn) reaping season.

skure scrub, scour; ~ **fille** floor cloth; ~ **kone** char-woman; ~ **pulver** scouring powder.

skurk scoundrel, villain; ~ **estrek** dirty trick.

skuronn reaping season.

skurre jar, grate.

skurtresker (combine) harvester.

skute vessel, ship, craft.

skvadron squadron.

skvalp; ~ **e** splash.

skvett splash; (liten slant) dash, drop; ~ **e** *vt* splash; sprinkle; *vi* start; ~ **skjerm** mudguard, wing.

skvulpe splash.

sky *v* shun, avoid; *adj* shy, timid; *s* cloud; ~ **brudd** cloudburst; ~ **et** cloudy.

skyfle shovel.

skygge shade; (~ **bilde**) shadow; (på lue) peak; ~ **unna** shy away; ~ **lue** peaked cap.

skyhet shyness.

skyhøy sky-high.

skylapper blinkers.

skyld (feil) fault; (som blir tillagt) blame; *jur* guilt; ~ **bevisst** guilty; ~ **e** owe; ~ **es** be due to; ~ **ig** guilty; (**i:** of); (som skyldes) owing, due; ~ **ner** debtor.

skylle (rense) rinse; ~ **vekk** wash.

skynde seg hurry, hasten, hustle.

skyskraper skyscraper.

skyss, få ~ get a lift.

skyte shoot; ~ **bane** shooting range; ~ **skive** target, butt; ~ **vå-pen** firearms.

skyts|engel guardian angel; ~ **hel-gen** patron saint.

skyttel(fart) shuttle.

skytter marksman, shot; ~ **grav** trench; ~ **lag** rifle club.

skyve push, shove.

skøy fun; ~ **er** rogue.

skøyte *mar* smack; *idr* skate; ~ **bane** skating rink; ~ **løp** skat-ing; (**et** ~ **løp**) skating competi-tion.

skål (bolle) bowl; (til kopp) sau-cer; (som utbringes) toast; ~ ! (to) your health! (uformelt) cheers! ~ **de** scald; ~ **e for** drink the health of; ~ **tale** toast.

skån|e spare; ~ **som** lenient.

skår (potte-) shard; (hakk) cut.

slad|der gossip; ~ **re** gossip; (~ **om**) tell tales (on); ~ **rekjerring** gossip.

slag blow, hit, bump, knock; *mil* battle; (maskin- *o.l.*) stroke; (ryt-misk) beat; (på jakke) lapel; *med* stroke, apoplexy; (sort) kind, sort; ~ **anfall** apoplectic stroke; ~ **er** hit; ~ **ferdig** quick-witted.

slagg slag; (av koks) cinders.

slag|kraft striking power; ~ **mark** battlefield; ~ **ord** catchword, slo-gan; ~ **s** sort, kind; ~ **side** *mar*

list; ~**skip** battleship; ~**smål** fight, brawl.
slakk slack; ~**e** slacken.
slakte kill, slaughter; ~**r** butcher; ~**ri** butchery, slaughterhouse.
slam mud, sludge.
slamp scamp.
slange snake, serpent; (gummi-) tube; (større vann-) hose.
slank slim; ~**e seg** slim; ~**ediett** reducing diet; ~**ekur** reducing treatment ~**emiddel** slimming remedy; ~**epille** slimming pill; ~**esyke** anorexia.
slapp slack, loose, flabby, languid, lax; ~**e av** relax; ~**fisk** slacker.
slaps sludge, slush.
slarv; ~**e** gossip.
slave slave; ~**handel** slave trade; ~**ri** slavery, enslavement.
slede sledge, sleigh, sled.
slegge sledgehammer; *idr* hammer; ~**kaster** hammer-thrower.
sleip slippery; *fig* (også) oily.
sleiv ladle, dipper; (slurv) carelessness.
slekt family; ~**ledd** generation; ~**ning** relative, relation; ~**sgransker** genealogist; ~**skap** relationship, kinship.
slem bad; (uskikkelig) naughty; (kort) slam.
slendrian carelessness.
sleng|bemerkning casual remark; ~**e** (kaste) fling; (dingle) dangle; (**gå og** ~**)** idle, loaf.
slentre saunter, stroll.
slep (kjole) train; **ha på** ~ have in tow; ~**e** drag; *mar* tow, tug; ~**ebåt** tug(boat); ~**enot** trawl.
slepphendt butterfingered.
slesk oily, fawning.
slett (dårlig) bad; (jevn) level, flat; ~ **ikke** not at all; ~**e** s plain; *v* smooth; (ut) delete.
slibrig *fig* indecent, obscene, smutty, salacious; ~**het** obscenity.
slik such, like that.
slikke lick; ~**rier** sweets.
slim slime; *anat* phlegm.
slingre *mar* roll; (hjul *o.l.)* wobble.
slipe grind; (glass) cut; ~**stein** grindstone.

slippe (løsne taket) let go; (la falle) drop; (unngå) avoid; ~ **inn** concede; ~ **opp for** run out of; ~ **ut** emit.
slips tie; ~**nål** tieclip.
slire sheath.
slit (strev) toil, drudgery; ~**asje** wear (and tear); ~**e** (hale) pull, tear; (klær) wear; (arbeide hardt) toil; ~**en** tired; ~**t** worn.
slok|ke extinguish, put out; (tørst) quench; ~**ne** go out.
slott palace, castle.
slu sly, cunning, crafty, elusive, astute.
sludd sleet.
sludder nonsense, humbug.
sluk (fiske-) spoon(bait); (avgrunn) abyss; (kloakk) gullyhole; ~**e** swallow, devour; ~**hals** glutton; ~**t** canyon; ~**øret** crestfallen.
slum|kvarter slum area; ~**område** shantytown.
slump (rest) remainder; (tilfeldighet) chance; (mengde) lot; **på** ~ at random.
slumre slumber, doze; ~**nde** dormant.
slunken (mager) lean.
slurk gulp, draught.
slurpe slurp.
slurv carelessness, negligence; ~**e** be careless; ~**ete** dowdy.
sluse sluice; (i kanal) lock; ~**port** flood-gate, sluice gate.
slusk tramp, bum.
slutning conclusion.
slutt end, close; (endt) finished; ~**e** finish, end, stop, conclude, close; ~**e seg sammen** unite; *merk* merge; ~**e seg til** join.
slynge *v* (kaste) fling, hurl, sling; (sno) wind, twine; *s* sling; ~**el** rascal, scoundrel, blackguard; ~**plante** creeper, climber.
slør veil; ~**et** (stemmen) husky.
sløse; ~**ri** waste.
sløv blunt; *fig* dull.
sløyd woodwork.
sløye gut.
sløyfe *s* (bundet) bow; (linje) loop; *v* (utelate) leave out, omit, cut out.

slå beat; (lett slag) strike, hit, knock; (hjerte) beat, throb; (ur, lyn) strike; (gras) mow; (beseire) beat, defeat; (telefonnummer) dial; ~ **an** catch on; ~ **ihjel** slay; ~ **på** (lys o.l.) turn (el switch) on; ~ **ut** eliminate; ~ **brok** dressing-gown; ~ **maskin** mower; mowing machine.

slåss fight; ~ **kjempe** rowdy, bully.

slått agr mowing, haymaking; mus tune, air.

smadre smash.

smak; ~ **e** taste; ~ **ebit** sample; ~ **full** tasteful; ~ **løs** tasteless; ~ **ssak** matter of taste; ~ **stilsetning** relish.

smal; ~ **ne** narrow.

smalfilm substandard film.

smaragd emerald.

smartkort smart card.

smatte smack (one's lips).

smed smith; (grov-) blacksmith; ~ **edikt** lampoon.

smekk (smell) click; (i bukse) fly; ~ **e** v click; s bib; ~ **er** slim; slender; ~ **lås** latch.

smell; ~ **e** crack; bang; ~ **kyss** smack.

smelte melt; (malm) smelt; ~ **digel** crucible; fig melting-pot; ~ **ovn** melting furnace.

smerte vi hurt; vt pain, grieve; s pain; ~ **full;** ~ **lig** painful; ~ **stillende (middel)** anodyne; pain-killer.

smi forge.

smidig (myk) supple; (bøyelig) flexible.

smie forge, smithy.

smiger flattery; ~ **re** flatter.

smijern wrought iron.

smil; ~ **e** smile; ~ **e bredt** grin; ~ **ehull** dimple.

sminke v & s paint, rouge, make-up.

smiske for fawn on, wheedle.

smitte v infect; contaminate; **bli** ~ **et** catch the infection; s infection, contagion; ~ **som** contagious, infectious, catching.

smoking dinner-jacket.

smug alley lane; ~ - clandestine;

i ~ secretly; ~ **le** smuggle; ~ **ler** smuggler; ~ **lergods** contraband; smuggled goods; ~ **ling** smuggling.

smul smooth, calm.

smuldre crumble, moulder.

smule s particle, bit; (brød) crumb; v crumble.

smult s lard.

smurning grease, lubricant.

smuss filth, dirt, grime; ~ **e til** soil, dirty; ~ **ig** dirty, foul, grimy.

smutte slip; ~ **hull** loophole.

smyge creep, crawl.

smykke s ornament; (juvel) jewel; v adorn, decorate; ~ **skrin** jewel box, casket.

smør butter; ~ **blomst** buttercup; ~ **brød** (open) sandwich; ~ **e** (smør) butter; (fett) grease; (olje) oil, lubricate; (bestikke) bribe; ~ **ekanne** oil can; ~ **eolje** lubricating oil.

små small, little; ~ **bruk** small-holding; ~ **bruker** small-holder; ~ **jobber** odd jobs; ~ **lig** (gjerrig) mean, stingy; ~ **penger** (small) change; ~ **rolling** toddler; ~ **stein** pebble; ~ **ting** (bagatell), trifle.

snabel trunk; ~ **dde** pipe.

snakk talk; ~ **e** speak, chat, talk; ~ **esalig** talkative, garrulous.

snappe snap, snatch, grab; ~ **opp** intercept.

snar adj quick; ~ **t** adv soon, shortly, presently; ~ **e** snare; ~ **ere** (heller) rather, sooner; ~ **est** as soon as possible; ~ **lig** early; ~ **rådig** resourceful; ~ **tur** flying (el short) visit; ~ **vei** short-cut.

snau (bar) bare; (knapp) scant(y).

snegle snail; ~ **hus** snail shell.

snekker (møbel-) cabinet-maker; (bygnings-) joiner, carpenter.

snelle reel; (spole også) bobbin, spool.

snerk skin; ~ **pe** prude; ~ **pet** prudish, prim.

snerre snarl, growl.

snes score.

snev (antydning) touch, tinge; ~ **er** narrow, restricted; ~ **ersyn** narrow-mindedness.

snik|e sneak; ~ **mord** assassination; ~ **morder** assassin; ~ **myrde** assassinate; ~ **skytter** sniper.

snill kind, good.

snipp collar; ~ **kjole** dresscoat, tail coat.

snitt cut, incision; ~ **e** cut.

sno vt twist, twine; vr wind; s biting, icy wind.

snobb snob; ~ **eri** snobbery; ~ **et** snobbish.

snodig funny, queer, odd.

snor (tynn) string; (tykk) cord.

snorke snore.

snu (seg) turn.

snuble stumble, trip.

snue cold (in the head).

snurre twirl.

snus snuff; ~ **dåse** snuffbox; ~ **e** (med nesen) sniff; (tobakk) snuff; fig pry; ~ **hane** snooper.

snute muzzle, snout.

snylte sponge; ~ **dyr;** ~ **r** parasite.

snyte (bedra) cheat; (nesen) blow.

snø s & v snow; ~ **ball** snowball; ~ **ball effekt** snowball effect; ~ **briller** snow goggles; ~ **fonn** snowdrift; ~ **kjetting** snow chain.

snøre s (fiske-) line; v lace (up); ~ **opp** unlace.

snø|skred snow-slide, avalanche; ~ **slaps** slush; ~ **storm** blizzard; ~ **vær** snowy weather.

snål queer, droll, odd.

sofa sofa, couch; ~ **pute** sofa cushion.

sogn parish; ~ **eprest** rector, vicar.

sokk sock; ~ **eholder** suspender.

sokkel pedestal, base.

sokne drag (etter: for).

sol sun; ~ **-** solar; ~ **bad** sunbath; ~ **brent** sunburnt; (brun) tanned; ~ **briller** sunglasses, goggles; ~ **bær** black currant.

soldat soldier.

sol|e vr sun oneself, bask; ~ **eklar** obvious; ~ **energi** solar energy; ~ **formørkelse** eclipse of the sun.

solid solid; strong; ~ **arisk** having solidarity; ~ **aritet** solidarity.

solist soloist.

sol|nedgang sunset; ~ **oppgang** sunrise; ~ **sikke** sunflower; ~ **skinn** sunshine; ~ **stikk** sun-

stroke; ~ **stråle** sunbeam; ~ **stråling** solar radiation; ~ **ur** sundial.

som pron who, which, that; konj as; like; ~ **om** as if, as though.

som|le dawdle, linger; ~ **bort** (tid) waste; (noe) mislay.

sommel dawdling.

sommer summer; ~ **fugl** butterfly.

sonde; ~ **re** sound; probe.

sondre (skjelne) distinguish.

sone s zone; v (bøte for) expiate, atone for; (straff) serve.

sonett sonnet.

soning expiation, atonement; (av straff) serving.

sope sweep; ~ **lime** broom.

sopp fungus pl fungi; (spiselig) mushroom; (i hus) dry-rot.

sopran soprano.

sordin mute, sordine.

sorg sorrow, grief; ~ **full** sorrowful; ~ **løs** happy-go-lucky; careless.

sort s sort, kind; adj black.

sortere sort, assort, grade.

sosial social; ~ **arbeider** social worker; ~ **demokratisk** social democratic; ~ **isere** socialize; ~ **isme** socialism; ~ **ist** socialist; ~ **kurator** welfare officer; ~ **økonomi** economics.

sosiologi sociology.

sot; ~ **e** soot; ~ **et** sooty.

sove sleep; be asleep; ~ **plass** (på båt, tog) berth; ~ **pose** sleeping bag; ~ **sal** dormitory; ~ **syke** sleeping sickness; ~ **vogn** sleeping car, sleeper; ~ **værelse** bedroom.

Sovjetunionen the Soviet Union.

sovne fall asleep.

spa dig; ~ **de** spade.

spak s lever; (på fly) (control)-stick; adj quiet, meek; ~ **ne** (om vind) subside.

spalte s split, cleft; typogr column; v split.

Spania Spain.

spanier Spaniard.

spankulere prance.

spann bucket, pail; (trekkdyr) team.

spansk Spanish; ~ **rør** cane.

spar (kort) spades; ~ **dame** queen of spades.

spare save; (skåne) spare; ~ **bank**
savings bank; ~ **bøsse** savings-
box; ~ **gris** piggy bank; ~ **penger**
savings.
spark; ~ **e** kick.
sparsom|melig thrifty, economical;
~ **melighet** economy, thrift.
spasere walk, stroll; ~ **stokk** walk-
ing stick, cane; ~ **tur** walk.
spe *adj* slender, delicate; *v* dilute,
thin; ~ **barn** baby, infant.
spedalsk leprous.
spedisjon forwarding.
speditør carrier.
speide watch; ~ **r** scout; ~ **rgutt**
boy scout; ~ **rpike** girl guide.
speil mirror, looking-glass;
~ **blank** glassy; ~ **e** (egg) fry;
reflect, mirror; ~ **egg** fried eggs;
~ **glass** plateglass.
speke|pølse smoked and salted
sausage; ~ **sild** salt *(el* pickled)
herring; ~ **skinke** cured ham.
spekk; ~ **e** lard.
spekul|ant speculator; ~ **asjon**
speculation; ~ **ere** speculate.
spenn (bru) span; (spark) kick;
~ **e** *s* buckle; *v* (stramme) stretch,
tighten; (over) span; (sparke)
kick; ~ **e fast** gird; ~ **ende** excit-
ing, thrilling, breathtaking; ~ **ing**
tension; excitement; (usikkerhet)
suspense; *elektr* voltage; ~ **ings-
roman/film** thriller.
spenstig elastic; *fig* buoyant.
spent tense; (nysgjerrig) curious,
anxious.
sperre *v* block, close.
spesi|alisere seg specialize; ~ **alist**
specialist; ~ **alitet** speciality;
~ **ell** special, particular; ~ **elt**
(især) especially, particularly;
(særskilt) specially.
spetakkel (bråk) uproar, row;
(støy) noise.
spett bar, crowbar.
spidd; ~ **e** spit.
spik|er; ~ **re** nail.
spikke whittle.
spile *v* stretch; ~ **øynene opp** open
one's eyes wide; *s* lath; (paraply)
rib.
spill play; (lek) game; *teat* play-
ing, acting; (tap) loss, waste; **på**

~ at stake; ~ **e play;** gamble;
(søle) spill, (ødsle bort) waste;
~ **e sammen med (i film)** co-star;
~ **edåse** music-box; ~ **emann**
fiddler; ~ **er** player; gambler;
~ **erom** scope; leeway.
spinat spinach.
spindelvev cobweb.
spinkel slender, thin.
spinne spin; ~ **ri** spinning mill.
spion spy; ~ **asje** espionage; ~ **ere**
spy.
spir spire; ~ **al** spiral.
spire *s* germ, sprout; *v* sprout,
germinate.
spirit|isme spiritualism; ~ **ist** spiri-
tualist; ~ **uell** witty; ~ **uosa** spir-
its, liquor.
spise eat; ~ **middag** dine; ~ **bord**
dining table; ~ **lig** eatable, edi-
ble; ~ **rør** gullet; ~ **skje** table-
spoon; ~ **stue** dining-room;
~ **vogn** dining car.
spiskammer larder, pantry.
spiss *s* point, tip, *(fotb)* forward;
adj pointed, sharp; ~ **e** sharpen;
~ **findig** hairsplitting; ~ **rot, løpe**
~ run the gauntlet; ~ **vinklet**
acute-angled.
spjeld damper, register.
spjelke *s* splint; *v* splinter.
spleis; ~ **e** splice; (skyte sammen)
club (together), go Dutch; ~ **elag**
Dutch treat.
splid dissension.
splint (stykke) splinter; ~ **er ny**
brand new; ~ **re(s)** shatter, shi-
ver; dash (to pieces).
splitt; ~ **e** split; ~ **else** split.
spole *s & v* spool, reel.
spolere spoil, ruin.
spon chips; (høvel-) shavings;
(fil-) filings.
spontan spontaneous.
spor (fot) footprint, spoor; (jakt)
track, trail; (hjul) track, rut; *jernb*
tracks, rails; *fig* track, trace; ~ **a-
disk** sporadic; ~ **e** *s* spur; *v*
trace, track; (an-) spur, urge; *fig*
stimulus, incentive; *bot* spore.
sport sport(s); ~ **sartikler** sports
goods; ~ **sfisker** angler; ~ **sjakke**
blazer; ~ **sklær** sportswear;
~ **smann** sportsman, athlete.

spor|vei tramway; ~ **vogn** tram-(car); *amr* streetcar.

spotsk mocking, derisive.

spott mockery, derision; ~ **e** scoff at, deride, mock, jeer, blaspheme, gibe; ~ **efugl** mockingbird.

spraglet mottled; (gloret) gaudy.

sprang leap, jump, bounce.

spray|boks aerosol can, aerosol box; ~ **flaske** aerosol box.

spre spread; scatter; diffuse; dispel; disseminate; ~ **seg** disperse; ~ **dning** proliferation.

sprek vigorous, fit.

sprekk (brist) crack; (åpning) chink; (om huden) chap; ~ **e** crack, burst.

sprelle kick about; (fisk) flop.

sprenge burst, break, blast, blow up.

sprett; ~ **e** bound; bounce; ~ **e av** rip off; ~ **e opp** rip open, unstitch; ~ **en** frisky.

sprike stand out, spread.

spring (water)tap; ~ **brett** springboard; *fig* stepping stone; ~ **e** (hoppe) spring, leap, jump; (løpe) run; (briste) burst; ~ **ende punkt** salient point; ~ **er** (sjakk) knight; ~ **flo** spring tide; ~ **madrass** spring mattress; ~ **marsj** *mil* at the double.

sprinkel bar; ~ **kasse** crate.

sprinkleranlegg sprinkler.

sprit spirit(s).

sprudle bubble, sparkle.

sprukket cracked.

sprut; ~ **e** spurt, splutter.

sprø (mat) crisp; (skjør) brittle.

sprøyt gibberish.

sprøyte *s* syringe; (brann-) fire engine; *v* spray; (sprute) spurt, squirt; *med* inject; ~ **spiss** hypodermic needle.

språk language; ~ **forsker** linguist; ~ **kunnskaper** knowledge of languages; ~ **lig** linguistic.

spurt; ~ **e** spurt.

spurv sparrow.

spy *s & v* vomit.

spyd spear; (kaste-) javelin.

spydig sarcastic; ~ **het** sarcasm.

spyd|kast *idr* javelin throw; ~ **kaster** javelin thrower.

spyflue blowfly.

spyle wash, flush.

spytt spittle, saliva; ~ **e** spit; ~ **slikker** toady.

spøk frolic; ~ **e** jest, joke; ~ **e** (gå igjen) haunt; ~ **e med** banter; ~ **efugl** wag, joker; ~ **else** ghost.

spørre ask; (~ **ut)** question; (fore-) inquire; ~ **konkurranse** quiz; ~ **skjema** questionnaire.

spørsmål question; ~ **stegn** question mark.

spå prophesy, predict; ~ **dom** prophecy; ~ **kone,** ~ **mann** fortune-teller.

sta obstinate.

stab staff.

stabbestein guard stone.

stabbur storehouse on pillars.

stabel pile, stack; ~ **avløpning** launch(ing).

stabil stable; (om person) steady; ~ **isere** stabilize.

stable pile, stack.

stad|feste confirm; ~ **festelse** confirmation; ~ **ig** steady, constant; *adv* constantly; ~ **ion** stadium; ~ **ium** stage.

stafettløp relay race.

staffeli easel.

stagge curb, check, restrain.

stagn|asjon stagnation; ~ **ere** stagnate.

stake *s* stake; (lang) pole; (lyse-) candlestick; *mar* sparbuoy; *v* pole, stake.

stakitt paling; (av jern) railing.

stakk (hay)stack, rick.

stakkar poor creature; ~ **s** poor.

stall stable; ~ **kar** groom.

stam: være ~ stammer, stutter; ~ **far** ancestor; ~ **gjest** regular (customer); ~ **me** (tre-) *s* trunk, stem; (folk) tribe; clan; *v* (fra) stem from, date from; (ned-) descend *(el* be descended) from.

stampe (gå tungt) tramp; *mar* pitch; (pantsette) pawn.

stam|tavle pedigree; genealogical table, genealogy; ~ **tre** pedigree, genealogical tree.

stand (til-) state, condition; (samfunns-) class, rank; **(være i ~ til)** be able to; ~ **ard** standard; ~ **haf-**

tig firm, steadfast; ~ **punkt** standpoint, point of view; ~ **rett** summary court-martial; ~ **smessig** suitable to one's station.

stang (stake) pole; (fiske) rod; (metall-) bar; (flagg-) staff; ~ **e** butt.

stank stench, stink.

stans break, pause; stop; ~ **e** stop, cease, halt; (presse) stamp, punch.

stappe *s* mash; *v* stuff, cram.

stappfull replete.

startbane airstrip.

stas finery; show; ~ **elig** fine, splendid.

stasjon station; ~ **svogn** stationwag(g)on, estate car; ~ **ær** stationary.

stat state.

statist (film) extra; *teat* walker-on.

statisti|kk statistics; ~ **sk** statistical.

stativ stand, rack.

stats|advokat public prosecutor; ~ **autorisert revisor** chartered accountant; ~ **bedrift** state enterprise; ~ **borger** citizen, subject; ~ **borgerskap** citizenship; ~ **eiendom** public property; ~ **forvaltning** public administration; ~ **funksjonær** civil servant; ~ **gjeld** national debt; ~ **kasse** the Treasury, the Exchequer; ~ **kirke** state church; (i England) established church; ~ **kupp** coup d'état; ~ **mann** statesman; ~ **minister** prime minister; ~ **råd** *m* Cabinet minister; *n* Cabinet meeting; ~ **tjenestemann** civil servant; ~ **vitenskap** political science.

stattholder governor.

statue statue.

status status; (tilstand) state of affairs; *merk* balance sheet; ~ **symbol** status symbol.

statutter statutes, rules.

staur pole.

stav staff, stick, rod; ~ **e** spell; ~ **else** syllable.

stavn (for-) stem; prow; (bak-) stern.

stavsprang pole jump *el* vault.

stebarn stepchild.

sted place, spot; ~ **feste** locate; ~ **fortreder** deputy, proxy, substitute; ~ **sans** sense of locality.

stefar stepfather.

steil (bratt) steep, bluff; (sta) stubborn; ~ **e** (bli forbløffet) be staggered; (om hest) rear up.

stein stone; ~ **alder** Stone Age; ~ **brudd** stone quarry; ~ **e** stone; ~ **hard** adamant; ~ **hogger** stonecutter; ~ **kast** stone's throw; ~ **kull** coal; ~ **tøy** crockery.

stek joint; roast; ~ **e** roast, broil; (i panne) fry; ~ **eovn** oven; ~ **epanne** frying pan.

stell (styre) management; (omsorg) care; ~ **e** (pleie) nurse, care for.

stemme *s* voice; *pol* vote; *vi* vote; *vt* tune; (være riktig) be right; ~ **med** tally; ~ **overens** agree; ~ **bånd** vocal chord; ~ **rett** franchise; ~ **seddel** ballot paper.

stemning (sinns-) mood, temper; (i selskap) atmosphere.

stemor stepmother; ~ **sblomst** pansy.

stempel stamp; *mask* piston; (på varer) mark, brand; ~ **avgift** stamp duty.

stemple stamp, mark.

steng shot, seine-full; ~ **e** (sperre) block; (lukke) shut, close; ~ **el** stem; (stilk) stalk; ~ **etid** closing time; ~ **sel** bar, barrier.

stenograf shorthand writer, shorthand typist; ~ **ere** write shorthand; ~ **i** shorthand, stenography.

stensil; ~ **ere** stencil.

stentøy crockery.

stepp|e steppe, prairie; *v* tap dance; ~ **ing** tapdancing.

steril sterile; ~ **isere** sterilize.

sterk strong; (lyd) loud.

stett stem.

stevne (møte) rally; (idretts-) meeting; *v* (styre) steer, head; (innkalle) summon; ~ **møte** date; rendezvous.

sti path; (i øyet) sty.

stift (med hode) tack; (uten hode)

brad; ~ **e** (grunnlegge) found,
establish; (gjeld) contract; ~ **else**
foundation, establishment; ~ **e-
maskin** stapling machine, stapler.
stig|brett (bil) running-board;
footboard; ~ **bøyle** stirrup; ~ **e**
rise, go up; (øke) increase; soar
(om pris); ~ **av (hest)** dismount;
~ **ned** descend; ~ **opp** ascend;
s ladder; ~ **ning** rise, increase;
(på vei) gradient, climb.
stikk (av insekt) sting; (nåle-)
pin-prick; (med kniv *o.l.)* stab;
(kort) trick; ~ **e** (med noe spisst)
stick, stab; (med nål) prick; (in-
sekt) sting; (putte) put; ~ **e innom**
pop in; ~ **elsbær** gooseberry; **la i**
~ **en** leave in the lurch; ~ **-
kontakt** socket; (støpsel) plug;
~ **ord** *mil* password; (oppslags-
ord) entry; *teat* cue; ~ **prøve** spot
(el random) test.
stil style; (skole-) composition,
essay-paper; ~ **e** (til) address;
~ **ig** stylish, smart; ~ **k** stem,
stalk.
stillas scaffold(ing).
stillbar adjustable.
stille *adj* still, quiet; *mar* calm; *v*
(anbringe) put, place, set; ~ **ut**
expose; **Stillehavet** the Pacific
(Ocean).
still|ferdig quiet, gentle; ~ **het** still-
ness, calm, quiet(ness), tranquilli-
ty; ~ **e inn** adjust; ~ **ing** position;
(ansettelse også) post, situation,
dt job; (holdning) attitude;
~ **stand** standstill, stagnation;
deadlock; ~ **tiende** tacit, implicit.
stim (fisk) school, shoal; ~ **le sam-
men** crowd, throng.
stimul|ans stimulant, stimulus, im-
petus, incentive; ~ **ere** stimulate.
sting stitch.
stink|dyr skunk; ~ **e** stink.
stipendi|at scholarship holder;
~ **um** scholarship.
stirre stare, gaze.
stiv stiff, rigid; ~ **e**; ~ **else** starch;
~ **krampe** tetanus; ~ **nakket** *fig*
stiffnecked; ~ **ne** stiffen; (om
væske) coagulate.
stjele steal.
stjerne star; ~ **bilde** constellation;

~ **skudd** shooting star; ~ **tyder**
astrologer.
stoff (tøy) material, fabric, cloth;
(substans) stuff, matter, sub-
stance; ~ **miljø** drug scene (the
d.s.); ~ **skifte** metabolism.
stokk (spaser-) stick, cane; ~ **døv**
stone-deaf.
stol chair.
stole på rely *(el* depend) (up)on,
trust, count on.
stolpe post; pole.
stolt proud; ~ **het** pride.
stopp (i pute) padding, stuffing;
(på strømpe) darn; (stans) stop-
(page); ~ **e** *vt* fill, stuff; (stanse)
stop; (strømper) darn, mend; *vi*
stop, halt; ~ **egarn** darning wool;
~ **eklokke** stop watch; ~ **ested**
stop(ping-place).
stor great; big; large; (høy) tall;
~ **artet** splendid, grand, glorious,
magnificent.
Storbritannia Great Britain.
stordriftsfordeler economies of
scale.
storfe cattle.
stor|finans high finance; ~ **het**
greatness; ~ **industri** large-scale
industry.
stork stork.
storm gale; (sterk ~ og *fig)* storm,
tempest.
stor|magasin department store;
~ **makt** Great Power; ~ **manns-
galskap** megalomania; ~ **sinnet**
generous, magnanimous; ~ **vilt**
big game.
strabas|er hardships; ~ **iøs** fatigu-
ing.
straff punishment; *jur* penalty;
~ **ange** convict; ~ **arbeid** penal
servitude; ~ **bar** punishable; ~ **e**
punish; ~ **elov** criminal law; ~ **e-
porto** (postal) surcharge; ~ **esak**
criminal case; ~ **espark** penalty
kick; ~ **skyldig** culpable.
straks at once, immediately.
stram (ikke løs) tight; (rank)
erect; ~ **me** tighten; ~ **tsittende**
tight-fitting.
strand shore, beach; ~ **e** run
aground, strand; *fig* fail; ~ **hogg**
raid.

strateg strategist; ~ **i** strategy;
~ **isk** strategic(al).
stratosfære stratosphere.
strebe strive, aspire; ~ **r** careerist.
streif (av lys) gleam; (berøring)
graze; ~ **e** (berøre lett) graze; *fig*
touch on; (~ **e omkring)** roam,
ramble; ~ **skudd** grazing shot;
~ **tog** raid.
streik; ~ **e** strike; ~ **ebryter**
strike-breaker; ~ **evakt** picket.
strek line; (puss) prank, trick;
~ **e** draw lines; (~ **e under)** un-
derline.
strekke (seg) stretch; ~ **til** be
sufficient *el* enough, suffice.
strekning stretch, distance.
streng *adj* strict; (hard) severe,
rigorous, austere; *s* string; ~ **het**
austerity.
strev (slit) toil, labour; ~ **e** (slite)
work hard, toil; (forsøke) strive;
scramble; ~ **som** hard-working;
(hard) hard.
stri (av sinn) obstinate, dogged;
(streng) rigorous; (strøm) rapid;
v (slite) toil.
strid dispute, strife; controversy;
antagonism; contest; feud; ~ **bar**
militant; ~ **e** fight, struggle; ~ **en-
de** *mil* combatant; ~ **ig** obstinate,
recalcitrant; ~ **ighet** dispute, con-
troversy; ~ **shode** warhead;
~ **spunkt** point at issue; ~ **sspørs-
mål** issue.
strie sacking.
strikk elastic (band); ~ **e** knit;
~ **ejakke** cardigan; ~ **epinne** knit-
ting-needle; ~ **etøy** knitting.
strimmel strip, slip.
stripe stripe, streak; ~ **t** striped.
striregn torrent; ~ **e** pour down.
stritte bristle; ~ **imot** resist.
strofe stanza.
stropp strap.
struktur structure.
strupe *s* throat; gorge; *v* strangle;
~ **hode** larynx; ~ **tak** strangle-
hold.
struts ostrich.
stryk (pryl) beating; (i elv) rap-
ids; (eksamen) failure; ~ **e**
stroke; (tøy) iron; (til eksamen)

fail; (~ **e ut)** cross (out), erase;
~ **efri** non-iron; ~ **ejern** iron.
stryknin strychnine.
strø strew, sprinkle.
strøk (egn) part, district; region;
(penne-) stroke; (maling) coat.
strøm current; torrent; (noe som
strømmer) stream; flow; gusher;
~ **me** flow, pour, stream; ~ **måler**
electricity meter.
strømpe stocking; ~ **bukser** tights;
~ **bånd** garter; ~ **varer** hosiery.
strå straw.
stråle *s* ray, beam; (vann) jet; *v*
shine, radiate, beam; ~ **glans** ra-
diance; glamour; ~ **nde** splendid,
brilliant, gorgeous.
strålingsbalanse radiation balance.
strålmann dummy, man of straw;
~ **tak** thatched roof.
stubb(e) stub, stump.
student student; ~ **ere** study; ~ **ie,**
~ **ium** study; ~ **io** studio.
stue *s* (sitting-)room; (hytte) cot-
tage; *v* (mat) stew; *mar* stow;
~ **pike** parlour maid; ~ **r** steve-
dore.
stuert steward.
stuing stew.
stum mute, dumb; ~ **film** silent
film.
stump *s* (sigarett-, lys- *o.l.)* stub;
(av arm, ben) stump; *adj* blunt;
(vinkel) obtuse.
stund while; ~ **om** at times, some-
times.
stup precipice; (hopp) dive; ~ **e**
(hoppe) dive; (falle) pitch.
stusse (klippe) trim; (undres) won-
der.
stut bull(ock); ~ **teri** stud.
stygg ugly; (dårlig) nasty, bad.
stykke *s* piece, bit; *teat* play; *v* ~
opp split up, divide; ~ **ut** parcel
out; ~ **vis** piecemeal.
stylte stilt.
styr, holde ~ **på** keep in check;
~ **bord** starboard; ~ **e** *s* (sykkel)
handle-bar; *(abst* ledelse) man-
agement; (stats-) government,
rule; (direksjon) board of direc-
tors; (i forening) (executive) com-
mittee; *vt* steer; (lede) manage,
direct; (regjere) govern, rule;

~ **eformann** chairman; ~ **er** se
bestyrer.
styrke *s* strength; force; *v*
strengthen, fortify.
styrmann mate, officer.
styrt (bad) shower(-bath); ~ **e** *vi*
fall down, tumble down, topple;
(om fly) crash; (fare avsted) rush,
dash; dart; (om-) overthrow;
~ **hjelm** crash helmet; ~ **regn**
pouring rain.
stær *zool* starling; *med* (grå) cata-
ract; (grønn) glaucoma.
stø *adj* steady.
støkk start, shock; ~ **e** (skremme)
startle; (bli skremt) start (up).
stønad aid; (trygd) benefit.
stønn; ~ **e** moan, groan.
støpe (metaller) cast; (forme)
mould; ~ **form** mould; ~ **jern**
cast-iron; ~ **ri** foundry.
støpsel plug.
størje tunny.
størkne (sement o.l.) harden, set;
(væske) coagulate, congeal.
størrelse size; (omfang) extent;
~ **sorden** magnitude; *mat* quanti-
ty.
størstedelen the greater part.
støt impact; (skubb) push; (slag)
blow; (dolke-) stab; *elektr* shock;
(trompet-) blast; ~ **e** push; (dun-
ke) bump; (fornærme) offend,
hurt; (sammen) clash; ~ **e på** en-
counter; ~ **e ut** eject; ~ **fanger**
fender, bumper; ~ **pute** buffer.
støtt always, constantly; ~ **e** *s*
support; backing; brace; (billed-)
statue; *v* support; *fig* også back
(up).
støv dust; ~ **e** be dusty; ~ **eklut**
duster.
støvel boot.
støvet dusty.
støvsuger vacuum cleaner.
støy noise; ~ **e** make a noise;
~ **ende** noisy.
stå stand; ~ **billett** standing tick-
et; ~ **hei** fuss, ado, hoopla;
~ **plass** standing room.
stål steel; ~ **tråd** steel wire.
subbe shuffle.
subjekt subject; ~ **iv** subjective.
sublim sublime.

subsidier subsidies; ~ **e** subsidize.
subskri|bent subscriber; ~ **bere**
subscribe (på: to); ~ **psjon** sub-
scription.
substantiv substantive, noun.
subtil subtle.
subtrahere subtract.
suff|lere prompt; ~ **lør,** ~ **løse**
prompter.
sug suction; ~ **e** suck; ~ **erør**
straw.
suite suite.
sukk; ~ **e** sigh.
sukker sugar; ~ **brød** sponge
cake; ~ **erter** sugar peas; ~ **klype**
sugar tongs; ~ **kopp** sugar basin;
~ **rør** sugar cane; ~ **syke** diabe-
tes; ~ **tøy** sweets; *amr* candy.
sukre sugar, sweeten.
suksess success, hit.
sult hunger; ~ **e** starve; ~ **efôre**
underfeed; ~ **elønn** starvation
wages; ~ **en** hungry.
sum sum; ~ **marisk** summary;
~ **me** hum, buzz; ~ **me seg** col-
lect oneself; ~ **mere** sum up;
~ **metone** (telefon) dialling tone.
sump swamp, bog; ~ **et** swampy,
boggy; ~ **områder** swamplands.
sund sound, strait.
sunn (frisk) healthy, sound; (gagn-
lig) wholesome, healthy; ~ **het**
health.
supermakt Super Power.
suppe soup; ~ **terrin** tureen.
supple|ment, ~ **re** supplement, re-
plenish; ~ **ringsvalg** byelection.
sur sour; grumpy; (syrlig) acid; ~
nedbør acid rain; ~ **deig** leaven.
surfbrett surfboard.
surre (summe) hum, buzz, whirl;
(binde) lash, secure.
surrogat substitute.
sur|sild pickled herring; ~ **stoff**
oxygen.
sus whistling; humming; ~ **e**
whistle, whizz.
sutre whimper, whine.
suvenir souvenir.
suveren sovereign, unique; ~ **itet**
sovereignty.
svada claptrap, hot air.
svaie sway.
svak weak; (ubetydelig) feeble,

faint; ~**elighet** infirmity; ~**het** weakness.

sval *adj* cool; *s* gallery, balcony; ~ **e** *v* cool; *s* swallow, martin.

svamp sponge; ~ **aktig** spongy.

svane swan; ~ **sang** swansong.

svanger pregnant; ~ **skap** pregnancy.

svans tail.

svar answer, reply, response; ~ **e** answer, reply.

svart black; ~ **ebørs** black market; ~ **edauden** the Black Death; **Svartehavet** the Black Sea; ~ **eliste** black list; ~ **emarja** Black Maria.

sveis|e weld; ~ **er** (metall-) welder; (fjøskar) dairyman.

Sveits Switzerland; ~ **er**, ~ **isk** Swiss.

sveiv; ~ **e** crank.

svekke weaken; impair, debilitate; ~ **lse** weakening.

svekling weakling.

svelg throat, gullet; (avgrunn) abyss, gulf; ~ **e** swallow.

svelle swell.

svensk Swedish; ~ **e** Swede.

svepe whip.

sverd sword; ~ **fisk** swordfish; ~ **side** male line.

sverge swear; ~ **falsk** perjure.

Sverige Sweden.

sverm swarm; crowd; ~ **e** swarm; ~ **e for** have a crush on; ~ **er** zealot.

sverte *s* (sko-) blacking; *v* blacken.

svett sweaty; ~ **e** *s* perspiration, sweat; *v* perspire, sweat.

sveve hover, float.

svi *vi* smart; *vt* singe, scorch.

svibel bulb.

sviger|datter, ~ **far**, ~ **foreldre** daughter-in-law, father-in-law, parents-in-law; ~ **inne** sister-in-law; ~ **mor** mother-in-law; ~ **sønn** son-in-law.

svik fraud, deceit, guile; ~ **e** deceive, betray, cheat; ~ **efull** fraudulent, guileful.

svikt (brist) flaw; (uteblivelse) failure; ~ **e** fail.

svim|e av faint; **i** ~ **e** unconscious;

~ **lende** dizzy; ~ **mel** dizzy, giddy; ~ **melhet** dizziness.

svin pig, hog; *koll* swine.

svind|el fakery; ~ **le** swindle, double-cross; ~ **ler** swindler, faker.

svine|kjøtt pork; ~ **lær** pigskin; ~ **ri** filthiness; ~ **stek** roast pork.

sving swing; (på vei) curve, bend, turn(ing); ~ **dør** revolving door; ~ **e** swing; fluctuate; (bil, vei) turn; (hatten) wave; ~ **ning** (variasjon) fluctuation; (fram og tilbake) oscillation.

svinn waste, loss; ~ **e** (forminskes) diminish, dwindle, wane.

svir carousing; ~ **e** carouse, booze.

svirre (også *fig*) buzz, whirl.

sviske prune.

svoger brother-in-law.

svor (fleske-) rind.

svovel sulphur; ~ **dioksid** sulphur dioxide; ~ **syre** sulphuric acid.

svul|l (is-) ice-fall; (hevelse) swelling; ~ **me** swell; heave; (opp) bloat.

svulst tumo(u)r; abscess; ~ **ig** bombastic.

svær very large, huge; heavy; bulky.

svømme swim; ~ **basseng** swimming-pool; ~ **belte** swimming-belt; ~ **fugl** web-footed bird; ~ **hud** web; ~ **r** swimmer.

svøpe *fig* scourge.

sy sew; ~ **dame** dressmaker.

syde seethe.

Syden the South.

syd|frukter fruits from the South; ~ **lig** south(ern).

Sydpolen the South Pole.

sydvest (plagg) southwester.

syerske seamstress.

syk ill; (foran *s*) sick; (som predikatsord) ill; ~ **dom** illness, sickness, disease; ~ **ebil** ambulance; ~ **ehus** hospital; ~ **elig** morbid; ~ **epermisjon** sickleave; ~ **epleier** (hospital) nurse; ~ **eseng** sickbed; ~ **estue** infirmary.

syk|kel (bi)cycle, bike; ~ **kelsti** cycle path; ~ **le** cycle; bike; ~ **list** cyclist.

syklon cyclone.
syklubb sewing circle.
syklus cycle.
syl awl.
sylinder cylinder.
sylte *s* brawn; *v* (frukt *o.l.*) preserve; (i eddik) pickle; ~ **tøy** jam, preserve(s).
symaskin sewing machine.
symbol symbol; ~ **isere** symbolize; ~ **sk** symbolic.
symfoni symphony.
symmetrisk symmetrical.
sympati sympathy; ~ **sere** sympathize; ~ **sk** likeable, nice.
syn sight; (mening) view.
synagoge synagogue.
synd; ~ **e** sin; (det er synd, leit) it is a pity; ~ **ebukk** scapegoat; ~ **er** sinner; ~ **floden** the Flood; the deluge; ~ **ig** sinful.
syne (vise) show; ~ **s** think; consider, find; (se ut som) appear, seem.
synge sing.
synke sink; fall; descend.
synkron|isere synchronize; ~ **svømming** synchronized swimming.
syn|lig visible; ~ **sbedrag** optical delusion; ~ **sk** clairvoyant, second-sighted; ~ **punkt** point of view, viewpoint; ~ **srand** horizon.
syntetisk synthetic.
syl|nål (sewing) needle.
syre acid; *bot* sorrel.
syrin lilac.
syrlig sourish, acidulous.
syssel|sette employ; ~ **setting** employment.
system system; ~ **atisk** systematic; *adv* systematically.
syt; ~ **e** whimper, whine.
syl|tråd sewing-thread; ~ **tti** seventy; ~ **tøy** needlework.
sæd seed; (væske) semen, sperm.
sær|deles highly, most; ~ **deleshet:** i ~ in particular, especially; ~ **egen** peculiar; ~ **egenhet** peculiarity; ~ **eie** separate estate; ~ **lig** *adj* special, particular; *adv* especially, particularly, primarily; ~ **preg** distinctive stamp; ~ **skilt** separate; ~ **tilbud** special offer.
sødme sweetness.

søke seek, search *(el* look) for; (sende søknad) apply for; (forsøke) try; ~ **lys** searchlight, spotlight; ~ **r** *fotogr* viewfinder; (til stilling) applicant.
søkk (fordypning) hollow, depression; (trykk) start; ~ **våt** drenched, soaked.
søk|nad application; ~ **smål** (law)suit, prosecution; ~ **t** *fig* far-fetched.
søl mess; ~ **e** mud; *v* (spille væske) spill, slop; (~ **e til**) soil; ~ **e-pytt** puddle; ~ **et** muddy, dirty.
sølibat celibacy.
sølje (filigree) brooch.
sølv silver; ~ **bryllup** silver wedding; ~ **tøy** table silver.
søm (det å sy) sewing; (sammensying) seam; *med bot* suture; ~ **me seg** be becoming; ~ **melig** decent, becoming; ~ **melighet** decency, propriety.
søndag Sunday.
sønn son; ~ **edatter** grand-daughter; ~ **esønn** grandson.
søppel rubbish, refuse, garbage, litter; ~ **dunk** ash can, garbage can, (flerdelt) partitioned wastebasket; ~ **forbrenner** incinerator; ~ **haug** dump; ~ **kasse** dustbin; refuse bin; ~ **kjører** dustman.
sør south.
sørge (føle sorg) grieve, mourn; ~ **for** (skaffe) provide, arrange for, cater for; ~ **klær** mourning; ~ **lig** sad, dismal; ~ **marsj** funeral march.
sørgmodig sad, sorrowful.
sør|lig southern; (vind) southerly; ~ **over** southwards.
sørpe slush, sludge.
sør|vest southwest; ~ **østlig** southeast.
søsken brothers and sisters; ~ **barn** cousin.
søster sister.
søt sweet; cute; ~ **e** *v* sweeten.
søvn sleep; i ~ **e** asleep; ~ **gjenger** sleep-walker; ~ **ig** sleepy; ~ **løs** sleepless; ~ **løshet** insomnia.
søyle pillar, column.
så *v* sow; *adv* (etterpå) then; (der-

for) so; ~ **dan** such; ~ **kalt** so called; ~ **korn** seed-corn.
såld riddle, sieve.
såle *s & v* sole.
således so, thus; ~ **mann** sower; ~ **maskin** sowing machine.
sånn such; (således) so, thus.

såpe *s & v* soap; ~ **skum** lather; ~ **stykke** cake of soap.
sår *s* wound; *adj* sore; painful; ~ **bar** vulnerable; ~ **e** wound; (*fig* også) hurt; ~ **ende** *fig* cutting, wounding; ~ **t** sorely.
såte (hay)cock.

T

ta take; (beregne seg) charge; ~ **avstand fra** denounce; ~ **borgerrett/stemmerett fra** disfranchise; ~ **bort** eliminate; ~ **fra hverandre** disassemble; ~ **på seg** put on, don.
tabbe blunder, gaffe.
tabell table, schedule; ~ **lett** tablet; ~ **loidformat** (avis i lite format) tabloid; ~ **lå** tableau; ~ **u** taboo; ~ **urett** stool.
taffel table.
tafs se *tjafs.*
tagg (pigg) spike, barb.
tak (med hånd) grasp, hold, clench, clutch; (med åre) stroke; (på hus) roof; (i værelse) ceiling.
takkammer attic, garret.
takk thanks; thank you; (spiss) jag; ~ **e** thank; ~ **et** jagged; ~ **et være** thanks to; ~ **nemlig** grateful, thankful; ~ **nemlighet** gratitude; ~ **sigelse** thanksgiving.
takle tackle; *(mar* også) rig.
takrenne gutter.
taksameter (taxi)meter; ~ **ere** value, appraise, rate; ~ **ering** valuation, appraisement, rating.
takskjegg eaves; ~ **stein** tile.
takst rate; (person-) fare; (verdi) appraised value; ~ **mann** appraiser.
takt time; (finfølelse) tact; ~ **fast** measured; ~ **full** tactful; ~ **ikk** tactics; ~ **isk** tactical; ~ **løs** tactless; ~ **løshet** tactlessness; ~ **stokk** baton.
takvindu skylight.
tale *s* speech; (snakk) talk; *v* speak, talk; ~ **feil** speech defect; ~ **ferdighet** fluency; ~ **frihet** free-

dom of speech; ~ **språk** spoken (*el* colloquial) language.
talent talent; ~ **full** talented.
taler speaker; (begavelse) orator; ~ **stol** rostrum, platform.
talg tallow.
talje tackle.
talkum talcum.
tall number; (-tegn) figure, digit.
tallerken plate.
tallord numeral; ~ **rik** numerous; ~ **skive** dial; ~ **øs** countless, innumerable.
talong counterfoil, stub.
talsmann spokesman, mouthpiece, proponent; (for en sak) advocate; exponent; ~ **person** spokesperson.
tam tame; ~ **het** tameness.
tamp rope end.
tampong tampon.
tandem tandem; ~ **der** delicate, frail.
tang (ild-) tongs; (knipe-) pincers; *bot* seaweed; ~ **e** tongue (of land); ~ **ent** tangent; (piano) key; ~ **ere** touch.
tank tank; ~ **bil,** ~ **båt** tanker.
tanke thought, idea; ~ **full** thoughtful; ~ **gang** train of thought; ~ **løs** thoughtless; ~ **strek** dash; ~ **vekkende** suggestive.
tann tooth; (på hjul) cog; ~ **børste** toothbrush; ~ **hjul** cog-wheel; ~ **kjøtt** gum; ~ **krem** toothpaste; ~ **lege** dentist; ~ **pasta** toothpaste; ~ **regulering** braces on one's teeth; ~ **verk** toothache.
tante aunt.
tap loss; ~ **e** lose; ~ **er** loser.
tapet wallpaper; ~ **sere** paper.

tapp (kran), tap; (omdreinings-) pivot; ~ **e** tap, draw; (på flaske) bottle; ~ **enstrek** tattoo.
tapper brave, valiant; ~ **het** bravery, valour.
tara tare.
tare seaweed.
tariff tariff.
tarm intestine; *(pl* også) bowels, guts; ~ **slyng** ileus.
tast key; ~ **atur** keyboard.
tater gipsy.
tatovere; ~ ing tattoo.
tau rope; ~ **båt,** ~ **e** se *slepe(båt).*
taus silent; ~ **het** silence.
tautrekking tug-of-war.
tavle (skole-) blackboard; *elektr* switchboard, fuse board.
te tea.
teater theatre; ~ **forestilling** theatrical performance; ~ **sjef** theatre *(el* theatrical) manager.
teatralsk theatrical.
teft scent, flair; **fin** ~ **for** a good nose for.
teglstein (til tak) tile; (til mur) brick.
tegn sign, mark; ~ **e** draw; ~ **ebrett** drawing board; ~ **efilm** (animated) cartoon; ~ **er** draughtsman; (mote-) designer; (karikatur-) cartoonist; ~ **eserie** (strip) cartoon, (comic) strip; ~ **estift** drawing pin; ~ **ing** drawing; ~ **setning** punctuation.
tekanne teapot; ~ **kjøkken** kitchenette.
tekke *v* roof; (med strå) thatch; ~ **lig** decent, proper, comely.
tekniker technician; ~ **ikk** technique; ~ **isk** technical; ~ **ologi** technology; ~ **ologisk** technological.
tekst text; *mus* words, lyrics; ~ **behandling** word processing; ~ **behandlingsmaskin** word processor.
tekstil textile; ~ **fabrikk** textile mill.
tele *s* frozen earth.
telebutikk phone shop; ~ **data** viewdata; ~ **fax** (maskinen) fax machine, (meddelelsen) telefax.
telefonboks call-box, telephone

kiosk, booth; ~ **ere** telephone; ~ **katalog** telephone directory; ~ **oppringning** (telephone) call; ~ **sentral** telephone exchange.
telegraf; ~ ere telegraph; wire; cable; ~ **i** telegraphy; ~ **isk** telegraphic, by wire, by cable; ~ **ist** telegraphist.
telegram telegram, wire, cable; ~ **byrå** news agency.
teleks telex; ~ **melding** telex(call).
telelinse telephoto lens.
telepati telepathy; ~ **skop** telescope; ~ **verk, Det britiske** British Telecom; ~ **visjon** television, se *fjernsyn.*
telle count, number; (opp) enumerate; ~ **apparat** turnstile; ~ **r** (i brøk) numerator.
telt tent; ~ **duk** tent-canvas; ~ **leir** camp of tents.
tema *mus* theme; (emne) subject, topic.
temme tame; (gjøre til husdyr) domesticate; ~ **lig** rather, pretty; fairly.
tempel temple.
temperament temperament, temper; ~ **atur** temperature; ~ **ere** temper.
tempo pace, tempo.
tendens tendency, trend; ~ **iøs** tendentious, bias(s)ed.
tendere tend.
tenke think; (akte) mean; (~ **seg)** imagine; ~ **lig** imaginable; conceivable; ~ **r** thinker.
tenne light; *elektr* switch *(el* turn) on; (ved gnist) ignite; ~ **ing** ignition.
tennis tennis; ~ **bane** tenniscourt; ~ **racket** racket.
tennplugg spark(ing-)plug.
tenor tenor.
tentamen preliminary examination.
tenåring teenager.
teolog theologian; ~ **logi** theology; ~ **logisk fakultet** divinity school; ~ **retiker** theorist; ~ **retisk** theoretic(al); ~ **ri** theory.
teppe (gulv-) carpet; (lite) rug; *teat* curtain.

terap|eutisk therapeutic(al); ~ **i** therapy.

terge exasperate.

termin period, term; (avdrag) instalment.

termo|meter thermometer; ~ **sflaske** thermos(flask); ~ **stat** thermostat.

terning die; *pl* dice; cube.

terpe cram.

terpentin turpentine.

terrasse terrace.

terreng country, ground; ~ **løp** cross-country race.

terrin tureen.

territor|ialfarvann territorial waters; ~ **ium** territory.

terror terror; ~ **isere** terrorize; ~ **isme** terrorism; ~ **ist** terrorist.

terskel threshold.

terte tart; ~ **fin** prudish, genteel.

te|sil tea-strainer; ~ **skje** teaspoon.

testament(e) testament, will; ~ **arisk** testamentary; ~ **ere** bequeath, leave by will.

testikkel testicle.

tett *adj* (ikke lekk) tight; (ikke spredt) dense; (nær) close; *adv* close, closely; ~ **-bygd strøk** built-up area; ~ **e** make tight; ~ **het** density; ~ **sittende** tight (-fitting).

ti ten.

tid time; *gram* tense; ~ **evann** tide; ~ **feste** determine the time of; ~ **lig** early; ~ **ligere** previous; earlier; bygone; ~ **ligst** at the earliest; ~ **salder** age; ~ **sfordriv** pastime; ~ **sfrist** time limit; ~ **smessig** up-to-date; ~ **snok** in time; ~ **spunkt** time, moment, hour; ~ **skrift** periodical, review.

tie be silent.

tiende *num* tenth; *s* tithe.

tiger tiger.

tigge beg; ~ **r** beggar; ~ **ri** begging.

tikamp decathlon.

tikke tick.

til *prp* to; *adv* **en** ~ one more; *konj* till, until.

tilbe adore.

tilbake back; (igjen) left; behind; ~ **betale** repay; ~ **blikk** retro-

spect; ~ **fall** relapse; ~ **gang** decline; ~ **holden** reserved; ~ **holdenhet** reserve; ~ **kalle** revoke; ~ **komst** return; ~ **legge** cover; ~ **levere** return; ~ **reise** return journey; ~ **slag** setback; ~ **stående** backward, retarded; ~ **tog** retreat; ~ **trekning** withdrawal; ~ **trukket** retired; ~ **vei** way back; ~ **virkende** retroactive; ~ **vise** reject; ~ **visning** rejection.

tilbe worship; ~ **der** worshipper; *fig* admirer.

til|behør accessories; ~ **berede** prepare; ~ **bringe** spend; ~ **bud;** ~ **by** offer; ~ **børlig** due; ~ **bøyelig** inclined; (ha lett for) be apt to; ~ **bøyelighet** inclination, tendency, disposition, propensity.

til|dele (anvise) allot, assign, confer; (ved kvote) allocate; ~ **deling** bestowal; allotment, assignment; allocation, hand-out; ~ **dels** partly; ~ **egne** dedicate; ~ **egne seg** (kunnskaper *o.l.*) acquire; ~ **egnelse** dedication.

til|falle fall to; ~ **feldig** casual, accidental, haphazard; incidental; ~ **feldighet** chance; (sammentreff) coincidence; ~ **feldigvis** by chance, accidentally, incidentally; ~ **felle** case; accident; ~ **felles** in common; ~ **flukt** refuge; ~ **freds** satisfied; (fornøyd) pleased, content(ed); ~ **fredshet** satisfaction; contentment; ~ **fredsstille** satisfy, cater for; ~ **fredsstillelse** satisfaction; ~ **fredsstillende** satisfactory; ~ **frosset** frozen (over); ~ **førsel** supply; ~ **føye** add, addition; (volde) cause.

tilgi forgive, pardon; ~ **givelig** pardonable; ~ **givelse** pardon, forgiveness; ~ **gjengelig** accessible, available; ~ **gjort** affected; ~ **godehavende** outstanding debt.

til|henger follower, supporter, fan, adherent; ~ **holdssted** resort; ~ **hylle** veil; ~ **høre** belong to; ~ **hører** listener.

tilintetgjøre annihilate, destroy; ~ **lse** destruction.

til|kalle call, summon; ~ **kjenne**

award; ~ **kjennegi** make known;
~ **knytning** connection; affilia-
tion; ~ **komme** (være ens plikt)
be one's duty.

til|laget prepared; ~ **lags: gjøre**
~ please; ~ **late** allow, permit;
~ **latelig** permissible, admissible;
~ **latelse** permission, leave;
(skriftlig) permit; ~ **latt** allowed;
~ **legg** addition; supplement;
~ **lempe** adapt; ~ **liggende** adja-
cent; ~ **lit** confidence; ~ **litsfull**
confident; ~ **litsmann** trustee;
~ **litsvotum** vote of confidence;
~ **løp** (til hopp) starting run; *fig*
effort, attempt.

tilnærm|else approach; *fig* ad-
vance; ~ **elsesvis** approximately;
(ikke-) not nearly; ~ **ing** rap-
prochement.

til overs left (over).

tilpas|ning adap(ta)tion; ~ **se**
adapt, accommodate, conform;
~ **ningsdyktig** resilient ~ **ningsev-**
ne adaptability; ~ **ningsdyktig**
adaptable.

til|reisende visitor; ~ **rettelegge** ar-
range; ~ **rettevise;** ~ **rettevisning**
rebuke; ~ **rive seg** usurp; ~ **rop**
cry, hail; ~ **rå** advise; ~ **rådelig**
advisable.

til|sagn promise; ~ **sammen** alto-
gether, in all; ~ **setning** admix-
ture; ~ **sette** add; (ansette) en-
gage, appoint; ~ **side** aside; ~ **si-**
desette (person) slight, pass over;
(forsømme) neglect; ~ **siktet** in-
tentional; ~ **skjærer** cutter;
~ **skrive** ascribe; ~ **skudd** grant,
contribution; ~ **skuer** spectator;
~ **skuertall** crowd; ~ **skynde**
prompt, urge; ~ **slag** (auksjon)
knocking down; ~ **slutning** (bi-
fall) approval; (samtykke) con-
sent; ~ **sløre** veil; ~ **smurt** greasy;
~ **spisse seg** become critical;
~ **sprang** start; ~ **stand** state,
condition; ~ **stede** present;
~ **stelning** arrangement; ~ **strek-**
kelig sufficient; adequate;
~ **strekkelighet** adequacy;
~ **strømning** influx; affluence;
~ **støte** happen to; ~ **støtende**
adjacent; ~ **stå** confess; (inn-

rømme) admit; ~ **ståelse** confes-
sion; admission; ~ **svare** corre-
spond to; ~ **svarende** correspond-
ing, equivalent; ~ **syn** supervi-
sion; ~ **syne: komme** ~ appear;
~ **synelatende** seeming, apparent;
~ **synsmann** inspector; ~ **søle**
soil, dirty.

til|ta grow, increase, accumulate;
~ **tak** (foretagende) enterprise;
(forholdsregel) measure; ~ **tale** *v*
(snakke til) address; (behage)
please, appeal to; *jur* charge (**for:**
with) prosecute; **den** ~ **talte** the
accused, the defendant; ~ **tale** *s*
address; indictment; *jur* charge,
prosecution; ~ **talende** attractive;
~ **tre** (stilling) take up; ~ **tredelse**
accession; ~ **trekke** attract;
~ **trekkende** attractive; ~ **trek-**
ning attraction; ~ **tro** *s* confi-
dence; ~ **vant** accustomed;
~ **vekst** increase; ~ **værelse** exis-
tence.

time hour; (undervisning) period,
lesson; ~ **glass** hourglass; ~ **plan**
timetable; table of lessons.

timian thyme.

tind(e) (fjell-) peak; ~ **ebestiger**
alpinist, mountaineer.

tindre sparkle.

tine thaw, melt.

ting thing; ~ **lyse** register.

tinn (metallet) tin; (i bruksgjen-
stand) pewter; ~ **varer** pewter-
(ware).

tinning temple.

tipp|e (gjette, å gi drikkepenger)
tip; (med tippekupong) do the
pools; ~ **ekupong** pools coupon.

tippolde|far great-great-grandfa-
ther; ~ **mor** great-great-grand-
mother.

tirre tease, provoke.

tirsdag Tuesday.

tispe bitch.

tistel thistle.

titt peek; ~ **e** peep, peek.

tittel title; ~ **blad** title page.

titulere address style.

tivoli amusement park, fun fair.

tiår decade.

tjafs wisp of hair.

tjene serve; (~ **penger**) earn, (ved

fortjeneste) make; ~ r servant;
domestic; ~ ste service; favour;
~ stemann public servant; ~ ste-
pike maid(-servant).
tjern small lake, tarn.
tjor; ~ e tether.
tjue twenty.
tjære s & v tar; ~ papp tarred
roofing felt.
to num two; (stoff) stuff; ~ gan-
ger twice.
toalett toilet; (~ rom også) lavato-
ry, W.C; ~ bord dressing (el toi-
let) table; ~ papir toilet paper.
tobakk tobacco; ~ sbutikk tobac-
conist's (shop); ~ shandler tobac-
conist.
tog train; (opptog) procession;
~ plan railway timetable.
tokt cruise; (ri) fit.
toleranse tolerance; ~ ant toler-
ant, broadminded; ~ ere tolerate.
tolk interpreter; ~ e interpret;
(uttrykke) express.
toll (avgift) duty; (~ vesen) Cus-
toms; (avgift), (customs) duty;
~ bu customhouse; ~ egang oar-
lock; ~ ekniv sheath-knife; ~ er
customs officer; ~ fri duty-free;
~ pliktig dutiable; ~ vesenet the
Customs.
tolv twelve.
tom empty; ~ at tomato; ~ bola
tombola; ~ gangskjøring idling;
~ hendt empty-handed; ~ het
emptiness.
tomme inch; ~ lfinger thumb;
~ liten Tom Thumb; ~ stokk
folding rule.
tomrom blank.
tomt (bygge-) site, (rundt et hus)
grounds.
tone v (lyde) sound; tone; s tone;
(enkelt-) note; ~ angivende lead-
ing; ~ fall intonation; ~ høyde
pitch.
tonn ton; ~ asje tonnage.
topp top; (fjell- og fig) summit;
~ e top; ~ figur figurehead;
~ gasje top salary; ~ møte sum-
mit meeting; ~ punkt summit;
geom apex; ~ stilling top posi-
tion.

torden thunder; ~ skrall thunder
clap; ~ vær thunderstorm.
tordivel (dung)beetle.
tordne thunder.
tore dare, venture.
torg market(-place).
torn thorn; ~ efull thorny.
torpedere; ~ o torpedo.
torsdag Thursday.
torsk cod(-fish); ~ elevertran cod-
liver oil.
tortur; ~ ere torture.
torv (myr-) peat; (gress-) turf.
tosifret double digit.
tosk fool, zany; ~ et foolish, daft.
total total; ~ itær totalitarian.
tradisjon tradition; ~ ell tradi-
tional.
trafikk traffic; ~ ert busy, crowd-
ed; ~ -knute traffic jam; ~ stans
congestion; ~ åre artery.
tragedie tragedy; ~ isk tragic.
trakt funnel; (egn) region; ~ at
treaty; ~ e (sile) filter; ~ e etter
aspire to.
traktor tractor.
tralle v sing; s trolley, truck.
tramp tramp, stamp; ~ e tramp,
stamp, trample; ~ fart tramp
trade.
tran cod-liver oil.
trane crane.
trang s (behov) want, need; (lyst)
desire; adj narrow; (om klær)
tight; ~ synt narrow-minded.
transe trance.
transaksjon transaction; ~ forma-
tor transformer; ~ itiv transitive;
~ itthandel transit trade; ~ latør
translator; ~ port transport, con-
veyance; ~ portabel portable;
~ portbånd conveyor belt; ~ por-
tere transport; ~ portmiddel
means of transport el conveyance.
trapés trapeze; mat trapezium.
trapp stairs; (trappeoppgang)
staircase; (utenfor dør) (door-)
steps; ~ e opp escalate; ~ eavsats
landing; ~ egelender banisters pl;
~ etrinn step.
traske trudge; plod.
trass defiance.
trass(ig) se tross(ig) recalcitrant,
obstinate.

trau trough.
traust steady, sturdy, stalwart.
trav; ~ **e** trot.
travbane trotting-track.
travel busy; ~ **het** bustle; **ha det**
~ **t** be in a hurry.
trav(er)hest trotter.
tre *num* three; *v* tread; step; *s*
tree; (ved) wood; ~ **demølle**
treadmill; ~ **dje;** ~ **djedel** third;
~ **dobbelt** triple; ~ **enighet** Trin-
ity.
treff|e hit; (møte) meet; ~ **ende**
apt; to the point.
trefning *mil* engagement.
treg sluggish, slow; inert; tardy;
~ **het** indolence; inertia, tardi-
ness.
tre|grense tree *(el* timber) line;
~ **hjulssykkel** tricycle.
trekant triangle; ~ **et** triangular.
trekk *n* (rykk) pull; (ansikts-) fea-
ture; (sjakk) move; (karakter-)
trait, feature; (dekke) cover; *m*
draught; ~ **e** draw, pull, drag;
(betrekke) cover; ~ **e fra** deduct;
mat subtract; ~ **e opp** wind up
(ur etc.); ~ **e tilbake** withdraw;
~ **e seg tilbake** retire; ~ **fugl**
migratory bird; ~ **full** draughty;
~ **papir** blotting-paper; ~ **spill**
accordion.
tre|klang triad; ~ **kløver** trefoil.
trekning (lotteri) draw; (krampe)
convulsion; ~ **sliste** list of prizes.
tre|kull charcoal; ~ **last** timber,
wood.
trell slave; ~ **binde** enslave;
~ **dom** bondage; ~ **e** slave.
tremasse wood-pulp.
tremenning second cousin.
trene train, practise; ~ **r** trainer,
coach; ~ **re** delay, retard.
trenge (presse) press, force, push;
(behøve) need, want, require; ~
igjennom penetrate; ~ **inn i** in-
vade; ~ **inn på** encroach; ~ **seg**
fram press forward; ~ **seg inn/**
på intrude; ~ **nde** needy.
trengsel (folk) crowd; (nød) dis-
tress.
trenings|drakt training suit; ~ **ut-**
styr fitness equipment.

treske thresh; ~ **maskin** thresher;
threshing-machine.
treskje wooden spoon.
tre|skjærer wood-carver; ~ **skjæ-**
ring wood engraving; ~ **sko** clog,
wooden shoe; ~ **snitt** woodcut,
wood engraving, xylography;
~ **sprit** wood alcohol; ~ **stamme**
trunk (of a tree).
tresteg hop, step, and jump; tri-
ple jump.
trett tired; (kjed) weary (**av:** of);
~ **e** *v* tire; (stride) quarrel; *s* dis-
pute, quarrel; ~ **ekjær** quarrel-
some; ~ **en** thirteen; ~ **het** weari-
ness, fatigue; ~ **i** thirty.
treull wood-wool.
trevarer woodware.
trevl fibre; (av tøy) thread.
tri|angel triangle; ~ **bune** stand;
(overbygd) grand stand; ~ **gono-**
metri trigonometry; ~ **kin** trichi-
na.
trikk (knep) trick; (sporvogn)
tram(-car); *amr* streetcar.
trikot tricot; ~ **asje** hosiery;
~ **asjehandler** hosier.
triks ploy.
trille roll; *mus s & v* trill; ~ **bår**
wheelbarrow.
trilling triplet.
trinn step; (stige) rung; (stadium)
stage.
trinse pulley; (lite hjul) castor.
trio trio.
tripp; ~ **e** trip.
trist sad, dismal, gloomy, dreary;
~ **het** sadness, gloom.
tritt step; *fig* **holde** ~ **med** keep
pace with.
triumf triumph; ~ **bue** triumphal
arch; ~ **ere** triumph; ~ **erende** tri-
umphant.
triv|es thrive; (like seg) feel com-
fortable; ~ **iell** commonplace, tri-
vial, trite; ~ **sel** prosperity; (vel-
være) well-being.
tro *adj* faithful, loyal; *s* faith,
belief; (grise-) trough; *v* believe;
think; ~ **fast** faithful, loyal;
~ **fasthet** fidelity, faithfulness.
trofé trophy.
trolig credible; (sannsynlig) prob-
able, likely, believable.

troll troll, ogre; ~ **binde** spell-bind; ~ **dom** witchcraft, sorcery; ~ **et** naughty; ~ **kjerring** witch; ~ **mann** sorcerer; wizard.

troløs faithless.

tromme *s* drum; *v* (beat the) drum; ~ **hinne** ear-drum, membrane; ~ **hvirvel** roll of drums; ~ **l** drum; ~ **slager** drummer; ~ **stikke** drumstick.

trompet trumpet; ~ **støt** blast.

tron|arving heir to the throne; ~ **e** *s & v* throne; ~ **følger** successor; ~ **himmel** canopy; ~ **tale** speech from the Throne.

trop|ehjelm sun helmet; ~ **ene** the tropics; ~ **isk** tropical.

tropp troop; ~ **erevy** review.

tro|skap fidelity, loyalty; ~ **skyldig** unsuspecting, ingenuous.

tross *s* defiance; *prp* **(til** ~ **for)** in spite of; ~ **e** *v* defy; *s* hawser; ~ **ig** obstinate, dogged.

trost thrush.

troverdig trustworthy, reliable, credible; ~ **het** credibility.

trubadur minstrel, troubadour.

true threaten, menace; ~ **de (dyr)** imperilled (animals); ~ **t** endangered.

trumf trump.

truser briefs, panties.

trussel threat, menace.

trutne swell.

trygd insurance; ~ **ekasse** health insurance fund.

trygg secure, safe **(for:** from); ~ **e** make safe, secure; ~ **het** security, safety.

trygle beg, entreat, implore.

trykk *n* pressure; (betoning) stress; *m* print; **på** ~ in print; ~ **beholder** pressured container, pressurised container; ~ **e** press; (klemme) pinch; *typogr* print; ~ **efrihet** freedom of the press; ~ **er** printer; ~ **eri** printingworks; ~ **feil** misprint; ~ **knapp** snap fastener; (til klokke) push-button; ~ **saker** printed matter.

trylle conjure; ~ **fløyte** magic flute; ~ **kunstner** conjurer; ~ **ri** magic; ~ **stav** magic wand.

tryne snout.

trøffel truffle.

trøst consolation, comfort; ~ **e** comfort, console; ~ **esløs** disconsolate.

trøye jacket, coat.

trå step, *adj* (harsk) rancid.

tråd thread; (metall) wire; ~ **løs** wireless, cordless; ~ **snelle** (cotton) reel.

tråkk trampling; ~ **e** step, trample.

tråkle tack.

trål dragnet; ~ **e** trawl; ~ **er** trawler.

tsar czar.

tsjekk|isk Czech; **Tsjekkoslovakia** Czechoslovakia.

tube tube.

tuberkul|ose tuberculosis; ~ **øs** tuberculous.

tue mound; (maur-) ant hill.

tufset fuzzy

tukle med tamper with.

tukt discipline; (straff) punishment; ~ **e** chastise, punish; ~ **hus** gaol, prison.

tulipan tulip; ~ **løk** tulip bulb.

tull (tøv) rubbish, nonsense; ~ **e** (tøve) talk nonsense *(el* rubbish); ~ **e inn** wrap up; ~ **et** crazy; ~ **ing** fool, silly person.

tum|le tumble, romp; ~ **le med** struggle with; ~ **melumsk** bewildered; ~ **ult** tumult.

tun farm-yard.

tunfisk tunny.

tung heavy; ~ **e** tongue; ~ **hørt** hard of hearing; ~ **industri** heavy industries; ~ **nem** dull; ~ **sindig;** ~ **sindighet** melancholy; ~ **tvann** heavy water; ~ **tveiende** *fig* weighty; ~ **vektsbokser** heavyweight; ~ **vint** cumbersome.

tunnel tunnel; ~ **bane** underground, tube; *amr* subway.

tupp tip.

tur (spaser-) walk, stroll; (liten reise) trip; se *reise;* (til å gjøre noe) turn; (dans) figure; ~ **bin** turbine; ~ **gåer** hiker; ~ **ist** tourist, vacationer; ~ **n** gymnastics *pl;* ~ **né** tour.

turn|e do gymnastics; ~ **er** gym-

nast; ~ **ere** joust; ~ **ering** tourna-
ment; ~ **hall** gymnasium.
turnips turnip.
tur-retur-billett return ticket.
turteldue turtledove.
tusen thousand; ~ **bein** centipede;
~ **fryd** daisy; ~ **årsrike** millen-
nium.
tusj Indian ink.
tusk|e; ~ **handel** barter.
tusmørke dusk, twilight.
tut (på kanne) spout; (ul) howl;
(av fløyte, ugle) hoot; (horn, fløy-
te) toot; ~ **e** howl; hoot; toot;
(gråte) cry.
tvang force, compulsion; ~ **sar-
beid** hard labour; ~ **sauksjon**
forced sale; ~ **sforestilling** obses-
sion; ~ **strøye** strait-jacket.
tverr sullen, cross; ~ **bjelke** cross-
beam; ~ **ligger** *idr* crossbar;
~ **snitt** cross-section.
tvers| igjennom right through;
~ **over** right *(el* straight) across;
på ~ crosswise.
tvert imot *adv* on the contrary;
prp contrary to.
tvetydig ambiguous; ~ **het** am-
biguity.
tvil; ~ **e** doubt, disbelief; ~ **ende**
dubious; ~ **er** doubter; ~ **som**
dubious.
tvilling twin.
tvil|rådig in doubt; ~ **som** doubt-
ful.
tvinge force, compel, enforce.
tvinne twist, wind, twine.
tvist (strid) dispute, dissension;
(bomullsgarn) cotton waste.
tvungen compulsory; (unaturlig)
forced.
ty; ~ **til** resort to.
tyde make out; ~ **på** indicate;
~ **lig** clear; (lett å se, forstå) dis-
tinct; explicit; ~ **ligvis** evidently,
obviously.
tyfon typhoon.
tyfus typhus, typhoid fever.
tygge chew; ~ **gummi** chewing-
gum.
tykk thick; (om person) corpu-
lent, stout, fat; (tett) dense; ~ **else**
thickness; ~ **hudet** *fig* callous;

~ **sak** fatty; ~ **tarm** large intes-
tine, colon.
tylft dozen.
tyng|de weight; ~ **dekraft** force of
gravity; ~ **e** oppress, weigh upon.
tynn thin; (spe) slender; ~ **e ut**
deplete; ~ **ing** depletion); ~ **slitt**
worn thin, fraying; ~ **tarm** small
intestine.
typ|e type; ~ **isk** typical (**for:** of);
~ **ograf** typographer.
tyr bull; ~ **ann** tyrant; ~ **anni** tyr-
anny; ~ **annisk** tyrannical; ~ **e-
fekting** bullfight.
tyrk Turk; **Tyrkia** Turkey; ~ **isk**
Turkish.
tysk; ~ **er** German; **Tyskland**
Germany.
tyst silent.
tyttebær cowberry.
tyv thief; (innbrudds-) burglar;
~ **eri** theft; burglary.
tær|e (om rust *o.l.)* corrode; (bort)
erode; ~ **ende** corrosive; ~ **ing,**
med consumption.
tø; ~ **opp** thaw.
tøddel jot.
tøff tough.
tøffel slipper; ~ **helt** henpecked
husband.
tølper churl, boor.
tømme *s* rein; *v* empty, deplete.
tømmer timber; *amr* lumber;
~ **fløting** floating; ~ **flåte** raft;
~ **hogger** lumber-jack; ~ **hytte**
log cabin; ~ **mann** carpenter;
~ **menn** *fig* hangover; ~ **stokk**
log.
tømre build, make.
tønne barrel, cask; ~ **band** hoop;
~ **maker** cooper; ~ **stav** barrel
stave; ~ **vis** by the barrel.
tør (han ~ ikke) he dare not *el*
he does not dare to; se *våge.*
tørk drying; ~ **e** *s* drought; *v* dry;
~ **e av** wipe; ~ **etrommel** tumble
drier.
tørkle (hals-) scarf; (hode-) head-
scarf, kerchief.
tørr dry; ~ **dokk** dry dock; ~ **fisk**
stockfish; ~ **legge** drain, reclaim;
~ **legging** reclamation; ~ **melk**
dried milk; ~ **skodd** dry-shod;
~ **åte** blight.

tørst s thirst; *adj* thirsty; ~ **e** be thirsty; (etter) thirst (for).

tøs tart, hussy.

tøv nonsense, rubbish; ~ **e** talk nonsense.

tøvær thaw.

tøy (klær) clothes; se *stoff*.

tøye stretch; strain; ~ **lig** elastic, extensible.

tøyfabrikant clothier.

tøyle s rein; *v* bridle; ~ **sløs** unbridled, licentious.

tøys nonsense, rubbish.

tå toe; **på** ~ on tiptoe.

tåke fog; (lett) mist; ~ **lur** fog-

horn *el* -siren; ~ **t** foggy, misty; *fig* vague, foggy, hazy.

tåle (ikke ta skade av) stand; (utstå) bear, stand, endure; (finne seg i) put up with, stand; ~ **modig** patient; ~ **modighet** patience.

tåpe fool; ~ **lig** foolish, silly, inept; ~ **lighet** foolishness, folly.

tår drop; ~ **e** tear; ~ **egass** tear gas.

tårn tower; (kirke) steeple; (sjakk) castle, rook; *mar* turret; ~ **e seg opp** pile up.

tåteflaske feeding-bottle.

U

uakt|som negligent, careless; ~ **somhet** negligence, carelessness.

ualminnelig uncommon, rare, unusual.

uan|fektet unmoved, unaffected; ~ **meldt** unannounced; ~ **selig** insignificant; ~ **sett** *prp* without regard to; ~ **stendig** indecent; ~ **stendighet** indecency; ~ **svarlig** irresponsible; ~ **svarlighet** irresponsibility; ~ **tagelig** unacceptable; inapplicable; ~ **vendelig** inapplicable.

u|appetitlig unappetizing; ~ **atskillelig** inseparable.

uav|brutt continuous; ~ **gjort** unsettled, undecided; *idr* a draw; ~ **hendelig** inalienable; ~ **hengig** independent; ~ **hengighet** independence; ~ **kortet,** unabridged; ~ **latelig** unceasing, continual.

u|barbert unshaven; ~ **barmhjertig** merciless, relentless, ruthless.

ubebo|dd uninhabited; ~ **elig** uninhabitable.

ubedt unasked, uninvited.

ube|festet unfortified; *fig* unsettled; ~ **gavet** unintelligent; ~ **grenset** indefinite, unlimited; ~ **gripelig** incomprehensible; ~ **hag** discomfort; ~ **hagelig** unpleasant, disagreeable; ~ **hagelighet** unpleasantness; ~ **hersket**

uncontrolled, unrestrained; ~ **hjelpelig** awkward; ~ **kvem** uncomfortable; ~ **kvemhet** inconvenience; ~ **kymret** unconcerned; ~ **kymrethet** unconcern; ~ **leilig** inconvenient; ~ **merket** unnoticed.

ube|nyttet unused; ~ **regnelig** incalculable; ~ **rettiget** unjustified, unwarranted; ~ **rørt** untouched; (upåvirket) unaffected; (f.eks. natur) pristine.

ube|seiret unconquered; *idr* unbeaten; ~ **sindig** imprudent, rash; ~ **skjeden** immodest; ~ **skjeftiget** unemployed; ~ **skrevet** blank; ~ **skrivelig** indescribable; ~ **sluttsom** irresolute; ~ **sluttsomhet** indecision; ~ **stemmelig** indeterminable; ~ **stemt** indefinite; (ubesluttsom) undecided; (uklar) vague; ~ **stikkelig** incorruptible; ~ **stridelig** incontestable; ~ **stridt** undisputed; ~ **svart** unanswered.

ube|talt unpaid; ~ **talelig** invaluable; ~ **tenksom** (tankeløs) thoughtless; (overilet) rash; ~ **tenksomhet** thoughtlessness, rashness; ~ **tinget** unconditional; absolute; ~ **tont** unaccented; ~ **tydelig** insignificant, slight.

ube|vegelig immovable; (som ikke beveger seg, også) motionless; ~ **vegelighet** immobility; ~ **visst**

unconscious; ~ **voktet** unguarded; ~ **væpnet** unarmed.
u|**blandet** unmixed; ~ **blodig** bloodless; ~ **blu** (om pris) exorbitant; ~ **brukbar** useless, unfit for use; ~ **brukt** unused; ~ **buden** uninvited; ~ **bundet** unrestrained; ~ **bønnhørlig** inexorable; ~ **bøyelig** inflexible, adamant; *gram* indeclinable; ~ **båt** submarine.
u|**dannet** uneducated; (i opptreden) rude; ~ **delelig** indivisible; ~ **delt** undivided; ~ **demokratisk** undemocratic; ~ **dryg** uneconomical; ~ **dugelig** incapable; ~ **dugelighet** incapability; ~ **dyktighet** inability; ~ **dyr** monster, brute; ~ **dyrket** uncultivated; ~ **dødelig** immortal; ~ **dødelighet** immortality; ~ **dåd** misdeed, outrage, atrocity.
u|**egennyttig** disinterested; ~ **ekte** imitation; false; counterfeit; bastard; (barn) illegitimate; ~ **elskverdig** unkind, unamiable; ~ **endelig** endless, infinite; ~ **endelighet** infinity; ~ **enig, (være ~)** disagree; ~ **enighet** disagreement, discord; ~ **ensartet** heterogeneous.
uer|**faren** inexperienced; ~ **farenhet** inexperience; ~ **stattelig** irreplaceable; (om tap) irreparable.
u|**farbar** impassable; (elv) unnavigable; ~ **farlig** safe, harmless; not dangerous; ~ **fattelig** incomprehensible; (utrolig) inconceivable; ~ **feilbar** infallible; ~ **feilbarlig** unfailing; ~ **ferdig** unfinished; ~ **fin** (simpel) rude; ~ **flaks** bad luck; ~ **flidd** unkempt.
ufor|**anderlig** unchangeable; constant; ~ **andret** unchanged, unaltered; ~ **bederlig** incorrigible; ~ **beholden** unreserved; ~ **beredt** unprepared.
ufor|**delaktig** disadvantageous; ~ **dervet** uncorrupted, unspoiled; ~ **dragelig** intolerable; ~ **døyelig** indigestible; ~ **døyd** undigested.
ufor|**enlig** incompatible; ~ **falsket** genuine; ~ **ferdet** undaunted; ~ **gjengelig** imperishable; ~ **glemmelig** unforgettable.

ufor|**holdsmessig** disproportionate; ~ **klarlig** inexplicable; ~ **kortet** unabridged.
ufor|**melig** shapeless; ~ **mell** informal; ~ **minsket** undiminished; ~ **nuftig** unwise, senseless, irrational; ~ **rettet, (med ~ sak)** without success.
ufor|**siktig** (skjødesløs) careless; (ikke varsom) incautious; imprudent; ~ **siktighet** imprudence; ~ **skammet** insolent, impudent, brazen; ~ **skammethet** insolence, impudence; ~ **skyldt** undeserved; ~ **sonlig** implacable; (om motsetninger) irreconcilable; ~ **stand** want of understanding; ~ **styrrelig** imperturbable; ~ **styrrelighet** imperturbability; ~ **styrret** undisturbed; ~ **ståelig** incomprehensible, unintelligible; ~ **svarlig** indefensible, inexcusable; ~ **sørget** unprovided for.
ufor|**tjent** undeserved; ~ **tollet** duty unpaid, uncustomed; ~ **utsett** unforeseen; ~ **varende** unawares.
u|**framkommelig** impassable; ~ **frankert** unstamped; ~ **fri** unfree; ~ **frihet** (slaveri) bondage; ~ **frivillig** involuntary; ~ **fruktbar** infertile, barren.
uful|**lkommen** imperfect; ~ **kommenhet** deficiency; ~ **stendig** incomplete.
u|**fyselig** disgusting; ~ **følsom** insensible, unfeeling; ~ **før** disabled; ~ **føretrygd** disablement insurance, disablement pension; ~ **førhet** disability.
u|**gagn** mischief; ~ **gift** unmarried, single.
ugjen|**drivelig** irrefutable; ~ **kallelig** irrevocable; ~ **kjennelig** irrecognizable.
ugjennom|**førlig** impracticable; ~ **siktig** opaque; ~ **trengelig** impenetrable.
ugjern|**e** reluctantly; ~ **ing** outrage, misdeed.
u|**gjestfri** inhospitable; ~ **gjestfrihet** inhospitality; ~ **gjort** undone; ~ **gjørlig** impracticable; ~ **glad** sad.
ugle owl.

u|grasdreper herbicide, weed killer; ~ grasgift herbicide, weed killer; ~ grasmiddel herbicide, weed killer; ~ gress weed; ~ greie tangle;*fig* difficulty, trouble; ~ grunnet unfounded; ~ gudelig impious; ~ gudelighet impiety; ~ gunstig unfavourable; ~ gyldig invalid.

u|harmonisk inharmonious; ~ hederlig dishonest; ~ helbredelig incurable; ~ heldig unlucky; (ikke vellykket) unfortunate; ~ heldigvis unfortunately; ~ hell misfortune; (ulykkestilfelle) accident; ~ hensiktsmessig unsuitable, inexpedient; ~ hildet unbiased; ~ holdbar untenable; ~ hygge uncanniness; (nifs) uncanny; (utrivelig) dismal; (illevarslende) sinister; ~ hyggelig creepy, ghastly, grim; ~ hygienisk insanitary; ~ hyre *adj* tremendous, enormous, vast; *s* monster; ~ høflig impolite, rude, discourteous; ~ høflighet impoliteness, rudeness; ~ hørt unheard (enestående) of; ~ håndterlig unhandy, awkward.

uimot|sagt uncontradicted; ~ ståelig irresistible; ~ tagelig insusceptible.

uinn|budt uninvited; ~ bundet unbound; ~ fridd; ~ løst unredeemed; *merk* unpaid; ~ skrenket unlimited; ~ tagelig impregnable; ~ vidd (jord) unconsecrated; (i hemmelighet) uninitiated.

uinteres|sant uninteresting; ~ sert uninterested.

ujevn uneven, rough.

uke week; ~ blad weekly (paper); ~ dag weekday; ~ lønn weekly wages *pl;* ~ ntlig weekly; ~ vis: i ~ for weeks.

ukjen|nelig unrecognizable; ~ t unknown.

u|klanderlig irreproachable; ~ klar (utydelig) indistinct; dim;*fig* vague; *mar* foul; ~ klarhet dimness; indistinctness; confusion; blur; ~ kledelig unbecoming; ~ klok unwise, imprudent; ~ krenkelig inviolable; ~ kritisk

uncritical; ~ kuelig indomitable; ~ kultivert uncultured, unrefined; ~ kunstlet artless; ~ kurant (om varer) unsal(e)able; ~ kvemsord abusive words; ~ kvinnelig unwomanly; ~ kyndig incompetent; (ikke faglært) unskilled.

ul hoot(ing); howl(ing).

u|lage disorder; ~ -land developing country.

ule howl.

u|leilige; ~ leilighet trouble, inconvenience; ~ lempe drawback, disadvantage; ~ lendt rugged; ~ lenkelig lanky; ~ leselig illegible.

ulik unlike, dissimilar; (tall) odd; ~ het dissimilarity, inequality.

ull wool; ~ en woollen; ~ garn woollen yarn; (kam-) worsted; ~ teppe blanket.

ulme smoulder.

u|logisk illogical; ~ lovlig illegal, unlawful.

ultrafiolett ultraviolet.

ulv wolf; ~ eflokk pack of wolves; ~ inne she-wolf.

ulydig disobedient (mot: to); være ~ disobey; ~ het disobedience.

ulykke(stilfelle) accident; casualty; (katastrofe) disaster; (uhell) misfortune, calamity; ~ lig unhappy; ~ sforsikring accident insurance; ~ stilfelle accident.

u|lyst (motstreben) reluctance; ~ lønnet unpaid; ~ lønnsom unprofitable; ~ løselig unsolvable.

umak pains, trouble; ~ e odd.

u|malt unpainted; ~ mandig unmanly; ~ medgjørlig unmanageable; ~ menneske monster; brute; ~ menneskelig inhuman; ~ merkelig imperceptible; ~ mettelig insatiable.

umiddelbar immediate; (naturlig) spontaneous; ~ het spontaneity.

uminnelig immemorial.

umis|kjennelig unmistakable; ~ telig inalienable.

u|moden unripe;*fig* immature; ~ moderne unfashionable, out of fashion; ~ moral immorality; ~ moralsk immoral; ~ mulig impossible; ~ **mulighet** impossibility; ~ **myndig** under age; ~ **møblert** unfurnished; ~ **måtelig** immense, enormous, vast; exceedingly, immoderate.

unaturlig unnatural; (påtatt) affected.

under *s* wonder, miracle; *prp* under; (neden-) below; (om tid) during; ~ **arm** forearm; ~ **avdeling** subdivision; ~ **betale** underpay; ~ **bevisst** subconscious; ~ **bevissthet** subconsciousness; ~ **bukser** pants, drawers.

under|danig submissive, subservient; ~ **direktør** assistant manager; ~ **ernæring** undernourishment; ~ **ernært** undernourished; ~ **forstå** imply; ~ **forstått** implicit.

under|gang destruction, ruin, fall; (for fotgjengere) subway; ~ **gjerning** wonder, miracle; ~ **gjørende** miraculous; ~ **grave** undermine, sap; ~ **grunnsbane** underground, tube; *amr* subway; ~ **gå** undergo.

underhold; ~ **e** support; (more) entertain; ~ **ning** entertainment.

Underhus|et the (House of) Commons; ~ **medlem** commoner.

underhånden privately.

under|jordisk subterranean, underground; ~ **kaste** submit; ~ **kastelse** submission; ~ **kjole** slip; ~ **klassen** the lower classes; ~ **kue** subdue, subjugate; ~ **kuelse** subjugation; ~ **køye** lower berth.

under|lag foundation, base; ~ **legen** inferior; ~ **legenhet** inferiority; ~ **lig** strange, queer, curious, corny, quaint; ~ **liv** abdomen; ~ **minere** undermine; (*fig* også) sap; ~ **måler** numskull.

underoffiser non-commissioned officer.

underordn|e subordinate; ~ **et** subordinate; inferior; (uviktig) secondary.

underret|ning information; ~ **te** inform, advise.

under|setsig thickset, stocky; ~ **sjøisk** submarine; ~ **skjørt** petticoat, underskirt; ~ **skrift** signature; ~ **skrive** sign; ~ **skudd** deficit;

~ **slag** embezzlement; ~ **slå** embezzle; (brev) intercept; ~ **st** lowest, undermost; ~ **stell** (på bil) chassis; ~ **streke** underline; *fig* (også) stress, emphasize; ~ **støtte** assist, help, support; ~ **støttelse** help, support relief; ~ **søke** examine; (granske) investigate; go into; ~ **søkelse** examination; inquiry; investigation; ~ **sått** subject.

under|tegne sign; ~ **tiden** sometimes, now and then; ~ **trykke** suppress; (underkue) oppress, repress, quash; ~ **trykkelse** suppression; oppression, repression, enslavement; ~ **trøye** vest; ~ **tvinge** subjugate; ~ **utviklet** underdeveloped; ~ **tøy** underwear.

under|vannsbåt submarine; ~ **vannsskjær** sunken rock; ~ **veis** on the way; ~ **vekt** underweight; ~ **vektig** underweight; ~ **verden** underworld; ~ **verk** wonder, miracle; ~ **vise** teach; ~ **visning** instruction; ~ **vurdere** underrate, underestimate; ~ **vurdering** underrating, underestimation.

undr|e wonder; se *forbause;* ~ **es** wonder; ~ **ing** wonder, astonishment, surprise.

undulat budgerigar, parakeet.

unektelig undeniable.

unevnelig unmentionable.

ung young; ~ **arer** Hungarian; ~ **arsk** Hungarian; ~ **dom** youth; (unge mennesker) young people; ~ **dommelig** youthful; ~ **domsherberge** youth hostel; ~ **domsforbryter** juvenile delinquent; ~ **domskriminalitet** juvenile delinquency; ~ **domsskole** lower secondary school; comprehensive school; ~ **e** kid, child; (bjørn, rev etc.) cub; ~ **kar** bachelor.

uniform; ~ **ere** uniform.

union union.

univers universe; ~ **al;** universal ~ **almiddel** panacea; ~ **ell** universal; ~ **itet** university, ~ **itetsområde** campus.

unn|a away, off; out of the way; ~ **dra** withdraw; *vr* avoid; evade; dodge; ~ **fallen** yielding; ~ **fange**

conceive; ~ **gjelde** pay, suffer; ~ **gå** (med vilje) avoid, elude, evade, dodge; (unnslippe) escape; ~ **late** fail; (forsømme) omit; ~ **latelse** failure; omission.

unn|**selig** bashful, shy; ~ **setning** relief; ~ **skylde** excuse; (tilgi) pardon; ~ **skyldende** apologetic; ~ **skyldning** s excuse; **(det å be om** ~ **skyldning)** apology; v apologize; ~ **slippe** escape.

unn**ta** except; ~ **gelse** exception; ~ **gen** except, save; but; ~ **kstilstand** state of emergency; martial law.

unn|**vike** elude; ~ **vikende** elusive, evasive; ~ **være** do (el go) without; ~ **værlig** dispensable.

u|**note** bad habit; ~ **nytte** uselessness; ~ **nyttig** useless; ~ **nødvendig** unnecessary, needless; ~ **nøyaktig** inaccurate; ~ **nøyaktighet** inaccuracy; ~ **nåde** disgrace.

uom|**gjengelig** unsociable; (uunngåelig) unavoidable; ~ **støtelig** irreversible; ~ **tvistelig** indisputable.

uopp|**dragen** rude, ill-mannered; ~ **fordret** uninvited; ~ **hørlig** incessant, ceaseless; ~ **lagt** indisposed; ~ **løselig** indissoluble; kjem insoluble.

uopp|**merksom** inattentive; ~ **merksomhet** inattention; ~ **nåelig** unattainable; ~ **rettelig** irreparable; ~ **sigelig** (funksjonær) not subject to notice; (kontrakt) irrevocable; ~ **skåret** uncut.

uord|**en** disorder; ~ **entlig** disorderly.

uorganisert unorganized, non union.

uover|**ensstemmelse** disagreement; (avvik) discrepancy; ~ **kommelig** insurmountable; ~ **lagt** rash; ~ **treffelig** unsurpassable; ~ **truffet** unsurpassed; ~ **veid** rash; ~ **vinnelig** invincible; ~ **vinnelighet** invincibility.

u|**partisk** impartial; ~ **partiskhet** impartiality; ~ **passende** improper; ~ **personlig** impersonal; ~ **plettet** unstained; ~ **populær**

unpopular; ~ **praktisk** unpractical.

upå|**aktet** unnoticed; ~ **klagelig** irreproachable; ~ **litelig** unreliable; ~ **passelig** heedless; ~ **talt** unchallenged.

ur watch; (større) clock; (stein) rockstrewn slope.

ur- aboriginal.

u|**raffinert** unrefined; ~ **ran** uranium; ~ **ransakelig** inscrutable; ~ **ravstemning** ballot; ~ **redd** (seng) unmade; (modig) fearless; ~ **redelig** dishonest; ~ **regelmessig** irregular; ~ **ren** unclean, impure; ~ **rent** tainted; ~ **renhet** impurity; ~ **renslig** uncleanly.

urett wrong; injustice; ~ **ferdig** unjust, unfair; ~ **ferdighet** injustice; ~ **messig** illegal.

uriktig wrong, incorrect, amiss.

urimelig unreasonable, unfair; (meningsløs) absurd; ~ **het** unreasonableness, absurdity.

urin urine; ~ **ere** urinate.

urinnvåner aborigines.

urmaker watch-maker.

urne urn; (valg-) ballot-box.

uro unrest; (engstelse) anxiety; ~ **e** disturb, trouble, disquiet.

urokke|**lig** firm, inflexible; ~ **t** unshaken.

uro|**lig** restless; (engstelig) uneasy, anxious; (vær) rough; ~ **lighet** disturbance, trouble.

ur|**skive** dial; ~ **skog** primeval forest.

urt herb, plant.

ur|**verk** works of a clock (el watch); ~ **viser** hand of a clock (el watch).

u|**ryddig** untidy; ~ **rørlig** immovable; ~ **rørt** untouched; ~ **råd** impossibility; **ane** ~ **råd** suspect mischief.

u|**sagt** unsaid; ~ **sakkyndig** incompetent; ~ **saklig** bias(s)ed; ~ **sammenhengende** incoherent; ~ **sammensatt** simple.

usann untrue, false; ~ **ferdig** untruthful; ~ **het** untruth, lie, falsehood; ~ **synlig** improbable, unlikely; ~ **synlighet** improbability, unlikelihood.

u|sedelig immoral; ~ sedelighet immorality; ~ sedvanlig unusual, uncommon, exceptional, extraordinary; ~ seilbar unnavigable; ~ selskapelig unsociable; ~ selvstendig (om person) dependent on others; (om arbeid) unoriginal; ~ sigelig unspeakable; ~ sikker uncertain; (forbundet med fare) unsafe; insecure; ~ sikkerhet uncertainty; unsafeness; ~ siktbar thick, hazy; ~ sivilisert uncivilized; ~ sjenert (uberørt) unconcerned; ~ skadd (om person) unhurt; (om ting) undamaged; ~ skadelig harmless.

uskikk bad habit; ~ elig naughty; ~ et unfit unqualified (til: for).

uskyld innocence; ~ ig innocent.

usling wretch.

u|slitelig everlasting; ~ smakelig unsavoury; ~ sminket unpainted; fig unvarnished; ~ spiselig uneatable, inedible.

ussel wretched, miserable, beggarly, paltry; ~ het misery, wretchedness.

u|stabil instable; ~ stabilitet instability; ~ stadig unsteady; ~ stadighet unsteadiness; ~ stand, i ~ out of order; ~ stanselig incessant; ~ stemt (om språklyd) voiceless; ~ straffet unpunished; ~ straffethet immunity; ~ styrlig unruly; ~ stø unsteady; ~ sunn unhealthy; ~ svekket unimpaired; ~ svikelig unfailing; ~ sympatisk unpleasant; ~ synlig invisible; ~ sømmelig indecent; ~ sårbar invulnerable.

ut out; ~ abords outboard; ~ advendt extrovert.

utakknemlig ungrateful; ~ het ingratitude.

u|takt: komme i ~ fall out of step; ~ tallig innumerable, countless.

ut|arbeide elaborate, prepare, work out; ~ arbeidelse elaboration, preparation; ~ arbeidet elaborate; ~ arme impoverish, debilitate; ~ arte degenerate; ~ arting degeneration.

ut|basunere blazon abroad; ~ be seg request; ~ betale pay out;

~ betaling payment, disbursement; ~ blåsing blow out; ~ bre spread, diffuse; ~ bredelse spreading; diffusion; ~ bredt widespread; ~ brent gutted; ~ brudd outbreak; eruption; fig outburst; ~ brukt worn out; ~ bryte (si) exclaim, cry; (bryte ut) break out; ~ bytte v exploit; s merk profit, proceeds; fig benefit, profit.

ut|danne educate, train; ~ dannelse education; ~ dele distribute; ~ deling distribution; ~ drag extract; summary; excerpt; ~ dype amplify; ~ dødd extinct.

ute out; ~ arbeid out-door work; ~ bli fail to come; ~ late leave out, omit; ~ latelse omission; ~ liv out-door life; ~ lukke fig exclude; ~ lukkende exclusively; ~ lukket out of the question.

uten without; ~ at by heart; ~ bys out of town; ~ for adv outside; prp out of, outside; ~ forstående outsider; ~ fra from without, from (the) outside.

utenkelig unthinkable, inconceivable.

uten|lands abroad; ~ landsk foreign; ~ om: gå ~ evade; ~ omjordisk (fra andre planeter) extraterrestrial (E.T); ~ omsnakk irrelevant talk; ~ på outside; ~ riks abroad; ~ riksdepartement ministry of foreign affairs; (i Storbritannia) the Foreign Office; ~ rikshandel foreign trade; ~ riksminister foreign minister; (i Storbritannia) Foreign Secretary, (i USA) Secretary of State.

ute|stengt shut out; ~ stående outstanding.

utett (lekk) leaky; (slutter ikke) not tight.

ut|fall result, issue; mil sally; ~ fart excursion; ~ fasing phase out; ~ ferdige draw up, prepare; ~ flod discharge; ~ flukt excursion, outing; fig excuse, evasion; ~ flytting migration; ~ folde unfold; (legge for dagen) display; ~ for downhill (skiing); ~ forbakke downhill; ~ fordre;

~ **fordring** challenge; ~ **forme** shape; ~ **forming** design, shaping; ~ **forrenn** *idr* downhill race; ~ **forske** investigate; (geografisk) explore; ~ **forskning** exploration; ~ **frysing** ostracism; ~ **fylle** fill; (skjema) fill in; complete; ~ **føre** (besørge) carry out; (eksportere) export; (bestilling) execute; *mus* execute, play; ~ **førelse** carrying out; (av bestilling) execution; **(fagmessig** ~ **)** workmanship; ~ **førlig** full, detailed.

ut|gang (dør) exit, way out; (slutt) end, close; ~ **gangsdør** exit door; ~ **gangspunkt** starting point; ~ **gave** edition, issue; ~ **gi** (sende i bokhandelen) publish; (redigere) edit; ~ **gift** expense; ~ **givelse** publication; ~ **giver** publisher; ~ **gjøre** constitute, make up; ~ **graving** excavation; ~ **gyte** pour out; ~ **gå** (utelates) be left out; ~ **gående** outgoing; (skip) outward bound; ~ **gått** (sko) worn out.

ut|henging jibe; ~ **heve** *typogr* distinguish by italics; *fig* emphasize; ~ **hevelse** italics; emphasizing; ~ **holdelig** endurable; ~ **holdende** persevering; ~ **holdenhet** perseverance, stamina; ~ **hule** hollow; ~ **huling** hollowing; ~ **hus** outhouse; ~ **hvilt** rested.

utid: i ~ **e** out of season.

util|børlig improper; ~ **bøyelig** disinclined; ~ **freds** dissatisfied, discontented; ~ **fredshet** dissatisfaction; ~ **fredsstillende** unsatisfactory; ~ **givelig** unpardonable, inexcusable; ~ **gjengelig** inaccessible; ~ **latelig** *adj* inadmissible; ~ **nærmelig** unapproachable; ~ **pass** indisposed; ~ **regnelig** irresponsible; ~ **siktet** unintentional; ~ **strekkelig** insufficient, inadequate; ~ **talende** unpleasant.

utjevne equalize.

ut|kant outskirts; ~ **kast** draft; (skisse) sketch **(til:** of); ~ **kik(k)** look-out; ~ **kjempe** fight (out); ~ **kjørt** exhausted, worn out; ~ **klekke** hatch; ~ **klipp** cutting; (avis) clipping ~ **klippbok** scrap-

book; ~ **kledd** dressed up; ~ **kommandere** call out; ~ **komme** *v* be published, appear; *s* living, livelihood; ~ **kåre** choose, elect.

ut|landet foreign countries; ~ **lede** deduce; ~ **legg** outlay, expense; *jur* execution; ~ **legge** explain; ~ **leie** *s* hiring out, letting (out); ~ **lending** foreigner; ~ **levere** deliver, give up; (av forbryter) extradite; ~ **levering** delivery; (av forbrytere) extradition; ~ **ligne** (betale) settle, balance; (oppveie) offset; *idr* equalize; ~ **ligning** (betaling) payment, settlement; *idr* equalization, equalizer; (av skatt) assessment; ~ **lodning** lottery; ~ **løp** outlet; (munning) mouth; (tid) expiration; ~ **løpe** (tid) expire; ~ **løse** release; (fremkalle) provoke; ~ **lån** loan.

ut|mattelse exhaustion, fatigue; ~ **mattet** exhausted; ~ **merke** distinguish; dignify; ~ **merkelse** distinction; ~ **merket** excellent.

ut|navn nickname; ~ **nevne** appoint; ~ **nevnelse** appointment; ~ **nytte** utilize; exploit; ~ **nyttelse** utilization; exploitation.

utover (hinsides) beyond, in excess of.

ut|pakking unpacking; ~ **panting** distraint, distress; ~ **parsellere** parcel out; ~ **peke** point out, designate; ~ **pining** depletion, (av jord) soil exhaustion; ~ **pint** exhausted; ~ **plassere** (tropper) deploy; ~ **plyndre** plunder; ~ **post** outpost; ~ **preget** marked; ~ **pressing** extortion; (penge-) blackmail.

utrenskning purge.

utrette do; (oppnå) achieve.

utrettelig indefatigable, untiring.

utringet low-necked, low cut.

utrivelig uncomfortable.

utro unfaithful **(mot:** to); ~ **lig** incredible; unbelievable; ~ **skap** infidelity, unfaithfulness.

utrop exclamation; ~ **e** proclaim; ~ **er** herald, crier; ~ **stegn** exclamation mark.

utroskap unfaithfulness.

utrust|e fit out, equip; ~ **ning** equipment, outfit, gear.
utrydde exterminate, eliminate; ~ **lse** extermination.
utrygg insecure; ~ **het** insecurity.
utrøstelig inconsolable.
ut|sagn statement; ~ **salg** sale(s), clearance sale; ~ **satt** exposed, endangered; ~ **satte (dyr)** imperilled (animals); ~ **seende** appearance, look(s); ~ **sendelse** sending; *rad* broadcast, transmission; ~ **sending** delegate, envoy; ~ **sette** (oppsette) put off, postpone, defer, adjourn, stave off; (for fare) expose; (dadle) find fault with; *mus* transcribe, adapt; ~ **settelse** postponement, deferment, delay; *mus* transcription, adaption; (for fare) exposure; ~ **side** outside.
ut|sikt view; (fremtids-) prospect; ~ **skeielser** excesses; ~ **skifting** replacement; ~ **skille** separate; (utsondre) secrete; ~ **skipe** disembark; ~ **skjæring** cutting; (kunstnerisk) carving, sculpture; *med* excision; ~ **skrive** (skatt) levy; (soldater) raise, enlist; (fra sykehus) discharge; ~ **skrivning** conscription, enlistment; ~ **skudd** refuse, scum; ~ **skytningsplattform** launching pad; ~ **slag: gjøre** ~ **et** decide the matter; ~ **slett** rash, eruption; ~ **slette** obliterate, wipe out; ~ **slipp** emission; ~ **slitt** worn out.
ut|smykke decorate; ~ **smykning** decoration; ~ **snitt** cut(ting); *mat* sector; ~ **solgt** out of stock, sold out; ~ **spark** (fra mål) kick-out; ~ **spekulert** designing, cunning; ~ **spill** lead, gambit; ~ **spring** (elvs) source; ~ **spørre** question; ~ **stede** issue, make out; (trekke) draw, emit; ~ **stedelse** issue.
utstilling exhibition; (varemesse) fair; (hunde-, blomster *o.l.)* show; (vindus-) display; ~ **sgjenstand** exhibit; ~ **svindu** show-window.
ut|strakt extensive, wide; ~ **strekning** extent; ~ **strømning** flow; ~ **stråle** radiate; ~ **stråling** radiation; ~ **stykke** parcel out; ~ **styr**

outfit, equipment; (hus-) furnishings; (brude-) trousseau; (kjøkken) utensil; ~ **styre** equip, fit out; (forsyne) supply; furnish; ~ **støte** ostracize; ~ **støtt** castaway; outcast; ~ **stå** se *tåle;* ~ **suge** *fig* fleece; ~ **sultet** famished; ~ **svevelser** debauchery; ~ **svevende** dissolute, licentious; ~ **syn** outlook; ~ **søkt** select(ed), exquisite, choice.
ut|tak (fra bank) withdrawal; ~ **taking** selection; ~ **tale** *v* pronounce; *s* pronunciation, accent, articulation; ~ **talelse** statement, declaration.
uttrykk expression; ~ **e** express; ~ **elig** *adj* express; explicit; ~ **sfull** expressive; ~ **sløs** inexpressive; ~ **småte** mode of expression.
ut|tært emaciated, haggard; ~ **tømme** exhaust; ~ **tømmende** exhaustive; ~ **tømning** depletion.
utuktig lewd.
utur bad luck.
uttørking dehydration.
ut|valg (av varer) selection; choice; (komité) committee; board; ~ **vandre** emigrate, migrate; ~ **vandrer** emigrant; ~ **vandring** emigration; ~ **vanning** *fig* diluting; ~ **vei** (middel) means, expedient, way out; ~ **veksle** swap; ~ **veksling** exchange; ~ **vekst** protuberance, outgrowth; ~ **velge** select, pick out; ~ **vendig** *adj* outside, external; *adv* (on the) outside.
utvetydig unequivocal.
ut|vide widen, extend, expand, broaden; ~ **videlse** extension, expansion; ~ **vikle** develop; ~ **vikling** development; (fysikk) evolution; (kjemi) emission; ~ **viklingshjelp** development aid; ~ **viklingsland** developing country; ~ **viklingslæren** the theory of evolution.
utvilsom undoubted; *adv* undoubtedly, without doubt, no doubt.
ut|vinne extract, win; ~ **vinning** exploitation; ~ **virke** obtain; ~ **vise** expel; (legge for dagen) show;

~ **visning** expulsion; ~ **vortes** external.

utvungen (naturlig) free and easy; ~ **het** ease.

utydelig indistinct.

utyske monster.

ut|**øse** pour out; ~ **øve**; ~ **øvelse** exercise; ~ **øvende** executive.

u|**tøy** vermin; ~ **tøylet** unbridled; ~ **tålelig** intolerable; ~ **tålmodig** impatient (**over:** at); ~ **tålmodighet** impatience.

ut**ånde** (dø) expire; (puste ut) exhale.

uunn|**gåelig** inevitable, unavoidable; ~ **værlig** indispensible.

uut|**grunnelig** unfathomable; ~ **holdelig** intolerable, unbearable; ~ **ryddelig** ineradicable; ~ **sigelig** unutterable; ~ **slettelig** indelible; ~ **tømmelig** inexhaustible; ~ **viklet** undeveloped.

u|**vane** bad habit; ~ **vanlig** se *usedvanlig;* ~ **vant** unaccustomed; ~ **vedkommende** trespassers; irrelevant; (**en** ~) intruder; ~ **vel** unwell, uncomfortable; ~ **velkommen** unwelcome; ~ **venn** ene-

my; ~ **vennlig** unfriendly, unkind; ~ **vennskap** enmity; ~ **ventet** unexpected; ~ **verdig** unworthy; ~ **vesen** nuisance; ~ **vesentlig** unessential, immaterial; ~ **viktig** insignificant; ~ **vilje** ill-will; (ulyst) reluctance, aversion; ~ **vilkårlig** involuntary; ~ **villig** *adj* unwilling; ~ **virkelig** unreal; ~ **virksom** inactive, idle; (virkningsløs) ineffective; ~ **virksomhet** inactivity; ~ **viss** uncertain; ~ **visshet** uncertainty; ~ **vitende** ignorant (**om:** of); ~ **vitenhet** ignorance; ~ **vitenskapelig** unscientific; ~ **vurderlig** invaluable, inestimable; ~ **væpnet** unarmed; ~ **vær** storm, bad weather; ~ **vøren** reckless.

uærbødig disrespectful; ~ **het** disrespect.

uærlig dishonest; ~ **het** dishonesty.

uøkonomisk (som ikke lønner seg) uneconomic; (om person og udrøy) uneconomical.

uønsket undesirable.

va (vade) wade.

vable blister.

vade|fugl wading-bird; ~ **sted** ford.

vadmel frieze, russet.

vaffel waffle, wafer; ~ **jern** waffle iron.

vagabond vagabond, tramp; *amr* hobo.

vagle perch, roost.

vaie fly, wave, float.

vakker beautiful, handsome, good-looking.

vakle (sjangle) stagger, reel; *fig* waver, vacillate.

vaksin|asjon vaccination; ~ **e** vaccine; ~ **ere** vaccinate.

vakt watch, guard; (tjeneste) duty; *mar* watch; ~ **avløsning** changing of the guard; ~ **havende** on duty, in charge; ~ **hund** watchdog; ~ **mann** watchman; ~ **mester**

caretaker, custodian; (særlig *amr)* janitor; (i leiegård) (house) porter; ~ **post** sentry; ~ **somhet** vigilance; ~ **tårn** watchtower.

vakuum vacuum.

valen numb.

valfart pilgrimage; ~ **e** make a pilgrimage.

valg choice; *pol* election; ~ **bar** eligible; ~ **barhet** eligibility; ~ **fag** option; ~ **fri** optional; ~ **kamp** election campaign; ~ **krets** constituency, borough; ~ **lokale** polling station; ~ **språk** motto.

valiser Welshman.

val|mue poppy; ~ **nøtt** walnut.

valp pup(py), whelp, cub.

vals; ~ **e** (dans) waltz; (~ **e)** *s* cylinder, roller; ~ **e** *v* roll; ~ **takt** waltztime.

valuta (pengesort) currency; (-kurs) exchange; (verdi) value; ~ **kurs** rate of exchange.

vampyr vampire.

vandel conduct; ~ **sattest** certificate of good conduct.

vandre wander, roam; ~ **nde** itinerant; ~ **pokal** challenge cup; ~ **r** wanderer.

vandring migration.

vane habit, custom; ~ **messig** habitual, routine; ~ **sak** matter of habit.

vanfør crippled, disabled; ~ **het** disablement.

vanhellig; ~ **e** profane; ~ **else** sacrilege.

vanilje vanilla.

vanke (besøke ofte) frequent.

vanlig usual, customary; ~ **vis** usually, generally.

vann water; ~ - hydro-; ~ **basseng** water reservoir; ~ **e** *v* water, irrigate; ~ **farge** water-colour; ~ **forsyning** water supply; ~ **forurensning** water pollution; ~ **hull** watering hole; ~ **ing** irrigation; ~ **klosett** water closet, W.C.; ~ **kopper** chicken pox; ~ **kraft** water power, hydroelectric power; ~ **kraftverk** hydroelectric station; ~ **melon** watermelon; ~ **rett** horizontal, level; ~ **skille** watershed; ~ **skrekk** hydrophobia; ~ **slange** (water-)hose; *zool* water-snake; ~ **stoff** hydrogen; ~ **tett** watertight; (om tøy) waterproof; ~ **verk** waterworks.

van|ry bad repute, disrepute, discredit; ~ **røkt** neglect; ~ **sire** deform; disfigure; ~ **skapt** deformed.

vanskelig *adj* difficult, hard; ~ **gjøre** complicate, make difficult; ~ **het** difficulty.

van|skjøtsel mismanagement; neglect; ~ **skjøtte** mismanage, neglect; ~ **stell** bad management; ~ **styre** misrule, mismanagement.

vant: ~ **til** used *(el* accustomed) to.

vante woollen glove.

van|trives feel uncomfortable;

~ **tro** *adj* unbelieving, infidel; *s* disbelief, infidelity.

van|vare inadvertence; **av** ~ inadvertently; ~ **vidd** insanity, madness, frenzy; ~ **vittig** mad, (sinnssyk) insane.

vanære *s & v* dishonour, disgrace; ~ **nde** disgraceful, ignominious.

vara|formann vice-chairman, vicepresident; ~ **mann** deputy, substitute.

varde cairn.

vare *s* (handels-) article, product, line, commodity; ~ **r** goods; **ta seg i** ~ **for** beware of; **ta** ~ **på** take care of; *v* (ved-) last; ~ **beholdning** stock; ~ **bil** van; ~ **hus,** ~ **magasin** department store; ~ **merke** trade mark; ~ **messe** (industries) fair, trade fair; ~ **parti** consignment shipment, parcel, lot; ~ **prøve** sample; ~ **skur** goods shed; ~ **ta** attend to, look after; ~ **tekt** custody, care; ~ **tektsarrest** custody; ~ **tektsfange** detainee; ~ **trekk** cover.

vari|abel variable; ~ **asjon** variation; ~ **ere** vary; fluctuate; ~ **eté** variety, music-hall.

varig lasting, permanent; ~ **het** duration.

varm warm; hot; ~ **e** *s* warmth, heat; *v* warm, heat; ~ **ebølge** heat wave; ~ **eflaske** hot-water bottle; ~ **egrad** degree of heat; ~ **tvannsbeholder** hot-water tank.

vars|el (advarsel) warning; *jur* notice, summons; (for-) omen, sign; ~ **ku** *v* warn, *s* warning; ~ **le** (gi melding) notify; (advare) warn; forbode; ~ **le om** cautious.

varte opp wait (upon), attend.

vasall vassal; ~ **stat** satellite state.

vase *s* (blomster-) vase.

vaselin vaseline.

vask washing; (kum) sink; ~ **bar** washable; ~ **e** wash; ~ **eekte** washproof; ~ **eklut** facecloth; ~ **ekone** charwoman; ~ **emaskin** washing-machine; ~ **emiddel** detergent; ~ **epulver** detergent; ~ **e-ri** laundry; ~ **eservant** washstand.

vass|drag watercourse; ~ **e** wade; ~ **trukken** sodden, waterlogged.

vater: i ~ level.
vatt wadding; ~ ere wad, stuff; ~ ering wadding.
ved *prp* by, at; on, in.
ved *s* wood.
vedbli continue, go on, keep on.
vedde bet, wager; ~ løp race; ~ løpsbane racecourse, race track; ~ løpshest race horse; ~ mål wager, bet; ~ målsagent bookmaker.
vedgå admit, own.
vedhog|ger wood-cutter; ~ st wood-cutting.
vedholden|de persevering, continuous; ~ het perseverance.
vedkjenne seg own, acknowledge.
vedkomme concern, bear on; ~ nde concerned; the person in question; *s* for mitt ~ nde for my part, personally.
ved|lagt (i brev) enclosed; ~ legg enclosure; ~ legge enclose; ~ likehold maintenance; ~ likeholde keep in repair, maintain.
vedskjul wood-shed.
ved|ta adopt, pass, carry; (i lovs form) enact; ~ tak resolution, act; ~ tekt statute; ~ tekter rules, regulations; ~ tektsfestet statutory.
vedvare last, continue; ~ nde unceasing, constant.
veget|abilsk vegetable; ~ arianer vegetarian; ~ asjon vegetation.
vegg wall; ~ edyr; ~ elus bedbug; ~ epryd wall-flower.
vegne: på mine ~ on my behalf; på ~ av (on) behalf of.
vegr|e seg refuse, decline; ~ ing refusal.
vei road; (retning) way, route; (hoved-) highroad, highway; ~ arbeider navvy; ~ avgift road toll; ~ bom turnpike.
veie weigh.
veigrøft (roadside) ditch.
veik (myk) flexible; (svak) weak; ~ het weakness.
veikryss crossroad.
veiled|e guide, instruct; ~ ende pris suggested price; ~ er guide, instructor, mentor; ~ ning guidance; instruction(s).

vei-, (bom)penger toll, road toll.
veiskilt signpost.
veiskråning (kant) road bank.
veiv crank(handle).
vei|vals steam-roller; ~ ve (svinge) swing, wave; ~ vesen highway authorities; ~ viser guide, signpost.
veke (lampe-) wick.
vekk (borte) away, gone; (bort) away, off.
vekke awake(n), wake; (etter avtale) call; *fig* arouse, excite; ~ lse *relg* revival; ~ rur alarm-clock.
veksel *merk* bill (of exchange), (tratte) draft; ~ aksept acceptance of a bill (of exchange); ~ bruk, *agr* rotation of crops; ~ strøm, *elekt* alternating current; ~ virkning reciprocal action; ~ vis *adv* by turns.
veksle change; (ut-) exchange; alternate; ~ penger change.
vekst growth; (høyde) stature; *bot* herb, plant.
vekt weight; (veieinnretning) scales, balance; legge ~ på lay stress on; ~ ig weighty; ~ skål scale; ~ stang balance lever.
vel *s* welfare, good, benefit; *adv* well; ~ befinnende health; ~ behag delight, pleasure, relish; ~ berget safe.
veld|e power; might; ~ ig (kraftig) powerful; (stor) enormous, tremendous.
veldedig charitable; ~ het charity.
vel|dig very, vast; ~ ferd welfare; ~ ferdsstat welfare state; ~ fortjent well-deserved; ~ fødd pampered.
velge choose, select; *pol* elect; ~ og vrake pick and choose; ~ r elector, voter.
vel|gjerning benefit, charitable deed; ~ gjort well done; ~ gjørende (sunn) beneficial, benefaction; (veldedig) charitable; ~ gjørenhet charity; ~ gjører benefactor.
velhavende well-to-do; wealthy, prosperous.
vel|kjent well-known; ~ klang harmony; ~ kledd well-dressed;

~ **klingende** melodious, harmonious; ~ **kommen;** ~ **komst** welcome.

velling thin porridge, gruel.

vel|luktende fragrant, sweet-scented, perfumed; ~ **lyd** euphony; ~ **lykket** successful; ~ **lyst** voluptuousness, sensuality; ~ **lystighet** lasciviousness.

velnært well-fed.

veloppdragen well-bred; ~ **het** good manners.

velorientert knowledgeable.

vel|signe bless; ~ **signelse** blessing, benediction; ~ **skapt** well-shaped; ~ **skikket** well qualified (**til:** for); ~ **smak** flavour; ~ **smakende** savoury, tasty; ~ **stand** prosperity; affluence; ~ **standssamfunnet** the Affluent Society; ~ **stående** well-to-do, prosperous, well off.

veltalen|de eloquent; ~ **het** eloquence; rhetoric.

velte *vt* upset, overturn; *vi* tumble over, be upset.

vel|valgt well-chosen; ~ **vilje** benevolence, good-will; ~ **villig** benevolent, kind; ~ **være** well-being.

velynder well-wisher, patron.

velærverdig reverend.

vemme|lig disgusting, nasty; ~ **lse** disgust; ~ **s** be disgusted.

vemod sadness; ~ **ig** sad.

vend|e turn; ~ **ekrets** tropic; ~ **e-punkt** turning point; ~ **ing** turning, turn; *fig* turn, (talemåte) phrase.

vene vein; ~ **risk** veneral.

venn friend; ~ **e** accustom; ~ **eløs** friendless; ~ **esæl** liked, beloved; ~ **etjeneste** friendly turn; ~ **inne** (girl) friend; ~ **lig** kind; (vennskapelig) friendly; ~ **lighet** kindness; friendliness; ~ **ligsinnet** friendly; ~ **skap** friendship; ~ **skapelig** friendly, amicable.

venstre *adj* left; **til** ~ to (*el* on) the left; ~ **orientert** leftist; ~ **orientert gruppe** leftist group; ~ **radikaler** leftist.

vente *vi* wait, (**på:** for); *vt* expect,

await; ~ **liste** waiting list; ~ **værelse** waiting-room.

ventil ventilator; *mark* valve; ~ **asjon** ventilation; ~ **ere** ventilate.

veps wasp; ~ **ebol** wasp's nest.

veranda veranda.

verb verb.

verd *adj* worth; (verdig) worth; *s* worth, value.

verden world; ~ **sbanken** the World Bank; ~ **sberømt** world-famous; ~ **sdel** continent; ~ **s-historie** history of the world; ~ **skrig** world war; ~ **smester** world champion; ~ **smesterskap** world championship; ~ **somfattende** world-wide; ~ **somseiling** circumnavigation of the world; ~ **somspennende** global; ~ **srommet** space; ~ **ssamfunn** world-community; ~ **sutstilling** world exhibition, world('s) fair.

verd|i value, worth; ~ **ifull** valuable; ~ **ig** worthy, deserving; ~ **ighet** dignity; ~ **igjenstand** article of value; ~ **iløs** valueless, worthless; ~ **ipapir** security; ~ **ipost** insured mail; ~ **isaker** valuables; ~ **sette** estimate, value, evaluate; ~ **settelse** evaluation.

verdslig secular, worldly; ~ **het** secularity, worldliness.

verft shipbuilding yard, shipyard.

verge *v* defend; *s* (formynder) guardian; (våpen) weapon of defence; ~ **løs** defenceless.

verifiser|e verify; ~ **ing** verification.

verk *arb* work; *mus* opus; (bruk) factory, works, mill; (smerte) ache; (materie) pus, matter; ~ **e** ache, pain; ~ **efinger** swollen finger; ~ **sted** workshop; ~ **tøy** tool.

verken ... eller neither ... nor.

vern defence; bulwark; ~ **e** defend; (om) cherish; ~ **eområde** reserve; ~ **eplikt** compulsory military service; ~ **epliktig** conscript; ~ **skog** protection forest.

verpe lay.

verre worse.

vers stanza, verse; ~ **efot** foot; ~ **emål** metre; ~ **ere** circulate.

versjon version.
verst worst.
vert host; (hus *o.l.)* landlord.
vertikal vertical.
vert|inne hostess; (på pensjonat *o.l.)* landlady; ~ **shus** inn; ~ **shusholder** innkeeper; ~ **skap** host and hostess.
verv commission, task; ~ **e** enlist; recruit.
vesen being; *filos* entity; *dt* creature; (egenart) essence; (natur) nature; (opptreden) manners; ~ **sforskjell** essential difference; ~ **tlig** *adj* essential; *adv* essentially; (mest) chiefly, mostly.
veske (hand)bag; (mappe) briefcase.
vesle little; ~ **voksen** precocious.
vest (plagg) waistcoat; *amr* vest; (retn.) west; ~ **enfor** west of; **Vest-Europa** Western Europe; ~ **ibyle** vestibule; ~ **kanten** the West End; ~ **lig,** *adj* western, westerly; *adv* towards the west; **vestmaktene** the Western Powers; ~ **over** to the west.
veteran veteran.
veterinær veterinary, vet.
veto veto.
vett brains, sense; ~ **løs** stupid; ~ **skremt** scared, out of one's senses.
vev (-stol) loom; (det som veves) web; *fig* tissue; ~ **e** weave; ~ **er** weaver; ~ **eri** textile factory, weaving mill.
vi we; **via** via, by way of.
vib|rasjon vibration; ~ **ere** vibrate.
vid wide; ~ **d** (vittighet) wit; ~ **de** width; ~ **e ut** broaden, widen; ~ **eobånd** videotape ~ **eokassett** video cassette; ~ **ere** wider; (ytterligere) farther, further; **inntil** ~ **ere** until further notice; ~ **eregående** further, advanced; ~ **eregående skole** secondary school; ~ **erekommet** advanced; ~ **strakt** expansive; ~ **synt** broadminded.
vidt *adv* far, widely; ~ **gående** far-going, extreme; ~ **rekkende** far-reaching; ~ **skuende** farsighted.
vidunder wonder, miracle; ~ **barn**

(child) prodigy; ~ **lig** wonderful, marvellous.
vie consecrate; dedicate; devote; (ektefolk) marry; ~ **lse** wedding ceremony; ~ **lsesattest** marriage certificate; ~ **vann** holy water.
vifte *v* flutter, wave; *s* fan.
vig|nett vignette; ~ **sel** consecration; ~ **sle** consecrate.
vik creek, cove, inlet.
vikar substitute, deputy; ~ **iat** position as a deputy; ~ **iere** act as substitute.
vike give way (**for:** to); ~ **tilbake** retreat; flinch (**for:** from); ~ **til side** step aside; ~ **plikt** duty to keep clear.
vikle wrap, twist.
viktig important; (innbilsk) conceited; ~ **het** importance.
vilje will; **med** ~ on purpose; ~ **kraft** will-power; ~ **løs** weak-willed; ~ **sak** matter of will; ~ **sterk** strong-willed; ~ **styrke** will-power.
vilkår condition; *(pl* også) terms; ~ **lig** arbitrary; ~ **lighet** arbitrariness.
vill wild; savage; fierce; ferocious.
villa detached house, villa.
vill|e be willing; (ønske) wish, want, would; **jeg vil** I will; ~ **ede** delude; lead astray; ~ **edende** misleading; ~ **else** delirium; ~ **farelse** aberration, delusion; ~ **ig** *adj* willing; ready; ~ **ighet** willingness; ~ **mann** savage; ~ **mark** wilderness; ~ **marksliv** wildlife; ~ **rede** perplexity, confusion; ~ **skap** wildness, savagery; ~ **spor** wrong track, (på) astray; ~ **svin** boar.
vilt game; (kjøtt) venison; ~ **er** wild, boisterous; ~ **handel** poulterer's shop.
vimpel pennant, streamer.
vimse fuss, bustle.
vin wine.
vind wind; ~ **e** wind; ~ **ebru** drawbridge; ~ **eltrapp** winding stairs; ~ **ing** winding, twist; ~ **kast** squall, gust of wind, blast; ~ **mølle** windmill; ~ **rose** compass card.

vindrue grape.
vindstille calm.
vindu window; ~ **sdekoratør** win-dow-dresser; ~ **skarm** window-frame; ~ **spost** sill; ~ **sramme** casement; ~ **srute** window-pane.
vinge wing; ~ **skutt** winged; ~ **spenn** wingspan.
vingle flutter about; stray;*fig* vac-illate.
vin|gård vineyard; ~ **høst** vintage; ~ **kart** wine card.
vink sign, signal; (antydning) hint; ~ **e** wave, beckon.
vinkel angle; ~ **formet** angular.
vinn|e (oppnå) gain, win; (erobre) conquer, win; (tilbake) reclaim; ~ **ende** winning;*fig* prepossess-ing; ~ **er** winner; ~ **ing** gain, pro-fit.
vinranke vine.
vinsj winch.
vinstokk vine.
vinter winter; ~ **dvale** hibernation, winter-sleep.
vippe bob, tilt; ~ **av pinnen** top-ple.
virke act, work; influence; (gjøre virkning) take effect; (om lege-midler) operate; *s* material; building materials; ~ **felt** field of activity; ~ **lig** *adj* real, actual; *adv* really, actually; indeed; ~ **liggjøre** realize; ~ **liggjørelse** realization; ~ **lighet** reality; ~ **lyst** energy; ~ **lysten** energetic; ~ **middel** means, agent.
virk|ning effect; ~ **ningsfull** effec-tive; ~ **ningsløs** ineffective; ~ **som** active; ~ **somhet** activity; (arbeid) operations.
virtuous virtuoso.
virvar confusion, mess.
virvle twirl, whirl.
vis *adj* wise; *s* way, manner; ~ **dom** wisdom; ~ **domstann** wis-dom tooth; ~ **e** *v* show; (legge for dagen) display; (bevise) prove; ~ **e seg** appear; (dukke opp) turn up; (vise seg å være) prove; ~ **e** *s* song, ditty, ballad; ~ **e-** (forsta-velse) vice-, deputy; ~ **er** hand; ~ **ergutt** errand-boy, messenger.
visit|as visitation; ~ **ere** inspect;

search; ~ **t** visit; **avlegge** ~ **t** call on, pay a visit; ~ **tkort** card.
visjon vision; ~ **ær** visionary.
viske rub; (ut) erase; ~ **lær** India rubber, eraser.
visle hiss.
visne wither, fade.
visp whisk; ~ **e** beat, whip.
viss certain, sure; ~ **elig** certainly, to be sure.
vissen withered; ~ **het** withered state.
viss|het certainty; certitude; ~ **t** certainly; ~ **tnok** no doubt.
visum visa, visé; ~ **tvang** compul-sory visa.
visvas nonsense.
vital vital; ~ **itet** vitality.
vitamin vitamin.
vite know; **få** ~ learn; ~ **begjær-lig** inquisitive; ~ **n;** ~ **nde** know-ledge; ~ **nskap** science; (ånds-) scholarship; ~ **nskapelig** scienti-fic; ~ **nskapsmann** scientist; (lærd) scholar.
vitne *v* testify, witness, give evi-dence; *s* witness; ~ **boks** witness box; ~ **mål** diploma; ~ **sbyrd** evi-dence; (fra skole) certificate; ~ **utsagn** evidence.
vit|s joke; ~ **tig** witty; ~ **tighet** wittiness; (vits) joke.
vogn carriage; (firhjulet arbeids-) waggon; (tohjulet arbeids-) cart; *jernb* carriage; *amr* car; ~ **maker** carter.
vokal *s* vowel; *adj* vocal; ~ **ist** vocalist, crooner.
voks wax; ~ **duk** oil-cloth; ~ **e** (med voks) wax; (bli større) grow; (tilta) increase; ~ **en** grown(-up), adult; ~ **enopplæring** adult education; ~ **ested** habitat.
vokte watch, guard; ~ **r** keeper.
vold (overlast) violence, force; ~ **gift** arbitration; ~ **sforbryter** mugger, violent criminal; ~ **som** violent, impetuous; ~ **somhet** vio-lence; ~ **ta,** ~ **tekt** rape.
voll mound, dike; *mil* rampart; (gras-) green field; ~ **grav** moat.
volt volt.
volum volume; ~ **inøs** bulky.
vom belly, paunch.

vond bad, evil, wicked.
vorte wart; (bryst-) nipple.
vott mitten.
vrak wreck; ~ **e** (forkaste) reject;
(sortere) sort, discard; ~ **gods**
wreckage.
vrang (vrengt) inverted, pulled
inside out; (forkjært) wrong,
(vanskelig) intricate; ~ **e** wrong
side; ~ **forestilling** delusion;
~ **lære** heresy; ~ **lærer** heretic;
~ **lås: døra gikk i** ~ the lock
caught; ~ **strupe: få i** ~ **n** swallow
the wrong way; ~ **vilje** disoblig-
ingness; ~ **villig** disobliging.
vred angry; **bli** ~ **over** get angry
at; ~ **e** anger, wrath.
vrenge turn inside out.
vri *v* twist, wring; ~ **dning** twist,
torsion; ~ **en** (person) wayward;
(ting) intricate.
vrikke wriggle; *mar* scull; (forvri)
sprain.
vrim|le; ~ **mel** swarm, shoal **(av:**
with).
vrinsk; ~ **e** neigh.
vrist instep.
vrøvl nonsense; ~ **e** talk nonsense;
~ **ebøtte** twaddler.
vugge *s* cradle; *v* rock; ~ **esang**
lullaby.
vulgær vulgar.
vulkan volcano; ~ **isere** vulcanize;
~ **sk** volcanic.
vurder|e value, evaluate, estimate
(til: at); (skatte) appreciate,

value; ~ **ing** valuation, evalua-
tion, rating.
væpne arm; ~ **r** esquire; armour-
bearer.
vær weather; (sauebukk) ram;
~ **bitt** weatherbeaten; ~ **e** be;
(lukte) scent; ~ **e full av** brim;
~ **else** room; ~ **fast** weather-
bound; ~ **hane** weather-cock;
~ **hard** exposed, unsheltered;
~ **melding** weather forecast *(el*
report).
væske *s* liquid, fluid.
væte *v* wet, moisten; *s* wet, mois-
ture.
våg (bukt) bay, inlet; (materie)
matter, pus; ~ **al** audacious, dar-
ing, hazardous; ~ **e** venture; risk;
~ **estykke** daring (venture); ~ **et**
bold, risky.
våke wake, be awake; ~ **over**
watch over; ~ **n** awake; ~ **ne**
(a)wake **(av:** from).
våningshus dwelling house.
våpen weapon; arms; (familie-)
(coat of) arms; ~ **hvile** armistice,
truce, cease-fire; ~ **makt** military
power; ~ **merke** device; ~ **still-
stand** armistice.
vår *pron* (foran *s*) our; (alene)
ours; *s* spring.
vås nonsense, rubbish; ~ **e** talk
nonsense.
våt wet; ~ **mark** wetland; ~ **mar-
ker** wetlands.

W

walisisk Welsh.
watt watt.
whisky whisky.

Wien Vienna; **wienerbrød** Danish
pastry.

X

xylofon xylophone.

xylografi xylography, wood en-
graving.

Y

yacht yacht.
yap bjeffe.
ydmyk humble; ~ **e** humiliate;
~ **else** humiliation, abasement;
~ **het** humility.
ymt; ~ **e** hint.
ynd|e *s* grace, charm; ~ **efull**
graceful; ~ **ig** graceful; charm-
ing; ~ **ling** favourite, darling.
yng|el brood; ~ **le** breed; ~ **ling**
youth.
yng|re younger; (temmelig ung)
youngish; (av seinere dato) later;
~ **st** youngest.
ynk misery; (medynk) pity; ~ **e**
pity; ~ **e seg** moan; ~ **elig** miser-
able.
yoghurt yogurt.
ypperlig excellent.
yppig exuberant; ~ **het** exuber-
ance.

yr *adj* giddy, wild; (duskregn)
drizzle; ~ **e** drizzle; (kry) teem,
swarm.
yrke occupation, craft, trade;
(akademisk) profession; ~ **dag**
work-day; ~ **skvinne** working
woman; ~ **sskole** vocational
school; ~ **sveiledning** vocational
guidance.
yste make cheese; ~ **ost** make
cheese; ~ **ri** cheese factory.
yte grant, give; ~ **lse** perform-
ance; ~ **evne** capacity.
ytre *adj* outer; external; *s* the
exterior; *v* utter, express.
ytring remark; ~ **sfrihet** freedom
of speech.
ytter|frakk overcoat; ~ **ligere** fur-
ther; ~ **liggående** extreme; ~ **lig-
het** extreme; ~ **st** utmost; ~ **tøy**
outer wear.

Z

zoolog zoologist; ~ **i** zoology;
~ **isk hage** zoo.

Æ

æra era.
ærbar modest; chaste.
ærbødig respectful; ~ **het** respect,
reverence; ~ **st** (i brev) Yours
faithfully.
ære *s* honour; glory; *v* honour,
revere; ~ **frykt** awe, veneration,
reverence; ~ **full** glorious;
~ **krenkelse** defamation; ~ **løs**
infamous.
ærend errand; mission.
æres|borger honorary citizen;

~ **doktor** honorary doctor; ~ **ord**
word of honour.
ærfugl eider (duck).
ærgjerrig ambitous; ~ **het** ambi-
tion.
ærlig honest, candid; ~ **het** hones-
ty.
ærverdig venerable, dignified.
ætling descendant.
ætt family; ~ **esaga** family saga;
~ **etavle** genealogical table;
~ **ledd** generation.

Ø

øde *adj* deserted, desolate; *v*
waste; ~ **lagt** broken; ~ **land**
spendthrift; ~ **legge** ruin, destroy,

blight; (skade) damage, (skjem-
me) spoil; ~ **leggende** destructive;

ruinous; ~ **leggelse** ruin, destruction, havoc; ~ **mark** waste land.

øds|el prodigal; wasteful; ~ **le** be wasteful.

øgle lizard; (utdødde arter *pl)* saurians.

øke increase; augment, boost; ~ **farten** speed up, rev up; ~ **navn** nickname.

økolog ecologist; ~ **i** ecology; ~ **isk** ecological.

økonom economist; ~ **i** (sosial-) economics; (sparsommelighet) economy; ~ **isk** (som angår økonomi) economic; (om en persons økonomi) financial; (sparsommelig) economical.

økosystem ecosystem.

øks axe, hatchet.

økt spell (of work).

øl beer; ale; ~ **brikke** coaster; ~ **bryggeri** brewery.

øm tender; (vondt) sore; ~ **fintlig** sensitive **(for:** to); ~ **het** soreness; *fig* tenderness; ~ **hjertet** tenderhearted; ~ **tålig** (skjør) fragile; *fig* delicate.

ønske *s* wish, desire; *v* wish, desire, want; ~ **lig** desirable; ~ **tenkning** wishful thinking.

ør confused, giddy.

øre ear; ~ **døvende** deafening; ~ **fik** box on the ear; ~ **flipp** earlobe; ~ **kyte** minnow; ~ **merke** earmark; ~ **telefon** headphone; ~ **verk** earache.

ørken desert; wilderness; ~ **dan-** **nelse** desertification; ~ **spredning** desertification.

ørkesløs idle.

ørliten puny, tiny, wee.

ørn eagle; ~ **enese** acquiline nose, hooknose; ~ **unge** eaglet.

ørret trout; **rak** ~ fermented trout.

ørsk bewildered.

øse *v* bale, scoop; (brønn, *fig)* draw; (suppe) serve *el* ladle; *s* scoop; ladle; dipper; ~ **kar** baler, scoop.

øsregn downpour of rain.

øst east; ~ **en** the East; ~ **erlandsk** oriental.

Østerrike Austria.

østers oyster.

Østersjøen the Baltic Sea.

øst|gående easterly; *mar* eastward bound; ~ **kanten** East End; ~ **lig** eastern; ~ **over** eastward(s).

øve practise; exercise, train; ~ **lse** practice, exercise.

øv|erst uppermost, highest; *fig* supreme; ~ **re** upper.

øy island; (i navn) isle; ~ **-** insular; ~ **boermentalitet** insularity.

øye eye; **få** ~ **på** catch sight of; ~ **blikk** instant, moment; ~ **blikkelig** immediate; momentary; ~ **bryn** eyebrow; ~ **eple** eyeball; ~ **kast** glance; ~ **lokk** eyelid; ~ **med** object, aim; ~ **nlege** oculist; ~ **nsynlig** evident; apparent; ~ **stikker** dragonfly; ~ **vipper** eyelashes; ~ **vitne** eye-witness.

øygruppe archipelago.

øyne see, behold.

Å

å to, (elv) rivulet, brook.

åbor perch.

åg|er usury; ~ **erkar(l)** usurer; ~ **erpris** exorbitant price; ~ **re** practise usury.

åk yoke.

åker field.

ål eel; ~ **eteine** eel-pot.

ånd spirit; (spøkelse) ghost, spirit; (forstand) mind, intellect; **den Hellige** ~ the Holy Ghost; ~ **e** *s* breath; *v* breathe; ~ **edrett** respiration; ~ **elig** mental, intellectual; (motsatt verdslig) spiritual; ~ **eløs** breathless; ~ **enød** difficulty in breathing.

ånds|arbeid intellectual work; ~ **evne** (mental) faculty; ~ **fraværende** absent-minded; ~ **fraværelse** preoccupation; ~ **frihet** intellectual freedom; ~ **frisk** sound in mind; ~ **kraft** mental

power; ~ **svak** imbecile, mentally
deficient; ~ **svakhet** imbecility,
mental deficiency.
åpen open; ~ **bar** evident, ob-
vious, flagrant; ~ **bare** reveal;
~ **het** openness; *fig* frankness;
~ **hjertig** openhearted, frank;
~ **lys** open, undisguised.
åpn|e open (for: to); ~ **ing** open-
ing; gap; (innvielse) inaugura-
tion.
år year; ~ **bok** year-book, annu-
al; ~ **sdag** anniversary.
åre vein; (puls) artery; *min* grain,
vein; *mar* oar; ~ **blad** oar-blade;
~ **forkalket** suffering from arteri-
osclerosis; ~ **knute** varicose vein;
~ **late** bleed; ~ **latning** bleeding;
~ **mål: på** ~ on a term of years;
~ **tak** stroke; ~ **vis: i** ~ for
years.
år|gang (tidsskrift *o.l.)* volume;

(vin og *fig)* vintage; ~ **hundre** cen-
tury; ~ **lig** yearly, annual.
årsak cause; (grunn) reason; **ingen**
~ don't mention it; ~ **ssammen-
heng** causality.
års|beretning annual report; ~ **mø-
te** annual meeting; ~ **tall** year,
date; ~ **tid** season.
årtusen millennium.
årvåken vigilant, alert; ~ **het** vigi-
lance, alertness.
ås (mountain) ridge, hill; (bjelke)
beam; ~ **rygg** crest.
åsted scene of the crime.
åsyn face, visage, countenance.
åte bait.
åtsel carcass, carrion; ~ **dyr** car-
rioneaters; ~ **gribb** vulture.
åtte eight; ~ **kant** octagon; ~ **nde**
eighth.
åtti eighty; ~ **ende** eightieth;
~ **åri(n)g** octogenarian.